U0820628

山西临汾十七县市方言研究

刘丹丹 著

清华语言学博士丛书

上海辞书出版社 中西书局

图书在版编目(CIP)数据

山西临汾十七县市方言研究 / 刘丹丹著. — 上海:
上海辞书出版社,2020
(清华语言学博士丛书)
ISBN 978-7-5326-5671-4

Ⅰ. ①山… Ⅱ. ①刘… Ⅲ. ①西北方言—方言研究—
临汾 Ⅳ. ①H172.2

中国版本图书馆 CIP 数据核字(2020)第 206979 号

山西临汾十七县市方言研究

SHANXI LINFEN SHIQI XIANSHI FANGYAN YANJIU

刘丹丹 著

责任编辑	郎晶晶 刘 博
装帧设计	梁业礼
	上海世纪出版集团
出版发行	上海辞书出版社(www.cishu.com.cn)
	中西書局(www.zxpress.com.cn)
地 址	上海市陕西北路 457 号(邮编 200040)
印 刷	常熟文化印刷有限公司
开 本	890×1240 毫米 1/32
印 张	14.875
字 数	388 000
版 次	2020 年 12 月第 1 版 2020 年 12 月第 1 次印刷
书 号	ISBN 978-7-5326-5671-4/H·719
定 价	70.00 元

本书如有质量问题,请与承印厂联系。电话:0512-52219025

丛书编委会

顾　问

丁邦新　陆俭明

主　编

蒋绍愚

副主编

张美兰

编　委

（按姓名音序排列）

蔡维天　曹志耘　陈保亚　方一新

冯胜利　何大安　邢向东　张伯江

张　赪　张　敏

总　序

近二十年来，我国博士生培养事业有了很大进展，在各个领域都培养出了一大批优秀的博士生；在语言学领域也是这样。这些新培养出来的博士生，大多视野开阔，思想敏锐，既有扎实的专业基础，又有强烈的创新意识，是我国语言学事业继往开来的生力军。博士论文和出站报告是他们刻苦攻读、悉心研究所取得的成果，有些优秀的博士论文达到了学术前沿的水平，体现了语言学研究的新思路、新成就。面对这些学术新人和学术新成果，我们由衷地感到高兴。

众所周知，一门学问要能生根，要能茁壮地成长发展，必须不断挖掘和发现新的材料，必须不断进行理论更新，必须不断涌现大批新的研究人员。语言学是一个既古老又相对年轻的学科。中国是拥有语言富矿的国家，汉语历史悠久，语言多种多样；有优良的语言研究传统，新的语言研究成果不断涌现。现在由于国力日益强盛，更引发各国青年人学习汉语的热潮。这对我国语言学科发展来说，既是一种机遇，又是一种挑战。只要我们海峡两岸暨香港、澳门地区语言学同仁合力研究，让我国语言学科走到世界学术的尖端，这是可望也可及的目标。正是从这一思想出发，并为了使得这些学术新成果更快地和读者见面，为了帮助这些新人更迅速地成长，以便为语言学注入新的活力，我们创办了《清华语言学博士丛书》。现在计划每年出版一辑，每辑选收1—5种海峡两岸暨香港、澳门地区语言学博士的优秀论文、出站报告和其他著作。我们希望《丛书》能聚集一批优秀的年轻学者，这些年轻人将来能带领中国的语言学迈着稳健的步伐前进。

《清华语言学博士丛书》创办以来，得到了海峡两岸暨香港、澳门地区语言学界同仁和有关单位的大力支持。很多著名的语言学家担任了顾问和编委，很多博士生踊跃投稿，很多专家不辞辛劳负责审稿。清华大学提供了经费，上海中西书局负责出书。大家的热忱支持进一步坚定了我们办好《清华语言学博士丛书》的决心，我们一定使之成为展示我国语言学新思想、新成果的平台，成为语言学新苗茁壮成长的园地。

希望大家对《清华语言学博士丛书》不断提出意见和建议。让我们共同努力，把《清华语言学博士丛书》办好！

蒋绍愚

2013年6月

序

听说刘丹丹的博士学位论文《山西临汾十七县市方言研究》入选《清华语言学博士丛书》，将在上海辞书出版及中西书局出版，这于我确为是一件开心事。作为她曾经的导师，我很高兴看到本书的出版。

从2003年起，我开始在清华大学给中文系硕士研究生讲授国际音标、方言学和方言调查，先后带领学生调查过我国湖南江永上江圩土话、安徽黄山市黄山区吴语、山西汾西和吉县的晋语、安徽黄山市屯溪区浯村徽语、浙江温州芦浦蛮话、湖南怀化沅陵乡话、河南修武（郇封）晋语、河南武陟（大虹桥）晋语，以及马来西亚古晋闽南话等，多数调查都跟学生的毕业论文相关，如徐丽丽的浙南蛮话，李姣雷的湘西乡话，刘丹丹的汾河片中原官话，朱玉柱的武陟晋语，蒋波的屯溪浯村徽语，沈薇利的古晋闽南话等。

丹丹2012年山东大学硕士毕业，师从岳立静教授，同年考入清华大学中文系。入学后，丹丹勤奋踏实的学风和细心善良的为人给我留下深刻的印象，她是那种能够踏踏实实做事，实实在在做人，同时执着于追求学问的好学生。在汾西、修武调查期间，为了整理白天的调查材料，经常工作到下半夜两三点钟。

我常说，女士做科研，特别是从事田野调查研究，独自长期在外奔波，通常需要比男士付出更多。丹丹在读博期间成家，新婚燕尔，就要为毕业论文的写作进行长时间的多点调查，殊为不易。听说有好几次都是由她婆婆陪着一起去调查点，一方面以策安全，一方面也做些"后勤服务"工作，以保证调查工作的顺利进行。58个点的田野调查，工作量之大，个中之艰辛，只要是从事过方言调查的人都能深切体会。

丹丹是河南开封尉氏县人，硕士毕业论文《尉氏方言语音研究》对尉氏方言语音进行全面系统的调查描写，特别是对尉氏方言的变调、轻声、儿化、合音和子变韵现象有较为深入的分析。入学以后，在考虑博士论文选题时，原想对河南北部晋语的变韵现象进行系统调查分析，但考虑到当时已有多路人马在此扎堆，而且已有几篇博士论文主攻这一选题，所以只好"忍痛"放弃。

通过对山西吉县、汾西方言的实习调查，我们对临汾方言的特点有了一些初步的了解：处于晋语与官话方言的过渡地带，与周边官话方言相比具有较多的早期方言特征，文白异读丰富，特别是入声韵和入声调存在从有到无的过渡；学界对于汾河片方言的归属也存在分歧，如王福堂先生曾指出，"山西西南部晋南方言具有晋语的大部分重要特点，某些特点的出现还极为典型，但仅仅因为没有入声就被划入其他官话方言，这不能不影响晋语本身的完整"。因此，我们希望通过对汾河片方言的深入调查，探明中原官话汾河片的语言面貌，理清晋语和官话方言之间的关系，特别是对入声过渡带进行精细的描写，揭示从有入声到无入声的具体情形。

我认为丹丹的这本书在呈现临汾方言基本面貌特别是在晋语与汾河片方言的划界方面有所创新，其所绘制的入声调、入声韵、宕江摄白读等重要同言线，为晋语和中原官话汾河片的区别提供了一个新视角。当然，书中也还存在一些缺点和不足，需要专家、学者和读者的批评指正，也希望丹丹能够继续深入思考和研究。

2016年丹丹博士毕业，现在教育部语言文字应用研究所工作，有机会参与到我国语言文字规范化标准化的一些具体工作，希望她好好利用自己的方言学研究优势，为我国语言文字的规范化、标准化，为讲好中国故事做出自己应有的贡献。

北京语言大学　赵日新

2020年5月10日　于北京

摘　　要

山西临汾十七县市位于晋语和中原官话的交界地带，东、西为山地，中部为盆地，地形较复杂。本书在前贤和笔者所调查的66个方言点材料及已有研究的基础上，全面系统地描写分析临汾十七县市方言语音系统，对其中的一些重要语音现象（以及少量的词汇、语法项目）进行专题讨论，并适当使用地理语言学方法展示方言特征的分布规律及其成因。根据入声调、入声韵的有无，本书画出晋语与中原官话的分界线，希望可以为晋语与中原官话关系的研究提供新的思考。

语音部分对声母、韵母、声调三方面进行了描写、分析。声母部分主要对古全浊声母、端组、精知章庄、见晓组、影疑母等的读音类型及地理分布进行了描写、分析；韵母部分主要对阴声韵、阳声韵及入声韵的读音类型及地理分布进行了描写、分析；声调部分主要对古平声、上声、去声、入声的读音类型及地理分布进行了描写、分析。其中重点描写、探讨了文白异读现象，如古全浊声母存在部分仄声字白读送气、文读不送气的现象；见晓组开口二等部分字存在白读[k]组、文读[tɕ]组的现象；宕江摄白读与蟹、止、假、果摄合流，临汾、洪洞等地开合撮三呼还与宕江摄入声韵合流；古曾通摄今开合撮口呼白读音并入深臻摄，齐齿呼白读音与梗摄齐齿呼合流等。

词汇、语法部分在简要描写分析临汾方言词汇、语法主要特点的基础上，通过地图展示“冰雹、玉米、高粱、蚂蚁、不懂、人称代词、指示代词、把字句、被字句”等条目的地理分布规律，目的是与语音特征的分布相互验证。

本书提出晋语与中原官话在临汾的分界线：大体以临汾西南部吉县柏山寺为起点，向北上沿大宁太古、蒲县城关、汾西团柏、霍州李曹，至东部古县、浮山寨圪瘩、东南角翼城隆化、翼城西阎。以这条分界线为基准，以北为有入声调或入声韵的地区，可划入晋语；以南为无入声调和入声韵地区，可划入中原官话。此外，精组与知庄章组的读音类型、宕白江白摄的读音、“石头、不知道”等概念词形分布的同言线也跟入声调、入声韵的同言线基本重合，可以作为划分晋语与中原官话汾河片的补充标准。

目　　录

图表目录

第一章

绪　论

1.1　概　述[①]

1.1.1　地理概况

临汾市是山西省辖11个地级市之一。位于省境西南部，西以黄河为界与陕西延安市毗邻，东与省内长治市、晋城市接壤，北与省内吕梁市、晋中市相邻，南与省内运城市交界。辖区东西宽约200千米，南北长约170千米，总面积2.03万平方千米，占全省的13%。境域四周环山，中部为盆地平川，地形地貌以丘陵、山地为主，丘陵占51.4%，山地占29.2%。境内矿产资源丰富，煤、铁、石膏、石灰、白云岩、膨润土、花岗石、大理石、油页岩、耐火黏土等，在省内及全国均占重要地位。

1.1.2　行政区划及人口状况

临汾市辖1个市辖区、14个县，代管2个县级市：尧都区、侯马市、霍州市、曲沃县、翼城县、襄汾县、洪洞县、古县、安泽县、浮山县、吉县、乡宁县、大宁县、隰县、永和县、蒲县、汾西县。共有20个街道、75个镇、76个乡（合计171个），191个居委会、2 957个村委会（合计3 148个）。市政府驻尧都区解放路街道行署巷。

---

① 资料来自：临汾市人民政府网 http://183.201.254.101/wapzf/

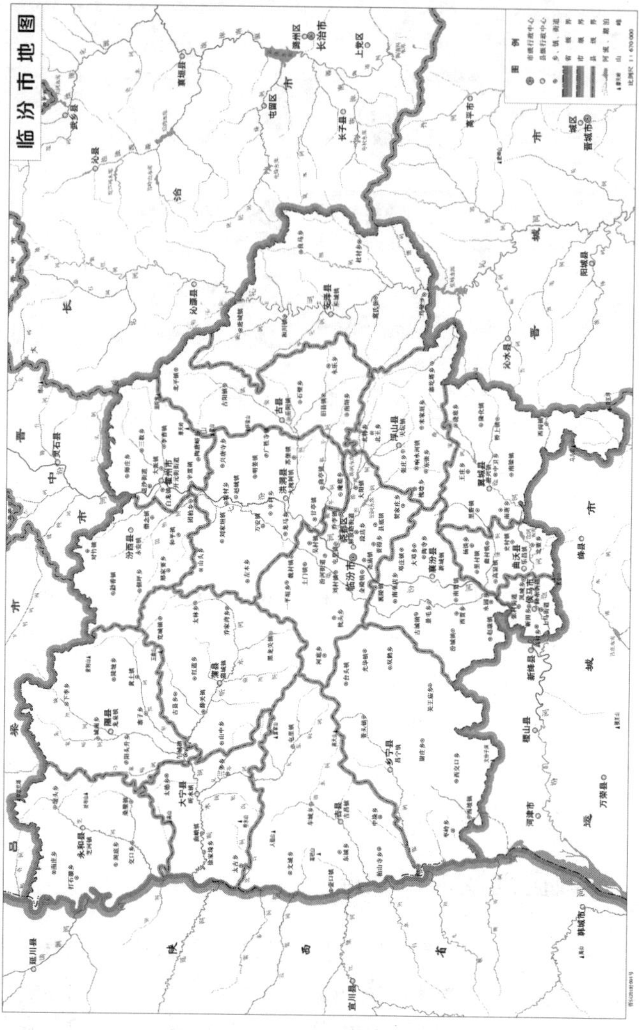

图 1-1　临汾的地理位置[①]

① 书中所有地图的底图来源于“山西省自然资源厅”官网标准地图——“临汾市地图”晋S(2019)004 号。(http://zrzyt.shanxi.gov.cn/zwgk/bzdt/gsdt1/201908/t20190828_129823.shtml)。

本人在标准地图的基础上添加三角、方框等符号,以用于区分临汾 17 县市方言语音、词汇、语法等语言现象的不同读音类型,此外未对标准地图做任何修改。

2015年，临汾市17县（市、区）常住人口分别是尧都区971 438人、洪洞县752 012人、襄汾县455 935人、霍州市290 249人、曲沃县244 106人、侯马市246 571人、乡宁县240 057人、翼城县319 150人、蒲县110 385人、浮山县130 246人、安泽县84 404人、古县94 660人、汾西县148 618人、吉县109 351人、隰县106 744人、永和县65 356人、大宁县66 371人。

1.1.3 历史人文

丁村人

大约十万年以前，临汾就有“丁村人”繁衍、生息。1954年，在襄汾县城南丁村一带的古代汾河沙砾层中，发现了三枚十二三岁儿童的牙齿化石，2 000余件丁村人打造的石器，以及与丁村人同时生存的28种哺乳动物化石。1976年，又在同一地点发现了一个两岁幼儿的右顶骨化石。专家断定，丁村人的体质形态比北京人进步，时代晚于北京猿人而早于新人，是介于北京猿人和黄种人之间的中间环节，具有与现代人相似的性质。丁村人使用的石器以石片石器为主，类型有厚尖状器、砍砸器、刮削器、小尖状器和石球，比较规则定型，用途已有明显分工。尖状器，是丁村文化中具有代表性的石器类型，称为“丁村尖状器”。丁村人生活的时代是旧石器时代，那时的气候温暖、潮湿，汾河水大而清，两岸有宽阔的草原，山上有茂密的森林。丁村人在同大象、犀牛、熊、鹿、羚羊等动物的斗争中生存着，过着狩猎和采集的集体生活。生存的需要，不断提高着他们改造大自然的能力。在漫长的岁月里，他们的足迹遍及整个汾河流域。

枣园稼穑

大约7 000余年前，从历山转辗而来的一支群体，落脚在翼城县北撤乡枣园村。由于这里优越的生活生产环境，导致了人类历史上一次伟大的革命——产生了原始的种植业，发明了半地穴窝棚式房子。他们放火烧荒,开辟田园,种植粟黍,挖制窖穴,贮存粮食。终于成为一支比较兴旺的部落群体。1991 年 5 月,在枣园村发现了这一遗址,面积 2 万平方米,出土遗物以生活用陶器为主,以及少量生产工具,收割禾穗的石刀,脱壳去皮的石磨棒,以及在陶器上留下的谷粒遗痕。枣园稼穑是山西最早的新石器时代遗存,反映了人类先民最早的农业生产实践活动。

唐尧建国

约 4 500 年前,临汾盆地分布着一支独立的古代居民,在中原地区确立了统领诸方国的特殊地位,即陶唐民族。1978 年,在襄汾陶寺遗址发现了一处占地 4 万平方米,包括若干氏族葬区的墓地。从葬制、葬具、殉葬品显示出的差别表明,当时已步入文明社会阶段。陶寺遗址,还发掘出了部分先民的大型聚落遗址群,以及烧陶作坊、大城和小城遗址,出土了成套的礼乐器物,玉钺、石磬、鼍鼓和象征王权的彩绘蟠龙陶盘,表明这里不仅是尧、舜、禹活动的中心,而且已经出现了中央国家政权。大约在 4 500 年前,最先进的历史舞台转移到晋南。在中原、北方、河套地区文化以及东方、东南方文化的交汇撞击下,晋南兴起了陶寺文化。它不仅达到了比红山文化后期社会更高一阶段的"方国"时代,而且确立了在当时诸方国群中的中心地位。它相当于古史上的尧舜时代,亦即先秦史籍中出现的最早的"中国",确定了华夏的根基。

叔虞封唐

商周之际,翼城至曲沃之间有一唐国,史籍记载是唐尧后裔的封国,史称旧唐国。公元前 11 世纪,周武王率领诸侯,誓师牧野,一举灭商而占有天下。唐本是商的属国,旧唐贵族不满周的统治,到周成王时期,旧唐贵族参与了"武庚叛乱",周公东征镇压,征服了旧唐势力,周成王便派自己的弟弟叔虞去管理唐地。叔虞封唐后,对旧唐遗民采取怀柔政策,沿用旧唐制度,尊重旧唐习俗,依用唐的称号,建都于翼,叔虞也被称为唐叔虞。叔虞死后,其子燮父迁都于晋水(平水)之旁，改国名为晋。晋国的历史从此迈出了第一步。传九世，到昭侯时，由于被封在曲沃的桓叔势力强大，改晋为翼。曲沃武公兼并翼，又改称晋，并通过贿赂周王室，被命为晋君，列为诸侯，晋国从此逐渐强盛。唐叔虞是晋国的开国始祖。

晋文公称霸

公元前636年2月，晋献公之子重耳在十多个国家流亡19年之后，终于在秦国帮助下，被晋军迎至曲沃即位，是为晋文公。那时，晋国国内混乱、民生凋敝、国库空虚。文公励精图治，采取了一系列改革政策和措施，整顿国政。一是整顿吏治，“公属百官，赋职任功”，提拔重用那些有才能的人，授之以职，必建高功；为节省开支，给各级官吏的俸禄做出具体规定：消除了各种苛刑，使晋国政治有了新起色。二是鼓励发展生产，减轻农民负担，劝民农桑，降低关税，沟通商旅。两年时间，国家府库丰盈，农民丰衣足食，社会风气改变。三是加强军队建设，由原来的两个军扩充到三个军，趁周王室内乱，出兵勤王，护送周襄王返回王城，提高了晋国在诸侯国中的声望。公元前632年，文公与楚国战于城濮，依前约“退避三舍”表示礼让，结果打败楚军。周王亲自设宴犒赏晋军，策命文公为方伯，成为盟主，号令诸侯，确立了晋国的霸主地位。文公执政仅8年，但他所奠定的基业，使晋国成为春秋时代称霸时间最长的国家。

迁都新田

公元前585年，晋景公采纳卿韩厥的谏言，于2月23日迁都新田。1957年，晋国遗址在侯马市西北郊的牛村、平望、白店、台神、北坞、呈王、马庄等七处相继发现。古城遗址被压在地下一米左右深处，墙基保存1米左右，最高处达2米多。其中牛村古城南北长1 340米、东西宽1 100至1 400米。墙外有宽6米、深3至4米的护城河，城内有宫殿建筑遗迹，殿基为正方形，高6.8米，长宽各52米。专家认为那七处古城遗址就是晋都新田不同年代的建筑遗存。据史料记载，新田从晋景公迁都至晋国灭亡共经历十三世，即景公、厉公、悼公、平公、昭公、顷公、定公、出公、敬公、幽公、烈公、孝公、静公，共208年。在此期间，新田一直是晋国后期政治、经济、文化的中心。

三家分晋

公元前558年，悼公死后，晋国六卿势力愈来愈强，晋公室的力量逐渐削弱。六卿为了扩大自己的势力，弱肉强食，不断兼并弱小贵族，六家内部也多次发生内战。到公元前490年，范、中行两家败北，韩、赵、魏、智四家逐渐掌握了晋国的政权。公元前454年，智联合韩、魏围攻赵于晋阳，3个月无法破城，遂水淹晋阳。危难之际，赵利用韩、魏、智同兵不同心，离间韩、魏，决堤放水，倒灌智营，智军大败。之后，尽分智氏土地。公元前433年，哀公死，幽公立。韩、赵、魏三家合谋，只以绛、曲沃两城为幽公俸食，余地全部归于三家。公元前403年，周王室正式承认韩、赵、魏为诸侯，与晋侯并列。韩都平阳（即临汾），赵都中牟（即鹤壁），魏都安邑（即运城）。那一年具有划时代意义，战国由此起始。公元前387年，三家又迁晋静公于端氏（即沁水）而三分曲沃、绛两地。公元前376年，废晋静公为庶人，迁于屯留，而再分其地。晋自唐叔虞传至静公共二十九世，其祀遂绝。

平阳封侯

秦汉之际，平阳县曾是项羽所封魏王豹的国都。公元前204年，刘邦派曹参、韩信率兵攻占平阳，平定魏地。公元前201年，刘邦封曹参为平阳侯。曹参其子曹窜、其孙曹奇、其曾孙曹畤先后袭封平阳侯。曹畤承袭平阳侯时，汉景帝把大女儿（即平阳公主）嫁给他，后来曹畤因病与平阳公主一起回到平阳居住。公元前139年，武帝在平阳侯府选中舞女卫子夫带入宫中。公元前128年，卫子夫产下一子即太子刘据，遂立为皇后。卫子夫的得宠使得她的兄弟姐妹随之显贵起来。她的弟弟卫青入宫做了侍中，后升为车骑将军，抗击匈奴、收复失地、战功赫赫，被封为大将军、大司马。她的外甥霍去病为车骑将军，抗击匈奴，功过卫青，也被封为大司马。去病将同父异母弟霍光从平阳带入宫中侍奉武帝，武帝临终时封他为大司马、大将军，要他辅佐幼主，霍光历任两朝辅政，掌权长达 20 年之久，后来帮助刘据的孙子做了皇帝，即汉宣帝。公元前 68 年，霍光病逝。卫氏一门因卫子夫而发迹，以军功而得贵，威震天下 60 年。

刘渊建汉

西晋末年，司马王朝的统治日趋腐朽。公元 304 年，匈奴人刘渊在左国城（即离石）起兵反晋。刘渊系匈奴贵族，自幼聪明好学，谙熟汉文，晋武帝咸宁年间曾作为人质久居洛阳，深得西晋君臣赏识。其父死后，刘渊代父为左贤王，回到离石统帅匈奴五部。为了争取汉族地主的支持，刘渊自称汉皇的外甥，复汉反晋。公元 308 年，迁都蒲子（即隰县），同年四月，正式称皇帝。后采纳太史令“平阳势有紫气，兼陶唐旧都，愿陛下迁都平阳”的建议，于公元 309 年定都平阳。在金殿村修筑金城作为帝都。由于他以复汉反晋为旗帜，严整军纪，妥当处理民族关系，使汉国势力发展很快，北取并州，南攻西晋国都洛阳。其势力伸展到山西、河北、河南、山东等地。公元 310 年，刘渊病逝，太子刘和继位，后第四子刘聪称帝。公元 311 年，刘聪攻陷洛阳，将晋怀帝掳至平阳，公元 316 年，又破长安将晋愍帝掳至平阳，二帝蒙羞被杀。公元 318 年，刘聪死，原刘渊部将石勒在河北势力壮大，趁机攻进平阳，纵兵大掠，焚烧宫室。在平阳立国 10 年的汉国就此灭亡。

法显西行

法显，东晋高僧，原姓龚，平阳武阳人，公元 399 年（东晋隆安三年），由长安启程西行，路经甘肃、新疆，翻越葱岭，穿行阿富汗、克什米尔、巴基斯坦，艰苦跋涉 6 年之久，到达天竺（中国古籍文献中的古印度别称）。遍访圣迹，寻求律藏，学习梵语，整理编译佛经。公元 409 年，经印度西孟加拉邦，到达斯里兰卡，后又渡海东归，到达印度尼西亚，前后 13 年，共游历 30 多国，行程 4 万余里，带回很多梵文佛经，于公元 412 年回中国时，已是 86 岁的老人。回中国后翻译了《摩诃僧只律》《大泥洹经》等六部一百多万字的佛经，还将沿途游历所见所闻写成《佛国记》，记叙了沿途各国政治、经济、思想、文化概况，成为研究古代中亚、南亚诸国历史、文化、宗教和中国南洋海上交通最早、最详备的宝贵资料。法显是中国历史上伟大的旅行家和卓越的翻译家，也是中国西行求法的第一人，比唐玄奘西行求法早230年。

霍邑之战

公元617年，李渊在太原起兵反隋，率3万大军从清徐南下，经汾阳到达灵石，欲取长安。霍邑是南下的必经之路，地形十分险要。李渊起兵的消息传到长安，朝廷派宋老生率兵3万扼守霍邑。李渊到达灵石正赶上淫雨季节，山道泥泞，无法进军。李渊一方面给起义军李密写信，让其在洛阳牵制隋军；另一方面由于南下受阻，派人联系援兵，继续调运粮秣，待天晴后进攻霍邑。8月初天气好转，李渊率军傍山取道，逼近霍邑，采取诱敌出战的战术，让前军兵临霍邑城下。宋老生打开城南门和东门杀出，李渊命李建成、李世民率骑兵飞奔东南两门，截断宋老生入城后路，前后夹攻，宋老生战死，隋军大乱。李渊乘势攻城，一举拿下霍邑。然后取临汾，克新绛，达龙门、蒲坂，突破黄河天险攻入长安。公元618年5月，李渊自立为帝，建立唐朝。

梁兴抗金

两宋之际，金朝统治者经常骚扰中原。1126年10月，金军占领了平阳。农民梁兴以太行山为根据地，在平阳一带组织农民建立抗金武装“忠义社”，1134年11月与金军展开英勇激战。1135年，金军在平阳向义军反扑，梁兴带领义军一百多人与金军殊死搏斗，终于杀开一条血路，冲出包围，渡过黄河，投奔岳飞帐下。1140年5月，梁兴奉命北上，重返太行山区开展敌后斗争。1140年夏天，先后收复沁水、翼城、赵州以及河南巩县、汲县、沁阳等地，断绝金军粮草，牵制金军活动，屡战屡捷，中原大震。1141年年底，宋廷以莫须有的罪名杀害岳飞,梁兴仍然在太行山坚持抗金斗争。1148年在一次战斗中英勇献身。

明代移民

明朝的一场大移民,成就了洪洞"天下故乡、华人老家"的美誉。元代政权,建立在军事暴力征服基础上,是我国封建社会后期一个最野蛮、最黑暗的朝代。由于阶段矛盾与民族矛盾的日益激化,元末明初,战乱连年不断,加上自然灾害的肆虐,使河南、山东、陕西等原黄河流域地区民不聊生。朱元璋建立明王朝后,为巩固封建统治的基础,着手恢复和发展农业生产。面对中原地区人口少,无劳动力耕田导致田地荒芜、常年纳税不足的荒凉情形,朱元璋采纳了郑州知府苏琦、户部郎中刘九泉、国子监宋纳等人的建议,在全国范围内移民屯田、奖励开垦,由此开始了长达50年的明代官方大移民。

由于地形原因,山西境内鲜有波及大的战乱,大部分地区没有发生过自然灾害,社会稳定,经济繁荣,人丁兴盛。"因而成为大批难民的庇护所",使得山西人口暴增。洪洞县是平阳府人口大县,是晋南交通要道,城北官道有贾村驿,明政府便把移民局设在洪洞县城北贾村驿旁的广济寺,在这里集中移民,编排队伍,发放川资。广济寺大门前的汉植大槐树,就成了各地移民荟萃、开拔外迁的集散之地,洪洞大槐树也由此走进历史的记忆,成了记录沧桑移民历史的物象化石。古大槐树移民是中国古代范围最广、规模最大、历时最长的一次官方移民,被称为"世界移民之最"。

中华人民共和国成立后,长期为专区、地区建制并有区划调整,2000年撤地建市。

1.2 研究综述及选题缘由

1.2.1 研究综述

自20世纪80年代以来,晋方言研究呈现出勃勃生机。临汾方言的研究也在这个大趋势下取得很大的进展,研究主要集中在以下几个方面。

首先,侯精一、温端政《山西方言调查研究报告》(1993)一书对山西方言的语音、词汇、语法的调查描写都比较全面,书中上卷描写了山西方言语音、词汇、语法特点和山西方言的文白异读等,下卷讨论全省方言分区的标准,对各区的语音、词汇情况进行描写。山西临汾方言的语音、词汇、语法特点在本书中都有相应的概括,为我们的研究提供了重要的基础。

此外,其他相关研究具体可以分为以下几个方面。

一、单点描写

(一) 单点全面描写

20世纪80年代,"山西省各县(市)方言志"被列为语言学学科1981—1985年国家重点研究项目。作为此项研究的成果,《山西省方言志丛书》共出版了41种地点方言志,其中包括临汾3个地点的方言志:《洪洞方言志》(乔全生 1983)、《汾西方言志》(乔全生 1990)、《临汾方言志》(潘家懿 1990)。

1989年,潘家懿、辛菊、王临惠发表《翼城方言简志》一文,文章通过对语音、词汇、语法三方面的描写反映了翼城方言的总体概况。

2002年以来,乔全生主编的《山西方言重点研究丛书》相继出版,其中跟临汾方言相关的有6种:《洪洞方言研究》(乔全生 1999)、《浮山方言研究》(余跃龙,郝素伟 2009)、《永和方言研究》(李建校,刘明华,张琦 2009)、《大宁方言研究》(崔容,郭鸿燕 2009)、《汾西方言研究》(乔全生,程丽萍 2009)、《古县方言研究》(刘芳,和苗 2014)、《吉县方言研究》(张洁,杨萌 2014)、《霍州方言研究》(冯良珍,赵雪伶 2014)。

20世纪90年代以来本地区各县市出版的方志中也有一部分内容描写当地的方言特点,但都较为简略。

另外,还有一些硕士论文对临汾方言单点进行了描写,如《翼城方言调查报告》(李殿臣 1999)、《浮山方言研究》(段俊栋 2005)、《翼城方言研究》(吕美红 2006)、《古县方言初探》(韩婷 2010)等。

(二)就语音、词汇或语法的单点描写

语音方面:《侯马方言简志》(王临惠 1999)、《临汾方音百年来的演变》(郑林杰 2007)、《山西曲沃方言的语音特点》(田良娟 2009)、《山西霍州方言语音研究》(田娟 2009)、《曲沃方言的语音研究》(杨淑芬 2012)等都是以描写为主,并未对语音现象进行深入分析。

词汇方面:《临汾市尧都区城郊河东方言词汇研究》(裴雅琳 2012)和《山西临汾方言词汇研究》(卫水水 2012)这两篇硕士论文,分别对临汾方言词汇的分类、与普通话的不同进行了描写比较。

语法方面:《临汾方言的语法特点》(潘家懿 1987)和《临汾方言语法的几个特点》(田希诚 1981)简要描写了临汾城关方言中"圪""子"和"佬",时态助词"着""喽"和"嘚"的用法,以及重叠式、人称代词、指示代词和"得"字句的表示方法及使用特点。《洪洞、汾西方言语法札记》(乔全生 1995)简单描写了洪洞和汾西方言中的几种语法特点,如:四叠格式、比较句、"去"的内部曲折形式以及时间助词"得"的用法等。

二、对某一特征的描写

(一)语音方面

《中原官话汾河片语音研究》(张威娜 2015)一文涉及临汾市 11 个方言点,文中对知庄章、全浊声母、精见组、阴声韵、阳声韵、入声韵、声调等语音现象进行了描写分析。

对临汾方言某一方言点的某种语音现象进行探讨的文章主要有:《霍州方言的小称变韵》(田希诚 1992)、《隰县方言古咸山宕三摄舒声字的韵尾》(刘勋宁 1993)、《山西汾城方言的紧喉音节》(乔全生,孙玉卿,吴云霞 1999)、《翼城方言"子"尾的特点》(辛菊

1999)、《宕江曾梗通舒声在山西襄汾(汾城)的演变》(赵变亲 2011)、《山西汾城方言紧喉音的声学特性研究》(杨俊杰,乔全生 2012)、《从章组 f 声母看古知庄章组声母在汾西方言中的演变》(白静茹 2013)、《中古见溪群三母在汾城方言中的腭化现象分析》(赵变亲 2013)等。

还有一些讨论晋语或山西方言的文章也涉及了临汾方言,这些文章有:《晋东南地区的子变韵母》(侯精一 1985)、《试论山西晋语的入声》(温端政 1986)、《入声韵在山西方言中的演变》(王洪君 1990)、《阳声韵在山西方言中的演变(上)》(王洪君 1991)、《阳声韵在山西方言中的演变(下)》(王洪君 1992)、《山西晋语入声韵的研究》(沈明 1995)、《山西方言声调的类型(稿)》(王临惠 2003)、《晋东南晋语入声调的演变》(沈明 2005)、《晋东南晋语的阳声韵》(王利 2012)、《晋语上党片语音研究》(王红娟 2015)等。

(二) 词汇方面

对临汾方言某一方言点的某种词汇现象进行探讨的文章有:《临汾方言里几个保留古义的口语词》(潘家懿,郭望太 1985)、《霍州俗语研究》(王燕丽 2009)、《洪洞方言古词语研究》(石华华 2010)等。

(三) 语法方面

对临汾方言某一方言点的某种语法现象进行探讨的文章有:《洪洞话的"去""来"》(乔全生 1983)、《临汾方言里的"来"和"去"》(潘家懿 1984)、《洪洞话的代词》(乔全生 1986)、《洪洞方言"着"的共时研究》(乔全生 1989)、《洪洞话的"VX 着"结构》(乔全生 1989)、《吉县方言中的几种特殊构词形式》(蔡权 1989)、《洪洞话轻声的语法语义作用》(乔全生 1994)、《从洪洞方言看唐宋以来助词"着"的性质》(乔全生 1998)、《霍州方言 ABB 式叠音词的音义特点》(冯良珍 2002)、《山西襄汾汾城方言中的助词"价[$tɕiɒ^0$]"》(赵变亲 2011)等。

三、对中原官话及晋语的关系研究

1985 年,李荣先生在《官话方言的分区》中首次提出,将山西省及其毗连地区有入声的方言称作“晋语”，并主张把“晋语”从“北方官话”分出来。文中还指出，山西省的乡宁、临汾、襄汾、洪洞、安泽、蒲县、霍县、吉县等方言中古入声清音字、次浊字今读阴平，全浊字今读阳平；侯马、古县、汾西、翼城、浮山、曲沃等方言中古入声的清音字今读阴平，次浊字今读去声，全浊字今读阳平，这些入声已消失的点都不属于晋语，应当属于中原官话。如此看来，临汾方言就分属于两大方言——晋语和中原官话。

《中国语言地图集》(中国社会科学院等 1987)将汉语方言分为十大区，临汾境内的方言也得到了细化，如：根据山西境内有无入声的标准，临汾境内的隰县、大宁、永和由于有入声且平声分阴阳、阴平与上声同调被划为晋语吕梁片兴隰小片，其他十四个市县被划为中原官话汾河片：蒲县、吉县、乡宁、安泽、翼城由于去声不分阴阳，被划为汾河片解州小片；汾西、洪洞、襄汾、临汾、霍县、浮山、古县由于去声分阴阳，被划为汾河片平阳小片；侯马、曲沃去声不分阴阳，但只有三个调且平声不分阴阳，被划为汾河片绛州小片。

王临惠《汾河流域方言的语音特点及其流变》(2003)认为晋语和中原官话汾河片不论从共时特点还是从历时变化上都不可能归为一类。钱曾怡老师(2010：181－182)主编的《汉语官话方言研究》根据新的调查结果与分区标准，对原来的汾河片进行了重新划分：汾西、蒲县由于有入声，应划为晋语吕梁片；安泽县以冀鲁移民方言为主，土著居民的方言有入声，应归晋语上党片；襄汾城关及大多数乡镇去声不分阴阳，应划为汾河片绛州小片；翼城去声分阴阳，应划为汾河片平阳小片。《中国语言地图集》第2版(中国社会科学院等 2012)对临汾的划片结果与《汉语官话方言研究》一致，但将原属于关中片的合阳等地划为了汾河片。

同时，另外一些学者也提出了不同意见，大体可分为三种观点：一是赞同晋语独立为官话中的一个次方言，但不能独立为汉语方言的大方言，持此观点的学者有王福堂（1999）等；二是赞同独立为与官话平行的一个大方言，持此观点的学者有刘勋宁（1995）、李蓝（2002）；三是作为晋语与官话的过渡区存在，持此观点的学者有侯精一（1986）、张维佳（2005）、乔全生（2008）等。

乔全生的《山西汾西方言的归属》（1990）和吴建生的《蒲县方言的归属》（2003）也分别对单点方言的归属进行了探讨。乔全生认为汾西兼有晋语和中原官话的特点，但是因其具有入声、“圪”头词及“深臻曾梗通”五摄合流等特点，使之与中原官话区分开来。吴建生认为蒲县的特点与中原官话更为一致，但就整个山西西南部的运城、临汾方言来讲，将二者划为过渡地带更好。

这样看来，迄今为止，对于临汾十七县市方言是划为中原官话、晋语还是二者的过渡区仍存在争议。

1.2.2 选题缘由

一，以往的成果为我们进一步研究临汾方言提供了丰富的资料，但在以下方面还有较大的研究空间：

1. 部分方言点材料匮乏，如安泽、隰县、侯马、乡宁等县市方言均只有简单的平面描写材料；

2. 大都从传统的音韵学角度进行研究，未见有人从地理语言学角度进行研究；

3. 缺乏整体的描写及大面积的综合研究或比较研究。如语音方面，除《中原官话汾河片语音研究》（张威娜 2015）对临汾方言十一县市进行描写分析外，以往研究大多集中于单点研究，尚未有人对临汾这一行政区划内的方言做一个整体的、综合的描写与比较；

4. 关于临汾方言的整体归属、汾河片的归属问题，学者们意见尚未统一，我们认为以往分区标准仅限于语音，如能挖掘更多语音、词汇、语法方面的事实，可能将有助于这一问题的解决。

二，从地形上来看，临汾市境域四周环山，中部为盆地平川，地形地貌以丘陵、山地为主，丘陵占 51.4%，山地占 29.2%。[①] 如此封闭、复杂的地貌比较适合从地理语言学角度进行分析。根据《中国语言地图集》第 2 版"图 B1－13 晋语""图 B2－13 山西省的汉语方言""图 B2－14 陕西省的汉语方言"，临汾周边方言复杂：临汾北邻的吕梁市属于晋语吕梁片，晋中市属于晋语并州片；西邻的延川县、延长县属于晋语志延片，宜川县属于中原官话汾河片解州小片；东部的长治市、晋城市属于晋语上党片，南邻的运城市属于中原官话汾河片解州小片。因此无论从南到北，还是从东到西，临汾市都是处于晋语和中原官话的过渡地带，非常值得作为整体来研究。

本书拟对临汾十七县市方言进行全面、综合的描写研究，不仅可以为临汾方言及汉语方言研究提供更加翔实的材料，通过地理上语言特征的共时分布探索其演变机制、形成规律；还能在此基础上多维度地比较确定临汾方言的归属以及晋语与中原官话的关系。

1.3 研究对象、研究目的、材料来源、研究方法及研究思路

1.3.1 研究对象

本书共选取调查点 66 个，其中十七个县市各选取一个点作为重点点，共 17 个：临汾贺家庄、洪洞左木、侯马城关、曲沃里村、翼城隆化、浮山响水河、吉县文城、蒲县城关、古县城关、乡宁光华、襄汾邓庄、霍州城关、汾西城关、隰县黄土、永和阁底、大宁徐家垛、安泽唐城。

一般点 49 个：临汾城关、临汾河底、临汾一平垣、洪洞城关、洪洞山头、洪洞明姜、侯马凤城、曲沃史村、曲沃北董、翼城城关、翼城西阎、浮山城关、浮山寨圪瘩、吉县城关、吉县屯里、吉县柏山寺、蒲县黑龙关、蒲县太林、蒲县山中、

---

① 参见临汾市人民政府网 http://183.201.254.101/wapzf/和临汾市电子地形图 http://shanxi.tianditu.gov.cn/new_map/index.html#。

古县石壁、古县南垣、古县北平、古县古阳、乡宁城关、乡宁枣岭、乡宁关王庙、襄汾汾城、襄汾古城、襄汾城关、襄汾襄陵、霍州师庄、霍州李曹、霍州退沙街道、汾西勍香、汾西邢家要、汾西团柏、隰县城南、隰县午城、隰县下李、永和城关、永和南庄、永和坡头、大宁城关、大宁太古、大宁三多、安泽府城、安泽良马、安泽杜村、安泽冀氏。

选取一般点的原则：每个县（市）2—4个点，具体考虑县内方言区别大小、布点均衡等因素。具体来讲，主要根据方言的差距在地理上表现的均匀性进行布点。第一，在临汾范围内，以乡镇为单位，原则上选在每乡镇郊区作为调查点。第二，考虑地理位置的远近，在特别邻近的两个乡镇中，只选取其中一个，力图所取点在地图上比较均衡。在实地调查中，根据各市县方言内部差异的实际情况做一些调整。

1.3.2　研究目的

一，较为系统的调查临汾十七县市的语音、词汇、语法，弥补已有材料的不足。

二，绘制方言地图，直观展示临汾方言语音、词汇、语法方面重要语言特征的地理分布，并对其分布规律及成因进行分析。

三，画出同言线束，找出晋语与中原官话的分界线，并结合周边材料探讨临汾方言的特点及其归属。

1.3.3　材料来源

本书的研究主要依据临汾十七县市的66个方言点的材料，大部分为笔者调查所得，有些借鉴了前人时贤的材料，具体如下：

语音方面：58个方言点的材料为笔者调查所得，有8个方言点借鉴了前人时贤的研究成果，如《临汾方言志》（潘家懿　1990）、《洪洞方言研究》（乔全生　1999）、《翼城方言简志》（潘家懿，辛菊，王临惠　1989）、《浮山方言研究》（余跃龙，郝素伟　2009）、《吉县方言志》（蔡

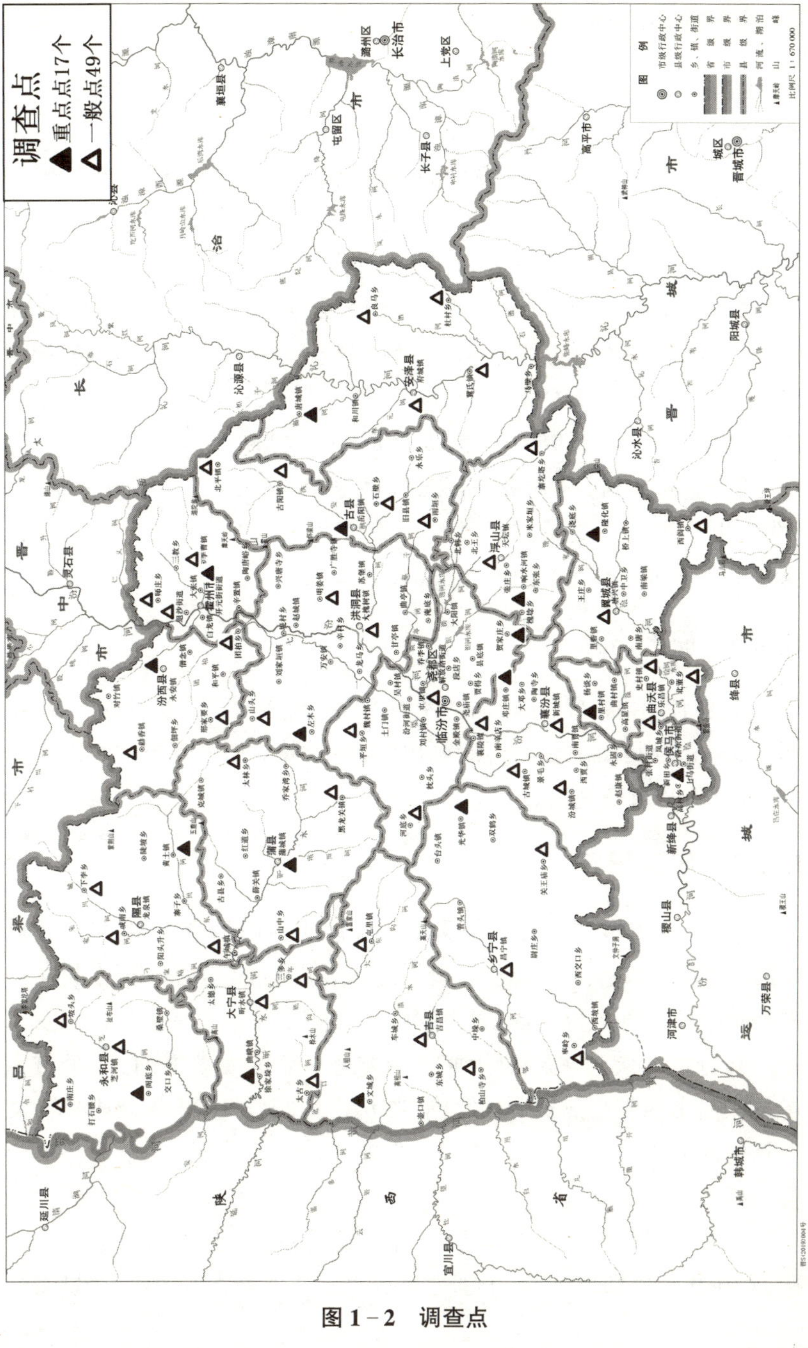
调查点
重点点17个
一般点49个
临汾市
尧都区
洪洞县
霍州市
古县
安泽县
浮山县
翼城县
曲沃县
侯马市
襄汾县
乡宁县
吉县
大宁县
永和县
隰县
蒲县
汾西县
长治市
晋城市
沁源县
沁水县
阳城县
绛县
新绛县
稷山县
河津市
万荣县
韩城市
宜川县
延川县
灵石县
襄垣县
屯留区
长子县
潞州区
上党区
高平市
城区
陕
西
省

图 1-2　调查点

权 1990)。曲沃史村、吉县柏山寺、襄汾汾城的语音材料来自张威娜(北京语言大学 2012 级博士生)的调查。

词汇、语法方面：第 3 章“常用词的地理分布及分析”“语法特征分布及分析”中的材料均来自笔者的调查。第 3 章词汇、语法特点的描写部分,以笔者的调查为基础,同时借鉴了以下前人时贤的材料：《永和方言研究》(李建校,刘明华,张琦 2009)、《大宁方言研究》(崔容,郭鸿燕 2009)、《汾西方言研究》(乔全生,程丽萍 2009)、《霍州方言研究》(冯良珍,赵雪伶 2014)、《古县方言研究》(刘芳,和苗 2014)、《浮山方言研究》(余跃龙,郝素伟 2009)、《吉县方言研究》(张洁,杨萌 2014)、《临汾方言志》(潘家懿 1990)、《洪洞方言研究》(乔全生 1999)、《翼城方言简志》(潘家懿,辛菊,王临惠 1989)、《山西临汾方言词汇研究》(卫水水 2012)。

1.3.4　研究方法

主要使用描写比较法,适当采用地理语言学方法。利用 Photoshop 软件绘制方言地图,画出同言线,并对语言现象进行地理分类,探讨历时演变规律。

1.3.5　研究思路

一,确定重点调查点。依据《山西省地图册》(星球地图出版社 2013),将永和阁底、大宁徐家垛、隰县黄土、蒲县城关、汾西城关、霍州城关、古县城关、安泽唐城、浮山响水河、洪洞三交河、临汾贺家庄、吉县王家原、乡宁光华、襄汾邓庄、侯马城关、曲沃里村、翼城隆化确定为本书的 17 个重点点。依据山西省自然资源厅官网“临汾市地图晋 S(2019)004 号”,文中其他部分均将“洪洞三交河”改为“洪洞左木”,“吉县王家原”改为“吉县文城”。

二,确定发音人的选择标准(除一般标准外,调查对象绝大多数选为 1960 年以前出生的,个别方言点由于找发音人有困难,个别发音人超出限制,如乡宁枣岭乡桥头村的发音人马昊科为1961年生)。

三,调查重点点。首先选择一个较为重要的重点点进行语音、词汇、语法的全面调查,并进行反复核实。然后对其他重点点进行调查,调查内容包括:音系调查简表、《方言调查字表》(修订版)(中国社会科学院语言研究所 2005)、词汇条目200条、语法条目100条。最后归纳各点音系及其语言特点的一致性和差异性。

四,确定《〈山西临汾十七县市方言研究〉调查条目》。

调查条目表共分语音、词汇、语法三个部分。拟定语音的依据是以《广韵》为参照(必要时也参照上古音),临汾方言所残存的古音情况或者同一语音现象在临汾方言的内部差异。

拟定词汇、语法的依据主要是同一现象在临汾方言的内部差异。

最后确定语音条目788个字,词汇条目120条,语法条目30条。

五,确定一般点。(见1.3.1研究对象)[依据山西省自然资源厅官网"临汾市地图晋S(2019)004号",文中其他部分均将"曲沃西常"改为"曲沃史村",将"霍州王庄"改为"霍州退沙街道"。]

六,根据所制定的调查条目,对一般点进行调查,并在实际过程中进行修整、补充。

七,绘制方言地图,展示共时分布。首先,利用Photoshop软件将每个调查条目的实际情况绘制在不同的地图上,然后对分布特征进行说明。

八,探讨临汾方言的演变机制、形成规律。从语言现象共时分布的信息中找到其历时变化的根据。

九,画出同言线束,找出中原官话与晋语的分界线,并探讨临汾方言的特点及其区属。

第二章

临汾方言语音分析

2.1 代表点音系①

2.1.1 永和阁底

一、声母 23 个,包括零声母在内

p 霸边补百	p^h 怕平部拔	m 迷满墓麦		
t 多达带定	t^h 动豆毒逃	n 拿暖内纳		l 蓝李泪辣
ts 走增争做	ts^h 醋从初擦	s 晒生师丝		
tʂ 招蒸张猪	$tʂ^h$ 除潮厂车	ʂ 声扇拾烧	ʐ 热软人日	
tɕ 加井句足	$tɕ^h$ 千起墙局	ȵ 芽雨念业	ɕ 乡悬岁习	
k 耕鼓共国	k^h 棵跪控客	ŋ 恩鹅袄岸	x 凡鞋肺瞎	
Ø 优儿完引伟艺月				

二、韵母 45 个

ɿ 资此史做	i 衣鸡起尾	u 胡姑主裤	y 女许雨嘴
ʅ 世吃知池			
a 爸蛇车茶	ia 加茄写夜	ua 花滑耍挂	ya 瘸靴
	iɛ 些墙净醒		yɛ 学兄

① 例字下画双线表示文读,画单线表示白读。下同。

ə 歌尝杏生		uo 多黄方窗	
ɯ 核圪	iɪ 盐甜辫年		yɪ 全选
ɚ 儿二耳			
ai 开杯鞋矮	iai 介街	uai 快外坏拐	
ei 开杯贼妹		uei 灰对跪伟	
ɔu 高陶饱贸	iɔu 彪摇搅料		
ou 偷组厚录	iou 休牛柳旧		
ɛ̃ɪ 赶三胆含	iɛ̃ɪ 间咸甜连	uɛ̃ɪ 弯船官钻	yɛ̃ɪ 圆全宣犬
ɑŋ 糖让方棒	iɑŋ 良枪讲娘	uɑŋ 王光黄逛	
əŋ 很深绳能	iŋ 印近停兵	uŋ 轮魂共东	yŋ 云群用胸
ɐʔ 盒塔热色	iɐʔ 鸭接白药	uɐʔ 活夺哭毒	yɐʔ 月绝绿雪
əʔ 十一直尺	iəʔ 急北锡麦	uəʔ 骨出国郭	yəʔ 橘局削

音值说明：

1. ［iɪ yɪ］中的［ɪ］实际舌位略低。

2. ［iɛ yɛ］中的［ɛ］实际舌位略高。

三、单字调 6 个

阴平［31］	东开灯春	阳平［24］	门油皮糖
上声［312］	古九草懂	去声［53］	近四去硬饭
阴入［3］	百拍急哭	阳入［21］	麦月毒白

2.1.2　大宁徐家垛

一、声母 24 个，包括零声母在内

p 霸边补百	p^h 怕平部拔	m 迷满墓麦	f 方凡肺罚	
t 多达带定	t^h 动豆毒逃	n 拿暖内纳		l 蓝李泪辣
ts 走增争做	ts^h 醋从初擦	s 晒生师丝		
tʂ 招蒸张猪	$tʂ^h$ 除潮厂车	ʂ 声扇拾烧	ʐ 热软人日	
tɕ 加井句足	$tɕ^h$ 千起墙局	ȵ 芽雨念业	ɕ 乡悬岁习	
k 耕鼓共国	k^h 棵跪控客	ŋ 恩鹅袄岸	x 河鞋黑瞎	

Ø 优儿完引伟艺月

二、韵母 39 个

ɿ 资此史做	i 衣鸡起尾	u 胡姑主裤	y 女许雨嘴
ʅ 世吃知池			
a 爸蛇车茶	ia 加茄写夜	ua 花滑耍挂	ya 瘸靴茄
	ie 些墙净醒		ye 兄
ə 方尝杏生		uo 多河黄窗	
ɯ 核圪	iɪ 品近杏定		yɪ 群运永用
ɚ 儿二耳			
ɛe 开杯鞋矮		uɛe 快外坏拐	
ei 开杯贼妹		uei 灰对跪伟	
ɔu 高陶饱贸	iɔu 彪摇搅料		
əu 偷组厚录	iəu 休牛柳旧		
æ̃ 糖让胆含	iæ̃ 甜近枪兵	uæ̃ 弯船光黄	yæ̃ 圆全用胸
əŋ 很深绳能		uŋ 轮魂共东	
ɐʔ 盒塔热色	iɐʔ 鸭接白药	uɐʔ 活夺哭毒	yɐʔ 月绝绿雪
əʔ 十一直尺	iəʔ 急北锡麦	uəʔ 骨出国郭	yəʔ 橘局削

音值说明：

[iɪ yɪ]中的[ɪ]实际舌位略低。

三、单字调 5 个

阴平[31]	东开灯春古九草懂	阳平[24]	门油皮糖
去声[55]	近四去硬饭	阴入[31]	百拍麦月
阳入[4]	毒白盒罚		

2.1.3 隰县黄土

一、声母 20 个，包括零声母在内

p 霸边补百　p^h 怕平部拔　m 迷满墓麦

t 多冻导敌	t^h 推糖第贴	n 拿暖内纳		l 蓝李泪辣
ts 睁左镇哲	ts^h 彻窗晨字	s 私受顺色	z 如染让入	
tɕ 加井句足	$tɕ^h$ 千起墙局	ȵ 芽雨念业	ɕ 乡悬岁习	
k 耕鼓共国	k^h 棵跪控客	ŋ 恩鹅袄岸	x 辉副饭瞎	
ø 优儿完引伟艺月				

音值说明：

1. [m n ȵ ŋ]有同部位的浊塞音成分，实际读作[m^b n^d $ȵ^{ȡ}$ $ŋ^g$]。
2. [ȵ]只拼细音。
3. [ts]组也可读作[tʂ]组，不区别意义，但多数情况下读作[ts]组。
4. [ŋ]只出现在开口呼前。

二、韵母36个

ʅ 知池此世	i 衣鸡七尾	u 胡姑主裤	y 女许雨嘴
a 八蛇车刷	ia 加霞鸭哑	ua 花滑耍挂	
ʌ 只十质德	iʌ 阶敌笔习	uʌ 夺祝握取	yʌ 续俗绝橘
ɔ 高陶饱贸	iɔ 彪摇搅料		
ə 河菠忘隔		uo 活国做黄	
ɯ 核圪			
ɚ 儿二耳			
	iᴇ 姐切冰钉		yɛ 靴兄瘸懕
ɛe 开排鞋矮		uɛe 快外坏拐	
ei 北煤特贼		uei 灰对跪伟	
ou 偷组厚录	iou 休牛柳旧		
ã 南糖厂盘	iã 眼咸想讲	uã 凡完撞广	yã 圆权宣犬
ẽɪ	iẽɪ 品心	uẽɪ 轮魂	yẽɪ 云群损军
ɛ̃ 三蛋帮棒	iɛ̃ 念限亮江	uɛ̃ 范官光矿	yɛ̃ 院劝冤绢
əŋ 很认绳成	iəŋ 灵兵近印	uoŋ 共东存温	yoŋ 用胸熊琼

音值说明：

1. 单韵母[u y]实际舌位略低。

2. [y]曹源老师有时略有动程,读为[yɪ]。

3. [e]实际音值为[eɪ]。

4. [e ue]逢阳平[24]、上声[21]实际音值为[ɛ uɛ]。

5. [ã iã uã yã]逢阴平[41]、去声[55]实际音值为[ɐ̃ iɐ̃ uɐ̃ yɐ̃]。

6. [əŋ iəŋ uoŋ yoŋ]实际主元音略有鼻化。

三、单字调6个

阴平[41]	东灯升春	阳平[24]	门油皮糖
上声[21]	懂草五有	去声[55]	近怪去树
阴入[41]	百哭月麦	阳入[3]	毒罚白盒

音值说明:

阴入[41]实际开头略低,但又不到3。

2.1.4　蒲县城关

一、声母25个,包括零声母在内

p 霸边补百	p^h 怕平部拔	m 迷满墓麦	f 方凡肺罚	
t 多达洞定	t^h 动豆毒逃	n 拿暖内纳		l 蓝李泪辣
ts 走增争做	ts^h 醋从初擦	s 晒生师丝	z 仍扔戎绒	
tʂ 招蒸张猪	$tʂ^h$ 除潮厂车	ʂ 声扇拾烧	ʐ 热软人日	
tɕ 加井句足	$tɕ^h$ 千起墙局	ȵ 芽雨念业	ɕ 乡悬岁习	
k 耕鼓共国	k^h 棵跪控客	ŋ 恩鹅袄岸	x 辉鞋馅瞎	
ø 优儿完引伟艺月				

二、韵母39个

ɿ 资此史做	i 衣鸡七尾	u 胡姑主裤	y 女许雨嘴
ʅ 日吃知事			
a 爸蛇车刷	ia 加霞鸭卸	ua 花滑耍挂	ya 瘸茄靴
ɛ 百白拍麦	iɛ 谢阶学羊	uɛ 国或横	yɛ 绝月削兄
ə 射尝渴合		uo 多河脱窗	

ɚ 儿二耳			
ai 开排鞋矮		uai 快外坏拐	
ei 北煤特贼		uei 灰对跪伟	
ɑu 高陶饱贸	iɑu 彪摇搅料		
əu 偷组厚录	iəu 休牛柳旧		
ɑn 赶三胆含	iɑn 间咸甜连	uɑn 弯船官钻	yɑn 圆全宣犬
ən 很深认纯	in 品心近印	uən 存温轮魂	yn 云群损军
ɑŋ 糖让方棒	iɑŋ 良枪讲娘	uɑŋ 王光黄逛	
əŋ 绳成能生	iŋ 灵停兵精	uŋ 共翁同东	yŋ 用胸熊琼

音值说明：

1. 单韵母[u]拼[tʂ]组时实际音值为[ʮ]。

2. [iɛ uɛ yɛ]实际音值为[iəɛ uəɛ yəɛ]。

三、单字调 6 个

阴平[53]	东开灯春	阳平[24]	门油皮糖
上声[21]	古九草懂	去声[55]	近四去硬饭
阴入[53]	百拍麦月	阳入[5]	毒白盒罚

2.1.5 汾西城关

一、声母 22 个，包括零声母在内

p 霸边补百	p^h 怕平部拔	m 迷满墓麦	f 方水顺罚	v 无软味物	
t 多戒短角	t^h 动敲土逃	n 拿暖内纳			l 蓝李泪辣
ts 知组状质	ts^h 茶产坐出		s 拴伞率湿	z 揉忍认弱	
tɕ 加井句足	$tɕ^h$ 千起墙局	ȵ 芽雨念业	ɕ 乡悬岁习		
k 耕鼓共国	k^h 棵跪控客	ŋ 恩鹅袄岸	x 辉鞋馅瞎		
Ø 优儿完引伟艺月					

音值说明：

1. [v]除做声母外，可自成音节，也可做韵母。

2. [ȵ]只拼细音。

3. [z]偶尔读作[ʐ],[z]、[ʐ]不对立。

4. [ŋ]只出现在开口呼前。

5. [n ŋ]有同部位的浊塞音成分,实际读作[nᵈ ŋᶢ]。

二、韵母 39 个

ʅ	知池此世	i	街邪命钥	u	庄吴果剁	y	居鱼嘴律
a	沙乏夏达	ia	加霞鸭卸	ua	花滑耍挂	ya	瘸懕
ʌ	只卜质德	iʌ	阶敌笔习	uʌ	夺祝握取	yʌ	续俗绝橘
ɪ	裂麦热帖	iɪ	页捏歇接	uɪ	或获惑握	yɪ	决缺血月
ɚ	儿二耳						
ʑ	低泥已议			v	猪除薯鼓		
ai	胎才矮害			uai	歪怀拐帅		
ei	蒸赔整未			uei	崔葵对伟		
əɯ	多鹅丈忘						
ɑu	高陶饱贸	iɑu	彪摇搅料				
ou	偷组厚录	iou	休牛柳旧				
ɷu	桃脱膜剥	iɷu	轿苗猎角			yɷu	脚药岳雀
ɑŋ	三谈厂让	iɑŋ	仙盐讲亮	uɑŋ	官完爽撞	yɑŋ	捐元选恋
əŋ	疼针本凤	iŋ	音凭敏幸	oŋ	工魂总盾	yoŋ	均雄永训

音值说明:

1. [u]实际舌位略低。

2. [iʌ uʌ yʌ]实际音值为[iːʌ uːʌ iuːʌ]。

3. [ɪ iɪ uɪ yɪ]实际音值为[ɪi iɪi uɪi yɪi]。

4. [ʑ]实际摩擦不强,也可记为[j]。

5. [v]拼双唇声母时实际读作[β]。

6. [ei]实际音值为[ɛi]。

7. [ɑu iɑu]中[ɑ]实际舌位略高。

8. [ɷu]实际音值为[oʊ]。

9. [iɑŋ uɑŋ]逢[33]、[55]、[53]调实际音值为[iəŋ uəŋ]。

10. [aŋ iaŋ uaŋ yaŋ]实际音值为[ã^{ŋ} iã^{ŋ} uã^{ŋ} yã^{ŋ}]。

三、单字调 7 个

阴平[11]	多清窗花军	阳平[24]	狼瓶谁胡雄	上声[33]	考领普暖选
阴去[55]	暗庆副快岁	阳去[53]	淡硬部内具		
阴入[1]	尺业笔郭月	阳入[3]	杂拔敌族局		

音值说明：

1. 阴平[11]有时读作[21]。

2. 上声[33]实际音值略低。

3. 阴入[1]、阳入[3]单念有时读作[11]、[33]，但连读中都读作[1]、[3]。

4. 入声字连读作前字时略有喉塞，单念则没有。

2.1.6 霍州城关

一、声母 25 个，包括零声母在内

p 霸边补百	p^{h} 怕平部拔	m 迷满墓麦	f 方凡肺罚	v 闻忘袜雾
t 多达灯胆	t^{h} 兔豆糖毒	n 拿暖内纳		l 蓝李泪辣
ts 走增争做	ts^{h} 醋从初擦	s 晒生师丝	z 儿扔二耳	
tʂ 招蒸张猪	tʂ^{h} 除潮厂车	ʂ 声扇拾烧	ʐ 热软人日	
tɕ 加钉句足	tɕ^{h} 地起墙局	ȵ 芽雨念业	ɕ 乡悬岁习	
k 耕鼓共国	k^{h} 棵跪控客	ŋ 恩鹅袄岸	x 辉鞋馅瞎	
Ø 优儿完引伟艺月				

二、韵母 36 个

ɿ 资此史做	i 衣鸡七尾	u 胡姑主裤	y 女许雨嘴
ʅ 日吃知事			
a 爸蛇车刷	ia 加霞鸭卸	ua 花滑耍挂	ya 瘸绝
ɔ 帮黄窗杏	iɔ 巧瓢轿条		
ə 歌盒色窄		uo 多坐落国	

ɚ 而尔			
əɛ 黑客	iɛ 些墙叶白		yɛ 靴月脚学
ai 开排鞋矮	iai 介街挨解	uai 快外坏拐	
ei 北煤特贼		uei 灰对跪伟	
ɑu 高陶饱贸	iɑu 彪摇搅料		
ou 偷组厚录	iou 休牛柳旧		
ɷu 豆	iɷu 舅雀六		
ɑŋ 糖三胆棒	iɑŋ 甜连枪讲	uɑŋ 船官王黄	yɑŋ 圆全宣犬
əŋ 很深绳能	iŋ 近印兵精	uŋ 存轮共东	yŋ 用胸熊琼

三、单字调 5 个

阴平[213]	东开灯春百拍麦	阳平[35]	门油皮糖毒白盒
上声[31]	古九草懂	阴去[44]	冻四快去半
阳去[53]	动近硬地树		

2.1.7 古县城关

一、声母 25 个,包括零声母在内

p 霸边补百	p^h 怕平部拔	m 迷满墓麦	f 方水输罚	v 肉褥	
t 多鸡洞角	t^h 动轿毒逃	n 拿暖内纳			l 蓝李泪辣
ts 走增争做	ts^h 醋从初擦	s 晒生师丝			
tʂ 招蒸张猪	$tʂ^h$ 除潮厂车	ʂ 声扇拾烧	ʐ 热软人日		
tɕ 加井句足	$tɕ^h$ 千起墙局	ȵ 芽雨念业	ɕ 乡悬岁习		
k 耕鼓共国	k^h 棵跪控客	ŋ 恩鹅袄岸	x 辉鞋馅瞎		
ø 优儿完引伟艺月					

二、韵母 40 个

ɿ 资此史做	i 衣鸡七尾	u 胡姑主裤	y 女许雨嘴
ʅ 日吃知事			
a 爸蛇车刷	ia 加霞鸭卸	ua 花滑耍挂	ya 瘸
ɛ 生落特白	iɛ 且介叶平		yɛ 靴雀月穴

ə 菠盒客霜		uə 多河脱狼	yə 脚学娘墙
ʅɛ 蔗社射奢			
ɚ 儿二耳			
ai 开排鞋矮		uai 快外坏拐	
ei 北煤倍贼		uei 灰对跪伟	
ɑu 高陶饱贸	iɑu 彪摇搅料		
ou 偷组厚录	iou 休牛柳旧		
an 赶三胆含	ian 间咸甜连	uan 弯船官钻	yan 圆全宣犬
ən 很深认纯	in 品心近印	uən 存温轮魂	yn 云群损军
ɑŋ 糖让方棒	iɑŋ 良枪讲娘	uɑŋ 王光黄逛	
əŋ 绳成能生	iəŋ 灵停兵精	uŋ 共翁同东	yəŋ 用胸熊琼

音值说明：

[ai uai]实际音值为[ɛe uɛe]。

三、单字调 3 个

阴平[31]	诗高猪急竹织得月六麦	阳平[24]	时题读局白十合
去声[53]	古展纸走盖罪变怕近柱		

2.1.8 安泽唐城

一、声母 25 个，包括零声母在内

p 霸边补百	p^h 怕平部拔	m 迷满墓麦	f 方凡肺罚	v 未完万握	
t 多达洞定	t^h 动偷毒逃	n 拿暖内纳			l 蓝李泪辣
ts 走增争做	ts^h 醋从初擦	s 晒生师丝			
tʂ 招蒸张猪	$tʂ^h$ 除潮厂车	ʂ 声扇拾烧	ʐ 热软人日		
tɕ 加井句足	$tɕ^h$ 千起墙局	ȵ 芽雨念业	ɕ 乡悬岁习		
k 耕鼓共国	k^h 棵跪控客	ŋ 恩鹅袄岸	x 辉鞋馅瞎		
ø 优儿完引伟艺月					

音值说明：

1. [f]略有双唇色彩。

2. [v]有时读作[u]，读[v]时双唇轻微靠拢。

3. [tʂ]组实际音值舌位略后。

4. [ȵ]只拼细音。

5. [ŋ]只出现在开口呼前。

二、韵母 38 个

ɿ 资此史做	i 衣鸡七尾	u 胡姑主裤	y 女许雨嘴
ʅ 日吃知事			
ᴀ 大怕打拉	iᴀ 加霞鸭卸	uᴀ 花滑耍挂	
	ie 茄写街棚	uɛ 国或横	ye 瘸靴倔
ə 多歌蛇帮		uo 破坐窗装	
ɚ 儿二耳			
ai 开排鞋矮		uai 快外坏拐	
ei 杯陪位贼		ui 灰对跪伟	
ɑu 高陶饱贸	iɑu 彪摇搅料		
ou 偷组厚录	iou 休牛柳旧		
ɛ̃ 赶三胆含	iɛ̃ 间咸甜连	uɛ̃ 弯船官钻	yɛ̃ 圆全宣犬
ɑ̃ 糖让方棒	iɑ̃ 良枪讲娘	uɑ̃ 王光黄逛	
əŋ 很深绳能	iəŋ 近印兵精	uəŋ 轮魂共东	yəŋ 云群用胸
ɐʔ 杂辣搁北		uɐʔ 脱落桌国	
əʔ 十舌日尺	iəʔ 急鸭铁七	uəʔ 入出读熟	yəʔ 雪脚绿局

音值说明：

1. [ie ye]实际音值为[ieə yeə]。

2. [uo]实际音值为[uːo]。

3. [ai uai]实际音值为[ɛe uɛe]。

4. [ei]中元音[e]实际发音舌位略后。

5. [ɑu iɑu]实际音值为[ɔo iɔo]。

6. [ɛ̃ iɛ̃ uɛ̃]实际音值为[ɛ̃^{ɐ} iɛ̃^{ɐ} uɛ̃^{ɐ}]，且鼻化色彩较轻较弱。

7. [ɑ̃ iɑ̃ uɑ̃]实际上有较轻的鼻尾。

8. [ɐ]实际发音略后。

9. “恩”读[ŋ^{g}]。

三、单字调 5 个

阴平[213]	东开灯春	阳平[21]	门油皮糖
上声[423]	古九草懂	去声[53]	近四去硬饭
入声[32]	百拍麦月毒白盒罚		

2.1.9　浮山响水河

一、声母 27 个，包括零声母在内

p 布病本笔	p^h 怕平部拔	m 门木米民		
pf 主桌转中	pf^h 出唇穿床		f 方水顺罚	v 闻软忘入
t 多鸡洞角	t^h 动轿毒逃	n 拿暖内纳		l 蓝李泪辣
ts 祖择争指	ts^h 字茶插齿		s 三祠是色	
tʂ 装知郑只	$tʂ^h$ 直船赵撞	ʂ 十升神收	ʐ 热软人日	
tɕ 加井句足	$tɕ^h$ 千起墙局	ȵ 芽雨念业	ɕ 乡悬岁习	
k 耕鼓共国	k^h 棵跪控客	ŋ 恩鹅袄岸	x 辉鞋馅瞎	
ø 优儿完引伟艺月				

二、韵母 39 个

ɿ 资此史做	i 衣鸡七尾	u 胡姑主裤	y 女许雨嘴
ʅ 日吃知事			
a 八蛇车刷	ia 加生鸭卸	ua 花滑耍挂	ya 瘸
ə 河菠忘桌		uo 活国做尝	yə 墙脚药学
ɚ 儿二耳			
	iɛ 姐切冰净		yɛ 靴绝月雪
ai 开排鞋矮	iai 介	uai 快外坏拐	
ei 北煤特贼		uei 灰对跪伟	
ɑu 高陶饱贸	iɑu 彪摇搅料		
ou 偷组厚录	iou 休牛柳旧		

æ̃ 赶三胆含	iɛ̃i 间咸甜连	uæ̃ 弯船官钻	yɛ̃i 圆全宣犬
ẽ 很深认纯	iẽ 品心近印	uẽ 存温轮魂	yẽ 云群损军
ɑŋ 糖让方棒	iɑŋ 良枪讲娘	uɑŋ 王光黄逛	
əŋ 绳成能生	iŋ 灵停兵精	uŋ 共翁同东	yŋ 用胸熊琼

音值说明：

[ɑu iɑu]中[ɑ]实际舌位略高。

三、单字调 5 个

阴平[42] 诗高猪急竹织得月六麦　阳平[13] 时题田魂寒读局白十合

上声[33] 古展纸走短五女染老暖　阴去[44] 盖帐正变爱抗唱菜怕

阳去[53] 近柱厚阵贱大病害聚在罪

音值说明：

阴去[44]实际音值略高。

2.1.10 洪洞左木

一、声母 25 个，包括零声母在内

p 霸边补百	pʰ 怕平部拔	m 迷满墓麦	f 方水输罚	v 闻软忘无	
t 多鸡洞角	tʰ 动轿毒逃	n 拿暖内纳			l 蓝李泪辣
ts 走增争做	tsʰ 醋从初擦	s 晒生师丝			
tʂ 招蒸张猪	tʂʰ 除潮厂车	ʂ 声扇拾烧	ʐ 热软人日		
tɕ 加井句足	tɕʰ 千起墙局	ȵ 芽雨念业	ɕ 乡悬岁习		
k 耕鼓共国	kʰ 棵跪控客	ŋ 恩鹅袄岸	x 辉鞋馅瞎		

Ø 优儿完引伟艺月

二、韵母 36 个

ɿ 资此史做	i 衣鸡七尾	u 胡姑主裤	y 女许雨嘴
ʅ 日吃知事			
ᴀ 爸蛇车刷	iᴀ 加霞鸭卸	uᴀ 花滑耍挂	yᴀ 瘸茄绝
ɛ 生落特白	iɛ 姐切冰净	uɛ 国或	yɛ 靴兄月穴
ə 河菠秤割			

o　歌河瓤弱　　io　娘墙想样　　uo　活国做尝　　yo　脚学角

ɯ　核圪

ɚ　儿二耳

ai　开排鞋矮　　uai　快外坏拐

ei　北煤倍贼　　uei　灰对跪伟

ɑu　高陶饱贸　　iɑu　彪摇搅料

əu　偷组厚录　　iəu　休牛柳旧

ɑŋ　胆含方棒　　iɑŋ　咸甜良娘　　uɑŋ　弯船王黄　　yɑŋ　圆全宣犬

əŋ　很认能生　　iŋ　近印灵停　　uŋ　共翁温魂　　yŋ　群用胸熊

音值说明：

1. [u]实际舌位略低。

2. [ɑu iɑu]中[ɑ]实际舌位略高。

三、单字调 4 个

阴平[21]　诗高猪急竹织得月六麦　　阳平[24]　时题读局白十合

上声[42]　展纸走短五女染暖　　去声[53]　盖帐正罪变怕近柱厚阵

2.1.11　临汾贺家庄

一、声母 27 个，包括零声母在内

p　霸边补百　　p^h　怕平部拔　　m　迷满墓麦

pf　猪抓中桌　　pf^h　柱吹窗捉　　f　方水顺罚　　v　闻软忘入

t　多鸡洞角　　t^h　动轿毒逃　　n　拿暖内纳　　l　蓝李泪辣

ts　祖择争指　　ts^h　字茶插齿　　s　三祠是色

tʂ　装知郑只　　$tʂ^h$　直船赵撞　　ʂ　十升神收　　ʐ　热软人日

tɕ　加井句足　　$tɕ^h$　千起墙局　　ȵ　芽雨念业　　ɕ　乡悬岁习

k　耕鼓共国　　k^h　棵跪控客　　ŋ　恩鹅袄岸　　x　辉鞋馅瞎

ø　优儿完引伟艺月

二、韵母 39 个

ɿ　资此史做　　i　衣鸡七尾　　u　胡姑主裤　　y　女许雨嘴

ʅ 日吃知事			
ʌ 爸蛇车刷	iʌ 加霞鸭卸	uʌ 花滑耍挂	yʌ 瘸
ə 河菠争桌		uo 活国做尝	yə 墙脚药角
ɚ 儿二耳			
	ie 姐切冰净	ye 靴兄月学	
ai 开排鞋矮	iai 街	uai 快外坏拐	
ei 北煤倍贼		uei 灰对跪伟	
ɑu 高陶饱贸	iɑu 彪摇搅料		
əu 偷组厚录	iəu 休牛柳旧		
æ̃ɪ 赶三胆含	iæ̃ɪ 间咸甜连	uæ̃ɪ 弯船官钻	yæ̃ɪ 圆全宣犬
ẽɪ 很深认纯	iẽɪ 品心近印	uẽɪ 存温轮魂	yẽɪ 云群损军
ɑŋ 糖让方棒	iɑŋ 良枪讲娘	uɑŋ 王光黄逛	
əŋ 绳成能生	iŋ 灵停兵精	uŋ 共翁同东	yŋ 用胸熊琼

音值说明：

1. ［u］实际舌位略低。

2. ［ɑu iɑu］中［ɑ］实际舌位略高。

三、单字调 5 个

阴平［21］	诗高猪急竹织得月六麦	阳平［24］	时题田魂寒读局白十合
上声［42］	古展纸走短五女染老暖	阴去［55］	盖抗唱菜帐正变爱怕
阳去［53］	近柱厚阵贱大病害聚在罪		

音值说明：

阴去［55］实际音值略低。

2.1.12　吉县文城

一、声母 26 个，包括零声母在内

p 霸边补百	pʰ 怕平部拔	m 迷满墓麦	f 方凡肺罚	v 闻万忘无	
t 多达洞定	tʰ 动豆毒逃	n 拿暖内纳			l 蓝李泪辣
ts 走增争做	tsʰ 醋从初擦	s 晒生师丝	z 儿		

tʂ 招蒸张猪	tʂ^h 除潮厂车	ʂ 声扇拾烧	ʐ 热软人日
tɕ 加井句足	tɕ^h 千起墙局	ȵ 芽雨念业	ɕ 乡悬岁习
k 耕鼓共国	k^h 棵跪控客	ŋ 恩鹅袄岸	x 辉鞋馅瞎
ø 优儿完引伟艺月			

二、韵母 35 个

ɿ 资此史做	i 衣鸡七尾	u 胡姑主裤	y 女许雨嘴
ʅ 日吃知事			
a 爸蛇车刷	ia 加霞鸭卸	ua 花滑耍挂	ya 瘸
ə 多河尝割	iə 娘墙药学	uo 坐窝黄夺	
ɚ 儿二耳			
ʅE 秤声舌日	iE 些切冰净	uE 说	yE 靴兄绝月
ai 开排鞋矮		uai 快外坏拐	
ei 杯笨心疼	iei 品林近印	uei 对跪存东	yei 军群云运
ɑu 高陶饱贸	iɑu 彪摇搅料		
ou 偷组厚录	iou 休牛柳旧		
æɛ 赶三胆含	iæɛ 间咸甜连	uæɛ 弯船官钻	yæɛ 圆全宣犬
ʌŋ 糖绳能棒	iʌŋ 强讲兵定	uʌŋ 虫共广往	yʌŋ 用胸熊琼

三、单字调 4 个

阴平[21]	诗高猪急竹织得月六麦	阳平[24]	时题读局白十合
上声[53]	古展纸走短五女染老暖	去声[31]	盖帐正罪变怕近柱厚阵

2.1.13　乡宁光华

一、声母 27 个,包括零声母在内

p 布病本笔	p^h 怕平部拔	m 门木米民			
pf 猪煮抓装	pf^h 柱吹住纯		f 方水顺罚	v 闻软忘肉	
t 多鸡洞角	t^h 动轿毒逃	n 拿暖内纳			l 蓝李泪辣
ts 祖择争指	ts^h 字茶插齿		s 三祠是色		
tʂ 装知郑只	tʂ^h 直船赵撞	ʂ 十升神收	ʐ 热软人日		

tɕ 加井句足　tɕʰ 千起墙局　ȵ 芽雨念业　ɕ 乡悬岁习

k 耕鼓共国　kʰ 棵跪控客　ŋ 恩鹅袄岸　x 辉鞋馅瞎

Ø 优儿完引伟艺月

二、韵母 38 个

ɿ 资此史做	i 衣鸡七尾	u 胡姑主裤	y 女雨嘴
ʅ 日吃知事			
a 八蛇车刷	ia 加姐鸭卸	ua 花滑耍挂	ya 瘸横绝
ə 河菠忘隔		uo 活国做尝	yə 墙脚药学
o 长瓤窗	io 响样秧		
ɯ 核圪			
ɚ 儿二耳			
	iɛ 些切冰钉	yɛ 靴决月雪	
ai 开排鞋矮		uai 快外坏拐	
ei 北煤特贼		uei 灰对跪伟	
ɑu 高陶饱贸	iɑu 彪摇搅料		
ou 偷组厚录	iou 休牛柳旧		
æɛ 赶三胆含	iæɛ 间咸甜连	uæɛ 弯船官钻	yæɛ 圆全宣犬
ən 很深认纯	in 品心近印	uən 存温轮魂	yn 云群损军
ʌŋ 糖绳能棒	iʌŋ 强讲兵定	uʌŋ 虫共广往	yʌŋ 用胸熊琼

音值说明：

[ʌŋ iʌŋ uʌŋ yʌŋ]中的[ʌ]实际音值略前。

三、单字调 4 个

阴平[53]　诗高猪急竹织得月六麦　阳平[213]　时题田魂寒读局白十合

上声[44]　古展纸走短五女染老暖　去声[31]　盖正罪变爱近柱厚阵在

2.1.14　襄汾邓庄

一、声母 27 个，包括零声母在内

p 布病本笔　pʰ 怕平部拔　m 门木米民

pf 主桌转中	$\mathrm{pf^h}$ 出唇穿床		f 方水顺罚	v 闻软忘入
t 多鸡洞角	$\mathrm{t^h}$ 动轿毒逃	n 拿暖内纳		l 蓝李泪辣
ts 祖择争指	$\mathrm{ts^h}$ 字茶插齿		s 三祠是色	
tʂ 装知郑只	$\mathrm{tʂ^h}$ 直船赵撞	ʂ 十升神收	ʐ 热软人日	
tɕ 加井句足	$\mathrm{tɕ^h}$ 千起墙局	ȵ 芽雨念业	ɕ 乡悬岁习	
k 耕鼓共国	$\mathrm{k^h}$ 棵跪控客	ŋ 恩鹅袄岸	x 辉鞋馅瞎	
∅ 优儿完引伟艺月				

二、韵母 39 个

ɿ 资此史做	i 衣鸡七尾	u 胡姑主裤	y 女许雨嘴
ʅ 日吃知事			
ɑ 八蛇车刷	iɑ 加姐鸭卸	uɑ 花滑耍挂	
ə 河菠忘隔	iə 写命业白		yə 靴绝脚学
o 歌长盒搁	io 墙	uo 活国做尝	
ɯ 核圪			
ɚ 儿二耳			
ai 开排鞋矮		uai 快外坏拐	
ei 北煤特贼		uei 灰对跪伟	
ɑu 高陶饱贸	iɑu 彪摇搅料		
ou 偷组厚录	iou 休牛柳旧		
æ̃ɪ 赶三胆含	iæ̃ɪ 间咸甜连	uæ̃ɪ 弯船官钻	yæ̃ɪ 圆全宣犬
ẽɪ 根深认纯	iẽɪ 品心近印	uẽɪ 存温轮魂	yẽɪ 云群损军
ɑŋ 糖让方棒	iɑŋ 良枪讲娘	uɑŋ 王光黄逛	
əŋ 绳成能生	iŋ 灵停兵精	uŋ 工翁同东	yŋ 用胸熊琼

三、单字调 5 个

阴平[21] 诗高猪急竹织得月六麦　阳平[24] 时题田魂寒读局白十合

上声[31] 古展纸走短五女染老暖　阴去[44] 盖帐正变爱抗唱菜怕

阳去[53] 近柱厚阵贱聚罪大病害在

音值说明：

阴去[44]实际音值略高。

2.1.15 侯马城关

一、声母24个，包括零声母在内

p 霸边补百	pʰ 怕平部拔	m 迷满墓麦	f 方水输罚	v 闻软忘无	
t 多弟洞得	tʰ 天毒土动	n 拿暖内纳			l 拿李内辣
ts 走增争做	tsʰ 醋从初擦	s 晒生师丝			
tʂ 招蒸张猪	tʂʰ 除潮厂车	ʂ 声扇拾烧	ʐ 热软人日		
tɕ 加井句足	tɕʰ 千起墙局	ȵ 芽雨念业	ɕ 乡悬岁习		
k 耕鼓共国	kʰ 棵跪控客	ŋ 恩鹅袄岸	x 辉鞋馅瞎		
ø 优儿完引伟艺月					

二、韵母38个

ɿ 资此史做	i 衣鸡七尾	u 胡姑主裤	y 女许雨嘴
ʅ 日吃知事			
a 爸蛇车刷	ia 加霞鸭卸	ua 花滑耍挂	ya 瘸
ɤ 河菠霜渴	iɤ 娘墙脚药	uo 多活国做	yɤ 脚乐学角
ɯ 核圪			
ɚ 儿二耳			
ɤɛ 社十侧适	iɛ 姐切冰净		yɛ 靴兄月削
ai 开排鞋矮		uai 快外坏拐	
ei 北煤倍贼		uei 灰对跪伟	
ɔu 高陶饱贸	iɔu 彪摇搅料		
əu 偷组厚录	iəu 休牛柳旧		
æ̃ 赶三胆含	iɛ̃i 间咸甜连	uæ̃ 弯船官钻	yɛ̃i 圆全宣犬
ẽ 很深认纯	iẽ 品心近印	uẽ 存温轮魂	yẽ 云群损军
ɤ̃ŋ 让成能棒	iɤ̃ŋ 良枪兵精	uõŋ 共翁光黄	yõŋ 用胸熊琼

音值说明：

[ẽ iẽ uẽ yẽ]实际音值为[ẽᴵ iẽᴵ uẽᴵ yẽᴵ]。

三、单字调 4 个

阴平[213]　诗高猪急竹织得月六麦　阳平[24]　时题读局白十合

上声[44]　古展纸走短五女染老暖　去声[53]　盖帐正罪变怕近柱厚阵

2.1.16　曲沃里村

一、声母 23 个，包括零声母在内

p 霸边补百	pʰ 怕平部拔	m 迷满墓麦		
pf 猪抓中桌	pfʰ 柱吹窗捉		f 方水顺罚	v 雾软忘入
t 多毒洞低	tʰ 动贴土逃			l 拿内李辣
ts 知组状质	tsʰ 茶产坐出		s 拴伞率湿	z 揉忍认弱
tɕ 加井句足	tɕʰ 千起墙局	ȵ 芽雨念业	ɕ 乡悬岁习	
k 耕鼓共国	kʰ 棵跪控客	ŋ 恩鹅袄岸	x 辉鞋馅瞎	
ø 优儿完引伟艺月				

二、韵母 37 个

ɿ 知组状质	i 衣鸡七尾	u 胡姑主裤	y 女许雨嘴
ᴀ 爸蛇车刷	iᴀ 加霞鸭卸	uᴀ 花滑耍挂	yᴀ 瘸绝
ə 河菠争桌		uo 活国做尝	yə 娘
ɛ 开鞋白窄	iɛ 姐切冰净	uɛ 快外坏拐	yɛ 决穴雀
ɚ 儿二耳			
ei 北煤倍贼		uei 灰对跪伟	
ɔu 高陶饱贸	iɔu 彪摇搅料		
əu 偷组厚录	iəu 休牛柳旧		
æ̃ 赶三胆含	iæ̃ 间咸甜连	uæ̃ 弯船官钻	yæ̃ 圆全宣犬
ẽ 很深认纯	iẽ 品心近印	uẽ 存温轮魂	yẽ 云群损军
ɑŋ 糖让方棒	iɑŋ 良枪讲娘	uɑŋ 王光黄逛	
əŋ 绳成能生	iŋ 灵停兵精	uŋ 共翁同东	yŋ 用胸熊琼

三、单字调 4 个

平声[213]　东开油皮节拍月白毒　　上声[44]　懂九苦老有

阴去[31]　冻四快寸去　　阳去[53]　卖硬地树洞

2.1.17 翼城隆化

一、声母25个，包括零声母在内

p 霸边补百	p^h 怕平部拔	m 迷满墓麦	f 方水输罚	v 闻软忘无
t 多达洞定	t^h 动豆毒逃	n 拿暖内纳		l 蓝李泪辣
ts 走增争做	ts^h 醋从初擦	s 晒生师丝		
tʂ 招蒸张猪	$tʂ^h$ 除潮厂车	ʂ 声扇拾烧	ʐ 热软人日	
tɕ 加井句足	$tɕ^h$ 千起墙局	ȵ 芽雨念业	ɕ 乡悬岁习	
k 耕鼓共国	k^h 棵跪控客	ŋ 恩鹅袄岸	x 辉鞋馅瞎	
ø 优儿完引伟艺月				

二、韵母34个

ɿ 资此史做	i 衣鸡七尾	u 胡姑主裤	y 女许雨嘴
ʅ 日吃知事			
a 爸蛇车刷	ia 加霞鸭卸	ua 花滑耍挂	ya 瘸茄虾
	iɛ 姐切冰净		
ə 河菠秆割	iə 北	uo 活国做夺	yə 靴脚学月
ɚ 儿二耳			
ɛi 开排鞋矮		uɛi 快外坏拐	
ei 北煤倍贼		uei 灰对跪伟	
ɔu 高陶饱贸	iɔu 彪摇搅料		
əu 偷组厚录	iəu 休牛柳旧		
æ̃ 赶三胆含	iɛ̃i 间咸甜连	uæ̃ 弯船官钻	yɛ̃i 圆全宣犬
ɑŋ 胆含方棒	iɑŋ 咸检良娘	uɑŋ 弯短王黄	yɑŋ 圆权宣犬
əŋ 很认能生	iŋ 近印灵停	uŋ 共翁温魂	yŋ 群用胸熊

三、单字调4个

阴平[31]　诗高猪急竹织得月六麦　　阳平[24]　时题读局白十合

上声[44]　古展纸走短五女染老暖　　去声[53]　盖帐正罪变怕近柱厚阵

2.2 语音特点

一、声母

（一）临汾各方言点声母数量最少的是20个（包括零声母），如隰县下李、隰县黄土。多数方言点，如临汾城关、浮山寨疙瘩、蒲县山中、大宁徐家垛、安泽冀氏，临汾河底、洪洞左木、洪洞山头、洪洞明姜、翼城隆化、翼城西阎、蒲县黑龙关、古县石壁等声母数量为24、25个（多[v]声母）。声母数量较多的几个方言点，如临汾贺家庄、临汾一平垣、翼城城关、浮山响水河、乡宁光华、襄汾邓庄为27个，吉县柏山寺、吉县屯里、吉县城关、乡宁枣岭为28个。声母多的点一般多出[pf pfʰ tʂ tʂʰ ʂ ʐ]。

（二）古全浊声母今塞音、塞擦音的字不论平仄大都与同部位的次清声母合流，今音送气。部分仄声字白读送气、文读不送气。部分邪、崇、船、禅母字白读擦音、文读塞擦音。襄汾城关、襄汾汾城两个方言点部分平声字白读不送气、文读送气，仄声字读音与其他方言点一致。

（三）非敷奉母一般都读[f]，但霍州退沙街道、隰县黄土、隰县城南、隰县下李、隰县午城、永和城关、永和阁底、永和南庄、永和坡头九个方言点读[x]，与晓匣母洪音字声母相同，相混的条件是非敷奉母今读合口呼。

（四）端组字一般都读[t tʰ]，但北部的霍州城关、霍州师庄、霍州李曹三个方言点逢齐齿呼今读[tɕ tɕʰ]，与精、见组细音字合流。

（五）绝大多数方言点泥、来母的读音都不混，即泥母洪音前读[n]，细音前读[ȵ]，来母读[l]。但南部的侯马城关、侯马凤城、曲沃北董、曲沃里村、曲沃史村，北部的霍州城关、霍州李曹七个方言点的泥、来母字在洪音前混读为[l]，细音前不混。

（六）精组在今洪音前主要读[ts tsʰ s]，只有安泽良马、安泽冀氏读[tʃ tʃʰ ʃ]；在今细音前都读[tɕ tɕʰ ɕ]。大部分临汾方言知庄章组的演变属昌徐型，知二庄与知三章分立，知二庄进一步与精组洪音合流。只有安泽冀氏精组洪音与知庄章组对立：精组洪音读[tʃ tʃʰ ʃ]，知庄章组读[ts tsʰ s]。

精组与知庄章组的关系(除安泽冀氏外)可分为两大类：合一型、二分型。合一型读[ts ts^h s]或[tʃ tʃ^h ʃ]，方言点有安泽府城、安泽杜村、霍州退沙街道、隰县黄土、隰县下李、安泽良马。二分型一般指“[ts]、[tʂ]二分”，即知组开口二等(江摄除外)、庄组(宕江摄除外)、章组止摄三等字今与精组洪音合流，读[ts ts^h s]；知组开口三等、知组合口、章组(止摄例外)、庄组宕摄、知庄组江摄字今读[tʂ tʂ^h ʂ]。其中“完全符合”的方言点有永和城关、永和坡头、永和南庄等，“不完全符合”的方言点有浮山城关、浮山响水河、浮山寨圪瘩等，指的是知组开口三等、知组合口、章组(止摄例外)、庄组宕摄、知庄组江摄字又大体依据开合口不同而读音不同(读[tʂ pf]、[tʂ f]或[tʂ tɕ])。

此外，还存在以下特殊情况：知庄章开口字(庄组宕摄、知庄组江摄除外)与精组洪音合流今读[ts ts^h s]，知庄章合口字、庄组宕摄、知庄组江摄字读[pf pf^h f]。方言点有曲沃里村、曲沃北董、曲沃史村，我们称之为“[ts]、[pf]二分”。知庄章组字(生、书、禅母合口部分字除外)与精组洪音合流读[ts ts^h s]，生、书、禅母合口部分字读[f]，方言点有汾西城关、汾西勍香，我们称之为“[ts]、[f]二分”。

(七) 日母止摄开口三等字，大部分方言点全部读[ɚ]，吉县、乡宁、霍州等地常用字“儿二贰耳”白读[zɿ ʐʅ]，文读[ɚ]，不常用字“尔而饵”读[ɚ]。

非止摄开口三等字读音有三种类型：大宁、安泽、蒲县、隰县等地读[z ʐ]；汾西、古县、侯马、临汾、曲沃、襄汾等地开口字、合口不常用字“汝蕊芮戎”等读[z ʐ]，合口常用字“如乳擩软润闰”等读[v]；浮山城关开口字、合口不常用字“汝蕊芮戎”等读[ʐ]，合口常用字“如乳擩软润闰”等读[Ø]。

(八) 见晓组一般在洪音前读[k k^h x]，在细音前读[tɕ tɕ^h ɕ]。

吉县文城、吉县屯里、吉县柏山寺、吉县城关、乡宁城关、乡宁枣岭六个方言点中见晓组开口二等部分字白读[k]组，文读[tɕ]组。安泽府城、安泽良马、安泽冀氏、安泽杜村四个方言点外的其余方言点中晓组字白读

[x]、文读[ç]。古县城关、浮山城关、襄汾汾城、曲沃史村、曲沃北董、翼城城关、翼城隆化等方言点见组开口二、三等部分字白读[ts tsʰ tʂʰ],文读[tɕ tɕʰ]。除吉县、霍州、翼城、安泽(唐城外)、永和、大宁、浮山寨圪瘩等方言点除外的方言点中见组开口部分字白读[t tʰ],文读[tɕ tɕʰ]。

(九)影疑母绝大部分方言点读[ŋ],安泽杜村读[ɣ]。齐齿呼、撮口呼前主要读[Ø],部分齐齿呼字白读[ȵ]声母。合口呼前主要读[Ø],部分方言点有白读[v]的现象,主要有翼城、襄汾、乡宁各方言点,还有大宁三多、古县北平、古县南垣、霍州师庄、吉县屯里、安泽唐城、曲沃史村。

二、韵母

(一)临汾各方言点韵母的数量如表2-1,一般有无[ʅ]韵母以及阳声韵的合流情况影响韵母的数量。

表2-1 临汾各方言点韵母数量

数量	方言点
33	曲沃北董、曲沃史村、翼城城关、乡宁关王庙
34	翼城隆化、翼城西阎、吉县柏山寺、吉县城关、乡宁枣岭
35	洪洞山头、洪洞明姜、吉县文城、乡宁城关、霍州李曹、霍州退沙街道、汾西团柏
36	洪洞左木、霍州城关、隰县黄土
37	侯马凤城、曲沃里村、浮山寨疙瘩、吉县屯里、蒲县太林、襄汾古城、汾西勍香、大宁太古
38	侯马城关、蒲县黑龙江、乡宁光华、襄汾城关、襄汾汾城、大宁城关、大宁三多、安泽唐城、安泽杜村
39	临汾河底、临汾贺家庄、临汾一平垣、浮山响水河、蒲县山中、蒲县城关、古县北平、襄汾邓庄、汾西城关、大宁徐家垛
40	浮山城关、古县城关、襄汾襄陵、霍州师庄、汾西邢家要、永和城关
41	临汾城关、隰县下李
42	古县石壁、古县南垣、古县古阳、安泽良马、安泽冀氏
43	洪洞城南、隰县城关、隰县午城
44	永和坡头
45	永和阁底、永和南庄
46	安泽府城

（二）大体来看，合口韵中所有的摄一二等韵有别。开口韵稍显复杂：浮山寨圪瘩、隰县城南、隰县午城、隰县下李、隰县黄土、安泽唐城、安泽府城、安泽良马、安泽冀氏、安泽杜村、洪洞左木、洪洞山头、翼城隆化、翼城西阎、翼城城关、蒲县黑龙关、蒲县山中、蒲县太林、蒲县城关、大宁徐家垛、襄汾汾城果假摄一二等有别；隰县城南、隰县黄土、隰县午城、隰县下李、永和阁底、永和坡头、永和南庄、永和城关存在蟹摄一二等韵有别的情况；效摄开口一等字"堡毛抱"等字白读合口呼韵母[u]，是一二等有别的残存现象；永和阁底、永和南庄、永和坡头、永和城关咸山摄见系一二等韵有别；除浮山寨圪瘩、安泽府城、安泽良马、安泽杜村、安泽冀氏五个方言点外，其余方言点曾梗摄一二等韵有别。

（三）古开口韵临汾方言今读开口呼、齐齿呼，合口韵临汾方言今读合口呼、撮口呼。但也存在一些特殊情况，例如：除浮山寨圪瘩、翼城城关、翼城西阎、翼城隆化、安泽府城、安泽良马、安泽杜村、安泽冀氏八个方言点外，宕江摄舒声韵，古开口韵、合口韵今都读合口呼。开口韵里，宕江摄见系、精组、泥组部分字读撮口呼，果摄、山摄、梗摄也存在个别现象。庄组二等部分字今读合口呼。

（四）韵母主要元音存在高化的现象。中古许多韵摄今读在临汾方言中存在韵母高化的现象，包括果摄、假摄、遇摄、蟹止摄、效摄、咸山摄、宕江摄、曾梗摄等都有元音高化的现象。

（五）汾西城关方言蟹止摄、遇摄中的高元音由于摩擦较重，韵母读为浊擦音[v]或[ʑ]。其中，蟹开三、开四（知章组除外）、止开三泥组、见系读[ʑ]韵母，遇摄合口一等帮组、端组、见系字，遇合三非组、知组、章组、日组字读[v]韵母。

（六）阳声韵中咸山合为一类，深臻合为一类，宕江合为一类，曾梗通合为一类。咸山深臻摄没有文白异读，宕江曾梗通摄有文白异读，有些方言咸山深臻摄与宕文江文曾文梗文通文也分别发生了合流。具体可分为五种类型：乡宁等地"（深臻＝宕文江文＝曾文梗文通文）≠咸山"、洪洞等地"（咸山＝宕文江文）≠（深臻＝曾文梗文通文）"、翼城等地“(深臻=曾文梗文通文)≠咸山≠宕文江文”、吉县等地“(宕文江文=曾文梗文通文)≠咸山≠深臻”、临汾等地“咸山≠深臻≠宕文江文≠曾文梗文通文”。

除浮山寨圪瘩、翼城城关、翼城西阎、翼城隆化、安泽府城、安泽良马、安泽杜村、安泽冀氏八个方言点外,其余方言点的宕江摄都有白读。除浮山寨圪瘩、安泽府城、安泽良马、安泽杜村、安泽冀氏五个方言点外,其余每个方言点的曾梗摄都有白读。永和、隰县、大宁、安泽、汾西、翼城、乡宁等地方言点的通摄没有白读。

(七)入声韵可分为两大类型:一是保留入声韵,方言点有永和、大宁、安泽等地;二是入声韵消失,与阴声韵合流,方言点有临汾、洪洞等地。其中曾梗摄入声韵有文白异读。

“保留入声韵”可分为合一型[ʌ iʌ uʌ yʌ]和二分型[aʔ iaʔ uaʔ yaʔ]、[əʔ iəʔ uəʔ yəʔ],前者方言点有蒲县山中、隰县黄土等六个,后者方言点有永和、大宁、安泽等十五个。各方言入声韵都发生了不同程度的舒化(由独立的韵母变为阴声韵母)。

“入声韵消失”的方言中,从各摄入声韵消失后的合流方向来看,阳声韵主元音可能是决定其与阴声韵合流的关键,具体来看:咸山、宕江摄都是[a]类摄,其入声韵消失后一般与果、假摄合流;深臻、曾梗通摄都是[ə]类韵,其入声韵消失后一般与蟹、止、遇摄合流(梗开二例外,与假摄合流)。

(八)入声韵与入声调的关系可分为五种:一是“有独立入声韵和独立入声调、入声调为短调”,方言点有蒲县山中、古县北平等地;二是“有独立入声韵,阴入独立成调,阴入与阴平或上声合流”,方言点有永和南庄、永和坡头等地;三是“无独立入声韵,入声韵与阴声韵合流,有独立入声调”,方言点有蒲县城关、霍州师庄等地;四是“无入声韵、无入声调,但入声字连读中声调短促”,方言点有汾西团柏、大宁太古等地;五是“无入声韵,无入声调”,方言点有乡宁光华、洪洞左木等。没有“有独立入声韵、无独立入声调”这种情况。

三、声调

（一）临汾各方言点声调的数量如表2－2所示：

表2－2　临汾各方言点声调数量

数量	方言点
3	侯马凤城、古县城关
4	临汾河底、临汾一平垣、临汾城关、洪洞左木、洪洞山头、洪洞明姜、侯马城关、翼城隆化、翼城西阎、翼城城关、浮山寨疙瘩、吉县文城、吉县屯里、吉县柏山寺、吉县城关、蒲县太林、古县石壁、古县古阳、乡宁光华、乡宁枣岭、乡宁城关、大宁太古、曲沃里村、曲沃北董、曲沃史村
5	临汾贺家庄、洪洞城关、浮山响水河、浮山城关、蒲县黑龙关、古县南垣、乡宁关王庙、襄汾邓庄、襄汾古城、襄汾城关、襄汾襄陵、襄汾汾城、霍州城关、霍州李曹、汾西团柏、大宁城关、大宁徐家垛、大宁三多、安泽唐城、安泽良马、安泽杜村
6	蒲县山中、蒲县城关、古县北平、隰县城南、隰县午城、隰县下李、隰县黄土、永和阁底、永和南庄、永和坡头、永和城关、安泽府城、安泽冀氏
7	霍州师庄、霍州退沙街道、汾西勍香、汾西邢家要、汾西城关

3个声调的方言点中侯马凤城平声不分阴阳，古县城关上声与去声合流。4个声调的方言点中绝大部分为阴平、阳平、上声、去声，曲沃北董、曲沃史村平声不分阴阳，去声分阴阳。5个声调的方言点中绝大部分为阴平、阳平、上声、阴去、阳去，大宁城关、大宁徐家垛、大宁三多上声与去声合流，入声分阴阳，安泽唐城、安泽良马、安泽杜村为阴平、阳平、上声、去声、入声。6个声调的方言点去声不分阴阳，入声分阴阳。7个声调的方言点去声分阴阳，入声分阴阳。声调的古今演变关系详见本章2.5声调一节。

（二）古平声以声母的清浊为条件，平分阴阳，绝大多数方言点属于这种类型。曲沃里村、曲沃北董、曲沃史村、侯马凤城四个方言点古平声今不分阴阳。大宁三多、大宁徐家垛等方言点古清平与古清上、次浊上合并；洪洞明姜、洪洞山头等方言点古浊平与古清去合并。

（三）绝大部分方言古清上、次浊上今读为上声，全浊上今读为去声或阳去。古县城关方言点古上声与古去声合并，古县石壁方言点古上声与古浊去合并。临汾一平垣、洪洞左木、洪洞山头三个方言点部分古清上、次浊上字读阳平。

（四）古去声在今临汾方言中读音可分为两种类型：绝大部分方言点去声不分阴阳，汾西团柏、汾西邢家要、汾西城关、汾西勍香、蒲县黑龙关、霍州师庄、霍州退沙街道等23个按声母清浊分为阴去、阳去。

（五）绝大部分方言点入声调消失，26个方言点保留入声调，又分为一个入声调和两个入声调两种，前者包括安泽杜村、安泽良马、安泽唐城三个方言点，后者包括大宁三多、大宁徐家垛、大宁城关、霍州师庄、霍州退沙街道、隰县城南、隰县下李、隰县黄土等23个方言点。

2.3　声　　母

2.3.1　全浊声母

总的来看，临汾方言中古全浊声母今塞音、塞擦音的字不论平仄大都与同部位的次清声母合流，读送气音。部分仄声字白读送气、文读不送气。邪、船、禅、崇母部分平声字白读擦音、文读塞擦音。表2－3、表2－4是相应的例字。（“/”前为白读，后为文读，下同）

表2－3　中古全浊声母字临汾方言今读

例字 / 方言点	平声			仄声				
	爬並	钱从	穷群	病並	薄並	豆定	住澄	侄澄
临汾城关	p^{h}a^{13}	tɕ^{h}iɛn^{13}	tɕ^{h}yŋ^{13}	p^{h}iɛ^{55}/pin^{55}	p^{h}ɔ^{13}	t^{h}əu^{55}/təu^{55}	tʂ^{h}u^{55}/tʂu^{55}	tʂ^{h}ʅ^{13}
汾西城关	p^{h}a^{24}	tɕ^{h}iɑŋ^{24}	tɕ^{h}yoŋ^{24}	p^{h}i^{53}/piŋ^{53}	p^{h}ʌ^{3}	t^{h}ou^{53}/tou^{53}	ts^{h}v^{53}/tsv^{53}	ts^{h}ʌ^{3}
乡宁城关	p^{h}a^{213}	tɕ^{h}iæɛ^{213}	tɕ^{h}yŋ^{213}	p^{h}iᴇ^{33}/piŋ^{33}	p^{h}uɤ^{213}	t^{h}ou^{33}/tou^{33}	tʂ^{h}u^{33}/tʂu^{33}	tʂ^{h}ʅ^{213}
浮山响水河	p^{h}a^{13}	tɕ^{h}iɛ̃i^{13}	tɕ^{h}yŋ^{24}	p^{h}iɛ^{53}/piŋ^{53}	p^{h}uo^{13}	t^{h}ou^{53}/tou^{53}	pf^{h}u^{53}/pfu^{53}	tʂ^{h}ʅ^{13}
翼城城关	p^{h}a^{24}	tɕ^{h}iɛi^{24}	tɕ^{h}yŋ^{24}	p^{h}iɛ^{53}/piŋ^{53}	p^{h}ə^{31}	t^{h}ou^{53}/tou^{53}	pf^{h}u^{53}/pfu^{53}	tʂ^{h}ə^{24}
曲沃史村	p^{h}a^{213}	tɕ^{h}ian^{213}	tɕ^{h}yoŋ^{213}	p^{h}iɛ^{53}/piɤŋ^{53}	p^{h}ɤ^{213}	t^{h}ou^{53}/tou^{53}	pf^{h}u^{53}/pfu^{53}	ts^{h}ɤ^{31}

表 2－4　中古邪、船、禅、崇母字临汾方言今读

例字 方言点	祠邪	唇船	船船	尝禅	柴崇
临汾城关	sɿ^{13}/ ts^{h}ɿ^{13}	fən^{13}/ tʂ^{h}uən^{13}	tʂ^{h}uɑn^{13}	ʂɔ^{13}/ tʂ^{h}ɑŋ^{13}	ʂai^{13}/ tʂ^{h}ai^{13}
洪洞山头	sɿ^{24}/ ts^{h}ɿ^{24}	tʂ^{h}uən^{24}	tʂ^{h}uɑn^{24}	ʂo^{24}/ tʂ^{h}ɑn^{24}	ʂai^{24}/ tʂ^{h}ai^{24}
乡宁光华	sɿ^{213}/ ts^{h}ɿ^{213}	tʂ^{h}uən^{213}	tʂ^{h}uæɛ^{213}	ʂuo^{213}/ tʂ^{h}ʌŋ^{213}	sai^{213}/ ts^{h}ai^{213}
永和南庄	sɿ^{24}/ ts^{h}ɿ^{24}	tʂ^{h}uɛɪ^{24}	tʂ^{h}uɛɪ^{24}	ʂə^{24}/ tʂ^{h}ɑŋ^{24}	ts^{h}æɪ^{24}
隰县黄土	sɿ^{24}/ ts^{h}ɿ^{24}	ts^{h}uoŋ^{24}	ts^{h}uã^{24}	sə^{24}/ ts^{h}ã^{24}	ts^{h}ɛe^{24}
吉县柏山寺	sɿ^{24}/ ts^{h}ɿ^{24}	fei^{24}/ pf^{h}ei^{24}	fæɛ^{24}/ pf^{h}æɛ^{24}	ʂə^{24}/ tʂ^{h}ʌŋ^{24}	sai^{24}/ ts^{h}ai^{24}

现对中古全浊声母今塞音、塞擦音的字进行具体分析。

一、古全浊声母塞音、塞擦音平声字的今读类型

以下是《山西临汾十七县市方言研究调查条目》中的 48 个古全浊声母塞音、塞擦音平声字：

驮~起来茄婆瘸爬茶锄抬才排豺牌柴皮池奇锤桃瓢瞧条头稠愁潭甜钱缠团全船贫存群糖墙长~短狂疼层凭棚丛虫晨纯尝承

这些字主要读送气音，只有在襄汾城关、襄汾汾城两个方言点存在部分平声字白读不送气、文读送气的现象。（这两个方言点仄声字读音情况与其他方言点相同）。表 2－5 是相应的例字。

表 2－5　中古全浊声母塞音、塞擦音平声字襄汾城关、襄汾汾城方言今读

例字 方言点	平声					
	头定	疼定	虫澄	茄群	长澄	棚並
襄汾城关	təu^{24}/ t^{h}əu^{24}	teɪ^{24}/ t^{h}əŋ^{24}	tʂueɪ^{24}/ tʂ^{h}əŋ^{24}	tɕiɑ^{24}/ tɕ^{h}iɑ^{24}	tʂɤ^{24}/ tʂ^{h}ɑŋ^{24}	piɑ^{24}/ p^{h}əŋ^{24}
襄汾汾城	tou^{24}/ t^{h}ou^{24}	tən^{24}/ t^{h}ʌŋ^{24}	tʂuən^{24}/ tʂ^{h}uʌŋ^{24}	tɕiɒ^{24}/ tɕ^{h}iɒ^{24}	tʂɤ^{24}/ tʂ^{h}ʌŋ^{24}	piɒ^{24}/ p^{h}ʌŋ^{24}

二、古全浊声母塞音、塞擦音仄声字的今读类型

以下是《山西临汾十七县市方言研究调查条目》中的80个古全浊声母塞音、塞擦音仄声字：

大~小大~夫 ~黄坐步度聚柱住树袋在败罪被鼻地自字跪柜菢~小鸡道皂刨木工工具赵轿豆就舅旧淡赚妗蛋办件辫电圈猪~尽阵近笨脏心~状棒撞邓净郑定洞共杂集蛰及达拔别离~夺绝侄实薄很~昨着睡~附~镯特贼直极白择笛族毒轴局

这些字在各方言点读送气音的情况不同，根据读送气音字的多寡（有文白异读的以白读为主），可分为几种情况：

第一，各方言点均读为送气音的字：

定母：特
群母：强~笑

第二，大部分方言点读为送气音的字：

並母：被鼻菢~小鸡办辫笨败拔薄很~白
定母：大~小步袋地道豆淡蛋洞夺笛毒
从母：坐在罪自字就尽净集杂
澄母：柱住赵阵撞侄着睡~附~直择轴
群母：跪旧舅轿妗件近

第三，个别方言点读为送气音的字：

定母：度
从母：聚皂族
禅母：树
群母：局

以上80个字在临汾各方言点读送气音的数量其实是不相同的。各个方言点古全浊塞音、塞擦音仄声今读送气音的字所占比例见表2-6：

表 2－6 中古全浊塞音、塞擦音仄声字临汾方言今读送气音比例

方言点	送气声母字数	百分比%	方言点	送气声母字数	百分比%
吉县柏山寺	66	82.5	吉县城关	60.9	76.2
蒲县城关	61	76.2	吉县屯里	60	75
汾西城关	60	75	乡宁枣岭	59	74
隰县黄土	57	71.2	临汾河底	57	71.2
乡宁城关	56	70	乡宁关王庙	56	70
乡宁光华	56	70	蒲县黑龙关	56	70
蒲县太林	56	70	临汾城关	56	70
汾西勍香	56	70	大宁三多	56	70
汾西邢家要	56	70	浮山响水河	56	70
洪洞城关	56	70	古县北平	56	70
古县城关	56	70	隰县下李	56	70
襄汾襄陵	56	70	大宁太古	55	68.8
汾西团柏	55	68.8	浮山城关	55	68.8
古县古阳	55	68.8	永和坡头	55	68.8
隰县城南	55	68.8	永和阁底	54	67.5
永和城关	54	67.5	大宁徐家垛	54	67.5
大宁城关	54	67.5	侯马凤城	54	67.5
临汾贺家庄	54	67.5	霍州城关	54	67.5
襄汾古城	54	67.5	洪洞明姜	54	67.5
洪洞山头	53	66	古县石壁	53	66
襄汾邓庄	53	66	永和南庄	53	66
古县南垣	51	63.8	霍州李曹	51	63.8
洪洞左木	51	63.8	蒲县山中	51	63.8

续　表

方言点	送气声母字数	百分比%	方言点	送气声母字数	百分比%
霍州退沙街道	50	62.5	临汾一平垣	50	62.5
襄汾城关	49	61.3	吉县文城	48	60
霍州师庄	47	58.8	襄汾汾城	47	58.8
曲沃里村	47	58.8	隰县午城	47	58.8
侯马城关	47	58.8	曲沃北董	47	58.8
曲沃史村	47	58.8	翼城城关	31	38.7
翼城隆化	25	31	浮山寨圪瘩	22	27.5
安泽唐城	17	21.3	翼城西阎	13	16.3
安泽府城	7	8.8	安泽冀氏	5	6.3
安泽杜村	3	3.8	安泽良马	2	2.5

从表2－6中可看出，古全浊声母塞音、塞擦音仄声字今读送气音所占的比例在各个方言点有较大的差异。有的方言点读送气音所占比例很小，如安泽良马，80个字中只有2个字读送气音，占2.5%；吉县柏山寺读送气音所占比例最大，共有66个字，占82.5%。曲沃史村、曲沃北董、侯马城关、汾西城关、蒲县城关、吉县城关等56个方言点读为送气音的比例在58.8%到76.2%之间。根据各方言点古全浊声母仄声字今读送气音所占百分比的不同，可以把临汾方言分为两组：一组是送气音占较大比例，简称吉县型；一组是送气音占比例较小，简称安泽型。

吉县型：除翼城城关、翼城隆化、浮山寨圪瘩、安泽唐城、翼城西阎、安泽府城、安泽冀氏、安泽良马、安泽杜村9个方言点以外的57个方言点，比例在58.8%到82.5%之间。

安泽型：翼城城关、翼城隆化、浮山寨圪瘩、安泽唐城、翼城西阎、安泽府城、安泽冀氏、安泽良马、安泽杜村9个方言点，比例在2.5%到38.7%之间。

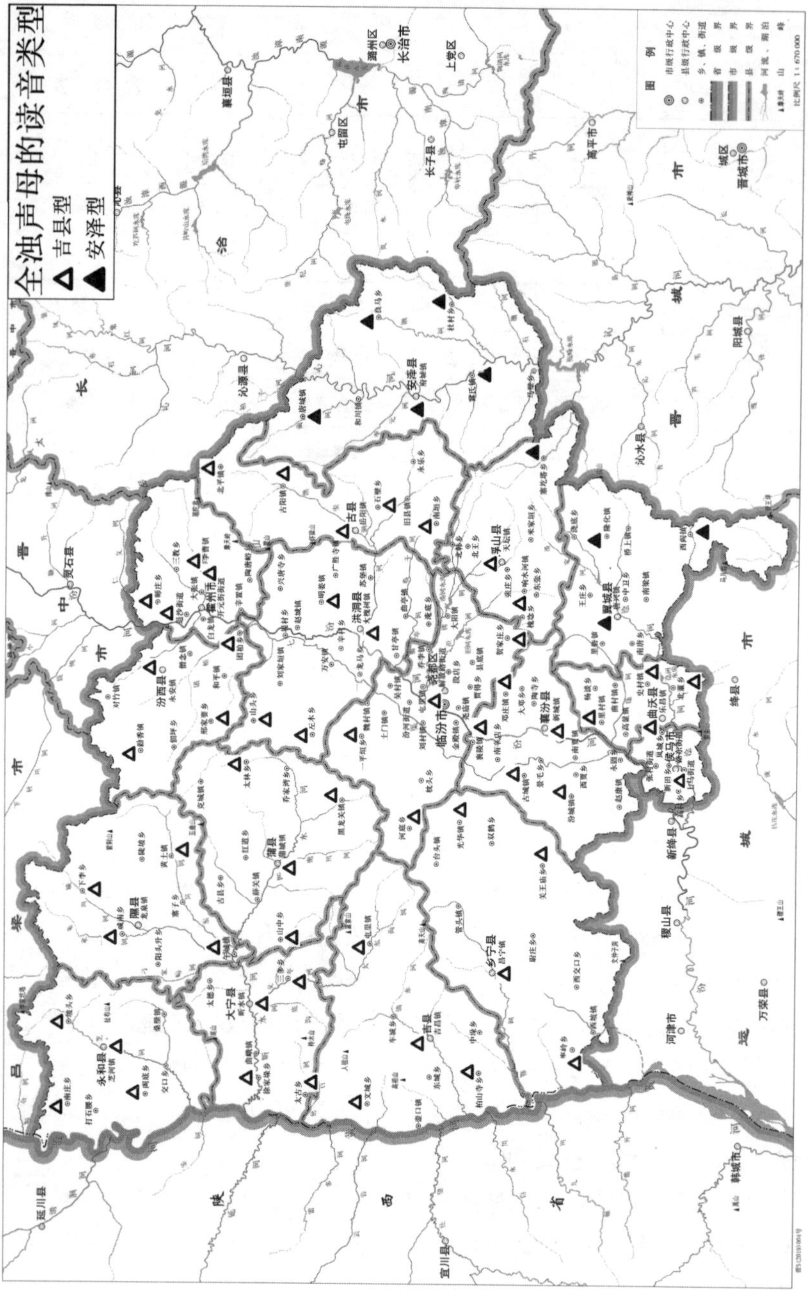

图 2－1　全浊声母的读音类型

从图 2 - 1 可看出，吉县型分布于临汾绝大部分地区，安泽型仅分布于东部及东南角。结合周边全浊声母的读音类型来看，吉县型与安泽型均与周边呈连片分布。

结合《中国语言地图集》（第 2 版）图 B1 - 13 晋语、图 B2 - 13 山西省的汉语方言、图 B2 - 14 陕西省的汉语方言，吉县型周边分别是：北部晋语并州片、吕梁片，西部晋语志延片、中原官话汾河片解州小片，南部中原官话汾河片解州小片。安泽型周边是晋东南晋语上党片。

据韩沛玲（2006）考察，山西省古全浊声母塞音、塞擦音仄声字今读不分文白类，平声送气，仄声不送气，主要集中在晋东南地区及其他地区的中心城市。文白有别类，仄声白读送气，主要集中在晋南汾河地区和晋西吕梁地区；仄声不送气，如山西中部的并州片。但据王琼（2012：23）考察，与临汾北部相邻的并州片灵石方言点则存在全浊声母入声白读送气、文读不送气的现象。据孙立新（1997）考察，"西安及其附近的周至、户县、兴平、咸阳、乾县、礼泉、泾阳、三原、高陵、耀县、临潼、蓝田、商州等地读送气字较少；离西安渐远的永寿、丹凤、铜川、黄龙、洛川、富县读送气字较多；定边比周至等地送气字多，宝鸡、岐山又比永寿等地多，最多的是渭南、韩城等地"。据刘育林（1988）考察，"古並定从澄崇群等全浊声母，陕北方言大部分地区古平声读送气清声母，古仄声读不送气清声母；延安、甘泉、延长、延川、清涧、子长则不分平仄全读送气清声母"。据邢向东（2002：98）考察，陕北神木、万镇、贺家川古浊仄声阳入字今读送气音，与晋西相接的万镇、贺家川尤其典型。据张威娜（2015：18），中原官话汾河片解州小片、绛州小片仄声字白读送气音。据王利（2008：12），晋东南晋语中，中古全浊声母清化后，全浊塞音、塞擦音声母都按照平声送气、仄声不送气的规律进行分化，与共同语一致。再往远处看，据贺巍（1985）、包旭玲（2004），与晋南、关中毗邻的豫西北灵宝、陕县也有全浊仄声字读送气清音的现象。

可见吉县型与晋语吕梁片、并州片、志延片、汾河片解州小片等在地理上相互毗邻连成一片，而安泽型则与晋东南晋语连成一片。

这种地域上相连和语言特征上的共同性应该有其历史渊源。尽管目前它们在行政隶属上或方言归属上都不能合为一体，但在历史上曾有过行政区域和方言归属的一体性，这两种一体性在时代上也大体吻合。这一带在上古属于秦晋方言区。据李如龙、辛世彪(1999)考证，全浊声母仄声字今读送气音的晋南、晋西地区在秦汉时代的行政地理上曾同属于河东郡，即历史上的河东地区。李恕豪(1992)认为，甘肃全浊声母仄声字今读送气音的陇东地区在方言中属于秦之西鄙、西秦，三国时与关中同属雍州。可见，陇东、关中、晋南、晋西在行政地理上曾经连成一片。可推测，全浊声母仄声字清化为送气音，可能就是上古到中古之间在这一区域发生的共同音变。

另外，一些学者通过考察唐五代至北宋时期译音对照材料所用的西北方音，发现其特点与晋南、关中地区有一致性。

罗常培(2012：56)对反映唐五代西北方音汉藏对音的《大乘中宗见解》的研究发现，除“凡梵，怠道第大地盗定达，著”11 个字保存浊音外，其余浊塞音、塞擦音字都读成次清，而且四声都有。龚煌城(1981：37－38)对《番汉合时掌中珠》的研究也肯定了中古汉语的浊塞音、塞擦音不论平仄都读成送气清音。宋西北方言是唐代西北方言的继承。根据《文海》的分韵和《番汉合时掌中珠》中给西夏文注音的汉字，可以推算出当时西北方言的特点。据王洪君(1987)的研究，宋西北方言全浊声母和次清合流，即全浊清化送气。可见今天晋南、关中地区全浊声母读送气清音的特征与唐宋西北方音是一脉相承的。

关于临汾方言全浊仄声字文读不送气，我们认为可能是受到共同语的影响，借入平声送气仄声不送气类型。另一特殊现象，襄汾汾城、襄汾城关平声字文读送气、白读不送气这一特点在相邻的汾河片绛州小片并没有出现，而是与晋语并州片一致。乔全生(2008：115)认为这一特征可能是并州片与汾河片相互碰撞、融合的结果。具体来说有可能是由并州片通过汾河由上到下远距离扩散的结果，也可能是由历史上某个时期的人员流动形成的。但从前文来看，襄汾汾城、襄汾城关向北沿汾河至晋语并州片所有地区都没有出现此现象，因此乔全生这一说法不太容易解释此现象。

2.3.2　非组

一、非敷奉母

临汾方言的非敷奉母一般都读[f]，但在霍州退沙街道、隰县黄土、隰县城南、隰县下李、隰县午城、永和城关、永和阁底、永和南庄、永和坡头这九个方言点中读[x]，与晓匣母洪音字声母相同，相混的条件是非敷奉母今读合口呼。表 2－7 是相应的例字。

表 2－7　中古非敷奉母字与晓匣母洪音字今读相混

例字 / 方言点	风非	粉非	肺敷	罚奉	饭奉	花晓	黑晓	汗匣
霍州退沙街道	xuŋ^{42}	xuŋ^{33}	xuei^{55}	xua^{24}	xuã^{53}	xua^{42}	xʌ$^{\underline{42}}$	xã^{53}
隰县城南	xuŋ^{31}	xuŋ^{21}	xuei^{53}	xuɐʔ$^{\underline{21}}$	xuɛ̃^{53}	xua^{31}	xəʔ^{3}	xɛ̃^{53}
永和阁底	xuŋ^{31}	xuŋ^{312}	xuei^{53}	xuɐʔ$^{\underline{21}}$	xuɑŋ^{53}	xua^{31}	xəʔ^{3}	xɛ̃ɪ^{53}
永和坡头	xuŋ^{213}	xuŋ^{423}	xuei^{53}	xuɐʔ^{213}	xuɑŋ^{53}	xua^{213}	xəʔ^{4}	xɛ̃ɪ^{53}

由图 2－2 可看出，[f]、[x]相混的情况仅存在于西北部的永和、隰县及霍州退沙街道，其余地区都不混。与之相邻的晋语吕梁片和并州片也有类似现象，呈连片分布。表 2－8 是相应的例字。

表 2－8　中古非敷奉母字兴县、灵石方言今读

例字 / 方言点	府非	肺敷	房奉	法非	丰敷	凡奉
兴县	xu^{314}	xuei^{51}	xuə^{44}	xuɐʔ$^{\underline{33}}$	xuəŋ^{24}	xuã^{24}
灵石	xu^{212}	xuei^{53}	xuɤ^{44}	xuaʔ^{4}	xuɔŋ^{535}	xuã^{44}

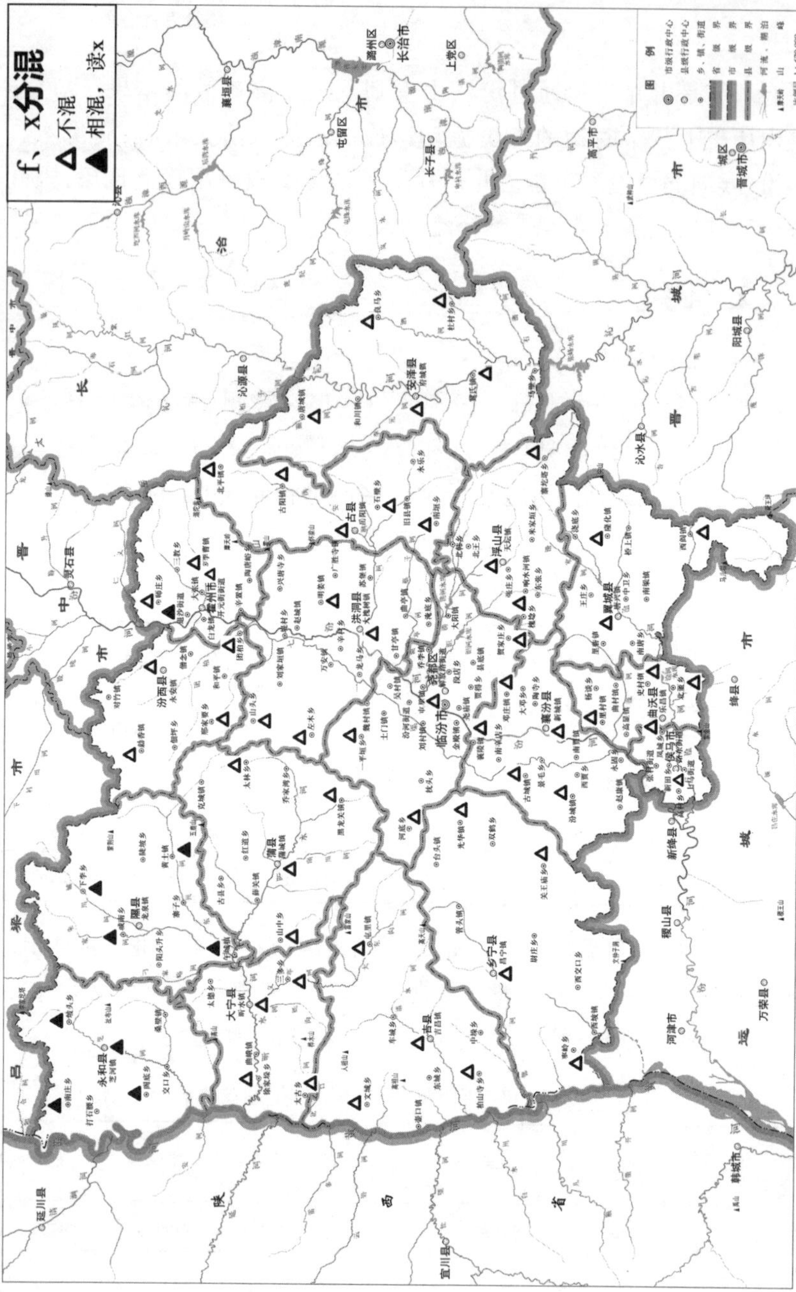

图 2－2　f、x 分混

另外，安泽地区除外的其他方言点存在“飞肥费”等字白读为[ç]的情况。例如：霍州师庄“飞[çi^{213}]”“肥[çi^{35}]”，大宁三多“飞[çi^{21}]”“肥[çi^{24}]”，汾西团柏“飞[çi^{33}]”“肥[çi^{24}]”，乡宁枣岭“飞[çi^{55}]”“肥[çi^{24}]”，曲沃史村“飞[çi^{213}]”，吉县柏山寺“飞[çɪ^{312}]”“肥[çɪ^{24}]”“费[çɪ^{33}]”，浮山城关“费[çi^{44}]”，古县城关“费[çi^{24}]”等。从以上例字可看出非组字“飞肥费”等白读为[ç]的条件是韵母都是[i]或[ɪ]。

二、微母

临汾方言微母字的读音可分为三种类型：

第一，全部读零声母。读此类型的方言点有西北部的永和、隰县、蒲县，以及东部的安泽、浮山城关、浮山寨圪瘩等地。

第二，全部读[v]声母。读此类型的有汾西、古县、洪洞、吉县、襄汾、浮山响水河、翼城隆化、翼城西阎、乡宁枣岭、乡宁城关、乡宁关王庙等地的方言，主要分布于中部、南部大部分地区，分布范围最广。

第三，部分读零声母，部分读[v]声母。读此类型的方言点主要分布于四小块地区，即北部的霍州，西北部的大宁，中部的临汾及南部的侯马、曲沃、翼城城关，乡宁光华。

微母字与影母合口字（或白读）读音合流。

表2-9是相应的例字。

表2-9　中古微母字临汾方言今读

例字 方言点	雾微三	万微三	闻微三	忘微三	袜微三	窝影合一	碗影合一	乌影合一
浮山城关	u^{53}	uæ̃^{53}	uẽ^{13}	uo^{53}	ua^{42}	uə^{42}	uæ̃ɪ^{33}	u^{42}
汾西团柏	vu^{53}	vɑŋ^{55}	vəŋ^{24}	və^{55}	va^{33}	uo^{33}	uɑŋ^{31}	u^{33}
大宁三多	u^{55}	vɛ̃^{55}	uŋ^{24}	uo^{55}	vɐ$^{\underline{21}}$	uo^{21}	uɛ̃ɪ^{21}	u^{21}
霍州师庄	vu^{42}	uɑŋ^{55}	vəŋ^{35}	vo^{55}	va^{213}	uo^{213}	uɑŋ^{33}	u^{213}

一般来讲，微母常用字往往读[v]声母，不常用字往往读[ø]声母。

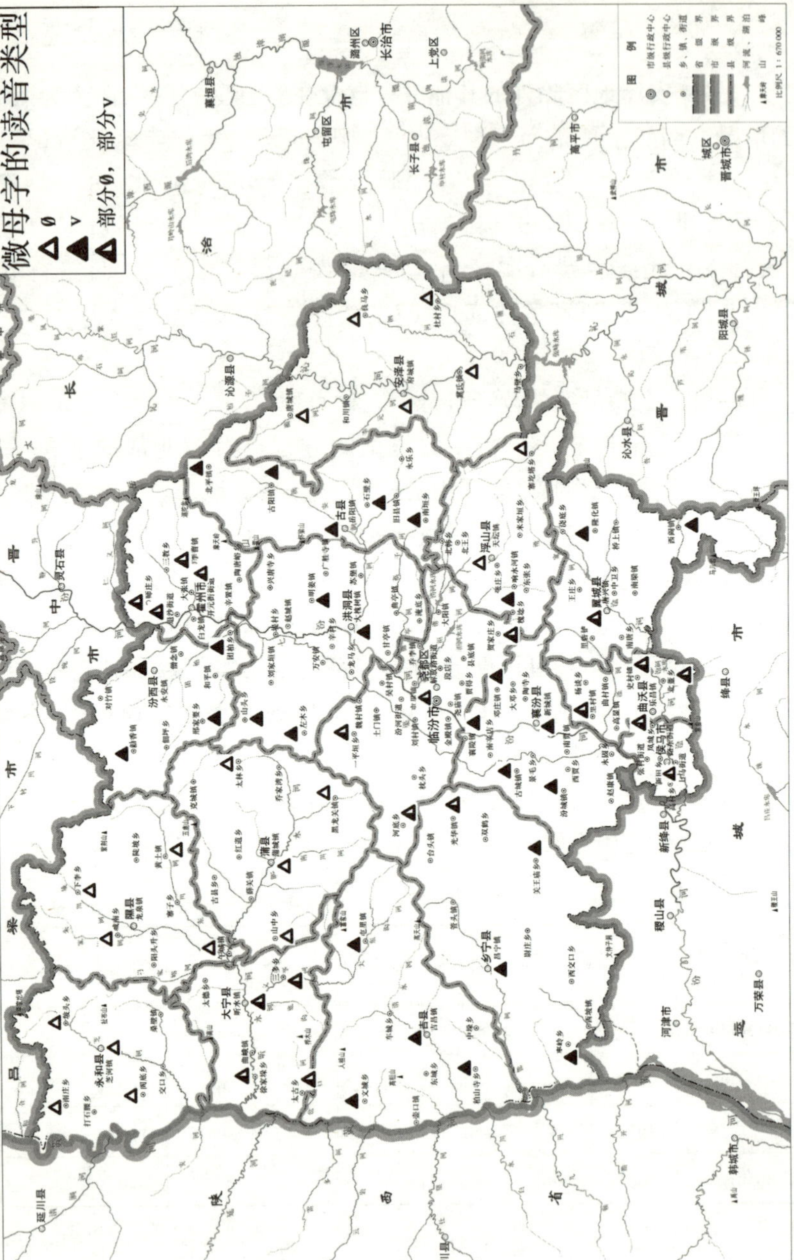

图 2－3　微母字的读音类型

2.3.3　端组

临汾方言的端组字一般都读[t t^{h}]，但在北部的霍州城关、霍州师庄、霍州李曹三个方言点逢齐齿呼今读[tɕ tɕ^{h}]，与精、见组细音字合流。表2－10是相应的例字。

表2－10　中古端组字临汾方言今读

方言点＼例字	低端	挑透	贴透	电定	甜定	鸡见	前从
临汾一平垣	ti^{21}	t^{h}iɑu^{21}	t^{h}iɛ^{21}	tiɑn^{53}	t^{h}iɑn^{24}	tɕi^{21}	tɕ^{h}iɑn^{24}
蒲县黑龙关	ti^{21}	t^{h}iɑu^{21}	t^{h}iɛ^{21}	tiɑn^{44}	t^{h}iɑn^{24}	tɕi^{21}	tɕ^{h}iɑn^{24}
侯马凤城	ti^{213}	t^{h}iɑu^{213}	t^{h}iɛ^{213}	tiæ̃^{53}	t^{h}iæ̃^{213}	tɕi^{213}	tɕ^{h}iæ̃^{213}
霍州城关	tɕi^{213}	tɕ^{h}iɑu^{213}	tɕ^{h}iɛ^{213}	tɕiɑŋ^{53}	tɕ^{h}iɑŋ^{35}	tɕi^{213}	tɕ^{h}iɑŋ^{35}
霍州师庄	tɕi^{213}	tɕ^{h}iɑu^{213}	tɕ^{h}iə^{21}	tɕiɑŋ^{42}	tɕ^{h}iɑŋ^{35}	tɕi^{213}	tɕ^{h}iɑŋ^{35}
霍州李曹	tɕi^{213}	tɕ^{h}iɑu^{213}	tɕ^{h}iɛ^{213}	tɕiɑŋ^{53}	tɕ^{h}iɑŋ^{35}	tɕi^{213}	tɕ^{h}iɑŋ^{35}

这显然是[t t^{h}]受[i-]介音影响腭化的结果，其变化过程应该是：ti-→ȶi-→tɕi-，t^{h}i-→ȶ^{h}-→tɕ^{h}i-。与霍州相邻的晋中方言也有同样的现象，例如王琼经调查发现娄烦、交城等方言点，中古四等透母、定母平声读[tɕ^{h}]。以娄烦为例：

表2－11　中古透母、定母字娄烦方言今读①

古声母＼例字＼摄	蟹摄四等	效摄四等	咸山四等	梗摄四等
透母	梯体替涕 tɕ^{h}i	挑跳 tɕ^{h}iau	添天 tɕ^{h}iɛ 贴帖铁 tɕ^{h}iaʔ	听 tɕi/tɕ^{h}iə̃ 踢剔 tɕ^{h}iəʔ
定母平声	题提蹄 tɕ^{h}i	条调 tɕ^{h}iau	甜田填 tɕ^{h}iɛ	停亭庭廷 tɕ^{h}iau

① 参见王琼(2012：18)。

考察晋语中的同类现象，我们可以发现：端组在细音前腭化是从送气声母开始的。

2.3.4　泥、来母

一，临汾方言绝大多数方言点泥、来母的读音都是不混的，即泥母洪音前读[n]，细音前读[ȵ]，来母读[l]。但南部的侯马城关、侯马凤城、曲沃北董、曲沃里村、曲沃史村，北部的霍州城关、霍州李曹七个方言点的泥、来母字在洪音前混读为[l]，细音前不混。表2－12是相应的例字。

表2－12　中古泥、来母字临汾部分方言混读

例字 方言点	脑＝老	南＝蓝	纽	柳	年	连
曲沃里村	lɔu^{44}	læ̃^{213}	ȵiəu^{44}	liəu^{44}	ȵiæ̃^{213}	liæ̃^{213}
曲沃北董	lɑu^{44}	læ̃^{213}	ȵiəu^{44}	liəu^{44}	ȵiæ̃^{213}	liæ̃^{213}
霍州城关	lɑu^{31}	lɑŋ^{35}	ȵiou^{31}	liou^{31}	ȵiɑŋ^{35}	liɑŋ^{35}
霍州李曹	lɔu^{33}	lɑŋ^{24}	ȵiou^{33}	liou^{33}	ȵiɑŋ^{24}	liɑŋ^{24}

黄燕(2007)、田恒金(2009)曾对古泥、来母在现代汉语方言中的分混情况做过分类，大体分为三大类：第一，古泥、来母字今音不混。第二，泥、来母全部相混。第三，泥、来母部分相混。各大类下面又分了几个小类，侯马城关等方言中泥、来母相混的情况应属于第三大类中的第一个小类：泥母洪音前读为[l]，细音前读[ȵ]；来母洪细皆读[l]。这种类型在全国汉语方言中是比较普遍的。

关于出现这一现象的原因，我们比较赞同田恒金的看法。他认为，这种差异的出现是由韵母元音舌位的高低前后、开口度大小的不同造成的。洪音类韵母的元音一般是舌位相对偏低、偏后的元音，发音时开口度大，气流通过口腔的空间大，受到的阻力小，气流更容易从口腔流出，而鼻音的发音主要是通过软腭下垂，堵住气流的口腔通

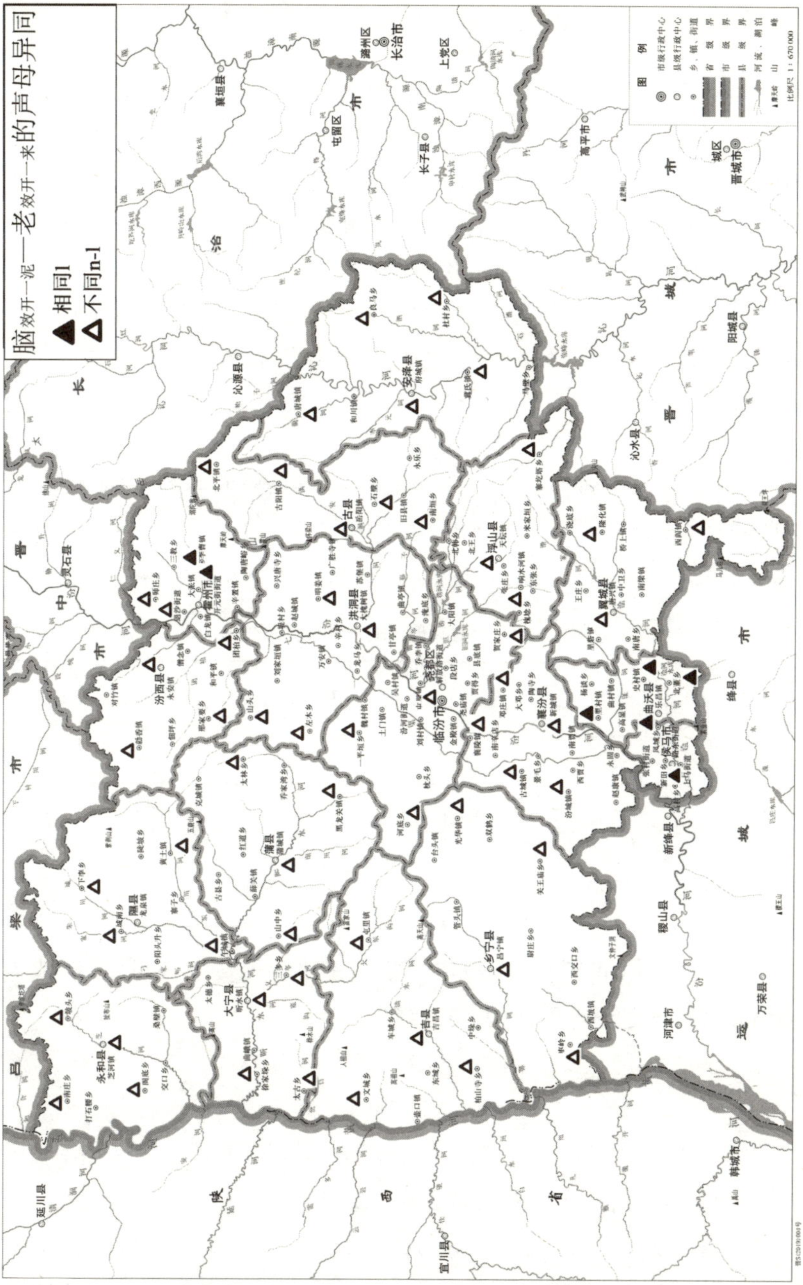

图 2-4　脑效开一泥一老效开一来的声母异同

道，使之从鼻腔流出来完成的。当鼻音和开口度大的元音组合发音时，由于元音的开口度大，有时会导致鼻音发音时软腭不下垂或下垂不够，使原本应该从鼻腔流出的气流从口腔流失掉，从而导致鼻音特征减弱、模糊甚至丢失。这就是泥、来母拼洪音类韵母相混时很多方言倾向于泥、来母向来母合并的原因。（田恒金 2009）

临汾方言中仅有侯马城关等七个方言点出现泥、来母洪音相混的情况，形成了两个孤岛。另外，我们发现山西东北部的上党片高平城关、高平石末等方言也存在此类现象。至于在地理上出现的情形我们将进一步讨论。

二，来母字一般读[l]，但吉县柏山寺遇摄合口三等字“驴吕旅虑滤”、乡宁枣岭和乡宁关王庙的“驴”声母读为零声母。通摄合口三等字“绿”在乡宁城关、乡宁枣岭声母读为零声母。表 2－13 是相应的例字。

表 2－13　中古来母字临汾方言特殊今读

例字 / 方言点	驴	吕	旅	虑	滤	绿
吉县柏山寺	$yə^{24}$	y^{53}	y^{53}	y^{33}	y^{33}	
乡宁枣岭	y^{24}					y^{53}
乡宁关王庙	y^{24}					
乡宁城关						y^{33}

由表 2－13 可看出，来母字主要在撮口呼前读零声母，我们认为是高元音[y]使弱辅音[l]丢失的结果。

2.3.5　精知庄章

临汾方言精组在今洪音前主要读[ts tsʰ s]（安泽良马、安泽冀氏读[tʃ tʃʰ ʃ]除外），在今细音前都读[tɕ tɕʰ ɕ]。

大部分临汾方言知庄章组的演变属昌徐型，知二庄与知三章分立，知二庄进一步与精组洪音合流。只有安泽冀氏精组洪音与知庄章组对立：精组洪音读[tʃ tʃʰ ʃ]，知庄章组读[ts tsʰ s]。

总的来看，精组与知庄章组的关系(安泽冀氏除外)可分为两大类：合一型、二分型。

一、合一型

精知庄章四组合并。

1. 全部读[ts tsʰ s]。方言点有安泽府城、安泽杜村、霍州退沙街道、隰县黄土、隰县下李。

2. 全部读[tʃ tʃʰ ʃ]。方言点有安泽良马。

二、二分型

一般来讲，知组开口二等(江摄除外)、庄组(宕江摄除外)、章组止摄三等字今与精组洪音合流，读[ts tsʰ s]；知组开口三等、知组合口、章组(止摄例外)、庄组宕摄、知庄组江摄字今读[tʂ tʂʰ ʂ]，我们称之为"[ts]、[tʂ]二分"。此外，还存在以下特殊情况：

1. 知庄章开口字(庄组宕摄、知庄组江摄除外)与精组洪音合流今读[ts tsʰ s]，知庄章合口字、庄组宕摄、知庄组江摄字读[pf pfʰ f]。方言点有曲沃里村、曲沃北董、曲沃史村，我们称之为"[ts]、[pf]二分"。

2. 知庄章组字(生、书、禅母合口部分字除外)与精组洪音合流读[ts tsʰ s]，生、书、禅母合口部分字读[f]，方言点有汾西城关、汾西勍香，我们称之为"[ts]、[f]二分"。

"[ts]、[tʂ]二分"这一类型又可分为"完全符合"和"不完全符合"两大类。其中"完全符合"的方言点有永和城关、永和坡头、永和南庄、永和阁底、大宁城关、大宁太古、大宁三多、大宁徐家垛、安泽唐城、汾西团柏、蒲县城关、蒲县黑龙关、蒲县山中、蒲县太林、霍州城关、霍州李曹、霍州师庄、吉县文城、隰县城南、隰县午城、襄汾古城、襄汾城关、翼城西阎。"不完全符合"的方言点知组开口三等、知组合口、章组(止摄例外)、庄组宕摄、知庄组江摄字又大体依据开合口不同而读音不同：

(1) 知组开口三等、章组(止摄例外)读[tʂ tʂʰ ʂ]，知庄章合口字、庄组宕摄、知庄组江摄字读[pf pfʰ f]。方言点有浮山城关、浮山响水河、浮山寨圪瘩、吉县柏山寺、吉县屯里、吉县城关、临汾贺家庄、临汾一平垣、临汾城关、乡宁光华、乡宁枣岭、襄汾邓庄,我们称之为“[ts]、[tʂ pf]二分”。

(2) 知组开口三等、知组合口、章组(止摄例外)、庄组宕摄、知庄组江摄字读[tʂ tʂ^{h} ʂ]:生、书、禅母合口部分字读[f]。方言点有汾西邢家要、古县古阳、古县城关、古县北平、古县石壁、古县南垣、洪洞城关、洪洞山头、洪洞明姜、洪洞左木、侯马城关、侯马凤城、临汾河底、乡宁城关、乡宁关王庙、襄汾襄陵、翼城城关、翼城隆化,我们称之为“[ts]、[tʂ f]二分”。

(3) 知组开口三等、章组(止摄字除外)、合口字、庄组宕摄字、知章组江摄字读[tʂ tʂ^{h} ʂ],庄组开口二等梗摄字、开口三等曾摄字白读[tɕ tɕ^{h} ɕ],读此类型的方言点只有乡宁各方言点及襄汾汾城,我们称之为“[ts]、[tʂ tɕ]二分”。

我们将“[ts]、[tʂ]二分”“[ts]、[pf]二分”“[ts]、[f]二分”称之为“二分型Ⅰ”,将“[ts]、[tʂ pf]二分”“[ts]、[tʂ f]二分”“[ts]、[tʂ tɕ]二分”称之为“二分型Ⅱ”。

表 2-14 是相应的例字。

表 2-14 中古精组与知庄章组字临汾方言今读

例字 / 方言点	菜清 蟹开一	债庄 蟹开二	茶澄 假开二	缠澄 山开三	纸章 止开三	初初 遇合三	猪知 遇合三	睡禅 止合三	生生 梗开二
安泽冀氏	tʃ^{h}ai^{354}	tsai^{354}	ts^{h}A^{214}	ts^{h}æ̃^{214}	tsɿ^{53}	ts^{h}u^{43}	tsu^{43}	suei^{354}	səŋ^{43}
安泽良马	tʃ^{h}ai^{53}	tʃai^{53}	tʃ^{h}ɑ^{24}	tʃ^{h}ã^{24}	tʃʅ^{214}	tʃ^{h}u^{44}	tʃu^{44}	ʃuei^{53}	ʃəŋ^{44}
隰县黄土	ts^{h}ɛe^{55}	tsɛe^{55}	ts^{h}a^{24}	ts^{h}ã^{24}	tsɿ^{21}	ts^{h}ou^{41}	tsu^{41}	suei^{55}	səŋ^{41}
大宁三多	ts^{h}ɛe^{55}	tsɛe^{55}	ts^{h}a^{24}	tʂ^{h}ɛ̃^{24}	tsɿ^{21}	ts^{h}əu^{21}	tʂu^{21}	ʂu^{55}	səŋ^{21}
汾西城关	ts^{h}ai^{55}	tsai^{55}	ts^{h}a^{24}	ts^{h}ɑŋ^{24}	tsɿ^{33}	ts^{h}ou^{11}	tsv^{11}	fv^{53}	səŋ^{11}
曲沃里村	ts^{h}ɛ^{31}	tsɛ^{31}	ts^{h}A^{213}	ts^{h}æ̃^{213}	tsɿ^{44}	ts^{h}əu^{213}	pfu^{213}	fu^{53}	sA^{213}/ səŋ^{213}
洪洞城关	ts^{h}ɑi^{33}	tsɑi^{33}	ts^{h}ɑ^{24}	tʂ^{h}ɑn^{24}	tsɿ^{42}	ts^{h}ou^{21}	tʂu^{21}	ʂu^{53}	seŋ^{21}
吉县屯里	ts^{h}ai^{33}	tsai^{33}	ts^{h}a^{24}	tʂ^{h}æɛ^{24}	tsɿ^{55}	ts^{h}ou^{53}	pfu^{53}	fu^{33}	sa^{53}/ sɐŋ^{53}
乡宁城关	ts^{h}ai^{33}	tsai^{33}	ts^{h}a^{213}	tʂ^{h}æɛ^{213}	tsɿ^{55}	ts^{h}ou^{53}	pfu^{53}	fu^{33}	ɕia^{53}

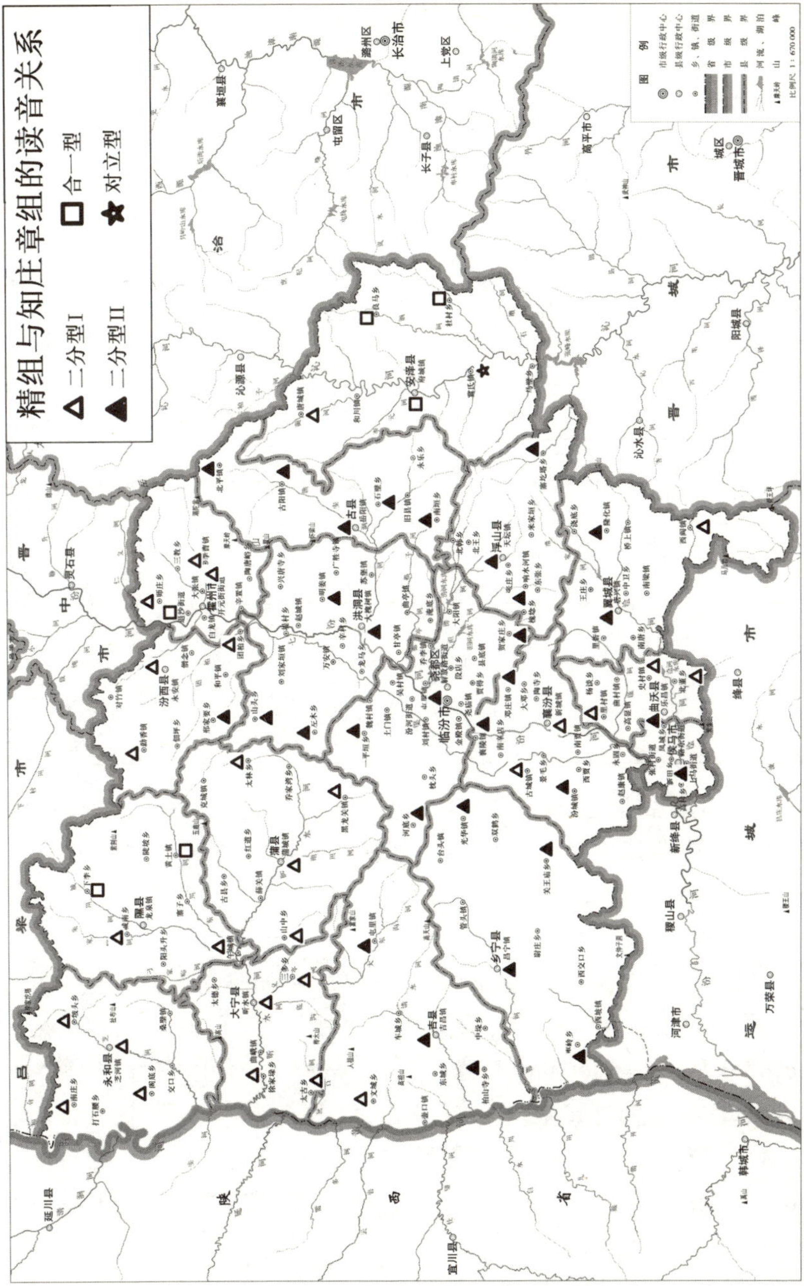

图 2－5　精组与知庄章组的读音关系

由表 2－14 可看出，临汾方言古知庄章三组声母的分化条件并不一致：知组分化以等、开合口为条件，而庄、章两组则只以开合口为条件。

三、个别特殊现象

（一）精组洪音蟹止摄合口三等部分字白读[tɕ ɕ]、文读[ts s]，例字如“嘴醉足柜损俗松岁随肃”等，韵母都为撮口呼[y]韵。表 2－15 是相应的例字。

表 2－15　中古精组洪音字临汾方言文白异读

方言点＼例字	嘴止合三精	醉止合三影	岁蟹合三心	髓止合三心	穗止合三邪
翼城城关	tɕy^{33}/tsuei^{33}	tɕy^{53}/tsuei^{53}	ɕy^{53}/suei^{53}	ɕy^{0}/suei^{24}	ɕy^{53}/suei^{53}
曲沃史村	tɕy^{44}/tsuei^{44}	tɕy^{31}/tsuei^{31}	ɕy^{31}/ɕuei^{31}	ɕy^{0}/suei^{213}	ɕy^{53}/suei^{53}
吉县柏山寺	tɕy^{53}/tsuei^{53}	tɕy^{33}/tsuei^{33}	ɕy^{33}/suei^{33}	ɕy^{33}/suei^{24}	ɕy^{33}/suei^{33}

可以看出，只有韵母读撮口呼时，声母才腭化变为[tɕ tɕ^{h} ɕ]。类似现象在山西其他方言中也存在，如新绛方言“岁[ɕy^{31}]、嘴[tɕy^{44}]、醉[tɕy^{31}]、穗[ɕy^{31}]、随[ɕy^{325}]”，稷山方言“岁[ɕy^{53}]、嘴[tɕy^{55}]、醉[tɕy^{53}]、穗[ɕy^{53}]、随[ɕy^{24}]”。

另外，通、果、山、臻摄也有类似现象，例如临汾一平垣“松通合一[ɕyŋ^{21}]、俗通合三[ɕy^{24}]”，合阳方言“左果合一[tɕyo^{52}]、锁果合一[ɕyo^{52}]、从通合一[tɕ^{h}yoŋ^{24}]、送通合一[ɕyoŋ^{55}]”，介休方言“锁果合一[ɕyᴇ^{423}]、座果合一[tɕyᴇ^{45}]”，铜川方言“钻山合一[tɕyã^{13}]、蒜山合一[ɕyã^{45}]、尊臻合一[tɕyei^{13}]”，蒲城方言“钻山合一[tɕyã^{13}]、蒜山合一[ɕyã^{45}]、尊臻合一[tɕyẽ^{13}]”，有些方言点还出现了白读[tɕ^{h}]的现象，如铜川方言“村臻合一[tɕ^{h}yei^{13}]”、蒲城方言“村臻合一[tɕ^{h}yẽ^{13}]”。此类现象共同的条件是合口一等、三等字。

（二）吉县文城、大宁城关方言中精组细音字存在白读[ts ts^{h} s]、文读[tɕ tɕ^{h} ɕ]的现象。例如吉县文城“心[sei^{21} ɕiʌŋ^{21}]、寻[sei^{24} ɕyʌŋ^{24}]、信[sei^{31} ɕiʌŋ^{31}]、洗[sɿ^{53} ɕi^{53}]”，大宁城关“脊[tsəʔ^{31} tɕiəʔ^{31}]、全[ts^{h}uɛ̃^{24} tɕ^{h}yɛ̃^{24}]、娶[ts^{h}əʔ^{31}]、些[sə^{31} ɕie^{31}]”。临汾方言中“取”在“取灯火柴”一词中往往读[ts^{h} tʂ^{h}]。

（三）一些方言的知庄章组字有白读[tɕ tɕ^{h} ɕ]的现象，主要分布在乡宁、襄汾汾城地区，以乡宁城关例字最多。例如乡宁城关“涩深开三生入[ɕia^{53}]、说臻合三书入[ɕyɤ^{53}]、虱臻开三生入[ɕia^{53}]、色曾开三生入[ɕia^{33}]、拆梗开二彻入[tɕ^{h}ia^{53}]、生梗开二生[ɕia^{53}]、甥梗开二生[ɕia^{53}]、省梗开二生[ɕiɤ^{55}]”，乡宁枣岭“说臻合三书[ɕyɛ^{55}]”，襄汾汾城“谁止合三禅[ɕy^{24}]、出臻合三昌入[tɕ^{h}y^{21}]、色曾开三生入[ɕia^{21}]、生梗开二生[ɕia^{21}]”，以上例字大都是梗摄开口二等知庄组字、深臻曾摄开口三等庄组、合口三等知章组入声字。这类现象在晋语吕梁片、上党片也存在，如潞城黄牛蹄“知[tɕi^{213}]、展[tɕiã^{534}]、猪[tɕy^{213}]、唇[tɕ^{h}yə̃^{13}]、椿[tɕ^{h}yə̃^{213}]”等字。

这种现象是由于今韵母读细音导致的声母腭化，对比乡宁、襄汾汾城周边地区的读音情况我们可以发现其腭化的过程。表2－16是相应的例字。

表2－16　中古知庄章组字临汾方言文白异读①

例字 / 方言点	说臻合三书	色曾开三生	拆梗开二彻	生梗开二生	省梗开二生
吉县柏山寺	fiɛ^{312}	ʂa^{312}	tʂ^{h}a^{312}	ʂə^{312}／səŋ^{312}	ʂa^{53}／səŋ^{53}
临汾河底	fə^{21}	sə^{21}	ts^{h}ai^{21}	ʂə^{21}／səŋ^{21}	ʂə^{42}／səŋ^{42}
襄汾城关	ʂɤ^{31}	sei^{31}	ts^{h}ai^{31}	ʂɑ^{31}／səŋ^{31}	səŋ^{44}

①　新绛城关、稷山城关、河津城关、宜川城关方言的例字来源于张威娜（2015：123）。

续 表

方言点 \ 例字	说臻合三书	色曾开三生	拆梗开二彻	生梗开二生	省梗开二生
曲沃里村	fə^{213}	sɛ^{213}	tsʰɛ^{213}	sA^{213}/ səŋ^{213}	sA^{44}/ səŋ^{44}
侯马凤城	fə^{213}	sɛ^{213}	tsʰɛ^{213}	ʂə^{213}/ sɐŋ^{213}	ʂə^{44}/ sɐŋ^{44}
新绛城关	ʂuə^{53}	ʂa^{53}/ sə^{53}	tsʰei^{53}	sA^{213}/ səŋ^{213}	səŋ^{44}
稷山城关	fiɛ^{31}/ ʂuə^{31}	ʂɪɛ^{31}/ sə^{31}	tʂʰɪɛ^{31}/ tsʰɛe^{31}	ʂɪɛ^{31}/ sʌŋ^{31}	ʂɪɛ^{55}/ sʌŋ^{55}
河津城关	ɕyɛ^{31}	ʂa^{31}/ sɤ^{31}	tʂʰa^{31}/ tsʰɛe^{31}	ʂa^{31}/ səŋ^{31}	səŋ^{53}
宜川城关	ʂuə^{31}	ʂa^{31}/ sə^{31}	tsʰai^{31}	sA^{213}/ səŋ^{213}	səŋ^{41}

由表 2 - 16 可看出,乡宁等地周边方言主要读洪音,声母白读主要为[tʂ]组(个别字或为[f]),文读[ts]组。

2.3.6 日母

一、止摄开口三等字

主要有“儿支尔纸二至贰至而耳止饵志”七个字,可称为“儿系字”。其读音可分为两种类型:

第一,常用字“儿二贰耳”读[zɿ ʐʅ],不常用字“尔而饵”读[ɚ],方言点仅有西南部的吉县、乡宁及北部的霍州三个。襄汾汾城的“耳”读[zɿ]。

第二,全部读[ɚ],其余方言点读此类型。

由图 2 - 6 可看出,儿系字读音的地理分布情况:

绝大部分地区部分读[zɿ ʐʅ]、部分读[ɚ]。全读[ɚ]的情况仅分布于北部的霍州以及西南部的吉县、乡宁三个地区。

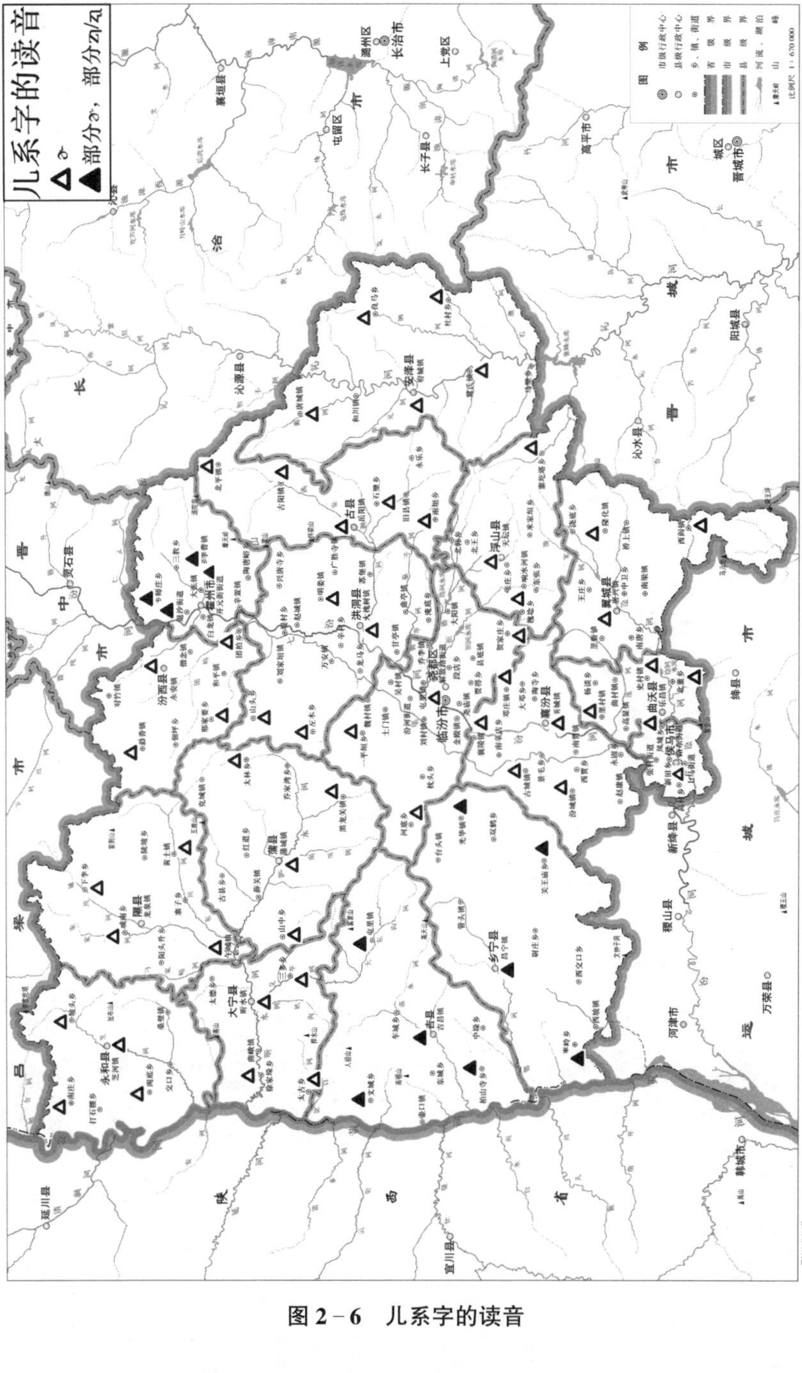

图 2－6　儿系字的读音

二、非止摄开口三等字

可称之为“日系字”。读音有三种类型。

第一，读[z ʐ]，此类型有大宁、安泽、蒲县、隰县、霍州、永和、洪洞等地各方言点，吉县文城、翼城西阎、浮山寨圪瘩等。

第二，读[z ʐ]和[v]，开口字、合口不常用字“汝蕊芮戎”等读[z ʐ]，合口常用字“如乳擩软润闰”等白读[v]，文读[z ʐ]。读此类型的有汾西、古县、侯马、临汾、曲沃、襄汾各方言点，吉县屯里、吉县柏山寺、吉县城关、乡宁光华、乡宁枣岭、乡宁关王庙、乡宁城关、翼城隆化、翼城城关、浮山响水河等。

另外，除安泽地区方言点之外的其他各方言点开口字“入”都读[v]声母。

第三，读[ʐ]和[∅]，开口字、合口不常用字“汝蕊芮戎”等读[ʐ]，合口常用字“如乳擩软润闰”等读[∅]。该类型的方言点主要是浮山城关。另外，临汾河底的“肉”、临汾贺家庄的“如”、蒲县黑龙关的“软”、浮山响水河的“闰”读[∅]声母。

表 2－17 是相应的例字。

表 2－17　中古日母字临汾方言今读

例字 / 方言点	儿系字			日系字				
	儿	耳	而	日	染	蕊	如	软
吉县柏山寺	zɿ^{24}	zɿ^{53}	ɚ^{24}	<u>ʐei</u>^{53}	ʐæɛ^{53}	ʐuei:^{53}	vu^{312}	væ^{53}
安泽唐城	ɚ^{21}	ɚ^{423}	ɚ^{53}	ʐəʔ$^{\underline{32}}$	ʐɛ̃^{423}	ʐui^{53}	ʐu^{21}	ʐuɛ̃^{423}
浮山城关	ɚ^{13}	ɚ^{33}	ɚ^{13}	ʐʅ^{42}	ʐæ̃i^{33}	ʐuei:^{33}	u^{13}	uæ̃i:^{33}
霍州师庄	zɿ^{35}	zɿ^{33}	ɚ^{35}	ʐʅ^{213}	ʐɑŋ^{33}	ʐuei:^{33}	ʐu^{35}	ʐuɑŋ^{33}
永和坡头	ɚ^{24}	ɚ^{423}	ɚ^{24}	ʐəʔ^{213}	ʐɛɪ^{423}	ʐuei:^{423}	ʐu^{24}	ʐuɛɪ^{423}
曲沃里村	ɚ^{213}	ɚ^{44}	ɚ^{213}	zɿ^{53}	zæ̃^{44}	zuei:^{44}	zu^{213}	væ̃^{44}
临汾贺家庄	ɚ^{24}	ɚ^{42}	ɚ^{24}	ʐʅ^{21}	ʐæ̃ɪ^{42}	ʐuei:^{42}	u^{24}	væ̃ɪ^{42}

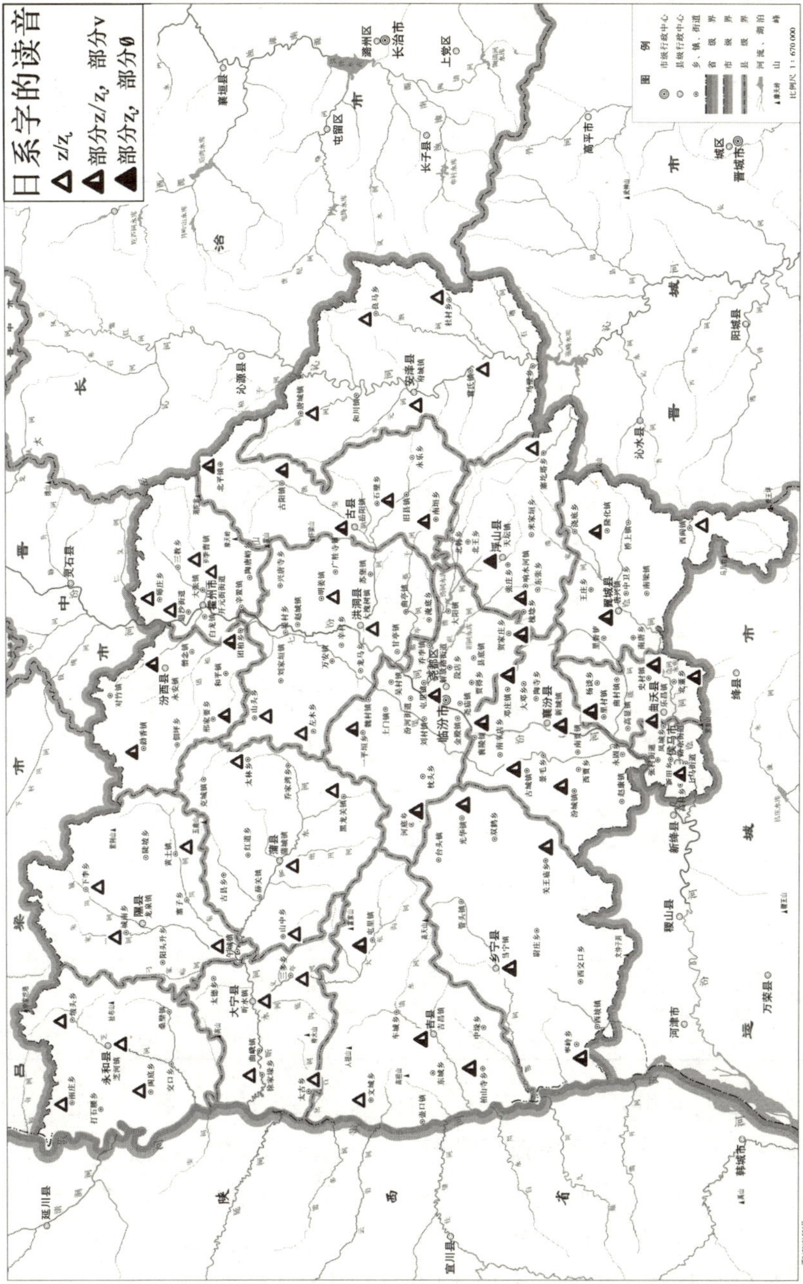

图 2－7　日系字的读音

关于日母字读零声母，许多学者进行了研究，如高本汉（2014）、王力（2008）、潘悟云（2000）、项梦冰（2006）、张树铮（1999）等。各家普遍认为日母字读零声母属于较早期的一种读音形式，是由鼻音[ȵ]直接弱化而来的。

由日母字读[z]、[ʐ]、[v]的方言点来看，日母字的读音与知庄章的读音平行对称。如知庄章读[ts]组，日母字便读[z]；知庄章读[pf]组，日母字便读[v]。

2.3.7　见晓组

一，临汾方言中的见晓组一般在洪音前读[k k^{h} x]，在细音前读[tɕ tɕ^{h} ɕ]。表2－18是相应的例字。

表2－18　中古见晓组字临汾方言今读

方言点＼例字	果 见合一	渴 溪开一	慌 晓合一	豪 匣开一	京 见开三	奇 群开三	响 晓开三	学 匣开二
汾西城关	ku^{33}	k^{h}ɷu^{11}	xuɑŋ^{11}	xɑu^{24}	tɕiŋ^{11}	tɕ^{h}ʑ^{24}	ɕi^{33}	ɕiʌ^{3}
霍州城关	kuo^{31}	k^{h}ə^{213}	xuɑŋ^{213}	xɑu^{35}	tɕiŋ^{213}	tɕ^{h}iː^{35}	ɕiɛ^{31}	ɕyɛ^{35}
浮山城关	kuə^{33}	k^{h}ə^{42}	xuɑŋ^{42}	xɑu^{13}	tɕiəŋ^{42}	tɕ^{h}iː^{13}	ɕyə^{33}	ɕyə^{13}
曲沃史村	kuɤ^{44}	k^{h}ɤ^{213}	xuɐŋ^{213}	xɑu^{213}	tɕiɤŋ^{213}	tɕ^{h}iː^{213}	ɕiɤŋ^{44}	ɕyɤ^{213}
乡宁城关	kuɤ^{55}	k^{h}ɤ^{53}	xuʌŋ^{53}	xɑu^{213}	tɕiʌŋ^{53}	tɕ^{h}iː^{213}	ɕiʌŋ^{55}	ɕiɤ^{213}
古县城关	kuə^{53}	k^{h}ə^{31}	xuɑŋ^{31}	xɑu^{24}	tɕiəŋ^{31}	tɕ^{h}iː^{24}	ɕyə^{53}	ɕyə^{24}
侯马城关	kuo^{44}	k^{h}ɤ^{44}	xuõŋ^{213}	xɔu^{24}	tɕiɤ̃ŋ^{213}	tɕ^{h}iː^{24}	ɕiɤ̃ŋ^{44}	ɕyɤ^{24}

二，见晓组开口二等部分字白读[k]组，文读[tɕ]组。见组字白读[k]、文读[tɕ]的现象仅存在于吉县文城、吉县屯里、吉县柏山寺、吉县城关、乡宁城关、乡宁枣岭、乡宁关王庙七个方言点中；晓组字白读[x]、文读[ɕ]的现象存在于除安泽府城、安泽良马、安泽冀氏、安泽杜村四个方言点外的其余方言点中。表2－19、2－20是相应的例字。

表 2-19　中古见组开口二等字临汾方言文白异读

方言点＼例字	介见	街见	解见	戒见
吉县文城	kai^{31}/tɕiᴇ^{31}	kai^{21}/tɕiᴇ^{21}	kai^{53}/tɕiᴇ^{53}	tɕiᴇ^{31}
吉县屯里	tɕiᴇ^{33}	kai^{53}/tɕiᴇ^{53}	kai^{55}/tɕiᴇ^{55}	tɕiᴇ^{33}
吉县柏山寺	tɕiɛ^{33}	kai^{312}/tɕiɛ^{312}	kai^{53}/tɕiɛ^{53}	kai^{33}/tɕiɛ^{33}
吉县城关	tɕiɛ^{33}	kai^{423}/tɕiɛ^{423}	kai^{53}/tɕiɛ^{53}	kai^{33}/tɕiɛ^{33}
乡宁城关	tɕiᴇ^{33}	kai^{53}/tɕiᴇ^{53}	kai^{55}/tɕiᴇ^{55}	tɕiᴇ^{33}
乡宁枣岭	kai^{53}/tɕiai^{53}	kai^{55}/tɕiai^{55}	kai^{213}/tɕiai^{213}	tɕiai^{53}

表 2-20　中古晓组开口二等字临汾方言文白异读

方言点＼例字	瞎晓	鞋匣	咸匣	杏匣
临汾河底	xa^{21}/ɕia^{21}	xai^{24}/ɕiɛ^{24}	xæɛ^{24}/ɕiæɛ^{24}	xə^{53}/ɕiŋ^{53}
古县南垣	xɑ^{21}/ɕiɑ^{21}	xai^{24}/ɕiɛ^{24}	xan^{24}/ɕian^{24}	xɛ^{53}/ɕiŋ^{53}
霍州城关	xa^{213}/ɕia^{213}	xai^{35}/ɕiɛ^{35}	xɑŋ^{35}/ɕiɑŋ^{35}	xɔ^{53}/ɕiŋ^{53}
大宁三多	xɐ$^{\underline{21}}$/ɕiɐ$^{\underline{21}}$	xɛe^{24}/ɕiɛ^{24}	ɕiɛ̃^{24}	ɕiɪ^{55}
安泽唐城	xɐʔ$^{\underline{32}}$/ɕiɐʔ$^{\underline{32}}$	xai^{21}/ɕie^{21}	xɛ̃^{21}/ɕiɛ̃^{21}	ɕiəŋ^{53}
安泽府城	ɕia^{44}	ɕie^{24}	ɕian^{24}	ɕiəŋ^{53}
安泽杜村	ɕiʌʔ^{4}	ɕie^{423}	ɕiᴀ^{423}	ɕiəŋ^{13}

由图 2-8 可以看出，“街蟹开二见”读音的地理分布情况：

[t]音：分布范围最广，主要是中部地区，有蒲县、洪洞、临汾、古县、浮山及北部的汾西等地。

[tɕ]音：主要分布于西北部的永和、隰县、大宁，北部的汾西，东部的安泽及南部的襄汾、翼城隆化、乡宁关王庙、临汾河底、临汾贺家庄。

[k]音：主要分布于西南部的吉县、乡宁，南部的侯马、曲沃。

[ts]音：仅分布于翼城城关、翼城西阎、襄汾汾城三个方言点。

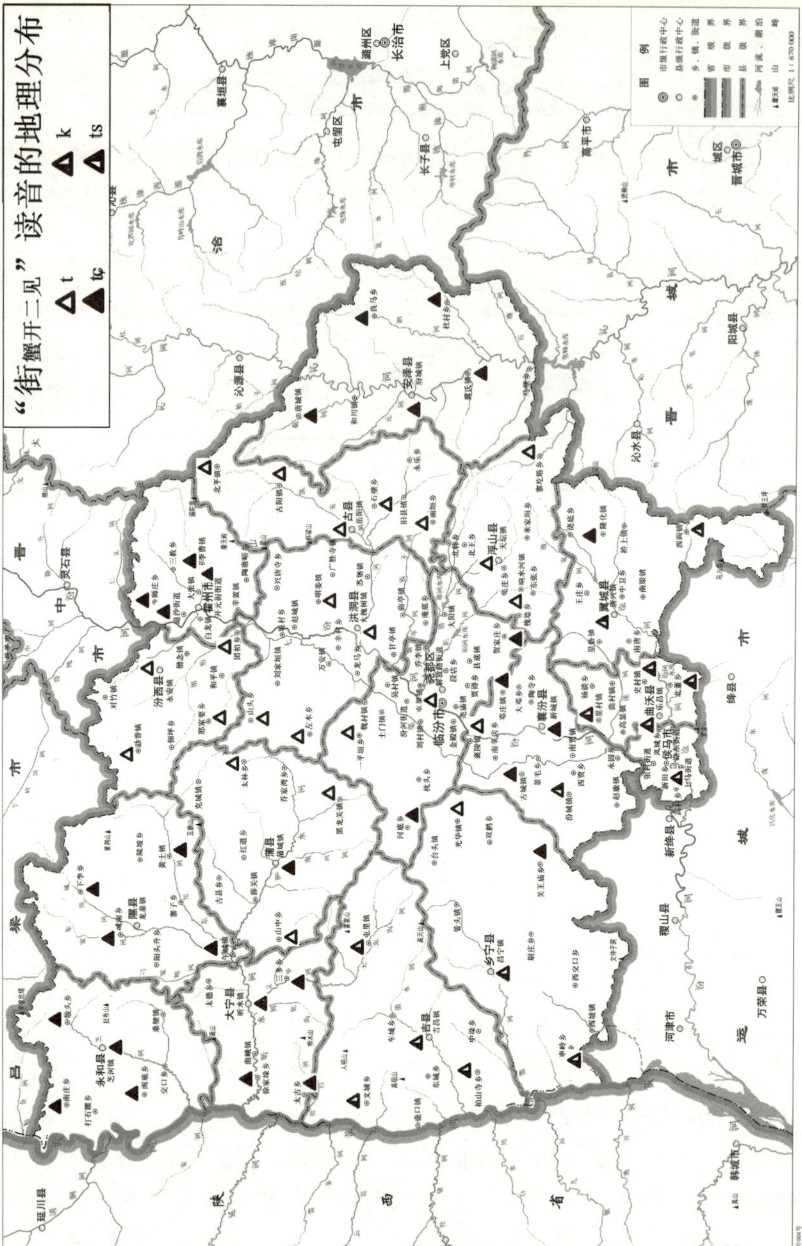

图 2-8 “街蟹开二见”读音的地理分布

说明：[k]、[ts]、[t]为白读，[tɕ]为无白读情况。

三，见组开口部分字白读[t tʰ]，文读[tɕ tɕʰ]。除吉县、霍州、翼城、安泽(唐城外)、永和、大宁、浮山寨圪瘩等地的方言点除外，其余方言点都有此类现象。表2-21是相应的例字。

表2-21　中古见组开口字临汾方言文白异读

例字 方言点	劲有~ 臻开三见	间~苗 山开二见	耕 梗开二见	敲 效开二溪	轿 效开三群 花~/小~车	掐 咸开二溪
汾西城关	tiŋ^{55}/ tɕiŋ^{55}	tiɑŋ^{55}/ tɕiɑŋ^{55}		tʰiɑu^{11}/ tɕʰiɑu^{11}	tʰiɷu^{53}/ tɕʰiɑu^{53}	tʰia^{11}/ tɕʰia^{11}
古县城关	tin^{24}/ tɕin^{24}	tian^{24}/ tɕian^{31}	tiɛ^{31}/ kəŋ^{31}	tʰiɑu^{31}/ tɕʰiɑu^{31}	tʰiɑu^{53}/ tɕʰiɑu^{53}	tʰia^{31}/ tɕʰia^{31}
浮山城关	tiẽi^{44}/ tɕiẽi^{44}	tiæ̃i^{42}/ tɕiæ̃i^{42}	tiɛ^{42}/ kəŋ^{42}	tʰiɑu^{42}/ tɕʰiɑu^{42}	tʰiɑu^{53}/ tɕʰiɑu^{53}	tʰia^{42}/ tɕʰia^{42}
安泽唐城		tiɛ̃^{213}/ tɕiɛ̃^{53}		tʰiɑu^{213}/ tɕʰiɑu^{213}		
洪洞城关	tien^{33}/ tɕien^{33}	tiɑn^{42}/ tɕiɑn^{42}	tie^{21}/ kəŋ^{21}	tʰiɑo^{21}/ tɕʰiɑo^{21}	tʰiɑo^{53}/ tɕʰiɑo^{53}	tʰiɑ^{21}/ tɕʰiɑ^{21}

四，见组开口二、三等部分字白读[ts tsʰ tʂ tʂʰ]，文读[tɕ tɕʰ]。方言点有：古县城关、浮山城关、襄汾汾城、曲沃史村、曲沃北董、翼城城关、翼城隆化、翼城西阎、蒲县山中、汾西勍香、隰县城南、隰县午城、隰县下李、永和阁底、永和坡头、永和三多等。其中襄汾汾城字数较多，较成系统，其他方言点仅限于"今解街"等字。以襄汾汾城为例说明，详见表2-22：

表2-22　中古见组开口二、三等字襄汾汾城方言文白异读

例字 方言点	今 深开三见	驾 假开二见	胶 效开二见	肩 山开四见	敲 效开二溪	掐 咸开二溪	牵 山开二溪
襄汾汾城	tsɿ^{21}/ tɕin^{21}	tʂa^{42}/ tɕia^{42}	tʂɑu^{21}/ tɕiɑu^{21}	tʂa^{21}/ tɕiən^{21}	tʂʰɑu^{21}/ tɕʰiɑu^{21}	tʂʰa^{21}/ tɕia^{21}	tʂʰa^{21}/ tɕʰiən^{21}

临汾方言广泛存在见组读[t]、[ts]的现象，下面简要分析。

罗常培(2012：188)、王力(1980：144)等都认为见组字的腭化是由于[k kʰ x]受[i y]的影响而变为舌面前音[tɕ tɕʰ ɕ]。近年来许多学者研究发现,[k kʰ x]到[tɕ tɕʰ ɕ]经历了一个[c cʰ ç]的中间阶段。王临惠(2003: 123)也认为“山西方言见系字的腭化过程大致分两步才完成,先是[k kʰ x]在[i]的作用下前化为一套介于[k kʰ x]和[tɕ tɕʰ ɕ]之间的舌面中塞音,然后进一步前化,变为塞擦音[tɕ tɕʰ ɕ]”。山西方言见组细音腭化的过程一定是:[k kʰ x]→[c cʰ ç]→[tɕ tɕʰ ɕ]。关于见组细音字腭化过程的起始时间,乔全生先生在《现代晋方言与唐五代西北方言的亲缘关系》(2004)、《从晋方言看古见系字在细音前腭化的历史》(2006)等文中多有论述,认为古见系字腭化的时间可能始于晚唐五代。袁宾等(2001: 94)认为“大多数学者都同意这样的看法,即乾隆癸亥年间(1743)的无名氏《圆音正考》,首次确凿地表明,官话中精见二组已完全腭化”。王力(2008: 554)认为,到了明代,全部知照系字都转化为[tʂ tʂʰ ʂ]。这时,[tɕ tɕʰ ɕ]的位置空出来了,由精系齐撮字和见系齐撮字先后变为[tɕ tɕʰ ɕ]出来填补知照系的遗缺。如此来看,官话中见系字的腭化在明代已经开始,而一般认为,见系字的分化在方言里要先北京话一步。也就是说,只有方言中先出现[tɕ tɕʰ],北京话中才可能随后发生从[k kʰ]到[tɕ tɕʰ]的腭化过程。所以,我们认为,山西方言中见组细音字开始腭化为[tɕ tɕʰ]应当在明代之前。

关于今汾西等方言见组开口二三四等字读[t tʰ ts tsʰ],王临惠(2003: 124)认为“洪洞、河津等方言见组细音声母[k kʰ]在[i]的作用下,前化为[c cʰ ç],却没有腭化为塞擦音[tɕ tɕʰ]。其中洪洞等方言以发音方法相同、发音部位接近、韵母相同等条件与同韵摄的端组开口四等声母发生了归并”,“而河津等方言则以韵母相同为条件选择了同韵摄的章组、知组三等开口字声母,并随之脱落了[i]介音”,他认为演变过程应该是[k kʰ]→[c cʰ]→[t tʰ tʂ tʂʰ]。乔全生(2004)进一步考察认为[t tʰ tʂ tʂʰ]不是直接从[k kʰ]演变来的,中间经历了[tɕ tɕʰ]的过程,即应当是[k kʰ]→[tɕ tɕʰ]→[t tʰ tʂ tʂʰ]。熊燕(2004)

对客赣方言见组声母读[t t^h]的现象解释为见组声母由[k k^h x]腭化为[tɕ $tɕ^h$ ɕ]后，介音[i]以其前、高特征使得[tɕ]类音塞音化为[t t^h]。

我们比较赞同乔全生、熊燕的说法，认为见组读[t t^h tʂ $tʂ^h$]只能是一种后起的变化，演变过程应当是[k k^h]→[tɕ $tɕ^h$]→[t t^h tʂ $tʂ^h$]。关于出现这种后起变化的原因，乔全生(2004)认为，这是见组细音字的超前演变，即声母在介音[i]的影响下发音部位的前移，是声母自身推链作用的结果。此看法与熊燕(2004)对客赣方言见组声母读[t t^h]现象的解释不谋而合。乔全生、崔容(2013)通过考察发现，“这种类型的方言见溪群三母细音字声母白读为[t t^h tʂ $tʂ^h$]，而其相应的晓、匣母二等开口细音字白读却仍然读[x]声母，其他三四等开口细音字则与来自精组的心、邪母细音字合流读[ɕ]声母”。他们进一步指出，“白读音为[t t^h tʂ $tʂ^h$]的方言所经历的共同音变当是[k k^h]→[tɕ $tɕ^h$-i]，这个音变发生在擦音声母腭化且与精组擦音声母归并之后。接下来，河津、万荣方言(读[tʂ $tʂ^h$])发生的音变是[tɕ $tɕ^h$-i]→[tʂ $tʂ^h$]，而洪洞等地方言发生的音变是[tɕ $tɕ^h$-i]→[t t^h]”。至于发生这种超前演变原因，他们认为“这和精组细音字的腭化有关。虽然这些方言见精组擦音细音字因腭化而发生了归并，但见组其他细音字和精组细音字并没有发生归并。见组非擦音细音字腭化为舌面音[tɕ $tɕ^h$]之后，精组非擦音细音字也跟着发生了腭化[ts ts^h]→[tɕ $tɕ^h$-i]，正是在精组非擦音细音字腭化的推链作用下，导致见组非擦音细音字发生了不同方向的超前演变，即发生了以上所表示的音变”。

另外，张光宇(1993)通过考察也认为长江沿岸的苏州、扬州，湖南浏阳，山西万荣，山东文登、荣成，福建厦门等地存在此类现象。长江沿岸白读[k-]、文读[tɕ-]，湖南浏阳白读[k-]、文读[ki-]，山西万荣白读[tʂ-]、文读[tɕ-]，山东文登、荣成白读[tsi-]、文读[ki-]，福建厦门白读[k- ki-]、文读[k- ki-](文白异读韵母不同)。他认为见系二等文白异读在汉语方言有华南、华北分野的倾向。见系二等文白异读可以大体三分：南方的厦门最为保守，长江沿岸次之，华北三型变化最为剧烈。从保守和创新的观点看,长江沿岸型的白读比文读保守,华北诸型(山西万荣、汾西,山东文荣)恰好相反,文读反比白读更为保守。这个现象大体反映华北中原边缘及外围地区方言在发展速度上比"标准语"还要快:从"标准语"借贷而入的文读还处于"腭化"(ki-,tɕ-)阶段时,其自身方言的固有成分却早已从"腭化"更进一步变出种种形貌:华北三型中的白读(tʂ-,ts-,t-)都是舌面音(tɕ-)的后续变体,也就是说,见系声母首先经过腭化阶段,再转读为舌尖后音、舌尖前音或舌尖塞音。其发展过程可用下列程式表示:k-→ki-→tɕ-→tʂ-、ts-、t-。(张光宇 1993)

2.3.8 影疑母

在今开口呼前,临汾方言影疑母绝大部分方言点读[ŋ],安泽杜村读[ɣ]。齐齿呼、撮口呼前主要读[Ø],部分齐齿呼字白读[ȵ]声母。合口呼前主要读[Ø],部分方言点有白读[v]的现象,主要有:翼城、襄汾、乡宁各方言点,大宁三多、古县北平、古县南垣、霍州师庄、吉县屯里、安泽唐城、曲沃史村。表 2-23 是相应的例字。

表 2-23 中古影疑母字临汾方言今读

例字 / 方言点	开口呼		齐齿呼		合口呼	
	爱影开一	岸疑开一	椅影开三	牙疑开二	温影合一	外疑合一
襄汾襄陵	ŋai³³	ŋɑn⁵³	ȵi³¹/i³¹	ȵiɑ²⁴/iɑ²⁴	vən²¹	uei⁵³
吉县屯里	ŋai³³	ŋæɛ³³	ȵi⁵⁵/i⁵⁵	ȵia²⁴/ia²⁴	vei⁵³	uei³³
霍州师庄	ŋai⁵⁵	ŋɑŋ⁴²	ȵi³³/i³³	ȵia³⁵/iɑ³⁵	vəŋ²¹³	uei⁴²
大宁三多	ŋɛe⁵⁵	ŋẽ⁵⁵	ȵi²¹/i²¹	ȵia²⁴/ia²⁴	vəŋ²¹	vei⁵⁵
古县南垣	ŋai⁴⁴	ŋɑn⁵³	ȵi⁴²/i⁴²	ȵiɑ²⁴/iɑ²⁴	vən²¹	uei⁵³
临汾河底	ŋai⁵³	ŋæɛ⁵³	ȵi⁴²/i⁴²	ȵiA²⁴/iA²⁴	uən²¹	uei⁵³
安泽杜村	ɣai¹³	ɣɑŋ¹³	ȵi⁵⁴/i⁵⁴	iA⁴²³	uŋ²¹	uai¹³

中古时期影母为[ʔ]声母，疑母为[ŋ]声母。根据王力(2008：292)，以朱翱反切为代表的音系中影疑母仍同中古时期相同，而以朱熹反切为代表的宋代音系中，影母已并入喻母，疑母仍同中古一样。罗常培(2012：187)、邵荣芬(1963)根据敦煌材料反映的晚唐五代西北方音中影已丢失声母，疑母仍读舌根鼻音。周祖谟《宋代汴洛语音考》(1996：581)认为宋代汴洛音的疑母“其上声字必已逐渐演变为[ɣ]，甚至失去声母，而其他三声字则未全变”，“影喻二母之读音，以现代方音推之，当为无声母之一类”。《中原音韵》中疑母字已经发生了分化，一部分与“影喻”母合并，一部分与泥娘母合并，还有一部分疑母字独立自成小韵。这个时期疑母字应该还没有完全失去鼻音声母。龚煌城(1981：37－38)根据对《番汉合时掌中珠》的研究显示，到12世纪末，西北方音影母字的喉塞音已经消失，而疑母字部分(主要是合口一等三等)也丢失了声母，与影母合流，影母开口一等出现[ɣ]。由以上可看出，影母丢失声母后与喻母发生合流，大概早在晚唐五代西北地区就已经出现了，因此到了北宋时期，无论是北方方言还是官话都是如此。那么，至于之后疑母逐渐丢失声母，与影母混同，主要是发生在北方中原地区的演变，而在西北方言中，到12世纪末仍有疑母鼻音声母存在。

临汾方言影疑母的发展演变应当是影母首先失去声母，疑母仍为鼻音声母。接下来，影疑母合口与开口均分别发展演变。疑母合口字丢失鼻音声母与影母合口字合流，成为零声母字；疑母开口一二三等字保留鼻音声母，影母开口一二三等字与疑母合流，在今细音前变为[ȵ]。

2.4 韵　　母

对临汾方言韵母的分析，我们主要从韵类分合关系、等的分别、古开合口和今四呼的关系三个方面来看。

2.4.1　韵类分合关系

2.4.1.1　阴声韵

一、果、假摄

(一) 果摄

临汾方言中果摄开口一等端组、精组一般读[uo uə uɤ]韵母，但是侯马城关、吉县文城、吉县城关、乡宁枣岭、乡宁关王庙、襄汾城关、霍州退沙街道、隰县城南、隰县午城、隰县下李、隰县黄土、安泽唐城、襄汾汾城、吉县柏山寺、乡宁城关读[ə ɤ]韵母，洪洞城关、洪洞山头、汾西团柏、临汾城关读[o ɔ]韵母，汾西城关、汾西邢家要、汾西勍香读[əɯ]韵母。

果摄开口一等见组一般读[ə ɤ]韵母，但是临汾一平垣、吉县屯里、蒲县黑龙关、蒲县太林、乡宁光华、永和南庄、永和坡头、大宁徐家垛、大宁三多、蒲县城关、古县城关读[uo uə uɤ]韵母；洪洞左木、洪洞明姜、襄汾邓庄、汾西团柏读[o]韵母，汾西城关、汾西邢家要、汾西勍香读[əɯ]韵母。

果摄合口一等帮组字一般读[uo uə uɤ]韵母，但是吉县文城、霍州退沙街道、隰县城南、隰县午城、隰县下李、古县城关、浮山城关、翼城城关、曲沃史村、侯马城关读[ə ɤ]韵母，汾西城关、汾西邢家要、汾西勍香读[əɯ]韵母。

果摄合口端组、精组字一般读[uo uə uɤ]韵母，但是汾西城关、汾西邢家要、汾西勍香读[u]韵母。

果摄合口见组字一般读[uo uə uɤ]韵母，但是浮山城关、翼城城关、曲沃史村、侯马城关读[ə ɤ]韵母，汾西城关、汾西邢家要、汾西勍香读[u]韵母。表2-24是相应的例字。

果摄开口三等字"茄"、果摄合口三等字"瘸靴"白读与假摄字合流或互补为一套主元音相同的韵母。

"茄"字浮山寨圪瘩、隰县城南、隰县午城、隰县下李、隰县黄土、安泽唐城、安泽府城、安泽良马、安泽冀氏、安泽杜村读[ie iɛ]韵母，其他方言点都有文白异读：一般文读[iɛ iᴇ ie iə]韵母，白读[ia iɑ iᴀ iɒ]韵母，与假摄开口二等见系字和开口三等精组字白读韵母合流，其中洪洞左木、洪洞山头、翼城隆化、翼城西阎、翼城城关、蒲县黑龙关、蒲县山中、蒲县太林、蒲县城关、大宁徐家垛、襄汾汾城白读[ya yᴀ yɒ yɑ]韵母。

表 2－24　中古果摄字临汾方言今读

例字 / 方言点	开口			合口		
	一等			一等		
	端组	精组	见组	帮组	端、精组	见组
	多	左	歌	坡	朵	棵
临汾河底	uo	uo	ə	uo	uo	uo
安泽唐城	ə	ə	ə	uo	uo	uo
洪洞山头	o	o	ə	uo	uo	uo
汾西城关	əɯ	əɯ	əɯ	əɯ	u	u
临汾一平垣	uo	uo	uo	uo	uo	uo
洪洞左木	uo	uo	o	uo	uo	uo
曲沃史村	uɤ	uɤ	ɤ	uɤ	uɤ	ɤ
大宁三多	uo	uo	uo	uo	uo	uo

“靴”字一般读[ye yɛ yᴇ]韵母，曲沃里村、曲沃史村、翼城城关、翼城隆化、翼城西阎、吉县屯里、襄汾邓庄、襄汾襄陵、襄汾古城、霍州师庄、汾西勍香读[yə yɤ]韵母，汾西城关读[yɪ]韵母。其他方言点存在文白异读的情况：“靴”字白读[ya]，方言点有永和阁底、永和南庄、永和坡头、永和城关、蒲县城关、大宁徐家垛、大宁三多；白读[yə]，方言点有安泽府城、安泽良马、安泽冀氏、安泽杜村。

“瘸”字浮山寨圪瘩、隰县城关、隰县午城、隰县下李、隰县黄土读[yɛ yᴇ ye yə]韵母，汾西城关读[yɪ]韵母，其他方言点都有文白异读，一般白读[ya yɑ yᴀ yɒ]韵母，其中安泽府城、安泽良马、安泽冀氏、安泽杜村白读[yə]韵母。表 2－25 是相应的例字。

表 2－25　临汾方言"茄""靴""瘸"字的白读

方言点＼例字	果摄			假摄		
	茄开三群	靴合三晓	瘸合三群	牙开二疑	写开三心	花合二晓
永和南庄	ia	ya	ya	ia	ia	ua
洪洞左木	yA	yA	yA	iA	iA	uA
大宁三多	ia	ya	ya	ia	ia	ua
曲沃北董	ia	yE	ya	ia	ia	ua
隰县黄土	iE	yɛ	yɛ	ia	ia	ua
安泽良马	ie	yə	yə	iɑ	iɑ	uɑ

（二）假摄

假摄开口二等、合口二等字一般读[a ɑ A ɒ]、[ia iɑ iA iɒ]、[ua uɑ u A uɒ]韵母。

假摄开口三等精组、影组字一般白读[ia iA iɑ iɒ]韵母，文读[iɛ ie iE]韵母，乡宁枣岭、乡宁关王庙、乡宁城关、襄汾邓庄、襄汾襄陵读[iə iɤ]韵母，汾西城关读[i]韵母。

假摄章组字一般白读[a ɑ A ɒ]韵母，文读[ɤ ə ʅə]韵母。乡宁城关读[ʅE]韵母，侯马城关读[ɤɛ]韵母，古县城关、吉县柏山寺读[ɪɛ iɛ]韵母。

表 2－26 是相应的例字。

表 2－26　中古假摄字临汾方言今读

方言点＼例字	开口				合口	
	二等		三等		二等	
	非见系	见系	非知系	知系	非知系	知系
	麻	牙	写	蛇	瓜	耍
临汾贺家庄	A	iA	iA/ie	A/ə	uA	uA
浮山响水河	a	ia	ia/iɛ	a/ə	ua	ua

续　表

例字 / 方言点	开口				合口	
	二等		三等		二等	
	非见系	见系	非知系	知系	非知系	知系
	麻	牙	写	蛇	瓜	耍
翼城城关	a	ia	ia/iɛ	a/ə	ua	ua
曲沃里村	ᴀ	iᴀ	iᴀ/iɛ	ᴀ/ə	uᴀ	uᴀ
乡宁枣岭	a	ia	iə	a/ə	ua	ua
汾西城关	a	ia	i	a	ua	ua
吉县柏山寺	a	ia	ia/iɛ	iɛ/ə	ua	ua

特殊读音：

假摄开口二等字“虾~蟆”在大部分方言中读[ia iɑ iᴀ iɒ]韵母，但蒲县城关、吉县柏山寺等地读[ə]韵母，安泽唐城读[ɤʔ]韵母，乡宁城关读[i]韵母，侯马城关读[ɯ]韵母，隰县黄土读[ʌ]韵母，翼城隆化、翼城西阎、翼城城关读[ya]韵母。

隰县城南、隰县下李“些”读[iɐʔ]韵母，汾西城关“些也”读[iʌ]韵母，安泽唐城“且”读[iɤʔ]韵母。

汾西城关“蔗射”读[ʌ]韵母，隰县黄土“佘”读[ʌ]韵母，曲沃史村“蔗”读[ʅ]韵母，安泽唐城“蔗者佘”读[ɤʔ]韵母，汾西“者”读[ɪ]韵母。

二、蟹、止摄

（一）总体情况

蟹开三、开四（知章组除外）、止开三泥组、见系大部分方言点读[i]韵母，吉县柏山寺读[ɪ]韵母，汾西城关读[ʑ]韵母，如“蔽米洗启艺系离梨器你意”等字。具体如下：

霍州城关：币蟹开三並 pi^{53} | 厉蟹开三来 li^{53} | 米蟹开四明 mi^{31} | 礼蟹开四来 li^{31} | 洗蟹开四心 $ɕi^{31}$ | 梨止开三来 li^{35} | 气止开三见 $tɕ^{h}i^{44}$ | 衣止开三影 i^{213}

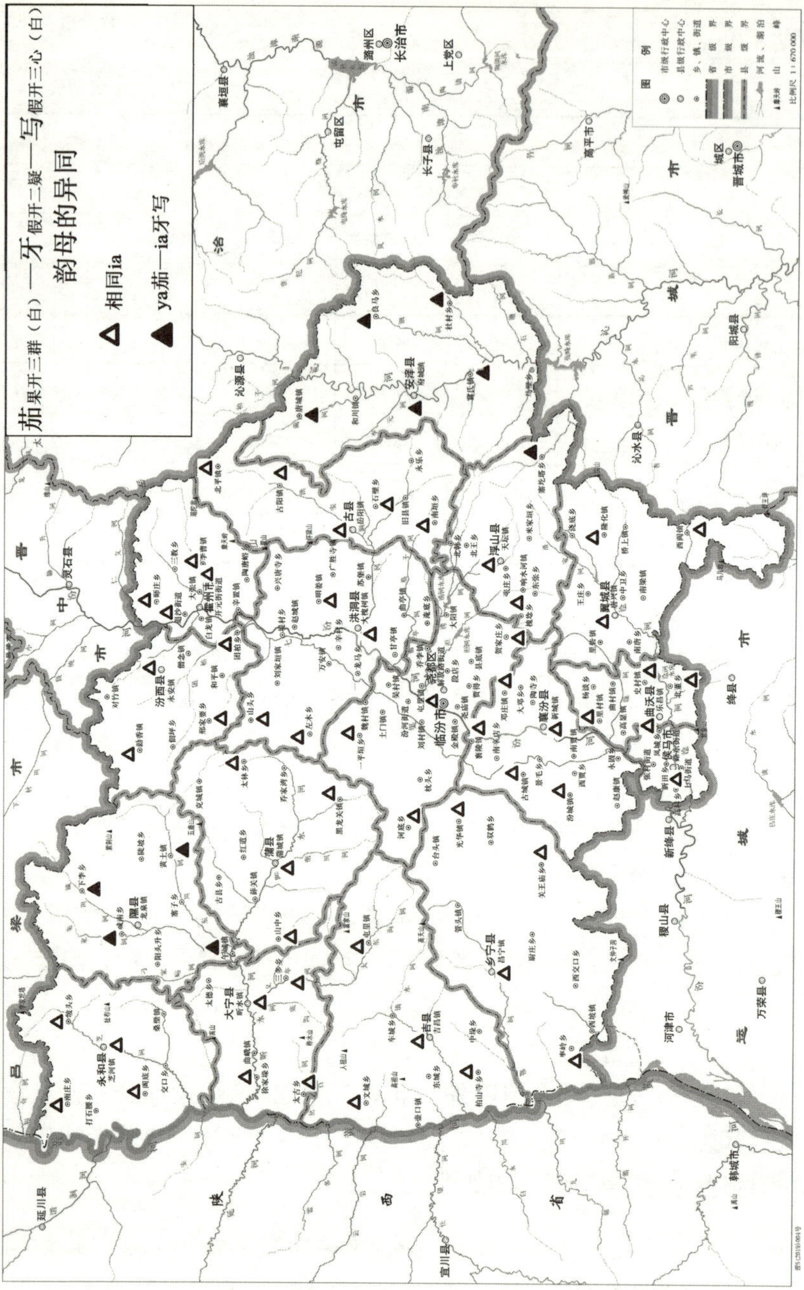

图 2－9　茄果开三群(白)—牙假开二疑—写假开三心(白)韵母的异同

说明：图中[ia]的读音类型有“[iɑ]、[iᴀ]、[iɒ]”；[ya]的读音类型有“[yɑ]、[yᴀ]、[yɒ]”。

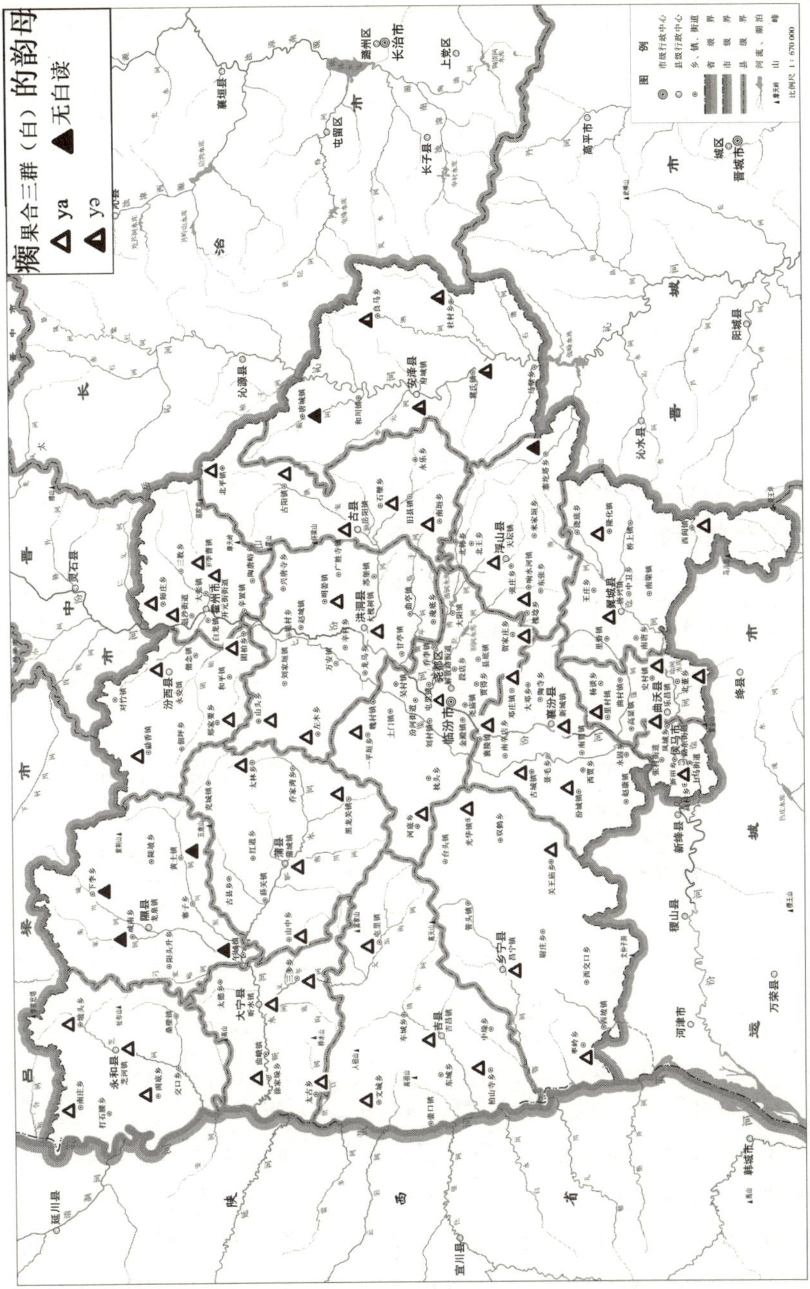

图 2－10　瘸果合三群(白)的韵母

说明：图中[ya]的读音类型有“[yɑ]、[yᴀ]、[yɒ]”。

曲沃史村：币蟹开三並 pi^{53} | 厉蟹开三来 li^{53} | 米蟹开四明 mi^{44} | 礼蟹开四来 li^{44} | 洗蟹开四心 ɕi^{44} | 梨止开三来 li^{213} | 气止开三见 tɕ^{h}i^{31} | 衣止开三影 i^{213}

吉县柏山寺：币蟹开三並 pɪ^{33} | 厉蟹开三来 lɪ^{33} | 米蟹开四明 mɪ^{53} | 礼蟹开四来 lɪ^{53} | 洗蟹开四心 ɕɪ^{53} | 梨止开三来 lɪ^{24} | 气止开三见 tɕ^{h}ɪ^{33} | 衣止开三影 ɪ^{312}

汾西城关：币蟹开三並 pʑ^{53} | 厉蟹开三来 lʑ^{53} | 米蟹开四明 mʑ^{33} | 礼蟹开四来 lʑ^{33} | 洗蟹开四心 ɕʑ^{33} | 梨止开三来 lʑ^{24} | 气止开三见 tɕ^{h}ʑ^{55} | 衣止开三影 ʑ^{11}

蟹开三知章组、止开三精组、知系读[ɿ ʅ]韵母，如“紫刺资子制滞世只指治”等字。以汾西城关、襄汾邓庄为例：

汾西城关：制蟹开三章 tsɿ^{55} | 世蟹开三书 sɿ^{55} | 紫止开三精 tsɿ^{33} | 知止开三知 tsɿ^{11} | 治止开三澄 tsɿ^{53}

襄汾邓庄：制蟹开三章 tʂʅ^{44} | 世蟹开三书 ʂʅ^{44} | 紫止开三精 tsɿ^{31} | 知止开三知 tʂʅ^{21} | 治止开三澄 tʂʅ^{53}

蟹止摄合口字主要读[ei uei ui]，如“杯魁灰晦会最脆赘桂惠瑞跪位贵”等字。以临汾贺家庄、安泽唐城为例：

临汾贺家庄：杯蟹合一帮 pei^{21} | 灰蟹合一晓 xuei^{21} | 卫蟹合三云 uei^{53} | 毁止合三晓 xuei^{42} | 贵止合三见 kuei^{55}

安泽唐城：杯蟹合一帮 pei^{213} | 灰蟹合一晓 xui^{213} | 卫蟹合三云 ui^{423} | 毁止合三晓 xui^{423} | 贵止合三见 kui^{53}

（二）文白异读

蟹摄开口一等部分字文读[ai æɪ ɛe]，白读[ei]韵母，与蟹摄合口一等(帮组)字合流，方言点有隰县城南、隰县黄土、隰县午城、隰县下李、永和阁底、永和坡头、永和南庄、永和城关。另外，临汾、洪洞、曲沃、翼城、浮山、蒲县、古县、乡宁、襄汾、霍州、汾西、隰县、永和、大宁、襄汾等方言点一等字“开来”白读[ei]韵母，乡宁城关、乡宁枣岭、侯马城关读[i]

韵母，吉县文城读[iᴇ]韵母。表 2－27 是相应的例字。

表 2－27　中古蟹摄开口一等字临汾方言白读

例字 / 方言点	蟹摄				
	抬开一定	来开一泥	开开一见	杯合一帮	梅合一明
隰县黄土	t^hei^{24}	lei^{24}	k^hei^{41}	pei^{41}	mei^{24}
隰县下李	t^hei^{24}	lei^{24}	k^hei^{31}	pei^{31}	mei^{24}
永和坡头	t^hei^{24}	lei^{24}	k^hei^{213}	pei^{213}	mei^{24}
永和南庄	t^hei^{24}	lei^{24}	k^hei^{312}	pei^{312}	mei^{24}

除安泽府城、安泽良马、安泽冀氏、安泽杜村外，蟹摄开口二等晓组字“鞋解蟹”文读[iɛ ie iᴇ]韵母，白读[ai ɑi æi æɪ ɛi ᴇi ɛ ɛe]韵母。除汾西勍香、汾西邢家要、汾西团柏、汾西城关、大宁城关、大宁三多、大宁徐家垛、大宁太古、安泽唐城、安泽府城、安泽良马、安泽冀氏、安泽杜村、浮山寨圪瘩外，蟹摄开口二等见组字一般文读[iɛ ie iᴇ]韵母；浮山城关、浮山响水河、古县北平、古县南垣、古县石壁、古县城关、古县古阳、洪洞明姜、洪洞左木、洪洞山头、洪洞城关、蒲县城关、蒲县太林、蒲县黑龙关、蒲县山中、乡宁光华、襄汾邓庄白读[tai tɑi]；临汾河底、临汾贺家庄、临汾一平垣、临汾城关、襄汾古城、襄汾城关、襄汾襄陵、襄汾汾城、霍州师庄、霍州城关、霍州李曹、霍州退沙街道、永和阁底等地读[tɕiai tɕiɛi]韵母；曲沃西常、曲沃北董、曲沃里村、侯马城关、侯马凤城、翼城隆化、翼城西阎、翼城城关、隰县城南、隰县午城、隰县下李、隰县城南白读[tsai tsæɪ tsɛi tsᴇi tsɛ tsɛe]；吉县文城、吉县城关、吉县屯里、吉县柏山寺、乡宁枣岭、乡宁城关、乡宁关王庙白读[kai]；永和南庄、永和坡头、永和城关、永和阁底读[tɕiɪ]韵母。大宁三多、古县北平“介、解～开”读[ia iɑ]韵母，汾西城关、隰县黄土“阶”字读[iʌ]促化韵母。表 2－28 是相应的例字。

表 2-28　中古蟹摄开口二等字临汾方言白读

例字 / 方言点	阶开二见	介开二见	街开二见	鞋开二匣
安泽府城	tɕie	tɕie	tɕie	ɕie
吉县文城	kai	kai	kai	xai
乡宁城关	kai	kai	kai	xai
曲沃史村	tsai	tsai	tsai	xai
隰县城南	tsai	tsai	tsai	xai
洪洞城关	tɑi	tɑi	tɑi	xɑi
襄汾邓庄	tai	tai	tai	xai
临汾城关	tɕiai	tɕiai	tɕiai	xai
霍州李曹	tɕiai	tɕiai	tɕiai	xai
永和坡头	tɕiɪ	tɕiɪ	tɕiɪ	xai

止开三日母字一般读[ɚ ər]，如"二而耳儿"等字。常用字"二儿耳"在吉县文城、吉县屯里、吉县柏山寺、吉县城关、乡宁光华、乡宁枣岭、乡宁城关、霍州师庄、霍州城关、霍州李曹、霍州退沙街道、大宁太古、襄汾汾城、翼城城关等方言中白读[zɿ ʐʅ]，襄汾邓庄读[ei]韵母。

除安泽府城、安泽良马、安泽杜村、安泽冀氏四个方言点外，其他方言点中蟹止摄合口三等字存在文白异读的情况，文读[ei uei ui]韵母，白读[i ɪ u v y]韵母，声母因韵母的变化而变化。止合三微母"尾飞肥"等字白读[i]韵母，吉县柏山寺为[ɪ]韵母。蟹止摄合口三等知章日组字"吹水睡芮"等字白读[u]韵母，汾西城关读[v]韵母，与遇摄合流。蟹止摄精组、泥组、见系字"嘴醉岁泪柜喂"等字白读[y]韵母，与遇摄合流。表 2-29 是相应的例字。

表 2－29　中古蟹止摄合口三等字临汾方言白读

例字 方言点	岁 蟹合三心	尾 止合三微	飞 止合三微	吹 止合三昌	水 止合三书	嘴 止合三精	布 遇合一帮	鱼 遇合三疑
霍州李曹	ɕy^{55}	i^{33}	ɕi^{213}	tʂ^{h}u^{213}	ʂu^{33}	tɕy^{33}	pu^{55}	y^{24}
曲沃里村	ɕy^{31}	i^{44}	fei^{213}	pf^{h}u^{213}	fu^{44}	tɕy^{44}	pu^{53}	y^{213}
襄汾汾城	ɕy^{42}	i^{33}	ɕy^{21}	tʂ^{h}u^{21}	ʂu^{33}	tɕy^{33}	pu^{42}	y^{24}
吉县柏山寺	ɕy^{33}	i^{53}	ɕɪ^{312}	pf^{h}u^{312}	fu^{53}	tɕy^{53}	pu^{33}	y^{24}
汾西城关	ɕy^{55}	i^{33}	fei^{11}	ts^{h}v^{11}	fv^{33}	tɕy^{33}	pu^{55}	ȵy^{24}

（三）特殊读音

有些读音特殊，例如“指”做名词和动词时各地读音有所不同：做名词时，临汾河底、吉县文城、吉县屯里、吉县柏山寺、大宁太古、襄汾古城、乡宁光华读[a ɑ ᴀ]韵母，洪洞左木、洪洞明姜、洪洞城关、洪洞山头、古县石壁、古县南垣、汾西邢家要、汾西团柏、霍州李曹读[ɛ ᴇ əɛ]韵母，临汾一平垣、蒲县黑龙关、蒲县太林、蒲县城关、蒲县山中、霍州师庄、霍州城关、襄汾邓庄读[ə]韵母，大宁三多、古县北平、隰县城南、隰县下李、隰县午城、永和阁底、永和南庄、永和坡头、大宁徐家垛读促化的[ɐʔ]韵母，霍州退沙街道、汾西勍香、汾西城关、隰县黄土读促化的[ʌ]韵母，侯马城关读[ai]韵母。表 2－30 是具体读音。

表 2－30　临汾方言“指”字的文白异读

方言点	指名/动	方言点	指名/动	方言点	指名/动	方言点	指名/动
临汾河底	tʂᴀ^{42}/ tsɿ^{42}	吉县文城	tsa^{53}/ tsɿ^{53}	吉县屯里	tʂa^{55}/ tsɿ^{55}	吉县柏山寺	tʂa^{312}/ tsɿ^{312}
大宁太古	tsa^{42}/ tsɿ^{42}	襄汾古城	tʂɑ^{33}/ tsɿ^{33}	乡宁光华	tʂa^{44}/ tsɿ^{44}	洪洞左木	tsɛ^{42}/ tsɿ^{42}
洪洞明姜	tsɛ^{42}/ tsɿ^{42}	洪洞城关	tsɛ^{42}/ tsɿ^{42}	洪洞山头	tsɛ^{42}/ tsɿ^{42}	古县石壁	tsɛ^{53}/ tsɿ^{53}

续 表

方言点	指名/动	方言点	指名/动	方言点	指名/动	方言点	指名/动
古县南垣	tsɛ^{42}/tsɿ^{42}	汾西邢家要	tsᴇ^{33}/tsɿ^{33}	汾西团柏	tsɛ^{31}/tsɿ^{31}	霍州李曹	tsəɛ^{33}/tsɿ^{33}
临汾一平垣	tsə^{42}/tsɿ^{42}	蒲县黑龙关	tsə^{42}/tsɿ^{42}	蒲县太林	tsə^{42}/tsɿ^{42}	蒲县城关	tsə^{53}/tsɿ^{53}
蒲县山中	tsə^{31}/tsɿ^{31}	霍州师庄	tsə^{33}/tsɿ^{33}	霍州城关	tsə^{31}/tsɿ^{31}	襄汾邓庄	tʂə^{31}/tsɿ^{31}
大宁三多	tsɐʔ$^{\underline{21}}$/tsɿ^{21}	古县北平	tsɐʔ^{4}/tsɿ^{21}	隰县城南	tsɐʔ$^{\underline{21}}$/tsɿ^{21}	隰县下李	tsɐʔ^{3}/tsɿ^{21}
隰县午城	tsɐʔ^{1}/tsɿ^{21}	永和阁底	tsɐʔ$^{\underline{31}}$/tsɿ^{312}	永和南庄	tsɐʔ$^{\underline{21}}$/tsɿ^{312}	永和坡头	tsɐʔ$^{\underline{423}}$/tsɿ^{423}
大宁徐家垛	tsɐʔ$^{\underline{31}}$/tsɿ^{55}	霍州退沙街道	tsʌ$^{\underline{42}}$/tsɿ^{33}	汾西勍香	tsʌ^{1}/tsɿ^{33}	汾西城关	tsʌ^{1}/tsɿ^{33}
隰县黄土	tsʌ$^{\underline{41}}$/tsɿ^{21}	侯马城关	tʂai^{44}/tsɿ^{44}				

三、遇摄

（一）通常情况下，临汾方言中，遇摄读[u]（[v]）、[y]、[əu ou]。具体来看：

遇摄合口一等帮组、端组、见系字，遇合三非组、知组、章组、日组字一般读[u]韵母，只有汾西城关读[v]韵母，如"布土苦五扶柱书如"等字。

遇合三泥组、精组、见系字读[y]韵母，如"女吕屡徐取余雨"等字。

遇摄合口一等泥组、精组字，合口三等庄组字读[əu ou]韵母，与流摄开口一等字合流，绝大部分方言点属于这一类型。安泽府城、安泽冀氏、安泽良马、安泽杜村读[u]韵母。

表 2－31 是相应的例字。

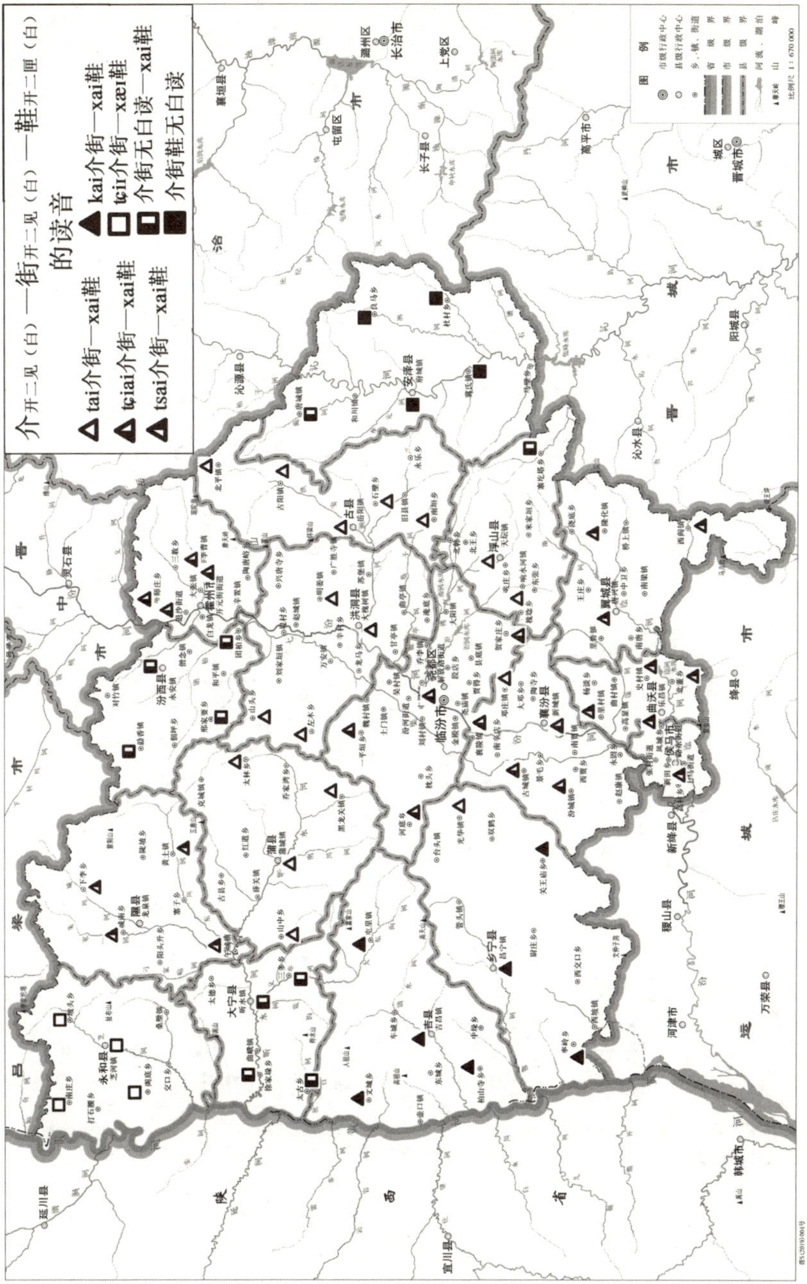

图 2-11　介开二见(白)—街开二见(白)—鞋开二匣(白)的读音

说明：图中[tsai]的读音类型有“[tsæɪ]、[tsɛi]、[tsEi]、[tsɛ]、[tsɛe]”；[xai]的读音类型有“[xæɪ]、[xɛi]、[xEi]、[xɛ]、[xɛe]”；[tai]的读音类型有“[tɑi]”；[tɕiai]的读音类型有“[tɕiɛi]”。

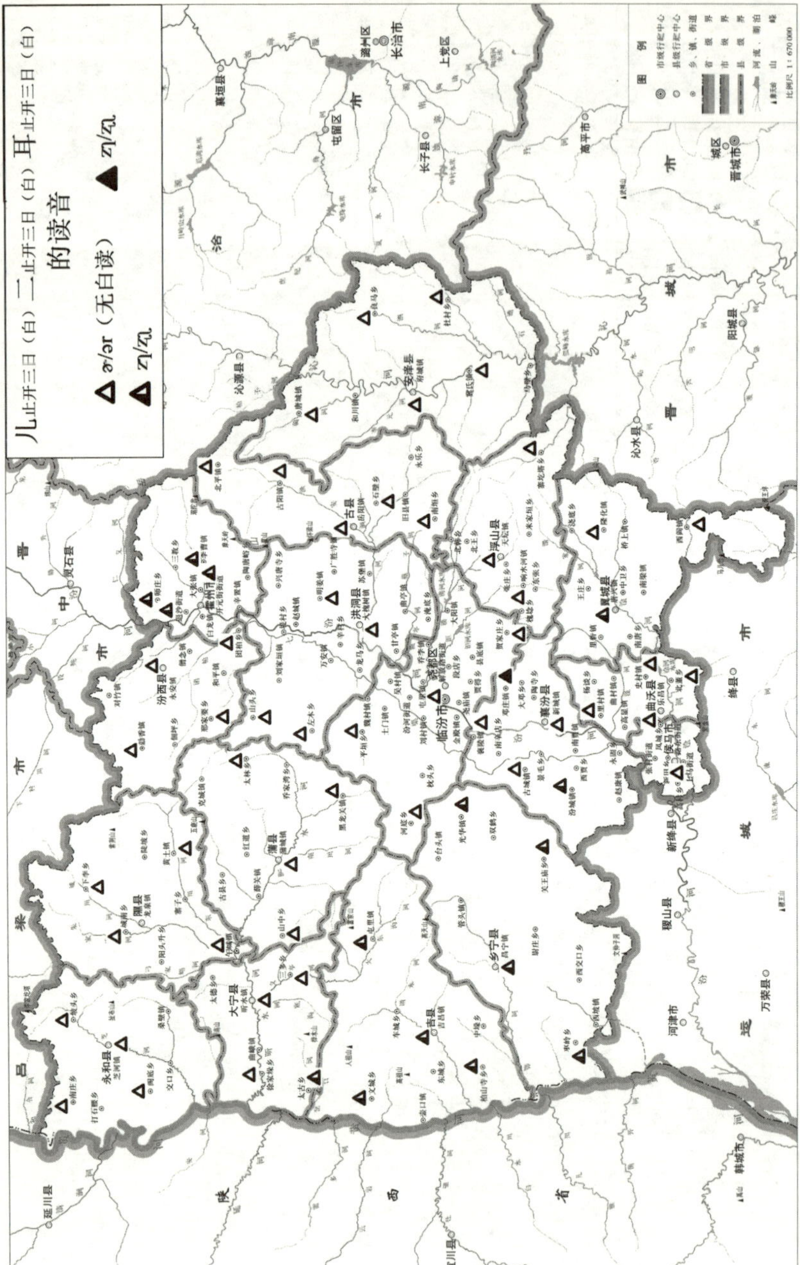

图 2－12　儿止开三日(白)二止开三日(白)耳止开三日(白)的读音

表 2－31 中古遇摄字临汾方言今读

例字 方言点	遇合一				遇合三				流开一	
	步並	苦溪	路来	租精	柱澄	初初	书船	鱼疑	走精	口溪
临汾贺家庄	pʰu⁵³	kʰu⁴²	ləu⁵³	tsəu²¹	pfʰu⁵³	tsʰəu²¹	səu²¹	y²⁴	tsəu⁴²	kʰəu⁴²
霍州城关	pʰu⁵³	kʰu³¹	lou⁵³	tsou²¹³	tʂʰu⁵³	tsʰou²¹³	sou²¹³	y³⁵	tsou³¹	kʰou³¹
永和阁底	pʰu⁵³	kʰu³¹²	lou⁵³	tsou³¹²	tʂʰu⁵³	tsʰou³¹²	sou³¹²	ȵy²⁴	tsou³¹²	kʰou³¹
隰县黄土	pʰu⁵⁵	kʰu²¹	lou⁵⁵	tsou⁴¹	tsʰu⁵⁵	tsʰou⁴¹	sou⁴¹	ȵy²⁴	tsou²¹	kʰou²¹
汾西城关	pʰv⁵³	kʰv³³	lou⁵³	tsou¹¹	tsʰv⁵³	tsʰou¹¹	sou¹¹	ȵy²⁴	tsou³³	kʰou³³
安泽府城	pʰu⁵³	kʰu²¹⁴	lu⁵³	tsu⁴⁴	tsu⁵³	tsʰu⁴⁴	su⁴⁴	y²⁴	tsou²⁴	kʰou²⁴
安泽杜村	pʰu¹³	kʰu⁴⁴	lu¹³	tsu²¹	tsu¹³	tsʰu⁵⁴	su²¹	y⁴²³	tsou⁴⁴	kʰou⁴⁴

（二）特殊读音

1. “做遇合一精”字一般读[əu ou]韵母，但古县北平、安泽府城、安泽良马读[uə uo]韵母；翼城西阎读[u]韵母；大宁等地读成入声（如：大宁三多读[uɐʔ]，隰县黄土读[uʌ]，安泽唐城读[uɤʔ]，安泽杜村读[əʔ]，安泽冀氏读[uʌʔ]）是与“作”功能、读音混并的结果。临汾城关、临汾河底、临汾贺家庄、临汾一平垣、洪洞城关、洪洞左木、洪洞明姜、浮山寨圪瘩、浮山响水河、浮山城关、吉县文城、蒲县太林、古县石壁、古县南垣、古县岳阳、古县古阳、襄汾邓庄等地“做饭”读“[tsɿ]饭”，[tsɿ]本字应当不是“做”。

2. “去遇合三溪”字一般白读[tɕʰi]，但霍州城关、霍州退沙街道、霍州师庄、霍州李曹、安泽唐城、安泽府城、安泽冀氏、安泽良马、安泽杜村无白读，只读[tɕʰy]。有些方言点读促化音或读不送气音，如：隰县城南、隰县下李、隰县午城、永和阁底、大宁徐家垛读[kɐʔ]，汾西城关读[tɕiʌ¹]，大宁三多读[tɕʰiəʔ²¹]，蒲县城关读[kə⁵⁵]，洪洞左木、浮山响水河、吉县文城、吉县屯里、蒲县太林、古县石壁、古县南垣、乡宁城关等地读[tɕʰia tɕʰiɑ tɕʰiᴀ]。

其他：汾西城关“俯傅”读[ʌ]韵母，安泽唐城“赴芙”读[γʔ]韵母。“女”翼城城关、吉县柏山寺白读为[i ɪ]韵母。“吕驴”等字一般读

[ui uei]韵母。"取"读[ə uɐ uəʔ yʌ yɤʔ]韵母。

四、效、流摄

(一) 通常情况

一般来说,效摄开口一等字、开口二等字(见系字除外)、开口三等知系字读[ɑu ɔu ɔ]韵母,如"保刀老早高好炮闹捎超招扰"等字;效摄开口二等见系字、效摄开口三等字(知系字除外)、开口四等字读[iɑu iɔu iɔ]韵母,如"交孝表燎焦桥妖鸟尿浇晓"等字。

流摄开口一等字(帮组字除外)、开口三等知系字读[əu ou]韵母,如"周柔豆楼走狗后欧抽"等字;流摄开口三等(非组字、知系字除外)读[iəu iou]韵母,如"流酒九休牛有又"等字;流摄开口一等帮组字、开口三等尤韵非组字主要读[u]韵母,如"母牡亩富服浮负复"等字。

(二) 特殊情况

效摄开口一等帮母字"菢堡毛"一般白读[u]韵母,汾西城关读[v]韵母。这是效摄一二等分韵的残留。

效、流摄帮组、精组、端组、见系部分字如"猫刀桃嫂高豆袄苗条舅轿吆"等字有特殊读音,在汾西城关、汾西勍香、霍州城关、霍州李曹等方言点中读[ɯu iɯu]韵母,在汾西团柏、霍州师庄中读[o io]韵母。

流开一明母字"拇"各地读音不同:临汾河底、吉县屯里、蒲县黑龙关、乡宁光华、乡宁枣岭、襄汾城关、襄汾襄陵读[ɑ a ᴀ]韵母,洪洞左木、洪洞山头、蒲县太林、古县石壁、古县南垣、汾西邢家要、汾西团柏读[ɛ ᴇ]韵母,翼城隆化、翼城西阎读[ə]韵母,永和南庄、永和坡头读促化的[əʔ]韵母,隰县午城读促化的[iɐʔ]韵母,霍州退沙街道、汾西勍香、汾西城关读促化的[ʌ]韵母,临汾贺家庄、襄汾邓庄读[ei]韵母,浮山响水河、吉县柏山寺读[ia]韵母,洪洞明姜、侯马凤城、曲沃北董、吉县文城、蒲县山中、隰县城南、隰县下李、永和阁底、大宁徐家垛读[iɛ iᴇ ie]韵母大宁三多读[iə]韵母,霍州师庄读[uo]韵母。

汾西永安“复流开三奉”、隰县黄土“复流开三奉、宿流开三心”读促化的[ʌ uʌ yʌ]韵母。

五、关于高元音的摩擦化

汾西城关方言蟹止摄、遇摄中的高元音由于摩擦较重，韵母读为浊擦音[v]或[ʐ]。即上文提到的汾西城关蟹开三、开四（知章组除外）、止开三泥组、见系读[ʐ]韵母，遇摄合口一等帮组、端组、见系字，遇合三非组、知组、章组、日组字读[v]韵母。例如：

> 汾西城关：币蟹开三並 pʐ^{53} | 厉蟹开三来 lʐ^{53} | 米蟹开四明 mʐ^{33} | 礼蟹开四来 lʐ^{33} | 洗蟹开四心 ɕʐ^{33} | 梨止开三来 lʐ^{24} | 气止开三见 tɕ^{h}ʐ^{55} | 衣止开三影 ʐ^{11} | 布遇合一帮 pv^{55} | 土遇合一透 t^{h}v^{33} | 苦遇合一溪 k^{h}v^{33} | 五遇合一疑 v^{33} | 扶遇合三奉 fv^{11} | 柱遇合三澄 ts^{h}v^{53} | 书遇合三书 fv^{11} | 如遇合三日 v^{24}

在其他汉语方言中也存在此类现象：朱晓农（2004）指出，吴语中很多方言的蟹止三四等开口字中出现了擦化的 iʐ，如丹阳童家桥、靖江、江阴、常州、苏州、吴江黎里、吴江盛泽、金华等地：比闭 piʐ | 批屁 p^{h}iʐ | 皮币 biʐ | 谜 miʐ | 低帝 tiʐ | 体提 t^{h}iʐ | 弟 diʐ | 离李 liʐ | 鸡基 tɕiʐ | 奇旗 dʑiʐ | 泥疑 ȵiʐ | 衣医 ʔiʐ 等。

另外，他还指出，上海话的后高元音 u 有明显摩擦，如“夫妇”实际上是一种同部位的摩擦 fv v，发音时从 f……u 调音器官一动不动，可以看成唇齿擦音 v 音节化了。“胡护舞”wu 等字在上海话中有感觉得到的双唇擦化感 uβ。同样，松江、黎里、嘉兴、绍兴、余姚、宁波、衢州等吴语中把诸如“吴午”发成 uβ/v。

徐通锵、王洪君（1986）指出，山西祁县青少年把“赌姑胡五”韵母发成 uβ。

李新魁等（1995：109－110）认为，粤语广州东郊文冲模韵字发生分裂：非喉牙音字与豪韵合流，而喉牙音字则被推出位 u>v，如：孤 kvu | 乌 vu。vu 就是成音节的 v，kw、kw^{h}、w 声母带唇齿浊擦音色彩。

黄家教、崔荣昌(1983)认为,粤北土话韶关话中 u 跟 k、k^h、h、f 相拼时不圆唇,摩擦成分较重,实际音值是 v。如:该 k^hv | 苦 kv | 开 hv | 夫 fv。

关于高元音摩擦化的原因,朱晓农(2004)认为,当舌面高元音继续高化时,原先已经很窄的高元音气流信道会进一步变窄,此时如果气流量不相应减弱,那么层流在通过变窄的孔道时就会变成湍流,从而产生摩擦。擦化的舌面高元音[iʑ]和[yʑ]如果继续高化而不堵塞声道的话,就会变成舌尖化元音[ɿ]和[ʮ]。关于高顶出位的驱动力,朱晓农(2004)认为,除了马丁内提出的省力原理和区别原理,音变的平行性原理也是促使元音摩擦化或高顶出位的原因之一,例如吴语中[iʑ]的擦化能带动平行的[yʑ]擦化。这一点我们还未在汾西城关方言中看出来。

石汝杰(1998)也指出,带强摩擦的高元音"舌位和普通话的[i]、[y]元音基本相同,但在发音时努力把舌面向上抬高,和上腭接触(有时相当紧密),气流从这个窄缝中挤出,从而使这个元音带上了比较强的摩擦,以致其音色和普通的高元音很不相同"。他认为高元音的这种强摩擦倾向由来已久,并且已经导致了一些方言在音系上的变化,比如强摩擦最终会导致高元音的舌尖化。石汝杰给出了这一演变的大致阶段:无摩擦的[i](北京)——摩擦较弱的[i](苏州)——较强摩擦的[j](常州)——强摩擦的[ʑ](丹阳)——舌尖的[ɿ](兴化)。强摩擦会导致同一音节内其他成分的增减,从而影响整个音系的格局,如云南邱北零声母音节的[i]增添了声母[ʒ],山西寿阳"驴"读[y],声母失落。

六、关于非组字白读[çi çɪ çʑ]

临汾方言部分方言点止摄合口三等微母字"飞肥费"等字白读[çi çɪ çʑ],方言点有:永和、大宁、隰县、洪洞、吉县、乡宁、霍州、汾西各方言点,蒲县太林、古县城关、浮山城关、襄汾汾城、翼城城关、曲沃史村。吉县柏山寺为[çɪ],汾西城关为[çʑ],其余方言点都为[çi]。

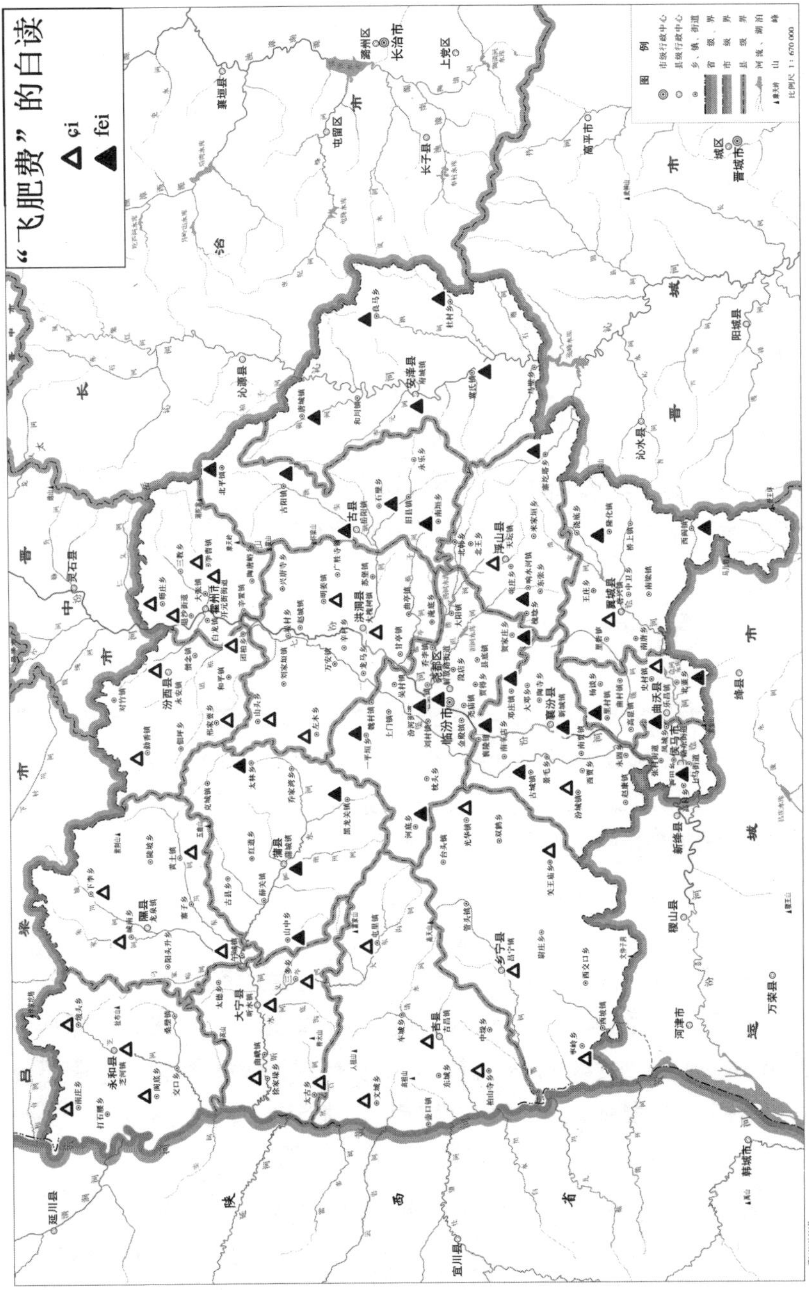

图 2－13　“飞肥费”的白读

由图 2－13 可看出，"飞肥费"白读[ɕi ɕɪ ɕʑ]的情况主要集中分布于北部、西北部、西部地区，其他方言点也有零星分布。周边也存在类似现象，例如：孙立新(1997)认为"飞"等字在关中方言商州、丹凤等地白读[ɕy]、文读[y]，在澄城、宜君等地白读[ɕi]、文读[vei]。北部相邻晋语并州片的清徐、文水、孝义及吕梁片的岚县、吴堡等地"飞肥费废"读[ɕi]。(《中国语言地图集》2012：96)韩城市"飞""肥""费"白读分别为[$ɕi^{31}$]、[$ɕi^{24}$]、[$ɕi^{44}$]。(丁永敏 2008：20)"飞"等字在南部相邻的稷山、新绛、夏县、河津、运城、临猗、永济、芮城、平陆等地均读[ɕi]。(张威娜 2015：109)另外，南方方言也存在类似现象，如"废"在福建周宁读[ɕi]，"飞废"在湖南永州读[ɕyei]。(范耀斌 2009：85)这些现象都是由于韵母读[-i -y]后，声母发生腭化，进而读[ɕ]。

2.4.1.2 阳声韵

一、合流类型

临汾方言中咸山合为一类，深臻合为一类，宕江合为一类，曾梗通合为一类。咸山深臻摄没有文白异读，宕江曾梗通摄有文白异读，有些方言咸山深臻摄与宕文江文曾文梗文通文也分别发生了合流。具体可分为以下五种类型：

类型 1：(深臻＝宕文江文＝曾文梗文通文)≠咸山

方言点：乡宁关王庙、乡宁城关、襄汾古城。

类型 2：(咸山＝宕文江文)≠(深臻＝曾文梗文通文)

方言点：洪洞左木、洪洞山头、洪洞明姜、蒲县太林、霍州师庄、霍州城关、霍州李曹、汾西勍香、汾西团柏、汾西城关、汾西邢家要、隰县午城、隰县城南、隰县下李、隰县黄土、永和城关、大宁城关、大宁徐家垛、大宁三多。

类型 3：(深臻＝曾文梗文通文)≠咸山≠宕文江文

方言点：翼城隆化、翼城西阎、翼城城关、蒲县山中、古县北平、乡宁枣岭、霍州退沙街道、永和阁底、永和南庄、永和坡头、安泽唐城、安泽冀氏、安泽杜村。

类型4：（宕文江文=曾文梗文通文）≠咸山≠深臻

方言点：吉县城关、吉县柏山寺、吉县文城、乡宁光华、大宁太古、侯马城关、侯马凤城、曲沃北董、曲沃史村、襄汾汾城。

类型5：咸山≠深臻≠宕文江文≠曾文梗文通文

方言点：临汾城关、临汾河底、临汾贺家庄、临汾一平垣、洪洞城关、曲沃里村、浮山寨圪瘩、浮山响水河、浮山城关、吉县屯里、蒲县黑龙关、蒲县城关、古县石壁、古县南垣、古县城关、古县古阳、襄汾邓庄、襄汾城关、襄汾襄陵、安泽府城、安泽良马。

表2-32、2-33是相应的例字。

表2-32　中古咸山深臻摄字临汾方言今读

例字 / 方言点	咸摄	山摄			深摄		臻摄	
	甜开四定	看开一溪	关合二见	全合三从	沉开三澄	心开三心	婚合一晓	运合三云
乡宁关王庙	t^{h}iã^{24}	k^{h}ã^{53}	kuã^{53}	tɕ^{h}yã^{24}	tʂ^{h}ʌŋ^{24}	ɕiʌŋ^{53}	xuʌŋ^{53}	yŋ^{55}
霍州城关	tɕ^{h}iɑŋ^{35}	k^{h}ɑŋ^{213}	kuɑŋ^{213}	tɕ^{h}yɑŋ^{35}	tʂ^{h}əŋ^{35}	ɕiŋ^{213}	xuŋ^{213}	yŋ^{53}
隰县黄土	t^{h}iã^{24}	k^{h}ã^{55}	kuã^{41}	tɕ^{h}yã^{24}	ts^{h}əŋ^{24}	ɕiəŋ^{41}	xuoŋ^{41}	yoŋ^{55}
安泽唐城	t^{h}iɛ̃^{21}	k^{h}ɛ̃^{213}	kuɛ̃^{213}	tɕ^{h}yɛ̃^{21}	tʂ^{h}əŋ^{21}	ɕiəŋ^{213}	xuəŋ^{213}	yəŋ^{53}
侯马城关	t^{h}iɛ̃i^{24}	k^{h}æ̃^{53}	kuæ̃^{213}	tɕ^{h}yɛ̃i^{24}	tʂ^{h}ẽ^{24}	ɕiẽ^{213}	xuẽ^{213}	yẽ^{53}
襄汾汾城	t^{h}ia^{24}	k^{h}a^{21}	kua^{21}	tɕ^{h}ya^{24}	tʂ^{h}ən^{24}	ɕiən^{21}	xuən^{21}	yən^{53}
吉县柏山寺	t^{h}iæɛ^{24}	k^{h}iæi^{33}	kuæ^{312}	tɕ^{h}yæ^{24}	tʂ^{h}ei^{24}	ɕiei^{312}	xuei^{312}	yei^{33}
蒲县城关	t^{h}iɑn^{24}	k^{h}ɑn^{53}	kuɑn^{53}	tɕ^{h}yɑn^{24}	tʂ^{h}ən^{24}	ɕin^{53}	xuən^{53}	yn^{24}
洪洞城关	t^{h}iɑn^{24}	k^{h}ɑn^{21}	kuɑn^{21}	tɕ^{h}yɑn^{24}	tʂ^{h}en^{33}	ɕien^{21}	xuen^{21}	yen^{53}

表2-33　中古宕江曾梗通摄字临汾方言今读

例字 / 方言点	宕摄		江摄	曾摄	梗摄		通摄	
	帮开一帮	广合一见	讲开二见	等开一端	京开三见	永合三云	红合一匣	穷合三群
乡宁关王庙	pʌŋ^{53}	kuŋ^{33}	tɕiʌŋ^{33}	tʌŋ^{33}	tɕiʌŋ^{53}	yŋ^{33}	xuŋ^{24}	tɕ^{h}yŋ^{24}
霍州城关	pɑŋ^{213}	kuɑŋ^{31}	tɕiɑŋ^{31}	təŋ^{31}	tɕiŋ^{213}	yŋ^{31}	xuŋ^{35}	tɕ^{h}yŋ^{35}

续 表

例字 方言点	宕摄		江摄	曾摄	梗摄		通摄	
	帮开一帮	广合一见	讲开二见	等开一端	京开三见	永合三云	红合一匣	穷合三群
隰县黄土	pɛ̃⁴¹	kuã²¹	tɕiã²¹	təŋ²¹	tɕiəŋ⁴¹	yoŋ²¹	xuoŋ²⁴	tɕʰyoŋ²⁴
安泽唐城	pɑ̃²¹³	kuɑ̃⁴²³	tɕiɑ̃⁴²³	təŋ⁴²³	tɕiəŋ²¹³	yəŋ⁴²³	xuəŋ²¹	tɕʰyəŋ²¹
侯马城关	pɐŋ²¹³	kuoŋ⁴⁴	tɕiɤŋ⁴⁴	tɐŋ⁴⁴	tɕiɤŋ²¹³	yoŋ⁴⁴	xuoŋ²⁴	tɕʰyoŋ²⁴
襄汾汾城	pʌŋ²¹	kuʌŋ³³	tɕiʌŋ²¹	tʌŋ³³	tɕiʌŋ²¹	yʌŋ³³	xuʌŋ²⁴	tɕʰyʌŋ²⁴
吉县柏山寺	pʌŋ³¹²	kuʌŋ⁵³	tɕiʌŋ⁵³	tʌŋ⁵³	tɕiʌŋ³¹²	yʌŋ⁵³	xuʌŋ²⁴	tɕʰyʌŋ²⁴
蒲县城关	pɑŋ⁵³	kuɑŋ²¹	tɕiɑŋ²¹	təŋ²¹	tɕiŋ⁵³	yŋ²¹	xuŋ²⁴	tɕʰyŋ²⁴
洪洞城关	pɑŋ²¹	kuɑŋ⁴²	tɕiɑŋ²¹	teŋ⁴²	tɕiəŋ²¹	yeŋ⁴²	xueŋ²⁴	tɕʰyeŋ²⁴

需要说明的是:

(一) 临汾方言咸山摄今读合流,按主元音是否相同,可分为两种读音类型:一是主元音相同,包括绝大多数方言点。二是主元音不同,方言点有侯马城关、洪洞山头、汾西勍香、翼城隆化、翼城西阎、浮山寨圪塔、浮山响水河、浮山城关、翼城城关、隰县午城、隰县城南、隰县下李、隰县黄土、永和阁底、永和南庄、永和坡头、永和城关、霍州退沙街道十八个,具体又分为按洪细、按等系、按声调三小类。

1. 按洪细

洪音 ɑn uɑn、细音 iæɪ yæɪ,方言点有洪洞山头。

洪音 æ̃(ã) uæ̃、细音 iɛ̃(Ẽ/ẽ)i yɛ̃(Ẽ)i,方言点有翼城隆化、翼城西阎、浮山寨圪塔、浮山响水河、浮山城关、霍州退沙街道、侯马城关。

洪音 æ uæ、细音 iɛi yɛi,方言点有翼城城关。

洪音 ɑŋ uɑŋ(撮口呼 yɑŋ)、细音 ian,方言点有汾西勍香。

2. 按等系

咸山摄开口一二等、咸摄合口字、山摄合口二等、合口三四等帮组读 ɑŋ、iɑŋ、uɑŋ、yɑŋ,咸摄开口三四等、山摄开一见系部分字、山摄开口三四等知系、山摄合口一等、山摄合口三四等知系、泥组读 ɛ̃ɪ、 iɛ̃ɪ、uɛ̃ɪ、yɛ̃ɪ。咸摄开口三四等见系部分字、山摄开口三四等知系外、山摄合口三四等精组、见系部分字读 iɪ、yɪ。方言点有永和阁底、永和南庄、永和坡头、永和城关。

3. 按声调

阴平和去声读[ɛ̃ iɛ̃ uɛ̃ yɛ̃]，阳平和上声读[ã iã uã yã]，属于"调值分韵"的现象，调值不同引起韵母不同。方言点有：隰县午城、隰县城关、隰县下李、隰县黄土。具体调值见表 2－34。

表 2－34　临汾方言的"调值分韵"

方言点＼声调	阴平	去声	阳平	上声
隰县午城	41	55	24	21
隰县城南	31	53	24	21
隰县下李	31	53	24	21
隰县黄土	41	55	24	21

由表 2－34 可看出，这四个方言点的阴平和去声以中降、高降调为主，隰县午城和隰县黄土的去声是高平调[55]，而阳平和上声都是中升调和低降调，即中、高降调或者高调值的韵母主元音较高[ɛ]，中升调和低降调或低调值的韵母主元音较低[a]。

（二）临汾方言深臻摄今读合流，按主元音是否相同，可分为两种读音类型：一是主元音相同，包括绝大多数方言点。二是主元音不同，主要以洪细来分，方言点有洪洞山头、汾西勍香、大宁徐家垛、大宁三多四个。

洪音 əŋ　uəŋ(uŋ)、细音 iən(in)　yən(yn)，方言点有洪洞山头。

洪音 əŋ　uəŋ(uŋ)、细音 iɪ　yɪ，方言点有大宁徐家垛、大宁三多。

洪音 əŋ　uŋ(撮口呼 yŋ)、细音(齐齿)iẽɪ，方言点有汾西勍香。

以上三种类型都是介音影响韵尾，可视为介音与韵尾同步。

（三）宕文江文曾文梗文通文摄按主元音是否相同，可分为两大类：

一是主元音相同，大部分方言点属于这一类型。二是主元音不同，又分按洪细、按声调。

按洪细：宕文江文摄洪音 ɑn　uɑn、细音 iæ̃(ẽ)ɪ　yæ̃(ẽ)ɪ，方言点有洪洞山头。

宕文江文摄洪音 ã　uã、细音 iẽɪ　yẽɪ，方言点有霍州退沙街道。

宕文江文摄洪音 ɑŋ　uɑŋ（撮口呼 yɑŋ）、细音（齐齿呼）iɑn，方言点有汾西勍香。

宕文江文曾文梗文通文摄洪音 əŋ　uəŋ（撮口呼 yəŋ）、细音（齐齿呼）in，方言点有蒲县太林。

按声调：宕文江文摄阴平和去声 ɛ̃（æ̃）、iɛ̃、uɛ̃、yɛ̃、阳平和上声 ã（ɑ̃/ɒ̃）、iã、uã、yã，方言点有隰县城南、隰县午城、隰县下李、隰县黄土。

总的来讲，以上这些不同的类都不是音位的对立，而只是音值上的差异，主要是因为介音或声调的不同引起韵母的不同。具体来看，介音影响“韵”（包括主元音和韵尾），如：洪洞山头咸山摄洪音主元音是[ɑ]，前鼻尾，细音主元音[æ]，无鼻尾；大宁徐家垛、大宁三多深臻摄洪音主元音[ə]，后鼻尾，细音主元音[ɪ]，无鼻尾。此类现象在北京话中也存在，如咸山摄读[an iɛn uan yɛn]，由于介音[i]引起了主元音的变化。这些现象都是由于[i][y]发音靠前而影响主元音舌位提前或提高，也可能会同化韵尾使它提前或使韵尾变得与它同形。因此，王洪君（1991）认为由于介音的不同造成了几大类之间音值的差异，确切地说，山西文读层阳声韵的出发点应是臻（深）开齐合撮/曾梗通开齐合撮/山（咸）开齐合撮/宕（江）开齐合这 4 大类 15 小类韵。

由图 2－14 可看出，临汾方言阳声韵的合流类型北部、西北部大体一致，东部、东南部大体一致，西部、南部大体一致，中心地带一致。

王洪君（1991）将阳声韵在山西方言文读层划分为四大类，即图 2－14 中的类型 2“（咸山＝宕文江文）≠（深臻＝曾文梗文通文）”、类型 3“（深臻＝曾文梗文通文）≠咸山≠宕文江文”、类型 4“（宕文江文＝曾文梗文通文）≠咸山≠深臻”、类型 5“咸山≠深臻≠宕文江文≠曾文梗文

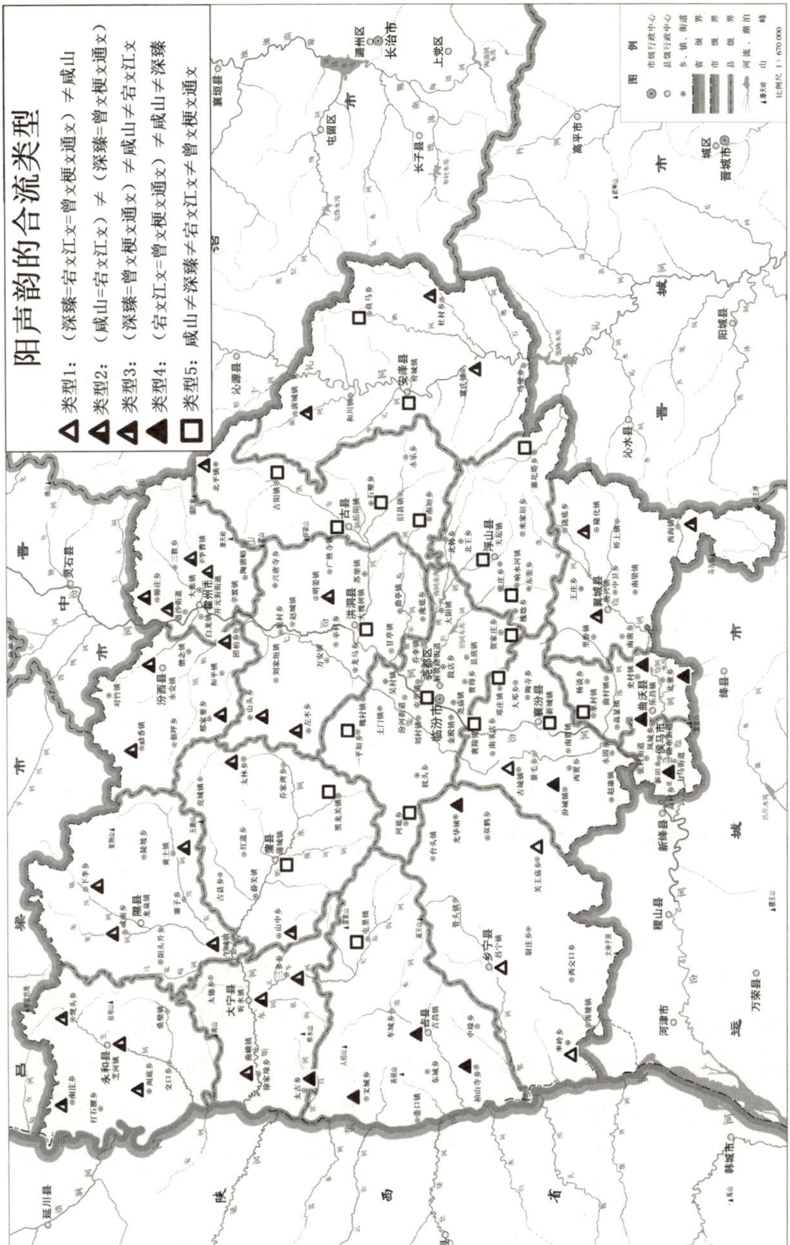

图 2－14　阳声韵的合流类型

通文”,没有类型 1“(深臻=宕文江文=曾文梗文通文)≠咸山”。下面具体分析。

类型 2“(咸山=宕文江文)≠(深臻=曾文梗文通文)”主要分布于临汾北部、西北部,在山西其他地方也有分布。王洪君(1992)认为,此类型主要分布在晋中盆地及西邻、北邻的一小片区域内,包括汾阳、祁县等十几个县市。于晶(2004:7)也考察发现,此类型主要分布在山西省晋中地区的西南、吕梁地区的北部与临汾地区北部相邻的一些县市,例如平遥、孝义、文水、交城、祁县、介休、灵石、盂县、忻州、定襄、五台、汾西、汾阳、石楼、隰县等,晋东南角的个别县市如壶关、长治等也属于此类型。这些方言点与临汾北部、西北部呈连片分布。

类型 3“(深臻=曾文梗文通文)≠咸山≠宕文江文”主要分布于临汾东部、东南部,西北角也有分布。王洪君(1991)认为,此类型分布最广:雁北、晋东南(除南沿),晋中(除祁县、平遥),吕梁大部及忻州北部。另外,于晶(2004:7)也认为,这种类型在晋语区分布最广,包括雁北地区及与雁北地区相邻的内蒙古晋语的全部、忻州地区和吕梁地区的大部分及与这两个地区相邻的陕北晋语的全部、晋中地区的东部等,晋东南的沁源也是。笔者于 2013 年调查发现,与翼城相邻的沁水也读此类型。这些方言点都与临汾东部、东南部呈连片分布。

类型 4“(宕文江文=曾文梗文通文)≠咸山≠深臻”主要分布于临汾西部、南部,在山西其他地方也有分布。王洪君(1991)认为此类型主要分布在晋南中部。张威娜(2015:60)也考察发现,与临汾南部相邻的新绛、稷山、万荣、垣曲、绛县、夏县、闻喜等地均读此类型,与临汾南部呈连片分布,但与西部、西南部相邻的宜川、韩城、河津却与临汾不同。据她考察,宜川读“咸山≠深臻≠宕文江文≠曾文梗文通文”类型;韩城、河津读“(咸=宕文江文)≠山≠臻≠(深=曾文梗文通文)”类型。

类型 5“咸山≠深臻≠宕文江文≠曾文梗文通文”主要分布于临汾中心地带,处在其他四种类型的包围之中。王洪君(1991)着眼于整个山西方言认为，此类型主要分布在晋东南南部、晋南大部（除中部闻喜一带）。于晶（2004：8）考察晋语区发现，此类型主要分布在山西省东南的阳城、潞城、黎城、平顺、屯留，与其毗邻的河南获嘉、安阳也是这种类型。张威娜（2015：60）考察晋南发现，临猗、运城、永济、芮城、平陆等地均读此类型。

类型1"（深臻＝宕文江文＝曾文梗文通文）≠咸山"仅分布在乡宁城关、乡宁关王庙、襄汾古城三个方言点，在山西其他地方中尚未见分布。

总的来看，除类型1外的其他四个类型均与周边相邻方言呈连片分布。

关于五种类型之间的关系：我们认为临汾方言阳声韵的韵类分合可以分为两个层次，类型5"咸山≠深臻≠宕文江文≠曾文梗文通文"属于较早的层次，相对而言，其余四种类型则都属于较晚的层次。我们考察了五种类型韵尾的主要读音类型：

类型1"（深臻＝宕文江文＝曾文梗文通文）≠咸山"：咸山摄多纯口音，深臻宕江曾梗通摄多[-ŋ]尾、少[-n]尾；

类型2"（咸山＝宕文江文）≠（深臻＝曾文梗文通文）"：咸山宕江摄或[-ŋ]尾、或[-n]尾或鼻化韵，深臻曾梗通摄多[-ŋ]尾、少[-n]尾或鼻化韵；

类型3"（深臻＝曾文梗文通文）≠咸山≠宕文江文"：咸山摄多鼻化韵、少纯口音，宕江摄多[-ŋ]尾、少纯口音，深臻曾梗通摄[-ŋ]尾；

类型4"（宕文江文＝曾文梗文通文）≠咸山≠深臻"：咸山摄或鼻化韵或纯口音，深臻摄或鼻化韵或[-n]尾或纯口音，宕江曾梗通摄[-ŋ]尾；

类型5"咸山≠深臻≠宕文江文≠曾文梗文通文"：咸山摄或[-n]尾或鼻化韵、少纯口音，深臻摄多[-n]尾，宕江摄、曾梗通摄[-ŋ]尾。

可以看出，类型5咸山摄读音有[-n]尾、鼻化韵、纯口音三种，类型1为纯口音，类型2有[-ŋ]尾、[-n]尾、鼻化韵三种，类型3、类型4有鼻化韵、纯口音两种。那么，类型5不与类型2中有[-ŋ]尾的方言点存在演变关系，类型5中鼻化韵、纯口音的方言点不与类型2[-n]尾的方言点存在演变关系，否则类型5方言中[-n]尾或已经消失的鼻韵尾是如何在类型2方言中又增生出来的？同理，类型1、类型3、类型4不可能与类型2有[-ŋ]尾、[-n]尾的方言点存在演变关系。

类型5深臻摄读音多[-n]尾，类型1有[-ŋ]尾、[-n]尾两种，类型2有[-ŋ]尾、[-n]尾、鼻化韵三种，类型3、类型4有[-ŋ]尾。那么，类型5不与类型1、类型2中有[-ŋ]尾的方言点存在演变关系，也不与类型3、类型4存在演变关系。类型1中[-n]尾的方言点不与类型2中[-ŋ]尾的方言点及类型3、类型4存在演变关系。

类型5宕江摄读音[-ŋ]尾，类型1有[-ŋ]尾、[-n]尾两种，类型2有[-ŋ]尾、[-n]尾、鼻化韵三种，类型3有[-n]尾、纯口音两种，类型4有[-ŋ]尾。那么，有[-n]尾、鼻化韵或纯口音的方言点不与有[-ŋ]尾或[-n]尾的方言点存在演变关系。

类型5曾梗通摄读音[-ŋ]尾，类型1有[-ŋ]尾、[-n]尾两种，类型2有[-ŋ]尾、[-n]尾、鼻化韵三种，类型3、类型4有[-ŋ]尾。那么，有[-n]尾、鼻化韵的方言点不与有[-ŋ]尾或[-n]尾的方言点存在演变关系。

此外，其他方言点都有可能存在演变关系。

王临惠（2003：83）参照高本汉、李方桂等对中古阳声韵主要元音和韵尾的拟音，总结出汾河流域方言阳声韵归并的两个条件：一是以主要元音相同为归并条件，二是以鼻韵尾相同为归并条件。他指出“咸和山、深与臻鼻韵尾不同而主要元音相同，在音系的简化过程中因主要元音相同而引起韵类的合并”；之后“咸山摄、深臻摄在音系里又分别与主要元音相同的宕、曾摄进一步发生了合并，如平遥、介休等；”“宕江合并、曾梗通合并甚至宕江曾梗通的合并（新绛、稷山等）都是鼻韵尾相同所引起的主要元音同化的结果”。我们认为，临汾方言阳声韵类型的合并也与上述这两个条件有关，其为阳声韵韵类的归并提供了可能。在类型5中，深臻摄与曾梗通摄、咸山摄与宕江摄虽然韵尾不同，但主要元音相同。这就为二者在类型 1、类型 2、类型 3 方言中的合流提供了可能。同样，在类型 5 中宕江摄与曾梗通摄虽然主元音不同，但韵尾相同。这就为二者在类型 1、类型 4 方言中的合流提供了可能。

二、阳声韵今韵尾

从韵尾的形式看，各方言点阳声韵中四大类韵尾情况不尽相同，大体可分为-ŋ 尾、-n 尾、鼻化韵和纯口音四种形式。具体如表 2－35、2－36、2－37、2－38。

表 2－35　中古咸山摄的今韵尾

韵尾	音值	方言点
-ŋ 尾	ɑŋ、iɑŋ、uɑŋ	洪洞左木、霍州师庄、霍州城关、霍州李曹、汾西城关、汾西邢家要、永和阁底(部分咸山摄)、永和南庄(部分咸山摄)、永和坡头(部分咸山摄)、永和城关(部分咸山摄)
	ɑŋ、uɑŋ、yɑŋ	汾西勍香(开合撮)、汾西团柏(洪音)
-n 尾	an(ɑn)、ian(iɛn) uan、yan(yɛn)	安泽府城、临汾城关、临汾一平垣、洪洞明姜、洪洞城关、曲沃史村、蒲县黑龙关、蒲县太林、蒲县城关、古县石壁、古县南垣、古县城关、古县古阳、襄汾襄陵
	ɑn、uɑn	洪洞山头(洪音)
	ian、(yan)	汾西勍香(齐齿呼)、汾西团柏(细音)
鼻化韵	ɛ̃(æ̃) iɛ̃ uɛ̃ yɛ̃	大宁城关、大宁三多、大宁太古、大宁徐家垛、安泽冀氏、安泽唐城、隰县城关(阴平、去)、隰县午城(阴平、去)、隰县下李(阴平、去)、隰县黄土(阴平、去)、蒲县山中、曲沃里村、曲沃北董、吉县城关、侯马凤城、侯马城关
	ã(ɑ̃)、iã uã、yã	安泽良马、永和城关(部分咸山)、乡宁关王庙、襄汾城关、隰县城南(阳平、上)、隰县午城(阳平、上)、隰县下李(阳平、上)、隰县黄土(阳平、上)
	æ̃ɪ(ɛ̃ɪ)、iæ̃ɪ uæ̃ɪ、yæ̃ɪ	临汾贺家庄、襄汾邓庄、永和阁底(部分咸山)、永和南庄(部分咸山)、永和坡头(部分咸山)
	ɛ̃ɐ、iɛ̃ɐ、uɛ̃ɐ、yɛ̃ɐ	古县北平
	æ̃、iɛ̃i(iᴇi) uæ̃、yɛ̃i(yᴇi)	翼城隆化、翼城西阎、浮山寨圪瘩、浮山响水河、浮山城关
	iæ̃(ẽ)ɪ、yæ̃ɪ	洪洞山头(细音)、霍州退沙街道(细音)
	ã、uã	霍州退沙街道(洪音)

续 表

韵尾	音值	方言点
纯口音	æɛ、iæɛ uæɛ、yæɛ	吉县柏山寺、吉县文城、吉县屯里、翼城城关、临汾河底、乡宁光华、乡宁枣岭、乡宁城关、襄汾古城
	a(ʌ)、ia ua、ya	襄汾汾城、安泽杜村

表 2－36　中古深臻摄的今韵尾

韵尾	音值	方言点
-ŋ 尾	əŋ uəŋ(uŋ)	大宁城关(洪音)、大宁徐家垛(洪音)、大宁三多(洪音)、洪洞山头(洪音)
	əŋ iŋ(iəŋ) oŋ(uoŋ/uŋ) yoŋ(yŋ/yəŋ)	汾西城关、汾西邢家要、汾西团柏、翼城城关、翼城隆化、翼城西阎、洪洞左木、蒲县山中、古县北平、乡宁枣岭、霍州师庄、霍州城关、霍州李曹、霍州退沙街道、隰县城南、隰县午城、隰县下李、隰县黄土、永和阁底、永和南庄、永和坡头、永和城关、安泽唐城、安泽冀氏、安泽杜村
	ʌŋ、iʌŋ、uʌŋ、yʌŋ	乡宁关王庙、乡宁城关
	əŋ、uŋ、yŋ	汾西勍香(开合摄)
-n 尾	iən(in)、yən(yn)	大宁城关(细音)、洪洞山头(细音)
	en(ən) ien(iən/in) uen(uən) yen(yn)	洪洞城关、洪洞明姜、临汾城关、临汾河底、临汾一平垣、曲沃史村、蒲县黑龙关、蒲县太林、蒲县城关、古县石壁、古县南垣、古县城关、古县古阳、乡宁光华、襄汾古城、襄汾襄陵、襄汾汾城、安泽府城
鼻化韵	ẽɪ、iẽɪ、uẽɪ、yẽɪ	侯马城关、侯马凤城、临汾贺家庄、浮山城关、襄汾邓庄、襄汾城关
	ẽ、iẽ、uẽ、yẽ	曲沃里村、曲沃北董、浮山寨圪瘩、浮山响水河、安泽良马
	iẽɪ	汾西勍香(齐齿)
纯口音	ei、iei、uei、yei	吉县柏山寺、吉县文城、吉县屯里、吉县城关
	iɪ、yɪ	大宁徐家垛(细音)、大宁三多(细音)
	eɪ、iɪ、uɪ、yɪ	大宁太古

表 2－37　中古宕江摄的文读韵尾

韵尾	音值	方言点
-ŋ 尾	ɑ(ɐ/ᴀ/ʌ/ə)ŋ iɑŋ uɑŋ	临汾城关、临汾河底、临汾贺家庄、临汾一平垣、洪洞左木、洪洞城关、侯马凤城、曲沃里村、翼城隆化、浮山寨圪瘩、浮山响水河、浮山城关、吉县屯里、吉县柏山寺、吉县文城、吉县城关、蒲县黑龙关、蒲县山中、蒲县城关、蒲县太林、古县石壁、古县北平、古县南垣、古县城关、古县古阳、襄汾城关、襄汾襄陵、襄汾汾城、襄汾古城、襄汾邓庄、霍州师庄、霍州城关、霍州李曹、汾西城关、汾西邢家要、汾西团柏(开合撮)、永和阁底、永和南庄、永和坡头、安泽府城、安泽良马、安泽杜村、安泽冀氏、乡宁光华、乡宁枣岭、乡宁城关、乡宁关王庙、大宁太古
	ɑŋ、uɑŋ、yɑŋ	汾西勍香(开合撮)
	ɐŋ、iɤŋ、uoŋ、yoŋ	侯马城关、曲沃北董、曲沃史村
-n 尾	ɑn、iɑn、uɑn、yɑn	洪洞明姜
	ɑn、uɑn	洪洞山头(洪音)
	iɑn	汾西勍香(齐齿)、汾西团柏(齐齿)
鼻化韵	ɛ̃(æ̃)、iɛ̃、uɛ̃、yɛ̃	隰县城南(阴平、去)、隰县午城(阴平、去)、隰县下李(阴平、去)、隰县黄土(阴平、去)、大宁城关、大宁三多、大宁徐家垛
	ã(ɑ̃/ɒ̃)、iã、uã、yã	安泽唐城、翼城西阎、隰县城南(阳平、上)、隰县午城(阴平、去)、隰县下李(阴平、去)、隰县黄土(阴平、去)、霍州退沙街道(洪音)、永和城关
	iæ̃(ẽ)ɪ、yæ̃(ẽ)ɪ	洪洞山头(细音)、霍州退沙街道(细音)
纯口音	ɒ、iɒ、uɒ	翼城城关

表 2－38　中古曾梗通摄的文读韵尾

韵尾	音值	方言点
-ŋ 尾	eŋ(əŋ/ʌŋ) ieŋ(iəŋ/iŋ) ueŋ(uŋ) yeŋ(yəŋ/yŋ)	临汾河底、临汾一平垣、临汾贺家庄、临汾城关、洪洞城关、洪洞左木、侯马凤城、曲沃里村、翼城城关、翼城隆化、翼城西阎、浮山寨圪瘩、浮山响水河、浮山城关、吉县屯里、吉县文城、吉县柏山寺、吉县城关、蒲县黑龙关、蒲县太林(开合撮)、蒲县山中、蒲县城关、古县石壁、古县北平、古县南垣、古县城关、古县古阳、乡宁枣岭、乡宁光华、乡宁昌宁、乡宁关王庙、襄汾城关、襄汾襄陵、襄汾汾城、襄汾古城、襄汾邓庄、霍州师庄、霍州城关、霍州李曹、霍州退沙街道、汾西城关、汾西邢家要、汾西团柏、隰县城南、隰县午城、隰县下李、隰县黄土、永和阁底、永和南庄、永和坡头、永和城关、安泽唐城、安泽府城、安泽良马、安泽杜村、安泽冀氏、大宁太古

续 表

韵尾	音值	方言点
-ŋ 尾	əŋ uəŋ(uŋ)	大宁城关(洪音)、大宁徐家垛(洪音)、大宁三多(洪音)、洪洞山头(洪音)
	əŋ、uŋ、yŋ	汾西勍香(开合撮)
	ɐŋ、iɤŋ、uoŋ、yoŋ	侯马城关、曲沃北董、曲沃史村
-n 尾	ən、in、uən、yn	洪洞明姜
	iən(in)、yən(yn)	大宁城关(细音)、洪洞山头(细音)
	in	蒲县太林(齐齿)
鼻化	iẽɪ	汾西勍香(齐齿)
纯口音	iɪ、yɪ	大宁徐家垛(细音)、大宁三多(细音)

由上文可看出,咸山摄主元音较低,为[a ɑ ʌ]、[ɛ æ];深臻摄主元音较高,为[e ə]。宕江曾梗通文读层有两种情况:宕江=曾梗通,即宕江、曾梗通摄的主元音一致,音值为[ʌ ɐ ə];宕江≠曾梗通,即宕江摄的主元音以低元音为主,曾梗通摄的主元音较高,宕江摄主元音音值为[a ɑ ʌ ɒ]、[æ ɛ],曾梗通摄主元音音值为[e ə i y]。

临汾方言阳声韵按其鼻尾消变程度可分为三大类:带[-ŋ]尾或[-n]尾;鼻化韵;纯口音韵。各类阳声韵的鼻尾消变速度是不均衡的,各韵尾类型的方言点数如下:

	咸山	深臻	宕文江文	曾文梗文通文
[-ŋ]尾	9	30	50	62
[-n]尾	16	19	4	2
鼻化	30	11	11	1
元音	11	6	1	1

从分类统计我们可以清楚地看出各类韵的鼻尾消变速度不一,从快到慢依次为:咸山>深臻>宕文江文>曾文梗文通文。

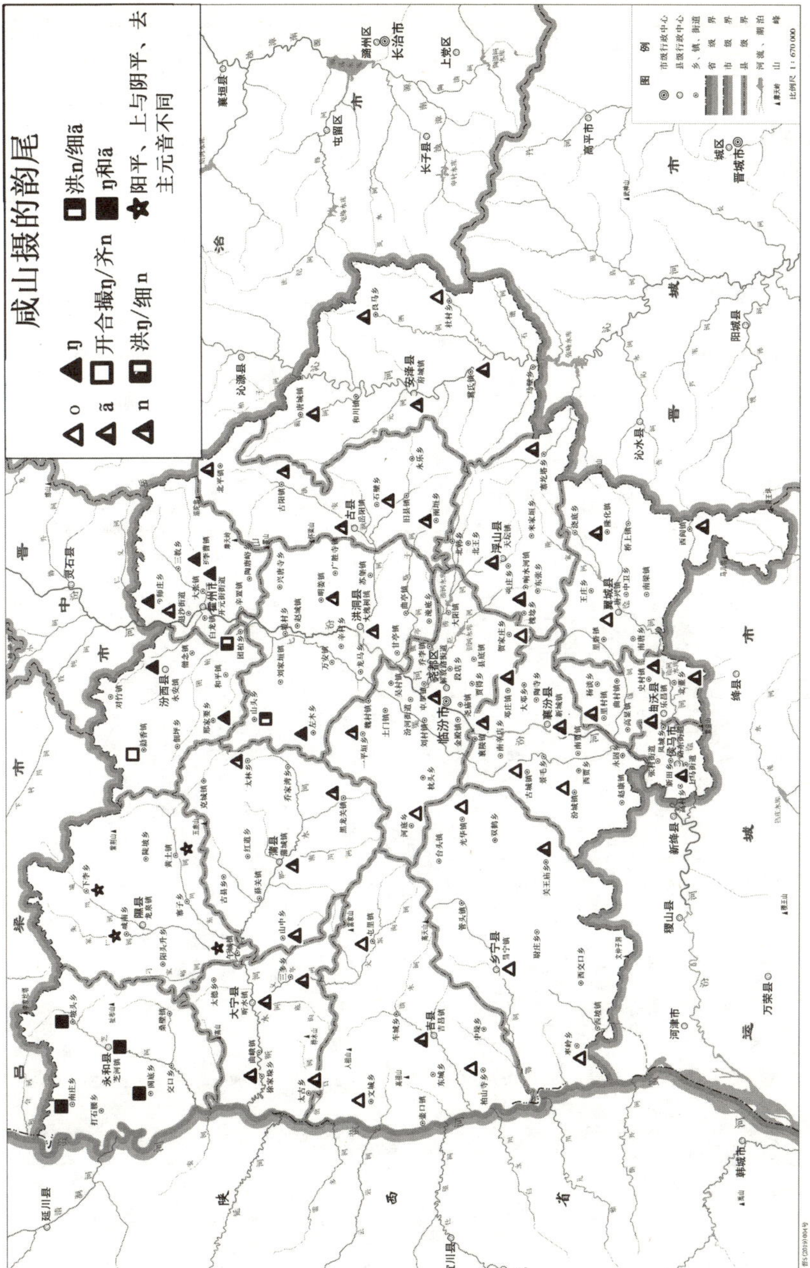

图 2－15　咸山摄的韵尾

图中符号说明："o"代表纯口音，"ã"代表鼻化，"洪"代表洪音，"细"代表细音，"部"代表部分，"开合撮齐"分别代表开口呼、合口呼、撮口呼、齐齿呼，"上、去"分别代表上声、去声。

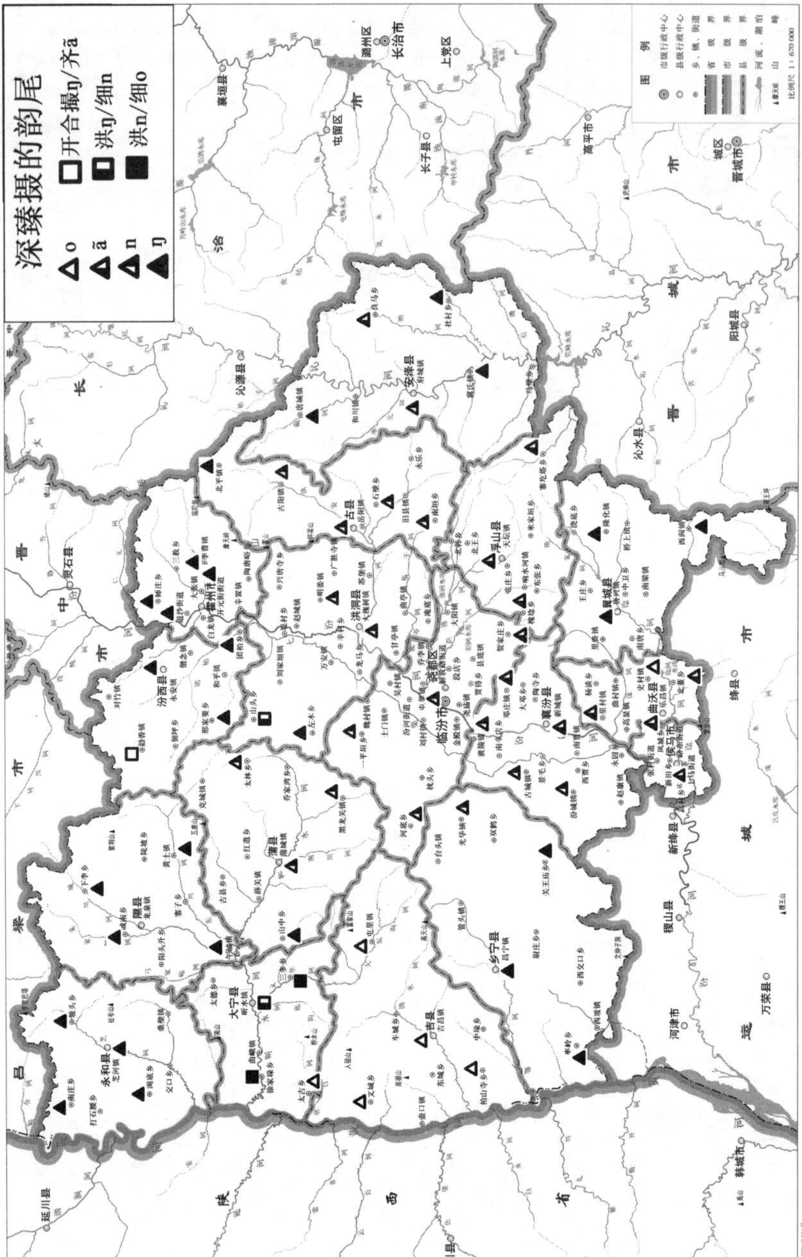

图 2－16　深臻摄的韵尾

说明："o"代表纯口音，"ã"代表鼻化，"洪"代表洪音，"细"代表细音，"开合撮齐"分别代表开口呼、合口呼、撮口呼、齐齿呼。

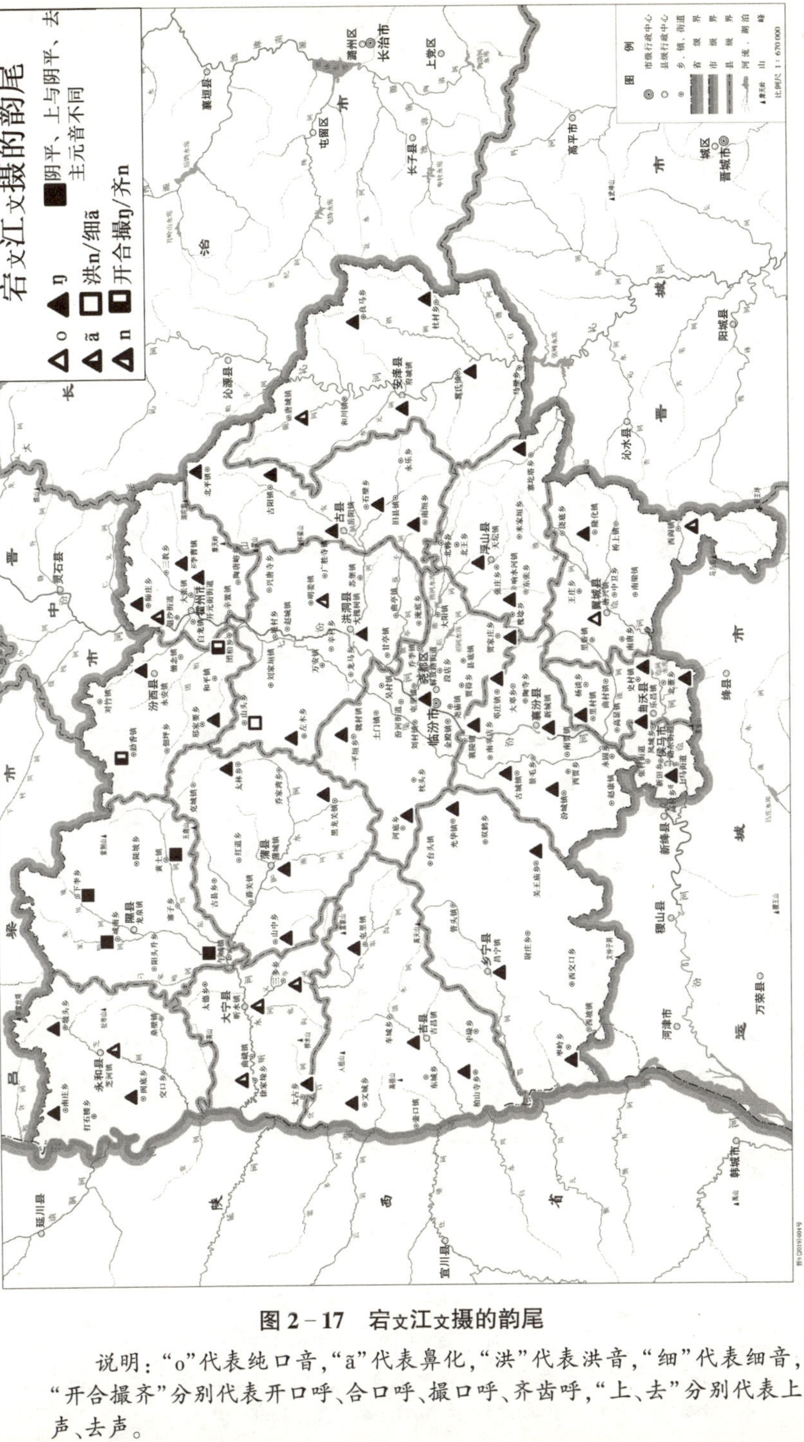

图 2－17　宕文江文摄的韵尾

说明：“o”代表纯口音，“ã”代表鼻化，“洪”代表洪音，“细”代表细音，“开合撮齐”分别代表开口呼、合口呼、撮口呼、齐齿呼，“上、去”分别代表上声、去声。

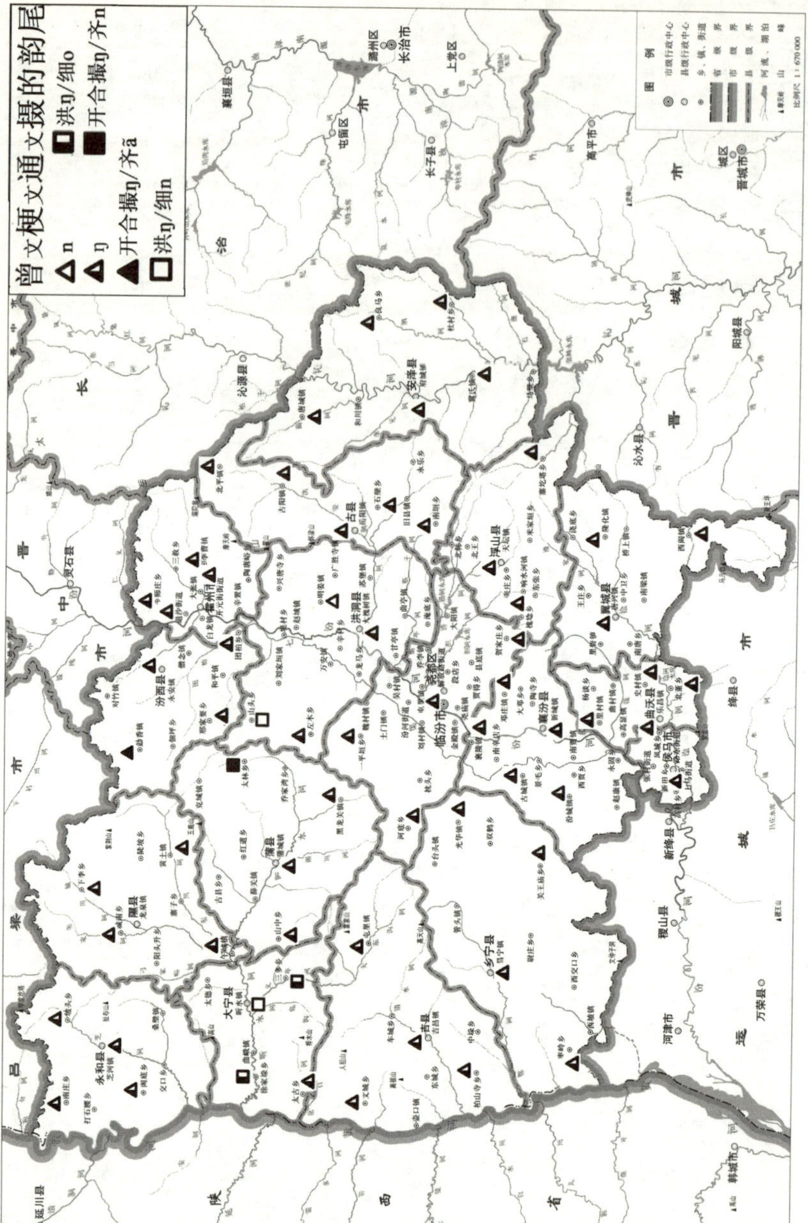

图 2－18　曾文梗文通文摄的韵尾

说明：“o”代表纯口音，“ã”代表鼻化，“洪”代表洪音，“细”代表细音，“开合撮齐”分别代表开口呼、合口呼、撮口呼、齐齿呼。

三、阳声韵与其他韵摄的合流

(一) 咸山摄与阴声韵、入声韵的合流

发生合流的方言点有三个：翼城城关、襄汾汾城、安泽杜村。

翼城城关咸山摄开口三等知章日部分字读音与蟹摄开口一二等字合并，韵母都为[ɛe uɛe]，襄汾汾城的咸山摄与果、假摄以及咸山摄的入声发生了合并，安泽杜村的咸山摄[ᴀ iᴀ uᴀ yᴀ]与果、假摄发生了合并。以襄汾汾城为例，如表 2－39。

表 2－39　中古咸山摄字与阴声韵、入声韵部分方言今读合流

例字 方言点	咸山摄				果摄	假摄
襄汾汾城	南咸开一泥	件山开三群	段山合一定	全山合三群	茄开三群	沙开二生
	na^{24}	tɕ^{h}ia^{53}	tua^{53}	tɕ^{h}ya^{24}	tɕ^{h}ya^{24}	ʂa^{21}
	假摄			咸山入		
	牙开二疑	花合二晓	斜开三邪	八山开二帮	甲咸开二见	挖山合二影
	ȵia^{24}	xua^{21}	ɕya^{24}	pa^{21}	tɕia^{42}	ua^{42}

(二) 深臻摄

阴声韵、入声韵合流。

吉县柏山寺、吉县文城、吉县屯里、吉县城关的深臻摄[ei uei]与蟹、止摄以及曾梗摄的入声发生了合并，以吉县柏山寺为例，见表 2－40。

表 2－40　中古深臻摄字与阴声韵、入声韵部分方言今读合流

例字 方言点	深臻摄		蟹摄	止摄	曾梗入		
吉县柏山寺	林深开三来	村臻合一清	杯合一帮	亏合一溪	特曾开一定	迫梗开二帮	或曾合一匣
	lei^{24}	ts^{h}uei^{312}	pei^{312}	k^{h}uei^{312}	t^{h}ei^{312}	p^{h}ei^{312}	xuei^{312}

二、阳声韵的白读

（一）宕江摄

除浮山寨圪瘩、翼城城关、翼城西阎、翼城隆化、安泽府城、安泽良马、安泽杜村、安泽冀氏八个方言点外，其余方言点的宕江摄都有白读，且各县市内部差别不大。部分方言点举例如表2-41。

表2-41　中古宕江摄字临汾方言白读

例字 方言点	开口一等		开口二等		开口三等		合口一三等	
	帮系	非帮系	知庄	见系	知章	非知系	帮系	非帮系
	帮忙	狼炕	窗双	项巷	张裳	娘墙	房放	光王
永和城关	uɤ	uɤ	uɤ	ie	ʅə	ie	uɤ	uɤ
隰县黄土	uo	ə	uo	iᴇ	ə	iᴇ	uo	uo
大宁城关	uo	uo	uo	ie	ɤ	ie	uo	uo
大宁三多	uo	uo	uo		ə	iᴇ	ə	uo
大宁太古	uo	uo	uo		ə	iə	ə	uo
汾西城关	əɯ	əɯ	u	i	əɯ	i	əɯ	u
汾西勍香	əɯ	əɯ	u	əɯ	əɯ	i	əɯ	u
安泽唐城	uo		uo				uo	uo
霍州城关	ɔ	ɔ	ɔ		ɔ	i/iɛ	ɔ	ɔ
洪洞城关	o	o	o	io	o	io	o	uo
古县城关	uə	uə	uə	uə	uə	yə	uə	uə
临汾城关	ɔ	ɔ	ɔ	ɔ	ɔ	yɔ	ɔ	ɔ
浮山城关	ə	uə	ə	ə	uə	yə	ə	uə
曲沃史村		ɤ	ɤ		ɤ	yɤ	ɤ	
侯马城关			uo			ɤ/iɤ		
襄汾汾城	ɤ	ɤ	uɤ	ɤ	ɤ	iɤ	ɤ	uɤ
乡宁城关	ɤ	ɤ	uɤ		ɤ	iɤ	uɤ	uɤ
吉县柏山寺	ə	ə	uo		ə	yə	uo	uo

宕江摄白读齐齿呼都与蟹、止、假摄合流。开合口两呼(除霍州外)主要与果摄合流。部分方言点开合撮三呼还与宕江摄入声韵合流。据此可将临汾方言宕江摄白读分为三种类型:

A. 宕江白=果=宕江入,这一类型见于洪洞、临汾、古县、浮山、襄汾、曲沃、翼城、侯马、乡宁、吉县等没有入声的方言中。

B. 宕江白=果≠宕江入,这一类型见于永和、大宁、隰县、汾西、蒲县、安泽等有入声的方言中。

C. 宕江白≠(果=宕江入),这一类型仅见于霍州各方言点。

表2-42、表2-43是相应的例字。

表2-42　中古宕江摄开口呼、合口呼字临汾方言白读合流情况

例字 / 方言点		宕江白					果摄				宕江入		
		开一	开二	开三	合一三		开一		合一		开口		合口
		帮	窗	张	放	光	拖	歌	婆	货	落	搁	郭
A	洪洞城关	o	o	o	o	uo	o	o	o	uo	o	o	uo
	古县城关	uə	uə	uə	uə	uə	uə	uə	uə	uə	uə	ə	uə
	临汾城关	ɔ	ɔ	ɔ	ɔ	ɔ	ɔ	ɔ	ɔ	uɔ	ɔ	ɔ	uɔ
	襄汾汾城	ɤ	uɤ	ɤ	ɤ	uɤ	ɤ	ɤ	uɤ	uɤ	uɤ	ɤ	uɤ
	吉县柏山寺	ə	uo	ə	uo	uo	ə	ə	uo	uo	uo	ə	uo
B	永和城关	uɤ	uɤ	ʅə	uɤ	uɤ	uɤ	uɤ	uɤ	uɤ	ɐʔ	ɐʔ	uəʔ
	大宁城关	uo	uo	ɤ	uo	uo	uo	uo	uo	uo	əʔ	ɐʔ	uəʔ
	汾西城关	əɯ	u	əɯ	əɯ	u	əɯ	əɯ	əɯ	u	ɷu	ɷu	uʌ
C	霍州城关	ɔ	ɔ	ɔ	ɔ	ɔ	uə	ə	uə	uə	uə	ə	uə

由表2-42可看到,A、B(除永和城关"张"字读音外)全部与果摄读音合流,C类霍州城关白读[ɔ]自成一类。

表 2－43 中古宕江摄齐齿呼、撮口呼字临汾方言白读合流情况

方言点 \ 例字		宕江白		蟹	止	假	宕江入	
		开二	开三	开四	开三	开三	开三	开二
		巷	墙	迷	奇	且	脚	学
A	洪洞城关	io	io	i	i	ie	io	io
	古县城关	uə	yə	i	i	iɛ	yə	yə
	临汾城关	ɔ	yɔ	i	i	iɛ	yɔ	yɔ
	浮山城关	ə	yə	i	i	iɛ	yə	yə
	曲沃史村		yɤ	i	i	iɛ	yɤ	yɤ
	襄汾汾城	ɤ	iɤ	i	i	iᴇ	iɤ	iɤ
B	永和城关	ie	ie	i	i	ie	iɐʔ	iɐʔ
	隰县黄土	iᴇ	iᴇ	i	i	iᴇ	iʌ	iʌ
	汾西城关	i	i	ʑ	ʑ	i	yɷu	iʌ
	安泽唐城			i	i	iɤʔ	yɤʔ	iɤʔ
C	霍州城关		iɛ	i	i	iɛ	yɛ	yɛ

由表 2－43 可看到，宕江摄白读齐撮两呼全部与蟹、止、假摄读音合流，A 类与宕江入合流。

宕江摄白读都为纯口音韵，但音值有所区分。A 类开齐合撮四呼主元音多为央、后元音(以[ə]、[ɤ]为主)，B 类开合两呼主元音多为央、高元音(以[ə]、[ɯ]为主)，齐撮两呼为前、高元音([e ɛ]、[i])。C 类开合两呼主元音为[ɔ]，齐撮两呼主元音为[ɛ]。

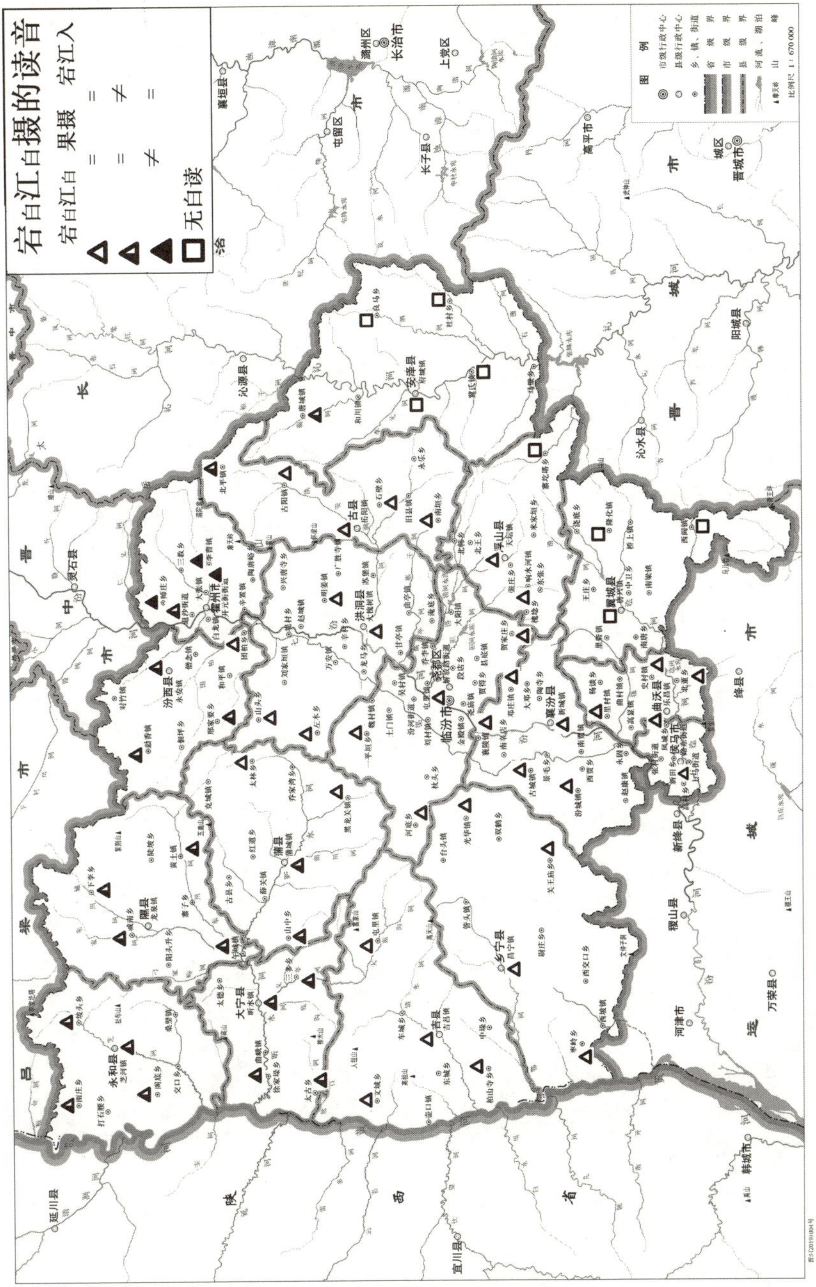

图 2－19　宕白江白摄的读音

说明：这里主要指开合撮三呼，齐齿呼都与蟹止假摄合流。“=”代表韵母相同，“≠”代表韵母不同。

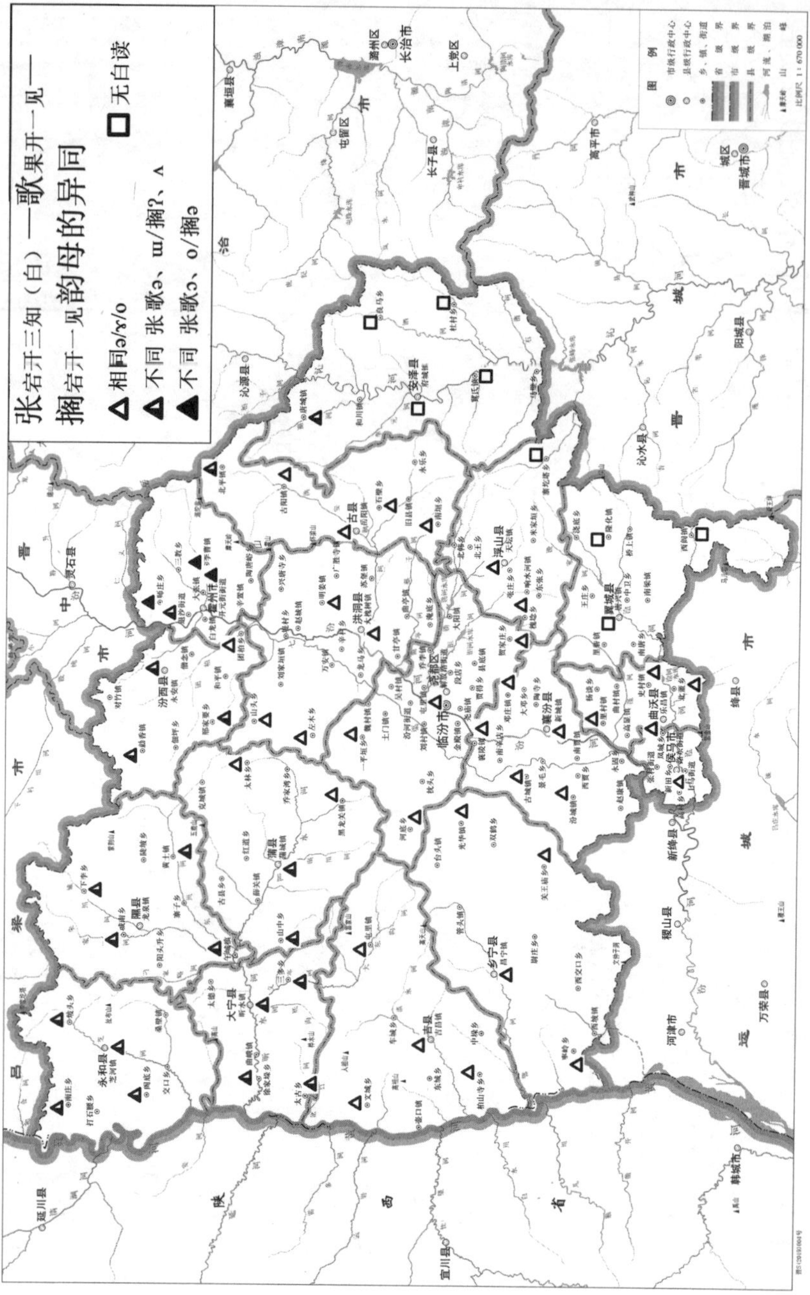

图 2－20　张宕开三知(白)—歌果开一见—搁宕开一见韵母的异同

综合来看，宕江摄白读主元音呈高化趋势。A 类方言点处在临汾南部，B 类、C 类处在临汾北部，因此从地域上来看，南部高化慢，北部高化快，汾西城关方言主元音已高化为[ɯ]、[i]。就韵类上来看，齐撮两呼高化快，开合两呼高化慢。

（二）曾梗通摄

除浮山寨圪瘩、安泽府城、安泽良马、安泽杜村、安泽冀氏五个方言点外，其余每个方言点的曾梗摄都有白读。永和、隰县、大宁、安泽、汾西、翼城、乡宁等地方言点的通摄没有白读。

表 2-44　中古曾梗通摄字临汾方言白读

例字 / 方言点	曾通摄				梗摄				
	开一	合一	合三	开三	开二	合二	合三	开三	开四
	灯	红	穷	蝇	棚/生	横	兄	赢/影	听
永和城关				ie	ia/ɿə	ya	ye	ie	ie
隰县黄土				iᴇ	iᴇ/ə		yɛ	iᴇ	iᴇ
大宁城关				ie	ie	yɑ		ie	ie
蒲县城关				iɛ	ə	uɛ	yɛ	iɛ	iɛ
汾西城关				i	ei	uei		i	i
安泽唐城				i	ie		y	i	i
霍州城关				i	ɔ			i	i
洪洞城关	en	uen	yen	ie	ɛ	uɛ	ye	ie	ie
古县城关	ən	uən	yn	iɛ	ɛ	uə	iɛ	iɛ	iɛ
临汾城关	ən	uən	yn	iɛ	ɣ		yɛ	iɛ	iɛ
浮山城关	ən	uən	yn	iɛ	æ	uæ	iɛ	iɛ	iɛ
翼城城关				iɛ	ɒ	uɒ		iɛ	iɛ
曲沃史村	ən			iɛ	a			iɛ	iɛ
侯马城关		uẽ							iɛ

续表

例字 / 方言点	曾通摄				梗摄				
	开一	合一	合三	开三	开二	合二	合三	开三	开四
	灯	红	穷	蝇	棚/生	横	兄	赢/影	听
襄汾汾城	ən	uən		iᴇ	iɒ/ɒ	iɒ		iᴇ	iᴇ
乡宁城关				iɤ	ia			iɤ	iᴇ
吉县柏山寺	ei	uei	yei	iɛ	ia/a	ya		iɛ	iɛ

由表 2－44 可看出，曾通摄开合撮白读并入深臻摄，齐齿呼白读与梗摄齐齿呼合流，梗摄开口二等与开口三、四等处于分立的状态。

具体来看，曾通摄（曾开三除外）白读主要是鼻化韵或[-n]尾韵（吉县柏山寺为纯口音韵）。曾开三、梗摄白读都为纯口音韵，曾开三与梗开三、四读音合流。

曾通摄（曾开三除外）白读全部并入深臻摄，主元音为[e ə]。曾开三、梗摄白读合流方向复杂，主元音复杂，下面具体讨论。

1. 梗开三四白

按其合流方向的不同，梗开三四白可分为 A、B 两大类型：

A. 梗开三四白＝蟹开三四，方言点有：汾西、安泽唐城、霍州（梗开二白≠梗开三白）等地。

B. 梗开三四白＝假开三

B 类又可细分为：

B1. 梗开三四白＝假开三≠咸山开三四入，梗开二白≠梗开二入，方言点有永和、隰县、大宁、蒲县等地。

B2. 梗开三四白＝假开三＝咸山开三四入，梗开二白＝梗开二入，方言点有洪洞、古县、临汾、浮山、翼城、曲沃、侯马、襄汾、乡宁、吉县等地。

表 2－45、表 2－46 是相应的例字。

表 2－45　中古梗摄开口三四等字白读类型 A

例字/方言点	梗摄			蟹摄	
	开二	开三	开四	开三	开四
	棚/生	赢/影	听	闭	计
汾西城关	ei	i	i	i(ʑ)	i(ʑ)
安泽唐城	ie	i	i	i	i
霍州城关	ɔ	i	i	i	i

表 2－46　中古梗摄开口三四等字白读类型 B

	例字/方言点	梗摄			假摄	咸入		梗入
		开二	开三	开四	开三	开三	开四	开二
		棚/生	赢/影	听	写	接	切	白
B1	永和城关	ia/ʅə	ie	ie	ie	iɐʔ	iɐʔ	iɐʔ
	隰县黄土	iɛ/ə	iɛ	iɛ	iɛ	iʌ	iʌ	iʌ
	大宁城关	ie	ie	ie	ie	iɐʔ	iɐʔ	iɐʔ
	蒲县城关	ə	iɛ	iɛ	iɛ	iɛʔ	iɛʔ	ɛʔ
B2	洪洞城关	ɛ	ie	ie	ie	ie	ie	ɛ
	古县城关	ɛ	iɛ	iɛ	iɛ	iɛ	iɛ	ɛ
	临汾城关	ɤ	iɛ	iɛ	iɛ	iɛ	iɛ	ɤ
	浮山城关	æ	iɛ	iɛ	iɛ	iɛ	iɛ	æ
	翼城城关	ɒ	iɛ	iɛ	iɛ	iɛ	iɛ	ei
	曲沃史村	a	iɛ	iɛ	iɛ	iɛ	iɛ	ei
	襄汾汾城	iɒ/ɒ	iᴇ	iᴇ	iᴇ	iᴇ	iᴇ	ei
	乡宁城关	ia	iɤ	iᴇ	iᴇ	iᴇ	iᴇ	ia
	吉县柏山寺	ia/a	iɛ	iɛ	iɛ	iɛ	iɛ	ia

B1类型的方言点有入声，B2类型的方言点入声已消失转化为阴声韵。乡宁城关梗开三零声母字“赢/影”白读与宕江摄白读合流。

A类型中梗开三四白音值都是[i]。B类型梗开三四白音值差别不大，主元音为[ɛ]、[e]、[ᴇ]，全部与假开三文合流，且B2类型与咸山开三四入合流。

总的来看，A、B两种类型的梗开三四白音值差别较大。关于差别较大的原因，王洪君(1992)认为“A型的蟹开三四与B型的咸山开三四入的主元音在中古时是相同的，都是三等[ɛ]，四等[e]。这就提示我们，在三四等分立时，A、B型的梗开三四的音值大约是分歧不大的。两地的分歧应产生于三四等合流时：A型的梗摄像蟹摄那样，三等的[ɛ]类并入了四等的[e]类，而B型的梗摄则像咸山那样，四等的[e]类并入了三等的[ɛ]类。山西白读层的出发点是不区分三四等韵的，因而梗摄齐齿呼的出发点应分两个次类型：A型[ie]，B型[iɛ]。它们的共同之处是同为纯元音韵，同为前、中元音。后来A型的梗开三四白又与蟹开三四一起经历了元音高化，今音音值与出发点差别较大”。

2. 梗开二白

有些方言点梗开二白主元音低，有些方言点主元音高。A、B两种类型都存在这样的情况，如表2－47、表2－48：

表2－47　中古梗摄开口二等字白读类型A

方言点＼例字	梗摄白	蟹摄	假摄
	开二	合一	开三
	棚/生	杯	写
汾西城关	ei	ei	ia
安泽唐城	ie	ei	ie
霍州城关	ɔ	ei	ia

A 类型中，梗开二白汾西城关、安泽唐城主元音为半高元音[e]，分别与蟹合一、假开三合流；霍州城关主元音为半低元音[ɔ]，独立成韵。

表 2-48 中古梗摄开口二等字白读类型 B

例字 / 方言点 / 类型		梗摄白	假摄		咸入		梗入
		开二	开二	开三	开三	开四	开二
		棚/生	加	写	接	切	白
B1	永和城关	ia/ʅə	ia	ie	iɐʔ	iɐʔ	iɐʔ
	隰县黄土	iᴇ/ə	ia	iᴇ	iʌ	iʌ	iʌ
	大宁城关	ie	iɑ	ie	iɐʔ	iɐʔ	iɐʔ
	蒲县城关	ə	ia	iɛ	iɛʔ	iɛʔ	ɛʔ
B2	古县城关	ɛ	ia	iɛ	iɛ	iɛ	ɛ
	临汾城关	ɤ	ia	iɛ	iɛ	iɛ	ɤ
	浮山城关	æ	ia	iɛ	iɛ	iɛ	æ
	翼城城关	ɒ	ia	iɛ	iɛ	iɛ	ei
	襄汾汾城	iɒ/ɒ	iɒ	iᴇ	iᴇ	iᴇ	ei
	乡宁城关	ia	ia	iᴇ	iᴇ	iᴇ	ia

B1 中的永和、B2 中的襄汾汾城、乡宁城关等梗开二白与假开二合流，主元音为低元音[a ɒ]。其余方言点或与假开三合流，或与梗开二入合流，主元音为稍高元音[æ]、[ɛ]、[e]、[ə]、[ɤ]。对此，王洪君(1992)认为“A、B 型梗开二白的出发点音值是相同的，它应是介于[a]与[ɛ]之间的前元音，即[æ]，它在一些点低化并入[a]，在另一些点高化并入[ɛ]，形成现今的分歧”。

3. 梗合二白、合三白

表 2-49 是相应的例字。

表 2-49　中古梗摄合口二、三等字临汾方言白读

类型	方言点＼例字	梗摄 开二 棚/生	合二 横	合三 兄	开三 赢/影	开四 听
A	汾西城关	ei	uei		i	i
	安泽唐城	ie		y	i	i
	霍州城关	ɔ			i	i
B1	永和城关	ia/ʅə	ya	ye	ie	ie
	隰县黄土	iᴇ/ə		yɛ	iᴇ	iᴇ
	大宁城关	ie	yɑ		ie	ie
	蒲县城关	ə	uɛ	yɛ	iɛ	iɛ
B2	洪洞城关	ɛ	uɛ	ye	ie	ie
	古县城关	ɛ	uə	iɛ	iɛ	iɛ
	临汾城关	ɤ		yɛ	iɛ	iɛ
	浮山城关	æ	uæ	iɛ	iɛ	iɛ
	翼城城关	ɒ	uɒ		iɛ	iɛ
	曲沃史村	a			iɛ	iɛ
	侯马城关					iɛ
	襄汾汾城	iɒ/ɒ	iɒ		iᴇ	iᴇ
	乡宁城关	ia			iɤ	iᴇ
	吉县柏山寺	ia/a	ya		iɛ	iɛ

由表 2-49 可看出，大体来说，梗合二白、梗合三白分别与梗开二白、梗开三四白对应。

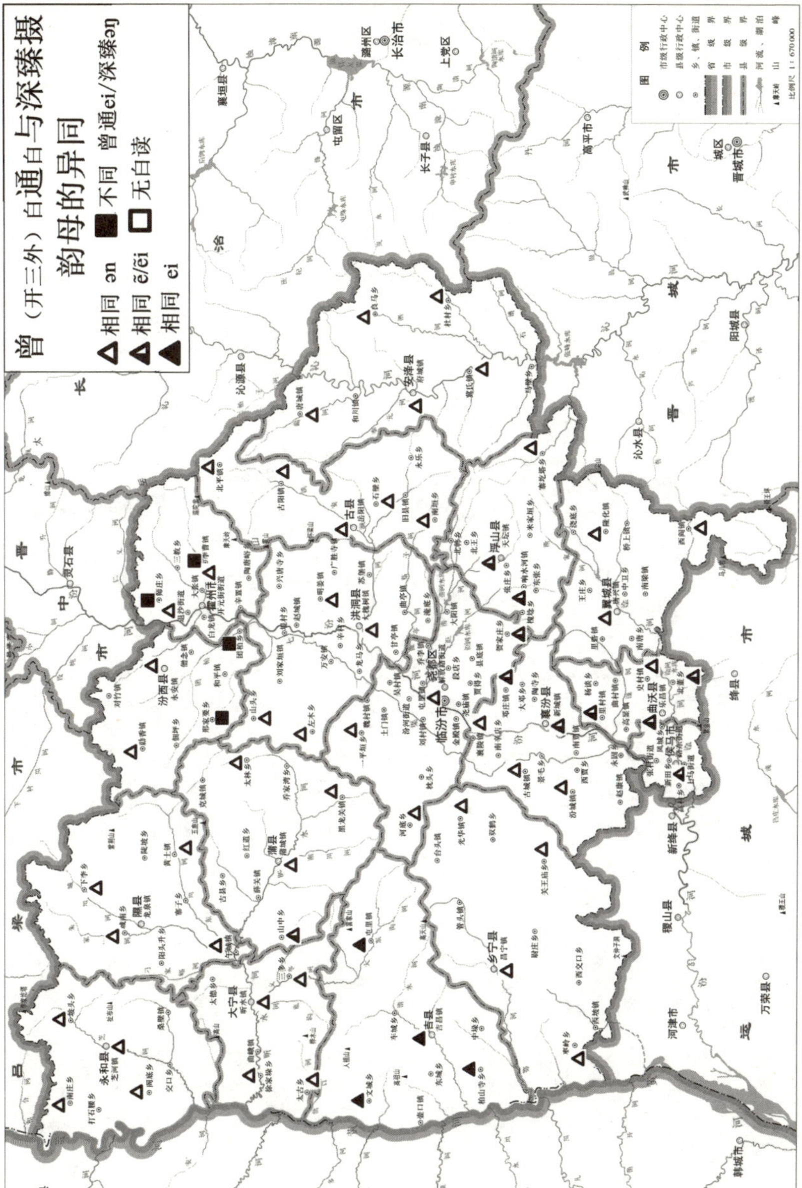

图 2－21 曾(开三外)白通白与深臻摄韵母的异同

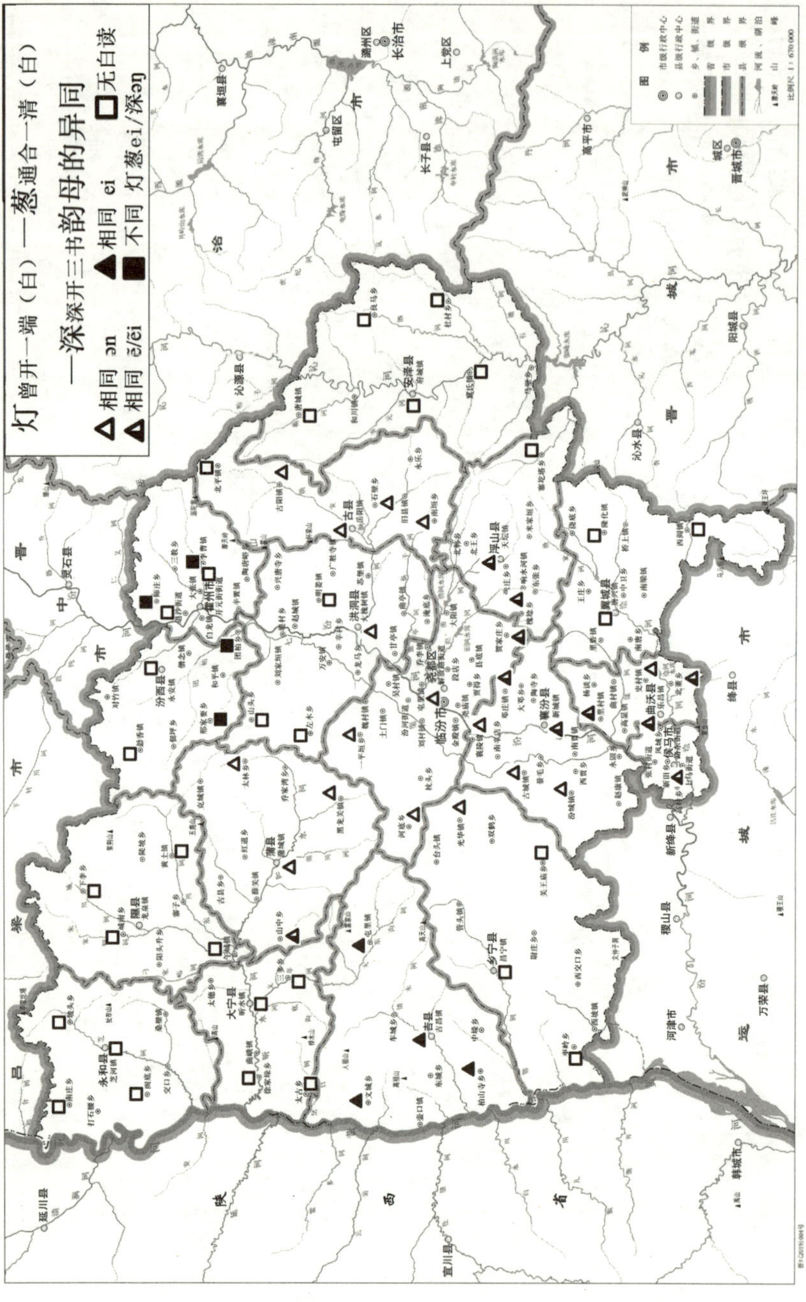

图 2－22　灯曾开一端（白）—葱通合一清（白）—深深开三书韵母的异同

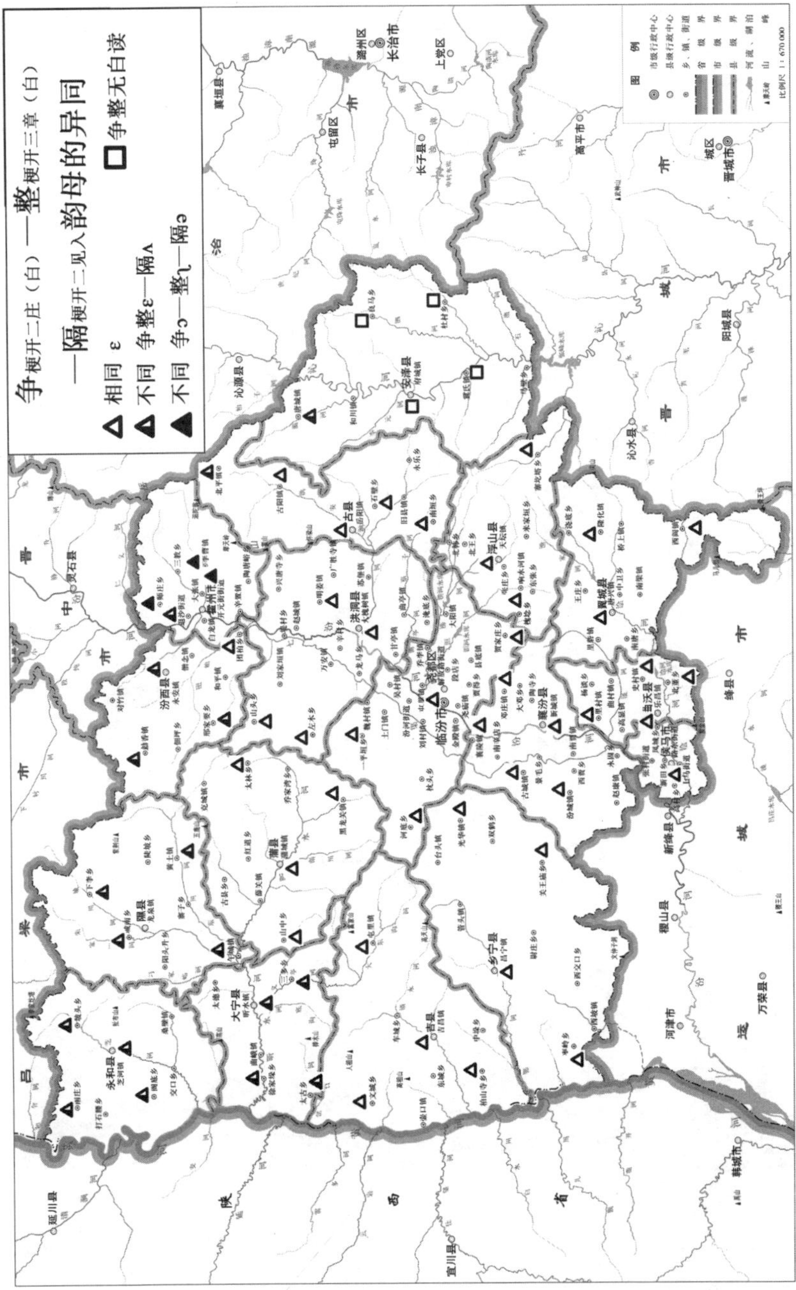

图 2－23　争梗开二庄(白)—整梗开三章(白)—隔梗开二见入韵母的异同

说明："相同[ε]"的读音类型有[ᴇ]、[e]、[ə]；"不同[ε]"的读音类型有[ᴇ]、[e]、[ə]、[ei]、[ʅ]，[ʌ]的读音类型有喉塞尾"[ʔ]"；"不同[ɔ]"的读音类型有[o]；"不同[ʅ]"的读音类型有[ei]；"不同[ə]"的读音类型有[ε]。

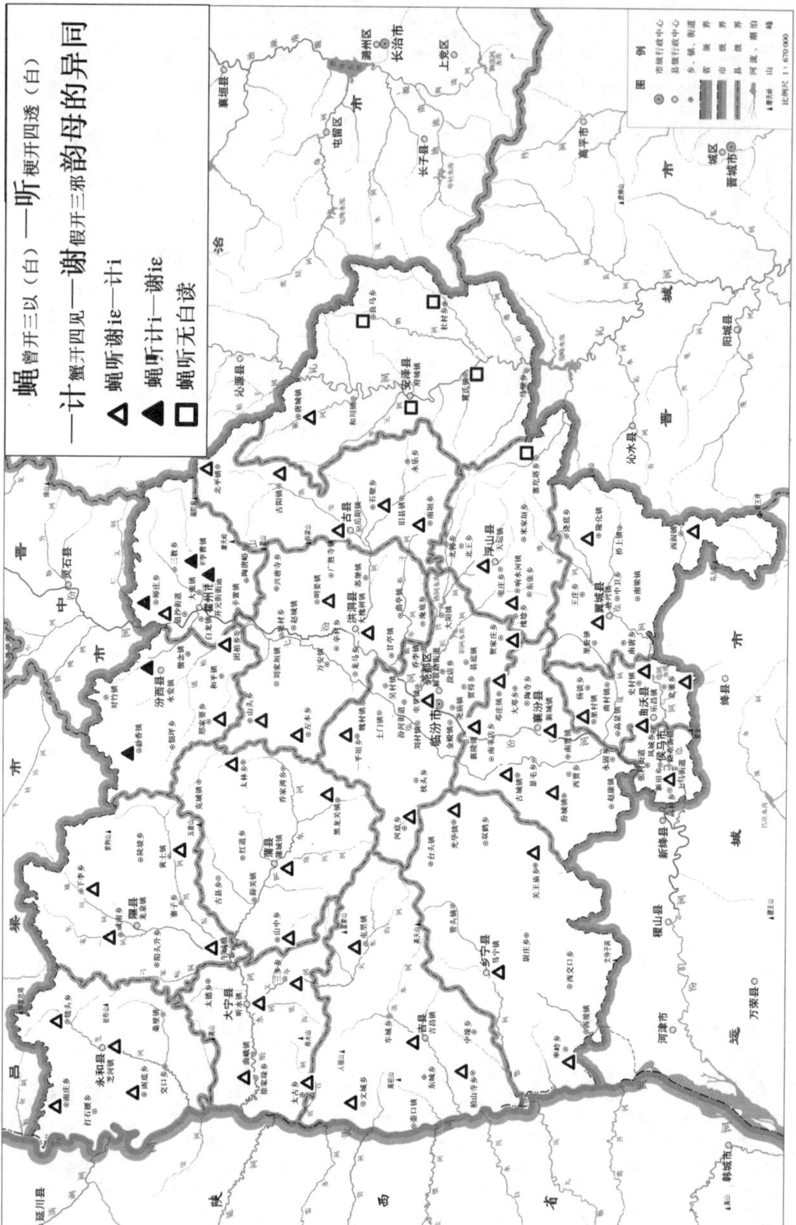

图 2－24　蝇曾开三以（白）—听梗开四透（白）—计蟹开四见—谢假开三邪韵母的异同

说明："[iɛ]"的读音类型有[iᴇ]、[ie]、[iə]。

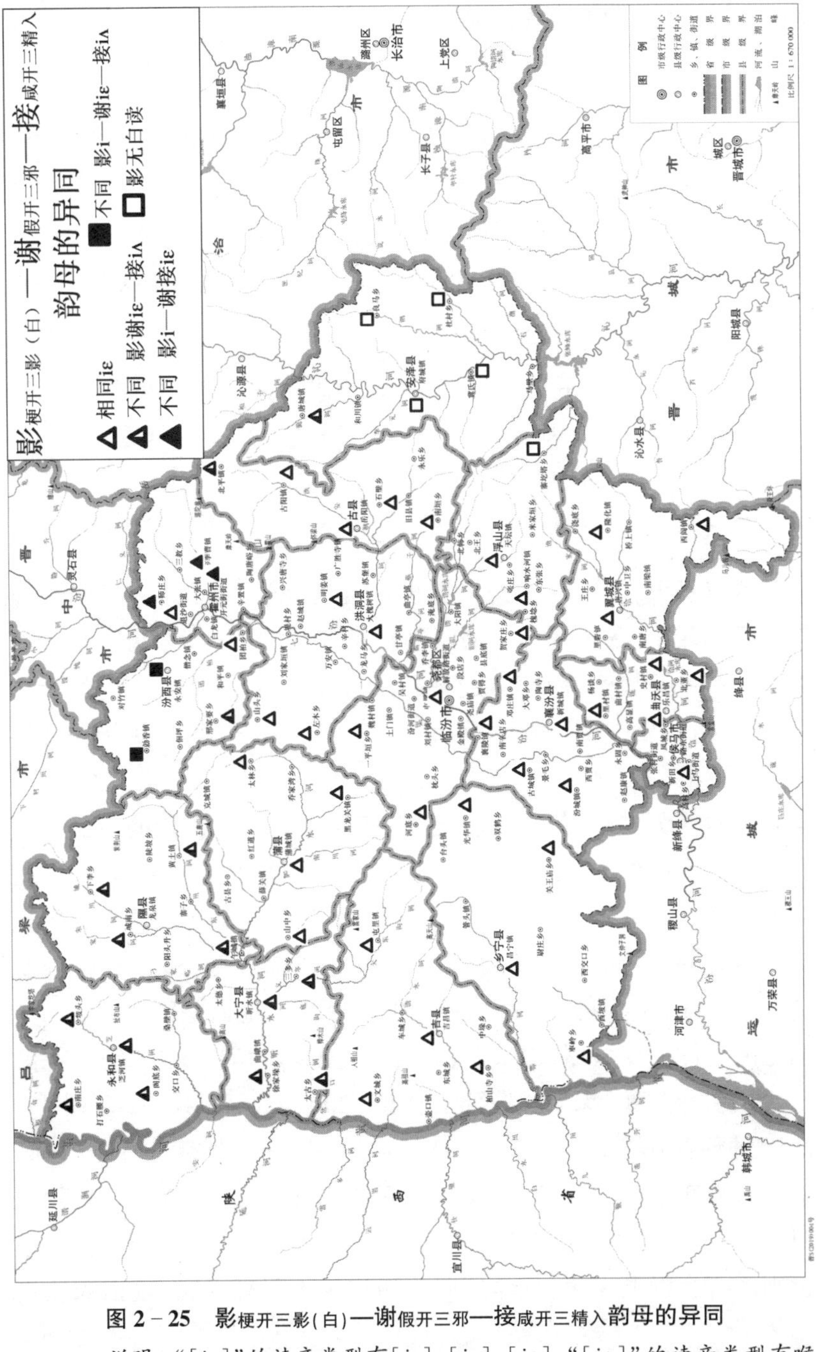

图 2－25　影梗开三影（白）—谢假开三邪—接咸开三精入韵母的异同

说明：“[iɛ]”的读音类型有[iᴇ]、[ie]、[iə]；“[iʌ]”的读音类型有喉塞尾[ʔ]。

（三）韵尾类型

宕江摄、曾开三、梗摄白读都为纯口音韵，曾通摄（曾开三除外）白读主要是鼻化韵或[-n]尾韵（吉县柏山寺为纯口音韵）。

宕江曾梗通五摄的白读层按其鼻尾消变程度仍可分为三大类：带[-n]尾、鼻化韵、纯口音韵。各类阳声韵的鼻尾消变速度是不均衡的，各韵尾类型的方言点数如下：

	宕江	曾（除开三）	梗、曾开三	通
[-n]尾	0	14	0	15
鼻化	0	3	0	6
纯口音	58	6	61	6

可以看出，就宕江曾梗通五摄白读层来说，曾（开三除外）、通摄鼻尾韵较多，最为稳定，宕江、梗摄消变最快，全都变为了纯口音韵。曾摄中开口三等消变最快，已变为纯口音韵。很明显，低元音后的鼻尾比高元音后的鼻尾易消变（宕江、梗>曾通）。关于这一问题，张琨（1983）、王洪君（1992）、王临惠（2003）、张燕芬（2009）等学者一致认为，阳声韵尾的弱化、脱落与主要元音舌位的高低以及鼻韵尾发音部位的前后有关。主要元音影响鼻音韵尾的演变，往往是低元音后的韵尾先变而高元音后的韵尾后变；鼻音韵尾消失的先后与鼻音的发音部位有关，其先后次序是由前往后，即[-m]最容易消失，而[-ŋ]最为稳固，往往最后弱化、消失。他们分别列出了阳声韵尾的具体消变顺序，王洪君（1992）：梗≥宕（江）>山（咸）一等、山（咸）其他>臻（深）>曾通；王临惠（2003：84）：咸山>深臻>宕江>曾梗通；张燕芬（2009：120）：咸山→宕江→梗臻→深曾→通。就临汾方言来说，有些符合以上顺序，有些则不符合，如主元音较低（以[a/ɑ/ʌ]为主）的宕江摄确实易消变，符合以上规律，而曾梗通摄则不符合以上规律，具体原因再做讨论。另外，结合咸山深臻摄

来看,临汾方言阳声韵韵尾脱落的原因应为前低元音和后鼻尾两个条件,仅低元音一个条件是管不住的,因为咸山摄为低元音,但韵尾并未完全脱落。

2.4.1.3　入声韵

临汾方言入声韵的情况可分为两种:一是部分保留独立入声韵、部分混入阴声韵;二是入声韵消失,全部与阴声韵合流。其中曾梗摄入声韵有文白异读。

一、部分保留独立入声韵、部分混入阴声韵

方言点有蒲县山中、隰县黄土、古县北平、霍州退沙街道、汾西城关、汾西勍香、汾西邢家要、隰县城南、隰县下李、隰县午城、永和阁底、永和南庄、永和坡头、永和城关、大宁城关、大宁徐家垛、大宁三多、安泽唐城、安泽府城、安泽杜村、安泽良马、安泽冀氏。

1. 独立入声韵的类型可分为两种

第一,合一型。入声韵为[ʌ iʌ uʌ yʌ],主元音为低元音[ʌ],无喉塞尾[ʔ]。方言点有蒲县山中、隰县黄土、古县北平、霍州退沙街道、汾西城关、汾西勍香、汾西邢家要七个。

第二,二分型。一组是[aʔ iaʔ uaʔ yaʔ],我们称之为[a]组,主元音包括[a]、[ɐ]、[ʌ],以低元音为主;另一组是[əʔ iəʔ uəʔ yəʔ],我们称之为[ə]组,主元音包括[ə]、[ɤ],以中高元音为主。这两组入声韵都有喉塞尾[ʔ],其中大宁三多的喉塞非常轻微。方言点有隰县城南、隰县下李、隰县午城、永和阁底、永和南庄、永和坡头、永和城关、大宁城关、大宁徐家垛、大宁三多、安泽唐城、安泽府城、安泽杜村、安泽良马、安泽冀氏十五个。

[a]组主要来源于中古咸山、宕江一二等、曾开一见组、梗开二帮组和见组字,[ə]组主要来源于中古深臻、宕江摄三等、曾梗通摄(曾开一见组、梗开二帮组和见组除外)字。

表2－50是相应的例字。

表 2－50　临汾方言独立入声韵的读音

方言点＼例字	甲 咸开二见	错 宕开一清	刻 曾开一溪	角 江开二见	出 臻合三昌	削 宕开三心	只 梗开三章	谷 通合一见
隰县黄土	tɕiʌ$^{\underline{41}}$	tsʰuʌ$^{\underline{41}}$	kʰʌ^{41}	tɕiʌ$^{\underline{41}}$	tsʰuʌ$^{\underline{41}}$	ɕyʌ$^{\underline{41}}$	tsʌ$^{\underline{41}}$	kuʌ$^{\underline{41}}$
古县北平	tɕiʌ^{2}	tsʰuʌ^{2}	kʰʌ^{4}	tɕiʌ^{2}	tsʰuʌ^{2}	ɕyʌ^{2}	tsʌ^{2}	kuʌ^{2}
汾西勍香	tɕiʌ^{1}	tsʰuʌ^{1}	kʰʌ^{1}	tɕiʌ^{1}	tsʰuʌ^{1}	ɕyʌ^{1}	tsʌ^{1}	kuʌ^{1}
永和南庄	tɕiɐʔ^{3}	tsʰuɐʔ^{3}	kʰɐʔ^{3}	tɕiɐʔ^{3}	tʂʰuəʔ^{3}	ɕyəʔ^{3}	tʂəʔ^{3}	kuəʔ^{3}
大宁三多	tɕiɐʔ$^{\underline{21}}$	tsʰuɐʔ$^{\underline{21}}$	kʰɐʔ$^{\underline{21}}$	tɕiɐʔ$^{\underline{21}}$	tʂʰuəʔ$^{\underline{21}}$	ɕyəʔ$^{\underline{21}}$	tʂəʔ$^{\underline{21}}$	kuəʔ$^{\underline{21}}$
安泽唐城	tɕiɐʔ$^{\underline{32}}$	tsʰuɐʔ$^{\underline{32}}$	kʰɐʔ$^{\underline{32}}$	tɕiɐʔ$^{\underline{32}}$	tʂʰuəʔ$^{\underline{32}}$	ɕyəʔ$^{\underline{32}}$	tʂəʔ$^{\underline{32}}$	kuəʔ$^{\underline{32}}$

2. 入声韵的舒化

指的是入声韵变为舒声韵。

各方言入声韵都发生了不同程度的舒化，我们对调查提纲中 169 个常用入声字的舒化情况进行了统计，具体如表 2－51（表中地点按地域上从北到南、从西到东进行排列）：

表 2－51　临汾方言入声韵的舒化

方言点	舒化字数	例　　字
永和坡头	11	捺鹊削贼亿翼滴划六轴肉
永和城关	12	捺鹊削贼亿翼滴划达别裂阔
永和南庄	13	腊达捺别裂阔托鹊贼亿翼吓划
永和阁底	17	腊辣撮一鹊学肋贼亿翼吓吃划六轴粥肉
大宁城关	15	捺辣撒核鹊弱贼塞亿翼划吃六轴肉
大宁徐家垛	16	捺辣撒核鹊弱墨贼塞亿翼笛划六轴肉
大宁三多	14	腊捺辣撒核托鹊墨贼塞亿翼笛划
隰县下李	14	撮阔昨鹊约贼亿翼吓划六轴肉粥

续 表

方言点	舒化字数	例 字
隰县城南	16	塔腊插撒撮袜鹊约贼亿翼劈划六轴肉
隰县午城	11	腊撮贼亿翼吓划六轴肉粥
隰县黄土	38	腊辣捺撒八撮袜托乙错鹊角贼亿忆翼吓核
蒲县山中	67	腊接业贴夹乏立习湿十入急吸捺擦撒别脱月
汾西勍香	59	塔腊插夹甲折业贴法捺腊擦撒八别灭铁热
汾西城关	75	答踏纳拉插恰掐狭甲鸭页乏泣达辣渴八察瞎
汾西邢家要	74	腊插夹甲接折业贴法蛰急达辣撒八雪罚袜月
霍州退沙街道	63	杂乏习蛰及达拔别夺活绝罚薄昨勺学贼划畜局
古县北平	40	杂盒腊夹掐甲接立集习十急达脱罚穴笔侄药贼
安泽唐城	33	拉匣压撒抹笔错索饺贼忆吓易屋六育肉玉酷族
安泽冀氏	51	拉杂合腊甲匣鸭急捺撒拔别舌夺笔日核活物错
安泽杜村	53	拉杂合腊甲匣鸭别舌急夺捺活日错勺学北贼白
安泽府城	111	拉杂合掐甲匣鸭业别法立集入八瞎舌夺袜月雪
安泽良马	163	拉杂喝合塔腊插夹掐甲鸭匣入十达吸捺辣撒擦

一般来说,入声字舒化的条件是文白异读,且大部分入声字舒化后只有舒声一种读法。例如:汾西城关方言“答咸开一端[ta^{11}]、鸭咸开二影[ȵia^{11}]、峡咸开二匣[ɕia^{24}]、宅梗开二澄[tsai^{24}]、匿曾开三泥[ȵʑ^{53}]、碧梗开三帮[pʑ^{53}]、寂梗开四从[tɕʑ^{53}]、液梗开三以[ʑ^{53}]”。

舒化后的音值可分为两种情况:一是舒化后与阴声韵合流,如汾西城关方言中“塔拉杂”等字舒化后韵母为[ɑ ᴀ a],与果假摄合流。二是舒化后一部分字并入阴声韵,另一部分字独立成韵。如汾西城关方言中曾梗通摄部分入声字舒化后读[ʑ]、[u]、[v]、[y],同蟹、止、果、

遇摄，“匿曾开三泥[ȵʑ^{53}]|碧梗开三帮[pʑ^{53}]|剧梗开三群[tɕy^{60}]|液梗开三以[ʑ^{53}]|寂梗开四从[tɕʑ^{53}]|斛通合一匣[xu^{53}]|督通合一端[tv^{11}]|牧通合三明[mv^{53}]|浴通合三以[y^{53}]|币蟹开三並[pʑ^{53}]|礼蟹开四来[lʑ^{33}]|椅止开三影[ȵʑ^{33}]|醉止合三精[tɕy^{60}]|朵果合一端[tu^{33}]|互遇合一匣[xu^{53}]|符遇合三奉[fv^{24}]|居遇合三见[tɕy^{11}]”；部分字舒化后读作[ɪ]、[iɪ]、[uɪ]、[yɪ]韵母，独立成韵，如“跌咸开四端[tɪ^{11}]|设山开三书[sɪ^{11}]|色曾开三生[sɪ^{11}]|叶咸开三以[iɪ^{11}]|捏山开四泥[ȵiɪ^{11}]|揖深开三影[iɪ^{11}]|或曾合一匣[xuɪ^{33}]|获梗合二匣[xuɪ^{33}]|月山合三疑[yɪ^{11}]|恤臻合三心[ɕyɪ^{11}]”。[ɪ]、[iɪ]、[uɪ]、[yɪ]韵母的字中古都是中高元音，相当于北京话的[ə]、[iᴇ]、[uo]、[yᴇ]。

二、入声韵与阴声韵全部合流

除了以上22个保留入声韵的方言点外，其余44个方言点的入声韵全部消失，与阴声韵合流。

1. 咸山深臻四摄

咸山深臻四摄入声韵的今读情况如表2-52、表2-53。

表2-52　中古咸山摄入声韵临汾方言今读

方言点＼摄等	咸山开一		咸山开二		咸山开三四	山合一	山合二	咸山合三四	
	非见系	见系	非见系	见系				非组	其他
临汾贺家庄	ᴀ	ə	ᴀ	iᴀ	ie	uə	uᴀ	ᴀ	ye
曲沃北董	a	ə	a	ia	iᴇ	uə	ua	a	yᴇ
洪洞山头	ɑ	ə	ɑ	iɑ	iɛ	uə	uɑ	ɑ	yɛ
霍州李曹	a	ɤ	a	ia	iɛ	uɤ	ua	a	yɛ
乡宁城关	a	ɤ	a	ia	iᴇ	uɤ	ua	a	yᴇ
襄汾汾城	ɒ	ɤ	ɒ	iɒ	iᴇ	uɤ	uɒ	ɒ	yᴇ
襄汾邓庄	ɑ	ə	ɑ	iɑ	iə	uə	uɑ	ɑ	yə

表 2－53 中古深臻摄入声韵临汾方言今读

摄等／方言点	深臻开三		臻合一			臻合三		
	非知系	知系	帮组	精组	端组见系	非组	端系见组	知系
临汾贺家庄	i	ʅ	uə	əu	u	u	y	u
曲沃北董	i	ɿ	uə	əu	u	u	y	u
洪洞城关	i	ʅ	o	ou	u	u	y	u
霍州李曹	i	ʅ	uɤ	ou	u	u	y	u
乡宁城关	i	ʅ	uɤ	ou	u	u	y	u
襄汾汾城	i	ʅ	uɤ	ou	u	u	y	u
襄汾邓庄	i	ʅ	uə	əu	u	u	y	u

一般来讲，咸山深臻四摄入声韵消失后，咸山摄开口一等见系字韵母与果摄合流，其余与假摄合流。深臻摄开口字韵母与止摄合流，臻摄合口字韵母与遇摄合流。表 2－54 是相应的例字。

表 2－54 中古咸山深臻四摄入声韵与阴声韵的今读关系

例字／方言点	咸山开一见系	果摄	咸山其他	假摄	深臻开口	止摄	深臻合口	遇摄
	盒	河	甲	家	汁	知	骨	孤
曲沃史村	ɤ	ɤ	ia	ia	ɿ	ɿ	u	u
襄汾汾城	ɤ	ɤ	iɒ	iɒ	ʅ	ʅ	u	u
乡宁城关	ɤ	ɤ	ia	ia	ʅ	ʅ	u	u
浮山城关	ə	ə	ia	ia	ʅ	ʅ	u	u
翼城城关	ə	ə	ia	ia	ʅ	ʅ	u	u
霍州城关	ə	ə	ia	ia	ʅ	ʅ	u	u

2. 宕江摄

宕江摄入声韵的今读情况如表 2－55。

表 2 – 55　中古宕江摄入声韵临汾方言今读

例字 / 方言点	宕开一		宕开三		宕合一	宕合三	江开二		
	非见系	见系	非知系	知系			帮组	知系	见系
临汾贺家庄	uə	ə	yə	ə	uə	u　yə	uə　u	ə	yə
曲沃北董	uə	ə	iᴇ	ə	uə	u　yᴇ	uə　u	ə	iᴇ
洪洞城关	o	o	io	o	o	o　u	o　u	o	io
霍州李曹	uɤ	ɤ	yɛ	ɤ	uɤ	u　yɛ	uɤ　u	ɤ	yɛ
乡宁城关	uɤ	ɤ	iɤ	ɤ	uɤ	u　yᴇ	uɤ　u	ɤ	iɤ
襄汾汾城	uɤ	ɤ	iɤ	ɤ	uɤ	u　yᴇ	uɤ　u	ɤ	iɤ
襄汾邓庄	uə	ə	yə	ə	uə	u　yə	uə　u	ə	yə

宕江摄入声韵消失后,霍州各方言点宕江摄入声韵与果摄合流,不与宕江摄阳声韵白读合流,其余各方言点宕江摄入声韵与同摄阳声韵白读合流,一起归入果摄。表 2 – 56 是相应的例字。

表 2 – 56　中古宕江摄入声韵与宕江摄白读及阴声韵的今读关系

例字 / 方言点	宕江入			宕白江白						果摄			
	开口		合口	开一		开二	开三	合一三		开一		合一	
	落	搁	郭	帮	狼	窗	张	放	光	拖	歌	婆	货
洪洞城关	o	o	uo	o	o	o	o	o	uo	o	o	o	uo
古县城关	uə	ə	uə	uə	uə	uə	uə	uə	uə	uə	uə	uə	uə
临汾城关	ɔ	ɔ	uɔ	ɔ	ɔ	ɔ	ɔ	ɔ	ɔ	ɔ	ɔ	ɔ	uɔ
襄汾汾城	uɤ	ɤ	uɤ	ɤ	ɤ	uɤ	ɤ	ɤ	uɤ	ɤ	ɤ	uɤ	uɤ
吉县柏山寺	uo	ə	uo	ə	ə	uo	ə	uo	uo	ə	ə	uo	uo
霍州城关	uə	ə	uə	ɔ	ɔ	ɔ	ɔ	ɔ	ɔ	uə	ə	uə	uə

3. 曾梗摄

曾梗摄入声韵的今读情况如表 2 – 57、表 2 – 58、表 2 – 59。曾摄一等字有文白异读。表中"/"前为白读,后为文读。

表 2－57　中古曾摄一等、合口三等入声韵今读

例字 方言点	北开一	墨开一	德开一	肋开一	贼开一	塞开一	黑开一	国合一	曾合三
翼城城关	pi^{31}/pei^{31}	mei^{31}/mə^{31}	tei^{31}/tə^{31}	lei^{31}/lə^{31}	tsei^{24}	sei^{31}/sai^{31}	xei^{31}	kuə^{31}	y^{53}
翼城隆化	piə^{44}/pei^{44}	mei^{31}	tei^{31}	lei^{31}	tsei^{24}	sei^{31}	xei^{31}	kuo^{31}	y^{31}
临汾河底	pu^{42}/pei^{42}	mei^{21}	tei^{21}	lə^{53}	tsʰei^{24}	sai^{21}	xə^{21}	kuo^{21}	y^{21}
曲沃里村	pei^{44}	mei^{213}	tei^{213}	lei^{53}	tsei^{213}	sei^{213}/sai^{213}	xɛ^{213}	kuo^{213}	y^{213}
霍州师庄	pu^{21}/pei^{21}	mə^{213}	tə^{213}	lə^{213}	tsei^{35}	sə^{213}	xəɛ^{213}	kuɛ^{213}/kuo^{213}	y^{213}
洪洞左木	pu^{41}/pei^{41}	mɛ^{21}	tɛ^{21}/tə^{21}	lɛ^{21}	tsei^{24}	sɛ^{21}/sai^{21}	xə^{21}	kuɛ^{21}/kuo^{21}	y^{21}

曾摄开口三等字知系字韵母为[ʅ/ɿ]，其他字韵母为[i]，其中“色侧”字有文白异读。

表 2－58　中古曾摄开口三等入声韵今读

例字 方言点	色	侧
洪洞左木	sə^{53}/sɛ^{53}	tɕʰiᴀ^{53}/tsʰɛ^{21}
吉县王家园	ʂa^{21}/sə^{21}	tʂa^{21}/tsʰə^{21}
乡宁关王庙	sei^{53}/sə^{53}	tsʰei^{53}/tsʰə^{53}
汾西团柏	sɛ^{33}	tsɛ^{33}/tsʰə^{33}
襄汾汾城	sei^{42}/sə^{42}	tsei^{21}/tsʰɤ^{42}
乡宁城关	ɕia^{33}/sei^{53}	tɕia^{33}/tsʰei^{53}
浮山响水河	ɕia^{42}/sə^{42}	tɕʰia^{42}/tsʰə^{42}

梗摄二等字有文白异读。

表 2－59　中古梗摄二等入声韵文白异读

方言点＼例字	百开二	拍开二	白开二	拆开二	择开二	窄开二	额开二	麦开二	隔开二
临汾河底	piᴀ^{21}/pai^{21}	p^{h}iᴀ^{21}/p^{h}ai^{21}	p^{h}iᴀ^{24}/p^{h}ai^{24}	ts^{h}ai^{21}	ts^{h}ei^{24}	tsᴀ^{24}/tsai^{24}	ȵiɛ^{53}/ŋə^{21}	mei^{21}	kə^{21}
洪洞山头	pɛ^{21}/pai^{21}	p^{h}ɛ^{21}/p^{h}ai^{21}	p^{h}ɛ^{24}/p^{h}ai^{24}	ts^{h}ɛ^{21}/ts^{h}ai^{21}	ts^{h}ɛ^{24}/ts^{h}ai^{24}	tsɛ^{21}/tsai^{21}	ȵiɛ^{53}/ŋə^{53}	mɛ^{21}/mai^{21}	kɛ^{21}/kə^{21}
蒲县太林	pɛ^{21}/pai^{21}	p^{h}ɛ^{21}/p^{h}ai^{21}	p^{h}ɛ^{24}/p^{h}ai^{24}	ts^{h}ɛ^{21}/ts^{h}ai^{21}	ts^{h}ɛ^{24}/ts^{h}ai^{24}	tsɛ^{21}/tsai^{21}	ȵiɛ^{53}/ŋə^{21}	mɛ^{21}/mai^{21}	kə^{21}
乡宁枣岭	pei^{21}	p^{h}ei^{21}	p^{h}ei^{24}	ts^{h}ei^{21}	ts^{h}ei^{24}	tʂa^{53}/tsai^{53}	ŋə^{24}	mia^{53}/mai^{53}	kei^{53}
霍州李曹	piɛ^{21}/pai^{213}	p^{h}iɛ^{21}/p^{h}ai^{213}	p^{h}iɛ^{24}/p^{h}ai^{24}	ts^{h}əɛ^{21}/p^{h}ai^{213}	ts^{h}əɛ^{24}/p^{h}ai^{24}	tsəɛ^{33}/tsai^{33}	ŋəɛ^{213}/ŋə^{24}	miɛ^{213}/mai^{213}	kəɛ^{213}/kə^{213}
古县城关	pɛ^{31}/pai^{31}	p^{h}ɛ^{31}/p^{h}ai^{31}	p^{h}ɛ^{24}/p^{h}ai^{24}	ts^{h}ɛ^{31}/ts^{h}ai^{31}	ts^{h}ɛ^{24}/ts^{h}ai^{24}	tsɛ^{31}/tsai^{31}	ŋə^{31}	mɛ^{31}/mai^{31}	kɛ^{31}/kə^{31}
曲沃史村	pei^{31}/pai^{31}	p^{h}ei^{31}/p^{h}ai^{31}	p^{h}ei^{213}/p^{h}ai^{213}	ts^{h}ei^{31}/ts^{h}ai^{31}	ts^{h}ei^{24}/ts^{h}ai^{24}	tsei^{31}/tsai^{31}	ŋɤ^{31}	mei^{31}	kei^{31}
吉县柏山寺	pia^{312}/pei^{312}	p^{h}ia^{312}/p^{h}ei^{312}	p^{h}ia^{24}/p^{h}ei^{24}	ts^{h}ia^{312}/ts^{h}ei^{312}	ts^{h}a^{24}/ts^{h}ei^{24}	tʂa^{312}/tsei^{312}	ȵiɛ^{312}/ŋə^{312}	mia^{213}/mei^{312}	kiɛ^{312}/kə^{312}

梗摄开口三等知系字韵母读为[ʅ/ɿ]，其他字韵母读为[i]；开口四等字韵母读为[i]（吉县柏山寺读为[ɪ]），个别字有文白异读，如霍州李曹、古县岳阳、吉县柏山寺等方言中“滴”[i iɛ]。合口字读为[ua uɑ]。

曾梗摄入声韵消失后，开口三等非知系字和梗摄开口四等字大致与蟹摄开口四等、止摄开口三等知系字韵母合流。表 2－60 是相应的例字。

表 2-60　中古曾梗摄入声韵今读合流情况

例字 方言点	曾开三		梗开三		梗开四	蟹开四	止开三
	逼	直	积	尺	历	梯	持
曲沃史村	i	ɿ	i	ɿ	i	i	ɿ
乡宁城关	i	ʅ	i	ʅ	i	i	ʅ
浮山城关	i	ʅ	i	ʅ	i	i	ʅ
翼城城关	i	ʅ	i	ʅ	i	i	ʅ
襄汾汾城	i	ʅ	i	ʅ	i	i	ʅ
霍州城关	i	ʅ	i	ʅ	i	i	ʅ

梗摄开口二等入声韵消失后，与同摄舒声字白读合流，一起并入假摄。表 2-61 是相应的例字。

表 2-61　中古梗摄开口二等入声韵今读合流情况

例字 方言点	梗摄白	假摄		梗入
	开二	开二	开三	开二
	棚/生	加	写	白
古县城关	ɛ	ia	iɛ	ɛ
临汾城关	ɤ	ia	iɛ	ɤ
浮山城关	æ	ia	iɛ	æ
翼城城关	ɒ	ia	iɛ	ei
襄汾汾城	iɒ/ɒ	iɒ	iᴇ	ei
乡宁城关	ia	ia	iᴇ	ia

4. 通摄

通摄字韵母一般读为[u]，与遇摄合流，如"木速谷哭屋酷服福目褥"等字，三等见系字读为[y]韵母，如"菊畜育郁局玉欲浴"等字。其中，一等泥组精组字、三等知系部分字韵母读为[əu ou]，如"读族鹿竹轴肉"等字。合口三等精组字"肃宿足俗"等白读[çy]。

通摄合口三等庄组韵母与果摄字合流，知章组字翼城隆化、翼城西阎、乡宁枣岭、乡宁关王庙、吉县柏山寺、曲沃史村、翼城城关、襄汾汾城等方言点与流摄合流，霍州、临汾、洪洞、吉县文城、蒲县太林、蒲县黑龙关等方言点与遇摄合口一等字合流。表2-62是相应的例字。

表2-62　中古通摄知系入声韵与阴声韵的今读关系

例字 / 方言点	庄组	果摄	知组	章组	流摄	遇摄
	缩	河	竹	属	抽	古
乡宁枣岭	uo	ə	ou	ou	ou	u
吉县柏山寺	uo	uo	ou	ou	ou	u
襄汾汾城	uɤ	ɤ	ou	ou	ou	u
曲沃史村	ɤ	ɤ	ou	ou	ou	u
翼城城关	uə	ə	ou	ou	ou	u
临汾河底	uo	ə	u	u	əu	u
洪洞山头	uo	o	u	u	əu	u
蒲县黑龙关	uo	uo	u	u	ou	ou

从表2-62各摄入声韵消失后的合流方向来看，阳声韵主元音可能是决定其与阴声韵合流的关键，具体来看：咸山、宕江摄都是[a]类摄，其入声韵消失后一般与果、假摄合流；深臻、曾梗通摄都是[ə]类韵，其入声韵消失后一般与蟹、止、遇摄合流(梗开二例外，与假摄合流)。

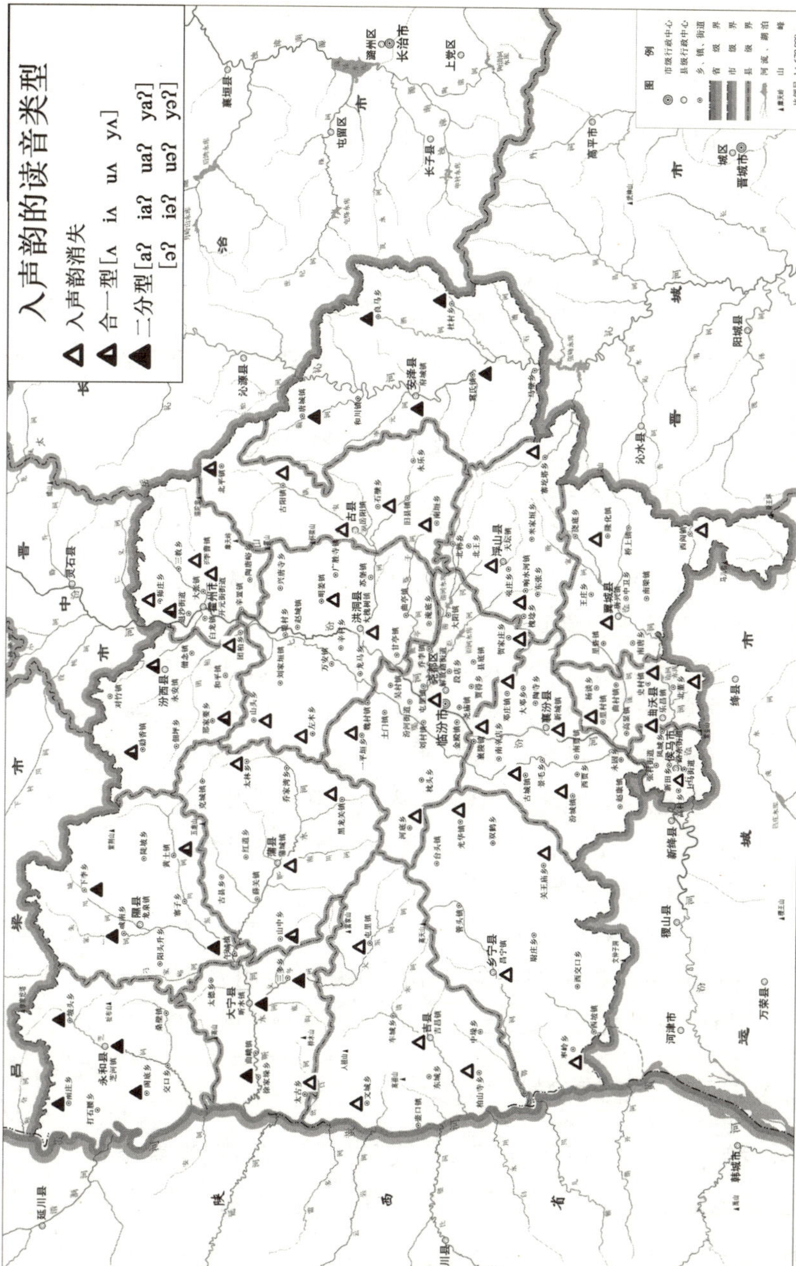

图 2－26　入声韵的读音类型

由图 2－26 可看出有独立入声韵的点分布在临汾的东南角和西北角，东南角跟晋语上党片呈成片分布状态，西北角跟晋语吕梁片的入声韵呈连续分布状态。

三、入声韵与入声调的关系

可分为五种：

一是“有独立入声韵和独立入声调，入声调为短调”。方言点有蒲县山中、古县北平、霍州退沙街道、汾西城关、汾西勍香、汾西邢家要、隰县黄土、隰县城南、隰县下李、隰县午城、永和阁底、大宁城关、大宁徐家垛、大宁三多、安泽唐城、安泽府城、安泽杜村、安泽良马、安泽冀氏；

二是“有独立入声韵，阴入独立成调，阳入与阴平或上声合流”。方言点有永和南庄、永和城关、永和坡头。永和南庄阴入 3，阳入 312（与阴平合流），永和城关阴入 35，阳入 312（与上声合流），永和坡头阴入 4，阳入 213（与阴平合流）；

三是“无独立入声韵，入声韵与阴声韵合流，有独立入声调”。方言点有蒲县城关、霍州师庄，蒲县城关只有入声调（阴入 53、阳入 5），没有入声韵；霍州师庄只有入声调（阴入 21、阳入 3），没有入声韵；

四是“无入声韵、无入声调，但入声字在连读中声调短促”。方言点有汾西团柏、大宁太古、吉县文城、蒲县黑龙关、蒲县太林；

五是“无入声韵、无入声调”。方言点有 37 个。

临汾方言中古全浊入今归阳平或平声，古清入、次浊入绝大多数方言今归阴平或平声，只有襄汾汾城、曲沃史村归阴去。

没有“有独立入声韵、无独立入声调”这种情况。

2.4.2　一二等的分别

把古 16 摄分成甲乙两类：甲类包括果假（合起来看作有一二三等）、蟹、效、咸山、宕江（合起来看作有一二三等）、曾梗（合起来看作有一二三四等）10 摄；乙类包括遇、流、臻、通 4 摄；止、深只有三等，不放在一起说。临汾方言甲类韵母等的分别多体现在白读。大体来

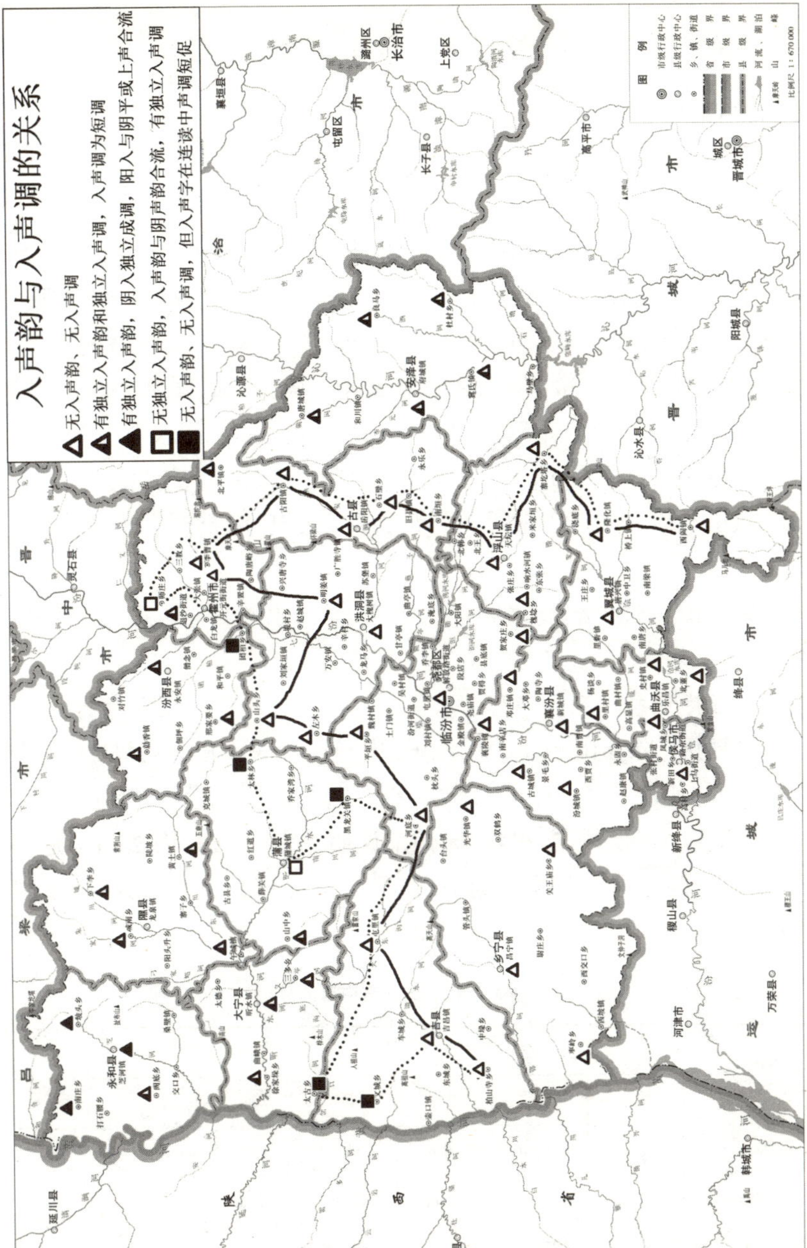

图 2－27　入声韵与入声调的关系

说明：图中……线是有无独立入声韵的分界线，以南（含）无独立入声韵，以北有独立入声韵；——线是有无入声调的分界线，以南（含）无入声调，以北有入声调。

看，合口韵中所有的摄一二等韵有别。

开口韵则稍显复杂：

果假摄：

浮山寨圪瘩、隰县城南、隰县午城、隰县下李、隰县黄土、安泽唐城、安泽府城、安泽良马、安泽冀氏、安泽杜村、洪洞左木、洪洞山头、翼城隆化、翼城西阎、翼城城关、蒲县黑龙关、蒲县山中、蒲县太林、蒲县城关、大宁徐家垛、襄汾汾城一二等有别。蟹摄：隰县城南、隰县黄土、隰县午城、隰县下李、永和阁底、永和坡头、永和南庄、永和城关存在一二等韵有别的情况，如蟹摄开口一等部分字文读[ai æɪ ɛe]，白读[ei]韵母，与蟹摄二等字有别。

效摄开口一等字“堡毛抱”等字白读合口呼韵母[u]，具体见上文。

咸山摄：永和阁底、永和南庄、永和坡头、永和城关见系一二等韵有别。

宕江摄见系一二等韵有别。

曾梗摄：除浮山寨圪瘩、安泽府城、安泽良马、安泽杜村、安泽冀氏五个方言点外，其余方言点梗摄二等韵有白读，与曾摄一等与韵有别。

下面以洪洞左木、永和阁底为例来说明。表 2－63、表 2－64 是相应的例字，两表均仿照沈明老师《山西岚县方言》(2014：27)表 3 制作而成。

表 2－63　洪洞左木方言中等的分别

例字＼等 摄	一等			二等			
	帮系	端系	见系	帮	泥	知庄	见系
果假		多 uo	河 o	马A	拿A	沙A	家 iA
蟹	贝 ei	袋 ai	开 ei	卖 ai	奶 ai	柴 ai	街 ai
效	保 ɑu	刀 ɑu	高 ɑu	跑 ɑu	闹 ɑu	吵 ɑu	交 iɑu
咸山舒		南 ɑŋ	看 ɑŋ	扮 ɑŋ		站 ɑŋ	咸 ɑŋ

续　表

等 例字 摄	一等			二等			
	帮系	端系	见系	帮	泥	知庄	见系
咸山入		纳A	喝 ə	八A		杀A	匣A
宕江舒	帮 uo	汤 uo	炕 ə	绑 uo	攮 ɑŋ	窗 uo	江 iɑŋ
宕江入	薄 uo	托 uo	各 ə	剥 uo		镯 uo	角 yo
曾梗舒	棚 ɛ	灯 əŋ	肯 əŋ	猛 iɛ	冷 ɛ	生 ɛ	耕 iɛ
曾梗入	墨 ɛ	德 ə	刻 ə	麦 ɛ		窄 ɛ	格 ɛ
果假	婆 uo	朵 uo	锅 uo			傻A	瓜 uA
蟹	杯 ei	推 uei	灰 uei			拽 uai	怪 uai
咸山舒	满 ɑŋ	团 ɑŋ	官 uɑŋ			栓 uɑŋ	关 uɑŋ
咸山入	沫 uo	脱 uo	活 uo			刷 uA	刮 uA
宕江舒			黄 uo				
宕江入							
曾梗舒			弘 uŋ				横 uɛ
曾梗入			国 uɛ				获 uɛ

表 2-64　永和阁底方言中等的分别

声调 方言点	一等			二等			
	帮系	端系	见系	帮	泥	知庄	见系
果假		多 uo	河 ə	马 a	拿 a	沙 a	家 ia
蟹	贝 ei	袋 ei	开 ei	卖 ai	奶 ai	柴 ai	街 iai
效	保 ɔu	刀 ɔu	高 ɔu	跑 ɔu	闹 ɔu	吵 ɔu	交 iɔu
咸山舒		南 ɑŋ	看 ɛ̃ɪ	扮 ɑŋ		站 ɑŋ	咸 ɑŋ
咸山入		纳 ɐʔ	喝 ɐʔ	八 ɐʔ		杀A	匣 ɐʔ

续　表

方言点＼声调	一等			二等			
	帮系	端系	见系	帮	泥	知庄	见系
宕江舒	帮 uo	汤 uo	炕 ə	绑 uo	攮 ɑŋ	窗 uo	江 iɑŋ
宕江入	薄 ɐʔ	托 uɐʔ	各 ɐʔ	剥 uɐʔ		镯 uɐʔ	角 iɐʔ
曾梗舒	棚 iɛ	灯 əŋ	肯 əŋ	猛 əŋ	冷 ɛ	生 ɛ	耕 iɛ
曾梗入	墨 iəʔ	德 əʔ	刻 əʔ	麦 iəʔ		窄 ɐʔ	格 ɐʔ
果假	婆 uo	朵 uo	锅 uo			傻 a	瓜 ua
蟹	杯 ei	推 uei	灰 uei			拽 uai	怪 uai
咸山舒	满 uẽɪ	团 uɑŋ	官 uẽɪ			栓 uẽɪ	关 uẽɪ
咸山入	沫 uɐʔ	脱 uɐʔ	活 uɐʔ			刷 uɐʔ	刮 uɐʔ
宕江舒			黄 uo				
宕江入							
曾梗舒			弘 uŋ				横 uŋ
曾梗入			国 uɐʔ				获 uɐʔ

由表 2 – 63、2 – 64 可看出，临汾方言中各摄一二等有别是有条件的，主要是声母条件，多数在见系字，少数是帮组字有别。具体来讲：开口韵中果假摄、咸山摄、宕江摄以见系为条件，效摄以帮组、见系为条件，曾梗摄入声以帮组为条件，蟹摄以端组、泥组、精组为条件；合口韵中果假摄、蟹摄以见系为条件。

从音值上来看，一等韵主元音大体以中、高元音[ə e o]为主，开口度较小，二等韵主元音大体以低元音[ɛ a ʌ ɑ ɔ]为主，开口度较大。

2.4.3　古开合口和今四呼的关系

总体上看，古开口韵临汾方言今读开口呼、齐齿呼，合口韵临汾方言今读合口呼、撮口呼。但也存在一些特殊情况，例如：

1. 除浮山寨圪瘩、翼城城关、翼城西阎、翼城隆化、安泽府城、安泽良马、安泽杜村、安泽冀氏八个方言点外，宕江摄舒声韵，古开口韵、合口韵今读同音，都读合口呼。以临汾贺家庄为例：帮宕开一帮 puo^{21} | 汤宕开一透 t^{h}uo^{21} | 光宕合一见 kuo^{21} | 方宕合三非 fuo^{21} | 王宕合三云 uo^{24}。

2. 开口韵里，宕江摄见系、精组、泥组部分字读撮口呼，果摄、山摄、梗摄也存在个别现象。例如：临汾贺家庄"脚宕开三见[tɕyə^{21}]"、古县城关"羊宕开三以[yə^{24}]"、浮山响水河"墙宕开三从[tɕ^{h}yə^{13}]"、临汾一平垣"娘宕开三泥[ȵyə^{24}]"、洪洞左木"茄果开三群[tɕ^{h}yᴀ^{24}]"、蒲县城关"弦山开四匣[ɕyɑn^{24}]"、汾西城关"联山开三来[lyɑŋ^{24}]"。

庄组二等部分字今读合口呼。以大宁三多为例：抓效开二庄 tʂua^{21} | 双江开二生 ʂuo^{21} | 戳江开二彻 tʂ^{h}uɐ^{21} | 握江开二影 uo^{55}。另外，效摄开口一等字"堡毛抱"等字白读合口呼韵母[u]，具体见上文。

3. 合口韵里，帮、非组今读开口呼或齐齿呼（白读）（宕摄读合口呼）。例如：杯蟹合一帮 pei^{42} | 慢山开二明 mæɛ^{33} | 门臻合一明 mei^{24} | 分臻合三非 fei^{42}。

止摄合口三等非组字白读齐齿呼韵母[i]，如"飞肥尾费"等字。

果摄合口一等帮组字读开口呼韵母[əɯ]，方言点有汾西城关、汾西邢家要、汾西勍香。以汾西城关为例：波 pəɯ^{11} | 坡 p^{h}əɯ^{11} | 破 p^{h}əɯ^{55} | 婆 p^{h}əɯ^{24} | 魔 məɯ^{24}。

遇摄合口一等泥组、精组字，合口三等庄组字读开口呼[əu ou]韵母，与流摄开口一等字合流，绝大部分方言点属于这一类型。安泽府城、安泽冀氏、安泽良马、安泽杜村读[u]韵母。

遇摄合口一等帮组、端组、见系字，遇合三非组、知组、章组日组字一般读[u]韵母，汾西城关读[v]韵母，如"布土苦五扶柱书如"等字。

知庄章合口字声母读[pf pf^{h} f]，韵母读开口呼，方言点有曲沃里村、曲沃北董、曲沃史村、浮山城关、浮山响水河、浮山寨圪瘩、吉县柏山寺、吉

县屯里、临汾贺家庄、临汾一平垣、临汾城关、乡宁光华、乡宁枣岭、襄汾邓庄。以浮山响水河为例：帅止合三生 fai^{44} | 船山合三船 pf^{h}æ^{13} | 准臻合三章 pfẽ^{33} | 中通合三知 pfẽ^{42}。原合口介音成为今声母的一个发音特征。

2.5　声　　调

表 2－65 是临汾方言 66 个方言点的古今声调对照表。

表 2－65　临汾方言古今声调对照表

古今声调 / 方言点	平		上		去		入			声调数
	清	浊	清、次浊	全浊	浊	清	清	次浊	全浊	
永和阁底	阴平 31	阳平 24	上声 312	去声 53			阴入 3	阳入 $\underline{21}$		6
永和南庄	阴平 312	阳平 24	上声 21	去声 53			阴入 3	阳入 312		6
永和坡头	阴平 213	阳平 24	上声 423	去声 53			阴入 4	阳入 213		6
永和城关	阴平 33	阳平 35	上声 312	去声 53			阴入 $\underline{35}$	阳入 312		6
大宁城关	阴平 31	阳平 24	阴平 31	去声 55			阴入 $\underline{31}$		阳入 4	6
大宁徐家垛	阴平 31	阳平 24	阴平 31	去声 55			阴入 $\underline{31}$		阳入 4	6
大宁三多	阴平 21	阳平 24	阴平 21	去声 55			阴入 $\underline{21}$		阳入 5	6
大宁太古	阴平 21	阳平 24	上声 42	去声 53			阴平 21		阳平 24	4
隰县城南	阴平 31	阳平 24	上声 21	去声 53			阴入 3		阳入 $\underline{21}$	6
隰县午城	阴平 41	阳平 24	上声 21	去声 55			阴入 1		阳入 3	6
隰县下李	阴平 31	阳平 24	上声 21	去声 53			阴入 3		阳入 $\underline{21}$	6
隰县黄土	阴平 41	阳平 24	上声 21	去声 55			阴入 $\underline{41}$		阳入 3	6
蒲县城关	阴平 53	阳平 24	上声 21	去声 55			阴入 $\underline{53}$		阳入 5	6
蒲县山中	阴平 42	阳平 24	上声 31	去声 55			阴入 $\underline{42}$		阳入 3	6
蒲县太林	阴平 21	阳平 24	上声 42	去声 53（部分清去 24）			阴平 21		阳平 24	4

续 表

古今声调 / 方言点	平		上		去		入			声调数
	清	浊	清、次浊	全浊	浊	清	清	次浊	全浊	
蒲县黑龙关	阴平 21	阳平 24	上声 42	阳去 53		阴去 44	阴平 21		阳平 24	5
汾西勍香	阴平 11	阳平 24	上声 33	阳去 53		阴去 55	阴入 1		阳入 3	7
汾西邢家要	阴平 11	阳平 24	上声 33	阳去 53		阴去 55	阴入 1		阳入 3	7
汾西城关	阴平 11	阳平 24	上声 33	阳去 53		阴去 55	阴入 1		阳入 3	7
汾西团柏	阴平 33	阳平 24	上声 31	阳去 53		阴去 55	阴平 33		阳平 24	5
霍州退沙街道	阴平 42	阳平 24	上声 33	阳去 53		阴去 55	阴入 42		阳入 3	7
霍州师庄	阴平 213	阳平 35	上声 33	阳去 42		阴去 55	阴入 21		阳入 3	7
霍州城关	阴平 213	阳平 35	上声 31	阳去 53		阴去 44	阴平 213		阳平 35	5
霍州李曹	阴平 213	阳平 24	上声 33	阳去 53		阴去 55	阴平 213		阳平 24	5
古县北平	阴平 213	阳平 35	上声 53	去声 44			阴入 2		阳入 4	6
古县石壁	阴平 21	阳平 24	上声 53			去声 55	阴平 21		阳平 24	4
古县南垣	阴平 21	阳平 24	上声 42	阳去 53		阴去 44	阴平 21		阳平 24	5
古县古阳	阴平 21	阳平 35	上声 42	去声 33			阴平 21		阳平 35	4
古县城关	阴平 31	阳平 24	去声 53				阴平 31		阳平 24	3
安泽唐城	阴平 213	阳平 21	上声 423	去声 53			入声 32			5
安泽府城	阴平 44	阳平 24	上声 213	去声 53			阴入 4		阳入 24	6
安泽良马	阴平 44	阳平 24	上声 214	去声 53			入声 4			5
安泽杜村	阴平 21	阳平 423	上声 54	去声 13			入声 4			5
安泽冀氏	阴平 43	阳平 214	上声 53	去声 354			阴入 21		阳入 53	6
浮山寨疙瘩	阴平 31	阳平 24	上声 44	去声 53			阴平 31		阳平 24	4
浮山响水河	阴平 42	阳平 13	上声 33	阳去 53		阴去 44	阴平 42		阳平 13	5

续　表

古今声调 / 方言点	平		上		去		入			声调数
	清	浊	清、次浊	全浊	浊	清	清	次浊	全浊	
浮山城关	阴平 42	阳平 13	上声 33	阳去 53		阴去 44	阴平 42		阳平 13	5
洪洞左木	阴平 21	阳平 24	上声 42（部分 24）	去声 53		阳平 24	阴平 21		阳平 24	4
洪洞山头	阴平 21	阳平 24	上声 42（部分 24）	去声 53		阳平 24	阴平 21		阳平 24	4
洪洞明姜	阴平 21	阳平 24	上声 42	去声 53		阳平 24	阴平 21		阳平 24	4
洪洞城关	阴平 21	阳平 24	上声 42	阳去 53		阴去 33	阴平 21		阳平 24	5
临汾河底	阴平 21	阳平 24	上声 42	去声 53			阴平 21		阳平 24	4
临汾贺家庄	阴平 21	阳平 24	上声 42	阳去 53		阴去 55	阴平 21		阳平 24	5
临汾一平垣	阴平 21	阳平 24	上声 42（部分 24）	去声 53（部分清去 24）			阴平 21		阳平 24	4
临汾城关	阴平 21	阳平 13	上声 51	去声 55			阴平 21		阳平 13	4
吉县文城	阴平 21	阳平 24	上声 53	去声 31			阴平 21		阳平 24	4
吉县屯里	阴平 53	阳平 24	上声 55	去声 33			阴平 53		阳平 24	4
吉县柏山寺	阴平 312	阳平 24	上声 53	去声 33			阴平 312		阳平 24	4
吉县城关	阴平 423	阳平 13	上声 53	去声 33			阴平 423		阳平 13	4
乡宁光华	阴平 53	阳平 213	上声 44	去声 31			阴平 53		阳平 213	4
乡宁枣岭	阴平 55	阳平 24	上声 213	去声 53			阴平 55		阳平 24	4
乡宁关王庙	阴平 53	阳平 24	上声 33	阳去 55		阴去 21	阴平 53		阳平 24	5
乡宁城关	阴平 53	阳平 213	上声 55	去声 33			阴平 53		阳平 213	4
襄汾邓庄	阴平 21	阳平 24	上声 31	阳去 53		阴去 44	阴平 21		阳平 24	5
襄汾古城	阴平 53	阳平 24	上声 33	阳去 42		阴去 21	阴平 53		阳平 24	5
襄汾城关	阴平 31	阳平 24	上声 44	阳去 53		阴去 21	阴平 31		阳平 24	5

续　表

古今声调 方言点	平		上		去		入			声调数
	清	浊	清、次浊	全浊	浊	清	清	次浊	全浊	
襄汾襄陵	阴平 21	阳平 24	上声 31	阳去 53		阴去 33	阴平 21		阳平 24	5
襄汾汾城	阴平 21	阳平 24	上声 33	阳去 53		阴去 42	阴平 21		阳平 24	5
侯马城关	阴平 213	阳平 24	上声 44	去声 53			阴平 213		阳平 24	4
侯马凤城	平声 213		上声 44	去声 53			平声 213			3
曲沃里村	平声 213		上声 44	阳去 53		阴去 31	平声 213			4
曲沃北董	平声 213		上声 44	阳去 53		阴去 31	平声 213			4
曲沃史村	平声 213		上声 44	阳去 53		阴去 31	平声 213			4
翼城隆化	阴平 31	阳平 24	上声 44	去声 53			阴平 31		阳平 24	4
翼城西阎	阴平 31	阳平 24	上声 44	去声 53			阴平 31		阳平 24	4
翼城城关	阴平 31	阳平 24	上声 33	去声 53			阴平 31		阳平 24	4

2.5.1　平声

一、平声内部分合情况

1. 古平声今分阴阳

古平声以声母的清浊为条件，平分阴阳，绝大多数方言点属于这种类型。

2. 古平声今不分阴阳

曲沃里村、曲沃北董、曲沃史村、侯马凤城四个方言点属于这种类型。表 2－66 是相应的例字。

二、古平声与其他调类的分合

1. 古清平与古清上、次浊上合并

这一类型的方言点有大宁三多、大宁徐家垛、大宁城关。表 2－67 是相应的例字。

表 2－66　古平声今读

例字 / 方言点	多果开一端	粗遇合一清	裁蟹开一从	容通合三以
蒲县城关	tuo⁵³	tsʰou⁵³	tsʰai²⁴	yoŋ²⁴
翼城城关	tuə³¹	tsʰou³¹	tsʰɛe²⁴	ʐuŋ²⁴
曲沃史村	tuɤ²¹³	tsʰou²¹³	tsʰai²¹³	yŋ²¹³

表 2－67　古清平与古清上、次浊上今读合流

例字 / 方言点	东全清平	天次清平	古全清上	有次清上
大宁三多	tuŋ³¹	tʰiɛ̃³¹	ku³¹	iəu³¹
大宁徐家垛	tuŋ³¹	tʰiæ̃³¹	ku³¹	iəu³¹

2. 古浊平与古清去合并

全部合并的方言点有洪洞明姜、洪洞山头、洪洞左木，部分清去字与浊平合并的方言点有蒲县太林、临汾一平垣，一般为口语常用字。其余方言点没有出现此类现象。表 2－68 是相应的例字。

表 2－68　古浊平与古清去今读合流

例字 / 方言点	门次浊平	皮全浊平	冻全清去	快次清去
洪洞明姜	mən²⁴	pʰiː²⁴	tuən²⁴	kʰuai²⁴
洪洞山头	məŋ²⁴	pʰiː²⁴	tuŋ²⁴	kʰuai²⁴
洪洞左木	məŋ²⁴	pʰiː²⁴	tuŋ²⁴	kʰuai²⁴
蒲县太林	mən²⁴	pʰiː²⁴	tuəŋ²⁴	kʰuai²⁴
安泽唐城	məŋ²¹	pʰiː²¹	tuəŋ⁵³	kʰuai⁵³
曲沃里村	mən²¹³	pʰiː²¹³	tuŋ³¹	kʰuɛ³¹

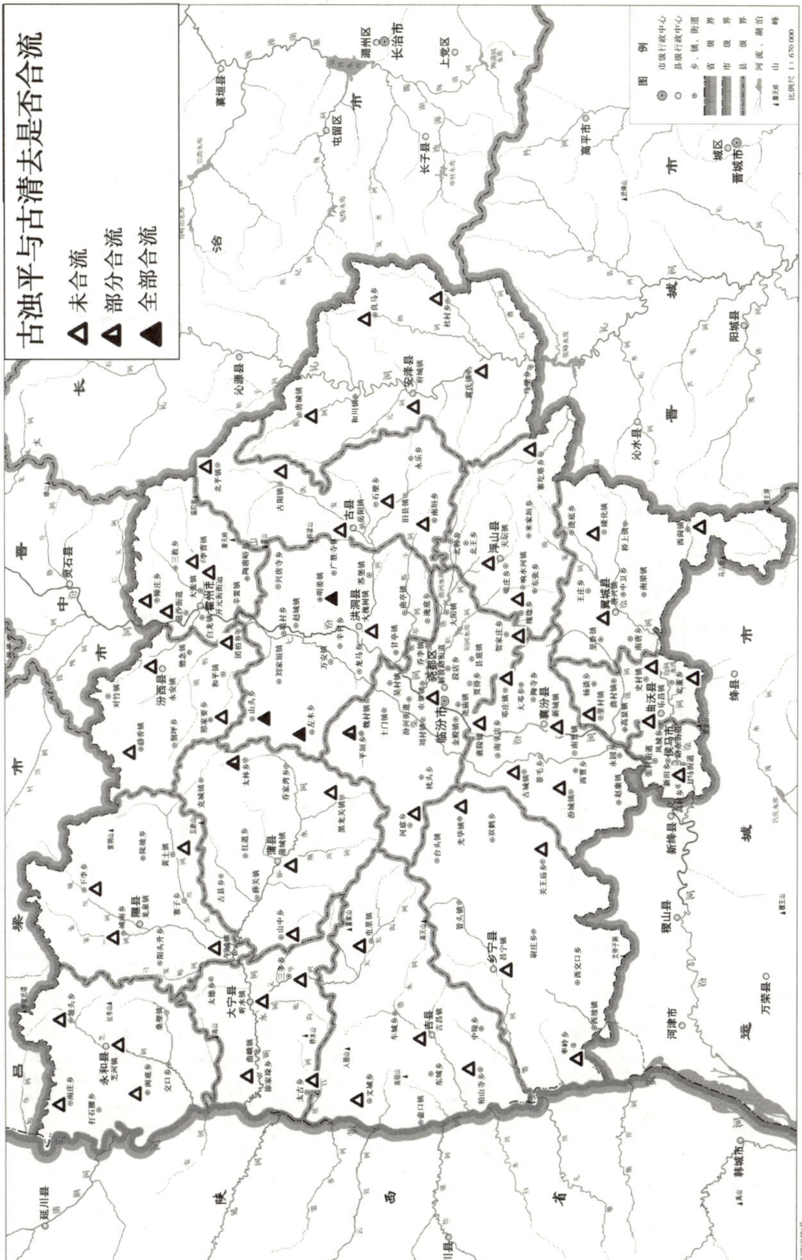

图 2－28　古浊平与古清去是否合流

从图2－28可看出，浊平与清去的合流只见于中心地带，不见于外围。表2－69比较了不合流的浊平和清去的调值、部分合流的浊平和清去的调值、合流之后的调值，可看出，不合流的方言点中古浊平今读主要为升调，清去的调值主要为降调（部分为平调）；部分合流的方言点中古清去今读部分为阳平（升调）；合流后的浊平与清去今读为升调。我们认为合流的方向为古清去向古浊平合流。

表2－69　古浊平与古清去今读合流对照表

类型＼方言点＼声调	方言点	古浊平	古清去	方言点	古浊平	古清去	方言点	古浊平	古清去
未合流	永和 阁底	阳平 24	去声 53	霍州 师庄	阳平 35	阴去 55	临汾 河底	阳平 24	去声 53
	永和 南庄	阳平 24	去声 53	霍州 城关	阳平 35	阴去 44	临汾 贺家庄	阳平 24	阴去 55
	永和 坡头	阳平 24	去声 53	霍州 退沙街道	阳平 24	阴去 55	临汾 城关	阳平 13	去声 55
	永和 城关	阳平 35	去声 53	霍州 李曹	阳平 24	阴去 55	乡宁 光华	阳平 213	去声 31
	大宁 城关	阳平 24	去声 55	古县 北平	阳平 35	去声 44	乡宁 枣岭	阳平 24	去声 53
	大宁 徐家垛	阳平 24	去声 55	古县 石壁	阳平 24	去声 55	乡宁 关王庙	阳平 24	阴去 21
	大宁 三多	阳平 24	去声 55	古县 南垣	阳平 24	阴去 44	乡宁 城关	阳平 213	去声 33
	大宁 太古	阳平 24	去声 53	古县 古阳	阳平 35	去声 33	襄汾 邓庄	阳平 24	阴去 44
	隰县 城南	阳平 24	去声 53	古县 城关	阳平 24	去声 53	襄汾 古城	阳平 24	阴去 21
	隰县 午城	阳平 24	去声 55	安泽 府城	阳平 24	去声 53	襄汾 城关	阳平 24	阴去 21

续　表

声调 方言点 类型	方言点	古浊平	古清去	方言点	古浊平	古清去	方言点	古浊平	古清去
	隰县 下李	阳平 24	去声 53	安泽 良马	阳平 24	去声 53	襄汾 襄陵	阳平 24	阴去 33
	隰县 黄土	阳平 24	去声 55	浮山 寨疙瘩	阳平 24	去声 53	襄汾 汾城	阳平 24	阴去 42
	蒲县 城关	阳平 24	去声 55	浮山 响水河	阳平 13	阴去 44	侯马 城关	阳平 24	去声 53
	蒲县 山中	阳平 24	去声 55	浮山 城关	阳平 13	阴去 44	侯马 凤城	平声 213	去声 53
	蒲县 黑龙关	阳平 24	阴去 44	洪洞 城关	阳平 24	阴去 33	曲沃 里村	平声 213	阴去 31
	汾西 勍香	阳平 24	阴去 55	吉县 文城	阳平 24	去声 31	曲沃 北董	平声 213	阴去 31
	汾西 邢家要	阳平 24	阴去 55	吉县 屯里	阳平 24	去声 33	曲沃 史村	平声 213	阴去 31
	汾西 城关	阳平 24	阴去 55	吉县 柏山寺	阳平 24	去声 33	翼城 隆化	阳平 24	去声 53
	汾西 团柏	阳平 24	阴去 55	吉县 城关	阳平 13	去声 33	翼城 西阎	阳平 24	去声 53
							翼城 城关	阳平 24	去声 53
部分合流	蒲县 太林	阳平 24	去声 53（部分清去 24）	临汾 一平垣	阳平 24	去声 53（部分清去 24）			
合流	洪洞 左木	阳平 24	阳平 24	洪洞 山头	阳平 24	阳平 24	洪洞 明姜	阳平 24	阳平 24

2.5.2　上声

绝大部分方言古清上、次浊上今读为上声，全浊上今读为去声或阳去。古县城关方言中古上声与古去声合并，古县石壁方言中古上声与古浊去合并。临汾一平垣、洪洞左木、洪洞山头三个方言中部分古清上、次浊上字读阳平。表 2－70 是相应的例字。

表 2－70　古上声今读

例字 / 方言点	古见上	老来上	罪从上	四心去	地定去	皮並平
蒲县太林	ku^{42}	lɑu^{42}	ts^{h}uei^{53}	sɿ^{24}	t^{h}i^{53}	p^{h}i^{24}
乡宁光华	ku^{44}	lɑu^{44}	ts^{h}uei^{31}	sɿ^{31}	t^{h}i^{31}	p^{h}i^{213}
临汾贺家庄	ku^{42}	lɑu^{42}	ts^{h}uei^{53}	sɿ^{55}	t^{h}i^{53}	p^{h}i^{24}
浮山响水河	ku^{33}	lɑu^{33}	ts^{h}uei^{53}	sɿ^{44}	t^{h}i^{53}	p^{h}i^{13}
古县城关	ku^{53}	lɑu^{53}	ts^{h}uei^{53}	sɿ^{53}	t^{h}i^{53}	p^{h}i^{24}
古县石壁	ku^{55}	lɑu^{55}	ts^{h}uei^{53}	sɿ^{55}	t^{h}i^{53}	p^{h}i^{24}
洪洞左木	ku^{24}	lɑu^{24}	ts^{h}uei^{53}	sɿ^{24}	t^{h}i^{53}	p^{h}i^{24}

2.5.3　去声

古去声在今临汾方言中读音可分为两种类型。

第一，去声分阴阳。

古去声按声母清浊分为阴去、阳去。这一类型的方言点有 23 个：汾西团柏、汾西邢家要、汾西城关、汾西勍香、蒲县黑龙关、霍州师庄、霍州退沙街道、霍州李曹、霍州城关、古县南垣、洪洞城关、临汾贺家庄、浮山响水河、浮山城关、曲沃北董、曲沃里村、曲沃史村、襄汾古城、襄汾邓庄、襄汾城关、襄汾汾城、襄汾襄陵、乡宁关王庙。

第二，去声不分阴阳。

其余 43 个方言点均属于这一类型。

表 2－71 是相应的例字。

据我们目前所掌握的材料而言,去声不分阴阳的方言,连读变调也不能区分清去和浊去,去声分阴阳的方言连读变调中去声仍然分阴阳。

表 2－71 古去声今读

例字 方言点	货晓去	菜清去	岸疑去	凤奉去	聚从上
汾西城关	xu^{55}	ts^{h}ai^{55}	ŋɑŋ^{53}	fəŋ^{53}	tɕ^{h}y^{53}
霍州城关	xuə^{44}	ts^{h}ai^{44}	ŋɑŋ^{53}	fəŋ^{53}	tɕy^{53}
洪洞城关	xuo^{33}	tsɑi^{33}	ŋɑn^{53}	feŋ^{53}	tɕy^{53}
浮山城关	xuə^{44}	ts^{h}ɛe^{44}	ŋan^{53}	fəŋ^{53}	tɕy^{53}
曲沃史村	xuɤ^{31}	ts^{h}ai^{31}	ŋan^{31}	fʌŋ^{53}	tɕy^{53}
襄汾汾城	xuɤ^{42}	ts^{h}ai^{42}	ŋa^{53}	fʌŋ^{53}	tɕ^{h}y^{53}
隰县黄土	xuo^{55}	ts^{h}e^{55}	ŋã^{55}	xuoŋ^{55}	tɕy^{55}
大宁城关	xuo^{55}	ts^{h}ɛe^{55}	ŋɛ̃^{55}	fəŋ^{55}	tɕy^{55}
临汾城关	xuɔ^{55}	ts^{h}ai^{55}	ŋan^{55}	fəŋ^{55}	tɕy^{55}
永和城关	xuɤ^{53}	ts^{h}ɛi^{53}	ŋɛi^{53}	xuəŋ^{53}	tɕy^{53}
安泽唐城	xuo^{53}	ts^{h}ai^{53}	ŋɛ̃^{53}	fəŋ^{53}	tɕy^{53}
侯马城关	xuo^{53}	tʃ^{h}ai^{53}	ŋæ̃^{53}	fẽŋ^{53}	tɕy^{53}
蒲县城关	xuo^{33}	ts^{h}ai^{33}	ŋæ̃^{33}	fəŋ^{33}	tɕy^{33}
乡宁城关	xuɤ^{33}	ts^{h}ai^{33}	ŋæɛ^{33}	fəŋ^{33}	tɕy^{33}
吉县柏山寺	xuo^{33}	ts^{h}ai^{33}	ŋiæɛ^{33}	fʌŋ^{33}	tɕ^{h}y^{33}
翼城城关	xuə^{31}	ts^{h}ɛe^{31}	ŋæ^{53}	fəŋ^{53}	tɕy^{53}
古县城关	xuə^{24}	ts^{h}ai^{24}	ŋan^{53}	fəŋ^{53}	tɕy^{53}

王临惠(2003：101)曾指出,"汾河流域方言的声调发展到现在已经经历了两种模式的变化：分化和归并。其中,分化是声调演化的早期形式。汾河流域中以声母的清浊为条件由四声演化为八调的方言恐怕只有晋语吕梁片的汾西、中原官话汾河片的霍州、洪洞一带了,今方言中平去分阴阳、全浊上归阳去、入声分阴阳(汾西)或全浊入归阳平(霍州等)等现象说明古平上去入四声在方言里都曾有过阴阳的对立"。

临汾方言中的去声应该曾经也是分阴阳的,之后发生了合流,而如今汾西等方言中去声分阴阳是这种现象的残留。由于声调分化是古声调在声母清浊不同条件下的变化,那么去声分阴阳的形成应当早于全浊声母清化的时间,否则,它就失去了分化的条件了。在古声调分化的过程中究竟是清声母起作用,还是浊声母起作用,还是清、浊都起作用,现在已无从稽考。但我们发现,去声分阴阳的方言,阴去一定包括清去,阳去一定包括全浊去、全浊上,而次浊游离在清和全浊之间：如曲沃次浊去归阴去,其他方言都归阳去(限于去声分阴阳的方言里);永和次浊入归阳入,其他方言都归阴入或阴平、阴去;次浊平归阳平,次浊上归上声。

关于阴去、阳去合流的时间,由于阳去一定包括全浊去和全浊上,那么阴去、阳去归并一定是在全浊上并入阳去之后。罗常培(2012)、邵荣芬(1963)、黄淬伯(1998)都证明早在唐代时汉语方言里就出现了全浊上归去的现象,它们归并的过程正如杨耐思(2012：25)所说"可以看成变化之初,浊上跟浊去是同高低而调型微有不同的两个声调,于是两者发生合成作用,而混为一调"。另外,王临惠(2003：10)指出,明代陆容《菽园杂记》卷四记载："京师人以'步'为'布',以'谢'为'卸',以'郑'为'正',以'道'为'到',皆缪也。"这说明早在五六百年前以北京音为代表的古官话阴阳去已经合流。而如今汾西等方言去声仍分阴阳,也显示出这些方言与以北京音为代表的官话早在明代已非同步发展。

山西方言中去声分阴阳的方言除了以上临汾市几个方言点以外，晋语上党片的7个方言点也分阴阳：长治、潞城、黎城、平顺、壶关、屯留、长子。这两片主要集中于山西的南部和东南部，而且都与中原官话有关。洪洞等方言被划为中原官话汾河片，长治等方言虽然不属于官话区，但其东面、南面与西面紧靠中原官话区或者说处于中原官话区的半包围之中。乔全生（2008：259）认为，由于中原官话和以北京为代表的古官话原分阴阳去，后来慢慢合流了，但处于官话边缘的山西这两片方言却保留了下来。

2.5.4　入声

临汾方言入声调的情况可分为三种：一是保留独立的入声调，二是单字音无入声调、连读中保留入声调，三是无入声调。

一、保留独立入声调

方言点有21个。

又可分为一调型和二调型。

一调型：入声不分阴阳，只有一个入声调。方言点有安泽杜村、安泽良马、安泽唐城。

二调型：入声分阴阳，有两个入声调。

根据次浊入的归属不同，又可分为两个小类：

第一，阴入主要包括古清入、次浊入，阳入主要包括古全浊入。方言点有大宁三多、大宁徐家垛、大宁城关、霍州师庄、霍州退沙街道、隰县城南、隰县下李、隰县黄土、隰县午城、汾西邢家要、汾西城关、汾西勍香、蒲县城关、蒲县山中、安泽府城、安泽冀氏、古县北平。

第二，阴入主要包括古清入，阳入主要包括古次浊入、古全浊入。方言点有永和阁底。

二、单字音无入声调，连读中保留入声调

方言点有5个：汾西团柏、大宁太古、吉县文城、蒲县黑龙关、蒲县太林。表2－73以汾西团柏为例。

表 2－72　古入声今读入声

方言点	入声调值	来源
安泽唐城	32	古入声
安泽杜村	4	
安泽良马	4	
古县北平	阴入 2、阳入 4	阴入主要包括古清入、次浊入，阳入主要包括古全浊入
大宁三多	阴入 $\underline{21}$、阳入 5	
大宁徐家垛	阴入 $\underline{31}$、阳入 4	
大宁城关	阴入 $\underline{31}$、阳入 3	
霍州师庄	阴入 $\underline{21}$、阳入 3	
霍州退沙街道	阴入 $\underline{42}$、阳入 3	
隰县城南	阴入 3、阳入 $\underline{21}$	
隰县下李	阴入 3、阳入 $\underline{21}$	
隰县午城	阴入 1、阳入 3	
汾西邢家要 汾西城关	阴入 1、阳入 3 阴入 1、阳入 3	
汾西勍香 隰县黄土	阴入 1、阳入 3 阴入 $\underline{41}$、阳入 3	阴入主要包括古清入、次浊入，阳入主要包括古全浊入
蒲县城关	阴入 $\underline{53}$、阳入 5	
蒲县山中	阴入 $\underline{42}$、阳入 3	
安泽府城	阴入 4、阳入 $\underline{24}$	
安泽冀氏	阴入 $\underline{21}$、阳入 $\underline{53}$	
永和阁底	阴入 3、阳入 $\underline{21}$	阴入主要包括古清入，阳入主要包括古次浊入、古全浊入

表 2－73 汾西团柏方言连读中的入声调

单字	词	单字	词
膝臻心入 xi^{33}	圪膝盖膝盖 kə^{33}tɕi^{3}kai^{55}	日臻日入 ʐʅ^{33}	日头太阳 ʐʅ^{3}t^{h}ou^{0}

三、无入声调

除以上 26 个方言点外，其余 40 个方言点都无入声调。

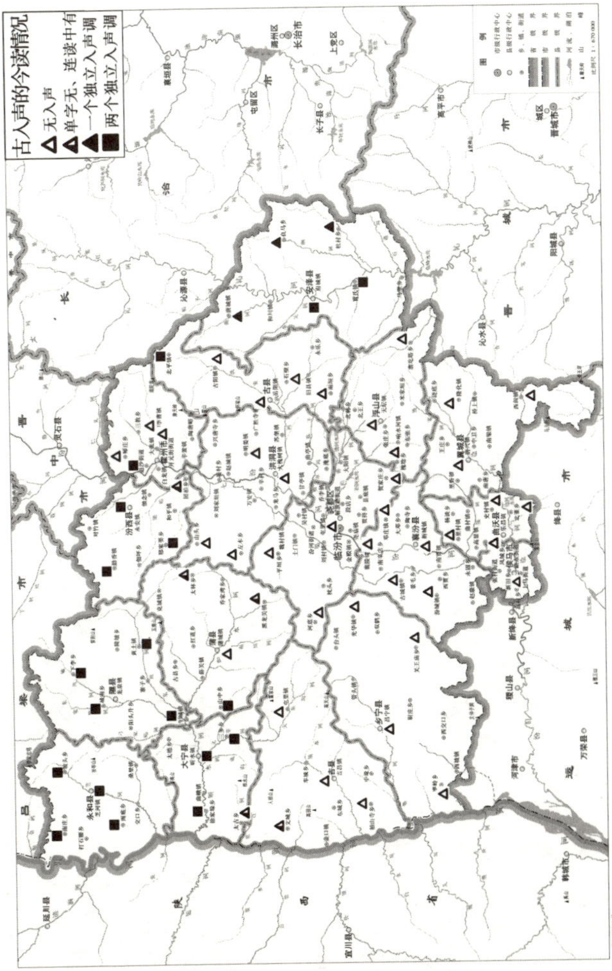

图 2－29 古入声的今读情况

由图2－29可看出，北部、西北部、东部有入声，其外围分别是晋语志延片、吕梁片、并州片、上党片、邯新片，且都有入声，呈连片分布。南部与关中片、中原官话汾河片解州小片、绛州小片相邻，且都没有入声，呈连片分布。

入声调的分布与周边方言是否有入声有密切关系。

第三章

临汾方言词汇、语法特点[①]

3.1 词　　汇

3.1.1 构词重叠

这里主要指重叠式名词。普通话中的重叠式名词数量极少，只限于一些称谓词和物名，如“爸爸、妈妈、宝宝、哥哥、姐姐、猩猩、碰碰车、棒棒糖”等。相比而言，临汾县市的重叠式名词要丰富得多。总体来看，临汾方言中名词重叠有 AA 式、ABB 式、AAB 式、AABB 式等。

一、AA 式

以汾西城关方言为例：

1. 姐姐　姑姑　哥哥　叔叔　奶奶　婶婶　大大伯母　伯伯伯父　婆婆祖母

2. 蛛蛛蜘蛛　牌牌小孩围嘴　床床小板凳　杌杌凳子　核核果核　棒棒玉米秆　巷巷胡同　洞洞背心　妹妹乳房或乳汁

---

① 这一部分的材料以笔者的调查为主，同时借鉴了以下前人时贤的材料：李建校、刘明华、张琦《永和方言研究》(2009)，崔容、郭鸿燕《大宁方言研究》(2009)，乔全生、程丽萍《汾西方言研究》(2009)，冯良珍、赵雪伶《霍州方言研究》(2014)，刘芳、和苗《古县方言研究》(2014)，余跃龙、郝素伟《浮山方言研究》(2009)，张洁、杨萌《吉县方言研究》(2014)，潘家懿《临汾方言志》(1990)，乔全生《洪洞方言研究》(1999)，潘家懿、辛菊、王临惠《翼城方言简志》(1989)，卫水水《山西临汾方言词汇研究》(2012)。

3. 取取活结　插插口袋　扣扣扣子　堆堆地方、位置　数数数目　擦擦橡皮

4. 好好好样的人　憨憨傻子　甜甜糖水　拐拐拐杖

5. 圈圈小圆圈　块块疙瘩状的东西　把把刀柄　本本小本子　道道横线

第1类主要是亲属称谓,与普通话一致;第2类是汾西城关方言的特殊说法,普通话没有,由名词性语素构成;第3类由动词性语素构成;第4类由形容词性语素构成;第5类由量词性语素构成。第2至第5类均不加"子尾"。

在吉县、洪洞等地,由名词性语素构成的词组如"板板小木板、布布小块的布、包包小包、杯杯小杯子"等词主要用于特指的小的器物或对儿童说话,带有"小称"或"昵称"的意味。这一类词前面都可以加"小",其意义不变,例如:小碗碗、小鞋鞋、小袜袜等。大多数名词、动词重叠后可附加"子尾"。如:碟碟子、棒棒子、盒盒子、包包子、碗碗子、桌桌子、翘翘子翘状物、破破、打打有裂痕的物体等。其意义由表示"小"的器物转变为统称或泛称。"AA子"均含有对事物感到厌恶、麻烦的附加意义,可以叫作"厌称"。

另外,除永和、大宁、隰县、汾西、蒲县、安泽等地方言外,其他方言中有的名词重叠后,第二个音节要儿化。如:皮皮儿、面面儿、棒棒儿、褂褂儿、板板儿、帽帽儿等。儿化重叠词具有小称、爱称的附加色彩。若不儿化,重叠也不能成立。

二、ABB式

以吉县屯里方言为例:

1. 背锅锅罗锅　蛇子子类似壁虎,但是在地里活动　臭蛋蛋卫生球　木墩墩木墩子　柳絮絮柳絮　滴溜溜一种植物　沙米米知了　黑蛛蛛黑蜘蛛　老婆婆　歇凉凉

2. 老汉汉　酒盅盅　面糊糊　人影影　火星星　鞋样样　门缝缝　布褂褂　树芽芽　枣核核　雨点点

ABB式中A大多为名词、形容词性语素或动词性语素,B大部分

是名词性语素，皆为偏正短语，无论修饰语是名词性的还是谓词性的，它们与后面的重叠语素共同构成名词性短语。第1类中ABB是一个整体，是专指名词，AB不成词，BB不能单用；第2类中AB是词，可以单说，与ABB式共用。BB有的即为名词AA式重叠形式，例如：褂褂——布褂褂，缝缝——门缝缝，二者在意义上没有本质的区别，只是重叠后加上了喜爱的感情色彩。

三、AAB式

以浮山响水河方言为例：

AAB式是偏正结构方式，AA为修饰性或限制性成分，B是名词性中心语素。这类词具有强烈的形象色彩和描写作用。例如：

娘娘庙观音庙　蛛蛛网蜘蛛网　块块炭块状的炭　灰灰色灰色
琉琉蛋玻璃球　对对眼内斜视眼　豁豁唇兔唇　扁扁嘴老人没牙的扁嘴
坛坛酒坛装的酒　壶壶嘴壶嘴　悄悄话私下说的话　花花鞋有花案的鞋
贱贱货便宜货　格格布格子布

AA有的可以成为重叠词，可以单用，如：壶壶、婆婆、格格、娘娘、蛛蛛、碗碗等，有的不能成为重叠词，不可以单用，如：琉琉、贱贱、灰灰、扁扁、木木等。

四、AA子B式

以汾西城关方言为例：

可在AAB的AA后嵌入“子”缀，表示一种不耐烦或不喜欢的意义。如：盒盒油——盒盒子油、道道纸——道道子纸、蹦蹦车——蹦蹦子车、对对眼——对对子眼等。例句：这还用问我呀？作文用道道子纸写呢？（斥责、不耐烦）

还有另外一种：阴天——阴阴子天、坏锁——坏坏子锁、漏锅——漏漏子锅、＊焦菜——焦焦子菜（炒煳的菜）、＊走门——走走子门、＊蔫菜——蔫蔫子菜等。加＊的表示AB不成词不能单说，只能说后面的“AA子B”式，同样表示“厌称”的色彩。

五、AABB 式

名词的这种形式主要用来表示泛指。如：锅锅碗碗、爷爷娘娘、盔盔罐罐、婆婆妈妈。

“爷爷”与“娘娘”可单说，但与 AABB 式意义有别，前者指祖父、祖母，后者泛指供奉的祖宗，如：去献一下爷爷娘娘。其余的 AA 与 BB 大都不能单说，AB 也不能成词，这一点与晋语中区不同。这种重叠带有描述性。

总的来看，洪洞等方言的 AA 式名词比山西中区、西区等方言少得多。原因是中西区的重叠式有表小称、爱称的作用，如：盅盅小酒盅；洪洞等方言的重叠式不表示爱称、小称，这类语法意义由“儿化”承担了，如：盅儿小酒盅。

3.1.2 词义

词义即词的内容，包括词汇意义、语法意义、理性义和色彩义。以下主要从词的词汇意义、语法意义和色彩义三方面对临汾方言和普通话词汇进行比较，分析其词义的不同之处。以下以临汾城关方言为例：

一、词汇意义方面的差异

（一）有些词语词形相同而意义完全不同。例如“山水”在临汾城关中的词义是“洪水”，而在普通话中的词义有三个：1. 山上流下来的水；2. 山和水，泛指有山有水的风景；3. 山水画。“咬人”在临汾城关中的词义是“发痒”，而在普通话中的词义是“动物咬人”等。

（二）有些词语词形相同而意义不完全相同。例如植物“花”在临汾城关中的词义是“花朵或棉花”，而在普通话中的词义只有“花朵”一个。“炭”在临汾城关中的词义是“煤”，而在普通话中的词义是“木炭或煤”。

（三）有些临汾方言中的词，在普通话中却没有。例如临汾方言中用来形容某种人或某行为的词语有“端火柱脑子不够用的人、诡子爱行骗的人、过事泛指操办一切红白大事、活贼不讲理胡来的人”等。

二、语法意义方面的差异

语法意义的不同即语法功能的不同。以下主要从“词的兼类”和“词的组合能力的不同”两方面对临汾方言与普通话词汇进行比较。

（一）词语的兼类差异

词的兼类指的是一个词拥有两个或两个以上其他类词的语法功能,并且这些语法功能不会随语境而改变,具有持久性。兼类词声音相同且词语意义之间有联系。例如:“肉”在普通话中是名词,意思是“动物身上的肌肉。”而临汾大部分方言中除了可以做名词外,还可以做形容词,相当于“胖”的意思。“把”在普通话和临汾方言中都可以做介词(意为“拿”,处置),量词(一把刀),但临汾话中还可以做动词,表示“用手托住小孩的两腿”,例如:你把孩子尿一下。(卫水水2012:19)

（二）词语组合能力方面的差异

词语的组合能力指的是词语的选择和搭配,临汾方言和普通话在表达同一个概念或事物时会有所不同。例如:“吃”,临汾方言中的吃可以说“吃饭”“吃菜”“吃水果”等,除与这些固体性食物搭配外,还可以说“吃烟”。但普通话中只能说“吃饭、抽烟”。“个”在临汾方言中使用比较广泛,它可以做名词词尾,如“年时个、今年个、明年个、夜儿个、前儿个”,而相对应的普通话则是“去年、今年、明年、昨天、前天”;它还可以修饰不同的名词,如:“一个马、一个猪、一个猫、一个本儿”,而对应的普通话是“一匹马、一头猪、一只猫、一本本儿”。

三、色彩义方面的差异

色彩义可以分感情色彩、语体色彩和形象色彩,也叫附属义。以下主要介绍语体色彩和形象色彩方面的差异。

（一）语体色彩上的差异

临汾话口语中经常使用的词,在普通话中已经被某些书面语所代替。(前者为临汾话,后者为普通话)如:山药蛋、蔓菁、山蔓菁、洋芋—土豆，蚍蜉蚂蚂、蚍蜉蚂、蚂蚂虫、虫虫蚂蚂、虫虫蚂—蚂蚁，玉稻粟、棒子、玉茭、不箩子、稻粟—玉米，圂子、沟蛋子、屁眼、圂蛋子—屁股，扁食、小包子、煮角—饺子等。临汾人在日常交际中不经常使用这些规范的书面语，一般只在比较庄重、正式的场合使用。

（二）形象色彩上的差异

形象色彩指给人具体可感的印象，往往用具有形象感的词语来修饰具体事物。与普通话相比，临汾方言有时候会使用方言词，显得更加形象具体，如：普通话中的“流星”，在临汾话中对应的是“贼星儿”，用拟人手法描绘其动态的感觉，更具形象感。普通话中的“乌鸦”在方言中对应的是“黑老娃”，它从乌鸦的颜色和声音方面进行命名。这类以声音命名的词还有“吃关子（猫头鹰），鸦鹊子（喜鹊），雀娃子（麻雀）”等。（卫水水 2012：20）

3.1.3 词汇的构成

临汾方言与普通话在词汇构成上既有共同点，又有差异，下面分别来论述。

3.1.3.1 与普通话的共同点

临汾方言在词汇上与普通话词汇都具有现代汉语词汇的特点，具体来看：

一、构词语素上，都以单音节为基本形式

临汾方言和普通话都多以单音节为基本形式来构词，这些单音节可以构成单音词和合成词。例如“天”“地”“虫”“鱼”“啊”“吧”等，这些语素可以独立构词。而“卫”“习”“语”“民”“荣”等单音节，不能独立构词，它们只有与其他语素连用才能表达完整的意思，从而构成词。如“卫”与“生”连用，才能构成合成词“卫生”，但这些词无疑都是以单音节为基本形式构成的。

二、构词方式上，都广泛运用词根复合法构成新词

无论是在临汾方言还是普通话当中，凡是有意义的单音节语素

大都可以用来充当词根，词根与词根组合来构成多种类型的合成词，有主谓式的，如“地震”“月亮”；有联合式的，如“山水”“骨肉”“尺寸”；有动宾式的，如“司机”“注意”；有偏正式的，如“冰箱”“小说”；有补充式的，如“提高”“车辆”等。

3.1.3.2　与普通话的差异

主要体现在构词语素、音节数量、构词方式、语音等四方面的差异。

一、构词语素

临汾方言与普通话对于同一事物选择不同的语素来表达，从而形成了形式不同而意义相同的词。

（一）有些词语二者构词语素完全不同。例如：临汾方言用“冷蛋、凉雨、冷子、冷疙瘩”等词来表示普通话中的“冰雹”义；临汾方言用“蚍蜉蚂蚂、蚍蜉蚂、虫虫蚂蚂、蚂蚂虫、虫虫蚂”等词来表示普通话中的“蚂蚁”义；临汾方言用“鴴树布谷子、鴴树巴儿、鴴树蹦蹦、鴴巴巴、鴴鹁鹁、扎鹁鸪”等词来表示普通话中的“啄木鸟”义。

（二）有些词语二者构词语素部分相同部分不同。例如：临汾方言用“早起饭、请早饭、大早饭、早家饭”等词来表示普通话中的“早饭”义；临汾方言用“左不拉、左不列、左手、左票子、左刮子、左八处”等词来表示普通话中的“左撇子”义；临汾方言用“年时、年时个、年个儿”等词来表示普通话中的“去年”义。

（三）有些词语二者语素相同，排列顺序不同，即所谓的同素逆序词。此类词语比较少，例如：“要紧”“齐整”“实诚”“害祸”分别对应普通话中的“紧要”“整齐”“诚实”“祸害”。

（四）还有一些普通话中没有的特殊词语，大多是动词，且简练、形象、言简意赅。例如：临汾方言用“海”来表示普通话中“事物或人群积聚面非常广大”的含义；临汾方言用“谝”来表示普通话中“花言巧语、能说会道”的含义；临汾方言用“浪”来表示普通话中“放纵、无所拘束、任意游逛”的含义。

二、音节数量

与普通话相比，总体上临汾方言的双音节词少于普通话，但在某些范围或情况下，临汾方言的双音节词却比普通话的双音节词还要多。具体分为以下几种情况：

（一）临汾方言有些双音节词，普通话中对应的往往是单音节词。例如：临汾方言中的“圪蹴”对应普通话中的“蹲”；临汾方言中的“日脏、懊糟”对应普通话中的“脏”；临汾方言中的“不拉”对应普通话中的“拨”。

（二）临汾方言有些单音节词，普通话中对应的是双音节词。此类词大多数是名词。大体可分为两种情况：一是用另一个与普通话实语素意义相同的语素构成的，如“屋”表示“房子”，“娘”表示“奶奶”，“馍”表示“馒头”等。二是在临汾方言中可以独立成词的，在普通话中则必须是以词根+词缀的形式出现，如“麦、谷、柜、虹”等。

（三）临汾方言中有一些多音节词，普通话对应的是双音节词。可分为以下几种情况：一是从命名角度，如临汾方言中的“黑老娃（侧重其颜色和声音）”对应普通话中的“乌鸦”，“扫把星（侧重于彗星的形状）”对应普通话中的“彗星”等；二是具有描述性或说明性成分，如临汾方言中的“夜蝙蝠”“吸铁石”分别对应普通话中的“蝙蝠”“磁铁”等；三是保留了古代人的迷信观念，如临汾方言中的“天狗吃月明”“狗吃蚀”分别对应普通话中的“月蚀”“日蚀”等；四是由特殊词缀“圪”组成的词语，如临汾方言中的“圪膝盖儿”“水圪窝儿”分别对应普通话中的“膝盖”“水坑”等；五是运用拟人的修辞方法，如临汾方言中的“老爷儿”“贼星儿”分别对应普通话中的“太阳”“星星”等。

三、构词方式

临汾方言和普通话的构词方式都是用“前缀+词根”或“词根+后缀”的形式，普通话的前缀有“老、小、阿、第、初”，后缀有“子、头、儿、性、者、化”等，临汾方言中与普通话相同的词缀有“子、儿”等，如“勺子、刀子、桌子、椅子、山药蛋儿、花儿”等,但临汾方言有其特有的词缀“圪、日”等。

(一)“圪”头词

“圪”构词能力较强,主要构成名词、动词、量词、形容词和四字格俗语等,它构词的基本形式是“圪A式”,还有少量其他构词形式,如“圪A圪B式、圪圪AA、圪A圪A”几种。以洪洞城关方言为例:

1. 圪A式

“圪”+名词性语素:圪桃、圪蟆、圪针、圪台、圪絮、圪蚤、圪都子、圪揽儿等。“圪”+形容词性语素:圪弯、圪蔫、圪腻、圪歪等。此类词通常含有贬义色彩。

“圪”+动词性语素构成双音节动词:圪蹴(蹲)、圪捣(商议、谈话)、圪卷(卷起来)、圪眨(眨眼睛)、圪出(不平整、皱纹比较多)、圪摇(轻微的摇动)、圪眊(看)等。

“圪”+量词和拟声词:圪巴、圪台、圪节、圪都、圪吱等。此类词一般是由名词演变而来,用于表示比较小的事物,如“圪都”本指拳头,但“一圪都蒜”,则表示整个蒜,由名词演变为量词。

有些词加“圪”后改变了词义,如“针”本指缝织衣物引线用的一种细长的工具,“圪针”则表示某些植物枝梗上的刺儿。有些词加“圪”后词义没有改变,如“圪眨、圪摇、圪卷、圪眊”等。有些“圪”头词中的“圪”,虽然本身没有词汇意义和语法意义,但一般用来表示微小的东西,如“圪”+量词和拟声词构成的词,还有“圪台(小台阶)、门圪台、炉圪台、圪蚤(跳蚤)”等。“圪”有时起到一定的构词成分的作用,如“都子”本身不表示什么意思,但“圪都子”则表示拳头意思。

2. “圪”头词的其他形式

圪A圪A式:圪摇圪摇、圪捣圪捣

圪A圪B式:圪里圪堆、圪里圪垯

总的来看,临汾方言中带“圪”的词语要比晋中、晋东南等地方的“圪”头词要少。

(二) 前缀“日”

主要有日精、日能、日眼、日怪、日噘、日样、日蹋等,数量较少。此类词多含贬义,一般用于骂人,例如“日精”表示非常精明;“日能”表示耍小聪明;“日眼”表示让人讨厌;“日噘”表示责骂等。另外,还有四字格词语:日鬼弄棒(背地里使坏)、日样八怪(出洋相、怪模怪样)等。

(三) 子尾词

“子”是临汾方言和普通话中相同的词缀,二者不同的是:普通话中的“子”一般附着于单音节语素之后,大多构成名词,如“刀子、胖子、瓶子”等,而临汾方言中的“子尾”词前边的语素可以是名词性语素、形容词性语素、动词性语素、量词性语素,而且这些词可以是单音词、双音词、多音节词。

1. 名词性语素+“子”尾。可以分为三种情况:一是单音节语素+“子”尾,如:蝇子、刀子、浆子(糨糊)等;二是双音节词+“子”尾,如尿盔子(夜壶)、灯篓子、饭勺子等;三是多音节词+“子”尾,如护泥板子、鸡毛弹子等。

2. 形容词性语素+“子”尾,变成名词。如:冷子、瞎子、小子(儿子)、聋子、孝子。

3. 动词性语素+“子”尾,一般会变为名词。如:剪子、罗子(罗面的东西)、擦子(把萝卜等擦成丝的工具)、锤子、锁子等。

另外,还可在人名后加“子尾”,如:东子、黑子、二娃子、玉林子等。一般用于小名后,带姓氏的名字后不能加“子尾”。

“子尾”词还有两种形式:一是重叠式“AA 子”,如:“酸酸子(葡萄)、秕秕子(谷)、薄薄子(纸)、沤沤子(麦)、豁豁子(嘴儿)”等。此类词大多带有贬义色彩,表示消极含义。二是在非重叠式的形容词的每一个词根后加“子”,如:“马虎—马子虎子”,你干活认真点儿,别马子虎子的;“邋遢—邋子遢子”,你咋穿里邋子遢子的?此类词往往用于描述人的某种状态。

4. 子尾的读音

"—子"在临汾方言中的读音有五个：[tsɐʔ⁰ tsʌ⁰]、[tsɿ⁰]、[tə⁰]、[ŋə⁰]、[nəŋ⁰]，具体分布如图 3－1。

由图 3－1 可看出：

子[tsɐʔ⁰ tsʌ⁰]：主要分布于西北部、北部的永和、大宁（太古除外）、隰县、蒲县山中、汾西（团柏除外）、霍州退沙街道等地。

子[tsɿ⁰]：分布范围最广，方言点有北部的霍州（退沙街道除外）、汾西团柏，中部的洪洞、临汾，西部的蒲县（山中除外）、大宁太古，东部的古县、安泽唐城、浮山，南部的襄汾、侯马城关。

子[tə⁰]：主要分布于三个角，即西南角的吉县、东部的安泽（唐城除外）、南部的曲沃和侯马凤城。

子[ŋə⁰]：仅分布于西南角的乡宁地区。

子[nəŋ⁰]：仅分布于东南角的翼城地区。

（四）重叠式

详见 3.1.1 构词重叠及 3.2.1.1 构形重叠。

四、语音方面

（一）分音词

分音词指把一个字音（以下称"本词"）分成两个音节来说，比如把"拨"说成"不拉"。临汾方言分音词的两个音节不含有任何意义，是有音无义，也写不出汉字，写时只能用同音字代替。分音词在临汾方言中普遍存在，构造的方式大致相同，只是分音词的数量多少各地不同。

分音词的构造规律是：

1. 分音词前音节声母就是本词的声母，一般为清塞音[p、t、k]；
2. 分音词前音节韵母为入声字（入声韵）；
3. 分音词后音节的调类就是本词的调类；
4. 分音词后音节的韵母就是本词的韵母；
5. 分音词后音节声母一律为边音[l]；

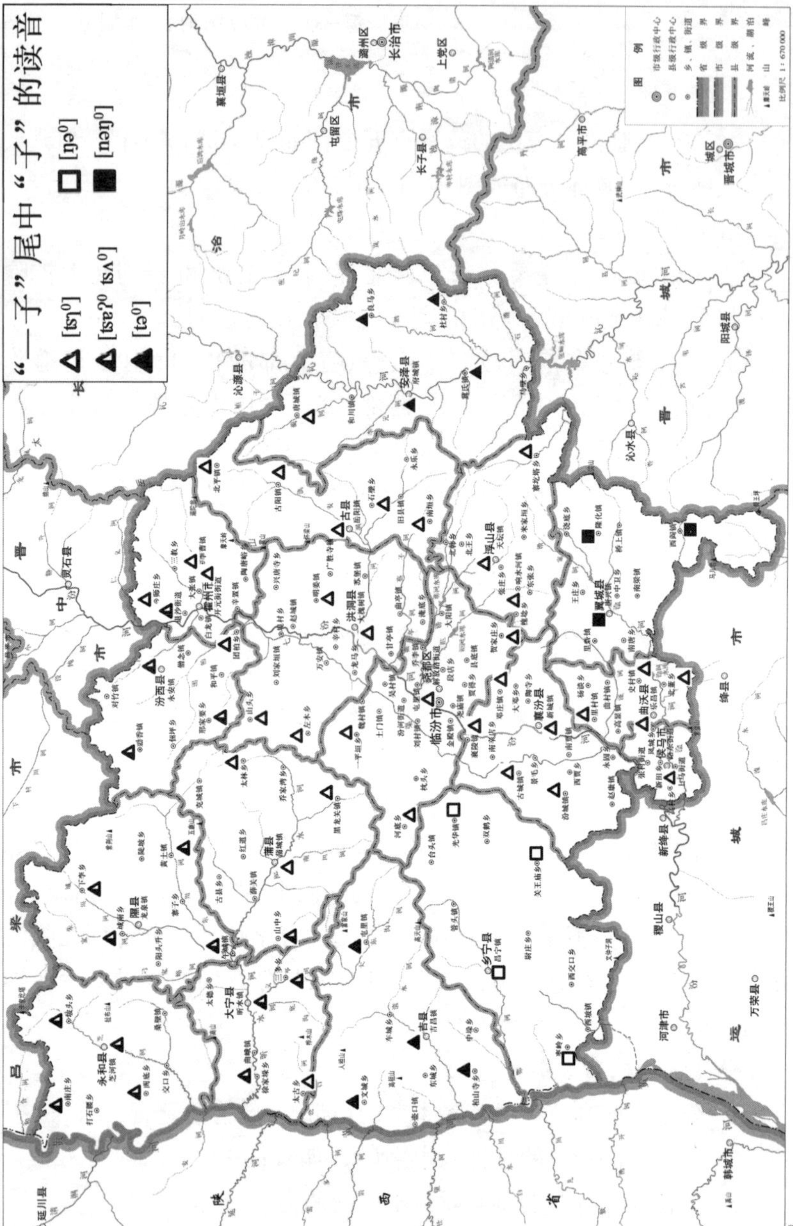

图 3-1 “—子”尾中“子”的读音

6. 分音词的前后两个音节只有表音作用，与意义无关。

例如：

临汾方言	普通话	例句
不拉	拨	把碗里头咧饭~到锅里去。
不来	摆	树叶咧叫风吹咧来回~。
不烂	拌	把鸡食~~。
不搭	扔掉物体	把这个旧的~了吧。
不□[lei^{53}]汾西城关	人受惊时的一种动作	他~了一下。
圪捞	搅	舀米汤咧时候儿~~再舀。
圪敛	卷	把画~起。
圪轮	滚	把后底~。
圪料	翘	这块地板~起来了。
圪离	挠痒	小猫在~。
圪流	浑身不舒服	我现在~得很。

（二）合音词

在语流中，两个相连的单音节词有时会合成一个单音节词，即合音词。合音词的读音类似于反切式语音拼合，一般由前一个词（字）音节的声母、音调及后一个词（字）音节的韵母拼合而成。临汾方言中有些合音词有音无字，且找不到发音相同的字，只好用“□”表示，并标注方音的国际音标和调值。

临汾方言中量词“俩”“仨”、代词“啥”“咋”与普通话相同。

1. 合音代词

以古县石壁为例：

人称代词□[ŋua^{53}]是“我们”的合音，可做主语、宾语、定语。如：□[ŋua^{53}]今儿个不上学，放假了。叫□[ŋua^{53}]过来吧。

人称代词□[ȵya^{53}]是“你们”的合音，可做主语、宾语、定语。如：□[ȵya^{53}]是从哪搭过来的呢？□[ȵya^{53}]哥哥不是老板吗？

以霍州师庄为例：

指示代词□[tso^{55}]是“这里”的合音，可做主语、宾语、定语。如：□[tso^{55}]没有你要找的人。他不在□[tso^{55}]。

指示代词□[uo^{55}]是“那里”的合音，可做主语、宾语、定语。如：我没去过□[uo^{55}]。□[uo^{55}]东西不错。

疑问代词□[ʂəŋ^{55}]是“什么”的合音，可做主语、宾语、定语。如：你说□[ʂəŋ^{55}]？□[ʂəŋ^{55}]时候来的？

2. 合音数量词

以古县古阳为例：

合音数量词主要是量词为“个”的数量短语，“个”在古县话中的发音为[uai^{33}]，除去与普通话相同的“俩”，古县古阳方言中还有九个：□[iɛ^{35}]、□[ʂəŋ^{21}]、□[sɛ^{33}]、□[vɛ^{33}]、□[lyɛ^{42}]、□[tɕ^{h}iɛ^{21}]、□[pa^{42}]、□[ʂiɛ^{35}]、□[tɕiɛ^{35}]，分别是数量短语一个、三个、四个、五个、六个、七个、八个、十个、几个的合音词，在句中可做宾语、定语和状语。另外，普通话中不能用“个”修饰的名词，在古县方言中可直接使用以上合音数量词修饰。例如：你这里头□[sɛ^{33}]人都是河南的(你这屋里四个人都是河南的)。

3. 合音形容词

以古县古阳为例：

此类词比较少，如“□[liɛ^{53}]”，为“厉害[li^{53}xai^{53}]”的合音。合音原则是：在连读中，“害”失去声母[x]，同时为了发音器官的协调性，复韵母[ai]简化为[ɛ]后与前字音节相拼，构成合音词[liɛ^{53}]。“□[liɛ^{53}]”词性为形容词，在句中可做状语、补语，除了表示“厉害”的意思，还包括“剧烈”难以对付或忍受“凶猛”等几个意思。例如：□[ŋua^{53}]英语老师脾气不好，可□[liɛ^{53}]哩(我们英语老师脾气不好，很厉害)。

但是，“□[liɛ^{53}]”在古县古阳方言中不做前置定语。

（三）特殊音变

1. 方言音韵关系不同造成的语音变异

"萝卜"后字读音有分歧，有[pʰu pu pei]等。声调大多读轻声。"萝卜"一词文献中有"萝菔、萝匐、萝卜"等写法，"菔匐"《广韵》"房六切"，属通合三入屋韵奉母，临汾方言有读[pʰu pu]，声母与其他方言一样保留了上古音"轻唇读重唇"的特点，从而与一等字"卜"读音合并。从韵母看，官话区符合古今对应规律，晋语区则舒化了。

2. 语音历史层次不同造成的语音变异

这里主要指文白异读。如："柜子"的"柜"，洪洞、古县、霍州、襄汾等地白读[tɕy tɕʰy]，文读[kuei kʰuei]。"姐"白读[tɕia ᴀ ɑ]，文读[tɕie tɕiɛ tɕiᴇ]。其他文白异读详见"第二章临汾方言语音"。

3. 变音别义造成的语音变异

"你我他"声调一致，"哥哥、爷爷、婆婆、娘娘奶奶"等词的读音一致，这些都是声调类化的结果。

4. 不同时期古音的遗留造成的语音变异

例如："蛤蟆"的"蛤"除侯马读[xa]外，其余很多地方都读[kɯ kə]。"大拇指"的"拇"读[ma mei mɛ mə mia miᴇ mu]等。"核桃"的"核"古县、霍州、吉县、曲沃、侯马等地读[ki kɯ kə]，霍州退沙街道、汾西等地读[kʰuʌ kʰʌ]，其他很多地方读[xə xɛ]。这些现象可能是一种古音残留。

3.1.4　常用词的地理分布及分析

一、"冰雹"义的词形分布及分析

由图 3－2 可看出，临汾方言"冰雹"义词形主要是"冷"系。根据"冷"读音的不同，又可分为两大类：以隰县—蒲县—乡宁为界，"冷（开口呼）"系主要分布在东部地区，"冷（齐齿呼）"系主要分布在西部地区。这两大类根据词缀的不同又分别分为几个小类。

（一）“冷（开口呼）”系

1. 冷[ɑ ɛ ɔ o ə ei]子

主要分布在临汾腹地19个方言点：临汾、洪洞，以及向北延伸到汾西、霍州，包括相邻的蒲县太林、蒲县黑龙关、古县石壁、古县南垣等方言点，大体呈圆形分布。

2. 冷[ɛ əŋ]蛋（子）

主要分布在东部山区的8个方言点：整个安泽县及相邻的古县北平、古县古阳、古县城关。其中，安泽各方言点读“冷[əŋ]蛋（子）”，古县方言点读“冷[ɛ]蛋（子）”。

3. 冷[ɑ uo əŋ]（子）疙瘩

主要分布在南部的10个方言点：翼城、曲沃各方言点以及襄汾的襄陵、古城、城关、汾城等方言点。其中浮山寨圪瘩读“冷[əŋ]（子）疙瘩”，曲沃北董读“冷[uo]（子）疙瘩”，其他方言点都读“冷[ɑ]（子）疙瘩”。

（二）“冷（齐齿呼）”系

1. 冷[ia iɛ]子

主要分布在9个方言点：西南角的乡宁各方言点以及最南部的侯马各方言点，襄汾邓庄、蒲县城关、霍州退沙街道也属于这一类型。

2. 冷[ia iɛ]雨

主要分布在西部山区13个方言点：隰县、大宁、吉县各方言点以及相邻的蒲县山中。

3. 冷[ia iɛ]（雨）疙瘩

主要分布在西北角的永和县4个方言点和浮山城关、浮山响水河，与“冷[ia iɛ]雨”小类呈连片分布。

可见，临汾中心腹地的“冷[ɑ ɛ ɔ o ə ei]子”小类分布范围最广，其次是西部山区的“冷[ia iɛ]雨”小类以及南部的“冷[ɑ uo əŋ]（子）疙瘩”小类，分布范围最小的是“冷[ia iɛ]（雨）疙瘩”小类。

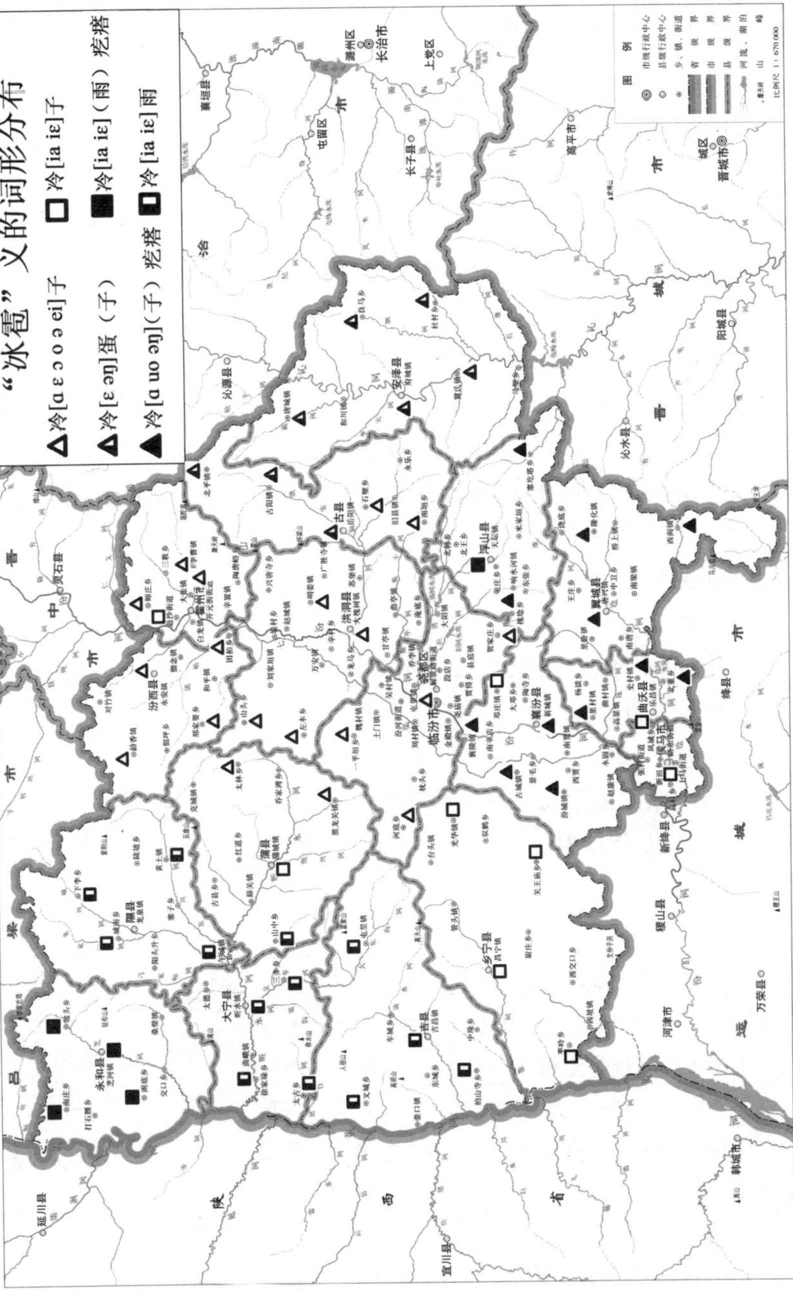

图 3－2 “冰雹”义的词形分布

二、“什么时候”义的词形分布及分析

由图3－3可看出，临汾方言“什么时候”中“什么”义的词形有“甚”“啥”“多”“几”四个，“时候”义的词形有“时候”“会儿”“大”“早”四个。大体可分为“甚”系和其他系。其中“甚”系以“甚会儿”小类为主，其他系又可分为“啥时候”“多会儿”等小类。

（一）“什么”义词形

1. 甚

词语包括“甚会儿”和“甚时候”，分布范围最广，呈连片分布。主要分布在西北部的永和、大宁、隰县各方言点，并向东南部延伸，遍及汾西、霍州、蒲县、临汾，甚至古县、安泽个别方言点也有分布，呈“”形分布。这些地区既有入声方言点（永和、大宁等地），也有非入声方言点（临汾等地）。

2. 啥

词语包括“啥时候”，主要分布在西南部及南部的乡宁、襄汾、曲沃、翼城等方言点，呈斜“一”字形分布。

3. 多

词语包括“多会儿”，主要分布在东部的安泽、古县、浮山，向南延伸至翼城、甚至侯马等地，向西北延伸至洪洞、临汾蒲县等地，呈“”形分布。

4. 几

词语包括“几大［tɕi^{53}ta^{21}］”和“几早［tɕi^{213}tso（ɔ）^{4}］”，主要分布在霍州师庄、霍州李曹、霍州城关以及吉县文城4个方言点。

（二）“时候”义词形

1. 时候

词语包括“甚时候”和“啥时候”，分布范围与“甚”和“啥”差不多。

2. “会儿”

词语包括“甚会儿”和“多会儿”，分布范围与“甚”和“多”差不多。

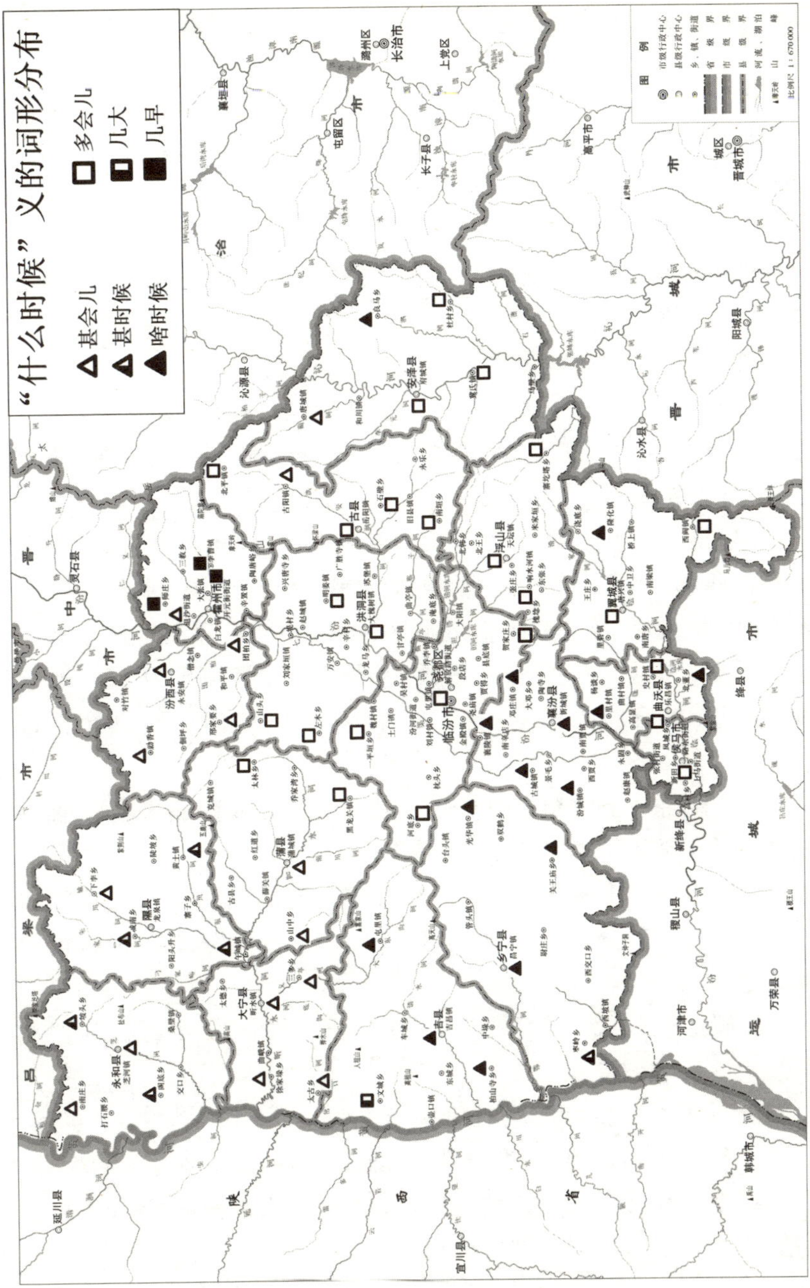

图 3-3 “什么时候”义的词形分布

3. 早

词语包括“几早[$tɕi^{213}tso(ɔ)^{44}$]”，仅分布在北部的霍州师庄、霍州李曹、霍州城关3个方言点。

4. 大

词语包括“几大[$tɕi^{53}ta^{21}$]”，仅分布于西部的吉县文城1个方言点。

三、“玉米”义的词形分布及分析

从图3-4可看出，临汾方言“玉米”义的词形大体可分为三大类：“稻粟”系、“棒子”系和“玉茭、玉米[mei]”系，三大系分别分布在西部、中部和东部。

“稻粟”系包括“稻粟”“玉稻粟”两小类，分布范围最广，主要分布在西部、北部大部分地区，包括永和、大宁、吉县、隰县、蒲县、乡宁、汾西、霍州及洪洞大部分地区，甚至东部的浮山地区也属于这个类型。蒲县、吉县、乡宁等地“稻粟”的“稻”声母为[t^h]，其余都读[t]。隰县城南、蒲县山中“玉稻粟”的“玉”读[i]，其余都读[y]。

“棒子”系主要分布在中部临汾、襄汾地区以及南部的侯马、曲沃地区，包括东部山区的古县，分布范围次广。

“玉茭、玉米[mei]”系主要分布在东部的安泽和东南角的翼城地区，“玉茭”分布在安泽地区，“玉米[mei]”分布在东南角的翼城地区。

洪洞城关由于处在“稻粟”类和“棒子”系的交叉处，既可叫“稻粟”，也可叫“棒子”。

四、“高粱”义的词形分布及分析

从图3-5可看出，临汾方言“高粱”义的词形主要分为两大类：“稻粟”系和“高粱”系。其中“稻粟”系遍及绝大部分地区，又可分为“稻粟”和“红/□[sai]稻粟”两小类。

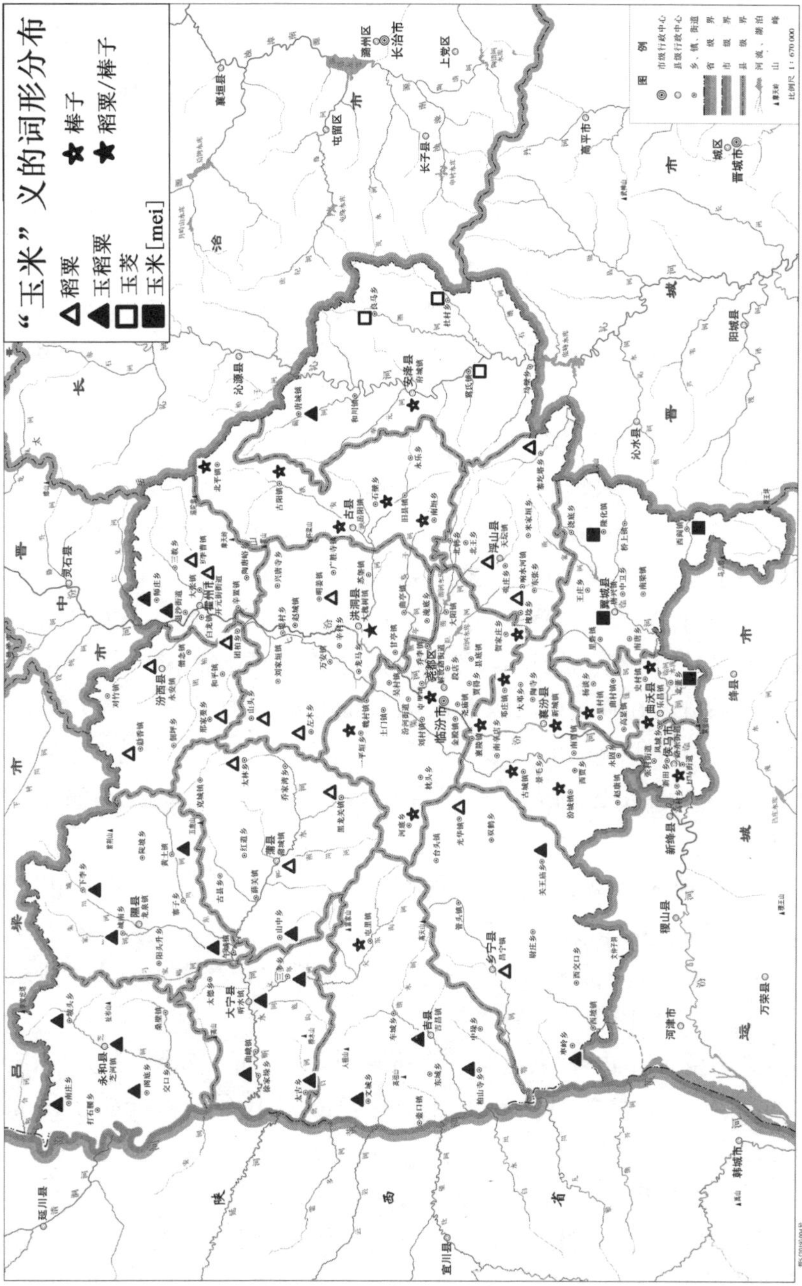

图 3－4 “玉米”义的词形分布

“稻粟”系主要分布在两小块地方，一是西北部的永和、隰县、大宁等有入声的方言地区，二是南部的乡宁城关、乡宁枣岭、襄汾、曲沃、翼城、侯马、浮山响水河、浮山城关，大体呈弧形分布。“红稻粟”类主要分布在临汾及其以北的大部分地区，包括临汾、蒲县山中、蒲县城关、洪洞、古县、霍州、汾西，安泽唐城等地。

“高粱”系主要分布在西北角的吉县、乡宁地区，东部的浮山寨圪瘩、安泽府城、安泽冀氏、安泽杜村，侯马凤城、蒲县太林、蒲县黑龙关也属于这种类型。

“茭子”词形只分布在安泽良马这一个点。

五、“土豆”义的词形分布及分析

由图3－6可看出，临汾方言“土豆”义的词形大体可分为三大类：“(山)蔓菁”系、“山药(蛋)”系和“洋芋”系。

总体来看，“(山)蔓菁”系主要分布在临汾以北地区，包括永和、大宁、隰县、蒲县、汾西、霍州、洪洞、古县安泽唐城等地区。“山药(蛋)”系分布在临汾及其以南以及东部地区，包括临汾、乡宁、襄汾、侯马、曲沃、翼城隆化、浮山寨圪瘩、安泽唐城外等地区。“洋芋”系则零星分布在西部山区的大宁太古、吉县文城、吉县屯里、翼城西阎四个方言点。

一些地区出现了“(山)蔓菁”“山药(蛋)”“洋芋”的混搭组合，如：翼城城关叫“山药蛋”，也叫“洋芋蛋子”；浮山城关、浮山响水河叫“山蔓菁蛋子”，洪洞城关叫“山药蛋”“山蔓菁”“山蔓菁蛋”；吉县城关、吉县柏山寺叫“山药”“洋芋”“蔓菁”。

“山蔓菁”的“菁”各地读音有所不同：蒲县山中、霍州、古县古阳读［tɕiɛ］，古县北平、古县石壁、古县城关读［tɕi］，其余方言点都读［tɕiŋ tɕiʌŋ］。

六、“向日葵”义的词形分布及分析

由图3－7可看出，“向日葵”义的词形主要为“葵花”，且分布在绝大部分地区。

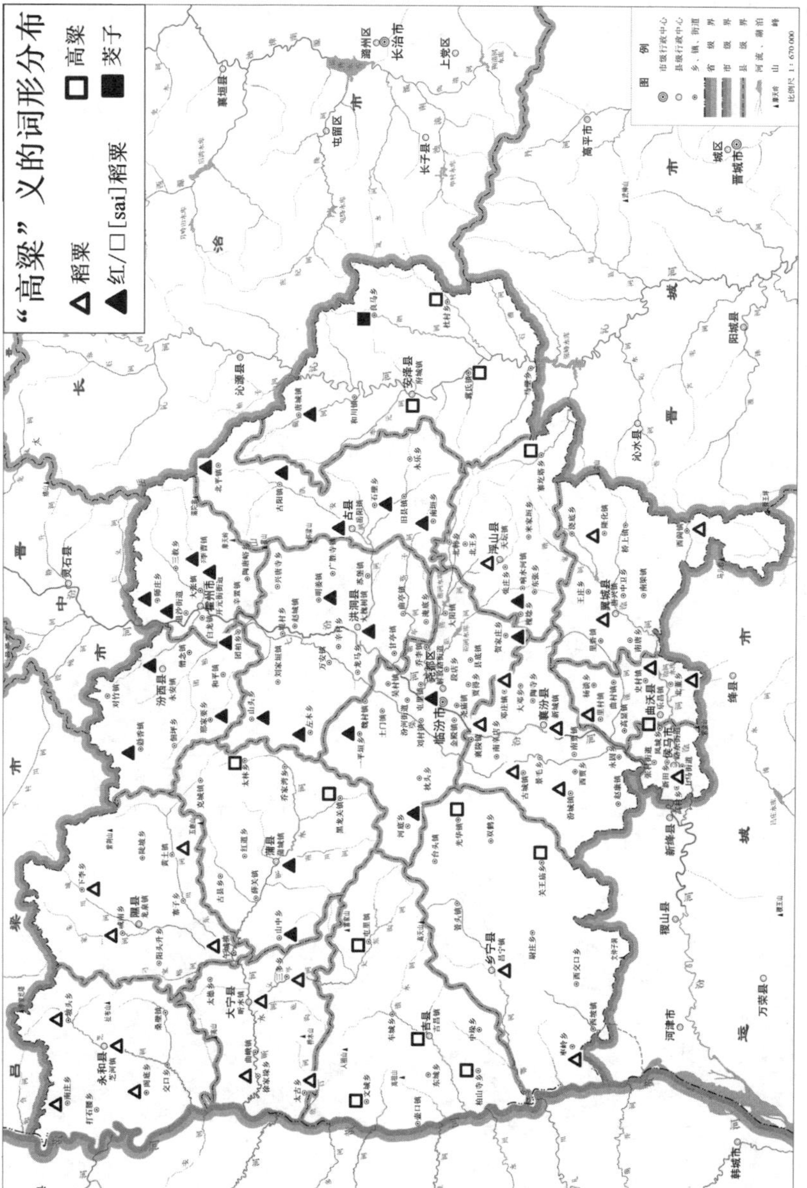

图 3－5　“高粱”义的词形分布

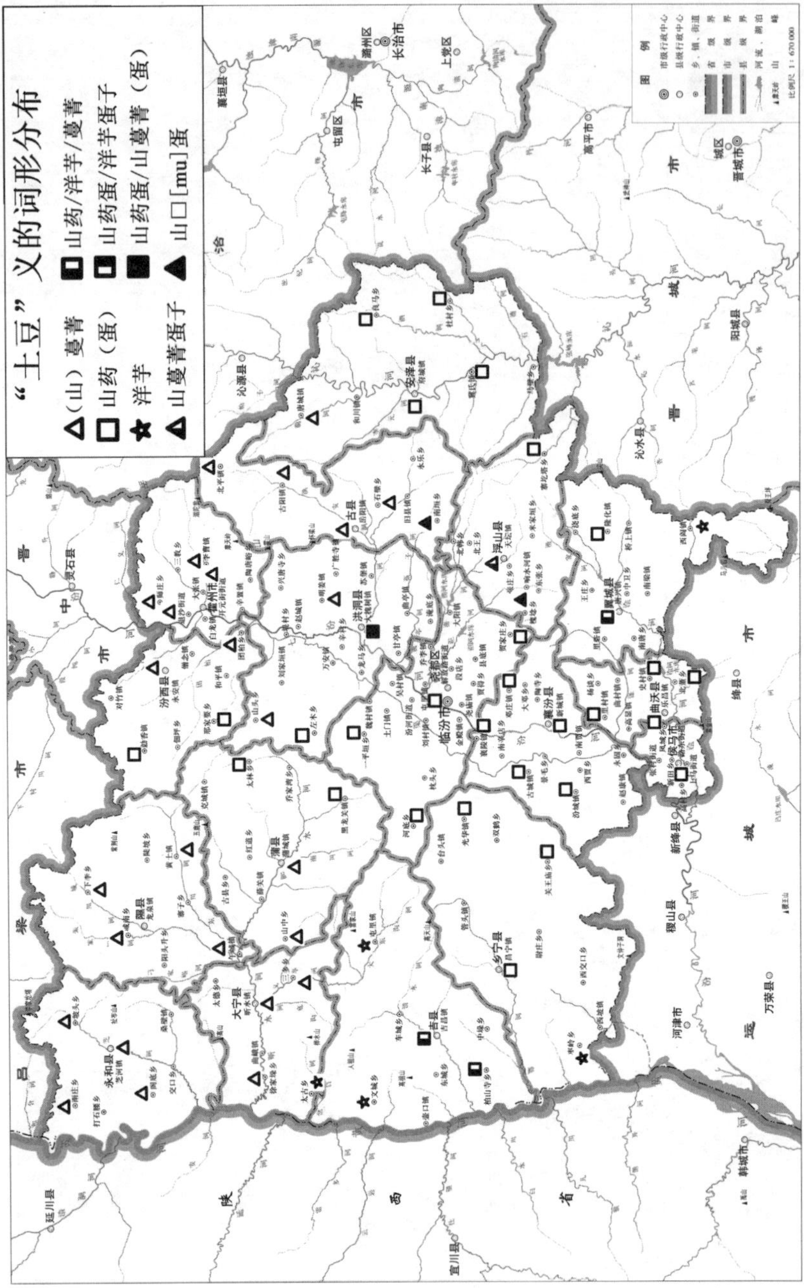

图 3－6 “土豆”义的词形分布

"太阳花/照阳花/朝阳花/照日红"等词形由"阳/日"与"花"组成,主要分布在两小块地区:一是东部山区,呈"/"状分布,包括隰县下李、隰县城南、隰县午城、大宁徐家垛、大宁太古、吉县文城、吉县城关、吉县柏山寺、乡宁枣岭、乡宁城关等地;二是北部的霍州退沙街道、霍州师庄、霍州城关三个方言点。

"日照脸/月照脸"词形将"向日葵"比作"脸",形象生动,仅分布在襄汾城关、襄汾汾城、侯马城关三个方言点。

"满树莲/掌掌葵"词形是从形状上来命名,仅分布在襄汾襄陵、襄汾古城、襄汾邓庄三个方言点。

七、"公猪种猪"义的词形分布及分析

由图 3－8 可看出,"公猪种猪"义的词形大体可分为四大类:"公猪"系、"羯[tɕiɛ tɕyɛ tɕyʌ tɕyə]猪(子)"系、"狼猪"系和"牙猪"系。

"公猪"系分布范围最广,包括西北部的永和、隰县、蒲县,中部的洪洞、临汾,南部的襄汾、侯马、曲沃等地。"羯猪(子)"系主要分布在两小块地方:一是西部的大宁、吉县、乡宁等地,二是东部的霍州、古县、安泽等地,均呈条状分布。"狼猪"系则主要分布在东南角的翼城、浮山等地。"牙猪"系分布在汾西勍香、汾西城关、汾西邢家要三个方言点。

八、"母猪种母猪"义的词形分布及分析

由图 3－9 可看出,"母猪种母猪"义的词形主要是"(老)母猪",分布在绝大部分地区。"老婆猪"分布在西北角的永和、大宁等地。"猪母子"仅分布在乡宁光华一个方言点。"草猪"仅分布在西南角的乡宁关王庙、乡宁枣岭两个方言点。"卧猪"仅分布在浮山响水河、翼城隆化两个方言点。

九、"麻雀"义的词形分布及分析

由图 3－10 可看出,"麻雀"义的词形大体可分为四大类:"飞"系、"飞虫"系、"雀"系和"虫"系。

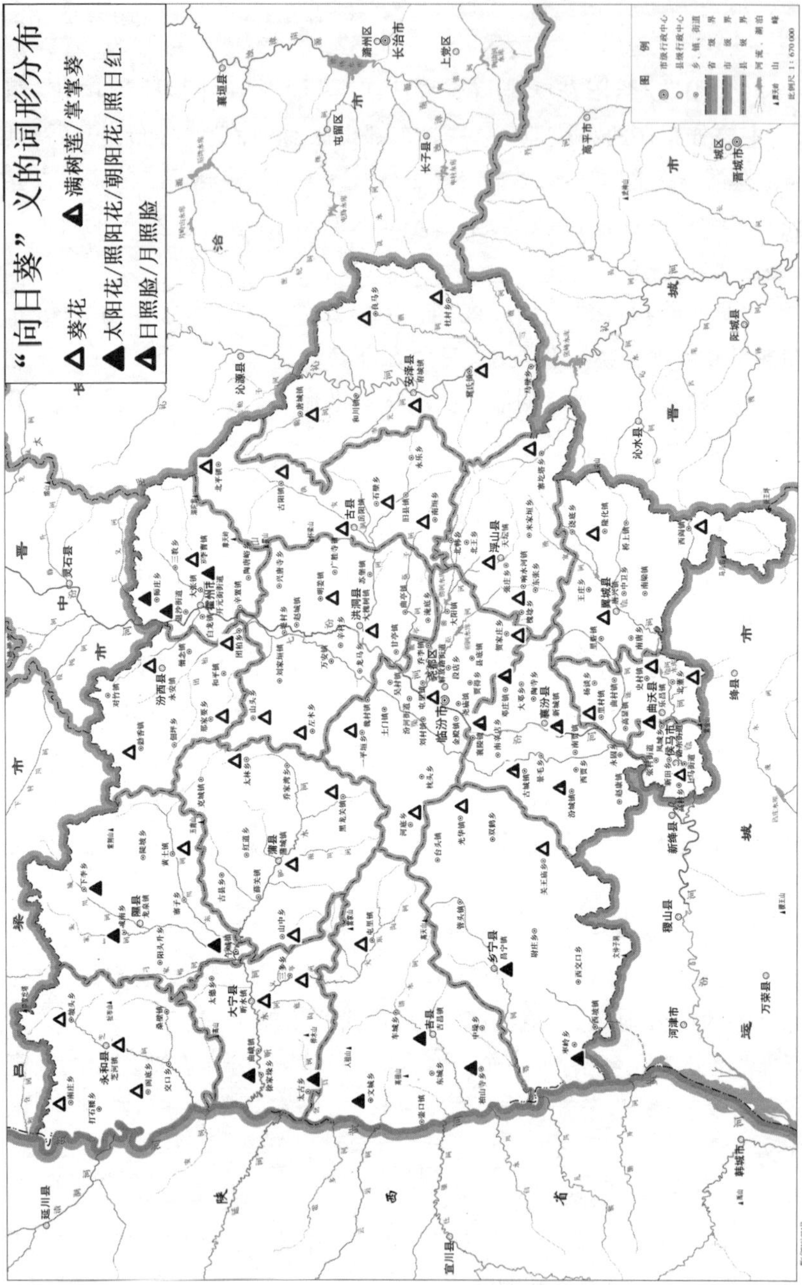

图 3－7　“向日葵”义的词形分布

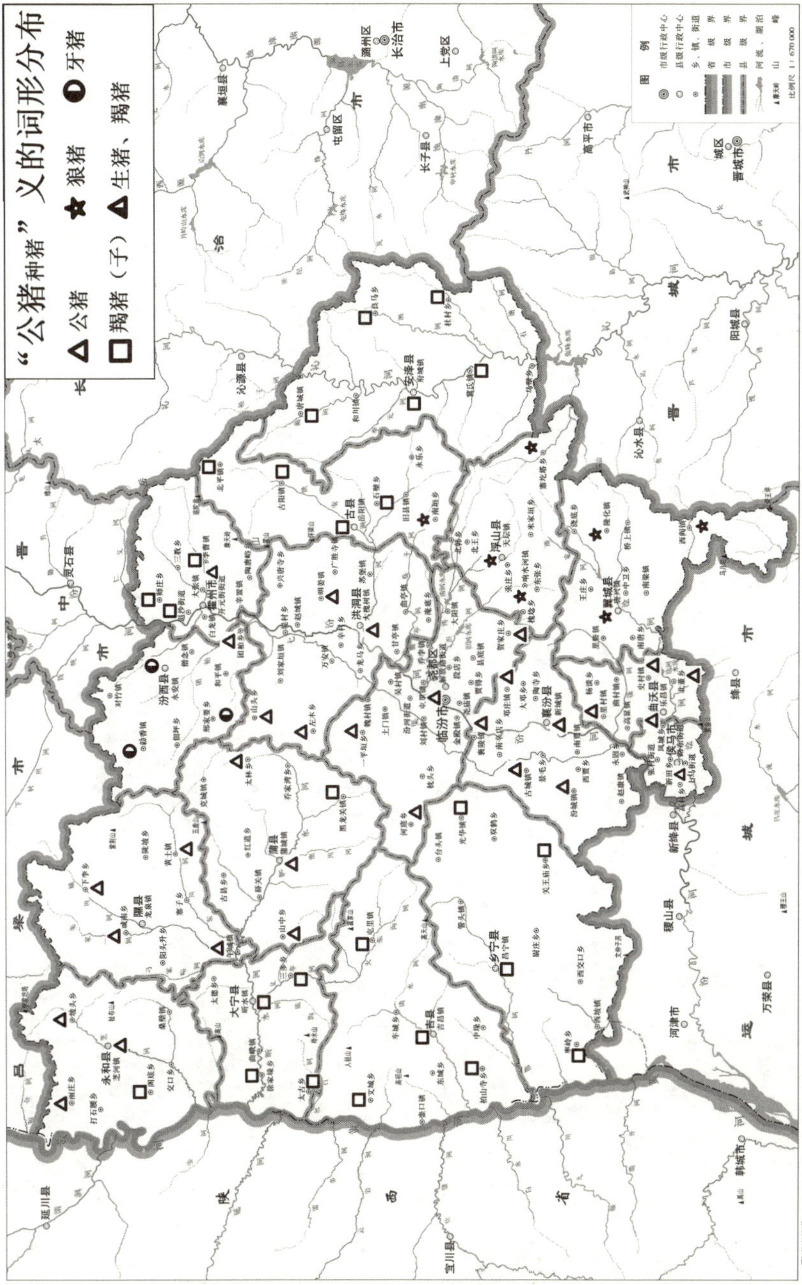

图 3－8 “公猪种猪”义的词形分布

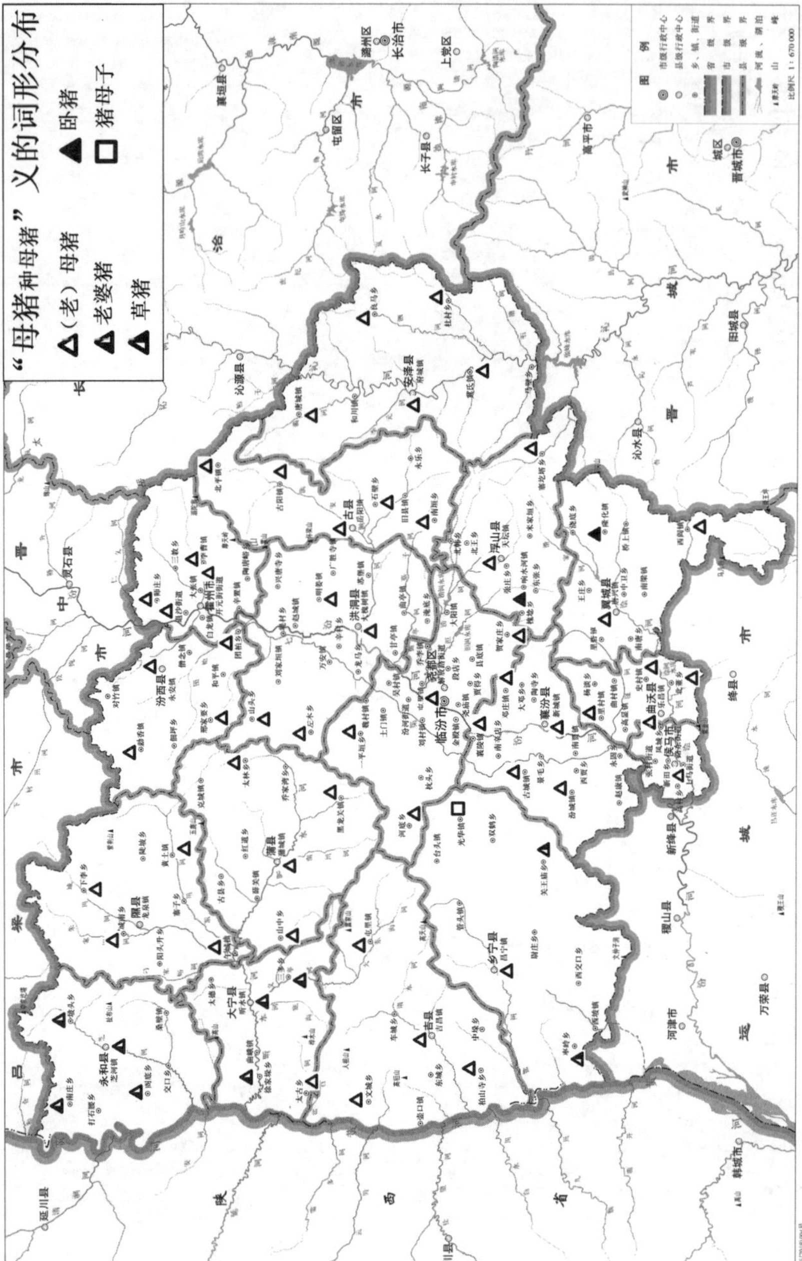

图 3－9 "母猪种母猪"义的词形分布

“飞”系分布在临汾及其以北的绝大部分地区，“飞”字的读音类型包括“[çy]、[çyʌ]、[çiəu]”。

“飞[çi]虫”系包括“飞虫(儿)/飞虫玛”，分布范围次广，主要有西南部的吉县、乡宁，南部的侯马、曲沃、翼城、襄汾汾城、襄汾城关等地。

“雀[tɕʰiɑu]”系主要分布在永和阁底、永和南庄、永和城关、大宁太古、吉县文城几个方言点。

“小虫(儿/子)”主要分布在安泽杜村、安泽良马两个方言点。

岩田礼(2011)认为，“虫”系的分布区，曾有一个时期是“麻雀”的分布区域。由于“喜鹊”经常被叫作“麻野鹊”“麻衣鹊”等词，这些词的第二个音节往往读成轻声，语音接近“麻雀”，因而面临同音冲突的危机，为了回避冲突，方言将“麻雀”替换为“小虫”等，即“凹陷”。

十、“啄木鸟”义的词形分布及分析

由图3－11可看出，“啄木鸟”义的词形大体可分为四大类：“鸽”系、“啄木鸟”系、“虫”系和“谷”系。

“鸽”系分布于绝大部分地区，又可分为“鸽[tɕʰiɑn tʰiɑn]树[su ʂu]+词缀”(“鸽树巴儿/木儿/伯儿/虫儿/锤儿/蹦蹦/布谷子”)和“鸽+木木[puo]/巴巴”两小类。前者主要分布于西北部的山区，包括永和、大宁、隰县、吉县、蒲县山中、襄汾汾城、襄汾城关，甚至安泽唐城、霍州退沙街道都属于这个类型。后者分布范围最广，主要分布于中部、南部广大地区，包括洪洞、蒲县、古县、临汾、浮山、乡宁、襄汾、翼城、侯马、曲沃等地区。

“啄木鸟”系仅分布于东部山区的4个方言点：浮山寨圪瘩、安泽冀氏、安泽杜村、安泽府城。

“虫”系指“啄树[ʃu]虫/打布[pu]虫”，仅分布于汾西勍香、汾西邢家要、汾西城关、安泽良马四个方言点。

“谷”系词形包括“鸽[tɕʰiɑn]巴谷”“占木[puo]谷”“扎木谷”，主要分布于东北角的霍州、古县等地。

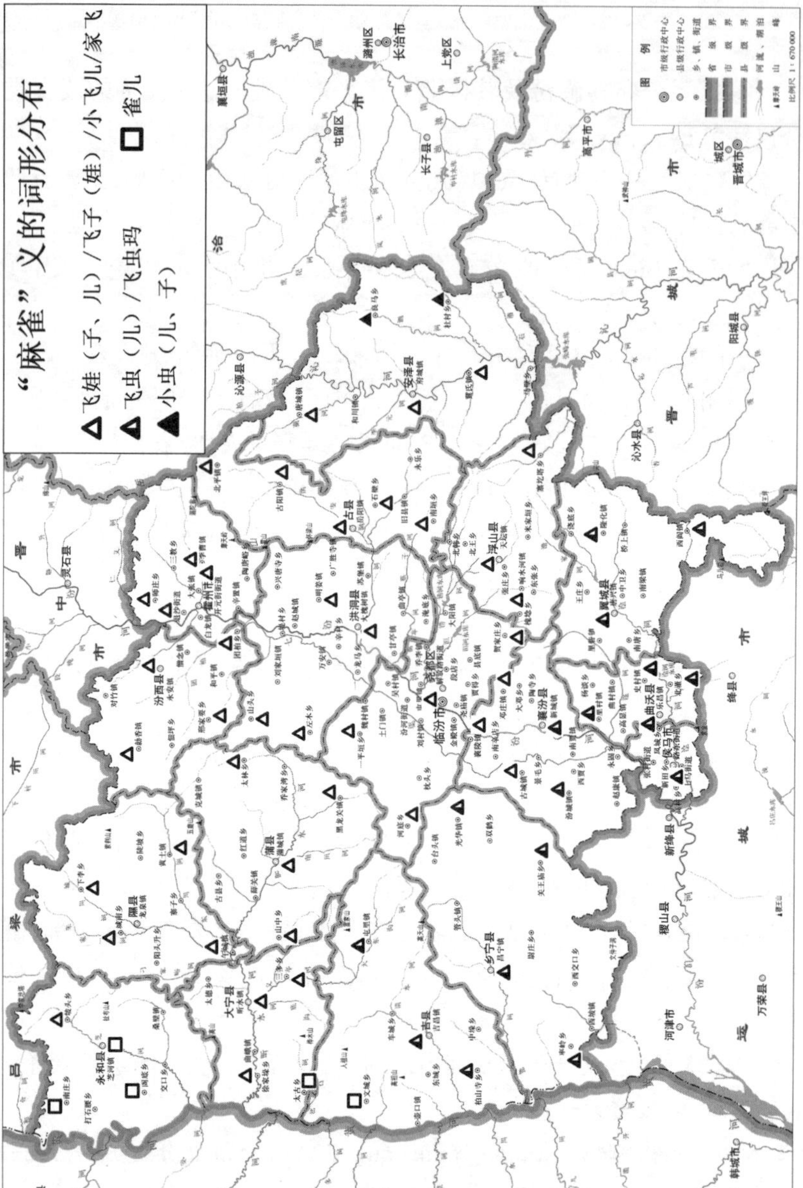

图 3－10 “麻雀”义的词形分布

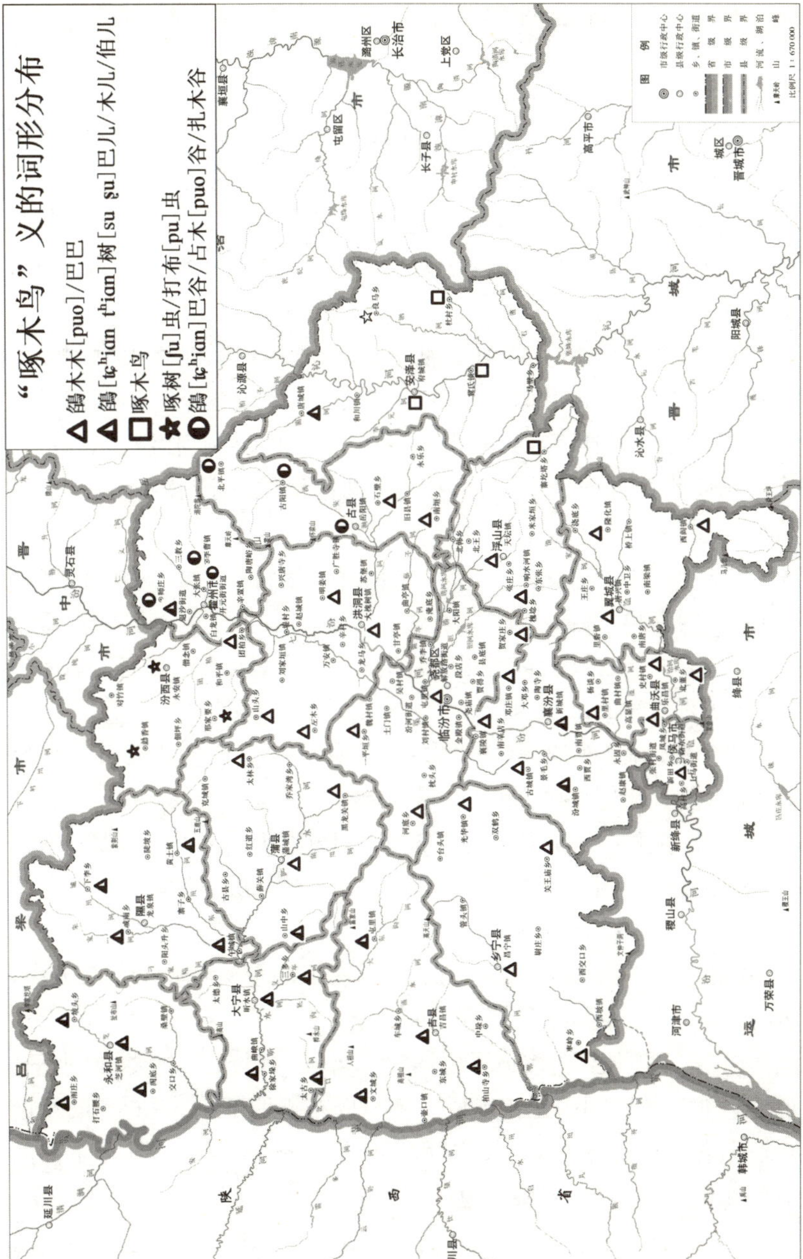

图 3-11 “啄木鸟”义的词形分布

十一、"蚂蚁"义的词形分布及分析

由图3-12可看出,"蚂蚁"义的词形主要由"蚂""蚁""虫""蚍"四个字组合而成。大体可分为三大类:以"蚍"开头的,如"蚍蜉(儿)蚂蚂/蚍虫蚂蚂/蚍蚂虫"等,称之为"蚍"系;以"蚂"开头的,包括"蚂/重叠+蚁""蚂+其他",称之为"蚂"系;"蚂重叠+虫"或"虫重叠+蚂",称之为"虫"系。

"蚍"系指"蚍蜉(儿)蚂蚂/蚍虫蚂蚂/蚍蚂虫",要么由"蚍蜉/蚍虫+蚂蚂"组成,要么由"蚍""蚂""虫"三个组成。分布于大部分地区,包括北部的隰县、汾西、霍州退沙街道,中部的洪洞、临汾,东部的古县、浮山城关,西部的大宁、蒲县、吉县,西南部的乡宁,南部的襄汾、侯马、曲沃、翼城等地。

"蚂"系包括"蚂蚁/蚂蚂蚁""蚂蝙蝠/蚂蚍蜉"两小类。前者主要分布于西南角、南部和东部地区,自乡宁城关、乡宁枣岭起,经南部的襄汾、侯马、曲沃、浮山,最后至东部的安泽,呈1/4圆状分布。后者主要分布于东北角的永和地区。

"虫"系包括"蚂蚂虫"和"虫虫玛"两小类。前者主要分布于临汾南部及与其相邻地区,包括临汾贺家庄、襄汾襄陵、襄汾邓庄、浮山响水河等地。后者主要分布于洪洞北部及与其相邻地区,如洪洞明姜、汾西团柏、霍州城关、霍州李曹、霍州师庄等地。二者呈ABA状分布。

十二、"男孩"义的词形分布及分析

由图3-13可看出,临汾方言"男孩"义词形大体分为四大类:"小子"系、"娃"系和"厮"系和"小孩"系。

"小子"系词形有:"小子(娃)""猴小子""小儿",主要由"小子"加前缀"猴"或者"小"儿化组成。主要分布于西部山区和东部、东南部地区,包括西部的永和、大宁、隰县、蒲县、吉县、乡宁等地,东部的安泽,东南部的浮山、翼城等地。

"娃"系词形有:"娃""男娃""孩儿娃""小娃""小娃娃",主要由"娃"加前缀或重叠后加前缀组成。主要分布于临汾市区南部及其以

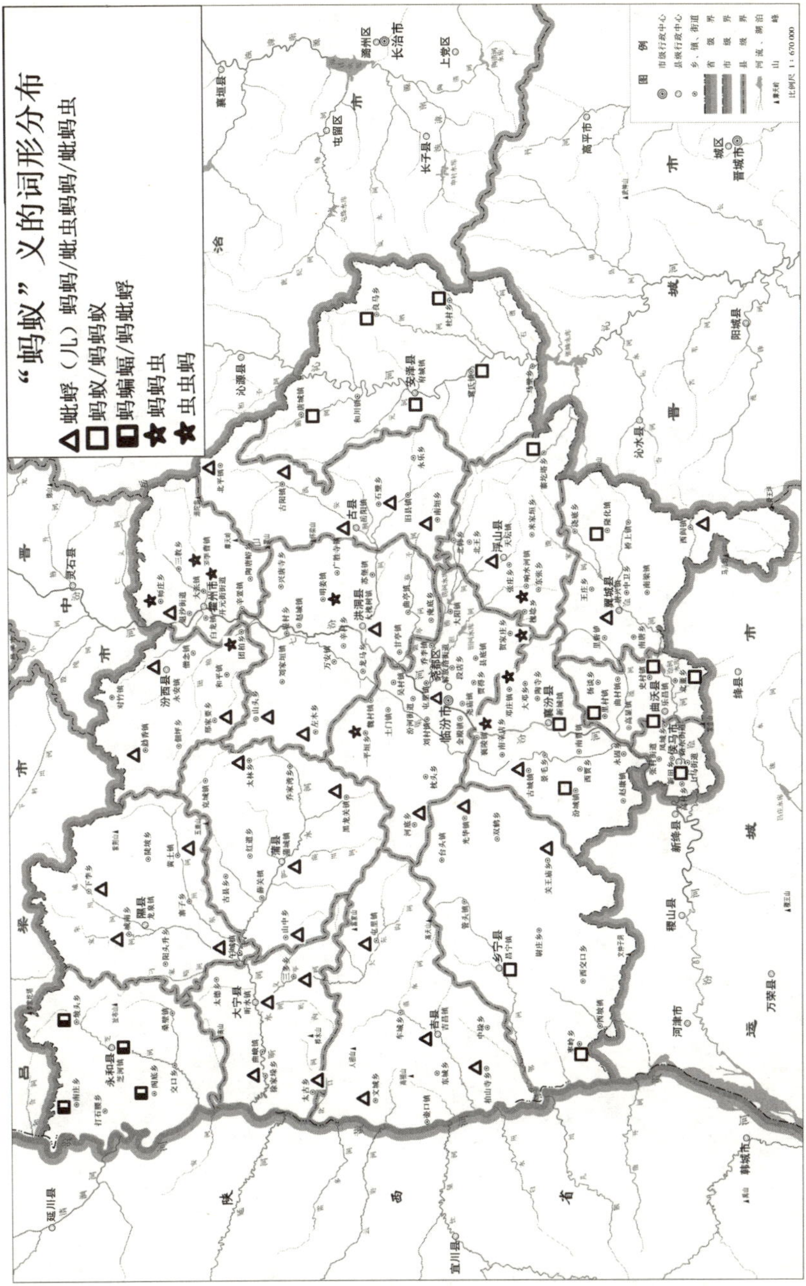

图 3－12 “蚂蚁”义的词形分布

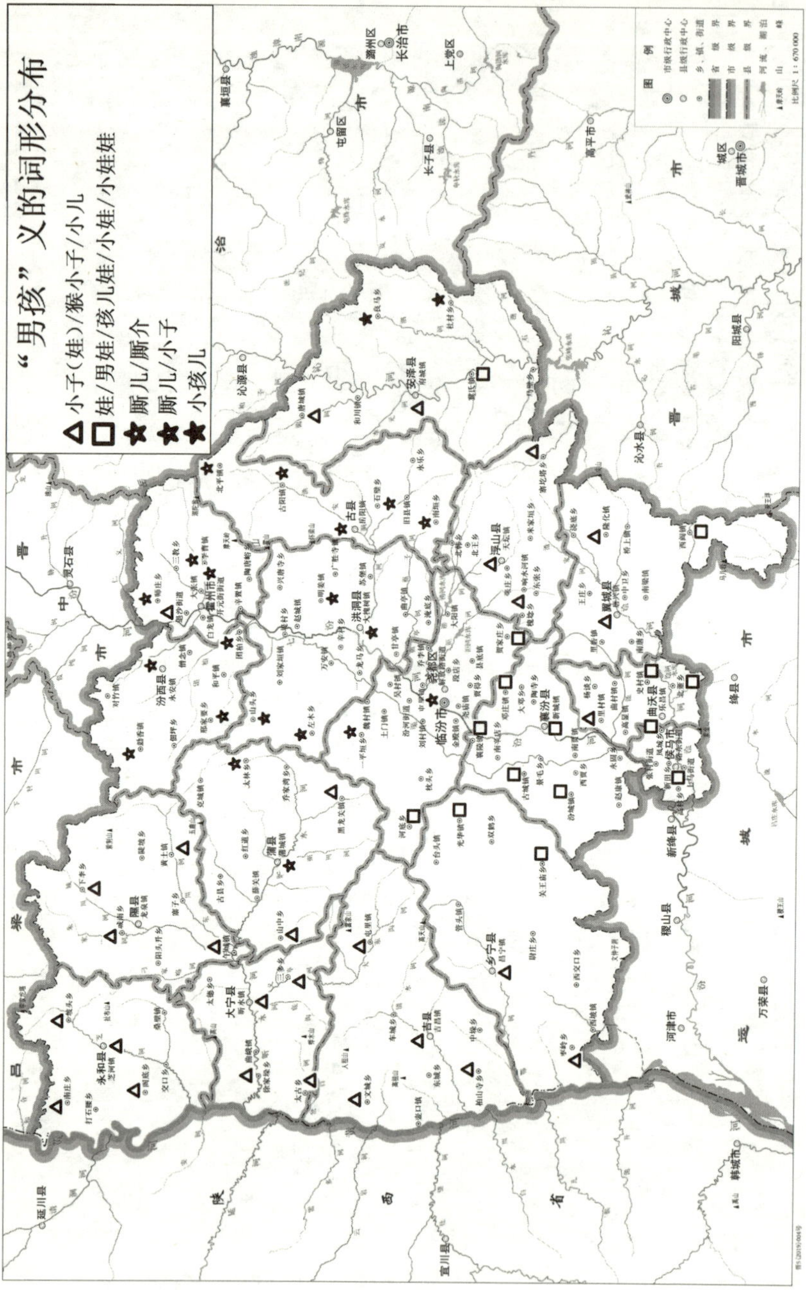

图 3－13 “男孩”义的词形分布

南地区，包括临汾河底、临汾贺家庄、乡宁光华、乡宁关王庙、襄汾、侯马、曲沃等地。

“斷”系词形有：“斷儿”“斷介”，主要由“斷”儿化或加后缀组成。主要分布于临汾市区北部及其以北地区，包括临汾城关、临汾一平垣、古县、蒲县太林、蒲县城关、汾西、霍州等地。

洪洞地区则既可叫“小子”，也可叫“斷儿”。

“小孩”系词形只有“小孩儿”仅存在于安泽良马、安泽杜村两个方言点。

十三、“女孩”义的词形分布及分析

由图3－14可看出，临汾方言“女孩”义的词形大体可分为四大类：“女”系、“汝”系、“妮”系和“小闺女”系。

“女”系分布范围最广，词形有“女子(娃)”“女儿”“女娃(儿)”，主要由“女”加后缀组成。三小类连片分布，“女子(娃)”类主要分布于东北角的永和，西部的吉县，中部的蒲县、洪洞以及南部的曲沃等地区。“女儿[ȵyər]”类主要分布于临汾、古县两个县市。“女娃(儿)”类则零星分布在大宁太古、乡宁枣岭、乡宁城关、临汾河底、襄汾古城、襄汾城关、襄汾汾城、曲沃北董、翼城西阎、浮山城关、安泽冀氏等地。

“汝”系词形有“汝子/汝介”，主要分布在北部的隰县、汾西勍香、汾西城关、霍州，以及东北部的大宁。

“妮”系词形有“妮儿/妮子/妮娃”，都由“妮”加后缀组成，主要分布在南部的侯马、翼城，也零星分布在乡宁关王庙、襄汾城关、古县石壁、蒲县太林等地。

“小闺女”系主要分布在东部山区，有安泽良马、安泽冀氏、安泽杜村、浮山寨圪瘩四个方言点。

“丫头”词形仅存在于安泽府城这一方言点。

十四、“父亲”义的词形分布及分析

由图3－15可看出，“父亲”义的词形可分为三大类：“爸”系、“爹”系和“□[ta]”系。

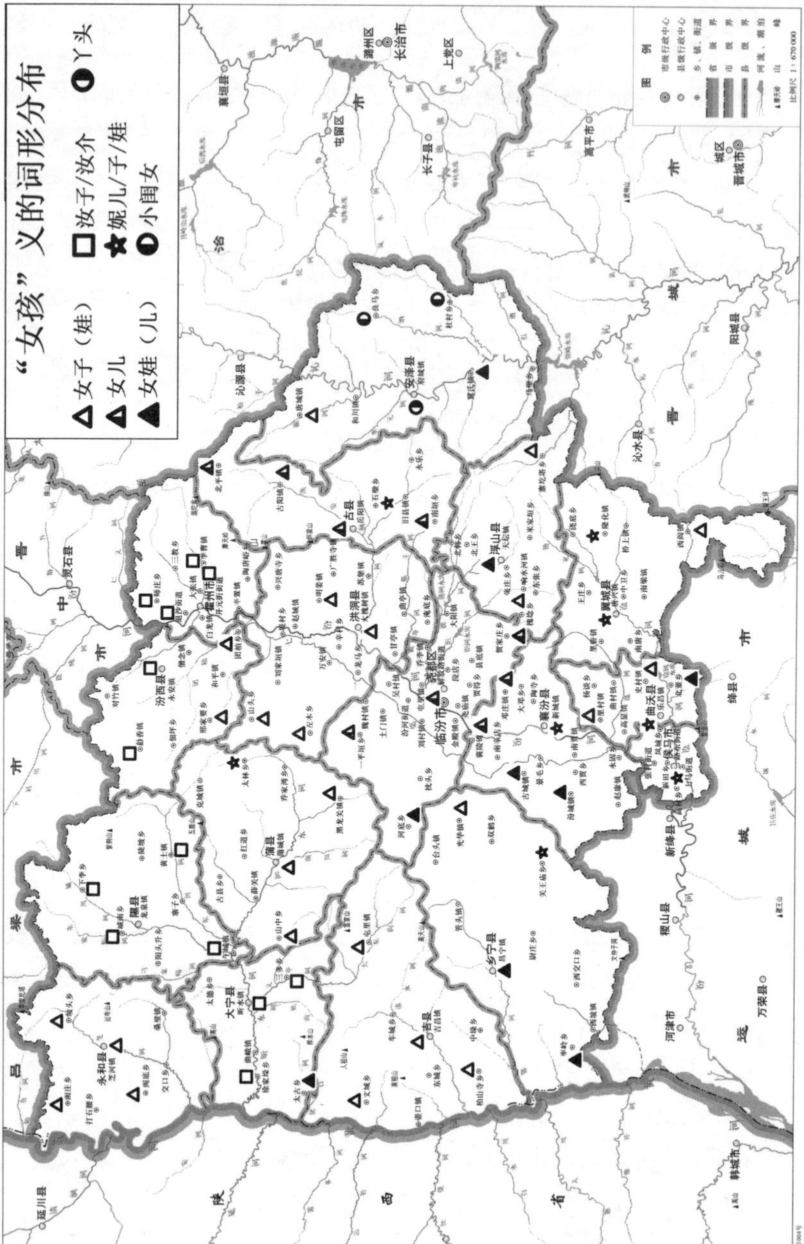

图 3－14 “女孩”义的词形分布

“爸”系词形有“爸”“爸爸”，读音有[pa pɑ pᴀ pæi]。分布范围最广，自西北向东南均有分布：自西北的永和、隰县、大宁、蒲县、汾西，经洪洞、霍州、古县，至东南的浮山，包括南部的襄汾。

“爹”系词形有“爹”“爹爹”，读音有[tiɛ tiᴇ tie tiɑ]。主要分布于临汾及其以东地区，包括临汾一平垣、临汾城关、洪洞左木、襄汾襄陵、古县北平、古县城关、安泽、翼城地区、吉县、乡宁以及大宁太古。

“□[ta]”系词形有“□[ta]”“□□[ta]”，读音有[ta tɑ tᴀ]，主要分布于南部的侯马、曲沃以及安泽唐城。

十五、“母亲”义的词形分布及分析

由图 3 – 16 可看出，“母亲”义的词形大体可分为五大类：“妈”系、“姐”系、“娘”系、“□[ia]”系和“奶”系。

“妈”系词形有“妈”“妈妈”，读音以[ma mɑ mə]为主，也有读[mɛ miɛ mai mɑŋ]的，如中北部的霍州师庄、汾西团柏、洪洞山头、洪洞明姜四个方言点读[mɛ]，霍州李曹、霍州城关读[miɛ]，霍州退沙街道读[mai]，西北角的永和南庄、永和坡头、永和阁底读[mɑŋ]。分布范围最广，主要分布在临汾、洪洞及其以西、以南地区，有永和、大宁、吉县、乡宁、蒲县、洪洞山头、洪洞明姜、临汾河底、临汾贺家庄、襄汾邓庄、襄汾城关、侯马、曲沃等地，东部的浮山城关、浮山寨圪瘩、翼城西阎等地也有零星分布。

“姐”系词形读音为[tɕia tɕiɑ]，主要分布于两条“竖线”上，一条是自北向南的汾西、洪洞左木、临汾城关、襄汾襄陵、襄汾古城、襄汾汾城；另一条是自北向南的古县古阳、古县石壁、翼城隆化、翼城城关。

“娘”系词形读音为[ȵiɑŋ ȵiə ȵyə]，主要分布于东部山区。“娘[ȵiɑŋ]”主要分布于安泽唐城、安泽良马、安泽杜村、安泽冀氏、安泽府城以及曲沃里村六个方言点，“娘[ȵiɑŋ ȵiə ȵyə]”主要分布于古县北平、古县古阳以及乡宁关王庙三个方言点。

“□[ia]”系词形主要分布于隰县四个方言点。

“奶”系词形为“奶奶”，主要分布于浮山响水河一个方言点。

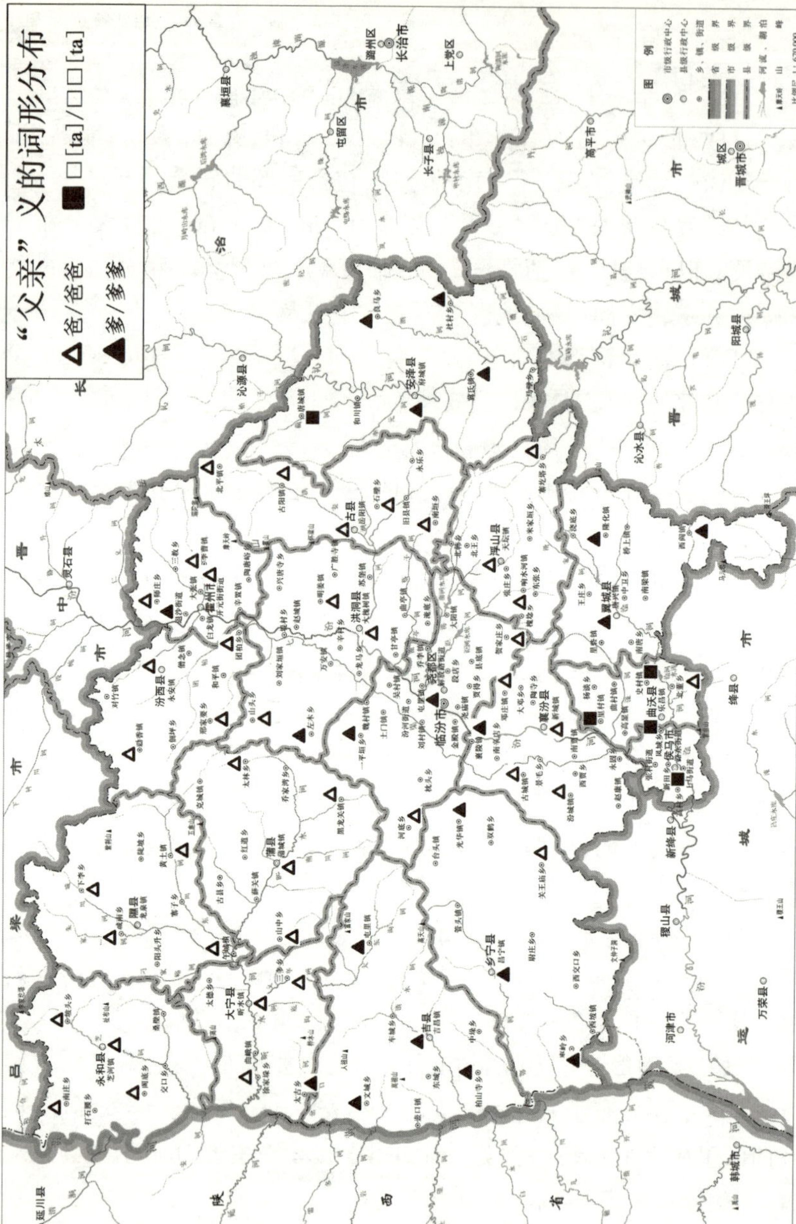

图 3-15 “父亲”义的词形分布

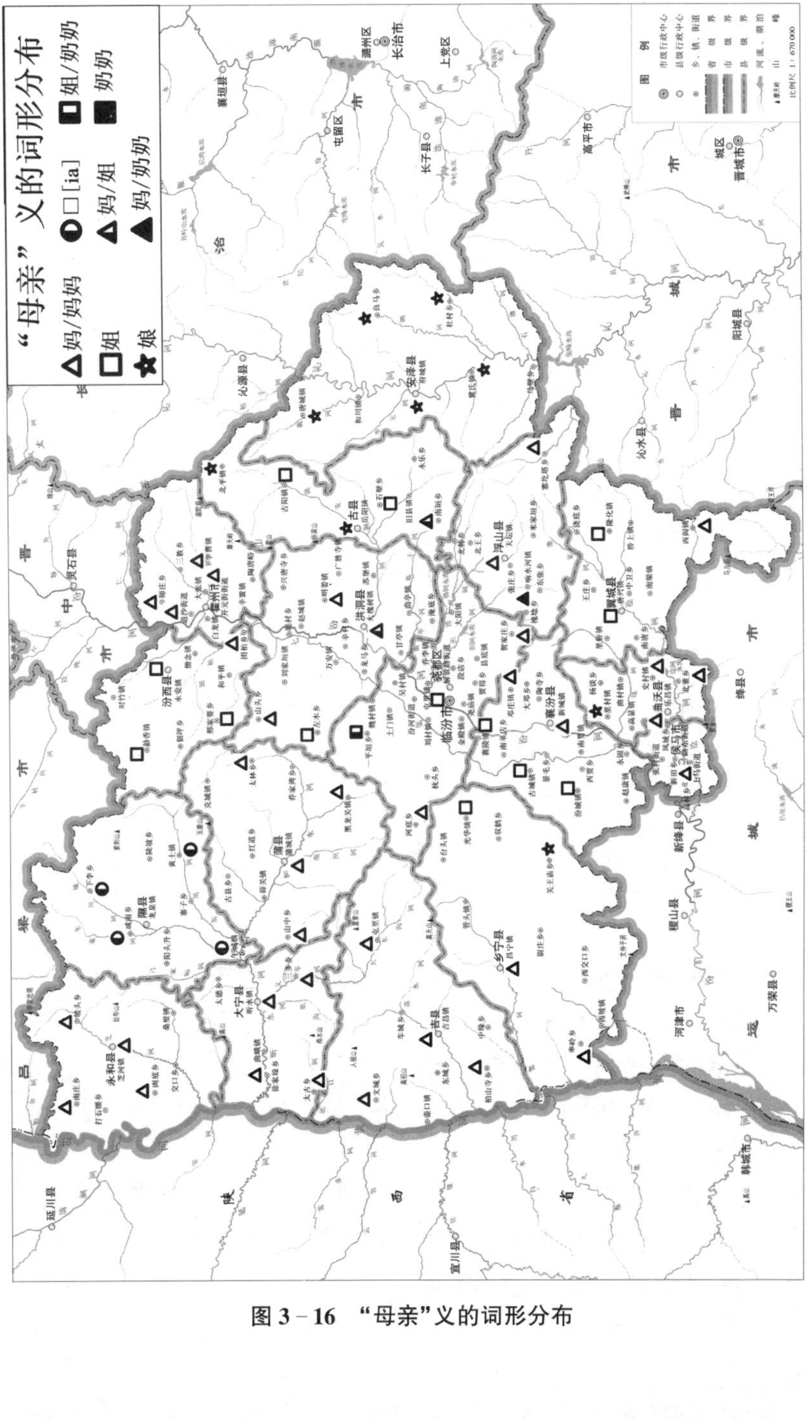

图 3－16 “母亲”义的词形分布

洪洞城关既叫“姐[tɕia]”，又叫“妈[mɛ]”。临汾一平垣既叫“姐[tɕiᴀ]”，又叫“奶奶[nai nai]”。浮山响水河既叫“妈[na]”，又叫“奶奶[nai nai]”。

十六、“祖母”义的词形分布及分析

由图3-17可看出，“祖母”义的词形大体可分为“娘”系、“婆”系和“奶”系。

“娘”系词形有“娘”“娘娘”，分布于绝大部分地区。读音主要为[ȵiɛ ȵiɛ]，霍州师庄、霍州城关、霍州李曹读音为[ȵi]。

“婆”系词形有“婆婆[pʰuə pʰuo]”，主要分布于西部地区，有永和、大宁太古、吉县、乡宁。

“奶”系词形有“奶奶”，读音为[nai nai nei nei]，主要分布于东部安泽五个方言点、浮山寨圪瘩及临汾城关。

古县北平、古县城关既可读“娘娘[ȵiɑ ȵiɑ]”，又可读“奶奶[nai nai]”。

霍州退沙街道既可读“□□[pɑ pɑ]”，又可读“奶奶[nai nai]”。

十七、“外祖父”义的词形分布及分析

由图3-18可看出，“外祖父”义的词形主要有三类：“姥爷”系、“外[uei vei]爷”系和“舅爷”系。

“姥爷”系词形有“姥爷”“姥介爷”，分布于西北部以外的绝大部分地区。

“外爷”系主要分布于东北部的永和、隰县、大宁、吉县地区。

“舅爷”系仅分布于乡宁城关、乡宁枣岭两个方言点。

十八、“外祖母”义的词形分布及分析

由图3-19可看出，临汾方言“外祖母”义的词形可分为两大类：“姥”系和“婆”系。

“姥”系词形有“姥姥”“姥娘/姥介娘”。分布于西北部以外的绝大部分地区，以“姥娘/姥介娘”类为主，“姥姥”类仅分布于东部的安泽、古县，西北部的汾西、蒲县等地。

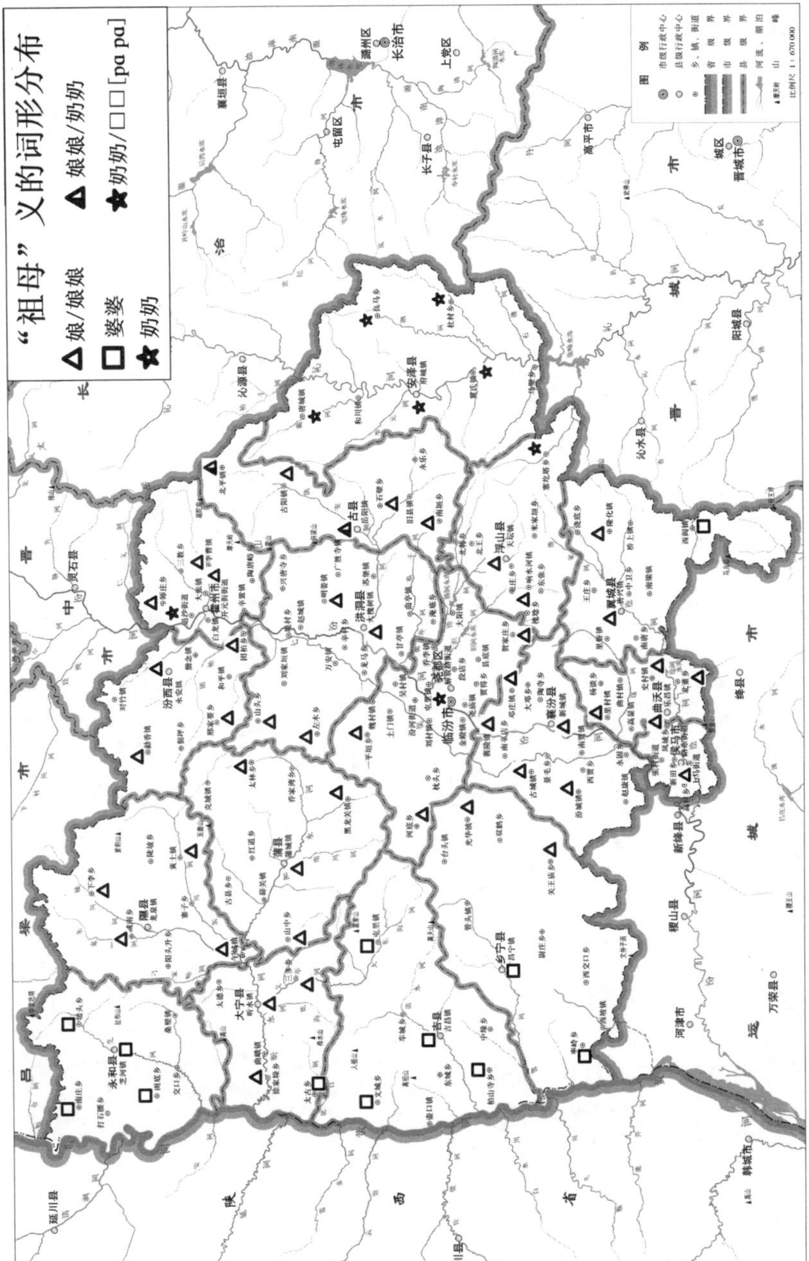

图 3－17 “祖母”义的词形分布

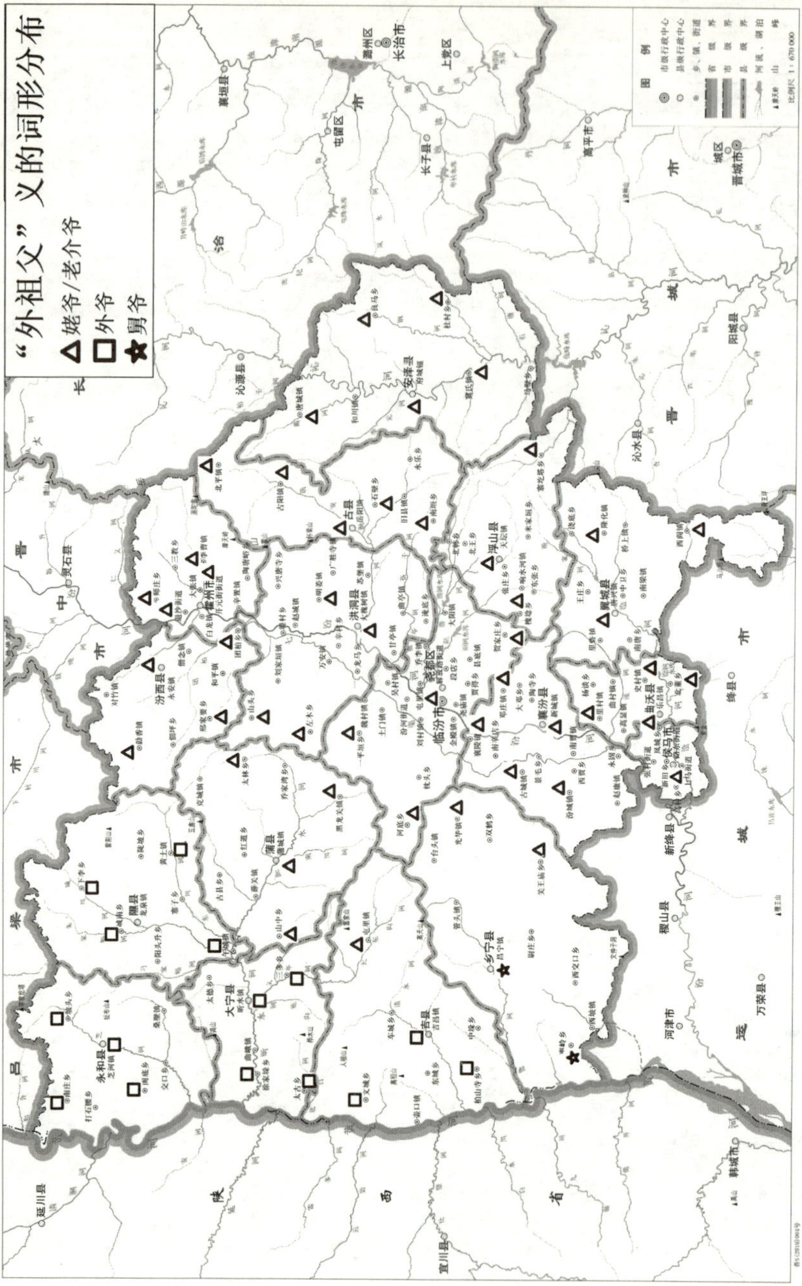

图 3－18 “外祖父”义的词形分布

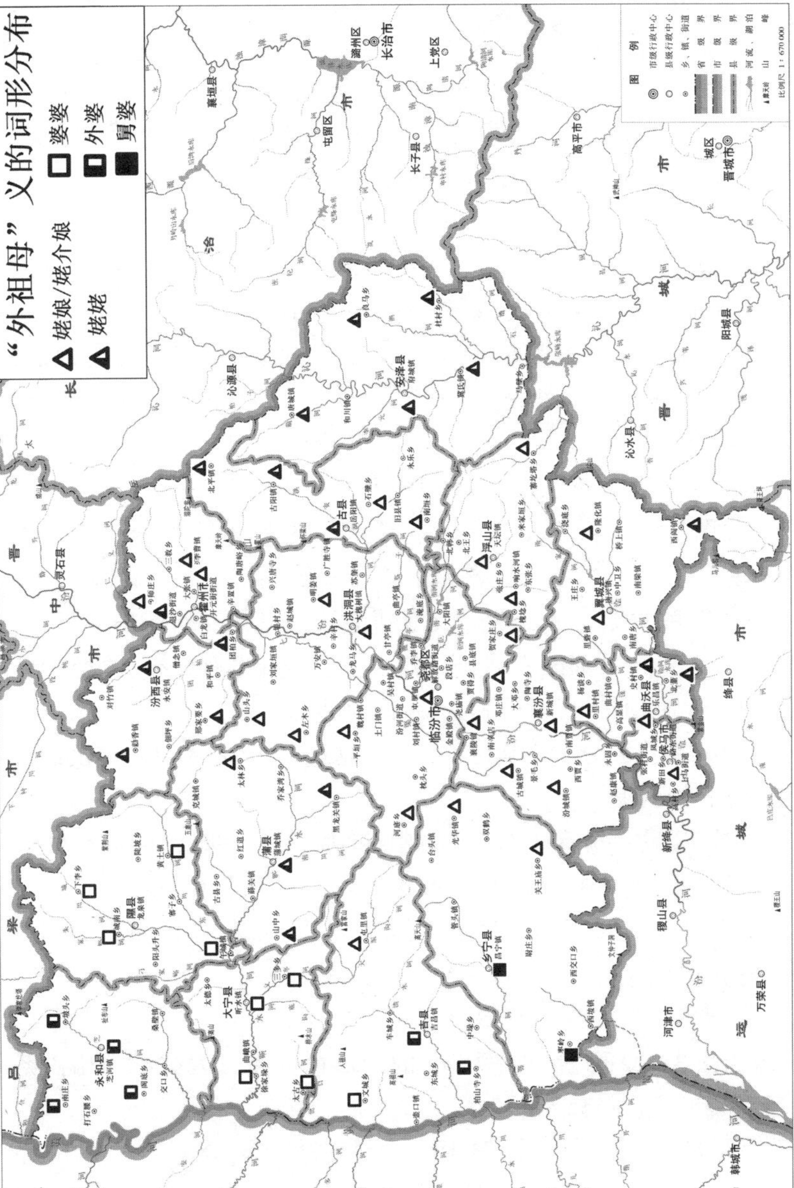

图 3－19　“外祖母”义的词形分布

“婆”系词形有“婆婆”“外婆”“舅婆”。“婆婆”类主要分布于隰县、大宁及吉县文城。“外婆”类主要分布于东北角的永和及吉县城关、吉县柏山寺。“舅婆”类仅分布于乡宁城关、乡宁枣岭。

十九、“儿媳妇”义的词形分布及分析

由图 3－20 可看出，“儿媳妇”义的词形主要是“媳妇（或合音）”加前缀或后缀组成，只是各地读音不同而已。“媳妇[ɕi fu]（子）”主要分布于北部的霍州，东部的安泽、浮山、翼城，南部的襄汾、侯马等地。“儿/娃媳妇[ɕi fu ɕiɛ fu ɕiou]（子）”分布于绝大部分地区。

二十、“娶～媳妇”义的词形分布及分析

由图 3－21 可看出，“娶～媳妇”义的词形大体可分为五大类：“娶”系、“换”系、“吃”系、“搬/抬”系及其他。

“娶”系主要分布于东部及南部地区，包括安泽、浮山、翼城、曲沃、侯马、襄汾，西部的吉县、永和阁底、永和南庄也有分布。“娶”字除了翼城隆化、翼城城关读[$tɕ^hi$]，其余都读[$tɕ^hy$]。

“换”系主要分布于临汾及其以北地区，包括临汾、蒲县、洪洞、古县、霍州、汾西等地。

“吃”系主要分布于东北部的隰县、大宁及永和城关、吉县文城。

“搬/抬”系主要分布于襄汾古城、襄汾邓庄、临汾贺家庄。

“其他”包括“□[ʂa]”“下”“过事”，都分布在乡宁地区以及与之相邻的临汾河底。

二十一、“头”义的词形分布及分析

由图 3－22 可看出，“头”义的词形可分为三大类：“的脑”系、“脑”系和“□□[təŋ təŋ]”系。

“的脑”系分布于除永和、隰县、翼城外的大部分地区。“的脑”的“的”各地读音所有不同：安泽、大宁、蒲县山中、蒲县城关、古县北平、霍州退沙街道读[tʌʔ tʌ]，汾西团柏、蒲县太林、蒲县黑龙关、临汾贺家庄、临汾一平垣、洪洞左木、洪洞山头、霍州师庄、霍州李曹、霍州城关读[tə]，吉县、

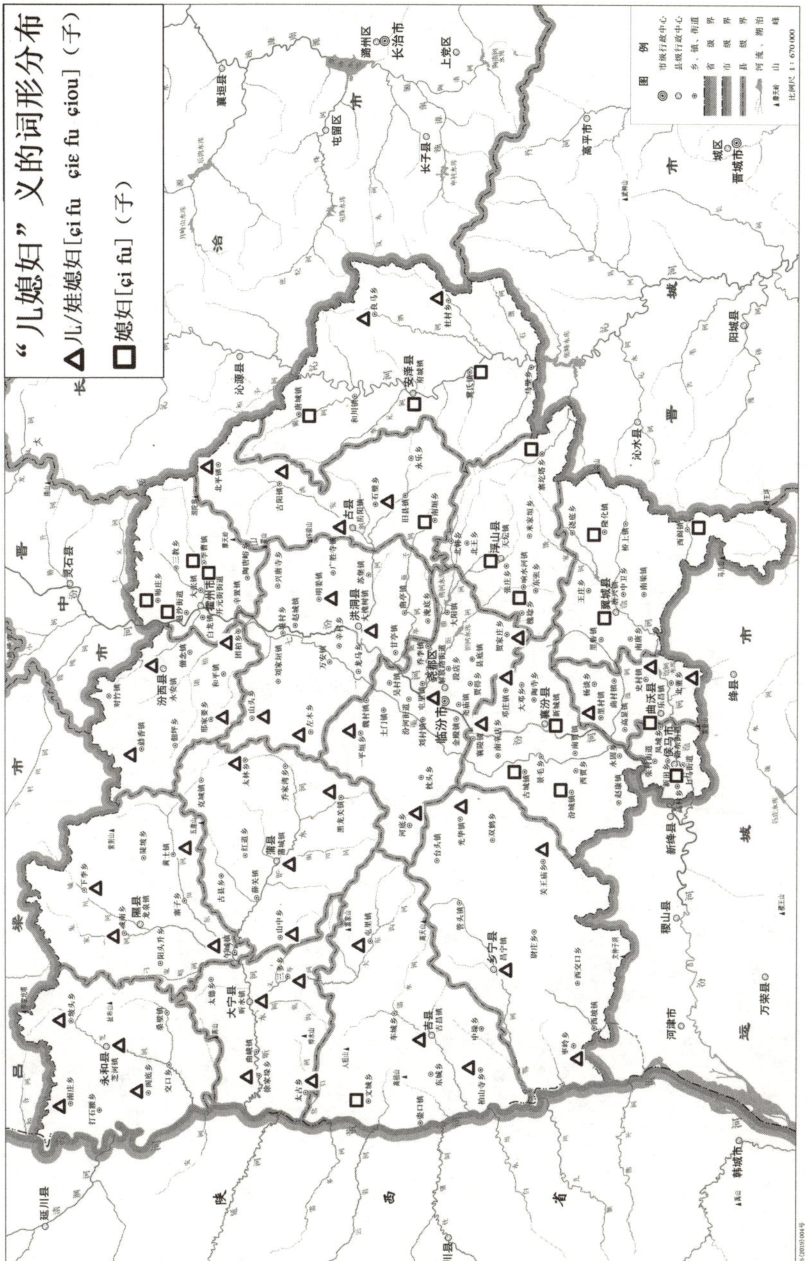

图 3－20 “儿媳妇”义的词形分布

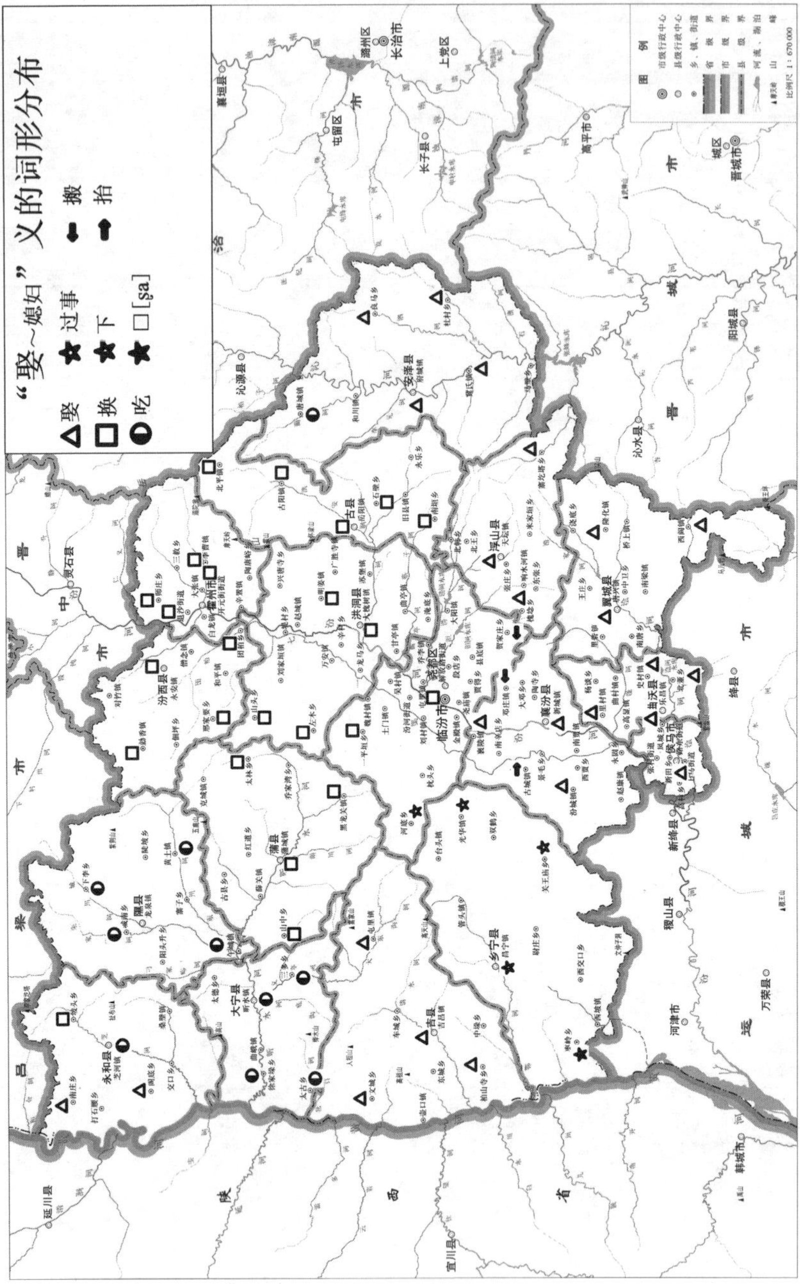

图 3－21 “娶~媳妇”义的词形分布

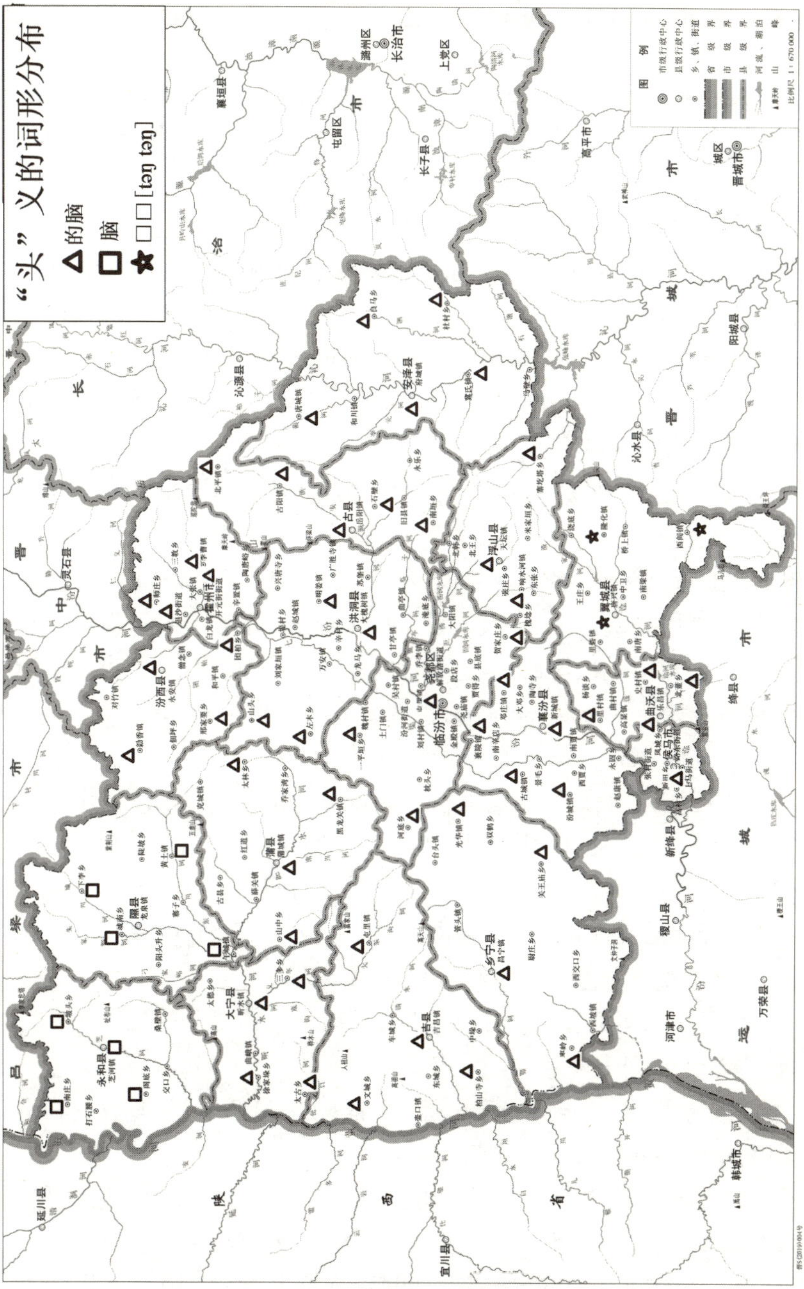

图 3－22 “头”义的词形分布

襄汾城关、襄汾襄陵、襄汾汾城、浮山城关、浮山河底、古县南垣读[tei]，乡宁、洪洞明姜、洪洞城关、古县石壁读[ti]，曲沃读[tɛ]，古县城关读[ta]，古县古阳读[tɕi]，襄汾邓庄读[təŋ]，襄汾古城读[tuo]。

"脑"系主要分布于东北角的永和、隰县等地。

"□□[təŋ təŋ]"系仅分布于翼城城关、翼城隆化、翼城西阎三个方言点。

二十二、"乳房"义的词形分布及分析

由图3－23可看出，临汾方言"乳房"义的词形可分为三大类："妈"系、"奶"系和"奶头"系。

"妈"系有"妈妈"，主要分布于中部及北部大部分地区，呈柱状分布，自北有汾西、霍州、古县，经洪洞、临汾、浮山，南至襄汾。"妈"字各地读音有所不同，乡宁光华、安泽冀氏、安泽良马、襄汾邓庄、襄汾城关、襄汾汾城、浮山寨圪瘩、临汾贺家庄读[ma mɑ mᴀ]，临汾一平垣、临汾城关读[mə mɤ]，浮山城关、汾西团柏、汾西邢家要、蒲县太林、洪洞、古县、霍州师庄、霍州退沙街道读[mæ mɛ me]，汾西勍香、汾西城关、襄汾古城读[mei]，浮山响水河读[mia]，霍州城关、霍州李曹读[miɛ]。

"奶"系有"奶奶"，读音有[nai nɛe nɛ]，主要分布于西部山区，包括永和、大宁、隰县、蒲县、吉县、乡宁以及临汾河底。

"奶[nai nᴇ]头"系主要分布于最南部的侯马、曲沃、翼城。

安泽府城、安泽杜村既叫"妈妈[mɑ]"，也叫"奶奶[nai]"。

二十三、"左撇子"义的词形分布及分析

由图3－24可看出，"左撇子"义的词形大体可分为四大类："左撇子"系、"左刮子"系、"左票子"系及其他。

"左撇子"系主要分布于中部、南部地区，包括中部的洪洞、临汾、浮山，南部的襄汾、侯马、曲沃。

"左刮子"系主要分布于临汾、洪洞以西、以北及以东地区，包括西部的蒲县、乡宁及北部的隰县、汾西、霍州及东部的古县。

"左票子"系主要分布于西北部山区，包括永和城关、大宁、吉县等地。

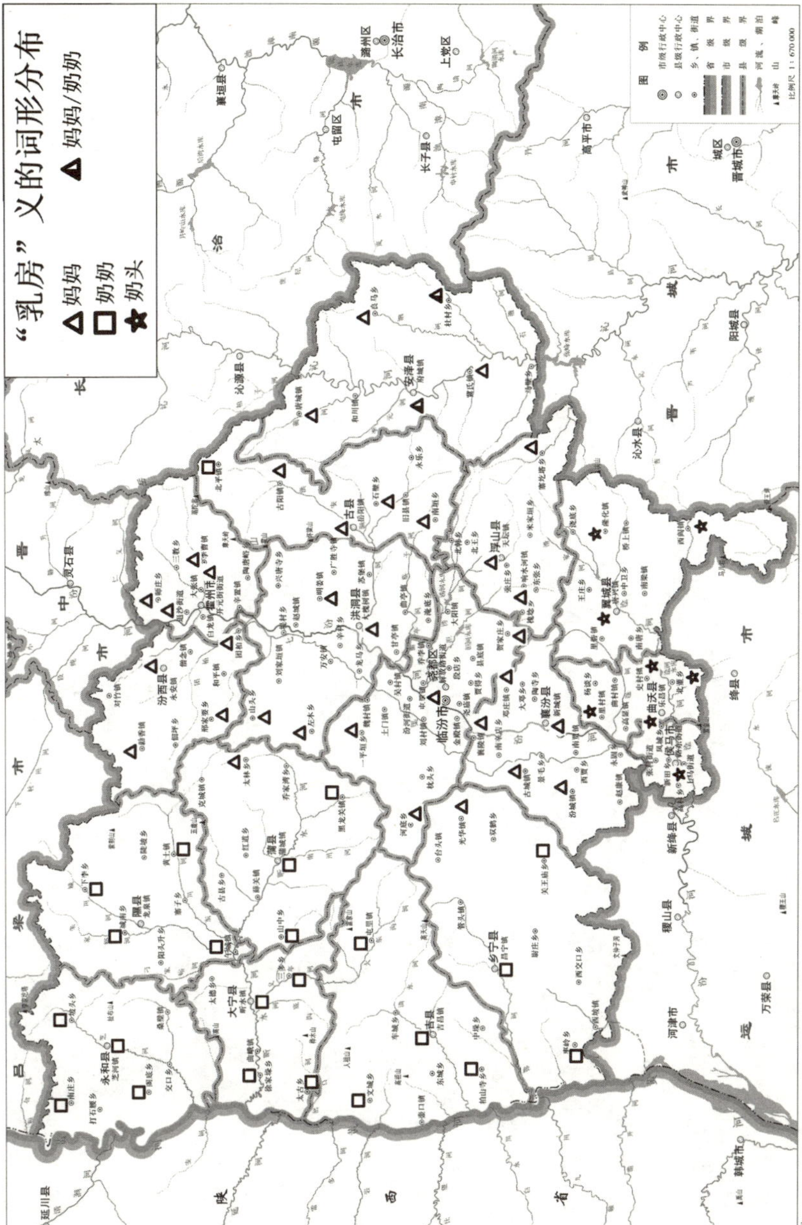

图 3－23 “乳房”义的词形分布

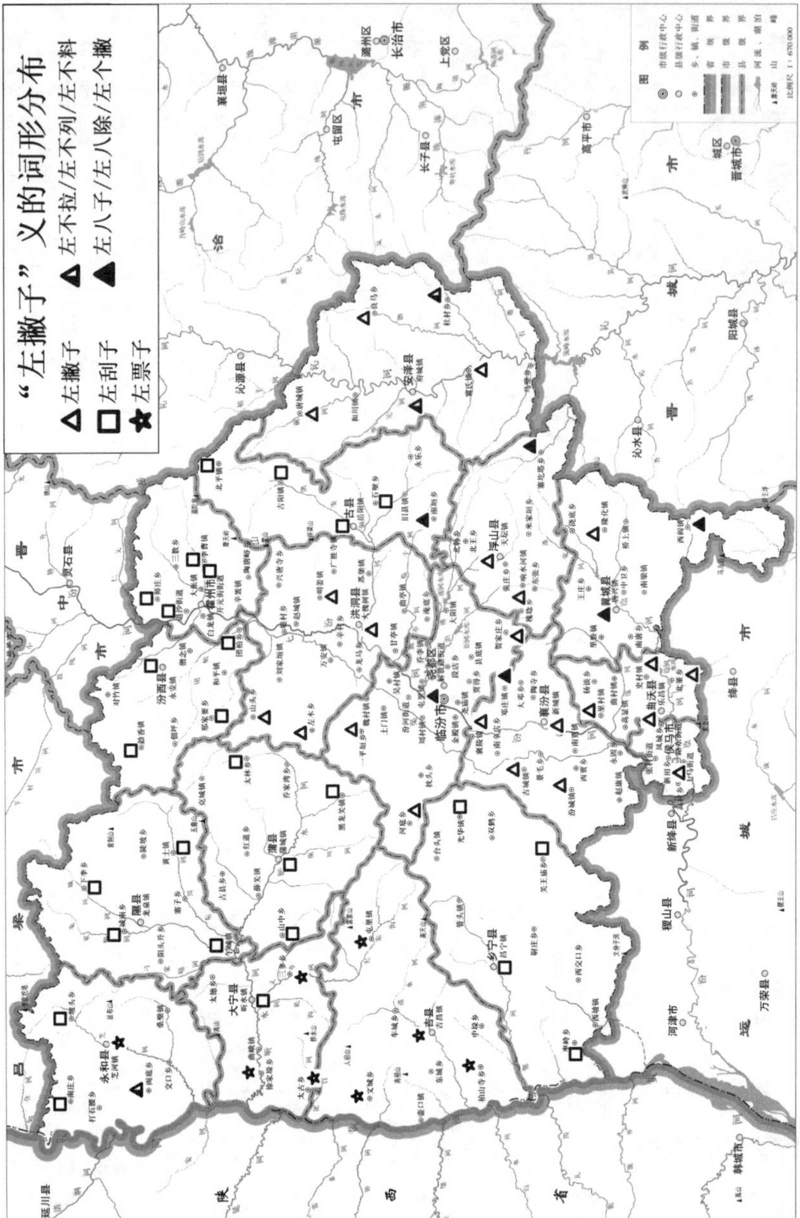

图 3－24 “左撇子”义的词形分布

“其他”包括“左不拉/左不列/左不料/左八子/左八除/左个撇”，中间嵌词为“不、八、个”。零星分布于东部、东南部的“左撇子”系与“左刮子”系中间，有安泽府城、安泽杜村、古县南垣、浮山寨圪瘩、翼城城关、翼城西阎、临汾城关、襄汾邓庄等地。“左不拉/左不列/左不料”中间的“不”可能是分音词的前字。

二十四、“早饭”义的词形分布及分析

由图3－25可看出，“早饭”义的词形构造主要是“早+□+饭”，只有翼城城关、翼城隆化、翼城西阎及安泽杜村是“清早饭/清到饭”。

关于“早”和“饭”中间的“□”，字和读音有所不同：自西北至东部，包括南部地区都是“起[$tɕ^{h}i$]”字，包括西北部的永和、隰县、大宁、蒲县，中部的洪洞、临汾、古县大部分地区，东部的安泽及南部的襄汾、侯马、曲沃等地。“□[ɕi]”字的读音类型有“[ɕi ɕin ɕiɛ tɕiɛ]”，主要分布于临汾、洪洞周边，呈圆形分布，包括蒲县城关、蒲县太林、蒲县黑龙关、临汾河底、浮山城关、浮山响水河、古县古阳、霍州及洪洞城关。“□[$k^{h}i$]”字的读音类型有“[$k^{h}i$ ke]”，主要分布于西南部的吉县、乡宁地区。“早清饭/早醒饭”则主要分布于汾西城关、汾西邢家要、汾西团柏地区。

二十五、“面酵子”义的词形分布及分析

“面酵子”即含有酵母的面团，也叫引酵。

由图3－26可看出，“面酵子”义的词形大体可分为三大类：“酵”系、“起”系和“喜”系。

“起”系有“起头/起面”，主要分布于两大块地区：一是西北部的永和、大宁、隰县、蒲县、汾西；二是南部的侯马、曲沃、翼城。临汾河底、临汾贺家庄、浮山寨圪瘩也有分布。

“酵”系有“酵(子)”，主要分布于两小块：一是西南部的吉县、乡宁；二是东部的安泽地区。各地读音有所不同：安泽唐城读[tɕiɑu (tɕiɔ) $tsɿ^{0}$]，安泽冀氏、安泽良马、安泽杜村、安泽府城、吉县读[tɕiɑu (tɕiɔ) $tə^{0}$]，乡宁读[tɕiɑu $ŋə^{0}$]。

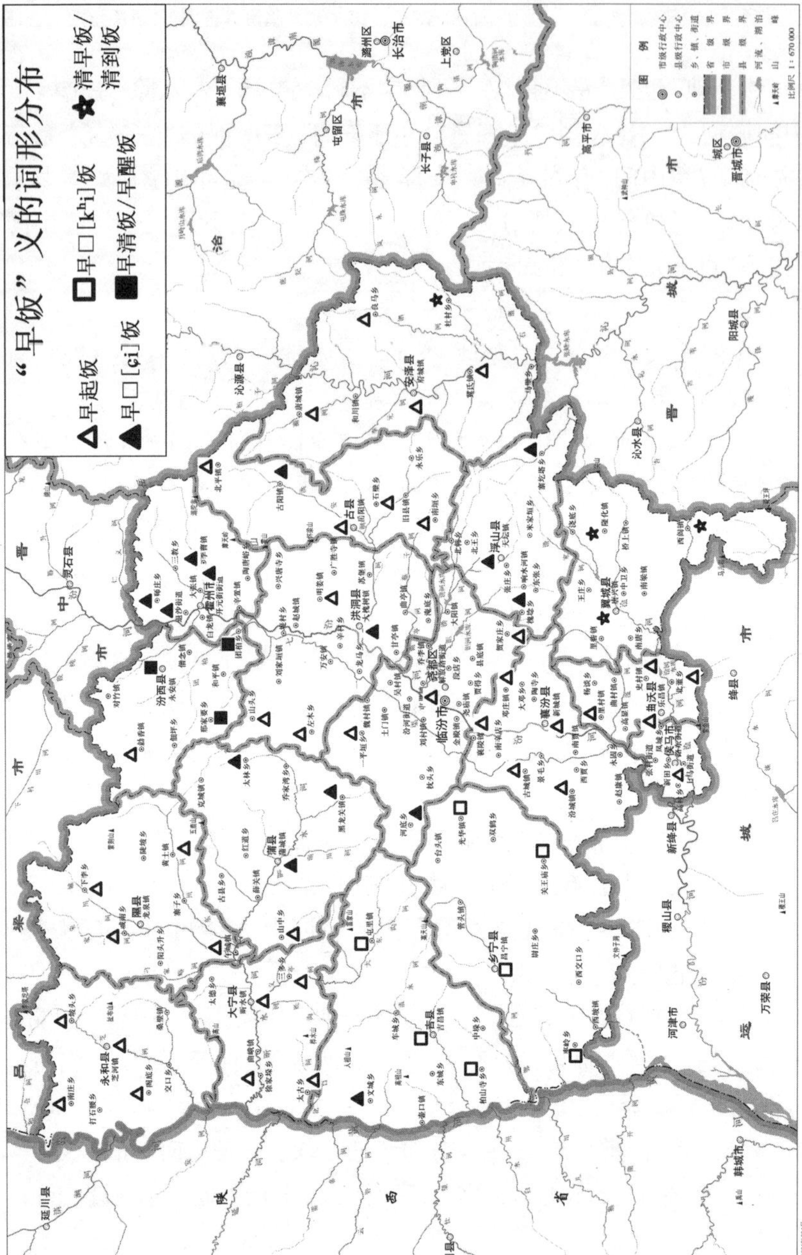

图 3－25　“早饭”义的词形分布

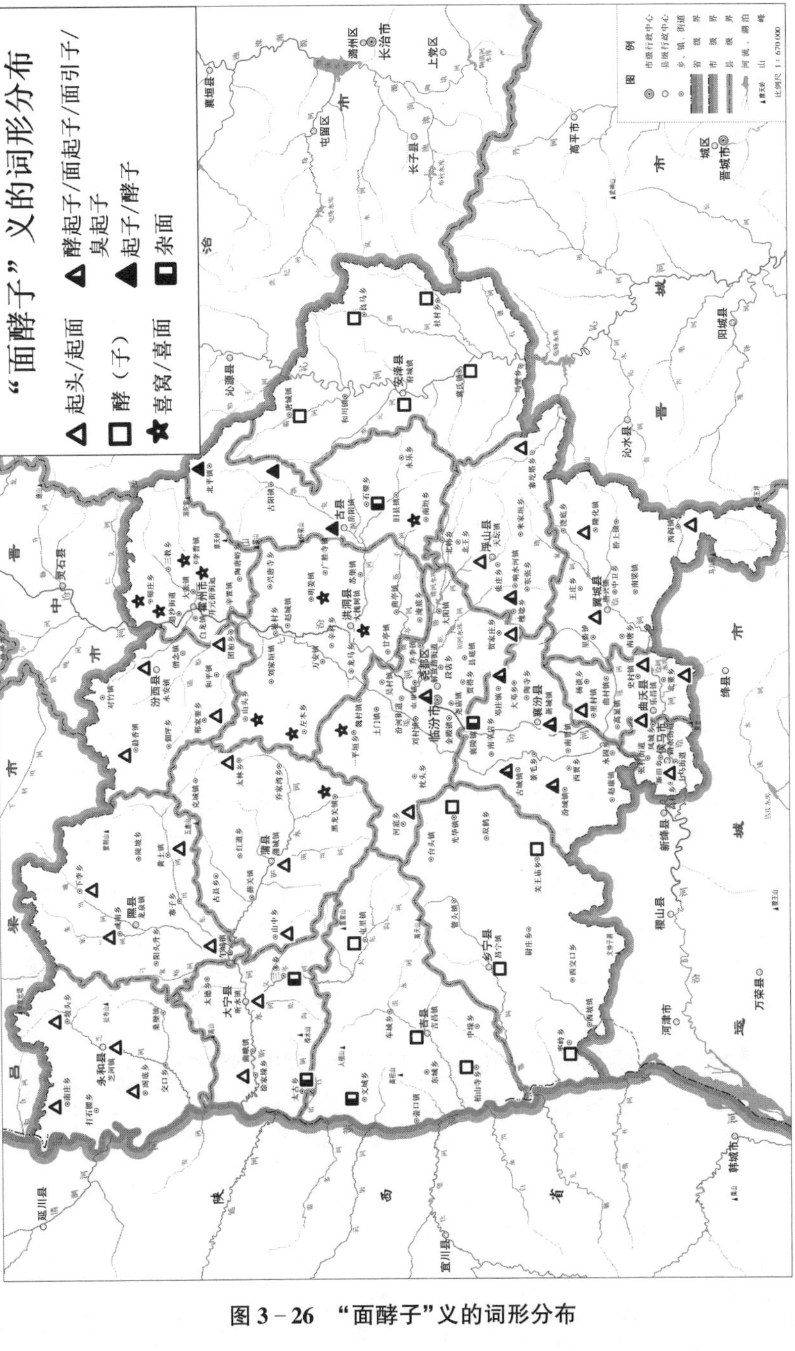

图 3－26　“面酵子”义的词形分布

“喜”系词形有“喜面/喜窝”，主要分布在霍州、洪洞及与之相邻的蒲县黑龙关、临汾一平垣、古县南垣等地。

还有一些方言点将“酵”系、“起”系词形结合起来读，如襄汾、浮山响水河、临汾城关叫“酵起子/面起子/面引子/臭起子”。东北部的古县北平、古县古阳、古县城关既叫“起子”，又叫“酵子”。

也有几个方言点叫“杂面”，如大宁太古、大宁三多、吉县文城、襄汾襄陵、古县石壁。

二十六、“饿”义的词形分布及分析

由图 3－27 可看出，“饿”义的词形可分为两大类：“饥”系和“饿”系。

“饥”系主要分布于北部、东部广大地区，包括北部的汾西、霍州，中部的蒲县、洪洞、临汾，东部的古县、安泽以及东南部的浮山、翼城等地。

“饿”系词形主要分布于西部和南部地区，包括西北部的永和、大宁、隰县，西南部的吉县、乡宁以及南部的襄汾、侯马、曲沃。

二十七、“玩儿”义的词形分布及分析

由图 3－28 可看出，“玩儿”义的词形主要可分为四大类：“耍”系、“翻”系、“逛”系和其他。

“耍”系词形主要分布于临汾及其以北的广大地区，包括中部的临汾、洪洞、蒲县，西北部的永和、大宁、隰县，北部的汾西、霍州，以及东部的古县、安泽，东南部的浮山城关、浮山寨圪瘩、翼城西阎也有分布。

“翻”系主要分布于西南角的吉县、乡宁两个地区。

“逛”系主要分布于曲沃地区。

“其他”主要指有音无字的三小类，三者连片分布，有音无字的词形包括“□□[tsɿ tsɿ　tɕi tɕi　tsɿ tɕi]”“□□[tsuo tɕi]”“□□[tsɿ tɕia]”，主要分布于襄汾、侯马、翼城及临汾贺家庄、浮山响水河、古县南垣等地。

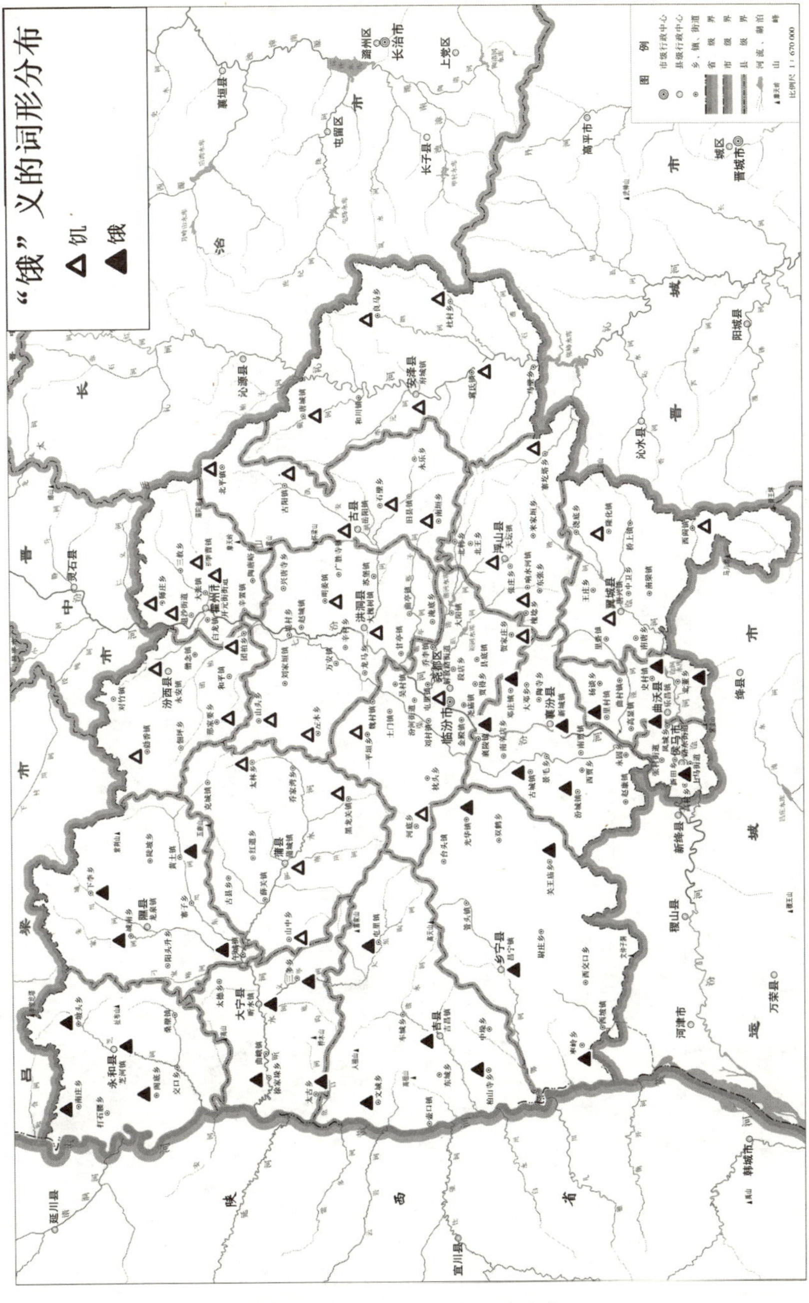

图 3－27 “饿”义的词形分布

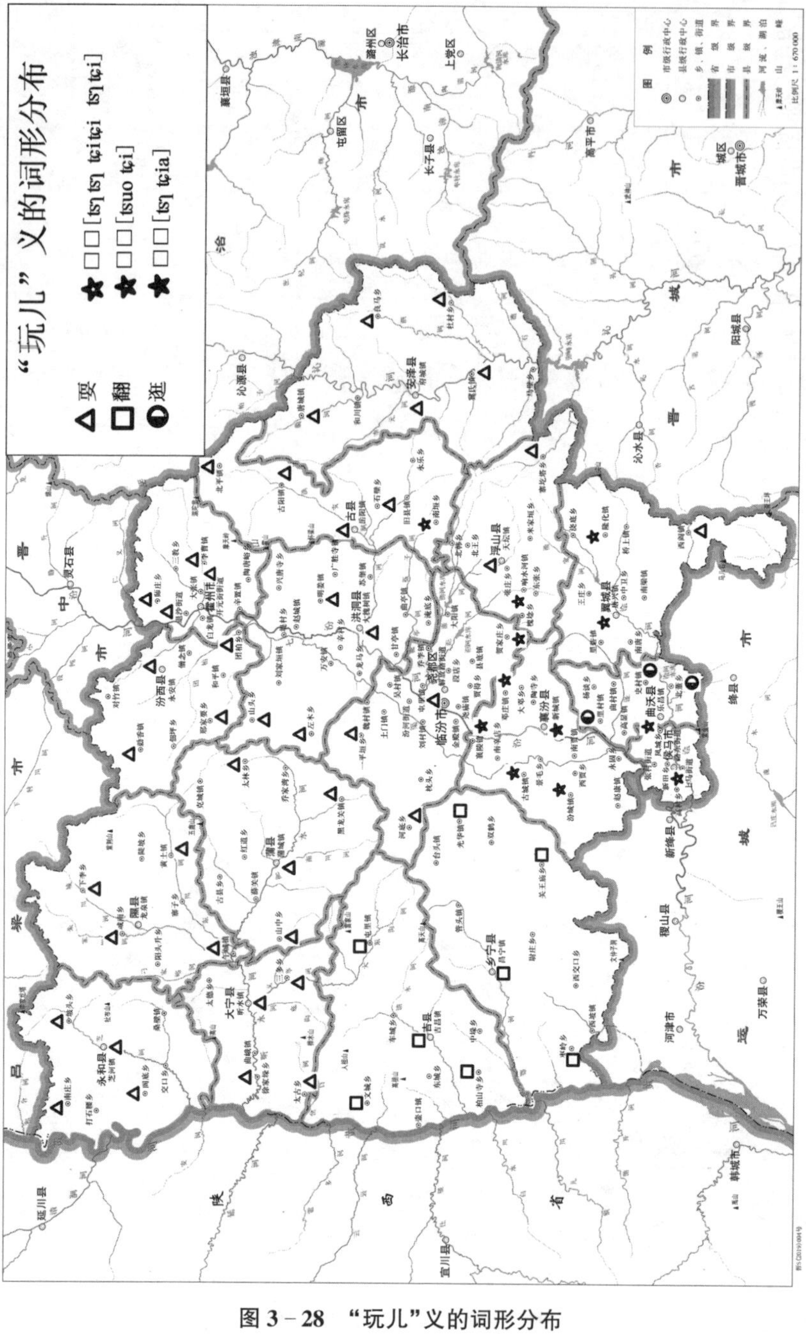

图 3－28　“玩儿”义的词形分布

二十八、“丢”义的词形分布及分析

这里的“丢”是“丢失”的意思。

由图3－29可看出，“丢”义的词形主要是“没/□[ia]”，分布于绝大部分地区。“撂”仅分布于东北角的古县北平、古县古阳、安泽唐城及西北角的永和坡头、永和南庄五个方言点。“掉”仅分布于东部的安泽地区及浮山寨圪瘩。“跌”仅分布于翼城隆化一个方言点。

二十九、“不懂”义的词形分布及分析

由图3－30可看出，“不懂”义的词形可分为三大类：“解不下”系、“不知道”系和“懂不了”系。

“解不下[xa]”系主要分布于临汾及其以北的广大地区，分布范围最广，包括中部的临汾、洪洞，东部的古县、浮山、安泽唐城，西部的吉县，东北部的永和、大宁、蒲县、隰县，以及北部的汾西、霍州。“解”字各地读音有所不同：霍州师庄、霍州城关读[çi]，吉县屯里、吉县城关、吉县柏山寺、临汾城关、洪洞、古县南垣、古县石壁、古县古阳等地读[çiɛ]，其余地区都读[xai]。

“不知道”系词形有“不知道”“不晓嘞”，主要分布于西南部及南部的乡宁、襄汾、侯马、曲沃，以及东部的安泽、东南部的浮山响水河、浮山寨圪瘩，蒲县太林、蒲县黑龙关也有分布。

“懂不了”系词形有“懂不了”“懂不下[xa]”，仅分布于翼城三个方言点。

三十、“拿动词”义的词形分布及分析

由图3－31可看出，“拿动词”义的词形可分为两大类：“荷”系和“拿”系。

“拿”系仅分布于东部的安泽府城、安泽杜村、安泽冀氏及南部的侯马、曲沃、翼城，其余地区都是“荷”系。“荷”字各地读音有所不同：汾西邢家要、汾西城关、汾西勍香读[xəɯ]，安泽良马、永和、大宁三多、大宁徐家垛、大宁城关、汾西团柏、蒲县、临汾、洪洞、古县、霍州等地读[xuo]，安泽唐城、大宁太古、隰县、吉县、乡宁、襄汾、浮山响水河、浮山城关等地读[xə]。

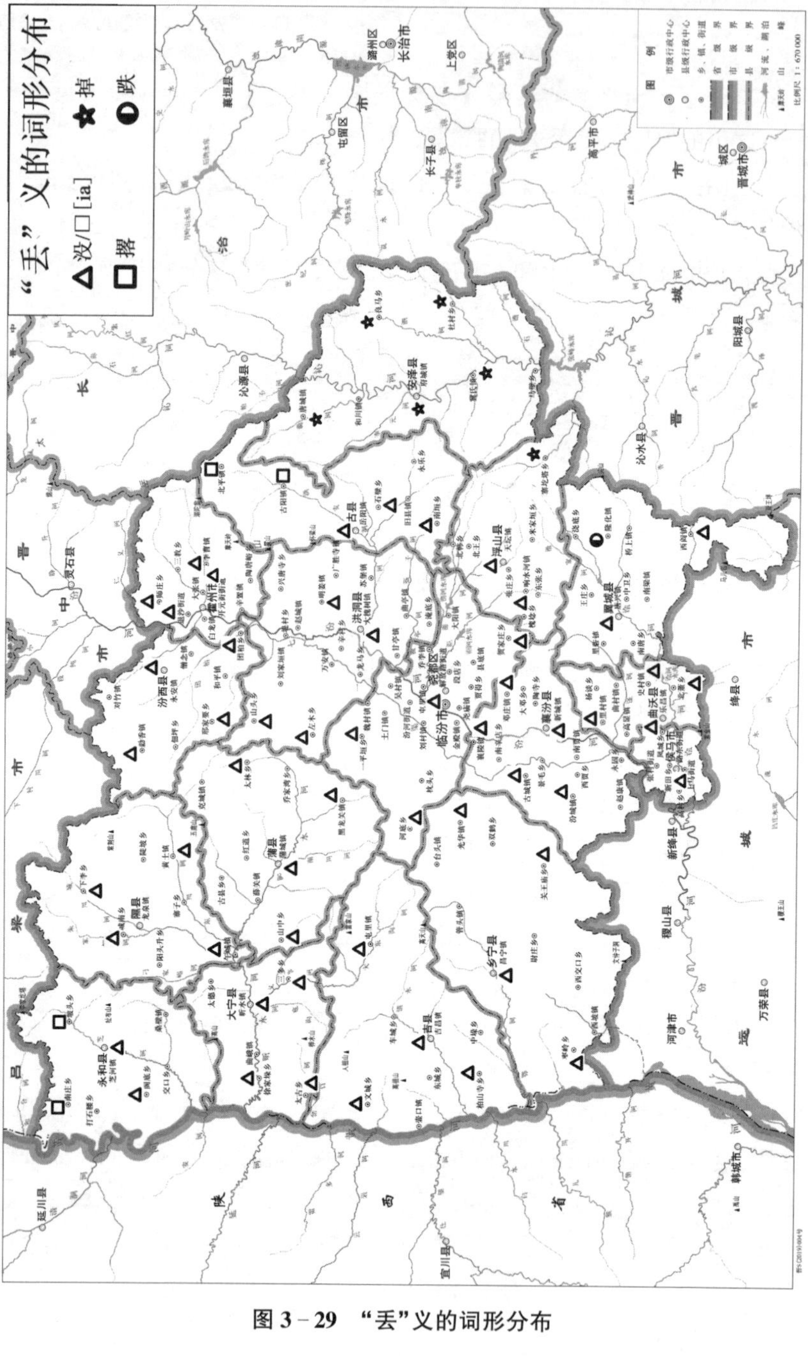

图 3－29 "丢"义的词形分布

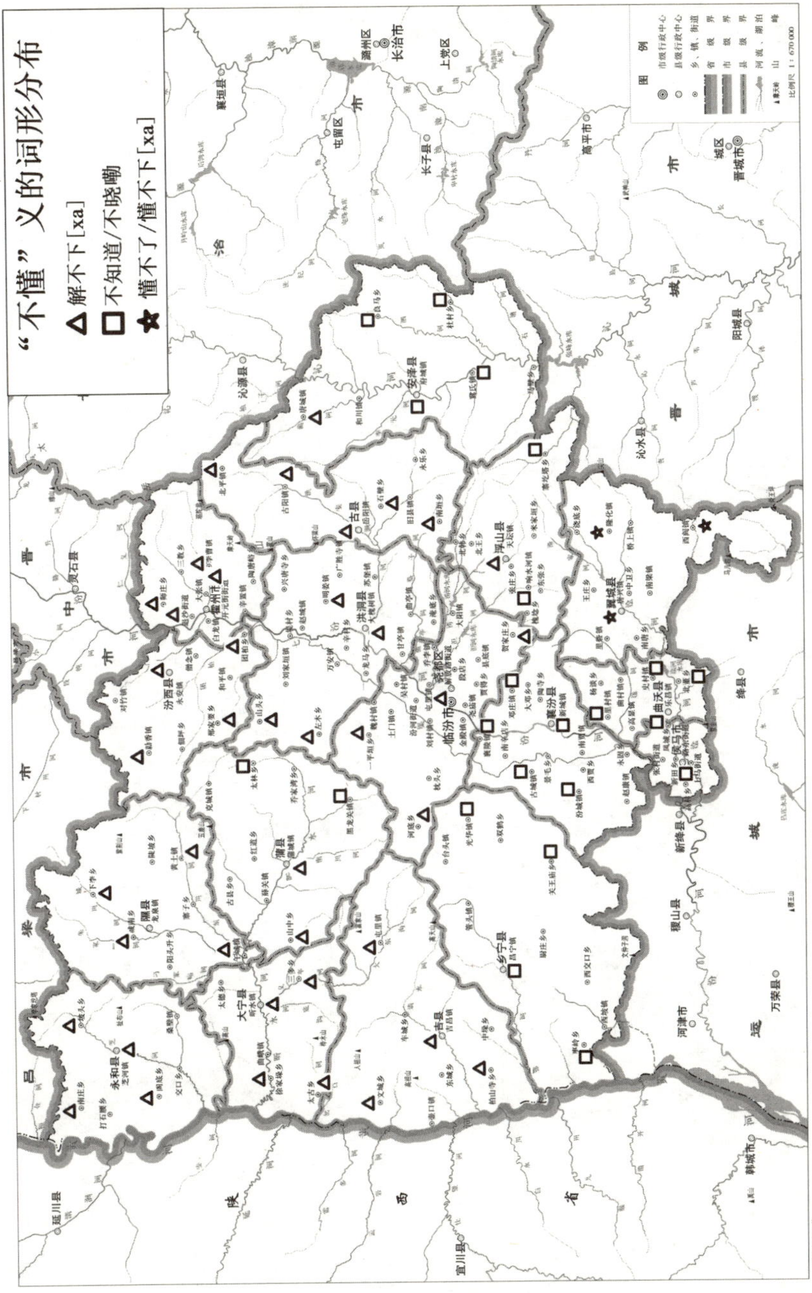

图 3－30 “不懂”义的词形分布

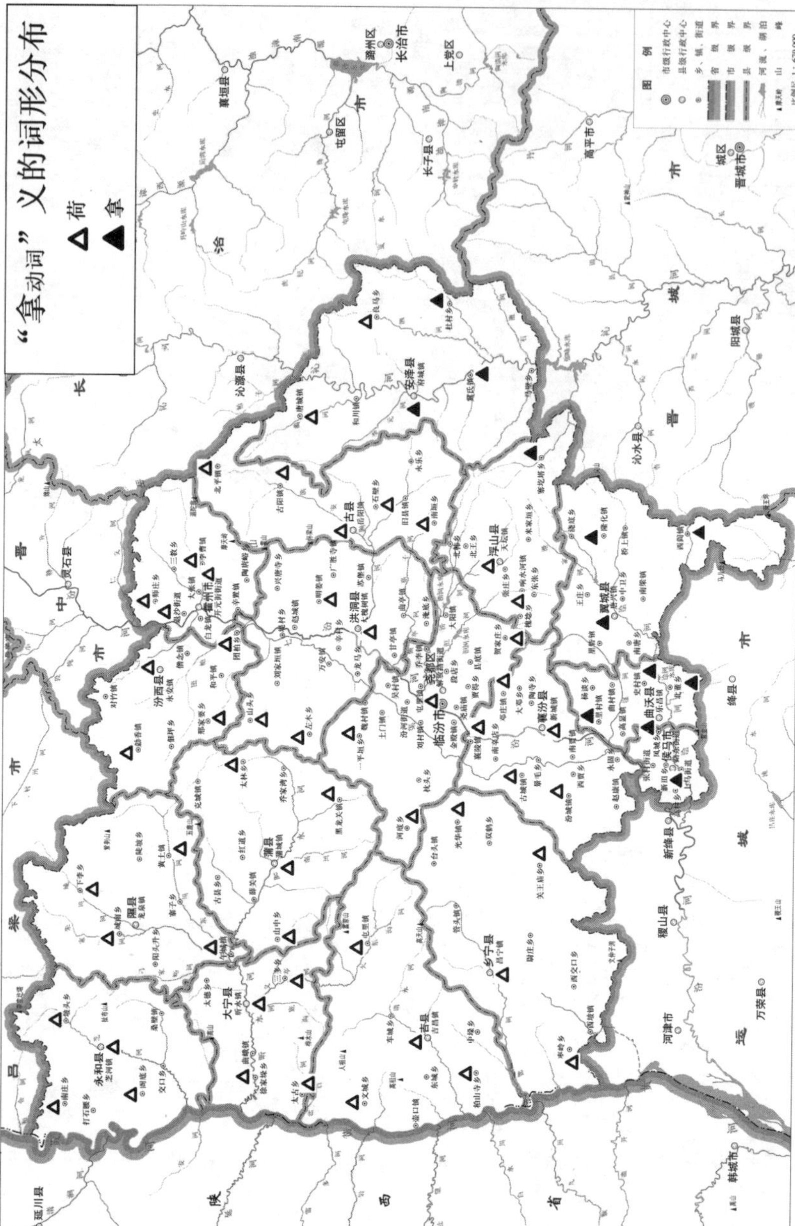

图 3－31 “拿动词”义的词形分布

三十一、“抱~小孩”义的词形分布及分析

由图 3－32 可看出，“抱~小孩”义的词形可分为“挈”系和“携”系。

“携[ɕiɛ]”系仅分布于北部的霍州、西南角的乡宁、东南角的翼城以及襄汾古城。其余方言点都是“挈”。“挈”字各地读音有所不同：古县南垣读[tʰiɑ]，浮山响水河、临汾、洪洞山中、洪洞左木、洪洞明姜读[tiɑ]，其余各方言点都读[tɕʰiɑ]。

三十二、“下~蛋”义的词形分布及分析

由图 3－33 可看出，“下~蛋”义的词形可分为三大类：“下”系、“嬎”系和“落”系。

“下”系分布范围最广，包括临汾及以北、以西的所有地区，东部的安泽唐城、安泽良马也属于这个类型。“下”字的读音除安泽良马读[ɕiɑ]外，其余方言点都读[xɑ]。

“嬎[fɑn]”系分布范围次广，主要分布于临汾及其以南、以东地区，包括临汾、古县、浮山、襄汾、侯马、曲沃、翼城以及安泽府城、安泽杜村、安泽冀氏等地区。

“落”系仅分布于乡宁枣岭、乡宁城关两个方言点。

三十三、“大便动词”义的词形分布及分析

由图 3－34 可看出，“大便动词”义的词形可分两大类：“屙”系和“屉”系。

“屉”系主要分布于西部及西南部山区，包括永和、大宁太古、吉县、乡宁等地。其余地区都是“屙”系。“屙”字各地读音有所不同：安泽、隰县、乡宁、侯马、曲沃、翼城、襄汾城关、襄汾古城、襄汾汾城、襄汾襄陵、浮山、临汾、古县、霍州读[ŋə ŋɤ]，大宁、蒲县[ŋuo]，汾西城关、汾西勍香、汾西邢家要读[ŋəɯ]，汾西团柏、襄汾邓庄、洪洞读[ŋo]。

三十四、“系~鞋带”义的词形分布及分析

由图 3－35 可看出，“系~鞋带”义的词形可分为四大类：“紟[tɕin tɕiŋ]”系、“系[tɕi]”系、“挽”系和“绑”系。

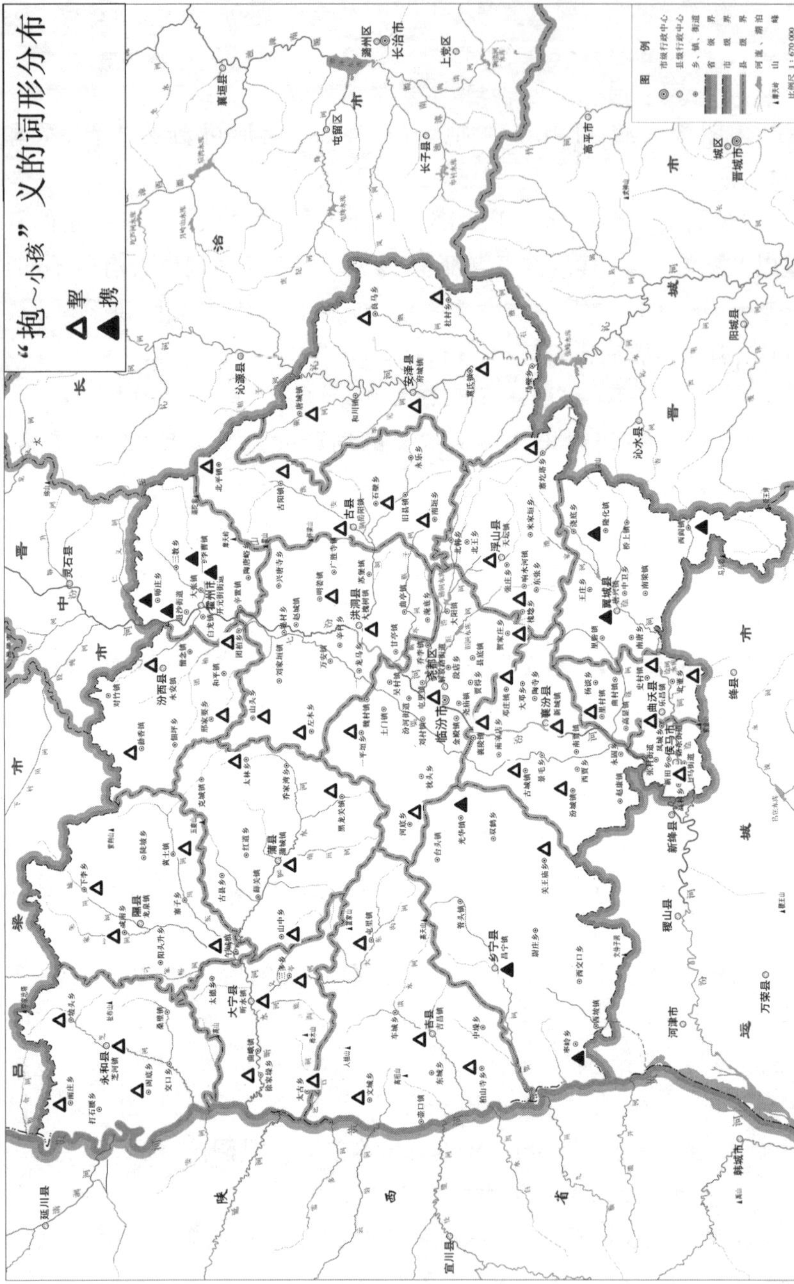

图 3－32 “抱~小孩”义的词形分布

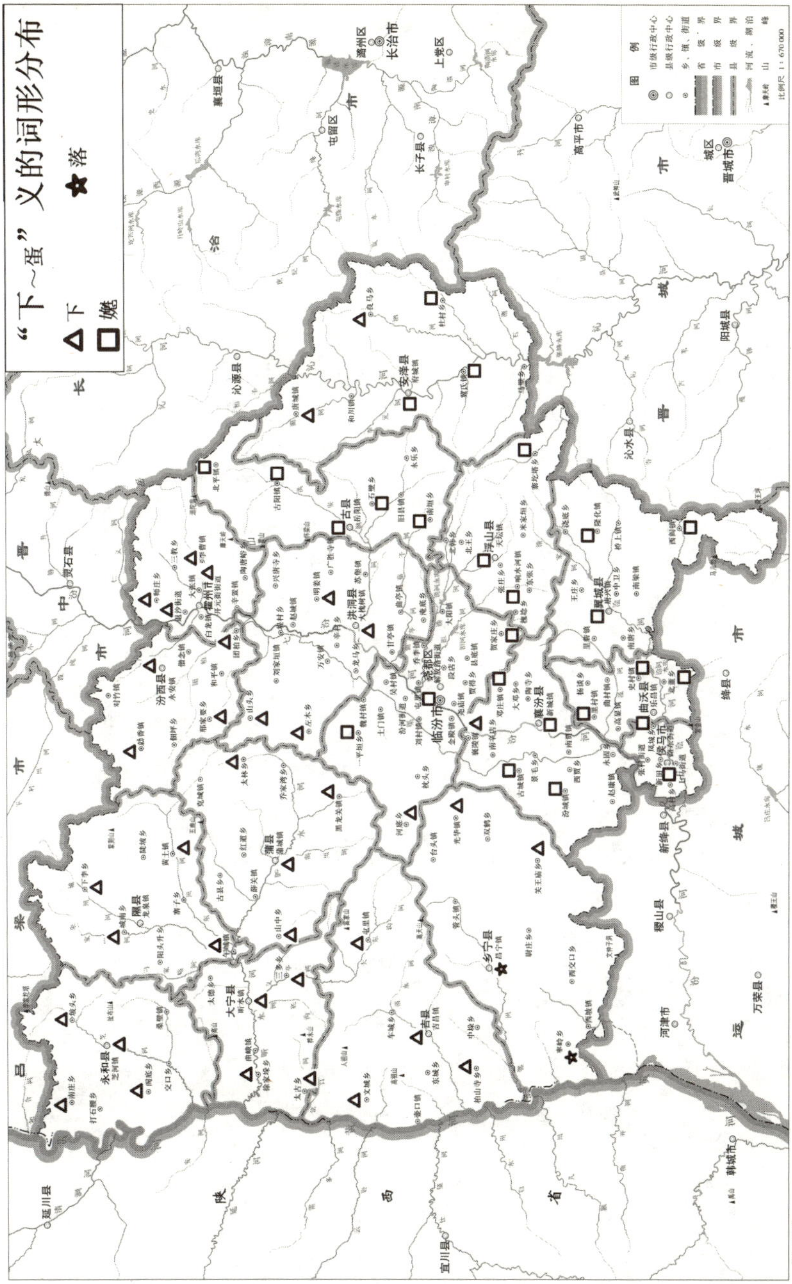

图 3－33　“下~蛋”义的词形分布

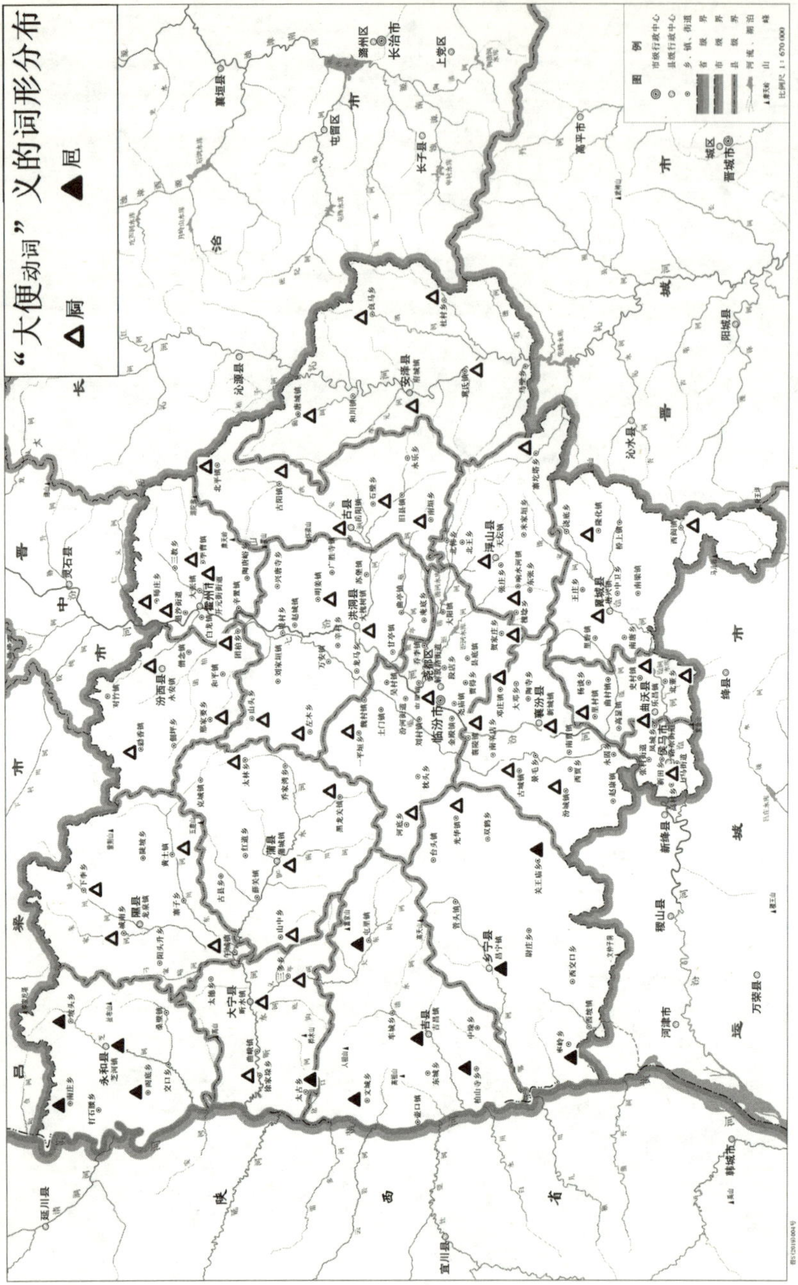

图 3-34 “大便动词”义的词形分布

“紟[tɕin tɕiŋ]”系分布于绝大部分地区，读音可分为两种：汾西、霍州、洪洞左木读[tɕiŋ]，其余都读[tɕin]。

“系[tɕi]”系主要分布于东部安泽、浮山寨圪瘩地区，南部的侯马、西部的吉县。

“挽”系仅分布于西北部的隰县及吉县文城。

“绑”系主要分布于三个角：西北角的永和、西南角的乡宁和东南角的翼城。

三十五、“脏地上~”义的词形分布及分析

由图3－36可看出，“脏地上~”义的词形大体可分为四大类：“懊糟”系、“脏”系、“赖”系和“糙”系。

“懊糟”系分布范围最广，主要分布于洪洞以北、以南及以东大部分地区（安泽除外），呈扇形分布。

“脏”系包括“脏”“日脏”“懊脏”“肮脏”，都是由“脏”加前缀组成。主要分布于东部的安泽、浮山城关、浮山寨圪瘩以及西南部的吉县，大宁城关、汾西城关也属于此类型。

“赖”系仅分布于西北角的永和、隰县城南、隰县午城，霍州退沙街道、蒲县山中、乡宁城关、乡宁关王庙也属于此类型。

“糙”系仅分布于大宁徐家垛、大宁太古、吉县文城三个方言点。

还有一些方言点有两种以上的读音，如：汾西勍香既可叫“赖”，又叫“懊糟”；隰县下李既叫“赖”，又叫“糙”；隰县黄土既叫“糙”，又叫“懊糟”；蒲县城关既叫“日脏”，又叫“懊糟”。

三十六、“淡味道~”义的词形分布及分析

由图3－37可看出，“淡味道~”义的词形可分为四大类：“淡”系、“甜”系、“盐淡”系和“淡/寡”系。

“淡”系分布于蒲县、乡宁及其以东、以北的绝大部分地区。

“甜”系主要分布于西北角的永和、隰县、蒲县，东南角的曲沃、翼城，临汾城关、乡宁关王庙、乡宁枣岭也有分布。

“盐淡”系词形有“盐淡”“盐甜”“盐□[tɕʰiᴇ]”，仅分布于西部的

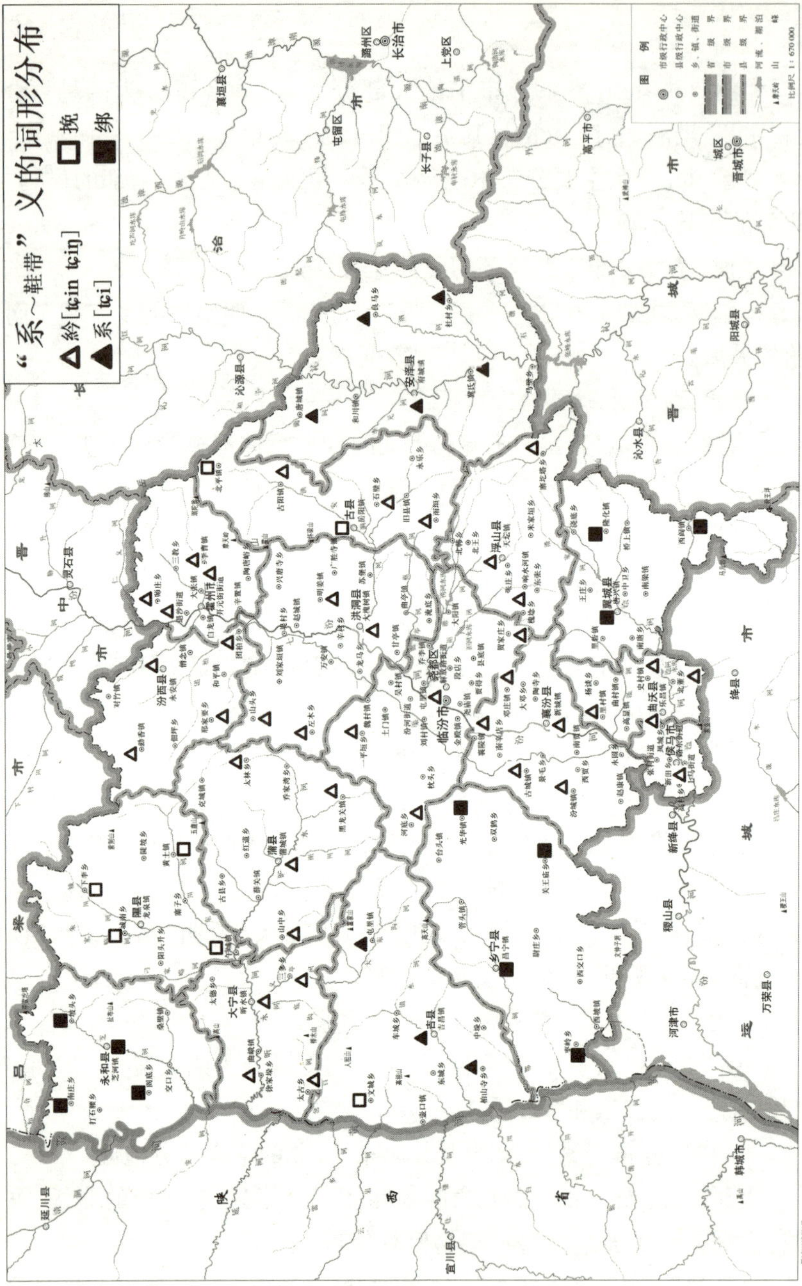

图 3 – 35 “系~鞋带”义的词形分布

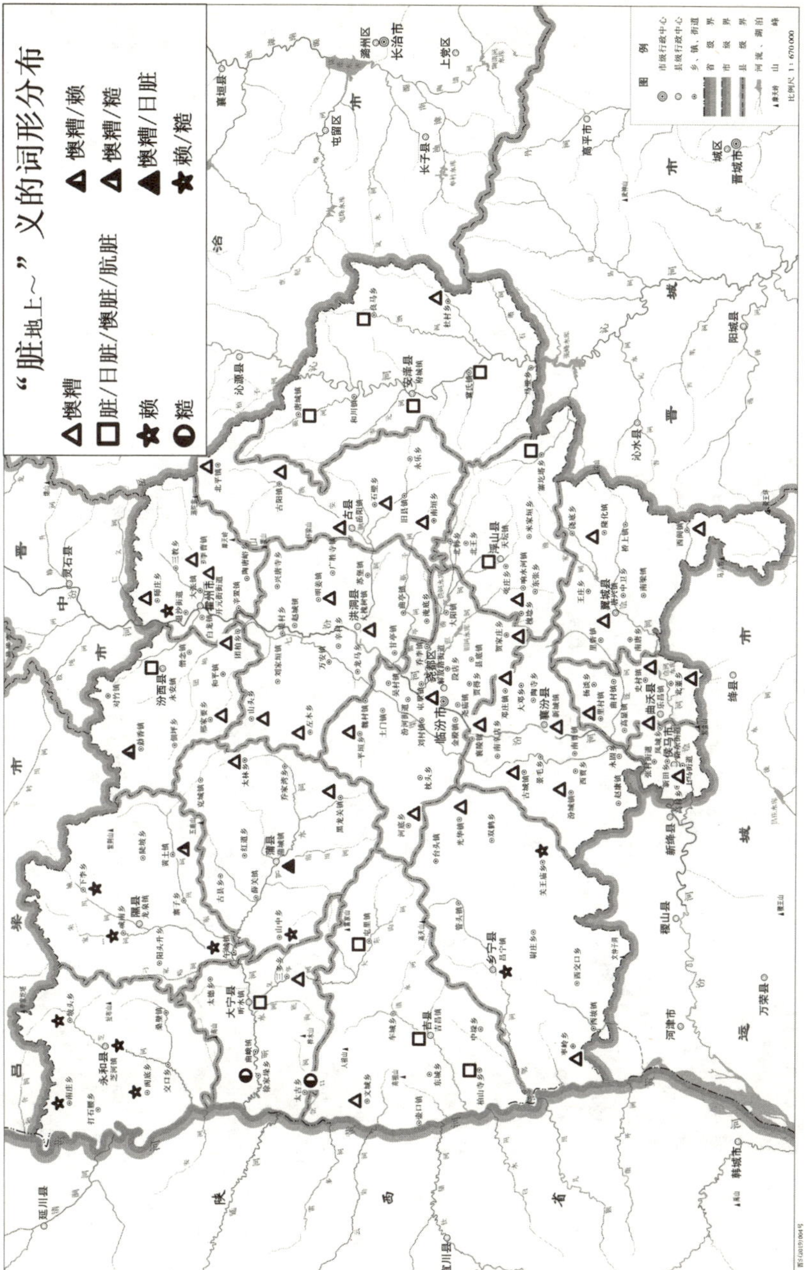

图 3－36 “脏地上~”义的词形分布

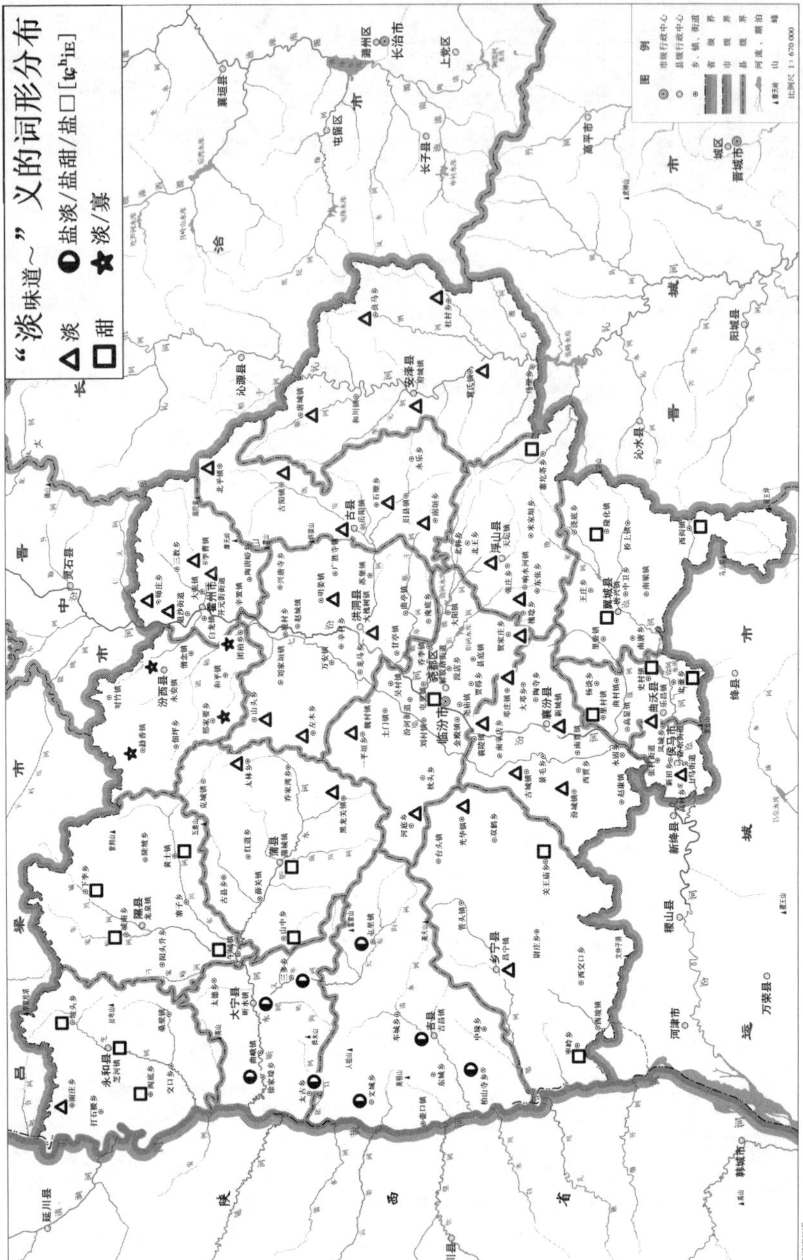

图 3－37 “淡味道~”义的词形分布

大宁、吉县两个地区。

“淡/寡”系仅分布于汾西四个方言点,既可以称之为“淡”,也可以称之为“寡”。

三十七、“漂亮”义的词形分布及分析

由图 3－38 可看出,“漂亮”义的词形大体可分为六大类:“好看”系、“亲”系、“圁”系、“俊”系、“撕扯”系及其他。

“好看”系主要分布于临汾及其以南的大部分地区,包括中部的临汾、浮山,西部的乡宁,南部的襄汾、侯马、曲沃、翼城等地,东部的安泽良马、安泽杜村、古县古阳,北部的霍州退沙街道、霍州城关、霍州李曹。

“亲”系主要分布于西部的大宁、吉县、蒲县及汾西勍香。

“圁”系仅分布于永和南庄、永和城关、汾西城关、汾西邢家要、汾西团柏及乡宁关王庙六个方言点。与“亲”系呈连片分布。

“俊”系仅分布于隰县四个方言点及永和坡头、阁底、乡宁枣岭、乡宁光华、安泽唐城。与“亲”系、“圁”系呈连片分布。

“撕扯”系仅分布于洪洞及古县石壁、古县南垣等地。

其他包括“其他”类和“排场”类,“其他”类仅分布于古县城关、安泽冀氏两个方言点,“排场”类仅分布于安泽唐城一个方言点。

三十八、“把~门关上”义的词形分布及分析

由图 3－39 可看出,临汾方言“把~门关上”义的词形主要是“把”,根据读音不同分布有所不同:“把[pa pʌ]”分布于绝大部分地区,其他读音只是零星分布,如:“把[pei]”仅分布于西南部的吉县城关、吉县柏山寺、乡宁关王庙及霍州城关;“把[puo]”仅分布于北部汾西团柏一个方言点;“把[pu]”仅分布于西南角乡宁枣岭一个方言点;“给[kei]”仅分布于翼城城关一个方言点;“□[tɑu]”仅分布于蒲县黑龙关一个方言点;“荷[xo]”仅分布于霍州师庄一个方言点。

三十九、“被~雨淋了”义的词形分布及分析

由图 3－40 可看出,“被~雨淋了”义的词形主要分为四大类:“被[p^hi]”系、“得[tei tai]”系、“□[nɑ]”系和“□[tɑu]”系。

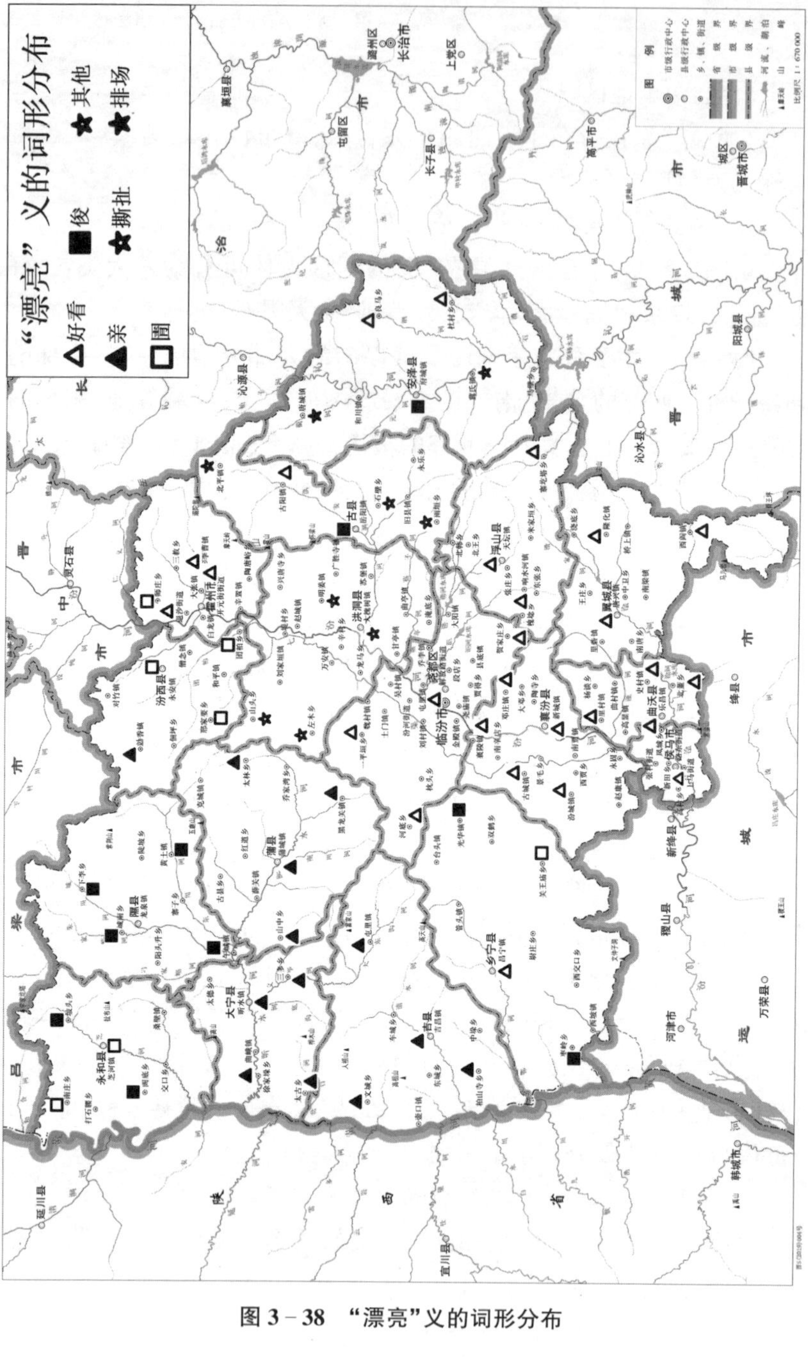

图 3－38 "漂亮"义的词形分布

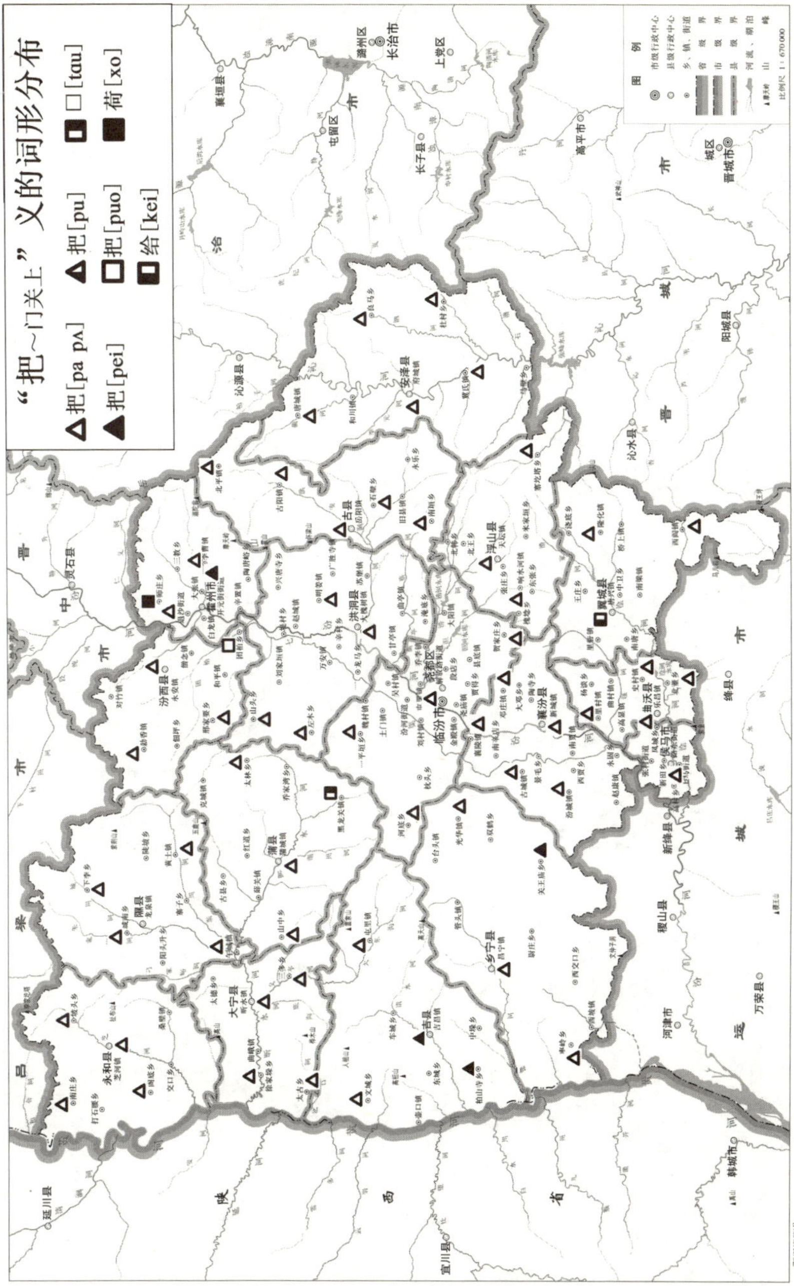

图 3-39 “把~门关上”义的词形分布

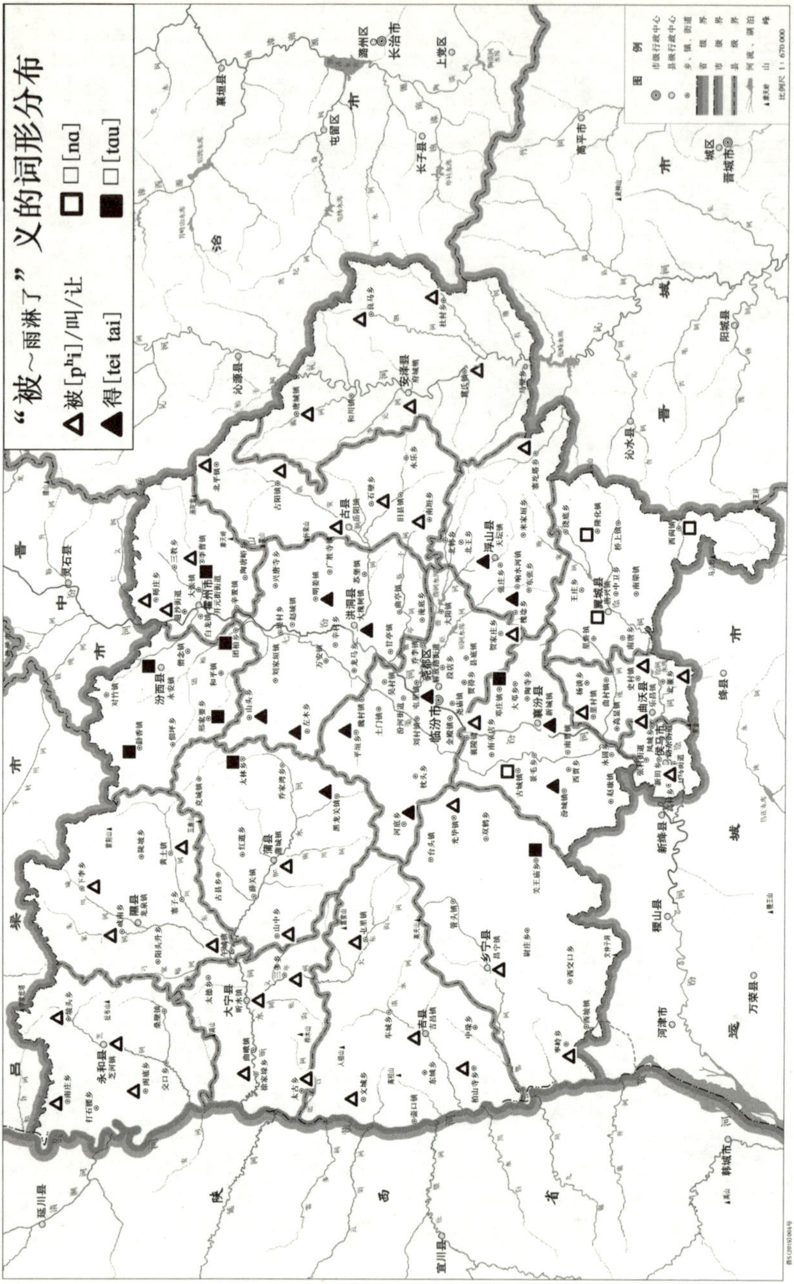

图 3－40 “被~雨淋了”义的词形分布

“被[p^hi]”系词形有“被”“叫”“让”，三者可互换，分布范围最广，主要分布于除中部以外的地区：西北部的永和、大宁、隰县、蒲县，西南部的吉县、乡宁，北部的霍州，东部的安泽，南部的侯马、曲沃，以及临汾贺家庄、襄汾襄陵、浮山寨圪瘩。

“得[tei tai]”系主要分布于中部的洪洞、临汾、古县及相邻的蒲县黑龙关、襄汾城关、襄汾汾城、浮山城关、浮山响水河。

“□[nɑ]”系仅分布于东南角的翼城及襄汾古城。

“□[tɑu]”系仅分布于北部的汾西及相邻的蒲县太林、霍州城关，南部的乡宁关王庙、襄汾邓庄也属于此类型。

3.2　语　　法

3.2.1　词法

3.2.1.1　构形重叠

主要包括动词重叠、形容词重叠、量词重叠、副词重叠、助词重叠、象声词四叠等。

一、动词重叠

可分为三种形式：单音节动词重叠 AA 式、述宾式中的宾语重叠 ABB 儿式和双音节动词重叠 ABAB 式。以下以洪洞山头方言为例。

1. AA 式

坐坐儿　凉凉儿　淘淘儿　试试儿　尝尝儿　歇歇儿　想想儿

主要由动词性语素组成，表示一定的语法意义。“AA 儿”相当于普通话的“A 一 A”，表示时间的短暂、动作的轻微。AA 之间不能加“一”。

2. ABB 儿式

磨旋旋儿儿童原地旋转的游戏　跐滑滑儿溜冰　藏安安儿捉迷藏　坐美美儿儿童坐在行走的车上或转动的玩具上

词根是动词，多表游戏的名称。

3. ABAB 式

合计合计儿　拾掇拾掇儿　百话百话儿训导　抹刷抹刷儿　估算估算儿　圪捞圪捞儿

由双音节动词 AB 重叠,最后一音节要儿化,与普通话不同,但语法意义与普通话相同。

二、形容词重叠

可分为 AA 式、AAAA 式、AABB 式、A 了个 A 式、A 圪子/不 XX 式等几种。以下以临汾河底方言为例。

(一) AA 式

1. 大大双胞胎中大的　绉绉发绉的布料　小小双胞胎中小的　歪歪歪状物　坏坏坏了的东西　好好好样的人

此类叠式词中 A 是形容词,重叠后是名词。有的词后可以加"子尾",如:尖尖子、坏坏子;有的不能加,如:大大子、小小子。

2. 白白儿的　红红儿的　稠稠儿的　高高儿的　明明儿的　亮亮儿的

此类叠式词中 A 是性质形容词,重叠后是状态形容词。

3. A 是形容词,重叠后是副词。(见副词重叠)

(二) AAAA 式

一般来说,A 重叠程度越高,越能起到增强形容程度的作用,有时也含有夸张的意味。"AAAA"四叠式一般出现于闽南话中。临汾、洪洞等地也有少量的此类现象。如:"老老老老(形容极远)""紧紧紧紧(形容紧靠着某一方位)""末末末末了儿(形容极靠后)"。前两个是单音节"老""紧"的重叠,后一个是双音节"末了儿"第一个词素"末"的重叠。

(三) AABB 式

仅见于部分双音节形容词中,一般表褒义,且表程度加深,都是形容词 AB 的重叠,如"耐耐实实结实""展展叶叶苗条、平坦""热热气气热情""白白净净脸色白得好看";有的也表贬义,如"糊糊涂涂""力力拉拉做事不利索”“割割来来处人不热情”等。

（四）单音形容词加叠音后缀

AXX(儿)——齐刷刷的　光溜溜儿的　白花花的　稠乎乎的

A圪/不子XX——稀不子擦擦　白圪子花花　淡不子几几　肉圪子耐耐肥胖

AXX有的表褒义，如：光溜溜、齐刷刷；有的表贬义，如：白花花。“A圪/不子XX”全都表贬义。

（五）形补同词叠式结构

临汾、洪洞一带表示形容词程度加深时，往往在形容词后衬“得”“了个”等助词，再加该形容词，加上去的形容词成为前一个形容词的补语。如“好得好”“美得美”“规矩得规矩”“好了个好”“美了个美”“多了个多”“小气了个小气”，分别表示“好得很”“美极了”“多级了”“规矩极了”“小气得很”。从而形成了一种特殊的“形补同词”叠式结构，可表示出说话人口气的干脆、态度的坚决和对事物的确信不疑。

如果表示程度的再加深，还可在形容词后再加同一个形容词，如“好得好得好”“坏得坏得坏”，一般不再衬“了个”。双音节词也可说“规矩得规矩得规矩”“小气得小气得小气”。这种形式用于感叹句。陈述句中表示程度最深时，还可说成“美得美得美着哩”，句尾必须加语气词“着哩”。最多时可以有四叠格式，如“美得美得美得美着哩”。这些格式，二叠时是形补同词，三叠时是形补同词做补语，以此类推，从而形成层层套合、逐层加深的表达格局。

三、量词重叠

可重叠的量词有“张、把、伙、点、些、碗、桌、回、趟”等，度量词只能与数词结合后重叠。

一般来说，与名词重叠一样，多数量词重叠后需加儿化或带子尾，具有名词的性质，均可在句中做主、宾语。儿化有表“小称”“爱称”的语法作用，子尾有“厌称”的附加意义。

以浮山响水河为例，有：片片儿、条条儿、颗颗儿、节节子、条条子、颗颗子、包包子、片片子、一伙伙儿、一伙伙子、一点点儿、一点点子、一些些儿、桌桌每一桌、碗碗每一碗、一桌桌儿/子、一座又一座山、一伙一伙的人、回回每一回、趟趟每一趟。

四、副词重叠

共有四种形式，与基式相比，更强调时间的短暂、动作的轻微或感情上的变化。以下以乡宁光华为例。

1. 由副词组成，重叠后还是副词。如"将—将将—将将将""明—明明—明打明""偏—偏偏"等，在句中只能做状语，不能单独使用。只有"将"的三叠式例外，只能单说，不能做状语。

2. 由表音节的字组成，是副词重叠。如"挺挺儿地静静儿地""蹑蹑儿地悄悄儿地""旋旋儿地逐渐地""款款儿地慢慢儿地"，在句中只能做状语。

3. 由形容词组成，重叠式是副词。如"慢—慢慢儿地（走）""好—好好儿地（写）""活—活活儿地（气人）""早—早早儿地（来）"等，在句中主要做状语，有的还可做补语，如"写得好好儿的"。

4. 副词四叠：最最最最（形容到达极点）。如："最最最最鲜亮的兀一是我的。—最鲜亮的那个是我的。"说话时总带有一种自夸的意味。

五、助词重叠

以下以洪洞城关方言为例。

表假设的助词"着"（……的话）、表时间的助词"着"（……的时候）可重叠。如：

我来着着，还没下雨哩。（我来的时候，……）
要是我着着，我早去哩。（要是我的话，……）
要是谁着着，谁也心疼哩。（要是谁的话，……）
人家小着着，多会儿也在这吖哩。（他小的时候，……）

六、象声词四叠

形容词、副词四叠后，都带有夸张的附加色彩。象声词四叠后，均具有形容词的性质。例如：

啦啦啦啦：天还没明哩，就听得有人啦啦啦啦跑过去哩。

哗哗哗哗：夜黑喽，兀雨就哗哗哗哗地下了一夜。——昨天晚上，那雨……

其他象声词也多可四叠。如：咚咚咚咚、叭叭叭叭、呼呼呼呼等。

四叠格式从年龄结构看，年轻人或少儿用得多，中老年人用得少。从使用上看，说话平稳、语气舒缓时用得多，说话紧张、语气急促时不用。

3.2.1.2　词缀

除了前面提到的前缀"圪""日""子尾"外，还有词缀"不""鬼""货"等。

1. 词缀"不"

可构成名词、动词、形容词。它的构词能力不如"圪"。以下以吉县柏山寺为例。

构成名词：不来鼓拨浪鼓、不脐肚不脐、鸡不脐鸡胗、泥不胎胎盘。

构成动词：不弹人、动物躺在地上挣扎。

构成形容词：亲不眼眼女孩好看、干不愣愣、嫩不溜溜。

2. 词缀"鬼"

讨吃鬼令人讨厌的人，夜游鬼梦游，淘气鬼，小气鬼爱财如命、为人吝啬的人，老鬼对熟人的称谓，酒鬼，赌鬼、冒失鬼贸然行事、不讲策略的人，灰鬼不讲理，怕死鬼胆小怕事的人，洋相鬼出洋相、做鬼脸以逗乐的人，糊涂鬼糊涂蛋。

3. 词缀"货"

好多方言中，"货"作为准后缀，可与词根构成詈词。词根可以是名词性语素、形容词性语素、动词性语素等，与"货"结合后，成为名词。以下以临汾贺家庄为例。

(1) 名词+货

羞虎子货：见生人就害羞的人

酸包气货：说话酸溜溜

贱屄货：自轻自贱的人

没来头货：做事欠考虑、说不到点子上的人

(2) 形容词+货

青货：遇事敢拼命的人

乱货：作风不正派的女人

震货：固执的人

傻货：过于老实、心眼死的人

(3) 动词、动词性短语+货

捣蛋货：调皮捣蛋的人

吃嘴货：家禽家畜，又叫"张嘴货"

害货：多指老鼠，有时也指人

不超毛货：不务正业、闲散懒惰的人

4. 词缀"屣"

以下以浮山响水河为例。

硬屣：生性好斗、性格倔强的人

懒屣：懒惰的人

瞎屣：坏蛋

老屣：老气横秋的人

瓷屣：做事不机灵、干活没眼色的人

杂屣：做事缺德的人

3.2.1.3　代词

一、人称代词

(一) 单数

一般是"你、我、他(那)、个人、自己、咱、人家"，各地读音略有不同。一些方言点人称代词单数不只是有一种形式。表3-1是相应的例词。

表 3－1　临汾方言的人称代词单数

方言点　类型　例字		第一人称	第二人称	第三人称	反身代词
洪洞城关	A	我 ŋo^{33}	你 ni^{33}	喑 na^{21}	独自 tʰu^{24}tsʅ^{0}
	B	哪我 na^{24}ŋo^{33}	哪你 na^{24}ni^{33}	哪喑 na^{24}na^{21}	独自个 tʰu^{24}tsʅ^{0}ko^{0}
	C	我咱 ŋo^{33}tsa^{24}	你咱 ni^{33}tsa^{24}		
永和阁底	A	我 ŋuo^{312}	你 ni^{312}	他 tʰa^{24}	咱 tsa^{24}
	B	我 ŋua^{312}	□niɛ^{53}		
浮山响水河	A	我 ŋə^{33}	你 ȵi^{33}	他 tʰa^{31}	独自 tʰu$^{13-31}$tsʅ^{33}
	B	恁我 nən$^{24-31}$ŋə^{33}	恁你 nən^{24}ȵi^{33}	恁他 nən$^{13-31}$tʰa^{31}	独自个 tʰu$^{13-31}$tsʅ^{33}kɤr^{0}
	C	我咱 ŋə$^{33-31}$tsa^{24}	你咱 ȵi$^{33-24}$tsa^{24}	恁兀人 nən^{13}uə^{53}ʐən$^{13-33}$	
	D	咱 tsa^{24}			
吉县柏山寺	A	我 ŋə^{53}	你 ȵi^{53}	他 tʰa^{312}	个 kə^{312}
	B	咱 tsa^{24}	你老 ȵi^{53}lɑu^{53}	兀人 u^{33}ʐei^{24}	个人 kə^{312} ʐei^{24}
	C	我咱 ŋə^{53}tsa^{24}	你咱 ȵi^{53}tsa^{24}	兀一人 u^{33}i^{24}ʐei^{24}	个家 kə^{33}tɕia^{312}
	D	我给咱 ŋə^{53}kei^{53}tsa^{24}	你给咱 ȵi^{53}kei^{53}tsa^{24}	他咱 tʰa^{312}tsa^{24}	一价每人 i^{24}tɕia^{53}
	E	我与咱 ŋə^{53}y^{53}tsa^{24}	你与咱 ȵi^{53}y^{53}tsa^{24}	他给咱 tʰa^{312}kei^{53}tsa^{24}	个己 kə^{33}tɕi^{53}
	F			他与咱 tʰa^{312}y^{53}tsa^{24}	每家 mei^{53}tɕia^{312}
古县古阳	A	我 ŋɛ^{42}	你 ȵi^{42}	那 nɑ^{21}	个人 kɤ^{53}ʐən^{35}
	B	哪我 nɑ^{53}ŋɛ^{42}	哪你 nɑ^{53}ȵi^{42}	哪那 nɑ^{53}nɑ^{21}	一个人 iɛ^{35}ʐən^{35}
	C	我咱 ŋɛ^{42}tsɑ^{35}	你咱 ȵi^{42}tsɑ^{35}		独自一个 tʰu^{35}tsʅ^{53}iɛ^{35}

“哪我、哪你、恁我、我咱、你咱、我给咱、你与咱”都是“你、我、他”的变称。“哪我、恁我”一般做主语、定语，不能做宾语，而且一般用于向别人陈述自己所说的不该说的话或所做的不该做的事。例如：

人那与略咱钱哩，哪我/恁我多余地还问略下呢。（人家给了咱们钱了，我还又问了人家一句。）——不该说的话。

哪我/恁我今么一出门，就碰略一倒尿盔子，真扫兴。——意料之外的事。

“哪你/恁你”一般做主语、定语、宾语，一般只用于表羡慕、夸赞对方的句子里，有时是反话，带有埋怨、不满的意味。例如：

哪你/恁你这个袄做得真合适。——夸赞

我就佩服你哪/恁你这得脑，算起什么，快得多哩。——夸赞

谁还敢说哪你/恁你呀。你是什么人呢？——不满

“哪喒/哪那/恁那”一般可做主语、定语、宾语，用于成对的句子里，尤以偏正复句为多。例如：

兀人眼窝头儿可高哩，谁也不贴哪喒/哪那/恁那。

我说咱今么看戏走么，哪喒/哪那/恁那就不去。

这是谁的东西呢？——哪喒/哪那/恁那的东西。

“我咱/你咱/他咱/我给咱/你与咱/他给咱”等是在“我、你、他”后面加“咱、给咱、与咱”，这里“咱、给、与”也没什么词汇意义，是虚化了的词。“咱”与人称代词的组合能力没有“哪”强，也很少附着在复数人称代词之后。

“我咱/我给咱/我与咱”一般用于请求语气，比单用“我”显得关系亲近，例如：我咱/我给咱/我与咱出去吃饭吧。“你咱/你与咱/你给咱”在语气上，总是用于命令语气，比单用“你”表命令程度较轻。例如：今么你咱/你与咱/你给咱主持这会，我有个事。

“他咱/他给咱/他与咱”只有在吉县地区存在，其他地区“他”不

与“咱”搭配，表示商量或祈使语气。例如：叫他咱/他给咱/他与咱说去。这东西是他咱/他给咱/他与咱给的。

“兀人/兀一人/你老”等可做定语、宾语，例如：这是兀人/兀一人/你老的东西，你不要乱动。兀人/兀一人/你老哩字写得可好啦。

（二）复数

临汾方言的人称代词复数从结构上看主要是附加式，从语音上看，有些附加式尚未与前字融合在一起，有些则已融合在一起。根据融合程度的不同大体可以分为以下四种类型：

1. 附加式

附加式指在单数人称代词后面附加词尾表示复数，但是各地方言读音不一样，具体分以下几类：

“家[tɕia⁰ tɕiᴀ⁰ tɕiɑ⁰]”尾：我家、你家、他家。方言点有大宁三多、侯马城关、侯马凤城、襄汾襄陵、襄汾汾城、襄汾古城、临汾城关[1]、古县城关[1]。

“呀[iᴀ⁰]”尾：我呀、你呀、他呀。方言点有襄汾城关。

“介[tɕiɛ⁰ tɕiʌ⁰]”尾：我介、你介、他介。方言点有霍州师庄、霍州城关、霍州退沙街道。

“些[ɕiɛ⁰ ɕiᴇ⁰]”尾：我些、你些、他些。方言点有大宁城关、大宁太古、蒲县山中、蒲县城关、吉县文城、吉县城关。

“都[tou⁰ təu⁰]”尾：我都、你都、他都。方言点有安泽冀氏、曲沃里村、曲沃史村、曲沃北董、翼城隆化、翼城西阎、翼城城关、浮山寨圪瘩。

“几[tɕi⁰]”尾：我几、你几、他几。方言点有汾西城关、汾西勍香、古县古阳、古县北平、霍州李曹。

“西[ɕi⁰]”尾：我西、你西、他西。方言点有永和坡头、永和南庄、永和城关、永和阁底、大宁徐家垛、乡宁关王庙。

“地[ti⁰]”尾：我地、你地、他地。方言点有汾西邢家要、汾西团柏、洪洞山头、洪洞明姜、古县南垣。

“只[tʂʅ⁰]”尾：我只、你只、他只。方言点有临汾一平垣。

表3-2是相应的例词。

表 3－2　附加式人称代词复数

词尾	方言点	第一人称	第二人称	第三人称	反身代词
—家	襄汾襄陵	我家 ŋə^{31} tɕiɑ^{0}	你家 ȵi^{31} tɕiɑ^{0}	他家 tʰɑ^{21} tɕiɑ^{0}	咱家 tsɑ^{24} tɕiɑ^{0}
—呀	襄汾城关	我呀 ŋɤ^{44} iɑ0	你呀 ȵi^{44} iɑ0	他呀 tʰɑ^{53} iɑ0	咱呀 tsɑ^{24} iɑ0
—介	霍州城关	我介 u^{53} tɕiɛ^{0}	你介 ȵi^{32} tɕiɛ^{0}	他介 tʰi^{53} tɕiɛ^{0}	咱介 tsa^{35} tɕiɛ^{0}
—些	大宁太古	我些 ŋuo^{53} ɕiᴇ^{0}	你些 ȵi^{53} ɕiᴇ^{0}	他些 tʰa^{21} ɕiᴇ^{0}	咱些 tsa^{24} ɕiᴇ^{0}
—都	曲沃里村	我都 ŋə^{44} təu^{0}	你都 ȵi^{44} təu^{0}	他都 tʰᴀ^{44} təu^{0}	咱都 tsᴀ^{213} təu^{0}
—几	古县古阳	我几 ŋɤ^{42} tɕi^{0}	你几 ȵi^{42} tɕi^{0}	那几 nɑ^{21} tɕi^{0}	咱几 tsɑ^{35} tɕi^{0}
—西	永和坡头	我西 a$^{423-21}$ ɕi^{0}	你西 ȵi^{423} ɕi^{0}	他西 tʰa^{312} ɕi^{0}	咱西 tsa^{24} ɕi^{0}
—地	汾西团柏	我地 ŋə^{31} ti^{0}	你地 ȵi^{31} ti^{0}	他地 tʰa^{33} ti^{0}	咱地 tsa^{24} ti^{0}
—只	临汾一平垣	我只 ŋə^{31} tʂʅ^{0}	你只 ȵi^{31} tʂʅ^{0}	他只 tʰᴀ^{21} tʂʅ^{0}	咱只 tsᴀ^{24} tʂʅ^{0}

2. 合音式

合音式指单数的语音与附加成分的语音结合而成的一种表示复数的语音形式。方言点有蒲县黑龙关、蒲县太林、襄汾邓庄、浮山响水河、浮山城关、临汾贺家庄、临汾城关、洪洞左木、洪洞城关、古县石壁、古县城关。表 3－3 是相应的例词。

表 3－3　合音式人称代词复数

方言点	人称代词单数	人称代词复数
蒲县黑龙关	我 ŋuo^{42}、你 ȵi^{42}、他 tʰa^{21}	我们 ua^{53}、你们 ȵia^{53}、他们 tʰa^{21}、咱们 tsa^{24}
蒲县太林	我 ŋuo^{42}、你 ȵi^{42}、他 na^{21}	我们 ŋua^{53}、你们 ȵia^{53}、他们 na^{21} ua^{52}、咱们 tsa^{24}
襄汾邓庄	我 ŋo^{44}、你 ȵi^{44}、他 tʰɑ^{44}	我们 ua^{53}、你们 ȵiɑ^{53}、他们 tʰa^{53}、咱们 tsa^{24}
浮山响水河	我 ŋə^{33}、你 ȵi^{33}、他 tʰa^{33}	我们 ua^{33}、你们 ȵia^{33}、他们 tʰa^{33}、咱们 tsa^{33}
浮山城关	我 ŋɤ^{33}、你 ȵi^{33}、他 tʰa^{42}	我们 ŋua^{33}、你们 ȵia^{33}、他们 tʰa^{42} tɕia^{42}、咱们 tsa^{13}
临汾城关	我 ŋɔ^{51}、你 ȵi^{51}、他 na^{21}	我们 ŋua^{51}、你们 ȵia^{51}、他们 na^{51}、咱们 tsa^{13}
洪洞左木	我 ŋə^{31}、你 ȵi^{31}、他 na^{21}	我们 ŋuᴀ^{53}、你们 ȵyᴀ^{53}、他们 nᴀ^{21}、咱们 tsa^{24}

续　表

方言点	人称代词单数	人称代词复数
洪洞城关	我 ŋo^{42}、你 ȵi^{42}、他 na^{21}	我们 ŋuɑ^{42}、你们 ȵiɑ^{42}、他们 nɑ^{21} tiɑ^{0}、咱们 tsa^{24}
古县石壁	我 ŋə^{53}、你 ȵi^{53}、他 na^{21}	我们 ŋua^{53}、你们 ȵya^{53}、他们 na^{53}、咱们 tsa^{24}
古县城关	我 ŋɛ^{42}、你 ȵi^{42}、他 nɑ^{21}	我们 ŋua^{42}、你们 ȵyɑ^{42}、那家 nɑ^{21} tɕiɑ^{21}、咱们 tsa^{35}

第一人称代词、第二人称代词的合音除表示“我们、你们”的意思外，还可以表示与北京话相当的“我们家里”“你们家里”的意思。例如：

洪洞城关：

口[ŋuɑ^{42}]买了一挂新车子。（“口”是“我们家里”的意思）

口[ȵiɑ^{42}]今么是谁来了呢？（“口”是“你们家里”的意思）

另外，由以上来看，临汾城关、古县城关人称代词复数都有附加式和合音式两种类型。

3. 变音式

变音式指在单数的语音形式上，改变声母、韵母或声调之后加“们”来表示复数人称代词的语音形式。方言点有安泽唐城、隰县城南、隰县下李、隰县午城、隰县黄土、吉县屯里、吉县柏山寺、乡宁光华、乡宁枣岭、乡宁城关、临汾河底。表 3 - 4 是相应的例词。

表 3 - 4　变音式人称代词复数

方言点	人称代词单数	人称代词复数
安泽唐城	我 ŋə^{53}、你 ȵi^{423}、他 t^{h}A^{213}	我们 ŋA$^{423-21}$ məŋ^{0}、你们 ȵie^{423} məŋ^{0}、他们 t^{h}A^{213} məŋ^{0}、咱们 tsA^{21} məŋ^{0}
隰县城南	我 ŋə^{21}、你 ȵi^{21}、他 t^{h}a^{31}	我们 a^{21} məŋ^{0}、你们 ȵiɛ^{21} məŋ^{0}、他们 t^{h}a^{31} məŋ^{0}、咱们 tsa^{24} məŋ^{0}
隰县下李	我 ŋə^{21}、你 ȵi^{21}、他 t^{h}a^{21}	我们 ɛ̃^{21} məŋ^{0}、你们 ȵiɛ^{21} məŋ^{0}、他们 t^{h}a^{31} məŋ^{0}、咱们 tsa^{24} məŋ^{0}

续 表

方言点	人称代词单数	人称代词复数
隰县午城	我 ŋə^{21}、你 ȵi^{21}、他 t^{h}a^{31}	我们 a^{21}məŋ^{0}、你们 ȵiɛ^{21}məŋ^{0}、他们 t^{h}a^{31}məŋ^{0}、咱们 tsa^{24}məŋ^{0}
隰县黄土	我 ŋə^{55}、你 ȵi^{55}、他 t^{h}a^{55}	我们 ŋɛ^{55}məŋ^{0}、你们 ȵiɛ^{55} məŋ^{0}、他们 t^{h}a^{41}məŋ^{0}、咱们 tsa^{24}məŋ^{0}
吉县屯里	我 ŋuo^{55}、你 ȵi^{55}、他 t^{h}a^{33}	我们 ŋə^{55}mei^{0}、你们 ȵi^{55}mei^{0}、他们 t^{h}a$^{53-21}$mei^{0}、咱们 tsa^{24}mei^{0}
吉县柏山寺	我 ŋə^{53}、你 ȵi^{53}、他 t^{h}a^{312}	我们 ŋə^{53}mei^{0}、你们 ȵi^{53}mei^{0}、他们 t^{h}a^{312}mei^{0}、咱们 tsa^{24}mei^{0}
乡宁光华	我 ŋə^{44}、你 ȵi^{44}、他 t^{h}a^{53}	我们 ŋə^{44}mei^{0}、你们 ȵi^{44}mei^{0}、他们 t^{h}a^{53}mei^{0}、咱们 tsa^{213}mei^{0}
乡宁枣岭	我 ŋə^{213}、你 ȵi^{213}、他 t^{h}a^{55}	我们 ŋə^{213}mei^{0}、你们 ȵi^{213}mei^{0}、他们 t^{h}a^{55}mei^{0}、咱们 tsa^{24}mei^{0}
乡宁城关	我 ŋɤ^{55}、你 ȵi^{55}、他 t^{h}a^{53}	我们 ŋɤ^{55}mei^{0}、你们 ȵi^{55}mei^{0}、他们 t^{h}a^{53}mei^{0}、咱们 tsa^{213}mei^{0}
临汾河底	我 ŋuo^{42}、你 ȵi^{42}、他 t^{h}ᴀ^{21}	我们 ŋuo^{42}mei^{0}、你们 ȵi^{42}mei^{0}、他们 t^{h}ᴀ^{21}mei^{0}、咱们 tsᴀ^{24}mei^{0}

4. 不变式

不变式指单数是“我、你、他”，复数是“我们、你们、他们”，且读音不变（“咱们”的“咱”读音有时会变）。方言点有安泽杜村、安泽府城、安泽良马。表 3－5 是相应的例词。

表 3－5 不变式人称代词复数

方言点	人称代词单数	人称代词复数
安泽杜村	我 ŋə^{44}、你 ȵi^{44}、他 t^{h}ɔ^{21}	我们 ŋə^{44}məŋ^{0}、你们 ȵi^{44}məŋ^{0}、他们 t^{h}ɔ^{21}məŋ^{0}、咱们 tsa^{54}məŋ^{0}
安泽府城	我 ŋə^{24}、你 ȵi^{24}、他 t^{h}a^{44}	我们 ŋə^{24}məŋ^{0}、你们 ȵi^{24}məŋ^{0}、他们 t^{h}a^{44}məŋ^{0}、咱们 tsa^{24}məŋ^{0}
安泽良马	我 ŋə^{44}、你 ȵi^{44}、他 t^{h}ɑ^{44}	我们 ŋə^{44}məŋ^{0}、你们 ȵi^{44}məŋ^{0}、他们 t^{h}ɑ^{44}məŋ^{0}、咱们 tsa^{24}məŋ^{0}

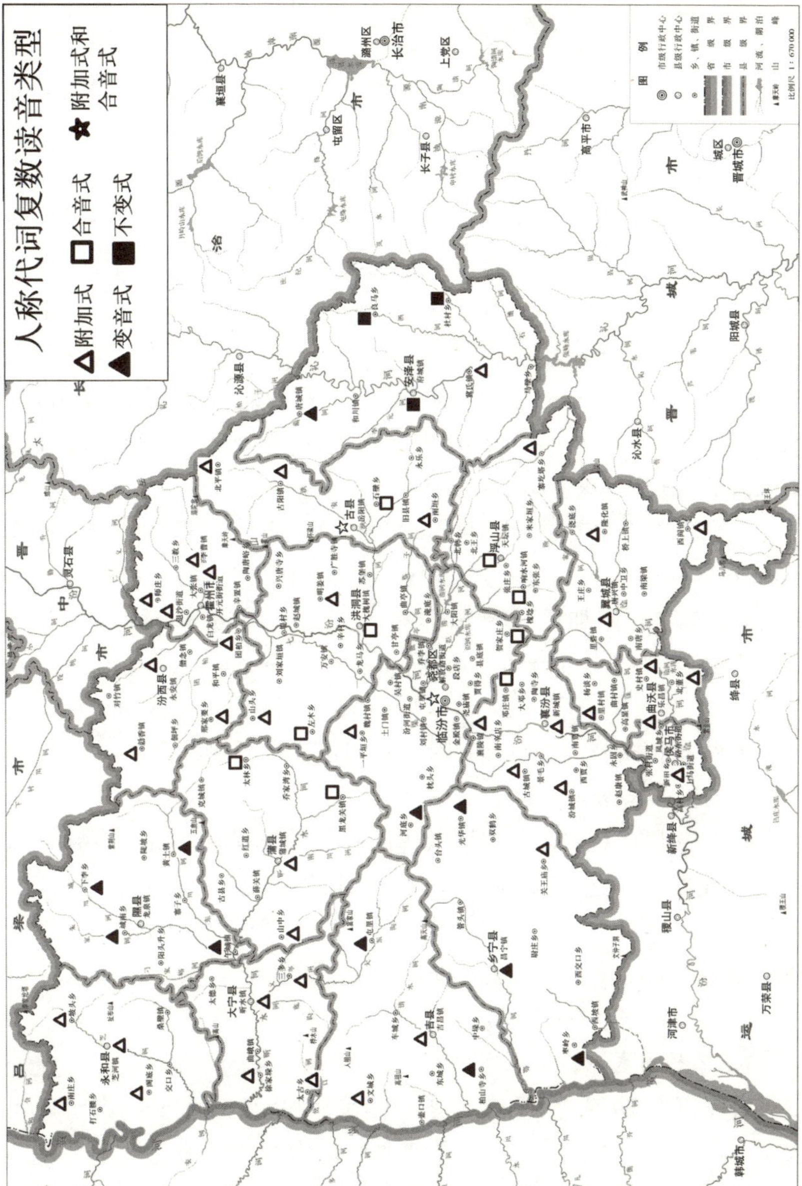

图 3－41　人称代词复数读音类型

由图3－41可看出，临汾方言人称代词复数四种读音类型地理分布如下。

“附加式”分布范围最广，几乎遍及临汾市区以北、以南地区：以临汾一平垣为起点，向北经洪洞山头、洪洞明姜，延至汾西、霍州地区；向西经蒲县城关、蒲县山中，延至大宁、吉县地区；向西北至永和地区；向东至古县南垣、安泽冀氏；向东北至古县北平、古县古阳；向南经襄汾，至侯马、曲沃；向东南至翼城、浮山寨圪瘩。

“变音式”主要分布于两小块地区：一是西北部隰县四个方言点，二是西南部的吉县屯里、吉县柏山寺、乡宁枣岭、乡宁城关、乡宁光华、临汾河底等地区，安泽唐城也属于此类型。

“合音式”分布于中部地区，以襄汾邓庄为起点，逆时针旋转，经临汾贺家庄、浮山响水河、浮山城关、古县石壁、洪洞城关、洪洞左木、蒲县太林、蒲县黑龙关。与“附加式”呈连片分布。

“不变式”仅分布于东部的安泽良马、安泽府城、安泽杜村三个方言点。

另外，临汾城关、古县城关有附加式和合音式两种类型。

二、指示代词

临汾方言有些方言点的指示代词有三种形式，即指称事物以近、中、远（或近、远、更远）分别用不同的词指称。（北京话只用“这、那”指称“近、远”事物。）另外，指示代词有变读，即根据不同语气或语言环境而用不同的读音形式表示的现象。

（一）指示代词的形式

1. 三种形式

方言点有29个：永和城关、永和阁底、永和南庄、永和坡头、大宁城关、大宁徐家垛、大宁太古、汾西城关、汾西邢家要、汾西勍香、吉县城关、吉县文城、吉县屯里、吉县柏山寺、乡宁关王庙、乡宁光华、乡宁枣岭、乡宁城关、侯马凤城、侯马城关、曲沃里村、曲沃北董、曲沃史村、襄汾城关、襄汾古城、襄汾汾城、翼城西阎、临汾贺家庄、临汾一平垣。一般是近指“这”、中指“那”、远指“兀”,或“这、那、兀”的变音。

例如:

永和城关:近指“这 tʂəi312”、中指“那 nəi312”、远指“兀 uəi312”。

把这 tʂəi312 个壶荷过圪,把那 nəi312 个荷过来,兀 uəi312 个不要动。

大宁徐家垛:近指“这 tʂə55□uei55”、中指“那 na55uei55”、远指“兀 uei55”。

这 tʂə55□uei55 是你的,那 na55uei55 是妹妹的,兀 uei55 留给哥哥。

乡宁光华:近指“这 tʂʅ31 个 kə0”、中指“那 na31 个 kə0”、远指“兀 uei31□iɛ21”。

这 tʂʅ31 个 kə0 能吃,那 na31 个 kə0 不能吃,兀 uei31□iɛ21 放两天才能吃。

襄汾古城:近指“这 tʂə31”、中指“那 na31”、远指“□uo31”。

把这 tʂə31 挪到那 na31 去,把□uo31 搬到伙房里。

2. 两种形式

其余 37 个方言点都是二分,一般是近指“这”,远指“那/兀”,或者“这、那/兀”的变读。例如:

霍州城关:这 tʂɔ44 是我的,那 uɔ44 是你的。

霍州李曹:这 tʂʅ44 个 kə0 我要,□uei44 个 kə0 我不要。

古县城关:tʂə53/tʂei53 这好看,兀 uo53/uei53 不好看。

洪洞左木:这 tʂə53□tɕiɛ0 与你,兀 uo53□tɕiɛ0 不能与你。

临汾城关:这 tʂɤ51/tʂei13 是他拿来的,兀 uɔ51/uei51 是家里的。

由图 3-42 可看出,临汾方言指示代词有三种形式的方言点主要分布于西部、西南部地区,有西部山区的永和、大宁、吉县、乡宁,西南部的襄汾、侯马、曲沃,北部的汾西、临汾一平垣、临汾贺家庄、翼城西阎也属于此类型。其余方言点的指示代词均有两种形式。

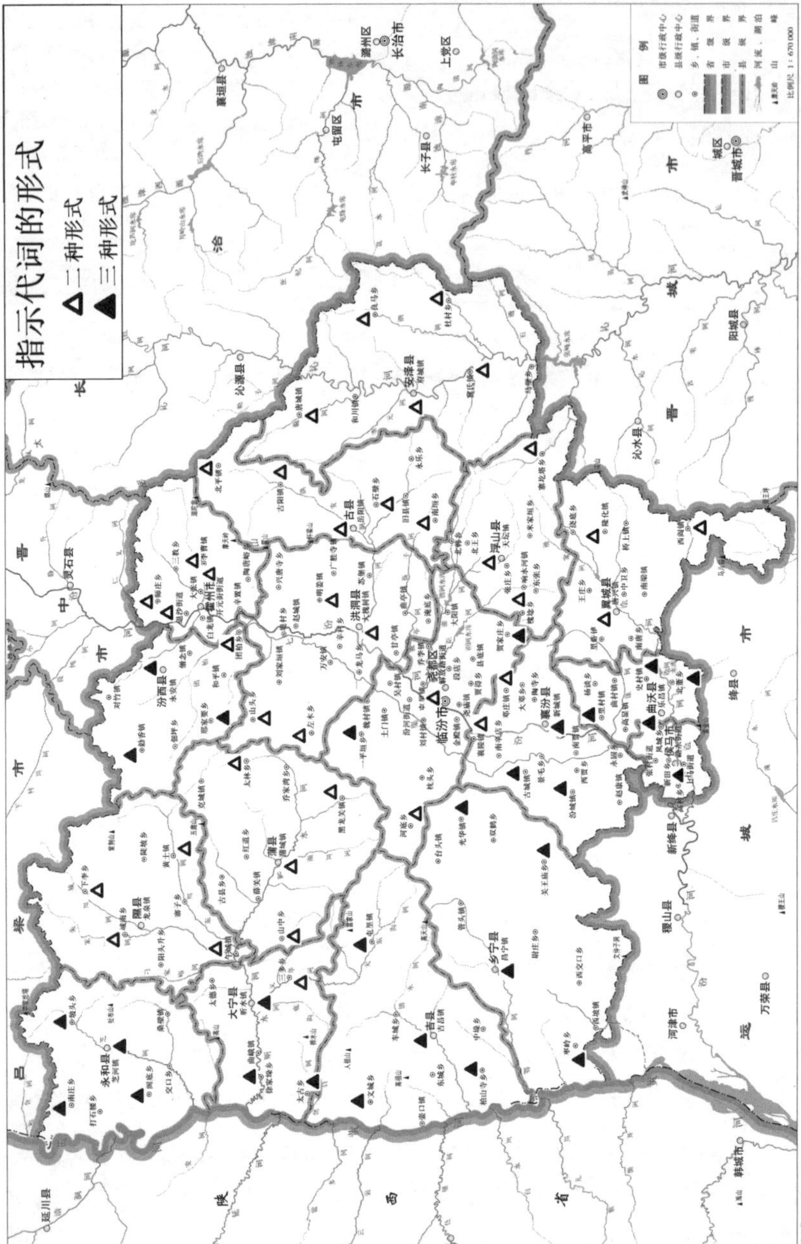

图 3－42　指示代词的形式

（二）指示代词的变读

临汾方言部分方言点中每个指示代词都有好几种读音，这种变读是用变韵、变调的方式体现出来的。表 3－6 是相应的例词。

表 3－6　指示代词的变读

方言点	近指	中指	远指
临汾城关	这 1tʂɤ^{51}；这 2tʂei^{13}； 这 3tʂən^{13}；这 4tʂɑŋ^{13}		兀 1uɔ^{51}；兀 2uei^{51}； 兀 3uən^{13}；兀 4uɑŋ^{13}
洪洞城关	这 1tʂe^{53}；这 2tʂɑ^{53}； 这 3tʂɑn^{24}；这 4tʂɑŋ^{24}		兀 1uo^{53}；兀 2uɑ^{53}； 兀 3uɑn^{24}；兀 4uɑŋ^{24}
古县城关	这 1tʂɤ^{53}；这 2tʂei^{53}； 这 3 圪节 tʂen^{42}kɤ^{21}tɕiɛ^{21}		兀 1uo^{53}；兀 2uei^{53}； 兀 3uen^{42}kɤ^{21}tɕiɛ^{21}
浮山响水河	这 1tʂə^{44}；这 2tʂei^{13}； 这 3tʂẽ^{44}；这 4tʂa^{13}		兀 1uo^{44}；兀 2uei^{44}； 兀 3uẽ^{53}；兀 4ua^{13}
霍州城关	这 1tʂə^{44}；这 2tʂuo^{35}； 这 3tʂʅ^{35}		兀 1u^{35}；兀 2uo^{35}； 那 3la^{35}
吉县城关	这 1tʂə^{53}；这 2tʂei^{53}； 这 3 呀 tʂɛ^{33}ia^{0}	那 1nai^{33}；那 2nei^{33}	兀 1u^{53}；兀 2uei^{53}； 兀 3 呀 u^{33}ia^{0}
永和城关	这 1tʂəi^{312}； 这 2 个 tʂəʔ^{312}kuɤ^{33}； 这 3 圪介 tʂəʔ^{312}kəʔ^{33}tɕiə^{312}； 怎介 tʂəŋ^{312}tɕieʔ^{33}	那 1nəi^{312}； 那 2 个 nə^{312}kuɤ^{33}； 那 3 圪介 nə^{312}kəʔ^{33}tɕiə^{312}； 兀介 uəŋ^{312}tɕieʔ^{33}	兀 1uəi^{312}； 兀 2 个 uɤ^{312}kuɤ^{33}； 兀 3 圪介 uɤ^{312}kəʔ^{33}tɕiə^{312}； 恁 4 介 nəŋ^{312}tɕieʔ^{33}

不同的读音表达不同的意义，具有不同的语法功能。例如：

洪洞城关方言中，近指“这”，远指“兀”，各有四个读音，两两相对，共四对。每对出现的场合、表达的功能各不相同。

这$_1$[tʂe^{52}]、兀$_1$[uo^{52}]是最常用的一对，一般不表示什么附加色彩，可单用，也可与“个儿”连用。在句中主要做主语、宾语。如：这$_1$是谁的呢？兀$_1$是我的。别荷拿这$_1$兀$_1$。

这$_2$[tʂa^{52}]、兀$_2$[ua^{52}]主要用于指人，很少指东西。指人时往往比用这$_1$、兀$_1$更富有感情色彩。可与“个”连用，在句中主要做定语。如：这$_2$人本事大哩。这$_2$个人什么也能做出来。

这$_3$[tʂan^{24}]、兀$_3$[uan^{24}]可单独用，也可与“着”“里”连用。表示说话者对某一事情处理意见或向别人提出某建议。在句中主要做状语。如：你这$_3$干，别兀$_3$干。

这$_4$[tʂaŋ^{24}]、兀$_4$[uaŋ^{24}]很少单用，一般和“个”连用，这种用法往往出现于向别人陈述指称一件新奇东西、或对某件物品感到惊奇的句子里，在句中可做定语、宾语。如：今么将一出门，拾略这$_4$个东西。你别看这$_4$个顶事的多哩。

三、疑问代词

（一）疑问代词的分类

问人的：哪一□nai^{33}iɛ^{51}（临汾城关），谁家呢 fu$^{24-22}$tia^{0}na^{0}/谁呢 fu$^{24-22}$na^{0}（汾西城关），谁 fu^{24} 单数/谁家 fɑ^{24} 复数（洪洞城关），谁 ʂu^{35}（永和城关），谁 ʂuo^{24}/谁些/谁些家/哪爷（大宁城关）等。

问物的：啥呢 ʂɔ^{51}nə^{0}（临汾城关），啥 ʂa^{53}（浮山城关），哪爷/甚（大宁城关），啥 ʂe^{24}（洪洞城关）等。

问处所：哪 na^{312}（永和城关），哪 na^{33}/哪答 na^{33}ta$^{13-31}$/哪哪 na^{33}na^{0}（浮山城关），哪答 na^{33}ta^{21}（临汾城关），哪哪 na^{24}na$^{24-21}$（吉县城关）等。

问时间：多会儿 tuə^{42}xuər^{33}（什么时候，浮山城关），几会 tɕi^{33}xuei^{0}（什么时候，汾西城关），咋会儿 tsa^{51} xuɔr^{51}（临汾城关）等。

问结果、方式：咋 tsa^{33}/咋着呢（浮山城关），怎么哜 tsəʔ^{312}mə^{53}/怎介 zã^{312}tɕie^{35}（怎么，永和城关），怎 tsɛ^{33}/怎 tsʅ^{33} 么（洪洞城关），怎么个 tsʌ^{33}mʌ^{0}kəɯ^{0}（汾西城关）等。

问数量：多少/口 tɕiɛ^{13}/几兀 tɕi^{33}uə^{42}（浮山城关）等。

问行为：做什么 ʂʅ$^{42-33}$mu^{0}/做什么哩呢 tsʅ^{33} ʂʅ^{42}mu^{0}li^{0}nə^{0}（干什么，洪洞城关）等。

问原因：因为啥的呢？ yŋ^{21}u^{0}ʂə^{53}ti^{0}nə^{0}（为什么，洪洞城关）等。

（二）疑问代词的用法

有的方言里，一个疑问代词往往不止一个读音，读音不同，表达意思、语气、功能就不同。如洪洞城关的疑问代词“谁”有[fu^{24}]、[fa^{24}]两读，[fu^{24}]是本音，[fa^{24}]是“谁家”的合音，其意思。

A. 谁家里。如：

这是谁[fa^{24}]的猪略，跑出来也没人管。

谁[fa^{24}]的娃谁[fa^{24}]不亲呢？

B.“谁”的复数。如：

口[ȵia^{42}]走也行，口[ŋua^{42}]走也行，谁[fa^{24}]走也一样。(你们走也行，我们走也行，谁走也一样)。

“谁”还可与“哪”组成“哪谁”，在句中做主语、定语、宾语。如：

哪谁的钱得你白使使用哩呢？(做定语)

哪谁跟你去哩呢？(做主语)

你看着哪准了呢？(做宾语)

“谁”加不加“哪”语气大不一样。比较：

谁和你去里略？(语气较轻，其意为：恐怕没人跟你去！)

哪谁和你去里略？(语气较重，其意为：谁也不跟你去！)

“谁”还可前加虚化了的指示代词“兀”，组成“兀谁”的格式，在句中做主语、定语，但一般不做宾语。如：

兀谁和你去的呢？(谁和你一块儿去的？——做主语)

兀谁的车子在兀哃打着哩略？(谁的自行车在那儿放着呢？——做定语)

“怎”有[tsɛ^{33}]、[tsɿ^{33}]两读。“怎[tsɛ^{33}]”可单用，“怎[tsɿ^{33}]”不能单用，只能和“么”合用，“怎、怎么”在句中做谓语时，意义一样，可以互换，在句中做定语时，只能用“怎么”，不能用“怎”。如：

你怎呢？我怎也不怎。(做谓语)

你怎么呢？我怎么也不怎么。(做谓语,与上句意思一样)

这是怎[tsɿ³³]么回事呢？(做定语)

这是怎回事呢？(“怎”不能做定语)

“什么”在洪洞话里作为疑问代词和任指成分读音是不同的。前者读[ʂʅ⁵³⁻⁵⁵mu⁰],在句中做主语、宾语、定语;后者读[ʂʅ⁵³⁻⁵⁵ma⁰],只能做主语、宾语,一般不做定语。如:

什么[ʂʅ⁵³⁻⁵⁵mu⁰]也行。——什么[ʂʅ⁵³⁻⁵⁵ma⁰]行。(做主语)

什么[ʂʅ⁵³⁻⁵⁵mu⁰]工作好呢？—什么[ʂʅ⁵³⁻⁵⁵ma⁰]工作好呢？(前者做定语,后者不能)

你要什么[ʂʅ⁵³⁻⁵⁵mu⁰]么？——你要什么[ʂʅ⁵³⁻⁵⁵ma⁰]呢？(做宾语)

3.2.1.4 副词

一、程度副词

主要修饰形容词和一部分表示心理活动的动词。以下分为强度和弱度两类分别描写。

(一)强度副词

用于表示程度之甚的副词在普通话中多为“很、非常、特别、十分、最”等。临汾方言一般用“太、太太、可、乍、把外”等。例如:

吉县柏山寺:好太太、坏太太、甜太太、白太太、高兴太太、喜欢太太。也可说成“麻烦得太太、瞎得太太、美得太太”等。在句子中,“太太”后面往往加句尾语气词“哩”。例如:这衣服贵太太哩。快太太哩。有时候在被修饰词前还可叠加程度副词“可”。例如:我这把椅子,我可爱见太太哩。今么这事可办好了,办哩心里平静太太哩。

“可”用法与“太太”相同,相当于普通话的“很”“挺”,其程度稍弱于“太太”。例如:这衣服可贵哩。画哩可圆哩。这话可说好哩。兀个人可凄惶可怜咧。

大宁城关:“乍”表示程度之深,达到了极限。只能用于极少数谓词后做补语，不能做状语，一般修饰褒义词。句末常用语气词“啦”。例如：今么就高兴乍啦。这菜香乍啦。好乍啦。美乍啦。

“把外”相当于“特别”。用在形容词前，常以“着哩”作为其固定搭配的语气词。例如：兀些人把外精着哩。这些瓜把外甜。亦可做谓语，表示动作、行为事件在所在的对象范围以外。例如：这人把外啦这人与众不同，无论好坏。

（二）弱度副词

表示程度较低的副词，有“些微、捏捏合合、可可儿地、恰乎儿/险乎/险险乎”等。

浮山响水河：“些微”相当于普通话中的“稍微”“一点儿”，做状语，表示程度浅。例如：你些微动动你稍微挪一挪。你再些微放些盐。西红柿再些微红些就能吃咧。

“些微”可重叠成AABB式“些些微微”表示“一丁点儿”，表示比“些微”数量更少。例如：画儿没摆正，再些些微微往左面些。

“恰乎儿/险乎/险险乎”相当于“差点儿”，常用来表达说话者对不希望发生的事情的庆幸之情。言外之意是：幸亏没有怎样。例：才将恰乎儿跌倒。恰乎儿叫刺卡出。我险险乎误了车。

永和阁底：“捏捏合合”即“将就”。“捏合”重叠后组成“捏捏合合”，不做状语，常常单独成句，表示某种事物接近实现或勉强实现，例如：东西够不够？捏捏合合凑凑乎乎刚够。

“可可儿地”义为“正好”，在句中做谓语。例如：我荷的儿满利可可儿地。又可表示“恰巧”之意，较之“偏偏”的语气要弱，常用于表达不如意的语境，强调在一个时点事物遇合的偶然性，侧重于同时性。例如：可可儿地叫我碰着他啦。

二、范围副词

主要有“共满、可世界、厮跟、一搭里”等。

以侯马凤城方言为例：

1. “共满”表示数量的总和，可以用于表约数和确数。例如：今么来的共满这几个人。共满半个小时。

2. “可世界”表示动作、行为状态或事物所涉及的全部范围,即“到处、处处”。例如:你看你弄得可世界全是花芒子棉絮。鸡可世界跑。

3. “厮跟”表示两个或两个以上主体一块发出同样的动作、行为,并且交互及对方,即“互相”。例如:咱厮跟上一搭一起走。你上学不和他厮跟上?他俩不厮跟走哩啊,怕是不对付哩。

4. “一搭里”表示“一起”的意思,可用于人和物。例如:咱一搭里走,相互有个照应。得这些桃黍杆子搁到一搭里去!

三、时间副词

包括时间和频率。除了跟普通话一样的“就、只管、才、将”等词,还有“紧、几搭、说话(下)、搭合/搭例”等。

乡宁光华:“紧”表示“赶紧、快速”的意思。例如:你得兀紧些儿搅才能匀。紧些儿走。“几搭”表示立刻发生的行为或事情,相当于普通话的“立刻”“马上”。例如:咱几搭就走。几搭就下雨咧。他下地啦,几搭就回来。

曲沃北董:“说话(下)”表示事情马上发生。这种表达很形象,刚说话某事就发生了。例如:雨说话(下)就下咧。他说话(下)就来啦。

“搭合/搭例”表频率,表示过去到现在一直都是这样,几乎没有例外。有强调的语气,多用于否定句,相当于“总是”“从来”“一直以来”。例如:我搭合没吃过肉。我搭例没去过北京。我搭例不爱吃甜的。

四、情态副词

主要有“捎路、凑手、一到暑、猛猛地、停停地/不停点儿地、款款地、盼”等。

襄汾汾城:“捎路、凑手”表示事情一件紧接着另一件,“捎路”没有“凑手”紧凑。例如:你捎路/凑手给我买条烟。你做完活凑手就跟他算了账。

“一到暑”指动作、行为直截了当或态度果断坚决，相当于“索性”“干脆”。例如：一到暑做了就对啦，不用再寻人啦。一到暑不想也就没事啦。

大宁徐家垛：“猛猛地”表示事情发生得很突然。例如：我猛猛地想起来还没关门哩。板子猛猛地就跌下来咧。猛猛地叫蜜蜂蜇了一下。

“停停地/不停点儿地”表示动作行为的持续。例如：你停停地/不停点儿地立到那兀哒。我停停地/不停点儿地等了你一下午。

“款款地”有轻而慢的意思，表示动作行为及其而缓慢地进行。例如：你款款地搁。你款款地把娃放下吧。

“盼”表示有所补充，加强反问语气，一般出现在反问句中。例如：我盼还有什么说的哩？亦可表示行为、动作或事态出乎意料，有“突然”的意思。例如：盼下来啦突然下起雨来啦。

五、语气副词

除了与普通话一样的“大概、大么、倒是、怪不得”等语气副词，还有“贵贱/贵贵贱贱、不浪、满/满利、远止”等。

古县古阳：“贵贱/贵贵贱贱”表示“无论如何”，“贵贵贱贱”表意更加强调。例如：我贵贱不愿和他共事。贵贵贱贱这么样可不行。

“不浪”表示委婉语气，相当于“不妨”“要不”。例如：不浪你去见见他。

“满/满利”相当于“实在”。表意非常肯定，语意强调，有时甚至带有夸张的意味。在句中主要做状语。二者多可互换，后者语意更加强调。例如：我满/满利一点都不知道这事。他这半天饿得满/满利不能拉。

“远止”指主观上故意与人作对。一般要重读，语气较重。远止只能用于句首，相当于“大不了”。例：远止我不去太原了。

六、否定副词

除了跟普通话相同的“不、不要、没、没有”等否定副词之外，还有“或、不应、不得”等。

以大宁城关方言为例：

“或”表示对某事或某一状况的担忧，相当于普通话的“别”。多用于祈使句句首。例如：或叫淋了雨着。或叫酸枣儿圪刺挂着。

“不应”即“不用”，用于祈使句，主要用于制止说话者认为没有必要的行为。句末与语气词“啦”形成固定搭配。例如：不早啦，不应来啦。不应瞎跌啦。

“不得”相当于“不能”或“不”，多用于“再有……都(也)不得……”的固定句式。“不得”用于谓词前做状语。例如：怎么还不到十二点呢？怎么着哩，菜半都不得上来。再加一杯水也不得满。

“不得”常用于对“再……能……”句式的否定回答。“再”后的词主要表示数量多少或时间，当动词带结果补语时，意义多与“动+不+补”结构相同。例如：再给你十块钱行不行？不得够。再有半个小时能干完吗？不得完(干不完)。

“不得”除了可以加一些动词外，也可以与一些性质形容词搭配。例如：不得好、不得坏、不得热、不得凉、不得瘦、不得净、不得红。

3.2.1.5 介词、连词

除了与普通话一致的“在、用、替”等字，还有以下特殊字。

“与给”：临汾方言中“与[i/y]”相当于普通话中的“给”，例如：与我一支笔。你与我写封信。

“打从”，例如：打这开始，谁也不要理谁。

“和跟、往、到”，例如：你和谁好？你和边里走。

“齐到”，例如：你齐哪天才回来呢？

介词“把”“被”的读音及分布详见图 3－39、图 3－40。

3.2.2 句法

这里主要讲临汾方言的疑问句、双宾句、比较句、处置句、被动句、动词的体貌等。

3.2.2.1 疑问句

一、特指问

临汾方言的特指问与普通话的区别在于疑问代词和语气词不同。"谁、多、多少、哪、怎么、什么、多少"等词与普通话一致,"甚、怎(儿)、怎介、怎么介、几早、几时"等词与普通话不同。句末一般用"呢、啦、咧"等语气词。如:

永和南庄:作甚咧?——吃饭咧。
你正作甚圪咧?——我找东西咧。
你的手怎啦?
你怎介过来的?
你怎么介啦?

吉县屯里:你几早/几时开学呢?
这是几早/几时哩事呢?

二、是非问

临汾方言的是非问句在结构上与普通话相同,不用疑问代词提出问题,要求对方做出肯定或否定的回答。常用语气词"吗、呀、啦、吧"等词与普通话一致,"咧么、圪啦/圪咧么"与普通话不一致。也可以不用语气词,用语调来表示疑问的语气,通常句末的语气用上声调。如:

古县南垣:你去饭店吃饭去哩呀?——嗯/没。
你去饭店吃饭去么?——嗯/不去。
他吃喽饭啦?——嗯/没。
明早你给我请个假吧?——嗯/不行。

永和坡头：孩儿睡咧么？——嗯/没有。
这个事情解下弄懂啦么有？——嗯/没有。
你吃药圪啦么？——嗯/没有。
今年过年回来圪啦？——嗯/不回。

三、选择问

普通话一般用“是、还是”连接分句，临汾方言也可以用“还是”，但常用的是语气词“呀、啊、呢、啦、咧”，或者不用任何语气词。例如：

霍州李曹：你去呀我去呀？　　今么穿裙子呀穿裤子呀？
你去↗，我去↘？　　今么穿裙子↗，裤子↘？
今么晌午吃米呀面呀？你穿裙子呀裤子呀？

吉县柏山寺：车是我开啦，还是你开啦？
这衣服你是要啦，还是不要啦？

蒲县黑龙关：你吃烟呀，喝茶呀呢？
你是打扑克咧还是要打麻将咧？

四、反复问

按照反复问句的时态差异，临汾方言的反复问句可以分为未然态和已然态两种形式。V 表示动词、P 表示宾语、N 表示名词、M 表示语气词。

1. 已然态的反复问句

可分为两类：VP+M+没+VP+M、VP+M+没+M。以霍州城关为例：

VP+M+没+VP+M：你去哩呀没去咧？　你吃哩没吃咧？　你去过北京没去过　你去没去过北京？你以前走过这道没有走过？你以前走没走过这道？

VP+M+没+M：你吃喽饭啦没咧？　天气晴啦没咧？他最后去啦没咧？

2. 未然态的反复问句

只有一种形式：VP+M+不+VP+M。这里 VP 可以是单音节动词、双音节动词、动词短语、能愿动词等。以浮山寨圪瘩为例：

明早你去呀不去咧？　这个苹果红呀不红咧？

这会你吃饭呀不吃饭咧？　这会泥吃不吃饭咧？你会唱歌啊不会(唱歌)咧？　你会不会唱歌咧？你愿意吃啊不愿意吃咧？你愿不愿意吃咧？　你跳下来呀跳不下来呀？　我说话你能听懂呀听不懂呀？

3.2.2.2　双宾句

句式与普通话一致，即“V+人+物”。常用动词有“与[y/i]”，例如：

与我一本书。　你把书与我行吗？　与我本书，我没书咧。

3.2.2.3　比较句

临汾方言的比较句有差比句和平比句两种，其中各包括肯定形式和否定形式。除了与普通话一样的说法外，还有一些比较特殊的说法。

一、差比句

差比句是相比较的双方在性质、状态、程度等方面存在差异，差比句的目的就是要揭示出这种差异。差比句包括肯定形式和否定形式两种。

1. 肯定形式

一般用介词“比”，例如：

洪洞明姜：这一比兀一好。　这一人比兀一人高。

霍州李曹：热哩比冷哩好。　去比不去好。

有时候不用“比”字也可以，例如：

洪洞城关：一天热一天(一天比一天热)。

有时候用“赶”来代替“比”字，例如：

吉县城关：这一个赶兀一个好。

2. 否定形式

常用的否定词有“不如、不比、没(没有)、不胜(不敌)、不顶”等，例如：

浮山响水河：兀一没有这一好。　这些家房子不胜(不敌)兀哒兀房子好。

曲沃史村：我不如你高。　我居舍不顶你居舍。

这些句子中的比较词可以自由替换。但是在动词从肯定和否定两方面比较时一般不能用“没”，例如：去还不如不去咧。或者去还不比不去咧。

如果比较的是动作，比较词前面的部分可以省去，例如：我还不比(不如)不去咧，跑喽半日甚也没弄成。

二、平比句

平比句式相比较的两部分在性质状态或程度等方面相当。一般用“一般、一样、差不多”做比较词，一般放在相比较的词语之后。例如襄汾城关：

这碗米汤和兀碗米汤一般多。　这棍子和兀棍子一样长。

我和他一般高。　红哩和绿哩一样好。　管和不管一样，都不管喽。

以上例句中，“一般”可以换成“一样”，但“一样”不能换成“一般”。“一般”和“一样”前面可以加否定副词，例如：我俩喂不一般高。红哩和绿哩不一样，还是红哩好些。

3.2.2.4 动词的体貌

李如龙(1996：1－8)认为：“体”是“动作、事件在一定时间进程中的状态”，“可以在动作事件进程中确定一定的时点或时段”，“是人们对客观进程的观察和感受”。“貌”则“和动作、事件的时间进程没有关系或关系很少”,“没有确定的时点或时段”,“体现着动作主体的一定意想和情绪”。这种对“体”和“貌”的界定与区分有重要意义。下面具体来看临汾方言的“体”和“貌”。

一、动词的体

(一) 起始体

起始体表示动作或变化的开始。临汾方言可以用“起/起来”表达,与普通话一样;还可用“开”作体标记,“开”在临汾方言中的虚化比较充分。句末常跟已然体标记“啦”。“起/起来/开”一般紧跟于动词或形容词后,如:

客人还没到呢,你就喝起酒了。　　高兴起来啦。
骂起人来没完啦。　　响起炮来咱就走。　　下开雨啦。
叫他一说我也怕开啦。　　一群婆姨说开啦。

(二) 持续体

持续体表示某种状态在某一段时间内保持不变。普通话里,一般用体标记“着”附于动词后来表示,但动词前不能插入“在”“正在”。临汾方言则稍显复杂。例如:

我急得等吃饭着/的哩。　她在地上坐着/的哩。　他等我拿袄着/的哩。　你拿上!她打上伞在街上逛哩。　坐下,不要起立。　他爱立下吃。　车上坐俩外国人。墙上挂一幅画。

从以上例句可看出,临汾方言持续体具有以下特点:第一,“着/的”往往出现在宾语之后,常与句末语气词一起居于句末,都读轻声;第二,可用“上”“下”做持续体标词,与普通话的持续体标记“着/的”相对应;第三,不用持续体标词。

(三) 进行体

进行体表示动作或变化正在进行中。普通话用体标记“着”附于动词后来表示,动词前可插入时间副词“在”“正在”。临汾方言的进行体标记用“在”“着”表示。“着”是老派说法,用得较普遍。而“在”

是新派说法。洪洞、汾西、浮山等很多方言中用“的”代替“着”。例如：

你在笑啥？

他还在做饭哩。

他在床上看书哩。

洪洞城关：外前下雨着/的哩。 屋里灯还明着/的哩。 他正做活着/的哩。 我正不知道咋弄咧，他就来了。 我正洗头哩，他来了。

（四）完成体

完成体表达了一个完整的动作行为，临汾方言一般用动态助词“去$_1$[kəʔ^0 tɕ^{h}i^0]”表示。完成体标志“去$_1$”是由趋向动词“去”发展来的虚词。趋向动词“去”做补语时，可以兼做完成体标记。例如：

吉县城关：今么我和他上街去$_1$[tɕ^{h}i^0]。（已经回来了。）

我瞅着他们俩人刚从这儿出去$_1$[tɕ^{h}i^0]。

永和城关：你到兀家伙去$_1$[kəʔ^0]咧么？——去[kəʔ^0]咧。/没去[kəʔ^0]。

你夜里下棋去$_1$[kəʔ^0]咧么？——下去[kəʔ^0]咧。/没下去[kəʔ^0]。

还可用于陈述性复句的第一分句末尾。例如：

赶我走兀哒去$_1$[tɕ^{h}i^0]，人那倒走哩。（当我走到那儿时，人家已经走了。）

要坐车去$_1$[tɕ^{h}i^0]，就快些儿着。（要去坐车，就快点儿。）

（五）经历体

经历体表示事件处于结束之后的时点上，即已经完整的发生过，有过此一种经验、经历。临汾方言经历体的体标记一般是“过”，与普通话一致。例如：

我见过县长三回。　我见县长去咧。

吃过鱼、耍过风葫芦、打过架、上过大学、来过我家、去过北京

我去过北京一回。　看过《西游记》一年啦，还记得咧。

走过西安、去过上海、后去过回来过、前去过出去过

我有三孔窑去咧。　我怕你去咧？

你做甚都这的慢，就没快过一回。　从你来咾窑里就没干净过。

二、动词的貌

（一）尝试貌

表示动作的尝试性，该动作的时间一般也比较短暂。其语法形式为动词重叠式所表示“尝试”的语法意义，但表现不很明显。例如：

你搅一下，看怎样？　搁水哩泡泡，看能软唠不？　有啥好法嘟，叫我再想想看。

（二）短时貌

短时貌表示动作进行或变化所经历时间相对较短暂。临汾方言与普通话相似，既可用重叠式动词来表示，有的也可用“V 十一下/一会儿”来表示短时（但没有“V 一 V”的说法），表示时短、量小。如：

咱歇歇再做。|咱歇一下再做。

过得真快。我洗唠洗袄，看唠看电视就 11 点啦。|我洗唠一下袄，看唠一下电视就 11 点啦。

她一天在屋做做饭，洗洗碗，引引娃就没事啦。|她每天在家做一下饭，洗一下碗，引一下娃就没事啦。

临汾方言另一种重叠式表示时短、量大，多用“圪”头动词和形容词语素来构成动词。例如：

圪掏圪掏就出啦，不要进去拾啦。　秦椒晒晒，圪捣圪捣就好啦。　她给他圪挤圪挤眼窝就出去啦。

（三）反复貌

反复貌表示动作的反复进行。临汾方言与普通话相似，也用动词重叠式所表达的“反复”语法意义来表示，也可用“再+V+名量词”或“再+V+一下（动量）”的词汇手段来表示反复貌。例如：

她笑着笑着就哭啦。他瞅着瞅着就睡着啦。我走走歇歇，一会儿就到啦。

我再买口[iɛ]（一个）就不买啦。你再打一下我就不理你啦。

第四章

临汾方言的特点和归属

4.1 同言线束及方言分片

我们以图 4-1"入声韵与入声调的关系"为基础,找出了大体与之重合的 4 张语音、词汇地图,主要有:精组与知庄章组的读音类型、宕白江白摄的读音、"石头"义的词形分布、"不知道"义的词形分布,并绘制了同言线束图。

由图 4-6 可看出,这些地图的同言线大体以西南角吉县柏山寺为起点,向北上沿大宁太古、蒲县城关、汾西团柏、霍州李曹,至东部古县、浮山寨圪瘩、东南角翼城隆化、翼城西阎这条线为界,将临汾方言分为两大片,以北为有入声调或入声韵的地区,可化入晋语;以南为无入声调和入声韵地区,可化入中原官话。这大体与《汉语官话方言研究》(2010)及《中国语言地图集》第 2 版的划分一致。另外,四张语音、词汇地图对这条线进行了补充,其中图 4-2 精组与知庄章组的读音类型、图 4-4"石头"义的词形分布、图 4-5"不知道"义的词形分布这三张地图的同言线更接近图 4-1 中的曲线,即有无入声调的分界线;而图 4-3 宕白江白的读音这张地图的同言线更接近图 4-1 中的曲线,即有无独立入声韵的分界线。因此,目前暂无法看出在划分晋语与官话的标准中"入声韵"和"入声调"哪个更重要,但至少应该把"入声韵"考虑进去。

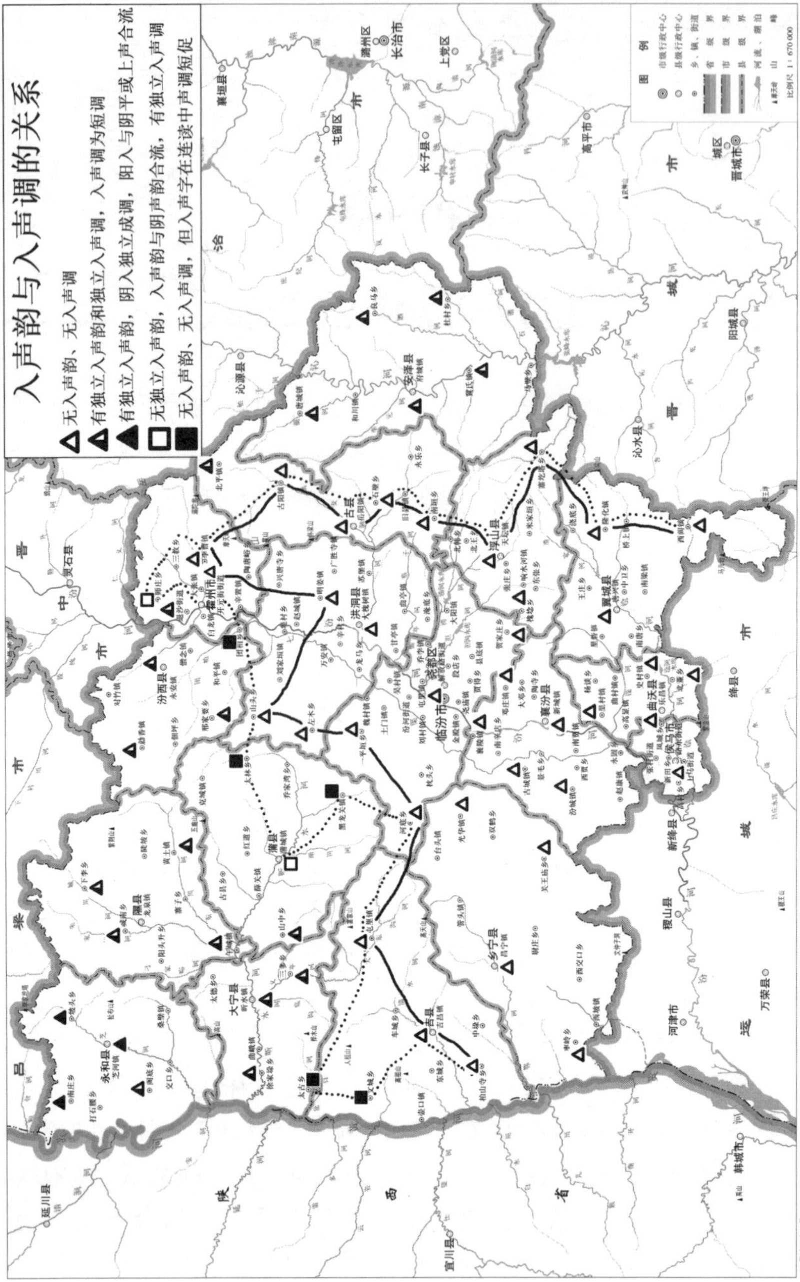

图 4-1　入声韵与入声调的关系

说明：图中“……”线是有无独立入声韵的分界线，以南（含）无独立入声韵，以北有独立入声韵；“——”线是有无入声调的分界线，以南（含）无入声调，以北有入声调。

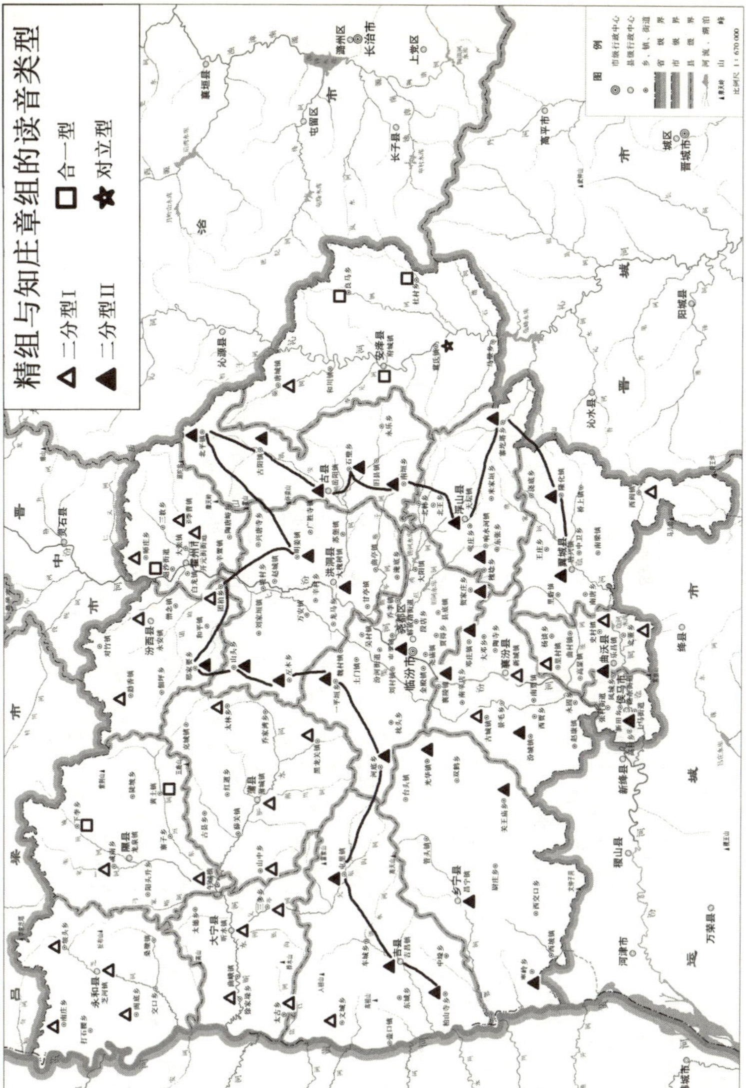

图 4－2　精组与知庄章组的读音类型

说明："合一型"指精知庄章全部读成[ts]组或[tʃ]组；"对立型"指精组洪音读[tʃ]组，知庄章读[ts]组；"二分型Ⅰ"包括精知庄章"[ts]、[tʂ]二分""[ts]、[pf]二分"和"[ts]、[f]二分"三小组；"二分型Ⅱ"包括精知庄章"[ts]、[tʂ pf]二分""[ts]、[tʂ f]二分"和"[ts]、[tʂ tɕ]二分"三小组。图中"——"线以南(含)"知组开口三等、知组合口、章组(止摄例外)、庄组宕摄、知庄组江摄字今主要读[tʂ、$tʂ^h$、ʂ]，部分合口或开口字读[pf f tɕ]"，以北不存在这种现象。

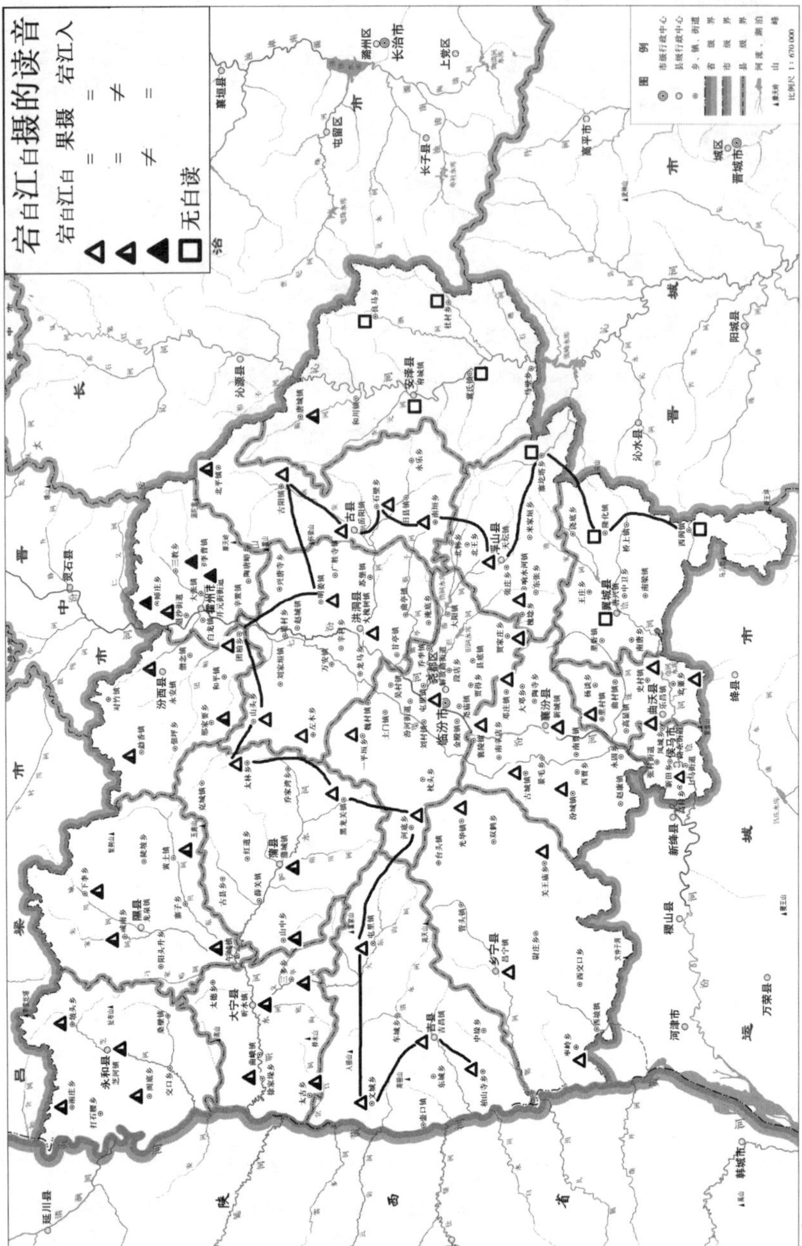

图 4－3　宕白江白摄的读音

说明：图中“——”线是“宕白江白摄读音是否与果摄、宕江摄入读音相同”的分界线，以南（含）全部相同，以北大都不同或只与果摄相同。

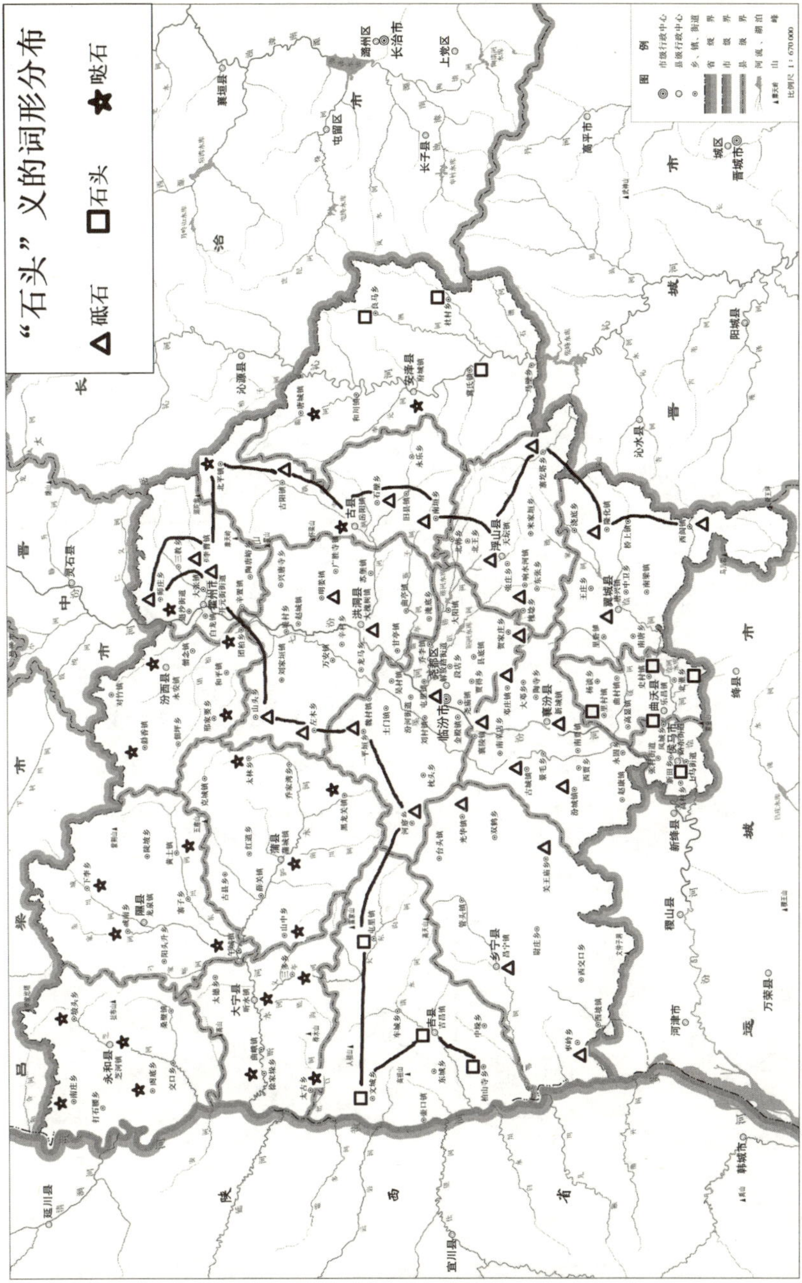

图 4-4 "石头"义的词形分布

说明：图中"——"线是有无"呔石"词形的分界线，以南(含)无"呔石"词形，以北大都有"呔石"词形。

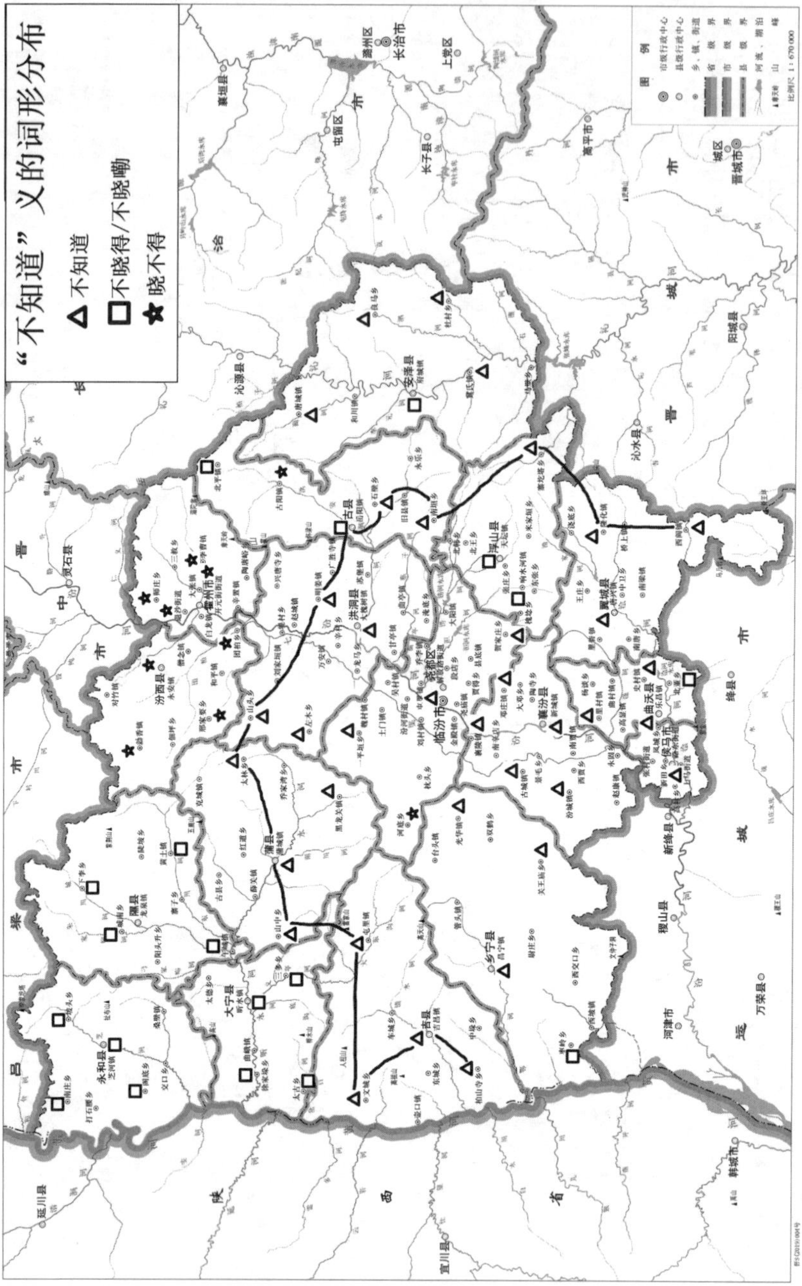

图 4－5　“不知道”义的词形分布

说明：图中“——”线是有无“不知道”词形的分界线，以南（含）大都有“不知道”词形，以北大都无“不知道”词形。

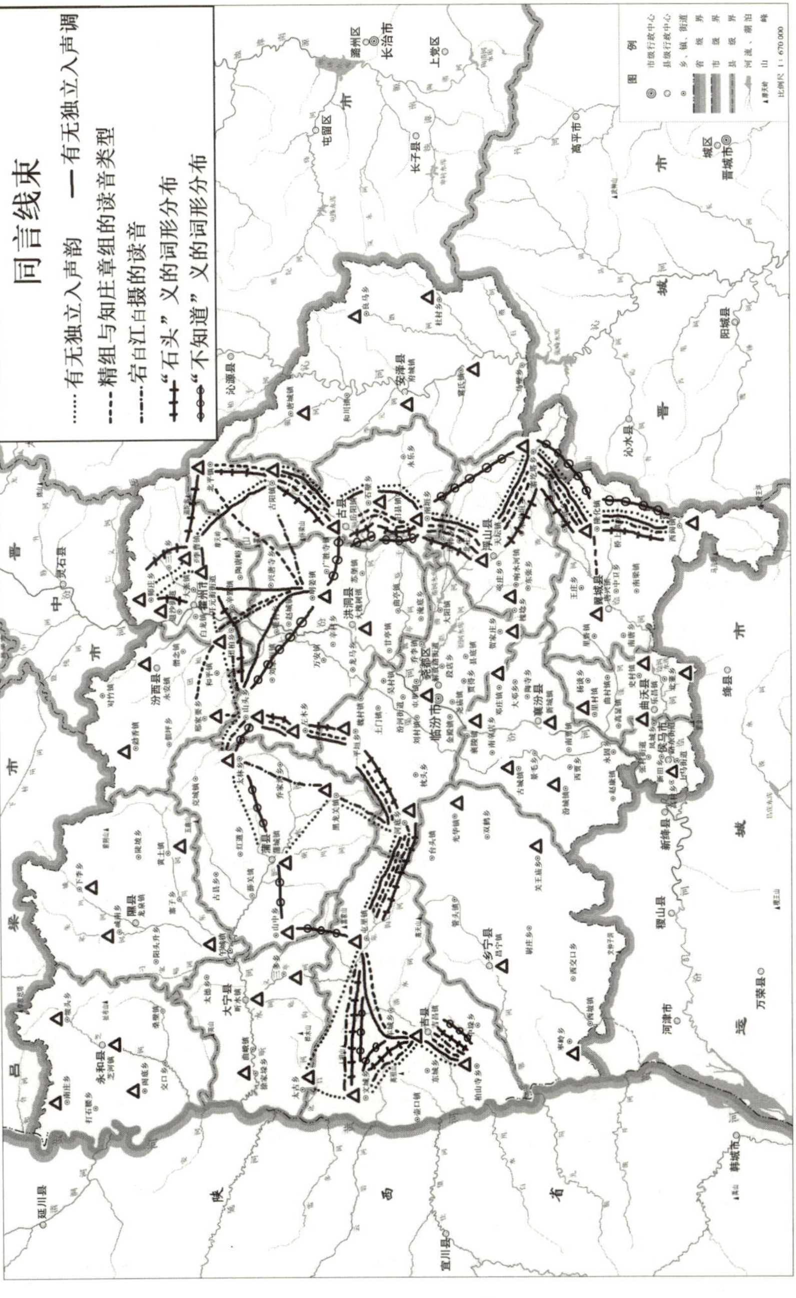
同言线束
有无独立入声韵
有无独立入声调
精组与知庄章组的读音类型
宕白江白摄的读音
“石头”义的词形分布
“不知道”义的词形分布

图 4-6　同言线束

另外，结合临汾市的地形来看，这条同言线恰处于山地与盆地的分界或过渡地带。① 可见，山谷、河流对晋语与中原官话的分区也起到了重要作用。

4.2　汾河片中原官话的特点

依据《中国语言地图集》第2版图B1-6，汾河片中原官话包括晋西南临汾市（有入声的永和、大宁、隰县、蒲县、汾西、安泽除外）、运城市、晋城市及陕西延安市、渭南市的29个县市（图B1-6中的粉色部分）。汾河片中原官话内部可分为平阳小片、绛州小片和解州小片，划分标准以入声消失为前提，去声分阴阳，归平阳小片；去声不分阴阳，清、次浊入归去声或去声与阴平同调型归绛州小片；去声不分阴阳，清、次浊入归阴平，阴平不与去声同调型归解州小片。汾河片方言内部差异较少，一致性比较强。具体特点如下：

1. 古全浊声母今塞音、塞擦音的字不论平仄大都与同部位的次清声母合流，今音送气。部分仄声字白读送气、文读不送气。部分邪、崇、船、禅母字白读擦音、文读塞擦音。襄汾城关、襄汾汾城等方言中部分平声字白读不送气、文读送气。

2. 端组字一般都读[t tʰ]，但霍州城关、霍州师庄、霍州李曹等方言点逢齐齿呼今读[tɕ tɕʰ]，与精、见组细音字合流。

3. 绝大多数方言点泥、来母的读音都不混，即泥母洪音前读[n]，细音前读[ȵ]，来母读[l]。但临猗、芮城、平陆、夏县、侯马城关、侯马凤城、曲沃北董、曲沃里村、曲沃史村、霍州城关、霍州李曹等方言点的泥、来母字在洪音前混读为[l]，细音前不混。部分方言点有来母读零声母的现象，如部分山臻摄合口一等来母字在河津、永济、芮城、韩城等地读零声母，河津"论轮[yẽ]"。

① 山西省综合地理信息中心 临汾市电子地形图网址：http://shanxi.tianditu.gov.cn/new_map/index.html#

4. 精组在今洪音前主要读[ts ts^h s]，只有安泽良马、安泽冀氏等地读[tʃ $tʃ^h$ ʃ]；在今细音前都读[tɕ $tɕ^h$ ɕ]。知二庄与知三章分立，开口知二庄读[ts]组声母（永和、临汾、汾西等地与精组洪音合流），知三章读[tʂ]组声母，合口知庄章合流读[pf]组或[tʂ]组声母。安泽府城、安泽杜村、安泽良马、霍州退沙街道、隰县黄土、隰县下李精组洪音与知庄章组合流读[ts]组或[tʃ]组声母。知组开口三等、知组合口、章组（止摄例外）、庄组宕摄、知庄组江摄字又大体依据开合口不同而读音不同（读[tʂ pf]、[tʂ f]或[tʂ tɕ]），如浮山、乡宁、洪洞等地。

此外，还存在以下特殊情况：知庄章开口字（庄组宕摄、知庄组江摄除外）与精组洪音合流今读[ts ts^h s]，知庄章合口字、庄组宕摄、知庄组江摄字读[pf pf^h f]。方言点有曲沃里村、曲沃北董、曲沃史村，我们称之为"[ts]、[pf]二分"。知庄章组字（生、书、禅母合口部分字除外）与精组洪音合流读[ts ts^h s]，生、书、禅母合口部分字读[f]，方言点有汾西城关、汾西勍香，我们称之为"[ts]、[f]二分"。

5. 日母止摄开口字，绛州、平阳小片大部分方言点全部读[ɚ]，吉县、乡宁、霍州、河津、临猗、运城、芮城、平陆、合阳、韩城等地常用字"儿二贰耳"白读[zɿ ʐʅ]，文读[ɚ]，不常用字"尔而饵"读[ɚ]。

非止摄开口三等字读音有三种类型：大宁、安泽、蒲县、隰县等地读[z ʐ]；汾西、古县、侯马、临汾、曲沃、襄汾等地开口字、合口不常用字"汝蕊芮戎"等读[z ʐ]，合口常用字"如乳擩软润闰"等读[v]；浮山城关开口字、合口不常用字"汝蕊芮戎"等读[ʐ]，合口常用字"如乳擩软润闰"等读[Ø]。

6. 见晓组一般在洪音前读[k k^h x]，在细音前读[tɕ $tɕ^h$ ɕ]。

吉县文城、吉县屯里、吉县柏山寺、吉县城关、乡宁城关、乡宁枣岭等方言点中见晓组开口二等部分字白读[k]组，文读[tɕ]组。晓组字白读[x]、文读[ɕ]。古县城关、浮山城关、襄汾汾城、曲沃史村、曲沃北董、翼城城关、翼城隆化、河津、万荣等方言点见组开口二、三、四等部分字白读[ts ts^h tʂ $tʂ^h$]，文读[tɕ $tɕ^h$]。除吉县、霍州、翼城、浮山寨圪瘩等地除外的方言点中见组开口部分字白读[t tʰ],文读[tɕ tɕʰ]。

7. 影疑母绝大部分方言点读[ŋ],安泽杜村等地读[ɣ]。齐齿呼、撮口呼前主要读[Ø],部分齐齿呼字白读[ȵ]声母。合口呼前主要读[Ø],部分方言点有白读[v]的现象,如翼城、襄汾、乡宁各方言点,古县北平、古县南垣、霍州师庄、吉县屯里、曲沃史村等。

8. 果摄一等字一般读[o əɤuo uə/uɤ]韵母。

假摄开口二等、合口二等字一般读[a ɑ ᴀ ɒ]、[ia iɑ iᴀ iɒ]、[ua uɑ u ᴀ uɒ]韵母。

假摄开口三等精组、影组字一般白读[ia iᴀ iɑ iɒ]韵母,文读[iɛ ie iᴇ]韵母。

假摄章组字一般白读[a ɑ ᴀ ɒ]韵母,文读[ɤə ʅə]韵母。果摄开口三等字"茄"、果摄合口三等字"瘸、靴"白读与假摄字合流或互补为一套主元音相同的韵母。

9. 蟹摄开口字一般读[i ɿ ʅ]韵母。蟹止摄合口字主要读[ei uei ui]韵母。止开三日母字一般读[ɚ ər],常用字"二儿耳"在吉县、乡宁、霍州等地白读[zɿ zʅ],襄汾邓庄读[ei]韵母。

蟹摄开口二等晓组字"鞋解蟹"一般文读[iɛ ie iᴇ]韵母,白读[ai ɑi æi æɪ ɛi ᴇi ɛ ɛe]韵母。蟹止摄合口三等字存在文白异读的情况,文读[ei uei ui]韵母,白读因声母不同而读[i ɪ u/v y]韵母。

10. 遇摄合口字一般读[u y]韵母;遇摄合口一等泥组、精组字,合口三等庄组字一般读[əu ou]韵母,与流摄开口一等字合流。

11. 效摄字一般读[ɑu ɔu ɔ iɑu iɔu iɔ]韵母。流摄字一般读[əu ou iəu iou]韵母;流摄开口一等帮组字、开口三等尤韵非组字主要读[u]韵母。

效摄开口一等帮母字"薅、堡、毛"一般白读[u]韵母。效、流摄帮组、精组、端组、见系部分字如"猫、刀、桃"等字有特殊读音,在霍州城关、霍州李曹等方言点中读[ɷu iɷu]韵母,在霍州师庄中读[o io]韵母。

12. 阳声韵中咸山合为一类,深臻合为一类,宕江合为一类,曾梗通合为一类。咸山深臻摄一般没有文白异读，河津、韩城有文白异读；宕江曾梗通摄有文白异读，有些方言咸山深臻摄与宕文江文曾文梗文通文也分别发生了合流。具体可分为五种类型：乡宁等地“（深臻＝宕文江文＝曾文梗文通文）≠咸山”、洪洞等地“（咸山＝宕文江文）≠（深臻＝曾文梗文通文）”、翼城等地“（深臻＝曾文梗文通文）≠咸山≠宕文江文”、吉县等地“（宕文江文＝曾文梗文通文）≠咸山≠深臻”、临汾等地“咸山≠深臻≠宕文江文≠曾文梗文通文”。

从主元音来看，咸山摄主元音较低，为[a ɑ ʌ]、[ɛ æ]；深臻摄主元音较高，为[e ə]。宕江曾梗通文读层有两种情况：宕江＝曾梗通，即宕江、曾梗通摄的主元音一致，音值为[ʌ ɐ ə]；宕江≠曾梗通，即宕江摄的主元音以低元音为主，曾梗通摄的主元音较高，宕江摄主元音音值为[a ɑ ʌ ɒ]、[æ ɛ]，曾梗通摄主元音音值为[e ə i y]。

从韵尾的形式看，各方言点阳声韵中四大类韵尾情况不尽相同，大体可分为-ŋ尾、-n尾、鼻化韵和纯口音四种形式，且各类韵的鼻尾消变速度不一，从快到慢依次为：咸山>深臻>宕文江文>曾文梗文通文。

河津、韩城咸山摄文读为[æ]组韵母，白读为[ʌŋ ɑ̃ɤ]组韵母，白读与宕江摄舒声韵合流；深臻摄文读[ẽ ɛ̃]组韵母，白读[əŋ]组韵母，白读与曾梗通摄舒声文读合流。

除浮山寨圪瘩、翼城城关、翼城西阎、翼城隆化方言点外，其余方言点的宕江摄都有白读。宕江摄白读齐齿呼都与蟹、止、假摄合流，开合口两呼（除霍州外）主要与果摄合流，临汾、洪洞等地开合撮三呼还与宕江摄入声韵合流。

除浮山寨圪瘩方言点外，其余每个方言点的曾梗摄都有白读。翼城、乡宁等地方言点的通摄没有白读。曾通摄开合撮白读并入深臻摄，齐齿呼白读与梗摄齐齿呼合流，梗摄开口二等与开口三、四等处于分立的状态。曾通摄（曾开三除外）白读主要是鼻化韵或[-n]尾韵（吉县柏山寺为纯口音韵）。曾开三、梗摄白读都为纯口音韵，曾开三与梗开三、四读音合流。

总的来看,宕江摄、曾开三、梗摄白读都为纯口音韵,曾通摄(曾开三除外)白读主要是鼻化韵或[-n]尾韵(古县柏山寺为纯口音韵),曾(开三除外)、通摄鼻尾韵较多,最为稳定,宕江、梗摄消变最快,全都变为了纯口音韵。曾摄中开口三等消变最快,已变为纯口音韵。

13. 入声韵消失,与阴声韵合流,其中曾梗摄入声韵有文白异读。

14. 古平声以声母的清浊为条件,平分阴阳,绝大多数方言点属于这种类型。曲沃里村、曲沃北董、曲沃史村、侯马凤城等方言点古平声今不分阴阳。

15. 绝大部分方言古清上、次浊上今读为上声,全浊上今读为去声或阳去。古县城关方言中古上声与古去声合并,古县石壁方言中古上声与古浊去合并。临汾一平垣、洪洞左木、洪洞山头三个方言中部分古清上、次浊上字读阳平。

16. 古去声读音可分为两种类型:绝大部分方言点去声不分阴阳;霍州、古县等地按声母清浊分为阴去、阳去。

17. 入声调消失。

4.3 汾河片中原官话与晋语的异同

依据《中国语言地图集》第2版图B1－13,汾河片中原官话和晋语的异同如下。

一、共同点

1. 汾河片中原官话与晋语并州片、吕梁片部分点晓组开口二等部分字声母未腭化,如太原"瞎鞋"白读[x]声母,清徐"瞎鞋咸巷杏"白读[x]声母,石楼、汾阳也读[x]声母。

2. 二者止摄合口三等精组"嘴醉穗"等字有文白异读,声母为[tɕ ɕ],韵母为[y]。

3. 二者遇摄合口一等精泥组"努路祖"等字韵母为[əu ou]。

4. 二者部分方言点宕江摄舒声韵白读与果摄一等字韵母合流。

二、差异

二者曾梗摄舒声韵的白读不同韵。晋语并州片和吕梁片曾摄开口三等舒声韵白读为[i ə]类韵母,梗摄开口二等舒声韵白读为[a e]类韵母,梗摄开口三四等舒声韵白读为[i]类韵母。汾河片曾摄开口三等舒声韵白读为[ən ə ɛ]类韵母,梗摄开口二等舒声韵白读为[a/e]类韵母,梗摄开口三四等舒声韵白读为[iɛ ie]类韵母。

另外,二者最重要的差别应当是有无入声韵、入声调的差别。但从4.1可看出,区分晋语与中原官话的标准不单单是李荣先生所说的"入声",还可以细化为入声韵或入声调的有无,以及"精组与知庄章组的读音类型"、"宕白江白摄的读音"、"石头"义的词形分布、"不知道"义的词形分布等语言现象的同言线也可对标准进行补充。

4.4　汾河片中原官话与关中片中原官话的异同

依据《中国语言地图集》第2版图B1-6,汾河片中原官话与关中片中原官话的异同如下。

1. 古全浊声母今塞音、塞擦音的字不论平仄大都与同部位的次清声母合流,今音送气。这种现象在关中片也存在。如潼关方言、华阴方言"并並[p^h]、定定[t^h]、从从[ts^h $tɕ^h$]、澄澄[$tʂ^h$]、群群[$tɕ^h$]"。

2. 知系合口字和宕摄开口庄组、江摄开口知庄组组今读[pf pf^h]。例如潼关方言、华阴方言"猪[pf]、春[pf^h]、穿[pf^h]、庄[pf]"。

3. 汾河片假止宕江曾梗等摄存在文白异读,而关中片基本没有文白异读。

4. 关中片与汾河片大多数方言点古清入、次浊入今归阴平,全浊入归阳平,调值和调型也比较接近。表4-1是部分方言点的调值情况。

表 4-1 汾河片与关中片古今声调对照表

方言片	方言点＼声调	清平	浊平	清上	次浊上	全浊上	浊去	清去	清入	次浊入	全浊入
汾河片	吉县城关	423	24	53			33		312		24
	宜川城关	31	24	41			44		31		24
	吉县柏山寺	312	24	53			33		312		24
关中片	西安城关	31	24	42			55		31		24
	铜川城关	31	35	42			44		31		35
	商州城关	31	24	51			55		31		24

综上所述，汾河片中原官话与晋语和关中片既有共同点，又有差异，三者无论是在语言特征方面还是地缘、人文历史等因素方面都有着千丝万缕的联系。汾河片中原官话与晋语虽在文白异读方面有许多共同点，但有无入声韵、入声调是其最大的差别；汾河片与关中片虽一致性较强，但汾河片的文白异读非常多，关中片则相对缺乏很多。

我们将在以后结合词汇、语法等对以上内容做进一步的研究。

参 考 文 献

包旭玲，灵宝方言浊音清化的层次，《中国语学研究·开篇》2004年第23期，第118—127页。

白静茹，从章组f声母看古知庄章组声母在汾西方言中的演变，《晋中学院学报》，2013年第30卷第1期，第94—96页。

蔡　权，吉县方言中的几种特殊构词形式，《山西师范大学学报》1989年第3期，第121—123页。

蔡　权，《吉县方言志》，太原：山西高校联合出版社，1990年。

崔　容、郭鸿燕，《大宁方言研究》，北京：九州出版社，2009年。

段俊栋，《浮山方言研究》，上海大学硕士学位论文，2005年。

范耀斌，《汉语方言古非组声母今读研究》，北京语言大学硕士学位论文，2009年。

冯良珍，霍州方言ABB式叠音词的音义特点，《山西大学学报》2002年第25卷第6期，第62—65页。

冯良珍、赵雪伶，《霍州方言研究》，太原：北岳文艺出版社，2014年。

高本汉，《中国音韵学研究》，北京：商务印书馆，2014年。

龚煌城，十二世纪末汉语的西北方音，"国立中央研究院"历史语言研究所《"中央研究院"历史语言研究所集刊》，南京：江苏古籍出版社，1981年第52本第1分。

韩沛玲，山西及其周边方言浊声母清化类型及历史层次，《语言科学》

2006 年第 5 卷第 4 期,第 88—94 页。
韩　婷,《古县方言初探》,苏州大学硕士学位论文,2010 年。
贺　巍,河南省西南部方言的语音异同,《方言》1985 年第 2 期,第 41—45 页。
侯精一,晋东南地区的子变韵母,《中国语文》1985 年第 2 期,第 13—137 页。
侯精一,晋语的分区(稿),《方言》1986 年第 4 期,第 253—261 页。
侯精一、温端政,《山西方言调查研究报告》,太原：山西高校联合出版社,1993 年。
黄淬伯,《唐代关中方言音系》,南京：江苏古籍出版社,1998 年。
黄家教、崔荣昌,韶关方言新派老派的主要差异,《中国语文》1983 年第 2 期,第 99—108 页。
黄　燕,古泥、来母字在现代汉语方言中的分混情况,《宿州学院学报》2007 年第 22 卷第 5 期,第 64—67 页。
李殿臣,《翼城方言调查报告》,暨南大学硕士学位论文,1999 年。
李建校、刘明华、张　琦,《永和方言研究》,北京：九州出版社,2009 年。
李　蓝,方言比较、区域方言史与方言分区——以晋语分音词和福州切脚词为例,《方言》2002 年第 1 期,第 41—59 页。
李如龙,《动词的体》前言,载张双庆主编,《动词的体》,香港：香港中文大学中国文化研究所吴多泰中国语文研究中心,1996 年,第 1—8 页。
李如龙、辛世彪,晋南、关中的“全浊送气”与唐宋西北方音,《中国语文》1999 年第 3 期,第 197—203 页。
李　荣,官话方言的分区,《方言》1985 年第 1 期,第 2—5 页。
李恕豪,扬雄《方言》中的秦晋方言,《四川师范大学学报》1992 年第 1 期,第 76—82 页。
李新魁、黄家教、施其生、麦　耘,等,《广州方言研究》,广州：广东人民出版社,1995年。
刘 芳、和 苗,《古县方言研究》,太原：北岳文艺出版社,2014年。
刘睿玲,山西古典方言中的合音词,《现代语文》2012年第5期,第32—33页。
刘勋宁,隰县方言古咸山宕三摄舒声字的韵尾,《方言》1993年第1期,第53—56页。
刘勋宁,再论汉语北方话的分区,《中国语文》1995年第6期,第447—454页。
刘育林,陕北方言略说,《方言》1988年第4期,第257—269页。
临汾市尧都区地方志编辑委员会：《临汾市志》,临汾：临汾市尧都区地方志编辑委员会出版,2000年。
罗常培,《唐五代西北方音》,北京：商务印书馆,2012年。
吕美红,《翼城方言研究》,苏州大学硕士学位论文,2006年。
潘家懿,临汾方言里的"来"和"去",《语文研究》1984年第1期,第50—57页。
潘家懿,临汾方言的语法特点,《山西师大学报》1987年第4期,第81—86页。
潘家懿,《临汾方言志》,北京：语文出版社,1990年。
潘家懿、郭望太,临汾方言里几个保留古义的口语词,《山西师大学报》1985年第4期,第94—95页。
潘家懿、辛 菊、王临惠,翼城方言简志,《山西师大学报》1989年第3期,第99—110页。
潘悟云,《汉语历史音韵学》,上海：上海教育出版社,2000年。
裴雅琳,《临汾市尧都区城郊河东方言词汇研究》,山西师范大学硕士学位论文,2012年。
乔全生,《洪洞方言志》,太原：山西省社会科学院语言研究室,1983年。
乔全生,洪洞话的"去""来",《语文研究》1983年第3期,第59—62页。

乔全生,洪洞话的代词,《山西大学学报》1986 年第 2 期,第 86—90 页。

乔全生,洪洞方言“着”的共时研究,《语言研究》1989 年第 1 期,第 86—93 页。

乔全生,洪洞话的“VX 着”结构,《语文研究》1989 年第 2 期,第 43—45 页。

乔全生,山西汾西方言的归属,《方言》1990 年第 2 期,第 100—102 页。

乔全生,《汾西方言志》,太原:山西高校联合出版社,1990 年。

乔全生,洪洞话轻声的语法语义作用,《语文研究》1994 年第 4 期,第 52—58 页。

乔全生,洪洞、汾西方言语法札记,《语文研究》1995 年第 4 期,第 59—61 页。

乔全生,从洪洞方言看唐宋以来助词“着”的性质,《方言》1998 年第 2 期,第 150—156 页。

乔全生、孙玉卿、吴云霞,山西汾城方言的紧喉音节,《方言》1999 年第 1 期,第 45—49 页。

乔全生,《洪洞方言研究》,北京:中央文献出版社,1999 年。

乔全生,现代晋方言与唐五代西北方言的亲缘关系,《中国语文》2004 年第 3 期,第 262—266 页。

乔全生,论晋方言区的形成,《山西大学学报》2004 年第 27 卷第 4 期,第 17—21 页。

乔全生,从晋方言看古见系字在细音前腭化的历史,《方言》2006 年第 3 期,第 239—244 页。

乔全生,《晋方言语音史研究》,北京:中华书局,2008 年。

乔全生、程丽萍,《汾西方言研究》,北京:九州出版社,2009 年。

乔全生、崔　容,晋方言与官话非同步发展(三)——见组细音字的超前演变,《汉语学报》2013 年第 2 期,第 2—8 页。

钱曾怡,《汉语官话方言研究》,济南:齐鲁书社,2010年。
曲沃县志编纂委员会:《曲沃县志》,北京:海潮出版社,1991年。
孙立新,关中方言略说,《方言》1997年第2期,第106—124页。
邵荣芬,敦煌俗文学中的别字异文和唐五代西北方音,《中国语文》1963年第3期,第193—217页。
沈　明,《山西晋语入声韵的研究》,中国社会科学院研究生院博士学位论文,1995年。
沈　明,晋东南晋语入声调的演变,《语文研究》2005年第4期,第52—62页。
沈　明,《山西岚县方言》,北京:中国社会科学出版社,2014年。
石华华,《洪洞方言古词语研究》,山西大学硕士学位论文,2010年。
石汝杰,汉语方言中高元音的强摩擦倾向,《语言研究》,1998年第1期,第100—109页。
田恒金,汉语方言"泥"、"来"二母相混类型研究,《河北师范大学学报》2009年第32卷第1期,第108—113页。
田　娟,《山西霍州方言语音研究》,陕西师范大学硕士学位论文,2009年。
田良娟,山西曲沃方言的语音特点,《现代语文(语言研究)》2009年第4期,第115—116页。
田希诚,临汾方言语法的几个特点,《语文研究》1981年第2辑,第138—141页。
田希诚,霍州方言的小称变韵,《山西大学学报》1992年第1期,第1—8页。
吴建生,蒲县方言的归属,《语文研究》2003年第2期,第62—65页。
王福堂,《汉语方言语音的演变和层次》,1999年,北京:语文出版社。
王红娟,《晋语上党片语音研究》,北京语言大学博士学位论文,2015年。

王洪君,山西闻喜方言的白读层与宋西北方音,《中国语文》1987年第1期,第24—33页。
王洪君,入声韵在山西方言中的演变,《语文研究》1990年第1期,第8—19页。
王洪君,阳声韵在山西方言中的演变(上),《语文研究》1991年第4期,第40—47页。
王洪君,阳声韵在山西方言中的演变(下),《语文研究》1992年第1期,第39—50页。
王　力,《汉语史稿》,北京:中华书局,1980年。
王　力,《汉语语音史》,北京:商务印书馆,2008年。
王　利,《晋东南晋语语音研究》,山东大学博士学位论文,2008年。
王　利,晋东南晋语的阳声韵,《语言科学》2012年第11卷第3期,第318—327页。
王临惠,侯马方言简志,《山西师大学报》1999年第26卷第2期,第85—87页。
王临惠,《汾河流域方言的语音特点及其流变》,北京:中国社会科学出版社,2003年。
王临惠,山西方言声调的类型(稿),《语文研究》2003年第2期,第53—57页。
王　琼,《并州片晋语语音研究》,北京大学博士学位论文,2012年。
王燕丽,《霍州俗语研究》,山西师范大学硕士学位论文,2009年。
卫水水,《山西临汾方言词汇研究》,东北师范大学硕士学位论文,2012年。
温端政,试论山西晋语的入声,《中国语文》1986年第2期,第124—127页。
项梦冰,客家话古日母字的今读——兼论切韵日母的音值及北方方言日母的音变历程,《广西师范学院学报》2006年第27卷第1期,第83—91页。

辛　菊,翼城方言"子"尾的特点,《语文研究》1999 年第 1 期,第 64—66 页。

邢向东,《神木方言研究》,北京: 中华书局,2002 年。

邢向东,王临惠,张维佳,李小平,《秦晋两省沿河方言比较研究》,北京: 商务印书馆,2012 年。

徐通锵、王洪君,"说变异"——山西祁县方言音系的特点及其对音变理论研究的启示,《语言研究》1986 年第 1 期,第 42—63 页。

熊　燕,《客赣方言语音系统的历史层次》,北京大学博士学位论文,2004 年。

岩田礼,《汉语方言解释地图》,日本: 白帝社,2009 年。

岩田礼,论词汇变化的"非连续性"——类音牵引和同音冲突二例,《语言教学与研究》2011 年第 5 期,第 20—29 页。

杨俊杰、乔全生,《山西汾城方言紧喉音的声学特性研究》,上海: 第十届中国语音学学术会议论文集,2012 年。

杨耐思,《近代汉语音论》(增补本),北京: 商务印书馆,2012 年。

杨淑芬,《曲沃方言的语音研究》,辽宁师范大学硕士学位论文,2012 年。

杨淑芬,曲沃方言与周边方言的比较,《剑南文学》2012 年第 1 期,第 62 页。

于　晶,《中古阳声韵和入声韵在晋语中的演变》,北京语言大学硕士学位论文,2004 年。

于永敏,《韩城方言语音研究》,陕西师范大学硕士学位论文,2008 年。

余跃龙、郝素伟,《浮山方言研究》,北京: 九州出版社,2009 年。

袁　宾、徐时仪、史佩信、陈年高,《二十世纪的近代汉语研究》,太原: 书海出版社,2001 年。

赵变亲,山西襄汾汾城方言中的助词"价[tɕiɒ^{0}]",《语文研究》2011 年第 4 期,第 62—65 页。

赵变亲,宕江曾梗通舒声在山西襄汾(汾城)方言中的演变,《语言科学》2011 年第 10 卷第 1 期,第 41—47 页。

赵变亲,中古见溪群三母在汾城方言中的腭化现象分析,《语言科学》2013 年第 12 卷第 2 期,第 203—208 页。

张光宇,汉语方言见系二等文白读的几种类型,《语文研究》1993 年第 2 期,第 26—36 页。

张　洁、杨　萌,《吉县方言研究》,太原：北岳文艺出版社,2014 年。

张　琨,汉语方言中鼻音韵尾的消失,“国立中央研究院”历史语言研究所《“中央研究院”历史语言研究所集刊》,南京：江苏古籍出版社,1983 年第 54 本第 1 分。

张树铮,山东方言“日”母字研究,张树铮《方言历史探索》,呼和浩特：内蒙古人民出版社,1999 年。

张威娜,《中原官话汾河片语音研究》,北京语言大学博士学位论文,2015 年。

张维佳,《演化与竞争：关中方言音韵结构的变迁》,西安：陕西人民出版社,2005 年。

张燕芬,《中古阳声韵韵尾在现代汉语方言中的读音类型》,山东大学博士学位论文,2009 年。

周祖谟,宋代汴洛语音考,《问学集》,北京：中华书局,1996 年,第 581 页。

郑林杰,《临汾方音百年来的演变》,山西大学硕士学位论文,2007 年。

朱晓农,汉语元音的高顶出位,《中国语文》2004 年第 5 期,第 440—451 页。

《山西省地图册》,北京：星球地图出版社,2013 年。

中国社会科学院语言研究所,《方言调查字表》(修订版),北京：商务印书馆,2005 年。

中国社会科学院和澳大利亚人文科学院,《中国语言地图集》,香港：香港朗文(远东)有限公司,1987 年。

中国社会科学院语言研究所,中国社会科学院民族学与人类学研究所,香港城市大学语言资讯科学研究中心,《中国语言地图集》第2版,北京:商务印书馆,2012年。

临汾市电子地形图 http://shanxi.tianditu.gov.cn/new_map/index.html#

临汾市人民政府网 http://183.201.254.101/wapzf/

山西省自然资源厅官网 http://zrzyt.shanxi.gov.cn/

附录 A

发 音 人 概 况

每个方言点均选取 1—2 个发音人,具体如表 A.1。

表 A.1 发音人概况

序号	姓名	性别	出生年	学历	母语所在地
1	吉对柱	男	1953 年	初中	临汾贺家庄乡贺家庄村
2	吉祥云	男	1950 年	初中	临汾贺家庄乡贺家庄村
3	刘金庄	男	1958 年	初中	临汾河底乡东安村
4	刘根福	男	1954 年	小学	临汾河底乡东安村
5	赵虎子	男	1953 年	高中	临汾一平垣乡八孔窑
6	赵大壮	男	1950 年	小学	临汾一平垣乡赤河
7	郭林生	男	1956 年	初中	洪洞左木村
8	王顺义	男	1953 年	小学	洪洞左木村
9	李果军	男	1950 年	初中	洪洞山头乡水南村
10	李云龙	男	1955 年	小学	洪洞山头乡水南村
11	高杨顺	男	1955 年	初中	洪洞明姜乡韩家庄
12	高理群	男	1956 年	小学	洪洞明姜乡韩家庄
13	王铁顺	男	1945 年	小学	侯马新田乡城关

续 表

序号	姓名	性别	出生年	学历	母语所在地
14	赵守琦	男	1951年	小学	侯马新田乡城关
15	赵宝钢	男	1955年	小学	侯马凤城乡南杨村
16	边春河	男	1955年	高中	曲沃里村乡里村
17	李贾云	男	1955年	初中	曲沃里村乡里村
18	张石头	男	1950年	小学	曲沃北董乡北林交
19	侯明山	男	1955年	初中	曲沃北董乡北下郡
20	王仁中	男	1950年	初中	曲沃史村村
21	张学奎	男	1947年	中专	翼城隆化镇隆化村
22	王东胜	男	1956年	中专	翼城隆化镇隆化村
23	侯宪红	男	1954年	初中	翼城西阎镇十字河
24	李军胜	男	1950年	小学	翼城唐兴镇北关村
25	卫龙一	男	1954年	初中	浮山响水河镇梁家河村
26	卫新立	男	1955年	初中	浮山响水河镇梁家河村
27	侯宝强	男	1950年	初中	浮山寨圪瘩乡西坪村
28	乔春彪	男	1955年	初中	浮山寨圪瘩乡西坪村
29	白军民	男	1955年	初中	吉县文城乡文城村
30	白国彪	男	1943年	小学	吉县文城乡文城村
31	屈建忠	男	1950年	初中	吉县屯里镇窑头村
32	屈才运	男	1950年	小学	吉县屯里镇窑头村
33	郭海林	男	1931年	高中	蒲县城关镇西关村
34	张俊祥	男	1951年	高中	蒲县城关镇北关村
35	张荣保	男	1951年	高中	蒲县城关镇北关村

续 表

序号	姓名	性别	出生年	学历	母语所在地
36	李瑞祥	男	1950 年	初中	蒲县黑龙关镇黑龙关村
37	李龙	男	1950 年	小学	蒲县黑龙关镇黑龙关村
38	宋华	男	1945 年	小学	蒲县太林乡太林村
39	高青竹	男	1948 年	小学	蒲县太林乡太林村
40	孙元生	男	1950 年	初中	蒲县山中乡山中村
41	刘运来	男	1949 年	小学	古县城关镇城关村
42	武玉兴	男	1939 年	小学	古县石壁镇三合村
43	武得胜	男	1950 年	初中	古县石壁镇三合村
44	张志刚	男	1949 年	高中	古县北平镇黄家窑村
45	张志清	男	1943 年	高中	古县北平镇黄家窑村
46	王德虎	男	1948 年	初中	古县南垣乡店上村
47	王庆云	男	1946 年	小学	古县南垣乡店上村
48	文宝来	男	1947 年	初中	乡宁城关镇文家湾
49	孙纪云	男	1947 年	初中	乡宁城关镇西庙村
50	王康民	男	1947 年	初中	乡宁光华镇岭上
51	王德志	男	1950 年	初中	乡宁光华镇岭上
52	马吴科	男	1961 年	初中	乡宁枣岭乡桥头村
53	马家劲	男	1950 年	小学	乡宁枣岭乡桥头村
54	张来赤	男	1953 年	高中	乡宁关王庙乡太赤照村
55	郭闰秦	男	1950 年	初中	乡宁关王庙乡西村
56	靳小岭	男	1950 年	初中	襄汾邓庄乡燕村
57	尉小拓	男	1945 年	小学	襄汾古城镇东王村

续 表

序号	姓名	性别	出生年	学历	母语所在地
58	尉天义	男	1948 年	初中	襄汾古城镇东王村
59	李到成	男	1950 年	初中	襄汾城关镇解村
60	李阳路	男	1950 年	初中	襄汾城关镇解村
61	韩崇明	男	1950 年	高中	襄汾襄陵镇中兴村
62	毛建民	男	1956 年	高中	襄汾襄陵镇中兴村
63	乔学士	男	1951 年	初中	霍州城关镇南街村
64	乔运庭	男	1950 年	初中	霍州城关镇鼓楼办
65	赵志敏	男	1944 年	初中	霍州师庄乡赵山村
66	王珠锁	男	1950 年	初中	霍州李曹镇石鼻村
67	朱学会	男	1943 年	初中	霍州李曹镇石鼻村
68	李自兴	男	1950 年	小学	霍州退沙办退沙街道
69	刘元德	男	1948 年	小学	霍州退沙办退沙街道
70	曹慧生	男	1953 年	专科	汾西城关镇洪源村
71	曹记龙	男	1952 年	初中	汾西城关镇洪源村
72	逯生龙	男	1947 年	完小	汾西城关镇桑原村
73	马保宝	男	1947 年	初中	汾西勍香镇勍香村
74	刘高生	男	1950 年	初中	汾西勍香镇勍香村
75	程耀珍	男	1937 年	中专	汾西邢家要乡盈村
76	李光平	男	1950 年	初中	汾西邢家要乡盈村
77	孙年生	男	1950 年	初中	汾西团柏乡枣坪村
78	曹鸿	男	1937 年	中专	隰县黄土镇义泉村
79	张绪旺	男	1943 年	高中	隰县黄土镇下庄村

续 表

序号	姓名	性别	出生年	学历	母语所在地
80	秦九福	男	1950 年	初中	隰县城南乡曹城村
81	王铁柱	男	1950 年	初中	隰县城南乡曹城村
82	王对生	男	1949 年	高中	隰县午城乡王家庄
83	蒙云生	男	1945 年	本科	隰县下李乡前峪村
84	李军	男	1945 年	初中	隰县下李乡前峪村
85	高玉宝	男	1949 年	初中	永和城关镇城关村
86	冯金山	男	1950 年	高中	永和阁底乡西庄村
87	冯计才	男	1949 年	初中	永和阁底乡西庄村
88	张永平	男	1944 年	初中	永和南庄乡前苏家山
89	张连胜	男	1949 年	初中	永和南庄乡前苏家山
90	马登嘉	男	1939 年	初中	永和坡头乡孙家庄
91	陈吉任	男	1950 年	初中	大宁城关镇城关村
92	贾宗昌	男	1941 年	高中	大宁太古乡六儿岭村
93	王桂平	男	1950 年	初中	大宁三多乡三多村
94	王生贵	男	1947 年	高中	大宁徐家垛南桑峨
95	冯贵良	男	1946 年	高中	大宁徐家垛南桑峨
96	田忠保	男	1940 年	中专	安泽县唐城镇唐城村
97	卫兴成	男	1943 年	初中	安泽县唐城镇唐城村
98	孙根发	男	1951 年	小学	安泽府城镇风池村
99	徐云利	男	1946 年	小学	安泽府城镇川口村
100	王小成	男	1952 年	初中	安泽良马乡良马村
101	陈来顺	男	1945 年	小学	安泽良马乡良马村

续　表

序号	姓名	性别	出生年	学历	母语所在地
102	史双成	男	1945 年	初中	安泽良马乡良马村
103	刘有禄	男	1949 年	小学	安泽杜村乡茶窑村
104	杨章福	男	1948 年	中专	安泽杜村乡河阳村
105	王留柱	男	1950 年	初中	安泽冀氏乡冀氏村
106	马云	男	1955 年	初中	安泽冀氏乡冀氏村

附录 B

临汾方言十七个重点点字音对照表

1. 本表共收录十七个重点点的 778 个代表字的读音。这十七个方言点是：永和阁底、大宁徐家垛、霍州城关、浮山响水河、洪洞左木、临汾贺家庄、吉县文城、乡宁光华、襄汾邓庄、曲沃里村、翼城隆化、安泽唐城、汾西城关、古县城关、侯马城关、蒲县城关、隰县黄土。材料均为笔者调查所得。

2. 例字按照中古音韵地位排列，顺序为：韵摄、开合口、韵等、调类、韵目、声母。每个字均标注中古音韵地位。

3. 每个字均标注方言的声母、韵母、调类，调值请参看下文《临汾方言十七个重点点调类调值表》。某方言某字下为空格者，或为方言中不用此字，或为读音没有调查清楚。

4. 临汾方言十七个重点点调类调值表如下。

表 B.1　临汾方言十七个重点点调类调值表

方言点	调类调值							备注
永和阁底	阴平 31	阳平 24	上声 312	去声 53	阴入 3	阳入 $\underline{21}$		
大宁徐家垛	阴平 31	阳平 24	去声 55	阴入 $\underline{31}$	阳入 4			
霍州城关	阴平 213	阳平 35	上声 31	阴去 44	阳去 53			

续　表

方言点	调类调值							备注
浮山响水河	阴平 42	阳平 13	上声 33	阴去 44	阳去 53			
洪洞左木	阴平 21	阳平 24	上声 42	去声 53				
临汾贺家庄	阴平 21	阳平 24	上声 42	阴去 55	阳去 53			
吉县文城	阴平 21	阳平 24	上声 53	去声 31				
乡宁光华	阴平 53	阳平 213	上声 44	去声 31				
襄汾邓庄	阴平 21	阳平 24	上声 31	阴去 44	阳去 53			
曲沃里村	平声 213	上声 44	阴去 31	阳去 53				
翼城隆化	阴平 31	阳平 24	上声 44	去声 53				
安泽唐城	阴平 213	阳平 21	上声 423	去声 53	入声 $\underline{32}$			
汾西城关	阴平 11	阳平 24	上声 33	阴去 55	阳去 53	阴入 1	阳入 3	
古县城关	阴平 31	阳平 24	去声 53					
侯马城关	阴平 213	阳平 24	上声 44	去声 53				
蒲县城关	阴平 53	阳平 24	上声 21	去声 55	阴入 $\underline{53}$	阳入 5		
隰县黄土	阴平 41	阳平 24	上声 21	去声 55	阴入 $\underline{41}$	阳入 3		

表 B.2 临汾方言十七个重点点字音对照表

例字 / 中古音 / 方言点	多	驮	大	哪	那	罗
	果开一平歌端	平歌定	去歌定	上歌泥	去歌泥	平歌来
永和阁底	tuo^{31}	t^{h}uo^{24}	t^{h}uo^{53}	na^{24}	na^{24}	luo^{24}
大宁徐家垛	tuo^{31}	t^{h}uo^{24}	t^{h}uo^{55}	na^{24}	na^{24}	luo^{24}
霍州城关	tuo^{213}	t^{h}uo^{35}	t^{h}uo^{53}	la^{35}	la^{35}	luo^{35}
浮山响水河	tuo^{42}	t^{h}uo^{13}	t^{h}uo^{53}	na^{13}	na^{13}	luo^{13}
洪洞左木	tuo^{21}	t^{h}uo^{24}	t^{h}uo^{53}	nᴀ^{24}	nᴀ^{24}	luo^{24}
临汾贺家庄	tuo^{21}	t^{h}uo^{24}	t^{h}uo^{55}	nᴀ^{53}	nᴀ^{21}	luo^{24}
吉县文城	tə^{21}	t^{h}ə^{24}	tə^{53}	na^{24}	na^{53}	luo^{24}
乡宁光华	tuo^{53}	t^{h}uo^{213}	t^{h}uo^{53}	na^{31}	na^{31}	luo^{213}
襄汾邓庄	tuo^{21}	t^{h}uo^{24}	t^{h}uo^{53}	nɑ^{31}	nɑ^{24}	luo^{24}
曲沃里村	tuo^{213}	t^{h}uo^{213}	tᴀ^{53}	lᴀ^{53}	lᴀ^{53}	luo^{213}
翼城隆化	tuo^{31}	t^{h}uo^{24}	tə^{53}	na^{53}	na^{53}	luo^{24}
安泽唐城	tə^{213}	t^{h}ə^{21}	tᴀ^{53}	nᴀ^{213}	nᴀ^{53}	lə^{21}
汾西城关	təɯ^{11}	t^{h}əɯ^{24}	t^{h}əɯ^{53}	nʌ^{1}	nʌ^{1}	ləɯ^{24}
古县城关	tuə^{31}	t^{h}uə^{24}	t^{h}uə^{53}	na^{53}	na^{53}	luə^{24}
侯马城关	tuo^{213}	t^{h}uo^{24}	t^{h}uo^{53}	na^{44}	na^{53}	luo^{24}
蒲县城关	tuo^{53}	t^{h}uo^{24}	t^{h}uo^{55}	na^{24}	na^{53}	luo^{24}
隰县黄土	tə^{41}	t^{h}ə^{24}	t^{h}ə^{55}	na^{55}	na^{24}	lə^{24}

例字 / 中古音 / 方言点	歌	个	可	我	河	阿
	果开一平歌见	去歌见	上歌溪	上歌疑	平歌匣	平歌影
永和阁底	kə^{31}	kuo^{53}	k^{h}ə^{312}	ŋuo^{312}	xuo^{24}	ŋa^{31}
大宁徐家垛	kuo^{55}	kuo^{55}	k^{h}uo^{31}	ŋuo^{31}	xuo^{24}	ŋa^{31}
霍州城关	kə^{213}	kə^{53}	k^{h}ə^{31}	ŋuo^{31}	xə^{35}	ŋə^{213}
浮山响水河	kə^{42}	kə^{44}	k^{h}ə^{42}	ŋə^{33}	xə^{13}	a^{42}
洪洞左木	ko^{21}	kə^{53}	k^{h}ə^{42}	ŋə^{42}	xo^{24}	ŋo^{21}
临汾贺家庄	kə^{21}	kə^{55}	k^{h}ə^{42}	ŋuo^{55}	xə^{24}	ᴀ^{21}
吉县文城	kə^{21}	kə^{53}	k^{h}ə^{53}	ŋə^{53}	xə^{24}	a^{21}
乡宁光华	kuo^{213}	kə^{31}	k^{h}ə^{44}	ŋə^{44}	xə^{213}	a^{53}
襄汾邓庄	ko^{31}	ko^{44}	k^{h}o^{31}	ŋo^{44}	xə^{24}	ŋɑ^{21}
曲沃里村	kə^{53}	kə^{53}	k^{h}ə^{213}	ŋə^{44}	xə^{213}	ᴀ^{213}
翼城隆化	kə^{31}	kə^{53}	k^{h}ə^{44}	ŋə^{44}	xə^{24}	ŋa^{31}
安泽唐城	kə^{213}	kə^{53}	k^{h}ə^{423}	ŋə^{423}	xə^{21}	ə^{21}
汾西城关	kəɯ^{11}	kuʌ^{1}	k^{h}ɷu^{53}	ŋəɯ^{33}	xəɯ^{24}	əɯ^{11}
古县城关	kuə^{31}	kə^{24}	k^{h}ə^{53}	ŋuə^{53}	xuə^{24}	
侯马城关	kɤ^{44}	kɤ^{53}	k^{h}ɤ^{44}	ŋɤ^{44}	xɤ^{24}	a^{44}
蒲县城关	kuo^{53}	kuo^{55}	k^{h}uo^{21}	ŋuo^{21}	xuo^{24}	uo^{21}
隰县黄土	kə^{41}	kə^{55}	k^{h}ə^{21}	ŋə^{21}	xə^{24}	a^{21}

例字 中古音 方言点	茄	坡	破	婆	磨	朵
	果开三平戈群	果合一平戈滂	去戈滂	平戈並	平戈明	上戈端
永和阁底	tɕ^{h}ia^{24}	p^{h}uo^{31}	p^{h}uo^{53}	p^{h}uo^{24}	muo^{53}	tuo^{53}
大宁徐家垛	tɕ^{h}ya^{24}	p^{h}uo^{31}	p^{h}uo^{55}	p^{h}uo^{24}	muo^{55}	tuo^{31}
霍州城关	tɕ^{h}ia^{35}	p^{h}uo^{213}	p^{h}uo^{44}	p^{h}uo^{35}	muo^{53}	tuo^{53}
浮山响水河	tɕ^{h}ia^{13}	p^{h}uo^{42}	p^{h}uo^{44}	p^{h}uo^{13}	muo^{53}	tuo^{33}
洪洞左木	tɕ^{h}yᴀ^{24}	p^{h}uo^{21}	p^{h}uo^{24}	p^{h}uo^{24}	muo^{53}	tuo^{42}
临汾贺家庄	tɕ^{h}iᴀ^{24}	p^{h}uo^{21}	p^{h}uo^{55}	p^{h}uo^{24}	muo^{53}	tuo^{42}
吉县文城	tɕ^{h}ia^{24}	p^{h}ə^{21}	p^{h}ə^{53}	p^{h}ə^{24}	mə^{53}	tuo^{53}
乡宁光华	tɕ^{h}ia^{213}	p^{h}uo^{53}	p^{h}uo^{31}	p^{h}uo^{213}	muo^{31}	t^{h}uo^{44}
襄汾邓庄	tɕ^{h}iɑ^{24}	p^{h}uo^{21}	p^{h}uo^{44}	p^{h}uo^{24}	muo^{53}	tuo^{31}
曲沃里村	tɕ^{h}iᴀ^{213}	p^{h}uo^{213}	p^{h}uo^{31}	p^{h}uo^{213}	muo^{53}	tuo^{213}
翼城隆化	tɕ^{h}ya^{24}	p^{h}uo^{31}	p^{h}uo^{53}	p^{h}uo^{24}	muo^{53}	tuo^{44}
安泽唐城	tɕ^{h}ie^{21}	p^{h}uo^{213}	p^{h}uo^{53}	p^{h}uo^{21}	muo^{21}	tuo^{423}
汾西城关	tɕ^{h}ia^{24}	p^{h}əɯ^{11}	p^{h}əɯ^{55}	p^{h}əɯ^{24}	məɯ^{24}	tu^{33}
古县城关	tɕ^{h}ia^{24}	p^{h}ə^{31}	p^{h}ə^{24}	p^{h}ə^{24}	mə^{24}	tuə^{53}
侯马城关	tɕ^{h}ia^{24}	p^{h}ɤ^{213}	p^{h}ɤ^{53}	p^{h}ɤ^{24}	mɤ^{24}	tuo^{44}
蒲县城关	tɕ^{h}ya^{24}	p^{h}uo^{53}	p^{h}uo^{55}	p^{h}uo^{24}	muo^{24}	tuo^{21}
隰县黄土	tɕ^{h}iᴇ^{24}	p^{h}uo^{41}	p^{h}uo^{55}	p^{h}uo^{24}	muo^{24}	tuo^{41}

例字/中古音/方言点	糯	坐	锁	锅	颗	火
	果合一去戈泥	上戈从	上戈心	平戈见	上戈溪	上戈晓
永和阁底	nuo^{53}	ts^huo^{53}	suo^{312}	kuo^{31}	k^huo^{31}	xuo^{312}
大宁徐家垛	nuo^{55}	ts^huo^{55}	suo^{31}	kuo^{31}	k^huo^{31}	xuo^{31}
霍州城关	luo^{53}	ts^huo^{53}	suo^{31}	kuo^{213}	k^huo^{213}	xuo^{31}
浮山响水河	nuo^{53}	ts^huo^{53}	suo^{33}	kuo^{42}	k^huo^{33}	xuo^{33}
洪洞左木	nuo^{53}	ts^huo^{53}	suo^{42}	kuo^{21}	k^huo^{21}	xuo^{42}
临汾贺家庄	nuo^{53}	ts^huo^{53}	suo^{42}	kuo^{21}	$k^hə^{21}$	xuo^{53}
吉县文城	nuo^{53}	$tsuo^{53}$	suo^{53}	kuo^{21}	k^huo^{21}	xuo^{53}
乡宁光华	nuo^{31}	ts^huo^{31}	suo^{44}	kuo^{53}	k^huo^{44}	xuo^{44}
襄汾邓庄	nuo^{53}	ts^huo^{53}	suo^{31}	kuo^{21}	k^huo^{21}	xuo^{31}
曲沃里村	luo^{53}	ts^huo^{53}	suo^{44}	kuo^{213}	k^huo^{44}	xuo^{44}
翼城隆化	nuo^{53}	ts^huo^{53}	suo^{44}	kuo^{31}	k^huo^{44}	xuo^{44}
安泽唐城	$nə^{53}$	$tsuo^{53}$	suo^{423}	kuo^{213}	k^huo^{213}	xuo^{423}
汾西城关	$nəɯ^{53}$	ts^hu^{53}	su^{33}	ku^{11}	k^hu^{33}	xu^{33}
古县城关	$nuə^{53}$	$ts^huə^{53}$	$suə^{53}$	$kuə^{31}$	$k^huə^{31}$	$xuə^{53}$
侯马城关	nuo^{53}	ts^huo^{53}	$tsuo^{44}$	kuo^{44}	$k^hɣ^{213}$	xuo^{44}
蒲县城关	nuo^{55}	ts^huo^{55}	suo^{21}	kuo^{53}	k^huo^{24}	xuo^{21}
隰县黄土	$lə^{55}$	ts^huo^{55}	suo^{21}	kuo^{41}	k^huo^{41}	xuo^{21}

例字 / 中古音 / 方言点	和	窝	瘸	靴	把	怕
	果合一平戈匣	平戈影	果合三平戈群	平戈晓	假开二上麻帮	去麻滂
永和阁底	xuo^{24}	uo^{31}	$tɕ^hya^{24}$	$ɕya^{31}$	pa^{312}	p^ha^{53}
大宁徐家垛	xuo^{24}	uo^{31}	$tɕ^hya^{24}$	$ɕya^{31}$	pa^{31}	p^ha^{55}
霍州城关	xuo^{35}	uo^{213}	$tɕ^hya^{35}$	$ɕyɛ^{213}$	pa^{31}	p^ha^{44}
浮山响水河	xuo^{13}	uo^{42}	$tɕ^hya^{13}$	$ɕyɛ^{42}$	pa^{33}	p^ha^{44}
洪洞左木	xo^{24}	uo^{21}	$tɕ^hyᴀ^{24}$	$ɕyɛ^{21}$	$pᴀ^{42}$	$p^hᴀ^{24}$
临汾贺家庄	xuo^{24}	uo^{21}	$tɕ^hyᴀ^{24}$	$ɕye^{21}$	$pᴀ^{42}$	$p^hᴀ^{55}$
吉县文城	xuo^{24}	uo^{21}	$tɕ^hya^{24}$	$ɕyᴇ^{21}$	pa^{53}	p^ha^{31}
乡宁光华	xuo^{213}	uo^{53}	$tɕ^hya^{213}$	$ɕyɛ^{53}$	pa^{31}	p^ha^{31}
襄汾邓庄	xo^{24}	uo^{21}	$tɕ^hyə^{24}$	$ɕyə^{21}$	$pɑ^{31}$	$p^hɑ^{44}$
曲沃里村	xuo^{213}	uo^{213}	$tɕ^hyᴀ^{213}$	$ɕyə^{213}$	$pᴀ^{213}$	$p^hᴀ^{31}$
翼城隆化	xuo^{24}	uo^{31}	$tɕ^hya^{24}$	$ɕyə^{31}$	pa^{44}	p^ha^{53}
安泽唐城	xuo^{21}	uo^{213}	$tɕ^hye^{21}$	$ɕye^{213}$	$pᴀ^{423}$	$p^hᴀ^{53}$
汾西城关	xu^{24}	u^{11}	$tɕ^hya^{24}$	$ɕyɪ^{1}$	pa^{33}	p^ha^{55}
古县城关	$xuə^{24}$	$uə^{31}$	$tɕ^hya^{24}$	$ɕyɛ^{31}$	pa^{53}	p^ha^{24}
侯马城关	$xɤ^{24}$	uo^{213}	$tɕ^hya^{24}$	$ɕyɛ^{213}$	pa^{44}	p^ha^{53}
蒲县城关	xuo^{24}	uo^{53}	$tɕ^hya^{24}$	$ɕya^{53}$	pa^{21}	p^ha^{55}
隰县黄土	xuo^{24}	uo^{41}	$tɕ^hyɛ^{24}$	$ɕyɛ^{41}$	pa^{21}	p^ha^{55}

例字 / 中古音 / 方言点	爬	拿	茶	榨	沙	加
	假开二平麻並	平麻泥	平麻澄	去麻庄	平麻生	平麻见
永和阁底	p^{h}a^{24}	na^{24}	ts^{h}a^{24}	tsa^{53}	sa^{31}	tɕia^{31}
大宁徐家垛	p^{h}a^{24}	na^{24}	ts^{h}a^{24}	tsa^{55}	sa^{31}	tɕia^{31}
霍州城关	p^{h}a^{35}	la^{35}	ts^{h}a^{35}	tsa^{44}	sa^{213}	tɕia^{213}
浮山响水河	p^{h}a^{13}	na^{13}	ts^{h}a^{13}	tsa^{44}	sa^{42}	tɕia^{42}
洪洞左木	p^{h}ᴀ^{24}	nᴀ^{24}	ts^{h}ᴀ^{24}	tsᴀ^{24}	sᴀ^{21}	tɕiᴀ^{21}
临汾贺家庄	p^{h}ᴀ^{24}	nᴀ^{24}	ts^{h}ᴀ^{24}	tsᴀ^{24}	sᴀ^{21}	tɕiᴀ^{21}
吉县文城	p^{h}a^{24}	na^{24}	ts^{h}a^{24}	tsa^{31}	sa^{21}	tɕia^{21}
乡宁光华	p^{h}a^{213}	na^{213}	ts^{h}a^{213}	tsa^{31}	sa^{53}	tɕia^{53}
襄汾邓庄	p^{h}ɑ^{24}	nɑ^{24}	tʂ^{h}ɑ^{24}	tʂɑ^{44}	ʂɑ^{21}	tɕiɑ^{21}
曲沃里村	pᴀ^{213}	lᴀ^{213}	ts^{h}ᴀ^{213}	tsᴀ^{31}	sᴀ^{213}	tɕiᴀ^{213}
翼城隆化	p^{h}a^{24}	na^{24}	tʂ^{h}a^{24}	tʂa^{24}	ʂa^{31}	tɕia^{31}
安泽唐城	p^{h}ᴀ^{21}	nᴀ^{21}	ts^{h}ᴀ^{21}	tsᴀ^{53}	sᴀ^{213}	tɕiᴀ^{213}
汾西城关	p^{h}a^{24}	na^{24}	ts^{h}a^{24}	tsa^{55}	sa^{11}	tɕia^{11}
古县城关	p^{h}a^{24}	na^{24}	tʂ^{h}a^{24}	tʂa^{24}	ʂa^{31}	tɕia^{31}
侯马城关	p^{h}a^{24}	na^{24}	ts^{h}a^{24}	tsa^{53}	sa^{213}	tɕia^{213}
蒲县城关	p^{h}a^{24}	na^{24}	ts^{h}a^{24}	tsa^{55}	sa^{53}	tɕia^{53}
隰县黄土	p^{h}a^{24}	na^{24}	ts^{h}a^{24}	tsa^{55}	sa^{41}	tɕia^{41}

例字 / 中古音 / 方言点	牙	虾鱼~	下底~	下~降	哑	姐
	假开二平麻疑	平麻晓	上麻匣	去麻匣	上麻影	假开三上麻精
永和阁底	ȵia²⁴	ɕia³¹	xa⁵³	xa⁵³	ȵia³¹²	tɕia³¹²
大宁徐家垛	ȵia²⁴	ɕia³¹	xa⁵⁵	xa⁵⁵	ȵia³¹	tɕia³¹
霍州城关	ȵia³⁵	ɕia²¹³	xa⁵³	xa⁵³	ȵia³¹	tɕia³¹
浮山响水河	ȵia¹³	ɕia⁴²	xa⁵³	xa⁵³	ȵia³³	tɕia³³
洪洞左木	ȵiᴀ²⁴	ɕiᴀ²¹	xᴀ⁵³	xᴀ⁵³	ȵiᴀ⁴²	tɕiɛ⁴²
临汾贺家庄	ȵiᴀ²⁴	ɕiᴀ²¹	xᴀ⁰	xᴀ⁵³	ȵiᴀ⁴²	tɕie²⁴
吉县文城	ȵia²⁴	ɕia²¹	xa³¹	xa⁵³	ȵia⁵³	tɕia⁵³
乡宁光华	ȵia²¹³	ɕia⁵³	xa³¹	xa³¹	ȵia⁴⁴	tɕia⁴⁴
襄汾邓庄	ȵiɑ²⁴	ɕiɑ²¹	xɑ⁵³	xɑ⁵³	ȵiɑ³¹	tɕiə³¹
曲沃里村	ȵiᴀ²¹³	ɕiᴀ²¹³	xᴀ⁵³	xᴀ⁵³	ȵiᴀ⁴⁴	tɕiɛ⁴⁴
翼城隆化	ȵia²⁴	ɕya³¹	xa⁵³	xa⁵³	ȵia⁴⁴	tɕia⁴⁴
安泽唐城	ȵiᴀ²¹	ɕiᴀ²¹³	xᴀ⁵³	xᴀ⁵³	ȵiᴀ⁴²³	tɕie⁴²³
汾西城关	ȵia²⁴	ɕia¹¹	xa⁵³	xa⁵³	ȵia³³	tɕi²⁴
古县城关	ȵia²⁴	ɕia³¹	xa⁵³	xa⁵³	ȵia⁵³	tɕia⁵³
侯马城关	ȵia²⁴	ɕia²¹³	xa⁵³	xa⁵³	ȵia⁴⁴	tɕiɛ⁴⁴
蒲县城关	ȵia²⁴	ɕia⁵³	xa⁵⁵	xa⁵⁵	ȵia²¹	tɕia²⁴
隰县黄土	ȵia²⁴	ɕia⁴¹	xa⁵⁵	xa⁵⁵	ȵia²¹	tɕiᴇ²¹

例字 / 中古音 / 方言点	借	些	写	车	蛇	社
	假开三去麻精	平麻心	上麻心	假开三平麻昌	平麻船	上麻禅
永和阁底	tɕia^{53}	ɕiɛ^{31}	ɕia^{312}	tʂʰə^{31}	ʂa^{24}	ʂa^{53}
大宁徐家垛	tɕia^{55}	ɕie^{31}	ɕie^{31}	tʂʰə^{31}	ʂa^{24}	ʂa^{55}
霍州城关	tɕia^{44}	ɕiɛ^{213}	ɕia^{31}	tʂʰa^{213}	ʂa^{35}	ʂa^{53}
浮山响水河	tɕia^{44}	ɕia^{13}	ɕia^{33}	tʂʰa^{42}	ʂa^{13}	ʂa^{53}
洪洞左木	tɕiᴀ^{24}	ɕiᴀ^{42}	ɕiᴀ^{42}	tsʰᴀ^{21}	ʂᴀ^{24}	ʂᴀ^{53}
临汾贺家庄	tɕiᴀ^{53}	ɕiᴀ^{42}	ɕiᴀ^{42}	tʂʰᴀ^{21}	ʂᴀ^{24}	ʂᴀ^{53}
吉县文城	tɕia^{31}	ɕiᴇ^{31}	ɕiᴇ^{53}	tʂʰa^{21}	ʂa^{24}	ʂə^{53}
乡宁光华	tɕia^{31}	ɕiɛ^{213}	ɕiɛ^{44}	tʂʰa^{53}	ʂa^{213}	ʂə^{31}
襄汾邓庄	tɕiɑ^{44}	ɕiə^{21}	ɕiə^{31}	tʂʰɑ^{21}	ʂɑ^{24}	ʂɑ^{53}
曲沃里村	tɕiᴀ^{31}	ɕiᴀ^{213}	ɕiᴀ^{44}	tsʰə^{213}	sᴀ^{213}	sᴀ^{53}
翼城隆化	tɕia^{53}	ɕia^{31}	ɕia^{44}	tʂʰa^{31}	ʂa^{24}	ʂa^{53}
安泽唐城	tɕie^{53}	ɕie^{213}	ɕie^{423}	tʂʰə^{213}	ʂə^{21}	ʂə^{53}
汾西城关	tɕia^{55}	ɕiʌ^{1}	ɕia^{33}	tsʰa^{11}	sa^{24}	sa^{53}
古县城关	tɕia^{24}	ɕia^{31}	ɕia^{53}	tʂʰa^{31}	ʂa^{24}	ʂʅɛ^{53}
侯马城关	tɕia^{53}	ɕiɛ^{213}	ɕiɛ^{44}	tʂʰa^{213}	ʂa^{24}	ʂɤɛ^{53}
蒲县城关	tɕia^{55}	ɕia^{24}	ɕia^{21}	tʂʰa^{53}	ʂa^{24}	ʂa^{55}
隰县黄土	tɕiᴇ^{55}	ɕiᴇ^{21}	ɕiᴇ^{21}	tsʰə^{41}	sə^{24}	sə^{55}

例字 / 中古音 / 方言点	惹	爷	夜	瓜	瓦	花
	假开三上麻日	平麻以	去麻以	假合二平麻见	上麻疑	平麻晓
永和阁底	ʐa³¹²	iɛ²⁴	ia⁵³	kua³¹	ua³¹²	xua³¹
大宁徐家垛	ʐa³¹	ia²⁴	ia⁵⁵	kua³¹	ua³¹	xua³¹
霍州城关	ʐa³¹	ia³⁵	ia⁵³	kua²¹³	ua⁵³	xua²¹³
浮山响水河	ʐa³³	ia¹³	ia⁵³	kua⁴²	ua³³	xua⁴²
洪洞左木	ʐᴀ⁴²	iᴀ²⁴	iᴀ⁵³	kuᴀ²¹	uᴀ⁴²	xuᴀ²¹
临汾贺家庄	ʐᴀ⁴²	iᴀ²⁴	iᴀ⁵³	kuᴀ²¹	uᴀ⁴²	xuᴀ²¹
吉县文城	ʐa⁵³	ia²⁴	ia³¹	kua²¹	ua³¹	xua²¹
乡宁光华	ʐa⁴⁴	ia²¹³	ia³¹	kua⁵³	ua⁴⁴	xua⁵³
襄汾邓庄	ʐɑ³¹	iɑ²⁴	iɑ⁵³	kuɑ²¹	uɑ⁵³	xuɑ²¹
曲沃里村	zᴀ⁴⁴	iᴀ²¹³	iᴀ⁵³	kuᴀ²¹³	uᴀ⁴⁴	xuᴀ²¹³
翼城隆化	ʐa⁴⁴	ia²⁴	ia⁵³	kua³¹	ua⁴⁴	xua³¹
安泽唐城	ʐə⁴²³	ie²¹	ie⁵³	kuᴀ²¹³	vᴀ⁴²³	xuᴀ²¹³
汾西城关	za³³	ia²⁴	ia⁵³	kua¹¹	ua³³	xua¹¹
古县城关	ʐa⁵³	ia²⁴	ia⁵³	kua³¹	ua⁵³	xua³¹
侯马城关	ʐa⁴⁴	ia²⁴	ia⁵³	kua²¹³	ua⁴⁴	xua²¹³
蒲县城关	ʐa²¹	ia²⁴	ia⁵⁵	kua⁵³	ua²¹	xua⁵³
隰县黄土	zə⁵⁵	iᴇ²⁴	iᴇ⁵⁵	kua⁴¹	ua²¹	xua⁴¹

例字／中古音／方言点	华	谱	铺	步	模	都
	假合二平麻匣	遇合一上模帮	去模滂	去模並	平模明	平模端
永和阁底	xua^{24}	p^{h}u^{312}	p^{h}u^{53}	p^{h}u^{53}	muo^{24}	tu^{31}
大宁徐家垛	xua^{24}	p^{h}u^{31}	p^{h}u^{55}	p^{h}u^{55}	muo^{24}	tu^{31}
霍州城关	xua^{35}	p^{h}u^{31}	p^{h}u^{44}	p^{h}u^{53}	muo^{35}	tou^{213}
浮山响水河	xua^{13}	p^{h}u^{33}	p^{h}u^{53}	p^{h}u^{53}	muo^{13}	tu^{42}
洪洞左木	xuᴀ^{21}	p^{h}u^{24}	p^{h}u^{53}	p^{h}u^{53}	muo^{24}	təu^{21}
临汾贺家庄	xuᴀ^{21}	p^{h}u^{55}	p^{h}u^{53}	p^{h}u^{53}	mu^{24}	tu^{21}
吉县文城	xua^{21}	p^{h}u^{53}	p^{h}u^{31}	pu^{31}	muo^{24}	tou^{21}
乡宁光华	xua^{213}	p^{h}u^{44}	p^{h}u^{31}	p^{h}u^{31}	muo^{213}	tou^{53}
襄汾邓庄	xuɑ^{24}	p^{h}u^{31}	p^{h}u^{44}	p^{h}u^{53}	muo^{24}	tou^{21}
曲沃里村	xuᴀ^{213}	p^{h}u^{44}	p^{h}u^{31}	p^{h}u^{53}	muo^{213}	t^{h}əu^{213}
翼城隆化	xua^{31}	p^{h}u^{44}	p^{h}u^{53}	pu^{53}	muo^{24}	təu^{31}
安泽唐城	xuᴀ^{21}	p^{h}u^{423}	p^{h}u^{213}	pu^{53}	mu^{21}	tu^{213}
汾西城关	xua^{24}	p^{h}v^{33}	p^{h}v^{11}	p^{h}v^{53}	mv^{24}	tv^{11}
古县城关	xua^{24}	p^{h}u^{53}	p^{h}u^{31}	p^{h}u^{53}	mu^{24}	tu^{31}
侯马城关	xua^{24}	p^{h}u^{44}	p^{h}u^{213}	pu^{53}	mɤ^{24}	təu^{44}
蒲县城关	xua^{53}	p^{h}u^{21}	p^{h}u^{53}	p^{h}u^{55}	mu^{24}	tu^{53}
隰县黄土	xua^{41}	p^{h}u^{55}	p^{h}u^{41}	p^{h}u^{55}	mu^{24}	tu^{41}

例字 / 中古音 / 方言点	兔	度	祖	做	醋	错
	遇合一去模透	去模定	上模精	去模精	去模清	去模清
永和阁底	t^hu^{53}	tu^{53}	$tsou^{312}$	$tsou^{53}$	ts^hou^{53}	ts^huo^{53}
大宁徐家垛	t^hu^{55}	tu^{55}	$tsəu^{31}$	$tsəu^{55}$	$ts^həu^{55}$	ts^huo^{55}
霍州城关	t^hu^{44}	tou^{53}	$tsou^{31}$	$tsou^{44}$	ts^hou^{44}	ts^huo^{44}
浮山响水河	t^hu^{44}	tu^{53}	$tsou^{33}$	$tsɿ^{44}$	ts^hou^{44}	ts^huo^{44}
洪洞左木	t^hu^{53}	tu^{53}	$tsəu^{42}$	$tsɿ^{24}$	$ts^həu^{24}$	ts^huo^{24}
临汾贺家庄	t^hu^{53}	tu^{53}	$tsəu^{42}$	$tsɿ^{55}$	$ts^həu^{55}$	ts^huo^{55}
吉县文城	t^hou^{53}	tu^{53}	tsu^{53}	$tsɿ^{53}$	ts^hu^{53}	ts^huo^{31}
乡宁光华	t^hu^{31}	tu^{31}	$tsou^{44}$	$tsou^{31}$	ts^hou^{31}	ts^huo^{31}
襄汾邓庄	t^hu^{53}	tu^{53}	$tsou^{31}$	$tsɿ^{44}$	ts^hou^{44}	ts^huo^{44}
曲沃里村	t^hu^{31}	tu^{53}	tsu^{44}	$tsuo^{31}$	$ts^həu^{31}$	ts^huo^{31}
翼城隆化	t^hu^{53}	$təu^{53}$	$tsəu^{44}$	$tsəu^{53}$	$ts^həu^{53}$	ts^huo^{53}
安泽唐城	t^hu^{53}	tu^{53}	$tsou^{423}$	$tsou^{53}$	ts^hou^{53}	ts^huo^{53}
汾西城关	t^hv^{55}	t^hu^{53}	$tsou^{33}$	$tsou^{55}$	ts^hou^{55}	$ts^həɯ^{55}$
古县城关	t^hu^{24}	tu^{53}	$tsou^{53}$	$tsɿ^{24}$	ts^hou^{24}	$ts^huə^{24}$
侯马城关	t^hu^{53}	tu^{53}	$tsəu^{44}$	$tsəu^{53}$	$ts^həu^{53}$	ts^huo^{53}
蒲县城关	t^hu^{53}	t^hu^{55}	$tsəu^{21}$	$tsəu^{55}$	$ts^həu^{55}$	ts^huo^{55}
隰县黄土	t^hu^{55}	tu^{55}	$tsou^{21}$	$tsuʌ^{3}$	ts^hou^{55}	ts^huo^{55}

例字 中古音 方言点	素	枯	裤	五	壶	女
	遇合一去模心	平模溪	去模溪	上模疑	平模匣	遇合三上鱼泥
永和阁底	sou^{53}	ku^{31}	k^{h}u^{53}	u^{312}	xu^{24}	ȵy^{312}
大宁徐家垛	səu^{55}	ku^{31}	k^{h}u^{55}	u^{31}	xu^{24}	ȵy^{31}
霍州城关	sou^{44}	k^{h}u^{213}	k^{h}u^{44}	u^{31}	xu^{35}	ȵy^{31}
浮山响水河	sou^{44}	k^{h}u^{42}	k^{h}u^{44}	u^{33}	xu^{13}	ȵy^{33}
洪洞左木	səu^{24}	k^{h}u^{21}	k^{h}u^{24}	u^{42}	xu^{24}	ȵy^{42}
临汾贺家庄	səu^{55}	k^{h}u^{21}	k^{h}u^{21}	u^{42}	xu^{24}	ȵy^{42}
吉县文城	su^{53}	ku^{21}	k^{h}u^{53}	u^{53}	xu^{24}	ȵy^{53}
乡宁光华	su^{31}	k^{h}u^{53}	k^{h}u^{31}	u^{44}	xu^{213}	ȵy^{44}
襄汾邓庄	sou^{44}	k^{h}u^{21}	k^{h}u^{44}	u^{31}	xu^{24}	ȵy^{31}
曲沃里村	səu^{31}	ku^{213}	k^{h}u^{31}	u^{44}	xu^{213}	ȵy^{44}
翼城隆化	səu^{53}	k^{h}u^{31}	k^{h}u^{53}	u^{44}	xu^{24}	ȵy^{44}
安泽唐城	sou^{53}	ku^{213}	k^{h}u^{53}	u^{423}	xu^{21}	ȵy^{423}
汾西城关	sou^{55}	k^{h}v^{11}	k^{h}v^{55}	u^{33}	xu^{24}	ȵy^{33}
古县城关	sou^{24}	k^{h}u^{31}	k^{h}u^{24}	u^{53}	xu^{24}	ȵy^{53}
侯马城关	tsəu^{53}	k^{h}u^{213}	k^{h}u^{53}	u^{44}	xu^{24}	ȵy^{44}
蒲县城关	səu^{55}	k^{h}u^{53}	k^{h}u^{55}	u^{21}	xu^{24}	ȵy^{21}
隰县黄土	sou^{55}	k^{h}u^{41}	k^{h}u^{55}	u^{21}	xu^{24}	ȵy^{21}

例字 / 中古音 / 方言点	驴	蛆	徐	猪	初	锄
	遇合三平鱼来	平鱼清	平鱼邪	平鱼知	平鱼初	平鱼崇
永和阁底	ly^{24}	$tɕ^hy^{31}$	$ɕy^{24}$	$tʂ^hu^{31}$	ts^hou^{31}	ts^hou^{24}
大宁徐家垛	ly^{24}	$tɕ^hy^{31}$	$ɕy^{24}$	$tʂ^hu^{31}$	$ts^həu^{31}$	$ts^həu^{24}$
霍州城关	ly^{35}	$tɕ^hy^{213}$	$ɕy^{35}$	$tʂu^{213}$	ts^hou^{213}	sou^{35}
浮山响水河	ly^{13}	$tɕ^hy^{42}$	$ɕy^{13}$	pfu^{42}	$tʂ^hou^{42}$	$ʂou^{13}$
洪洞左木	ly^{24}	$tɕ^hy^{21}$	$ɕy^{24}$	$tʂu^{21}$	$tʂ^həu^{21}$	$səu^{24}$
临汾贺家庄	ly^{24}	$tɕ^hyᴀ^{21}$	$ɕy^{24}$	pfu^{21}	$ts^həu^{21}$	$səu^{24}$
吉县文城	ly^{24}	$tɕ^hy^{21}$	$ɕy^{24}$	$tʂu^{21}$	$tʂ^hou^{21}$	sou^{24}
乡宁光华	ly^{213}	$tɕ^hy^{53}$	$ɕy^{213}$	pfu^{53}	ts^hou^{53}	sou^{213}
襄汾邓庄	ly^{24}	$tɕ^hy^{21}$	$ɕy^{24}$	pfu^{21}	$tʂ^hou^{21}$	$ʂou^{24}$
曲沃里村	ly^{213}	$tɕ^hy^{213}$	$ɕy^{213}$	pfu^{213}	$ts^həu^{213}$	$səu^{213}$
翼城隆化	ly^{24}	$tɕ^hy^{31}$	$ɕy^{24}$	$tʂu^{31}$	$tʂ^həu^{31}$	$səu^{24}$
安泽唐城	lui^{21}	$tɕ^hy^{213}$	$ɕy^{21}$	$tʂu^{213}$	ts^hou^{213}	sou^{21}
汾西城关	ly^{24}	$tɕ^hy^{11}$	$ɕy^{24}$	tsv^{11}	ts^hou^{11}	sou^{24}
古县城关	ly^{24}	$tɕ^hy^{31}$	$ɕy^{31}$	$tʂu^{31}$	ts^hou^{31}	sou^{24}
侯马城关	ly^{24}	$tɕ^hy^{213}$	$ɕy^{24}$	$tʂu^{213}$	$ts^həu^{213}$	$ts^həu^{24}$
蒲县城关	ly^{24}	$tɕ^hy^{53}$	$ɕy^{24}$	$tʂu^{53}$	$ts^həu^{53}$	$ts^həu^{24}$
隰县黄土	ly^{24}	$tɕ^hy^{41}$	$ɕy^{24}$	tsu^{41}	ts^hou^{41}	ts^hou^{24}

例字 中古音 方言点	所	煮	书	鼠	如	锯
	遇合三上鱼生	上鱼章	平鱼书	上鱼书	平鱼日	去鱼见
永和阁底	sou^{312}	tʂu^{312}	ʂu^{31}	ʂu^{312}	ʐu^{24}	tɕy^{53}
大宁徐家垛	səu^{31}	tʂu^{31}	ʂu^{31}	ʂu^{31}	ʐu^{24}	tɕy^{55}
霍州城关	sou^{31}	tʂu^{31}	ʂu^{213}	ʂu^{31}	ʐu^{35}	tɕy^{44}
浮山响水河	suo^{33}	pfu^{33}	fu^{42}	fu^{33}	vu^{13}	tɕy^{44}
洪洞左木	suo^{42}	tʂu^{42}	ʂu^{21}	ʂu^{42}	ʐu^{24}	tɕy^{24}
临汾贺家庄	səu^{42}	pfu^{42}	fu^{21}	fu^{42}	u^{24}	tɕy^{55}
吉县文城	suo^{53}	tʂu^{53}	ʂu^{21}	ʂu^{53}	ʐu^{24}	tɕy^{53}
乡宁光华	suo^{44}	pfu^{44}	fu^{53}	fu^{44}	vu^{213}	tɕy^{31}
襄汾邓庄	suo^{31}	pfu^{31}	fu^{21}	fu^{31}	vu^{24}	tɕy^{44}
曲沃里村	suo^{44}	pfu^{44}	fu^{213}	fu^{44}	zu^{213}	tɕy^{31}
翼城隆化	suo^{44}	tʂu^{44}	fu^{31}	fu^{44}	ʐu^{24}	tɕy^{53}
安泽唐城	suo^{423}	tʂu^{423}	ʂu^{213}	ʂu^{423}	ʐu^{21}	tɕy^{53}
汾西城关	sou^{33}	tsv^{33}	fv^{11}	fv^{33}	v^{24}	tɕy^{55}
古县城关	fə^{53}	tʂu^{53}	fu^{31}	fu^{53}	u^{24}	tɕy^{24}
侯马城关	suo^{44}	tʂu^{44}	fu^{213}	fu^{44}	ʐu^{24}	tɕy^{53}
蒲县城关	suo^{21}	tʂu^{21}	ʂu^{53}	ʂu^{21}	ʐu^{24}	tɕy^{55}
隰县黄土	suo^{21}	tsu^{21}	su^{41}	su^{21}	zu^{24}	tɕy^{55}

中古音 例字 / 方言点	去	鱼	余	符	无	雾
	遇合三去鱼溪	平鱼疑	平鱼以	平虞奉	平虞微	去虞微
永和阁底	$\text{kɐʔ}^{\underline{21}}$	ȵy^{24}	y^{24}	xu^{24}	u^{24}	u^{53}
大宁徐家垛	$\text{kɐʔ}^{\underline{31}}$	ȵy^{24}	y^{24}	fu^{24}	u^{24}	u^{55}
霍州城关	$\text{tɕ}^{h}\text{y}^{44}$	y^{35}	y^{35}	fu^{35}	mu^{35}	vu^{53}
浮山响水河	$\text{tɕ}^{h}\text{ia}^{53}$	y^{13}	y^{13}	fu^{13}	mu^{13}	vu^{53}
洪洞左木	$\text{tɕ}^{h}\text{iʌ}^{24}$	y^{24}	y^{24}	fu^{24}	vu^{24}	vu^{53}
临汾贺家庄	$\text{tɕ}^{h}\text{i}^{55}$	y^{24}	y^{24}	fu^{24}	mu^{24}	u^{53}
吉县文城	$\text{tɕ}^{h}\text{ia}^{53}$	y^{24}	y^{24}	fu^{53}	vu^{21}	vu^{31}
乡宁光华	$\text{tɕ}^{h}\text{i}^{31}$	y^{213}	y^{213}	fu^{213}	u^{213}	u^{31}
襄汾邓庄	$\text{tɕ}^{h}\text{i}^{44}$	y^{24}	y^{24}	fu^{24}	vu^{24}	vu^{53}
曲沃里村	$\text{tɕ}^{h}\text{i}^{31}$	y^{213}	y^{213}	fu^{213}	mu^{213}	vu^{53}
翼城隆化	$\text{tɕ}^{h}\text{i}^{53}$	y^{24}	y^{24}	fu^{24}	vu^{53}	vu^{53}
安泽唐城	$\text{tɕ}^{h}\text{y}^{53}$	ȵy^{21}	y^{21}	fu^{423}	u^{21}	u^{53}
汾西城关	tɕiʌ^{1}	ȵy^{24}	y^{24}	fv^{24}	v^{24}	v^{53}
古县城关	$\text{tɕ}^{h}\text{i}^{24}$	y^{24}	y^{24}	fu^{24}	u^{24}	u^{53}
侯马城关	$\text{tɕ}^{h}\text{i}^{53}$	y^{24}	y^{24}	fu^{24}	ʐu^{24}	u^{53}
蒲县城关	kə^{55}	y^{24}	y^{24}	fu^{24}	u^{24}	u^{55}
隰县黄土	$\text{tɕ}^{h}\text{y}^{55}$	ȵy^{24}	y^{24}	xu^{24}	u^{24}	u^{55}

例字 / 中古音 / 方言点	取	聚	柱	住	数动词	数名词
	遇合三上虞清	上虞从	上虞澄	去虞澄	上虞生	去虞生
永和阁底	tsʰɐʔ$^{\underline{21}}$	tɕy^{53}	tʂʰu^{53}	tʂu^{53}	sou^{312}	sou^{53}
大宁徐家垛	tsʰə^{31}	tɕʰy^{55}	tʂʰu^{55}	tʂu^{55}	səu^{31}	səu^{55}
霍州城关	tɕʰy^{31}	tɕy^{53}	tʂʰu^{53}	tʂʰu^{53}	sou^{31}	sou^{44}
浮山响水河	tɕʰy^{33}	tɕy^{53}	pfu^{53}	pfʰu^{53}	ʂou^{33}	ʂou^{44}
洪洞左木	tɕʰy^{42}	tɕy^{53}	tʂʰu^{53}	tʂʰu^{53}	ʂəu^{42}	ʂəu^{24}
临汾贺家庄	tɕʰy^{42}	tɕy^{53}	pfʰu^{53}	pfʰu^{53}	səu^{42}	səu^{55}
吉县文城	tɕʰy^{31}	tɕʰy^{31}	tʂʰu^{31}	tʂu^{31}	ʂou^{53}	ʂou^{53}
乡宁光华	tɕʰy^{44}	tɕy^{31}	pfʰu^{31}	pfʰu^{31}	sou^{44}	sou^{31}
襄汾邓庄	tɕʰy^{31}	tɕy^{53}	pfʰu^{53}	pfʰu^{53}	ʂou^{31}	ʂou^{44}
曲沃里村	tɕʰy^{44}	tɕy^{53}	pfʰu^{53}	pfʰu^{53}	səu^{44}	səu^{31}
翼城隆化	tɕʰy^{44}	tɕy^{53}	tʂʰu^{53}	tʂu^{53}	ʂəu^{44}	ʂəu^{53}
安泽唐城	tɕʰy^{53}	tɕy^{53}	tʂu^{53}	tʂu^{53}	sou^{423}	sou^{53}
汾西城关	tsʰuʌ^{1}	tɕʰy^{53}	tsʰv^{53}	tsʰv^{53}	sou^{33}	sou^{55}
古县城关	tɕʰy^{53}	tɕy^{53}	tʂu^{53}	tʂu^{53}	ʂou^{53}	ʂou^{24}
侯马城关	tɕʰy^{44}	tɕy^{53}	tʂʰu^{53}	tʂʰu^{53}	səu^{44}	səu^{53}
蒲县城关	tɕʰy^{21}	tɕy^{55}	tʂʰu^{55}	tʂu^{55}	səu^{21}	səu^{55}
隰县黄土	tɕʰy^{21}	tɕy^{55}	tsʰu^{55}	tsʰu^{55}	sou^{21}	sou^{55}

例字 中古音 方言点	朱	输	树	遇	雨	芋
	遇合三平虞章	平虞书	去虞禅	去虞疑	上虞云	去虞云
永和阁底	$tʂu^{31}$	$ʂu^{31}$	$ʂu^{53}$	y^{53}	$ȵy^{312}$	y^{24}
大宁徐家垛	$tʂu^{31}$	$ʂu^{31}$	$ʂu^{55}$	y^{55}	y^{31}	y^{24}
霍州城关	$tʂu^{213}$	$ʂu^{213}$	$ʂu^{53}$	y^{53}	$ȵy^{31}$	y^{53}
浮山响水河	pfu^{42}	fu^{42}	fu^{53}	y^{53}	y^{33}	y^{44}
洪洞左木	$tʂu^{21}$	fu^{21}	$ʂu^{53}$	y^{53}	$ȵy^{42}$	y^{24}
临汾贺家庄	pfu^{21}	fu^{21}	fu^{53}	y^{53}	y^{42}	y^{24}
吉县文城	$tʂu^{21}$	$ʂu^{21}$	$pə^{53}$	y^{31}	$ȵy^{53}$	y^{21}
乡宁光华	pfu^{53}	fu^{53}	puo^{31}	y^{31}	$ȵy^{44}$	y^{213}
襄汾邓庄	pfu^{21}	fu^{21}	puo^{53}	y^{53}	$ȵy^{31}$	y^{53}
曲沃里村	pfu^{213}	fu^{213}	fu^{53}	y^{53}	y^{44}	y^{53}
翼城隆化	$tʂu^{31}$	fu^{31}	$tʂ^hu^{53}$	y^{53}	$ȵy^{44}$	y^{53}
安泽唐城	$tʂu^{213}$	$ʂu^{213}$	$ʂu^{53}$	y^{53}	y^{423}	y^{53}
汾西城关	tsv^{11}	fv^{11}	fv^{53}	y^{53}	$ȵy^{33}$	y^{53}
古县城关	$tʂu^{31}$	fu^{31}	$pə^{53}$	y^{53}	$ȵy^{53}$	y^{53}
侯马城关	$tʂu^{213}$	fu^{213}	$tʂ^hu^{53}$	y^{53}	y^{44}	$iɤ^{53}$
蒲县城关	$tʂu^{53}$	$ʐu^{53}$	$ʂu^{55}$	y^{55}	y^{21}	y^{55}
隰县黄土	tsu^{41}	su^{41}	su^{55}	y^{55}	y^{21}	y^{55}

例字 中古音 方言点	抬	袋	来	猜	菜	才
	蟹开一平咍定	去咍定	平咍来	平咍清	去咍清	平咍从
永和阁底	tʰai²⁴	tʰai⁵³	lai²⁴	tsʰai³¹	tsʰai⁵³	tsʰai²⁴
大宁徐家垛	tʰεe²⁴	tʰεe⁵⁵	lεe²⁴	tsʰuei³¹	tsʰεe⁵⁵	tsʰεe²⁴
霍州城关	tʰai³⁵	tʰa⁵³	lei³⁵	tsʰai²¹³	tsʰai⁴⁴	tsʰai³⁵
浮山响水河	tʰai¹³	tai⁴⁴	lei¹³	tsʰai⁴²	tsʰai⁴⁴	tsʰai¹³
洪洞左木	tʰai²⁴	tʰai⁵³	lei²⁴	tsʰai²¹	tsʰai²⁴	tsʰai²⁴
临汾贺家庄	tʰai²⁴	tai⁵⁵	lei²⁴	tsʰai²¹	tsʰai⁵⁵	tsʰai²⁴
吉县文城	tʰai²⁴	tai³¹	liᴇ²⁴	tsʰai²¹	tsʰai³¹	tsʰai²⁴
乡宁光华	tʰai²¹³	tai³¹	lei²¹³	tsʰai⁵³	tsʰai³¹	tsʰai²¹³
襄汾邓庄	tʰai²⁴	tʰai⁵³	lei²⁴	tsʰai²¹	tsʰai⁴⁴	tsʰai²⁴
曲沃里村	tʰε²¹³	tε⁵³	lei²¹³	tsʰε²¹³	tsʰε³¹	tsʰε²¹³
翼城隆化	tʰεi²⁴	tεi⁵³	lei²⁴	tsʰεi³¹	tsʰεi⁵³	tsʰεi²⁴
安泽唐城	tʰai²¹	tai⁵³	lai²¹	tsʰai²¹³	tsʰai⁵³	tsʰai²¹
汾西城关	tʰai²⁴	tʰɪ⁵³	lei²⁴	tsʰai¹¹	tsʰai⁵⁵	tsʰai²⁴
古县城关	tʰai²⁴	tai⁵³	lei²⁴	tsʰai³¹	tsʰai²⁴	tsʰai²⁴
侯马城关	tʰai²⁴	tai⁵³	lai²⁴	tsʰai²¹³	tsʰai⁵³	tsʰai²⁴
蒲县城关	tʰai²⁴	tʰai⁵⁵	lei²⁴	tsʰai⁵³	tsʰai⁵⁵	tsʰai²⁴
隰县黄土	tʰεe²⁴	tεe⁵⁵	lεe²⁴	tsʰεe⁴¹	tsʰεe⁵⁵	tsʰεe²⁴

例字 / 中古音 / 方言点	在	赛	开	碍	爱	贝
	蟹开一上咍从	去咍心	平咍溪	去咍疑	去咍影	去咍帮
永和阁底	ts^hai^{53}	sai^{53}	k^hei^{31}	$ŋai^{53}$	$ŋai^{53}$	pei^{53}
大宁徐家垛	$ts^hεe^{55}$	$sεe^{55}$	$k^hεe^{31}$	$ŋεe^{55}$	$ŋεe^{55}$	pei^{55}
霍州城关	ts^hai^{53}	sai^{44}	k^hei^{213}	$ŋai^{53}$	$ŋai^{44}$	pei^{44}
浮山响水河	ts^hai^{44}	sai^{53}	k^hei^{42}	$ŋai^{53}$	$ŋai^{44}$	pei^{53}
洪洞左木	ts^hai^{53}	sai^{24}	k^hei^{21}	$ŋai^{53}$	$ŋai^{24}$	pei^{53}
临汾贺家庄	ts^hai^{53}	sai^{55}	k^hei^{21}	$ŋai^{53}$	$ŋai^{55}$	pei^{53}
吉县文城	ts^hai^{31}	sai^{31}	k^hai^{21}	$ŋai^{31}$	$ŋai^{31}$	pei^{31}
乡宁光华	ts^hai^{31}	sai^{31}	k^hei^{53}	$ŋai^{31}$	$ŋai^{31}$	pei^{31}
襄汾邓庄	ts^hai^{53}	sai^{44}	k^hei^{21}	$ŋai^{53}$	$ŋai^{44}$	pei^{44}
曲沃里村	$ts^hε^{53}$	$sε^{53}$	k^hei^{213}	$ŋε^{53}$	$ŋε^{31}$	pei^{31}
翼城隆化	$ts^hεi^{53}$	$sεi^{53}$	k^hei^{31}	$ŋεi^{53}$	$ŋεi^{53}$	pei^{53}
安泽唐城	$tsai^{53}$	sai^{53}	k^hai^{213}	$ŋai^{53}$	$ŋai^{53}$	pei^{53}
汾西城关	ts^hai^{53}	sai^{55}	k^hei^{11}	$ŋai^{53}$	$ŋai^{55}$	pei^{55}
古县城关	ts^hai^{53}	sai^{24}	k^hei^{31}	$ŋai^{53}$	$ŋai^{24}$	pei^{24}
侯马城关	ts^hai^{53}	$tsai^{53}$	k^hi^{213}	$ŋai^{53}$	$ŋai^{53}$	pei^{53}
蒲县城关	ts^hai^{55}	sai^{55}	k^hai^{53}	$ŋai^{55}$	$ŋai^{55}$	pei^{55}
隰县黄土	$ts^hεe^{55}$	$sεe^{55}$	$k^hεe^{41}$	$ŋεe^{55}$	$ŋεe^{55}$	pei^{55}

例字 / 中古音 / 方言点	带	大~夫	盖	艾	拜	排
	蟹开一去咍端	去咍定	去咍见	去咍疑	蟹开二去皆帮	平皆並
永和阁底	tai⁵³	tai⁵³	kai⁵³	ŋai⁵³	pai⁵³	pʰai²⁴
大宁徐家垛	tɛe⁵⁵	tɛe⁵⁵	kɛe⁵⁵	ŋɛe⁵⁵	pɛe⁵⁵	pʰɛe²⁴
霍州城关	tai⁴⁴	tai⁵³	kai⁴⁴	ŋai⁵³	pai⁴⁴	pʰai³⁵
浮山响水河	tai⁴⁴	tai⁵³	kai⁴⁴	ŋai⁵³	pai⁴⁴	pʰai¹³
洪洞左木	tai²⁴	tai⁵³	kai⁵³	ŋai⁵³	pai²⁴	pʰai²⁴
临汾贺家庄	tai⁵⁵	tai⁵⁵	kai⁵⁵	ŋai⁵³	pai⁵⁵	pʰai²⁴
吉县文城	tai³¹	tai³¹	kai³¹	ŋai³¹	pai³¹	pʰai²⁴
乡宁光华	tai³¹	tai³¹	kai³¹	ŋai³¹	pai³¹	pʰai²¹³
襄汾邓庄	tai⁴⁴	tai⁵³	kai⁴⁴	ŋai⁵³	pai⁴⁴	pʰai²⁴
曲沃里村	tɛ³¹	tɛ³¹	kɛ³¹	ŋɛ⁵³	pɛ³¹	pʰɛ²¹³
翼城隆化	tɛi⁵³	tɛi⁵³	kɛi⁵³	ŋɛi⁵³	pɛi⁵³	pʰɛi²⁴
安泽唐城	tai⁵³	tai⁵³	kai⁵³	ŋai⁵³	pai⁵³	pʰai²¹
汾西城关	tai⁵⁵	tai⁵³	kai⁵⁵	ŋai⁵³	pai⁵⁵	pʰai²⁴
古县城关	tai²⁴	tai⁵³	kai²⁴	ŋai⁵³	pai²⁴	pʰai²⁴
侯马城关	tai⁵³	tai⁵³	kai⁵³	ŋai⁵³	pai⁵³	pʰai²⁴
蒲县城关	tai⁵⁵	tai⁵⁵	kai⁵⁵	ŋai⁵⁵	pai⁵⁵	pʰai²⁴
隰县黄土	tɛe⁵⁵	tɛe⁵⁵	kɛe⁵⁵	ŋɛe⁵⁵	pɛe⁵⁵	pʰɛe²⁴

例字 / 中古音 / 方言点	豺	介	挨	牌	买	卖
	蟹开二平皆崇	去皆见	平皆影	平佳並	上蟹明	去卦明
永和阁底	$ts^{h}ai^{24}$	$tɕiai^{53}$	nai^{31}	$p^{h}ai^{24}$	mai^{312}	mai^{53}
大宁徐家垛	$ts^{h}ɛe^{24}$	$tɕie^{55}$	$ŋɛe^{31}$	$p^{h}ɛe^{24}$	$mɛe^{31}$	$mɛe^{55}$
霍州城关	$ts^{h}ai^{35}$	$tɕiai^{44}$	$ɳiai^{213}$	$p^{h}ai^{35}$	mai^{31}	mai^{53}
浮山响水河	$ts^{h}ai^{13}$	$tɕiai^{44}$	$ŋai^{42}$	$p^{h}ai^{13}$	mai^{33}	mai^{53}
洪洞左木	$ts^{h}ai^{24}$	$tɕiɛ^{24}$	nai^{24}	$p^{h}ai^{24}$	mai^{42}	mai^{53}
临汾贺家庄	$ts^{h}ai^{24}$	$tɕie^{53}$	nai^{24}	$p^{h}ai^{24}$	mai^{42}	mai^{53}
吉县文城	$ts^{h}ai^{24}$	kai^{31}	nai^{21}	$p^{h}ai^{24}$	mai^{53}	mai^{53}
乡宁光华	$ts^{h}ai^{213}$	$tɕiɛ^{31}$	nai^{53}	$p^{h}ai^{213}$	mai^{44}	mai^{31}
襄汾邓庄	$tʂ^{h}ai^{24}$	$tɕiə^{44}$	nai^{21}	$p^{h}ai^{24}$	mai^{31}	mai^{53}
曲沃里村	$ts^{h}ɛ^{213}$	$tɕiɛ^{31}$	$ŋɛ^{213}$	$p^{h}ɛ^{213}$	$mɛ^{44}$	$mɛ^{53}$
翼城隆化	$ts^{h}ɛi^{24}$	$tɕiɛ^{53}$	$ŋɛi^{24}$	$p^{h}ɛi^{24}$	$mɛi^{44}$	$mɛi^{53}$
安泽唐城	$ts^{h}ai^{21}$	$tɕie^{53}$	$ŋai^{213}$	$p^{h}ai^{21}$	mai^{423}	mai^{53}
汾西城关	$ts^{h}ai^{24}$	$tɕi^{55}$	nai^{11}	$p^{h}ai^{24}$	mai^{33}	mai^{53}
古县城关	$ts^{h}ai^{24}$	$tɕiɛ^{24}$	nai^{31}	$p^{h}ai^{24}$	mai^{53}	mai^{53}
侯马城关	$ts^{h}ai^{24}$	$tɕiɛ^{53}$	$ŋai^{24}$	$p^{h}ai^{24}$	mai^{44}	mai^{53}
蒲县城关	$ts^{h}ai^{24}$	$tɕiɛ^{55}$	nai^{53}	$p^{h}ai^{24}$	mai^{21}	mai^{55}
隰县黄土	$ts^{h}ɛe^{24}$	$tɕiᴇ^{55}$	$ŋɛe^{41}$	$p^{h}ɛe^{24}$	$mɛe^{21}$	$mɛe^{55}$

例字 中古音 方言点	奶	柴	筛	晒	街	解
	蟹开二上佳泥	平佳崇	平佳生	去佳生	平佳见	上佳见
永和阁底	nai^{312}	$ts^{h}ai^{24}$	sai^{31}	sai^{53}	$tɕiai^{31}$	$tsai^{312}$
大宁徐家垛	$nɛe^{31}$	$ts^{h}ɛe^{24}$	$sɛe^{31}$	$sɛe^{55}$	$tɕie^{31}$	$tɕie^{31}$
霍州城关	lai^{31}	sai^{35}	sai^{213}	sai^{44}	$tɕiai^{213}$	$tɕiai^{31}$
浮山响水河	nai^{33}	sai^{13}	sai^{42}	sai^{44}	tai^{42}	tai^{33}
洪洞左木	nai^{42}	$ʂai^{24}$	$ʂai^{21}$	$ʂai^{24}$	tai^{21}	tai^{42}
临汾贺家庄	nai^{42}	sai^{24}	sai^{21}	sai^{55}	$tɕiai^{21}$	tai^{42}
吉县文城	nai^{53}	$ts^{h}ai^{24}$	sai^{21}	sai^{31}	kai^{21}	kai^{53}
乡宁光华	nai^{44}	sai^{213}	sai^{53}	sai^{31}	tai^{53}	tai^{44}
襄汾邓庄	nai^{31}	$ʂai^{24}$	$ʂə^{21}$	$ʂai^{44}$	$tɕiə^{21}$	tai^{31}
曲沃里村	$lɛ^{44}$	$sɛ^{213}$	$sɛ^{213}$	$sɛ^{31}$	$tɕiɛ^{213}$	$tɕiɛ^{44}$
翼城隆化	$nɛi^{44}$	$ʂɛi^{24}$	$ʂɛi^{31}$	$ʂɛi^{53}$	$tɕiɛ^{31}$	$tsɛi^{44}$
安泽唐城	nai^{423}	sai^{21}	sai^{53}	sai^{53}	$tɕie^{213}$	$tɕie^{423}$
汾西城关	zai^{33}	sai^{24}	sai^{11}	sai^{55}	ti^{11}	ti^{33}
古县城关	nai^{53}	sai^{24}	$ʂai^{31}$	$ʂai^{24}$	tai^{31}	tai^{53}
侯马城关	nai^{44}	sai^{24}	sai^{213}	sai^{53}	$tɕiɛ^{213}$	$tɕiɛ^{44}$
蒲县城关	nai^{21}	$ts^{h}ai^{24}$	sai^{21}	sai^{55}	$tɕiɛ^{53}$	tai^{21}
隰县黄土	$nɛe^{21}$	$ts^{h}ɛe^{24}$	$sɛe^{21}$	$sɛe^{55}$	$tɕiɛ^{41}$	$tɕiɛ^{21}$

例字 中古音 方言点	鞋	矮	败	世	誓	艺
	蟹开二平佳匣	上佳影	去夬並	蟹开三去祭书	去祭禅	去祭疑
永和阁底	xai²⁴	ŋai³¹²	pai⁵³	ʂʅ⁵³	ʂʅ⁵³	i⁵³
大宁徐家垛	xɛe²⁴	ŋɛe³¹	pʰɛe⁵⁵	ʂʅ⁵⁵	ʂʅ⁵⁵	i⁵⁵
霍州城关	xai³⁵	ŋai³¹	pʰai⁵³	ʂʅ⁴⁴	ʂʅ⁴⁴	i⁵³
浮山响水河	xai¹³	ŋai³³	pʰai⁵³	ʂʅ⁴⁴	ʂʅ⁵³	i⁵³
洪洞左木	xai²⁴	ŋai⁴²	pʰai⁵³	ʂʅ²⁴	ʂʅ²⁴	i⁵³
临汾贺家庄	xai²⁴	ŋai⁴²	pʰai⁵³	ʂʅ⁵⁵	ʂʅ⁵³	i⁵³
吉县文城	xai²⁴	ŋai⁵³	pʰai³¹	ʂʅ³¹	ʂʅ³¹	i³¹
乡宁光华	xai²¹³	ŋai⁴⁴	pʰai³¹	ʂʅ³¹	ʂʅ³¹	i³¹
襄汾邓庄	xai²⁴	ŋai³¹	pʰai⁵³	ʂʅ⁵³	ʂʅ⁵³	i⁵³
曲沃里村	xɛ²¹³	ŋɛ⁴⁴	pʰɛ⁵³	sʅ³¹	sʅ⁵³	i⁵³
翼城隆化	xɛi²⁴	ŋɛi⁴⁴	pɛi⁵³	ʂʅ⁵³	ʂʅ⁵³	i⁵³
安泽唐城	xai²¹	ŋai⁴²³	pai⁵³	ʂʅ⁵³	ʂʅ⁵³	i⁵³
汾西城关	xai²⁴	ai³³	pʰai⁵³	sʅ⁵⁵	sʅ⁵⁵	i⁵³
古县城关	xai²⁴	ŋai⁵³	pʰai⁵³	ʂʅ²⁴	ʂʅ⁵³	i⁵³
侯马城关	xai²⁴	ŋai⁴⁴	pʰai⁵³	ʂʅ⁵³	ʂʅ⁵³	i⁵³
蒲县城关	xai²⁴	ŋai²¹	pʰai⁵⁵	ʂʅ⁵⁵	ʂʅ⁵⁵	i⁵⁵
隰县黄土	xɛe²⁴	ŋɛe⁴¹	pʰɛe⁵⁵	sʅ⁵⁵	sʅ⁵⁵	i⁵⁵

中古音 例字 方言点	米	谜	低	梯	泥	犁
	蟹开四上齐明	去齐明	平齐端	平齐透	平齐泥	平齐来
永和阁底	mi^{312}	mi^{24}	ti^{31}	t^{h}i^{31}	ȵi^{24}	li^{24}
大宁徐家垛	mi^{31}	mei^{24}	ti^{31}	t^{h}i^{31}	ȵi^{24}	li^{24}
霍州城关	mi^{31}	mi^{35}	tɕi^{213}	tɕ^{h}i^{213}	ȵi^{35}	li^{35}
浮山响水河	mi^{33}	mi^{13}	ti^{42}	t^{h}i^{42}	ȵi^{13}	li^{13}
洪洞左木	mi^{42}	mi^{24}	ti^{21}	t^{h}i^{21}	ȵi^{24}	li^{24}
临汾贺家庄	mi^{42}	mi^{24}	ti^{21}	t^{h}i^{21}	ȵi^{24}	li^{24}
吉县文城	mi^{53}	mei^{24}	ti^{21}	t^{h}i^{21}	ȵi^{24}	li^{24}
乡宁光华	mi^{44}	mi^{213}	ti^{53}	t^{h}i^{53}	ȵi^{213}	li^{213}
襄汾邓庄	mi^{31}	mi^{24}	ti^{21}	t^{h}i^{21}	ȵi^{24}	li^{24}
曲沃里村	mi^{44}	mi^{213}	ti^{213}	t^{h}i^{213}	ȵi^{213}	li^{213}
翼城隆化	mi^{44}	mi^{24}	ti^{31}	t^{h}i^{31}	ȵi^{24}	li^{24}
安泽唐城	mi^{423}	mi^{21}	ti^{213}	t^{h}i^{213}	ȵi^{21}	li^{21}
汾西城关	mʑ^{33}	mʑ^{24}	tʑ^{11}	t^{h}ʑ^{11}	ȵʑ^{24}	ti^{24}
古县城关	mi^{53}	mi^{53}	t^{h}i^{31}	t^{h}i^{31}	ȵi^{24}	li^{24}
侯马城关	mi^{44}	mi^{24}	ti^{213}	t^{h}i^{213}	ȵi^{24}	li^{24}
蒲县城关	mi^{21}	mi^{24}	ti^{53}	t^{h}i^{53}	ȵi^{24}	li^{24}
隰县黄土	mi^{21}	mi^{24}	ti^{41}	t^{h}i^{41}	ȵi^{24}	li^{24}

例字 / 中古音 / 方言点	妻	西	洗	细	婿	鸡
	蟹开四平齐清	平齐心	上齐心	去齐心	去齐心	平齐见
永和阁底	tɕʰi³¹	ɕi³¹	ɕi³¹²	ɕi⁵³	ɕy⁵³	tɕi³¹
大宁徐家垛	tɕʰi³¹	ɕi³¹	ɕi³¹	ɕi⁵⁵	ɕi⁵⁵	tɕi³¹
霍州城关	tɕʰi²¹³	ɕi²¹³	ɕi³¹	ɕi⁴⁴	ɕyŋ⁴⁴	tɕi²¹³
浮山响水河	tɕʰi⁴²	ɕi⁴²	ɕi³³	ɕi⁴⁴	ɕy⁴⁴	ti⁴²
洪洞左木	tɕʰi²¹	ɕi²¹	ɕi⁴²	ɕi²⁴	ɕy⁵³	ti²¹
临汾贺家庄	tɕʰi²¹	ɕi²¹	ɕi⁴²	ɕi⁵⁵	ɕy⁵³	ti²¹
吉县文城	tɕʰi²¹	ɕi²¹	ɕi⁵³	ɕi³¹	ɕy³¹	tɕi²¹
乡宁光华	tɕʰi⁵³	ɕi⁵³	ɕi⁴⁴	ɕi³¹	ɕy³¹	ti⁵³
襄汾邓庄	tɕʰi²¹	ɕi²¹	ɕi³¹	ɕi⁴⁴	ɕy⁴⁴	ti²¹
曲沃里村	tɕʰi²¹³	ɕi²¹³	ɕi⁴⁴	ɕi³¹	ɕy³¹	tɕi²¹³
翼城隆化	tɕʰi³¹	ɕi³¹	ɕi⁴⁴	ɕi⁵³	ɕy⁵³	tɕi³¹
安泽唐城	tɕʰi²¹³	ɕi²¹³	ɕi⁴²³	ɕi⁵³	ɕy⁵³	tɕi²¹³
汾西城关	tɕʰʑ¹¹	ɕʑ¹¹	ɕʑ³³	ɕʑ⁵⁵	ɕʑ⁵⁵	tʑ¹¹
古县城关	tɕʰi³¹	ɕi³¹	ɕi⁵³	ɕi²⁴	ɕy²⁴	tɕi³¹
侯马城关	tɕʰi²¹³	ɕi²⁴	ɕi⁴⁴	ɕi⁵³	ɕy⁵³	tɕi²¹³
蒲县城关	tɕʰi⁵³	ɕi⁵³	ɕi²¹	ɕi⁵⁵	ɕy⁵⁵	ti⁵³
隰县黄土	tɕʰi⁴¹	ɕi⁴¹	ɕi²¹	ɕi⁵⁵	ɕy²¹	tɕi⁴¹

例字 / 中古音 / 方言点	杯	配	妹	堆	对	推
	蟹合一平灰帮	去灰滂	去灰明	平灰端	去灰端	平灰透
永和阁底	pei^{31}	p^hei^{53}	mei^{53}	$tuei^{31}$	$tuei^{53}$	t^huei^{31}
大宁徐家垛	pei^{31}	p^hei^{55}	mei^{55}	$tuei^{31}$	$tuei^{55}$	t^huei^{31}
霍州城关	pei^{213}	p^hei^{44}	mei^{53}	$tuei^{213}$	$tuei^{44}$	t^huei^{213}
浮山响水河	pei^{42}	p^hei^{44}	mei^{53}	$tuei^{42}$	$tuei^{44}$	t^huei^{42}
洪洞左木	pei^{21}	p^hei^{24}	mei^{53}	$tuei^{21}$	$tuei^{24}$	t^huei^{21}
临汾贺家庄	pei^{21}	p^hei^{55}	mei^{53}	$tuei^{21}$	$tuei^{55}$	t^huei^{21}
吉县文城	pei^{21}	p^hei^{31}	mei^{31}	$tuei^{21}$	$tuei^{31}$	t^huei^{21}
乡宁光华	pei^{53}	p^hei^{31}	mei^{53}	$tuei^{53}$	$tuei^{31}$	t^huei^{53}
襄汾邓庄	pei^{21}	p^hei^{44}	mei^{53}	$tuei^{21}$	$tuei^{44}$	t^huei^{21}
曲沃里村	pei^{213}	p^hei^{31}	mei^{53}	$tuei^{213}$	$tuei^{31}$	t^huei^{213}
翼城隆化	pei^{31}	p^hei^{53}	mei^{53}	tei^{31}	tei^{53}	t^hei^{31}
安泽唐城	pei^{213}	p^hei^{53}	mei^{53}	tui^{213}	tui^{53}	t^hui^{213}
汾西城关	pei^{11}	p^hei^{55}	mei^{53}	$tuei^{11}$	$tuei^{55}$	t^huei^{11}
古县城关	pei^{31}	p^hei^{24}	mei^{53}	$tuei^{31}$	$tuei^{24}$	t^huei^{31}
侯马城关	pei^{213}	p^hei^{53}	mei^{53}	$tuei^{213}$	$tuei^{53}$	t^huei^{213}
蒲县城关	pei^{53}	p^hei^{55}	mei^{55}	$tuei^{53}$	$tuei^{55}$	t^huei^{53}
隰县黄土	pei^{41}	p^hei^{55}	mei^{55}	$tuei^{41}$	$tuei^{55}$	t^huei^{41}

例字 / 中古音 / 方言点	内	雷	罪	碎	块	灰
	蟹合一去灰泥	平灰来	上灰从	去灰心	去灰溪	平灰晓
永和阁底	nei^{53}	$luei^{24}$	$ts^{h}uei^{53}$	$suei^{53}$	$k^{h}uai^{53}$	$xuei^{31}$
大宁徐家垛	$nuei^{55}$	$luei^{24}$	$ts^{h}uei^{55}$	$suei^{55}$	$k^{h}uɛe^{55}$	$xuei^{31}$
霍州城关	lei^{53}	lei^{35}	$ts^{h}uei^{53}$	$suei^{44}$	$k^{h}uai^{44}$	$xuei^{213}$
浮山响水河	nei^{53}	lei^{42}	$ts^{h}uei^{53}$	$suei^{44}$	$k^{h}uai^{44}$	$xuei^{42}$
洪洞左木	nei^{53}	lei^{24}	$ts^{h}uei^{53}$	$suei^{24}$	$k^{h}uai^{53}$	$xuei^{21}$
临汾贺家庄	$nuei^{53}$	lei^{24}	$ts^{h}uei^{53}$	$suei^{53}$	$k^{h}uei^{53}$	$xuei^{21}$
吉县文城	nei^{31}	$luei^{24}$	$ts^{h}uei^{53}$	$suei^{53}$	$k^{h}uai^{53}$	$xuei^{21}$
乡宁光华	nei^{31}	lei^{213}	$ts^{h}uei^{31}$	$suei^{31}$	$k^{h}uai^{31}$	$xuei^{53}$
襄汾邓庄	nei^{53}	lei^{24}	$ts^{h}uei^{53}$	$suei^{44}$	$k^{h}uai^{44}$	$xuei^{21}$
曲沃里村	lei^{53}	lei^{213}	$ts^{h}uei^{53}$	$suei^{31}$	$k^{h}uɛ^{31}$	$xuei^{213}$
翼城隆化	nei^{53}	$nuei^{24}$	$tsuei^{53}$	$suei^{53}$	$k^{h}uɛi^{53}$	$xuei^{31}$
安泽唐城	nui^{53}	lui^{21}	$tsui^{53}$	sui^{53}	$k^{h}uai^{53}$	xui^{213}
汾西城关	$nuei^{53}$	lei^{24}	$ts^{h}uei^{53}$	$suei^{55}$	$k^{h}uei^{55}$	$xuei^{11}$
古县城关	nei^{53}	lei^{24}	$ts^{h}uei^{53}$	$suei^{24}$	$k^{h}uai^{24}$	$xuei^{31}$
侯马城关	nei^{53}	$luei^{24}$	$ts^{h}uei^{53}$	$tsuei^{53}$	$k^{h}uai^{53}$	$xuei^{213}$
蒲县城关	$nuei^{55}$	$luei^{24}$	$ts^{h}uei^{55}$	$suei^{55}$	$k^{h}uai^{21}$	$xuei^{53}$
隰县黄土	$nuei^{55}$	$luei^{24}$	$ts^{h}uei^{55}$	$suei^{55}$	$k^{h}uɛe^{21}$	$xuei^{41}$

例字 / 中古音 / 方言点	会开~	外	会不~	坏	挂	歪
	蟹合一去泰见	去泰疑	去泰匣	蟹合二去皆匣	去佳见	平佳晓
永和阁底	k^huai^{53}	uei^{53}	$xuei^{53}$	$xuai^{53}$	kua^{53}	uai^{31}
大宁徐家垛	$k^hu\varepsilon e^{55}$	uei^{55}	$xuei^{55}$	$xu\varepsilon e^{55}$	kua^{55}	$u\varepsilon e^{31}$
霍州城关	k^huai^{44}	uei^{53}	$xuei^{53}$	$xuai^{53}$	kua^{44}	uai^{213}
浮山响水河	k^huai^{44}	uei^{53}	$xuei^{53}$	$xuai^{53}$	kua^{44}	uai^{42}
洪洞左木	k^huai^{53}	uei^{53}	$xuei^{53}$	$xuai^{53}$	$k^hu\text{A}^{24}$	uai^{21}
临汾贺家庄	k^huai^{55}	uei^{53}	$xuei^{53}$	$xuai^{53}$	$k^hu\text{A}^{55}$	uai^{21}
吉县文城	k^huai^{53}	uei^{31}	$xuei^{31}$	$xuai^{31}$	kua^{31}	uai^{21}
乡宁光华	k^huai^{31}	uei^{31}	$xuei^{31}$	$xuai^{31}$	kua^{31}	uai^{53}
襄汾邓庄	k^huai^{44}	uei^{53}	$xuei^{53}$	$xuai^{53}$	$ku\alpha^{44}$	uai^{21}
曲沃里村	$k^hu\varepsilon^{31}$	uei^{53}	$xuei^{53}$	$xu\varepsilon^{53}$	$k^hu\text{A}^{31}$	$u\varepsilon^{213}$
翼城隆化	$k^hu\varepsilon i^{53}$	uei^{53}	$xuei^{53}$	$xu\varepsilon i^{53}$	k^hua^{53}	$v\varepsilon i^{31}$
安泽唐城	k^huai^{53}	vei^{53}	xui^{53}	$xuai^{53}$	$ku\text{A}^{53}$	vai^{213}
汾西城关	k^huai^{55}	uai^{53}	$xuei^{53}$	$xuai^{53}$	kua^{55}	uai^{11}
古县城关	k^huai^{24}	uei^{53}	$xuei^{53}$	$xuai^{53}$	kua^{24}	uai^{31}
侯马城关	k^huai^{53}	uai^{53}	$xuei^{53}$	$xuai^{53}$	kua^{53}	uai^{213}
蒲县城关	k^huai^{55}	uei^{55}	$xuei^{55}$	$xuai^{55}$	kua^{55}	uai^{53}
隰县黄土	$k^hu\varepsilon e^{55}$	$u\varepsilon e^{55}$	$xuei^{55}$	$xu\varepsilon e^{55}$	kua^{55}	$u\varepsilon e^{41}$

中古音／例字／方言点	画	快	话	岁	芮	肺
	蟹合二去佳匣	去夬溪	去夬匣	蟹合三去祭心	去祭日	去废敷
永和阁底	xua^{53}	$k^{h}uai^{53}$	xua^{53}	$çy^{53}$	$ʐuei^{53}$	$xuei^{53}$
大宁徐家垛	xua^{55}	$k^{h}uɛe^{55}$	xua^{55}	$çy^{55}$	$ʐuei^{55}$	fei^{55}
霍州城关	xua^{53}	$k^{h}uai^{44}$	xua^{53}	$çy^{44}$	$ʐuei^{53}$	fei^{44}
浮山响水河	xua^{53}	$k^{h}uai^{44}$	xua^{53}	$çy^{44}$	$ʐuei^{53}$	fei^{44}
洪洞左木	$xuᴀ^{53}$	$k^{h}uai^{24}$	$xuᴀ^{53}$	$çy^{24}$	$ʐuei^{53}$	fei^{24}
临汾贺家庄	$xuᴀ^{53}$	$k^{h}uai^{53}$	$xuᴀ^{53}$	$çy^{55}$	$ʐuei^{53}$	fei^{55}
吉县文城	xua^{31}	$k^{h}uai^{31}$	xua^{31}	$çy^{31}$	$ʐuei^{31}$	fai^{31}
乡宁光华	xua^{31}	$k^{h}uai^{31}$	xua^{31}	$çy^{31}$	$ʐuei^{31}$	fei^{31}
襄汾邓庄	$xuɑ^{53}$	$k^{h}uai^{44}$	$xuɑ^{53}$	$çy^{44}$	$ʐuei^{44}$	fei^{44}
曲沃里村	$xuᴀ^{53}$	$k^{h}uɛ^{31}$	$xuᴀ^{53}$	$çy^{31}$	$zuei^{53}$	fei^{31}
翼城隆化	xua^{53}	$k^{h}uɛi^{53}$	xua^{53}	$çy^{53}$	$ʐuei^{53}$	fei^{53}
安泽唐城	$xuᴀ^{53}$	$k^{h}uai^{53}$	$xuᴀ^{53}$	$çy^{53}$	$ʐui^{53}$	fei^{53}
汾西城关	xua^{53}	$k^{h}uai^{55}$	xua^{53}	$çy^{55}$	$zuei^{53}$	fei^{55}
古县城关	xua^{53}	$k^{h}uai^{24}$	xua^{53}	$çy^{24}$	$ʐuei^{53}$	fei^{24}
侯马城关	xua^{53}	$k^{h}uai^{53}$	xua^{53}	$ts^{h}uei^{53}$	$ʐuei^{53}$	fei^{53}
蒲县城关	xua^{55}	$k^{h}uai^{55}$	xua^{55}	$çy^{55}$	$ʐu^{55}$	fei^{55}
隰县黄土	xua^{55}	$k^{h}uɛe^{55}$	xua^{55}	$çy^{55}$	$zuei^{55}$	$xuei^{55}$

例字 / 中古音 / 方言点	闺	皮	被	撕	知	池
	蟹合四平齐见	止开三平支並	上支並	平支心	平支知	平支澄
永和阁底	kuei^{31}	p^{h}i^{24}	p^{h}i^{53}	sɿ^{31}	tʂʅ^{31}	tʂ^{h}ʅ^{24}
大宁徐家垛	kuei^{31}	p^{h}i^{24}	p^{h}i^{55}	sɿ^{31}	tʂʅ^{31}	tʂ^{h}ʅ^{24}
霍州城关	kuei^{213}	p^{h}i^{35}	p^{h}i^{53}	sɿ^{213}	tʂʅ^{213}	tʂ^{h}ʅ^{35}
浮山响水河	kuei^{42}	p^{h}i^{13}	p^{h}i^{53}	si^{42}	tʂʅ^{42}	tʂ^{h}ʅ^{13}
洪洞左木	kuei^{21}	p^{h}i^{24}	p^{h}i^{53}	si^{21}	tʂʅ^{21}	tʂ^{h}ʅ^{24}
临汾贺家庄	kuei^{21}	p^{h}i^{24}	p^{h}i^{53}	si^{21}	tʂʅ^{21}	tʂ^{h}ʅ^{24}
吉县文城	kuei^{21}	p^{h}i^{24}	p^{h}i^{31}	sɿ^{21}	tʂʅ^{21}	tʂ^{h}ʅ^{24}
乡宁光华	kuei^{53}	p^{h}i^{213}	p^{h}i^{53}	sɿ^{53}	tʂʅ^{53}	tʂ^{h}ʅ^{213}
襄汾邓庄	kuei^{21}	p^{h}i^{24}	p^{h}i^{53}	sɿ^{21}	tʂʅ^{21}	tʂ^{h}ʅ^{24}
曲沃里村	kuei^{213}	p^{h}i^{213}	p^{h}i^{53}	si^{213}	tsɿ^{213}	ts^{h}ɿ^{213}
翼城隆化	kuei^{31}	p^{h}i^{24}	p^{h}i^{53}	sɿ^{31}	tʂʅ^{31}	tʂ^{h}ʅ^{24}
安泽唐城	kui^{213}	p^{h}i^{21}	pi^{53}	sɿ^{213}	tʂʅ^{213}	tʂ^{h}ʅ^{21}
汾西城关	kuei^{11}	p^{h}ʑ^{24}	p^{h}ʑ^{53}		tsɿ^{11}	ts^{h}ɿ^{24}
古县城关	kuei^{31}	p^{h}i^{24}	p^{h}i^{53}	sɿ^{31}	tʂʅ^{31}	tʂ^{h}ʅ^{24}
侯马城关	kuei^{213}	p^{h}i^{24}	p^{h}i^{53}	tsɿ^{213}	tʂʅ^{213}	tʂ^{h}ʅ^{24}
蒲县城关	kuei^{53}	p^{h}i^{24}	p^{h}i^{55}	sɿ^{53}	tʂʅ^{53}	tʂ^{h}ʅ^{24}
隰县黄土	kuei^{41}	p^{h}i^{24}	p^{h}i^{55}	sɿ^{41}	tsɿ^{41}	ts^{h}ɿ^{24}

例字 / 中古音 / 方言点	是	儿	奇	义	戏	椅
	止开三上支禅	平支日	平支群	去支疑	去支晓	上支影
永和阁底	sɿ^{53}	ɚ^{24}	tɕʰi^{24}	i^{53}	ɕi^{53}	ȵi^{312}
大宁徐家垛	sɿ^{55}	ɚ^{24}	tɕʰi^{24}	i^{55}	ɕi^{55}	ȵi^{31}
霍州城关	sɿ^{53}	zɿ^{35}	tɕʰi^{35}	i^{53}	ɕi^{44}	i^{53}
浮山响水河	ʂɿ^{53}	ɚ^{13}	tɕʰi^{13}	i^{53}	ɕi^{44}	ȵi^{53}
洪洞左木	sɿ^{53}	ɚ^{24}	tɕʰi^{24}	i^{53}	ɕi^{24}	ȵi^{42}
临汾贺家庄	sʅ^{53}	ɚ^{24}	tɕʰi^{24}	i^{53}	ɕi^{55}	ȵi^{42}
吉县文城	sɿ^{31}	zɿ^{24}	tɕʰi^{24}	i^{31}	ɕi^{31}	ȵi^{53}
乡宁光华	sɿ^{31}	ʐʅ^{213}	tɕʰi^{213}	i^{31}	ɕi^{31}	i^{44}
襄汾邓庄	ʂʅ^{53}	ɚ^{24}	tɕʰi^{24}	i^{44}	ɕi^{44}	ȵi^{53}
曲沃里村	sɿ^{53}	ɚ^{213}	tɕʰi^{213}	i^{53}	ɕi^{31}	ȵi^{44}
翼城隆化	ʂɿ^{53}	ɚ^{24}	tɕʰi^{24}	i^{53}	ɕi^{53}	i^{44}
安泽唐城	sɿ^{53}	ɚ^{21}	tɕʰi^{21}	i^{53}	ɕi^{53}	i^{423}
汾西城关	sɿ^{53}	ɚ^{24}	tɕʰʑ^{24}	ȵʑ^{53}	ɕʑ^{53}	ȵʑ^{33}
古县城关	sɿ^{53}	ɚ^{24}	tɕʰi^{24}	i^{53}	ɕi^{24}	i^{53}
侯马城关	sɿ^{53}	ɚ^{24}	tɕʰi^{24}	i^{53}	ɕi^{213}	i^{44}
蒲县城关	sɿ^{55}	ɚ^{24}	tɕʰi^{24}	i^{55}	ɕi^{55}	ȵi^{21}
隰县黄土	sɿ^{55}	ɚ^{24}	tɕʰi^{24}	i^{55}	ɕi^{55}	ȵi^{21}

例字 / 中古音 / 方言点	易	比	鼻	地	利	自
	止开三去支以	上脂帮	去脂並	去脂定	去脂来	去脂从
永和阁底	i^{53}	pi^{312}	$p^{h}iɐʔ^{\underline{21}}$	$t^{h}i^{53}$	li^{53}	$ts^{h}ɿ^{53}$
大宁徐家垛	i^{55}	pi^{31}	$p^{h}iɐʔ^{4}$	$t^{h}i^{55}$	li^{55}	$ts^{h}ɿ^{55}$
霍州城关	i^{53}	pi^{31}	pu^{35}	$tɕ^{h}i^{53}$	li^{53}	$tsɿ^{53}$
浮山响水河	i^{53}	pi^{33}	$p^{h}i^{53}$	$t^{h}i^{53}$	li^{53}	$ts^{h}ɿ^{53}$
洪洞左木	i^{24}	pi^{42}	pu^{24}	$t^{h}i^{53}$	li^{53}	$ts^{h}ɿ^{53}$
临汾贺家庄	i^{53}	pi^{42}	pi^{24}	$t^{h}i^{53}$	li^{53}	$ts^{h}ɿ^{53}$
吉县文城	i^{31}	pi^{53}	$p^{h}i^{24}$	ti^{53}	li^{53}	$tsɿ^{53}$
乡宁光华	i^{31}	pi^{44}	$p^{h}i^{213}$	$t^{h}i^{31}$	li^{31}	$ts^{h}ɿ^{31}$
襄汾邓庄	i^{53}	pi^{31}	pu^{24}	$t^{h}i^{53}$	li^{53}	$ts^{h}ɿ^{53}$
曲沃里村	i^{53}	pi^{44}	$p^{h}i^{213}$	$t^{h}i^{53}$	li^{53}	$ts^{h}ɿ^{53}$
翼城隆化	i^{53}	pi^{44}	pi^{24}	ti^{53}	li^{53}	$tsɿ^{53}$
安泽唐城	i^{53}	pi^{423}	$piɤʔ^{32}$	$t^{h}i^{53}$	li^{53}	$tsɿ^{53}$
汾西城关	$ʑ^{53}$	$pʑ^{33}$	$p^{h}iʌ^{33}$	$t^{h}ʑ^{53}$	$lʑ^{53}$	$ts^{h}ɿ^{53}$
古县城关	i^{53}	pi^{53}	$p^{h}i^{53}$	$t^{h}i^{53}$	li^{53}	$ts^{h}ɿ^{53}$
侯马城关	i^{53}	pi^{44}	pi^{24}	$t^{h}i^{53}$	li^{53}	$ts^{h}ɿ^{53}$
蒲县城关	i^{55}	pi^{21}	$p^{h}i^{55}$	$t^{h}i^{55}$	li^{55}	$ts^{h}ɿ^{55}$
隰县黄土	i^{55}	pi^{21}	$p^{h}iʌ^{3}$	$t^{h}i^{55}$	li^{55}	$ts^{h}ɿ^{55}$

例字 / 中古音 / 方言点	死	四	师	指	二	你
	止开三上脂心	去脂心	平脂生	上脂章	去脂日	上止泥
永和阁底	sɿ^{312}	sɿ^{53}	sɿ^{31}	tsɐʔ$^{\underline{21}}$	ɚ^{53}	ȵi^{312}
大宁徐家垛	sɿ^{31}	sɿ^{55}	sɿ^{31}	tsɐʔ$^{\underline{31}}$	ɚ^{55}	ȵi^{31}
霍州城关	sɿ^{31}	sɿ^{44}	sɿ^{213}	tsə^{31}	zɿ^{53}	ȵi^{31}
浮山响水河	sɿ^{33}	sɿ^{44}	ʂʅ^{42}	tʂʅ^{33}	ɚ^{53}	ȵi^{33}
洪洞左木	sɿ^{42}	sɿ^{24}	sɿ^{21}	tsɛ^{42}	ɚ^{53}	ȵi^{24}
临汾贺家庄	sɿ^{42}	sɿ^{55}	sʅ^{21}	tsʅ^{42}	ɚ^{53}	ȵi^{42}
吉县文城	sɿ^{53}	sɿ^{53}	sɿ^{21}	tsa^{53}	ɚ^{53}	ȵi^{53}
乡宁光华	sɿ^{44}	sɿ^{31}	sɿ^{53}	tʂa^{44}	ɚ^{31}	ȵi^{44}
襄汾邓庄	sɿ^{31}	sɿ^{44}	ʂʅ^{21}	tʂə^{31}	ɚ^{53}	ȵi^{31}
曲沃里村	sɿ^{44}	sɿ^{31}	sɿ^{213}	tsɿ^{44}	ɚ^{53}	ȵi^{44}
翼城隆化	sɿ^{44}	sɿ^{53}	sɿ^{31}	tsɿ^{44}	ɚ^{53}	ȵi^{44}
安泽唐城	sɿ^{423}	sɿ^{53}	sɿ^{213}	tsɿ^{423}	ɚ^{53}	ȵi^{423}
汾西城关	sɿ^{33}	sɿ^{55}	sɿ^{11}	tsʌ^{1}	ɚ^{53}	ȵʑ^{33}
古县城关	sɿ^{53}	sɿ^{24}	sɿ^{31}	tsɿ^{53}	ɚ^{53}	ȵi^{53}
侯马城关	tsɿ^{44}	tsɿ^{53}	sɿ^{213}	tsai^{44}	ɚ^{53}	ȵi^{44}
蒲县城关	sɿ^{21}	sɿ^{55}	sɿ^{53}	tsə^{53}	ɚ^{55}	ȵi^{21}
隰县黄土	sɿ^{21}	sɿ^{55}	sɿ^{41}	tsʌ^{21}	ɚ^{55}	ȵi^{21}

例字 中古音 方言点	李	子	字	祠	痴	事
	止开三上止来	上止精	去止从	平止邪	平止彻	去止崇
永和阁底	li^{312}	tsɿ^{312}	tsʰɿ^{53}	sɿ^{24}	tʂʅ^{31}	sɿ^{53}
大宁徐家垛	li^{31}	tsɿ^{31}	tsʰɿ^{55}	sɿ^{24}	tʂʅ^{31}	sɿ^{55}
霍州城关	li^{31}	tsɿ^{31}	tsʰɿ^{53}	sɿ^{35}	tʂʰʅ^{213}	sɿ^{53}
浮山响水河	li^{33}	tsɿ^{33}	tsʰɿ^{53}	sɿ^{13}	tʂʰʅ^{42}	ʂʅ^{53}
洪洞左木	li^{42}	tsɿ^{42}	tsʰɿ^{53}	sɿ^{24}	tʂʰʅ^{21}	ʂʅ^{53}
临汾贺家庄	li^{42}	tsɿ^{42}	tsʰɿ^{53}	sɿ^{24}	tʂʅ^{21}	sʅ^{53}
吉县文城	li^{53}	tsɿ^{53}	tsʰɿ^{31}	sɿ^{24}	tʂʰʅ^{21}	sɿ^{31}
乡宁光华	li^{44}	tsɿ^{44}	tsʰɿ^{31}	sɿ^{213}	tʂʰʅ^{53}	sɿ^{31}
襄汾邓庄	li^{31}	tsɿ^{31}	tsʰɿ^{53}	sɿ^{24}	tʂʰʅ^{21}	ʂʅ^{53}
曲沃里村	li^{44}	tsɿ^{44}	tsʰɿ^{53}	sɿ^{213}	tsʰɿ^{213}	sɿ^{53}
翼城隆化	li^{44}	tsɿ^{44}	tsɿ^{53}	sɿ^{24}	tʂʰʅ^{31}	ʂʅ^{53}
安泽唐城	li^{423}	tsɿ^{423}	tsɿ^{53}	sɿ^{213}	tʂʰʅ^{213}	sɿ^{53}
汾西城关	lʑ^{33}	tsɿ^{33}	tsʰɿ^{53}	sɿ^{24}	tsʰɿ^{11}	sɿ^{53}
古县城关	li^{53}	tsɿ^{53}	tsʰɿ^{53}	tsʰɿ^{24}	tʂʰʅ^{31}	sɿ^{53}
侯马城关	li^{44}	tsɿ^{44}	tsʰɿ^{53}	tsɿ^{24}	tʂʰʅ^{213}	sɿ^{53}
蒲县城关	li^{21}	tsɿ^{21}	tsʰɿ^{55}	sɿ^{53}	tʂʰʅ^{53}	sɿ^{55}
隰县黄土	li^{21}	tsɿ^{21}	tsʰɿ^{55}	sɿ^{24}	tsʰɿ^{41}	sɿ^{55}

例字 中古音 方言点	齿	试	耳	起	喜	几
	止开三上止昌	去止书	上止日	上止溪	上止晓	上微见
永和阁底	tsʰɿ^{312}	sɿ^{53}	ɚ^{312}	tɕʰi^{312}	ɕi^{312}	tɕi^{312}
大宁徐家垛	tsʰɿ^{31}	sɿ^{55}	ɚ^{31}	tɕʰi^{31}	ɕi^{31}	tɕi^{31}
霍州城关	tsʰɿ^{31}	sɿ^{44}	zɿ^{31}	tɕʰi^{31}	ɕi^{31}	tɕi^{31}
浮山响水河	tʂʰʅ^{33}	ʂʅ^{44}	ɚ^{33}	tɕʰi^{33}	ɕi^{33}	tɕi^{33}
洪洞左木	tʂʰʅ^{24}	ʂʅ^{53}	ɚ^{42}	tɕʰi^{42}	ɕi^{42}	tɕi^{42}
临汾贺家庄	tsʰʅ^{24}	sʅ^{55}	ɚ^{42}	tɕʰi^{42}	ɕi^{42}	tɕi^{42}
吉县文城	tsʰɿ^{53}	sɿ^{31}	ʐʅ^{53}	kʰi^{53}	ɕi^{53}	tɕi^{53}
乡宁光华	tsʰɿ^{44}	sɿ^{31}	ɚ^{44}	tɕʰi^{44}	ɕi^{44}	tɕi^{44}
襄汾邓庄	tʂʰʅ^{31}	ʂʅ^{44}	ɚ^{31}	tɕʰi^{31}	ɕi^{31}	tɕi^{31}
曲沃里村	tsʰɿ^{44}	sɿ^{31}	ɚ^{44}	tɕʰi^{44}	ɕi^{44}	tɕi^{44}
翼城隆化	tʂʰʅ^{44}	ʂʅ^{53}	ɚ^{44}	tɕʰi^{44}	ɕi^{44}	tɕi^{44}
安泽唐城	tsʰɿ^{21}	sɿ^{53}	ɚ^{423}	tɕʰi^{423}	ɕi^{423}	tɕi^{213}
汾西城关	tsʰɿ^{24}	sɿ^{55}	ɚ^{33}	tɕʰʑ^{33}	ɕʑ^{33}	tɕʑ^{33}
古县城关	tsʰɿ^{53}	sɿ^{24}	ɚ^{53}	tɕʰi^{53}	ɕi^{53}	tɕi^{31}
侯马城关	tsʰɿ^{44}	sɿ^{53}	ɚ^{44}	tɕʰiɛ^{44}	ɕi^{44}	tɕi^{44}
蒲县城关	tsʰɿ^{21}	sɿ^{55}	ɚ^{21}	tɕʰi^{21}	ɕi^{21}	tɕi^{21}
隰县黄土	tsʰɿ^{21}	sɿ^{55}	ɚ^{21}	tɕʰi^{21}	ɕi^{21}	tɕi^{41}

例字 / 中古音 / 方言点	衣	嘴	随	吹	睡	亏
	止开三平微影	止合三上支精	平支邪	平支昌	去支禅	平支溪
永和阁底	ȵi³¹	tɕy³¹²	suei²⁴	tʂʰu³¹	ʂu⁵³	kʰuei³¹
大宁徐家垛	ȵi³¹	tɕy³¹	suei²⁴	tʂʰu³¹	ʂu⁵⁵	kʰuei³¹
霍州城关	i²¹³	tɕy³¹	suei³⁵	tʂʰu²¹³	ʂu⁵³	kʰuei²¹³
浮山响水河	ȵi⁴²	tɕy³³	suei¹³	pfʰu⁴²	fu⁵³	kʰuei⁴²
洪洞左木	ȵi²¹	tɕy⁴²	suei²⁴	tʂʰu²¹	ʂu⁵³	kʰuei²¹
临汾贺家庄	ȵi²¹	tɕy⁴²	suei²⁴	pfʰu²¹	fu⁵³	kʰuei²¹
吉县文城	ŋi²¹	tɕy⁵³	ɕy²⁴	tʂʰu²¹	ʂu⁵³	kʰuei²¹
乡宁光华	ȵi⁵³	tɕy⁴⁴	ɕy²¹³	pfʰu⁵³	fu³¹	kʰuei⁵³
襄汾邓庄	ȵi²¹	tɕy³¹	suei²⁴	pfʰei²¹	fu⁵³	kʰuei²¹
曲沃里村	ȵi²¹³	tɕy⁴⁴	suei²¹³	pfʰu²¹³	fu⁵³	kʰuei²¹³
翼城隆化	ȵi³¹	tɕy⁴⁴	suei²⁴	tʂʰu³¹	fu⁵³	kʰuei³¹
安泽唐城	i²¹³	tɕy⁴²³	ɕy²¹	tʂʰu²¹³	ʂu⁵³	kʰui²¹³
汾西城关	ȵʑ¹¹	tɕy³³	suei²⁴	tsʰv¹¹	fv⁵³	kʰuei¹¹
古县城关	i³¹	tɕy⁵³	suei²⁴	tʂʰu³¹	fu⁵³	kʰuei³¹
侯马城关	i⁴⁴	tɕy⁴⁴	tsuei²⁴	tsʰuei²⁴	fu⁵³	kʰuei²¹³
蒲县城关	ȵi⁵³	tɕy²¹	ɕy²⁴	tʂʰu⁵³	ʂu⁵⁵	kʰuei⁵³
隰县黄土	ȵi⁴¹	tɕy²¹	suei²⁴	tsʰu⁴¹	suei⁵⁵	kʰuei⁴¹

例字 中古音 方言点	跪	喂	为作~	为~什么	泪	醉
	止合三上支群	去支影	平支云	去支云	去脂来	去脂精
永和阁底	$k^h uei^{53}$	y^{53}	uei^{24}	uei^{53}	ly^{53}	$tɕy^{53}$
大宁徐家垛	$k^h uei^{55}$	y^{55}	uei^{24}	uei^{55}	ly^{55}	$tɕy^{55}$
霍州城关	$k^h uei^{53}$	y^{44}	uei^{35}	uei^{53}	ly^{53}	$tɕy^{44}$
浮山响水河	$k^h uei^{53}$	y^{44}	uei^{13}	uei^{53}	ly^{53}	$tɕy^{44}$
洪洞左木	$kuei^{53}$	y^{53}	uei^{24}	uei^{53}	ly^{53}	$tɕy^{24}$
临汾贺家庄	$k^h uei^{53}$	y^{53}	uei^{24}	uei^{53}	lei^{53}	$tɕy^{55}$
吉县文城	$k^h uei^{31}$	y^{31}	uei^{24}	uei^{53}	ly^{53}	$tɕy^{53}$
乡宁光华	$k^h uei^{31}$	y^{31}	uei^{213}	uei^{31}	ly^{31}	$tɕy^{31}$
襄汾邓庄	$kuei^{53}$	y^{44}	uei^{24}	uei^{53}	ly^{53}	$tɕy^{44}$
曲沃里村	$k^h uei^{53}$	y^{31}	uei^{213}	uei^{53}	ly^{53}	$tɕy^{31}$
翼城隆化	$kuei^{53}$	uei^{53}	uei^{24}	uei^{53}	ly^{53}	$tɕy^{53}$
安泽唐城	$k^h ui^{53}$	vei^{53}	vei^{53}	vei^{53}	lui^{53}	$tsui^{53}$
汾西城关	$k^h uei^{53}$	y^{55}	uei^{24}	uei^{53}	ly^{53}	$tɕy^{55}$
古县城关	$k^h uei^{53}$	uei^{24}	uei^{24}	uei^{53}	lei^{53}	$tɕy^{24}$
侯马城关	$k^h uei^{53}$	uei^{53}	uei^{24}	uei^{53}	$luei^{53}$	$tsuei^{53}$
蒲县城关	$k^h uei^{55}$	y^{55}	uei^{24}	uei^{55}	ly^{55}	$tɕy^{55}$
隰县黄土	$k^h uei^{55}$	uei^{55}	uei^{24}	uei^{55}	ly^{55}	$tɕy^{55}$

例字 / 中古音 / 方言点	锤	帅	水	柜	飞	肥
	止合三平脂澄	去脂生	上脂书	止合三去脂群	平微非	平微奉
永和阁底	tʂ^{h}uei^{24}	ʂuai^{53}	ʂu^{312}	tɕ^{h}y^{53}	xuei^{31}	ɕi^{24}
大宁徐家垛	tʂ^{h}uei^{24}	ʂuɛe^{55}	ʂu^{31}	tɕ^{h}y^{55}	ɕi^{31}	ɕi^{24}
霍州城关	ts^{h}uei^{35}	suai^{44}	ʂu^{31}	tɕ^{h}y^{53}	ɕi^{213}	ɕi^{35}
浮山响水河	pf^{h}u^{13}	fai^{44}	fu^{33}	tɕ^{h}y^{53}	fei^{42}	fei^{13}
洪洞左木	tʂ^{h}u^{24}	ʂai^{53}	ʂu^{42}	tɕ^{h}y^{53}	fei^{21}	ɕi^{24}
临汾贺家庄	pf^{h}u^{24}	fai^{55}	fu^{42}	k^{h}uei^{53}	fei^{21}	fei^{24}
吉县文城	tʂ^{h}u^{24}	ʂuai^{31}	ʂu^{53}	k^{h}uei^{31}	ɕi^{21}	ɕi^{24}
乡宁光华	pf^{h}u^{213}	fai^{31}	fu^{44}	tɕ^{h}y^{31}	fei^{53}	ɕi^{213}
襄汾邓庄	pf^{h}ei^{24}	fai^{44}	fu^{31}	kuei^{53}	fei^{21}	fei^{24}
曲沃里村	pf^{h}ei^{213}	fɛ^{53}	fu^{44}	kuei^{53}	fei^{213}	fei^{213}
翼城隆化	tʂ^{h}u^{24}	fɛi^{53}	fu^{44}	kuei^{53}	fei^{31}	fei^{24}
安泽唐城	ts^{h}ui^{21}	ʂuai^{53}	ʂu^{423}	tɕy^{53}	fei^{213}	fei^{21}
汾西城关	ts^{h}uei^{24}	suai^{55}	fv^{33}	tɕ^{h}y^{53}	fei^{11}	ɕʑ^{24}
古县城关	tʂ^{h}u^{24}	fai^{24}	fu^{53}	tɕ^{h}y^{53}	ɕi^{31}	fei^{24}
侯马城关	tʂ^{h}uei^{24}	fai^{53}	fu^{44}	k^{h}uei^{53}	fei^{213}	fei^{24}
蒲县城关	ts^{h}u^{24}	suai^{55}	ʂu^{21}	tɕ^{h}y^{55}	fei^{53}	fei^{24}
隰县黄土	ts^{h}uei^{24}	suɛe^{55}	su^{21}	k^{h}uei^{55}	xuei^{41}	xuei^{24}

例字 / 中古音 / 方言点	尾	贵	宝	菢	毛	刀
	止合三上微微	去微见	效开一上豪帮	去豪並	平豪明	平豪端
永和阁底	i^{312}	$kuei^{53}$	$pɔu^{312}$	p^hu^{53}	mu^{24}	$tɔu^{31}$
大宁徐家垛	i^{31}	$kuei^{55}$	$pɔu^{31}$	p^hu^{55}	mu^{24}	$tɔu^{31}$
霍州城关	i^{31}	$kuei^{44}$	$pɑu^{31}$	p^hu^{53}	$mɑu^{35}$	$tɔ^{213}$
浮山响水河	i^{33}	$kuei^{44}$	$pɑu^{33}$	p^hu^{53}	$mɑu^{13}$	$tɑu^{42}$
洪洞左木	i^{42}	$kuei^{24}$	$pɑu^{42}$	p^hu^{53}	$mɑu^{24}$	$tɑu^{21}$
临汾贺家庄	i^{42}	$kuei^{55}$	$pɑu^{42}$	p^hu^{53}	$mɑu^{24}$	$tɑu^{21}$
吉县文城	i^{53}	$kuei^{31}$	$pɑu^{53}$	p^hu^{31}	mu^{24}	$tɑu^{21}$
乡宁光华	i^{44}	$kuei^{31}$	$pɑu^{44}$	p^hu^{31}	$mɑu^{213}$	$tɑu^{53}$
襄汾邓庄	i^{31}	$kuei^{44}$	$pɑu^{31}$	p^hu^{53}	mu^{24}	$tɑu^{21}$
曲沃里村	i^{44}	$kuei^{31}$	$pɔu^{44}$	p^hu^{53}	$mɔu^{213}$	$tɔu^{213}$
翼城隆化	i^{44}	$kuei^{53}$	$pɔu^{44}$	p^hu^{53}	$mɔu^{24}$	$tɔu^{31}$
安泽唐城	i^{423}	kui^{53}	$pɑu^{423}$	pu^{53}	$mɑu^{21}$	$tɑu^{213}$
汾西城关	$ʐ^{33}$	$kuei^{55}$	$pɑu^{33}$	p^hv^{55}	$mɑu^{24}$	$tɑu^{11}$
古县城关	i^{53}	$kuei^{24}$	$pɑu^{53}$		$mɑu^{24}$	$tɑu^{31}$
侯马城关	i^{44}	$kuei^{53}$	$pɔu^{44}$	$pɔu^{53}$	$mɔu^{24}$	$tɔu^{213}$
蒲县城关	i^{21}	$kuei^{55}$	$pɑu^{21}$	p^hu^{53}	$mɑu^{24}$	$tɑu^{53}$
隰县黄土	i^{55}	$kuei^{55}$	$pɔ^{21}$	$pɔ^{41}$	$mɔ^{24}$	$tɔ^{41}$

例字 / 中古音 / 方言点	桃	道	脑	劳	早	操
	效开一平豪定	上豪定	上豪泥	平豪来	上豪精	平豪清
永和阁底	tʰɔu^{24}	tʰɔu^{53}	nɔu^{312}	lɔu^{24}	tsɔu^{312}	tsʰɔu^{31}
大宁徐家垛	tʰɔu^{24}	tʰɔu^{55}	nɔu^{31}	lɔu^{24}	tsɔu^{31}	tsʰɔu^{31}
霍州城关	tʰɔ^{35}	tʰɔ^{53}	lɑu^{31}	lɑu^{35}	tsɑu^{31}	tsʰɑu^{213}
浮山响水河	tʰɑu^{13}	tʰɑu^{53}	nɑu^{33}	lɑu^{13}	tsɑu^{33}	tsʰɑu^{42}
洪洞左木	tʰɑu^{24}	tʰɑu^{53}	nɑu^{42}	lɑu^{24}	tsɑu^{42}	tsʰɑu^{21}
临汾贺家庄	tʰɑu^{24}	tʰɑu^{53}	nɑu^{42}	lɑu^{24}	tsɑu^{42}	tsʰɑu^{21}
吉县文城	tʰɑu^{24}	tʰɑu^{31}	nɑu^{24}	lɑu^{24}	tsɑu^{53}	tsʰɑu^{21}
乡宁光华	tʰɑu^{213}	tʰɑu^{31}	nɑu^{44}	lɑu^{213}	tsɑu^{44}	tsʰɑu^{53}
襄汾邓庄	tʰɑu^{24}	tʰɑu^{53}	nɑu^{31}	lɑu^{24}	tsɑu^{31}	tsʰɑu^{21}
曲沃里村	tʰɔu^{213}	tʰɔu^{53}	lɔu^{44}	lɔu^{213}	tsɔu^{44}	tsʰɔu^{213}
翼城隆化	tʰɔu^{24}	tʰɔu^{53}	nɔu^{44}	lɔu^{24}	tsɔu^{44}	tsʰɔu^{31}
安泽唐城	tʰɑu^{21}	tɑu^{53}	nɑu^{423}	lɑu^{21}	tsɑu^{423}	tsʰɑu^{213}
汾西城关	tʰɷu^{24}	tʰɷu^{53}	nɑu^{33}	lou^{24}	tsɑu^{33}	tsʰɑu^{11}
古县城关	tʰɑu^{24}	tʰɑu^{53}	nɑu^{53}	lɑu^{24}	tsɑu^{53}	tsʰɑu^{31}
侯马城关	tʰɔu^{24}	tɔu^{53}	nɔu^{44}	lɔu^{24}	tsɔu^{44}	tsʰɔu^{24}
蒲县城关	tʰɑu^{24}	tʰɑu^{55}	nɑu^{21}	lɑu^{24}	tsɑu^{21}	tsʰɑu^{53}
隰县黄土	tʰɔ^{24}	tʰɔ^{55}	nɔ^{21}	lɔ^{24}	tsɔ^{21}	tsʰɔ^{41}

中古音 例字 方言点	糙	皂	扫	高	考	傲
	效开一去豪清	上豪从	去豪心	平豪见	上豪溪	去豪疑
永和阁底	$ts^hɔu^{31}$	$tsɔu^{53}$	$sɔu^{53}$	$kɔu^{31}$	$k^hɔu^{312}$	$ŋɔu^{53}$
大宁徐家垛	$ts^hɔu^{31}$	$tsɔu^{55}$	$sɔu^{55}$	$kɔu^{31}$	$k^hɔu^{31}$	$ŋɔu^{55}$
霍州城关	$ts^hɑu^{213}$	$ts^hɑu^{44}$	$sɑu^{53}$	$kɑu^{213}$	$k^hɑu^{31}$	$ŋɑu^{53}$
浮山响水河	$ts^hɑu^{44}$	$ts^hɑu^{53}$	$sɑu^{53}$	$kɑu^{42}$	$k^hɑu^{33}$	$ŋɑu^{53}$
洪洞左木	$ts^hɑu^{21}$	$ts^hɑu^{53}$	$sɑu^{53}$	$kɑu^{21}$	$k^hɑu^{42}$	$ŋɑu^{53}$
临汾贺家庄	$ts^hɑu^{21}$	$tsɑu^{53}$	$sɑu^{55}$	$kɑu^{21}$	$k^hɑu^{42}$	$ŋɑu^{53}$
吉县文城	$ts^hɑu^{21}$	$ts^hɑu^{31}$	$sɑu^{31}$	$kɑu^{21}$	$k^hɑu^{53}$	$ŋɑu^{31}$
乡宁光华	$ts^hɑu^{53}$	$ts^hɑu^{31}$	$sɑu^{31}$	$kɑu^{53}$	$k^hɑu^{44}$	$ŋɑu^{53}$
襄汾邓庄	$ts^hɑu^{21}$	$ts^hɑu^{44}$	$sɑu^{53}$	$kɑu^{21}$	$k^hɑu^{31}$	$ŋɑu^{53}$
曲沃里村	$tsɔu^{213}$	$ts^hɔu^{53}$	$sɔu^{31}$	$kɔu^{213}$	$k^hɔu^{44}$	$ŋɔu^{53}$
翼城隆化	$ts^hɔu^{31}$	$tsɔu^{53}$	$sɔu^{53}$	$kɔu^{31}$	$k^hɔu^{44}$	$ŋɔu^{53}$
安泽唐城	$ts^hɑu^{53}$	$tsɑu^{53}$	$sɑu^{423}$	$kɑu^{11}$	$k^hɑu^{33}$	$ŋɑu^{53}$
汾西城关	$ts^hɑu^{11}$	$ts^hɑu^{55}$	$sɑu^{33}$	$kɑu^{31}$	$k^hɑu^{53}$	$ŋɑu^{53}$
古县城关	$ts^hɑu^{24}$	$tsɑu^{53}$	$sɑu^{53}$	$kɔu^{213}$	$k^hɔu^{44}$	$ŋɔu^{53}$
侯马城关	$tsɔu^{53}$	$tsɔu^{53}$	$tsɔu^{44}$	$kɔu^{53}$	$k^hɔu^{21}$	$ŋɔu^{55}$
蒲县城关	$ts^hɑu^{21}$	$ts^hɑu^{55}$	$sɑu^{21}$	$kɔ^{41}$	$k^hɔ^{21}$	$ŋɔ^{55}$
隰县黄土	$ts^hɔ^{55}$	$tsɔ^{55}$	$sɔ^{21}$	$kɔ^{55}$	$k^hɔ^{21}$	$ŋɔ^{55}$

例字 / 中古音 / 方言点	好	号	袄	包	刨	猫
	效开一上豪晓	去豪匣	上豪影	效开二平肴帮	去肴並	平肴明
永和阁底	xɔu³¹²	xɔu⁵³	ŋɔu³¹²	pɔu³¹	pʰɔu⁵³	mɔu²⁴
大宁徐家垛	xɔu³¹	xɔu⁵⁵	ŋɔu³¹	pɔu³¹	pʰɔu⁵⁵	mɔu²⁴
霍州城关	xɑu³¹	xɑu⁵³	ŋɔ³¹	pɔ²¹³	pʰɑu⁵³	mɑu³⁵
浮山响水河	xɑu³³	xɑu⁵³	ŋɑu³³	pɑu⁴²	pʰɑu⁵³	mɑu¹³
洪洞左木	xɑu⁴²	xɑu⁵³	ŋɑu²⁴	pɑu²¹	pʰɑu⁵³	mɑu²⁴
临汾贺家庄	xɑu⁴²	xɑu⁵³	ŋɑu⁴²	pɑu²¹	pʰɑu⁵³	mɑu²⁴
吉县文城	xɑu⁵³	xɑu³¹	ŋɑu⁵³	pɑu²¹	pʰɑu²⁴	mɑu²⁴
乡宁光华	xɑu⁴⁴	xɑu⁵³	ŋɑu⁴⁴	pɑu⁵³	pʰɑu²¹³	mɑu²¹³
襄汾邓庄	xɑu³¹	xɑu⁵³	ŋɑu³¹	pɑu²¹	pʰɑu⁴⁴	mɑu²⁴
曲沃里村	xɔu⁴⁴	xɔu⁵³	ŋɔu⁴⁴	pɔu²¹³	pɔu⁵³	mɔu²¹³
翼城隆化	xɔu⁴⁴	xɔu⁵³	ɔu⁴⁴	pɔu³¹	pʰɔu²⁴	mɔu³¹
安泽唐城	xɑu⁴²³	xɑu²¹	ŋɑu⁵³	pɑu²¹³	pɑu²¹³	mɑu²¹
汾西城关	xɑu³³	xɑu²⁴	ŋɷu⁵³	pɑu¹¹	pɑu¹¹	mɷu²⁴
古县城关	xɑu⁵³	xɑu²⁴	ŋɑu⁵³	pɑu³¹	pʰɑu³¹	mɑu²⁴
侯马城关	xɔu⁴⁴		ŋɔu⁴⁴	pɔu²¹³	pɔu²⁴	mɔu²⁴
蒲县城关	xɑu²¹	xɑu²⁴	ŋɑu⁵⁵	pɑu⁵³	pɑu⁵³	
隰县黄土	xɔ²¹	xɔ⁵⁵	ŋɔ⁵⁵	pɔ⁴¹	pɔ⁴¹	mɔ²⁴

例字 中古音 方言点	闹	抓	找	抄	潲	交
	效开二去肴泥	平肴庄	上肴庄	平肴初	去肴生	平肴见
永和阁底	nɔu^{53}	tʂua^{31}	tsɔu^{312}	ts^{h}ɔu^{31}		tɕiɔu^{31}
大宁徐家垛	nɔu^{55}	tʂua^{31}	tsɔu^{31}	ts^{h}ɔu^{31}		tɕiɔu^{31}
霍州城关	lɑu^{53}	tsua^{213}	tsɑu^{31}	ts^{h}ɑu^{213}		tɕiɑu^{213}
浮山响水河	nɑu^{53}	pfa^{42}	tʂɑu^{33}	tʂ^{h}ɑu^{42}		tiɑu^{42}
洪洞左木	nɑu^{53}	tʂuA^{21}	tʂɑu^{42}	tʂ^{h}ɑu^{21}		tiɑu^{21}
临汾贺家庄	nɑu^{53}	pfA^{21}	tsɑu^{42}	ts^{h}ɑu^{21}		tiɑu^{21}
吉县文城	nɑu^{31}	tʂua^{21}	tsɑu^{53}	ts^{h}ɑu^{21}		tɕiɑu^{21}
乡宁光华	nɑu^{31}	pfa^{53}	tsɑu^{44}	ts^{h}ɑu^{53}		tiɑu^{53}
襄汾邓庄	nɑu^{53}	pfɑ^{21}	tʂɑu^{31}	tʂ^{h}ɑu^{21}		tiɑu^{21}
曲沃里村	lɔu^{53}	pf^{h}A^{213}	tsɔu^{44}	ts^{h}ɔu^{213}		tɕiɔu^{213}
翼城隆化	nɔu^{53}	tʂua^{31}	tʂɔu^{44}	tʂ^{h}ɔu^{31}		tɕiɔu^{31}
安泽唐城	nɑu^{53}	tʂuA^{213}	tʂɑu^{423}	tʂ^{h}ɑu^{213}		tɕiɑu^{213}
汾西城关	nɑu^{53}	tsua^{11}	tsɑu^{33}	ts^{h}ɑu^{11}		tiɑu^{11}
古县城关	nɑu^{53}	tʂɑu^{31}	tʂɑu^{53}	tʂ^{h}ɑu^{31}		tiɑu^{31}
侯马城关	nɔu^{53}	tsua^{213}	tsɔu^{44}	ts^{h}ɔu^{213}		tɕiɔu^{24}
蒲县城关	nɑu^{55}	tsua^{53}	tsɑu^{21}	ts^{h}ɑu^{53}		tiɑu^{53}
隰县黄土	nɔ^{55}	tsua^{41}	tsɔ^{21}	ts^{h}ɔ^{41}		tɕiɔ^{41}

例字 中古音 方言点	觉	巧	咬	孝	勒	表
	效开二去肴见	上肴溪	上肴疑	效开二去肴晓	去肴影	效开三上宵帮
永和阁底	tɕiɔu^{53}	tɕʰiɔu^{312}	ȵiɔu^{312}	ɕiɔu^{53}		piɔu^{312}
大宁徐家垛	tɕiɔu^{55}	tɕʰiɔu^{31}	ȵiɔu^{31}	ɕiɔu^{55}		piɔu^{31}
霍州城关	tɕiɑu^{44}	tɕʰiɔ^{31}	ȵiɑu^{31}	ɕiɑu^{44}		piɑu^{31}
浮山响水河	tiɑu^{44}	tɕʰiɑu^{33}	ȵiɑu^{33}	ɕiɑu^{44}		piɑu^{33}
洪洞左木	tiɑu^{24}	tɕʰiɑu^{42}	ȵiɑu^{42}	ɕiɑu^{53}		piɑu^{42}
临汾贺家庄	tiɑu^{55}	tɕʰiɑu^{42}	ȵiɑu^{42}	ɕiɑu^{53}		piɑu^{42}
吉县文城	tɕiɑu^{31}	tɕʰiɑu^{53}	ȵiɑu^{53}	ɕiɑu^{31}		piɑu^{53}
乡宁光华	tiɑu^{31}	tʰiɑu^{44}	ȵiɑu^{44}	ɕiɑu^{31}		piɑu^{44}
襄汾邓庄	tiɑu^{44}	tɕʰiɑu^{31}	ȵiɑu^{31}	ɕiɑu^{44}		piɑu^{31}
曲沃里村	tɕiɔu^{31}	tɕʰiɔu^{44}	ȵiɔu^{44}	ɕiɔu^{31}		piɔu^{44}
翼城隆化	tɕiɔu^{53}	tɕʰiɔu^{44}	ȵiɔu^{44}	ɕiɔu^{53}		piɔu^{44}
安泽唐城	tɕiɑu^{53}	tɕʰiɑu^{423}	ȵiɑu^{423}	ɕiɑu^{53}		piɑu^{423}
汾西城关	tiɑu^{55}	tʰiɑu^{33}	ȵiɑu^{33}	ɕiɑu^{55}		piɑu^{33}
古县城关	tiɑu^{24}	tʰiɑu^{53}	ȵiɑu^{53}	xɑu^{24}		piɑu^{53}
侯马城关	tʂɔu^{53}	tɕʰiɔu^{44}	ȵiɔu^{44}	ɕiɔu^{53}		piɔu^{44}
蒲县城关	tiɑu^{55}	tʰiɑu^{21}	ȵiɑu^{21}	ɕiɑu^{55}		piɑu^{21}
隰县黄土	tɕiɔ^{55}	tɕʰiɔ^{21}	ȵiɔ^{21}	ɕiɔ^{55}	iɔ^{41}	piɔ^{21}

例字 中古音 方言点	瓢	焦	瞧	小	笑	朝
	效开三平宵並	平宵精	平宵从	上宵心	去宵心	平宵知
永和阁底	pʰiɔu²⁴	tɕiɔu³¹	tɕʰiɔu²⁴	ɕiɔu³¹²	ɕiɔu⁵³	tʂʰɔu²⁴
大宁徐家垛	pʰiɔu²⁴	tɕiɔu³¹	tɕʰiɔu²⁴	ɕiɔu³¹	ɕiɔu⁵⁵	tʂʰɔu²⁴
霍州城关	pʰiɔ³⁵	tɕiɑu²¹³	tɕʰiɑu³⁵	ɕiɑu³¹	ɕiɑu⁴⁴	tʂʰɑu³⁵
浮山响水河	pʰiɑu¹³	tɕiɑu⁴²	tɕʰiɑu¹³	ɕiɑu³³	ɕiɑu⁴⁴	tʂʰɑu¹³
洪洞左木	pʰiɑu²⁴	tɕiɑu²¹	tɕʰiɑu²⁴	ɕiɑu⁴²	ɕiɑu²⁴	tʂʰɑu²⁴
临汾贺家庄	pʰiɑu²⁴	tɕiɑu²¹	tɕʰiɑu²⁴	ɕiɑu⁴²	ɕiɑu⁵⁵	tʂʰɑu²⁴
吉县文城	pʰiɑu²⁴	tɕiɑu²¹	tɕʰiɑu²⁴	ɕiɑu⁵³	ɕiɑu³¹	tʂʰɑu²⁴
乡宁光华	pʰiɑu²¹³	tɕiɑu⁵³	tɕʰiɑu²¹³	ɕiɑu⁴⁴	ɕiɑu³¹	tʂʰɑu²¹³
襄汾邓庄	pʰiɑu²⁴	tɕiɑu²¹	tɕʰiɑu²⁴	ɕiɑu³¹	ɕiɑu⁴⁴	tʂʰɑu²⁴
曲沃里村	pʰiɔu²¹³	tɕiɔu²¹³	tɕʰiɔu²¹³	ɕiɔu⁴⁴	ɕiɔu³¹	tsʰɔu²¹³
翼城隆化	pʰiɔu²⁴	tɕiɔu³¹	tɕʰiɔu²⁴	ɕiɔu⁴⁴	ɕiɔu⁵³	tʂʰɔu²⁴
安泽唐城	pʰiɑu²¹	tɕiɑu²¹³	tɕʰiɑu²¹	ɕiɑu⁴²³	ɕiɑu⁵³	tʂɑu²¹³
汾西城关	pʰiɑu²⁴	tɕiɑu¹¹		ɕiɑu³³	ɕiɑu⁵⁵	tsʰɑu²⁴
古县城关	pʰiɑu²⁴	tɕiɑu³¹	tɕʰiɑu²⁴	ɕiɑu⁵³	ɕiɑu²⁴	tʂɑu³¹
侯马城关	pʰiɔu²⁴	tɕiɔu²¹³	tɕʰiɔu²⁴	ɕiɔu⁴⁴	ɕiɔu⁵³	tʂʰɔu²⁴
蒲县城关	pʰiɑu²⁴	tɕiɑu⁵³	tɕʰiɑu²⁴	ɕiɑu²¹	ɕiɑu⁵⁵	tʂɑu⁵³
隰县黄土	pʰiɔ²⁴	tɕiɔ⁴¹	tɕʰiɔ²⁴	ɕiɔ²¹	ɕiɔ⁵⁵	tsʰɔ²⁴

方言点 \ 中古音 \ 例字	赵	烧	少	绕	轿	腰
	效开三上宵澄	平宵书	上宵书	去宵日	去宵群	平宵影
永和阁底	tʂʰɔu^{53}	ʂɔu^{31}	ʂɔu^{312}	ʐɔu^{53}	tɕʰiɔu^{53}	iɔu^{31}
大宁徐家垛	tʂʰɔu^{55}	ʂɔu^{31}	ʂɔu^{31}	ʐɔu^{55}	tɕʰiɔu^{55}	iɔu^{31}
霍州城关	tʂʰɑu^{53}	ʂɑu^{213}	ʂɑu^{31}	ʐɑu^{53}	tɕʰiɔ^{53}	iɑu^{213}
浮山响水河	tʂʰɑu^{53}	ʂɑu^{42}	ʂɑu^{33}	ʐɑu^{53}	tʰiɑu^{53}	iɑu^{42}
洪洞左木	tʂʰɑu^{53}	ʂɑu^{21}	ʂɑu^{42}	ʐɑu^{53}	tʰiɑu^{53}	iɑu^{21}
临汾贺家庄	tʂʰɑu^{53}	ʂɑu^{21}	ʂɑu^{42}	ʐɑu^{53}	tʰiɑu^{53}	iɑu^{21}
吉县文城	tʂʰɑu^{31}	ʂɑu^{21}	ʂɑu^{53}	ʐɑu^{31}	tɕʰiɑu^{31}	iɑu^{21}
乡宁光华	tʂʰɑu^{31}	ʂɑu^{53}	ʂɑu^{44}	ʐɑu^{31}	tʰiɑu^{31}	iɑu^{53}
襄汾邓庄	tʂʰɑu^{53}	ʂɑu^{21}	ʂɑu^{31}	ʐɑu^{53}	tʰiɑu^{53}	iɑu^{21}
曲沃里村	tsʰɔu^{53}	sɔu^{213}	sɔu^{44}	zɔu^{53}	tɕʰiɔu^{31}	iɔu^{213}
翼城隆化	tʂʰɔu^{53}	ʂɔu^{31}	ʂɔu^{44}	ʐɔu^{53}	tɕʰiɔu^{53}	iɔu^{31}
安泽唐城	tʂɑu^{53}	ʂɑu^{213}	ʂɑu^{423}	ʐɑu^{53}	tɕiɑu^{53}	iɑu^{213}
汾西城关	tsʰɑu^{53}	sɑu^{11}	sɑu^{33}		tʰiɷu^{53}	iɑu^{11}
古县城关	tʂʰɑu^{53}	ʂɑu^{31}	ʂɑu^{53}	ʐɑu^{53}	tʰiɑu^{53}	iɑu^{31}
侯马城关	tʂʰɔu^{53}	ʂɔu^{213}	ʂɔu^{44}	ʐɔu^{44}	tɕʰiɔu^{53}	iɔu^{213}
蒲县城关	tʂʰɑu^{55}	ʂɑu^{53}	ʂɑu^{21}	ʐɑu^{55}	tʰiɑu^{55}	iɑu^{53}
隰县黄土	tsʰɔ^{55}	sɔ^{41}	sɔ^{21}	zɔ^{21}	tɕʰiɔ^{55}	iɔ^{41}

例字 中古音 方言点	鸟	挑	条	尿	料	吆
	效开四上萧端	平萧透	平萧定	去萧泥	去萧来	平萧影
永和阁底	$ȵiɔu^{53}$	$t^hiɔu^{31}$	$t^hiɔu^{24}$	$ȵiɔu^{53}$	$liɔu^{53}$	$iɔu^{31}$
大宁徐家垛	$ȵiɔu^{55}$	$t^hiɔu^{31}$	$t^hiɔu^{24}$	$ȵiɔu^{55}$	$liɔu^{55}$	$iɔu^{31}$
霍州城关	$ȵiɑu^{44}$	$tɕ^hiɑu^{213}$	$tɕ^hiɔ^{35}$	$ȵiɑu^{53}$	$liɑu^{53}$	$iɑu^{213}$
浮山响水河	$ȵiɑu^{33}$	$t^hiɑu^{42}$	$t^hiɑu^{13}$	$ȵiɑu^{53}$	$liɑu^{53}$	$iɑu^{42}$
洪洞左木	$ȵiɑu^{42}$	$t^hiɑu^{21}$	$t^hiɑu^{24}$	$ȵiɑu^{53}$	$liɑu^{53}$	$iɑu^{21}$
临汾贺家庄	$ȵiɑu^{42}$	$t^hiɑu^{21}$	$t^hiɑu^{24}$	$ȵiɑu^{53}$	$liɑu^{53}$	$iɑu^{21}$
吉县文城	$ȵiɑu^{53}$	$t^hiɑu^{21}$	$t^hiɑu^{24}$	$ȵiɑu^{53}$	$liɑu^{53}$	$iɑu^{21}$
乡宁光华	$ȵiɑu^{44}$	$t^hiɑu^{53}$	$t^hiɑu^{213}$	$ȵiɑu^{31}$	$liɑu^{31}$	$iɑu^{53}$
襄汾邓庄	$ȵiɑu^{44}$	$t^hiɑu^{21}$	$t^hiɑu^{24}$	$ȵiɑu^{53}$	$liɑu^{53}$	$iɑu^{21}$
曲沃里村	$ȵiɔu^{44}$	$t^hiɔu^{213}$	$t^hiɔu^{213}$	$ȵiɔu^{53}$	$liɔu^{53}$	$iɔu^{213}$
翼城隆化	$ȵiɔu^{44}$	$t^hiɔu^{31}$	$t^hiɔu^{24}$	$ȵiɔu^{53}$	$liɔu^{53}$	$iɔu^{31}$
安泽唐城	$ȵiɑu^{423}$	$t^hiɑu^{213}$	$t^hiɑu^{21}$	$ȵiɑu^{53}$	$liɑu^{53}$	$iɑu^{213}$
汾西城关	$ȵiɑu^{33}$	$t^hiɑu^{11}$	$t^hiɷu^{24}$	$ȵiɑu^{53}$	$liɑu^{53}$	$iɷu^{11}$
古县城关	$ȵiɑu^{53}$	$t^hiɑu^{31}$	$t^hiɑu^{24}$	$ȵiɑu^{53}$	$liɑu^{53}$	$iɑu^{31}$
侯马城关	$ȵiɔu^{44}$	$t^hiɔu^{213}$	$t^hiɔu^{24}$	$ȵiɔu^{53}$	$liɔu^{53}$	$iɔu^{213}$
蒲县城关	$ȵiɑu^{21}$	$t^hiɑu^{53}$	$t^hiɑu^{24}$	$ȵiɑu^{55}$	$liɑu^{55}$	$iɑu^{53}$
隰县黄土	$ȵiɔ^{21}$	$t^hiɔ^{21}$	$t^hiɔ^{24}$	$ȵiɔ^{55}$	$liɔ^{55}$	$iɔ^{41}$

例字 / 中古音 / 方言点	拇	抖	偷	头	豆	走
	流开一上侯明	上侯端	平侯透	平侯定	去侯定	上侯精
永和阁底	miɛ^{312}	tou^{312}	t^{h}ou^{31}	t^{h}ou^{24}	t^{h}ou^{53}	tsou^{312}
大宁徐家垛	mie^{31}	təu^{31}	t^{h}əu^{31}	t^{h}əu^{24}	t^{h}əu^{55}	tsəu^{31}
霍州城关	mu^{31}	tou^{31}	t^{h}ou^{213}	t^{h}ou^{35}	t^{h}ɷu^{53}	tsou^{31}
浮山响水河	mia^{33}	tou^{33}	t^{h}ou^{42}	t^{h}ou^{13}	t^{h}ou^{53}	tsou^{33}
洪洞左木	mɛ^{42}	təu^{42}	t^{h}əu^{21}	t^{h}əu^{24}	t^{h}əu^{53}	tsəu^{42}
临汾贺家庄	mei^{42}	təu^{42}	t^{h}əu^{21}	t^{h}əu^{24}	t^{h}əu^{53}	tsəu^{42}
吉县文城	miᴇ^{53}	tou^{53}	t^{h}ou^{21}	t^{h}ou^{24}	t^{h}ou^{53}	tsou^{53}
乡宁光华	ma^{44}	tou^{44}	t^{h}ou^{53}	t^{h}ou^{213}	t^{h}ou^{31}	tsou^{44}
襄汾邓庄	mei^{31}	tou^{31}	t^{h}ou^{21}	t^{h}ou^{24}	t^{h}ou^{53}	tsou^{31}
曲沃里村	mu^{213}	təu^{44}	t^{h}əu^{213}	t^{h}əu^{213}	t^{h}əu^{53}	tsəu^{44}
翼城隆化	mə^{44}	təu^{44}	t^{h}əu^{31}	t^{h}əu^{24}	t^{h}əu^{53}	tsəu^{44}
安泽唐城	mu^{423}	tou^{423}	t^{h}ou^{213}	t^{h}ou^{21}	tou^{53}	tsou^{423}
汾西城关	mʌ^{1}	tou^{33}	t^{h}ou^{11}	t^{h}ou^{24}	t^{h}ou^{53}	tsou^{33}
古县城关	mu^{53}	tou^{53}	t^{h}ou^{31}	t^{h}ou^{24}	t^{h}ou^{53}	tsou^{53}
侯马城关	mu^{44}	təu^{44}	t^{h}əu^{213}	t^{h}əu^{24}	t^{h}əu^{53}	tsəu^{44}
蒲县城关	mu^{21}	təu^{21}	t^{h}əu^{53}	t^{h}əu^{24}	t^{h}əu^{55}	tsəu^{21}
隰县黄土	mu^{21}	tou^{55}	t^{h}ou^{41}	t^{h}ou^{24}	t^{h}ou^{55}	tsou^{21}

例字 / 中古音 / 方言点	口	藕	猴	后	呕	怄
	流开一上侯溪	上侯疑	平侯匣	上侯匣	上侯影	去侯影
永和阁底	k^hou^{312}	$ŋou^{312}$	xou^{24}	xou^{53}	$ŋou^{312}$	$ŋou^{53}$
大宁徐家垛	$k^həu^{31}$	$ŋəu^{31}$	$xəu^{24}$	$xəu^{55}$	$ŋəu^{31}$	$ŋəu^{55}$
霍州城关	k^hou^{31}	$ŋou^{31}$	xou^{35}	xou^{53}	$ŋou^{31}$	$ŋou^{44}$
浮山响水河	k^hou^{33}	$ŋou^{33}$	xou^{13}	xou^{53}	$ŋou^{33}$	$ŋou^{44}$
洪洞左木	$k^həu^{42}$	$ŋəu^{42}$	$xəu^{24}$	$xəu^{53}$	$ŋəu^{42}$	$ŋəu^{53}$
临汾贺家庄	$k^həu^{42}$	$ŋəu^{42}$	$xəu^{24}$	$xəu^{53}$	$ŋəu^{42}$	$ŋəu^{42}$
吉县文城	k^hou^{53}	$ŋou^{53}$	xou^{24}	xou^{53}	$ŋou^{53}$	$ŋou^{31}$
乡宁光华	k^hou^{44}	$ŋou^{44}$	xou^{213}	xou^{31}	$ŋou^{44}$	$ŋou^{31}$
襄汾邓庄	k^hou^{31}	$ŋou^{31}$	xou^{24}	xou^{53}	$ŋou^{31}$	$ŋou^{44}$
曲沃里村	$k^həu^{44}$	$ŋəu^{44}$	$xəu^{213}$	$xəu^{53}$	$ŋəu^{44}$	$ŋəu^{31}$
翼城隆化	$k^həu^{44}$	$ŋəu^{44}$	$xəu^{24}$	$xəu^{53}$	$ŋəu^{44}$	$ŋəu^{53}$
安泽唐城	k^hou^{423}	$ŋou^{423}$	xou^{21}	xou^{53}	$ŋou^{213}$	$ŋou^{53}$
汾西城关	k^hou^{33}	$ŋou^{33}$	xou^{24}	xou^{53}	$ŋou^{33}$	$ŋou^{33}$
古县城关	k^hou^{53}	$ŋou^{53}$	xou^{24}	xou^{53}	$ŋou^{53}$	$ŋou^{24}$
侯马城关	$k^həu^{44}$	$ŋəu^{44}$	$xəu^{24}$	$xəu^{53}$	$ŋəu^{44}$	$ŋəu^{53}$
蒲县城关	$k^həu^{21}$	$ŋəu^{21}$	$xəu^{24}$	$xəu^{55}$	$ŋəu^{21}$	$ŋəu^{55}$
隰县黄土	k^hou^{21}	$ŋou^{21}$	xou^{24}	xou^{55}	$ŋou^{21}$	$ŋou^{55}$

例字 / 中古音 / 方言点	浮	负	纽	流	馏	酒
	流开三平尤奉	上尤奉	上尤泥	平尤来	去尤来	上尤精
永和阁底	xu^{24}	xu^{24}	$ȵiou^{312}$	$liou^{24}$	$liou^{53}$	$tɕiou^{312}$
大宁徐家垛	fu^{24}	fu^{24}	$ȵiəu^{31}$	$liəu^{24}$	$liəu^{55}$	$tɕiəu^{31}$
霍州城关	fu^{35}	fu^{35}	$ȵiou^{31}$	$liou^{35}$	$liou^{53}$	$tɕiou^{31}$
浮山响水河	fu^{13}	fu^{53}	$ȵiou^{33}$	$liou^{13}$	$liou^{53}$	$tɕiou^{33}$
洪洞左木	fu^{24}	fu^{24}	$ȵiəu^{42}$	$liəu^{24}$	$liəu^{53}$	$tɕiəu^{42}$
临汾贺家庄	fu^{24}	fu^{55}	$ȵiəu^{42}$	$liəu^{24}$	$liəu^{53}$	$tɕiəu^{42}$
吉县文城	fu^{24}	fu^{53}	$ȵiou^{53}$	$liou^{24}$	$liou^{31}$	$tɕiou^{53}$
乡宁光华	fu^{213}	fu^{31}	$ȵiou^{44}$	$liou^{213}$	$liou^{53}$	$tɕiou^{44}$
襄汾邓庄	fu^{24}	fu^{24}	$ȵiou^{31}$	$liou^{24}$	$liou^{53}$	$tɕiou^{31}$
曲沃里村	fu^{213}	fu^{53}	$ȵiəu^{44}$	$liəu^{213}$	$liəu^{53}$	$tɕiəu^{44}$
翼城隆化	fu^{24}	fu^{53}	$ȵiəu^{44}$	$liəu^{24}$	$liəu^{53}$	$tɕiəu^{44}$
安泽唐城	fu^{21}	fu^{53}	$ȵiou^{423}$	$liou^{21}$	$liou^{53}$	$tɕiou^{423}$
汾西城关	fv^{24}	fv^{55}	$ȵiou^{33}$	$liou^{24}$	$liou^{53}$	$tɕiou^{33}$
古县城关	fu^{24}	fu^{53}	$ȵiou^{53}$	$liou^{24}$	$liou^{53}$	$tɕiou^{53}$
侯马城关	fu^{24}	fu^{53}	$ȵiəu^{44}$	$liəu^{24}$	$liəu^{53}$	$tɕiəu^{44}$
蒲县城关	fu^{24}	fu^{55}	$ȵiəu^{21}$	$liəu^{24}$	$liəu^{55}$	$tɕiəu^{21}$
隰县黄土	xu^{24}	xu^{55}	$ȵiou^{21}$	$liou^{24}$	$liou^{55}$	$tɕiou^{21}$

例字 / 中古音 / 方言点	秋	就	修	袖	稠	愁
	流开三平尤清	去尤从	平尤心	去尤邪	平尤澄	平尤崇
永和阁底	$tɕ^hiou^{31}$	$tɕ^hiou^{53}$	$ɕiou^{31}$	$ɕiou^{53}$	$tʂ^hou^{24}$	ts^hou^{24}
大宁徐家垛	$tɕ^hiəu^{31}$	$tɕ^hiəu^{55}$	$ɕiəu^{31}$	$ɕiəu^{55}$	$tʂ^həu^{24}$	$ts^həu^{24}$
霍州城关	$tɕ^hiou^{213}$	$tɕ^hiou^{53}$	$ɕiou^{213}$	$ɕiou^{53}$	$tʂ^hou^{35}$	ts^hou^{35}
浮山响水河	$tɕ^hiou^{42}$	$tɕ^hiou^{53}$	$ɕiou^{42}$	$ɕiou^{53}$	$tʂ^hou^{13}$	$tʂ^hou^{13}$
洪洞左木	$tɕ^hiəu^{21}$	$tɕ^hiəu^{53}$	$ɕiəu^{21}$	$ɕiəu^{53}$	$tʂ^həu^{24}$	$ts^həu^{24}$
临汾贺家庄	$tɕ^hiəu^{21}$	$tɕ^hiəu^{53}$	$ɕiəu^{21}$	$ɕiəu^{55}$	$tʂ^həu^{24}$	$ts^həu^{24}$
吉县文城	$tɕ^hiou^{21}$	$tɕ^hiou^{31}$	$ɕiou^{21}$	$ɕiou^{31}$	$tʂ^hou^{24}$	ts^hou^{24}
乡宁光华	$tɕ^hiou^{53}$	$tɕ^hiou^{31}$	$ɕiou^{53}$	$ɕiou^{31}$	$tʂ^hou^{213}$	ts^hou^{213}
襄汾邓庄	$tɕ^hiou^{21}$	$tɕ^hiou^{53}$	$ɕiou^{21}$	$ɕiou^{53}$	$tʂ^hou^{24}$	$tʂ^hou^{24}$
曲沃里村	$tɕ^hiəu^{213}$	$tɕ^hiəu^{53}$	$ɕiəu^{213}$	$ɕiəu^{53}$	$ts^həu^{213}$	$ts^həu^{213}$
翼城隆化	$tɕ^hiəu^{31}$	$tɕ^hiəu^{53}$	$ɕiəu^{31}$	$ɕiəu^{53}$	$tʂ^həu^{24}$	$ts^həu^{24}$
安泽唐城	$tɕ^hiou^{213}$	$tɕiou^{53}$	$ɕiou^{213}$	$ɕiou^{53}$	$tʂ^hou^{21}$	ts^hou^{21}
汾西城关	$tɕ^hiou^{11}$	$tɕ^hiou^{53}$	$ɕiou^{11}$	$ɕiou^{53}$	ts^hou^{24}	ts^hou^{24}
古县城关	$tɕ^hiou^{31}$	$tɕ^hiou^{53}$	$ɕiou^{31}$	$ɕiou^{53}$	$tʂ^hou^{24}$	$tʂ^hou^{24}$
侯马城关	$tɕ^hiəu^{24}$	$tɕiəu^{53}$	$ɕiəu^{24}$	$ɕiəu^{53}$	$tʂ^həu^{24}$	$ts^həu^{24}$
蒲县城关	$tɕ^hiəu^{53}$	$tɕ^hiəu^{55}$	$ɕiəu^{53}$	$ɕiəu^{55}$	$tʂ^həu^{24}$	$ts^həu^{24}$
隰县黄土	$tɕ^hiou^{41}$	$tɕ^hiou^{55}$	$ɕiou^{41}$	$ɕiou^{55}$	ts^hou^{24}	ts^hou^{24}

例字 / 中古音 / 方言点	瘦	丑	收	柔	糗	舅
	流开三去尤生	上尤昌	平尤书	平尤日	上尤溪	上尤群
永和阁底	sou⁵³	tʂʰou³¹²	ʂou³¹	ʐou²⁴		tɕʰiou⁵³
大宁徐家垛	səu⁵⁵	tʂʰəu³¹	ʂəu³¹	ʐəu²⁴		tɕʰiəu⁵⁵
霍州城关	sou⁴⁴	tʂʰou³¹	ʂou²¹³	ʐou³⁵		tɕʰiɷu⁵³
浮山响水河	ʂou⁴⁴	tʂʰou³³	ʂou⁴²	ʐou¹³		tɕʰiou⁵³
洪洞左木	səu²⁴	tʂʰəu⁴²	ʂəu²¹	ʐəu²⁴		tɕʰiəu⁵³
临汾贺家庄	səu⁵⁵	tʂʰəu⁴²	ʂəu²¹	ʐəu²⁴		tɕʰiəu⁵³
吉县文城	sou³¹	tʂʰou⁵³	ʂou²¹	ʐou²⁴		tɕʰiou³¹
乡宁光华	sou³¹	tʂʰou⁴⁴	ʂou⁵³	ʐou²¹³		tɕʰiou³¹
襄汾邓庄	ʂou⁴⁴	tʂʰou³¹	ʂou²¹	ʐou²⁴		tɕʰiou⁵³
曲沃里村	səu³¹	tsʰəu⁴⁴	səu²¹³	zəu²¹³		tɕʰiəu⁵³
翼城隆化	ʂəu⁵³	tʂʰəu⁴⁴	ʂəu³¹	ʐəu²⁴		tɕʰiəu⁵³
安泽唐城	sou⁵³	tʂʰou⁴²³	ʂou²¹³	ʐou²¹		tɕʰiou⁵³
汾西城关	sou⁵⁵	tsʰou³³	sou¹¹	zou²⁴		tɕʰiou⁵³
古县城关	sou²⁴	tʂʰou⁵³	ʂou³¹	ʐou²⁴		tɕʰiou⁵³
侯马城关	səu⁵³	tʂʰəu⁴⁴	ʂəu²¹³	ʐəu²⁴		tɕʰiəu⁵³
蒲县城关	səu⁵⁵	tʂʰəu²¹	ʂəu⁵³	ʐəu²⁴		tɕʰiəu⁵⁵
隰县黄土	sou⁵⁵	tsʰou²¹	sou⁴¹	zou²⁴		tɕʰiou⁵⁵

例字 中古音 方言点	旧	牛	休	有	又	油
	流开三去尤群	平尤疑	平尤晓	上尤云	去尤云	平尤以
永和阁底	$tɕ^{h}iou^{53}$	$ȵiou^{24}$	$ɕiou^{31}$	iou^{312}	$ȵiou^{53}$	iou^{24}
大宁徐家垛	$tɕ^{h}iəu^{55}$	$ȵiəu^{24}$	$ɕiəu^{31}$	$iəu^{31}$	$ȵiəu^{55}$	$iəu^{24}$
霍州城关	$tɕ^{h}iou^{53}$	$ȵiou^{35}$	$ɕiou^{213}$	iou^{31}	$ȵiou^{53}$	iou^{35}
浮山响水河	$tɕ^{h}iou^{53}$	$ȵiou^{13}$	$ɕiou^{42}$	iou^{33}	$ȵiou^{53}$	iou^{13}
洪洞左木	$tɕ^{h}iəu^{53}$	$ȵiəu^{24}$	$ɕiəu^{21}$	$iəu^{42}$	$iəu^{53}$	$iəu^{24}$
临汾贺家庄	$tɕ^{h}iəu^{53}$	$ȵiəu^{24}$	$ɕiəu^{21}$	$iəu^{42}$	$ȵiəu^{53}$	$iəu^{24}$
吉县文城	$tɕiou^{31}$	$ȵiou^{24}$	$ɕiou^{21}$	iou^{31}	iou^{31}	iou^{24}
乡宁光华	$tɕ^{h}iou^{31}$	$ŋou^{213}$	$ɕiou^{53}$	iou^{44}	iou^{31}	iou^{213}
襄汾邓庄	$tɕ^{h}iou^{53}$	$ȵiou^{24}$	$ɕiou^{21}$	iou^{31}	$ȵiou^{53}$	iou^{24}
曲沃里村	$tɕ^{h}iəu^{53}$	$ȵiəu^{213}$	$ɕiəu^{213}$	$iəu^{44}$	$ȵiəu^{53}$	$iəu^{213}$
翼城隆化	$tɕ^{h}iəu^{53}$	$ȵiəu^{24}$	$ɕiəu^{31}$	$iəu^{44}$	$ȵiəu^{53}$	$iəu^{24}$
安泽唐城	$tɕiou^{53}$	$ȵiou^{21}$	$ɕiou^{213}$	iou^{423}	iou^{53}	iou^{21}
汾西城关	$tɕ^{h}iou^{53}$	$ȵiou^{24}$	$ɕiou^{11}$	iou^{33}	$ȵiou^{53}$	iou^{24}
古县城关	$tɕ^{h}iou^{53}$	$ȵiou^{24}$	$ɕiou^{31}$	iou^{53}	$ȵiou^{53}$	iou^{24}
侯马城关	$tɕ^{h}iəu^{53}$	$ȵiəu^{24}$	$ɕiəu^{24}$	$iəu^{44}$	$ȵiəu^{53}$	$iəu^{24}$
蒲县城关	$tɕ^{h}iəu^{55}$	$ȵiəu^{24}$	$ɕiəu^{53}$	$iəu^{21}$	$iəu^{55}$	$iəu^{24}$
隰县黄土	$tɕ^{h}iou^{55}$	$ȵiou^{24}$	$ɕiou^{41}$	iou^{21}	$ȵiou^{55}$	iou^{24}

例字 / 中古音 / 方言点	潭	南	参	含	暗	担
	咸开一平覃定	平覃泥	平覃清	平覃匣	去覃影	去谈端
永和阁底	tʰɑŋ^{24}	nɑŋ^{24}	tsʰɑŋ^{31}	xɑŋ^{24}	ŋɑŋ^{53}	tɑŋ^{31}
大宁徐家垛	tʰæ̃^{24}	næ̃^{24}	tsʰæ̃^{31}	xæ̃^{24}	ŋæ̃^{55}	tæ̃^{31}
霍州城关	tʰɑŋ^{35}	lɑŋ^{35}	tsʰɑŋ^{213}	xɑŋ^{35}	ŋɑŋ^{44}	tɑŋ^{213}
浮山响水河	tʰæ̃^{13}	næ̃^{13}	tsʰæ̃^{42}	xæ̃^{13}	ŋæ̃^{44}	tæ̃^{42}
洪洞左木	tʰɑŋ^{24}	nɑŋ^{24}	tsʰɑŋ^{21}	xɑŋ^{24}	ŋɑŋ^{24}	tɑŋ^{21}
临汾贺家庄	tʰæ̃ɪ^{24}	næ̃ɪ^{24}	tsʰæ̃ɪ^{21}	xæ̃ɪ^{24}	ŋæ̃ɪ^{55}	tæ̃ɪ^{21}
吉县文城	tʰæɛ^{24}	næɛ^{24}	tsʰæɛ^{21}	xæɛ^{24}	ŋæɛ^{31}	tæɛ^{21}
乡宁光华	tʰæɛ^{213}	næɛ^{213}	tsʰæɛ^{53}	xæɛ^{213}	ŋæɛ^{31}	tæɛ^{53}
襄汾邓庄	tʰæ̃ɪ^{24}	næ̃ɪ^{24}	tsʰæ̃ɪ^{21}	xæ̃ɪ^{24}	ŋæ̃ɪ^{44}	tæ̃ɪ^{21}
曲沃里村	tʰæ̃^{213}	læ̃^{213}	tsʰæ̃^{213}	xæ̃^{213}	ŋæ̃^{31}	tæ̃^{213}
翼城隆化	tʰæ̃^{24}	næ̃^{24}	tsʰæ̃^{31}	xæ̃^{24}	ŋæ̃^{53}	tæ̃^{31}
安泽唐城	tʰɛ̃^{21}	nɛ̃^{21}	tsʰɛ̃^{213}	xɛ̃^{21}	ŋɛ̃^{53}	tɛ̃^{213}
汾西城关	tʰɑŋ^{24}	nɑŋ^{24}	tsʰɑŋ^{11}	xɑŋ^{24}	ŋɑŋ^{55}	tɑŋ^{11}
古县城关	tʰan^{24}	nan^{24}	tsʰan^{31}	xan^{24}	ŋan^{24}	tan^{31}
侯马城关	tæ̃^{24}	næ̃^{24}	tsʰæ̃^{213}	xæ̃^{24}	ŋæ̃^{53}	tæ̃^{213}
蒲县城关	tʰɑn^{24}	nɑn^{24}	tsʰɑn^{53}	xɑn^{24}	ŋɑn^{55}	tɑn^{53}
隰县黄土	tʰã^{24}	nã^{24}	tsʰɛ̃^{41}	xã^{24}	ŋɛ̃^{55}	tɛ̃^{41}

例字 中古音 方言点	淡	蓝	三	淹	站	赚
	咸开一上谈定	平谈来	平谈心	上谈影	咸开二去咸知	去咸澄
永和阁底	t^{h}ɑŋ^{53}	lɑŋ^{24}	sɑŋ^{31}	ŋɑŋ^{312}	tsɑŋ^{53}	tʂuẽɪ^{53}
大宁徐家垛	t^{h}æ̃^{55}	læ̃^{24}	sæ̃^{31}	ŋæ̃^{31}	tsæ̃^{55}	tʂuæ̃^{55}
霍州城关	t^{h}ɑŋ^{53}	lɑŋ^{35}	sɑŋ^{213}	ŋɑŋ^{31}	tʂɑŋ^{44}	tʂɑŋ^{53}
浮山响水河	t^{h}æ̃^{53}	læ̃^{13}	sæ̃^{42}	ŋæ̃^{33}	tʂæ̃^{44}	tʂuæ̃^{53}
洪洞左木	t^{h}ɑŋ^{53}	lɑŋ^{24}	sɑŋ^{21}	ŋɑŋ^{42}	tʂɑŋ^{53}	tʂuɑŋ^{53}
临汾贺家庄	t^{h}æ̃ɪ^{53}	læ̃ɪ^{24}	sæ̃ɪ^{21}	ŋæ̃ɪ^{42}	tsæ̃ɪ^{53}	tsuæ̃ɪ^{53}
吉县文城	t^{h}æɛ^{31}	læɛ^{24}	sæɛ^{21}	ŋæɛ^{53}	tsæɛ^{31}	tʂuæɛ^{31}
乡宁光华	t^{h}æɛ^{31}	læɛ^{213}	sæɛ^{53}	ŋæɛ^{44}	tsæɛ^{31}	tʂuæɛ^{31}
襄汾邓庄	t^{h}æ̃ɪ^{53}	læ̃ɪ^{24}	sæ̃ɪ^{21}	ŋæ̃ɪ^{31}	tʂæ̃ɪ^{44}	pfæ̃ɪ^{53}
曲沃里村	t^{h}æ̃^{53}	læ̃^{213}	sæ̃^{213}	ŋæ̃^{44}	tsæ̃^{53}	tsuæ̃^{53}
翼城隆化	tæ̃^{53}	læ̃^{24}	sæ̃^{31}	ŋæ̃^{44}	tʂæ̃^{53}	tʂuæ̃^{53}
安泽唐城	t^{h}ɛ̃^{53}	lɛ̃^{21}	sɛ̃^{213}		tsɛ̃^{53}	tʂuɛ̃^{53}
汾西城关	t^{h}ɑŋ^{53}	lɑŋ^{24}	sɑŋ^{11}		tsɑŋ^{53}	tsuɑŋ^{55}
古县城关	t^{h}an^{53}	lan^{24}	san^{31}		tʂan^{24}	tʂuan^{53}
侯马城关	t^{h}æ̃^{53}	læ̃^{24}	tsæ̃^{24}		tsæ̃^{53}	tsuæ̃^{53}
蒲县城关	t^{h}ɑn^{55}	lɑn^{24}	sɑn^{53}		tsa^{53}	tʂuɑn^{55}
隰县黄土	t^{h}ɛ̃^{55}	lã^{24}	sɛ̃^{41}	ɛ̃^{41}	tsɛ̃^{55}	tsuɛ̃^{55}

例字 / 中古音 / 方言点	赚	减	咸	陷	岩	镰	签
中古音	去咸澄	咸开二 上咸见	平咸匣	去咸匣	平衔疑	咸开三 平盐来	平盐清
永和阁底	tʂuẽɪ^{53}	tɕiaŋ^{312}	xaŋ^{24}	ɕiaŋ^{53}	iẽɪ^{24}	liẽɪ^{24}	tɕ^{h}iẽɪ^{31}
大宁徐家垛	tʂuæ̃^{55}	tɕiæ̃^{31}	ɕiæ̃^{24}	ɕiæ̃^{55}	iæ̃^{24}	liæ̃^{24}	tɕ^{h}iæ̃^{31}
霍州城关	tʂaŋ^{53}	tɕiaŋ^{31}	xaŋ^{35}	ɕiaŋ^{53}	iaŋ^{35}	liaŋ^{35}	tɕ^{h}iaŋ^{213}
浮山响水河	tʂuæ̃^{53}	tɕiẽi^{33}	xæ̃^{13}	ɕiẽi^{53}	iẽi^{13}	liẽi^{13}	tɕ^{h}iẽi^{42}
洪洞左木	tʂuaŋ^{53}	tɕiaŋ^{42}	xaŋ^{24}	ɕiaŋ^{53}	iaŋ^{24}	liaŋ^{24}	tɕ^{h}iaŋ^{21}
临汾贺家庄	tsuæ̃ɪ^{53}	tɕiæ̃ɪ^{42}	xæ̃ɪ^{24}	ɕiæ̃ɪ^{53}	iæ̃ɪ^{24}	liæ̃ɪ^{24}	tɕ^{h}iæ̃ɪ^{21}
吉县文城	tʂuæɛ^{31}	tɕiæɛ^{53}	xæɛ^{24}	ɕiæɛ^{31}	iæɛ^{24}	liæɛ^{24}	tɕ^{h}iæɛ^{21}
乡宁光华	tʂuæɛ^{31}	tɕiæɛ^{44}	xæɛ^{213}	ɕiæɛ^{31}	iæɛ^{213}	liæɛ^{213}	tɕ^{h}iæɛ^{53}
襄汾邓庄	pfæ̃ɪ^{53}	tɕiæ̃ɪ^{31}	xæ̃ɪ^{24}	ɕiæ̃ɪ^{53}	iæ̃ɪ^{24}	liæ̃ɪ^{24}	tɕ^{h}iæ̃ɪ^{21}
曲沃里村	tsuæ̃^{53}	tɕiæ̃^{44}	xæ̃^{213}	ɕiæ̃^{53}	iæ̃^{213}	liæ̃^{213}	tɕ^{h}iæ̃^{213}
翼城隆化	tʂuæ̃^{53}	tɕiẽi^{44}	xæ̃^{24}	ɕiẽi^{53}	iẽi^{24}	liẽi^{24}	tɕ^{h}iẽi^{31}
安泽唐城	tʂuẽ^{53}	tɕiẽ^{423}	ɕiẽ^{21}	ɕẽ^{53}	iẽ^{21}	liẽ^{21}	tɕ^{h}iẽ^{213}
汾西城关	tsuaŋ^{55}	tɕiaŋ^{33}	ɕiaŋ^{24}	ɕiaŋ^{53}	iaŋ^{24}	liaŋ^{24}	tɕ^{h}iaŋ^{11}
古县城关	tʂuan^{53}	tɕian^{53}	ɕian^{24}	ɕian^{53}	ian^{24}	lian^{24}	tɕ^{h}ian^{31}
侯马城关	tsuæ̃^{53}	tɕiẽi^{44}	xæ̃^{24}	ɕiẽi^{53}	iẽi^{24}	liẽi^{24}	tɕ^{h}iẽi^{213}
蒲县城关	tʂuan^{55}	tɕian^{21}	ɕian^{24}	xan^{55}	ian^{24}	lian^{24}	tɕ^{h}ian^{53}
隰县黄土	tsuẽ^{55}	tɕiã^{21}	ɕiã^{24}	ɕiẽ^{55}	iã^{24}	liã^{24}	tɕ^{h}iẽ^{41}

例字 / 中古音 / 方言点	占~卜	占~领	陕	染	验	盐
	咸开三平盐章	去盐章	上盐书	上盐日	去盐疑	平盐以
永和阁底	tʂẽɪ^{53}	tʂẽɪ^{53}	ʂẽɪ^{312}	ʐẽɪ^{312}	iẽɪ^{53}	iɪ^{24}
大宁徐家垛	tʂæ̃^{55}	tʂæ̃^{55}	ʂæ̃^{31}	ʐæ̃^{31}	iæ̃^{55}	iæ̃^{24}
霍州城关	tʂɑŋ^{44}	tʂɑŋ^{44}	ʂɑŋ^{31}	ʐɑŋ^{31}	iɑŋ^{53}	iɑŋ^{35}
浮山响水河	tʂæ̃^{53}	tʂæ̃^{53}	ʂæ̃^{44}	ʐæ̃^{33}	iẽi^{53}	iẽi^{13}
洪洞左木	tʂɑŋ^{53}	tʂɑŋ^{24}	ʂɑŋ^{24}	ʐɑŋ^{42}	iɑŋ^{53}	iɑŋ^{24}
临汾贺家庄	tʂæ̃ɪ^{55}	tʂæ̃ɪ^{55}	ʂæ̃ɪ^{55}	ʐæ̃ɪ^{42}	iæ̃ɪ^{53}	iæ̃ɪ^{24}
吉县文城	tʂæɛ^{21}	tʂæɛ^{31}	ʂæɛ^{31}	ʐæɛ^{31}	iæɛ^{31}	iæɛ^{24}
乡宁光华	tʂæɛ^{31}	tʂæɛ^{31}	ʂæɛ^{44}	ʐæɛ^{44}	iæɛ^{31}	iæɛ^{213}
襄汾邓庄	tʂæ̃ɪ^{44}	tʂæ̃ɪ^{44}	ʂæ̃ɪ^{31}	ʐæ̃ɪ^{31}	iæ̃ɪ^{53}	iæ̃ɪ^{24}
曲沃里村	tsæ̃^{31}	tsæ̃^{31}	sæ̃^{44}	zæ̃^{44}	iæ̃^{53}	iæ̃^{213}
翼城隆化	tʂæ̃^{53}	tʂæ̃^{53}	ʂæ̃^{53}	ʐæ̃^{44}	iẽi^{53}	iẽi^{24}
安泽唐城	tʂɛ̃^{213}	tʂɛ̃^{53}	ʂɛ̃^{53}	ʐɛ̃^{423}	iɛ̃^{423}	iɛ̃^{21}
汾西城关	tsɑŋ^{11}	tsɑŋ^{55}	sɑŋ^{33}	zɑŋ^{33}	iɑŋ^{53}	iɑŋ^{24}
古县城关	tʂan^{31}	tʂan^{24}	ʂan^{53}	ʐan^{53}	ian^{53}	ian^{24}
侯马城关	tʂæ̃^{53}	tʂæ̃^{53}	ʂæ̃^{44}	ʐæ̃^{44}	iẽi^{53}	iẽi^{24}
蒲县城关	tʂɑn^{53}	tʂɑn^{55}	ʂɑn^{55}	ʐɑn^{21}	iɑn^{21}	iɑn^{24}
隰县黄土	tsɛ̃^{41}	tsɛ̃^{55}	sɛ̃^{55}	zã^{21}	iɛ̃^{55}	iã^{24}

例字 / 中古音 / 方言点	欠	点	甜	念	嫌	凡
	咸开三去严溪	咸开四上添端	平添定	去添泥	平添匣	咸合三平凡奉
永和阁底	tɕ^{h}iɛ̃ɪ^{53}	tiɛ̃ɪ^{312}	t^{h}iɪ^{24}	ȵiɪ^{53}	ɕiɪ^{24}	xuɑŋ^{24}
大宁徐家垛	tɕ^{h}iæ̃^{55}	tiæ̃^{31}	t^{h}iæ̃^{24}	ȵiæ̃^{55}	ɕiæ̃^{24}	fæ̃^{24}
霍州城关	tɕ^{h}iɑŋ^{44}	tɕiɑŋ^{31}	tɕ^{h}iɑŋ^{35}	ȵiɑŋ^{53}	ɕiɑŋ^{35}	fɑŋ^{35}
浮山响水河	tɕ^{h}iɛ̃i^{53}	tiɛ̃i^{33}	t^{h}iɛ̃i^{13}	ȵiɛ̃i^{53}	ɕiɛ̃i^{13}	fæ̃^{13}
洪洞左木	tɕ^{h}iɑŋ^{24}	tiɑŋ^{42}	t^{h}iɑŋ^{24}	ȵiɑŋ^{53}	ɕiɑŋ^{24}	fɑŋ^{24}
临汾贺家庄	tɕ^{h}iæ̃ɪ^{55}	tiæ̃ɪ^{42}	t^{h}iæ̃ɪ^{24}	ȵiæ̃ɪ^{53}	ɕiæ̃ɪ^{24}	fæ̃ɪ^{24}
吉县文城	tɕ^{h}iæɛ^{31}	tiæɛ^{31}	t^{h}iæɛ^{24}	ȵiæɛ^{53}	ɕiæɛ^{24}	fæɛ^{24}
乡宁光华	tɕ^{h}iæɛ^{31}	tiæɛ^{44}	t^{h}iæɛ^{213}	ȵiæɛ^{31}	ɕiæɛ^{213}	fæɛ^{213}
襄汾邓庄	tɕ^{h}iæ̃ɪ^{44}	tiæ̃ɪ^{31}	t^{h}iæ̃ɪ^{24}	ȵiæ̃ɪ^{53}	ɕiæ̃ɪ^{24}	fæ̃ɪ^{24}
曲沃里村	tɕ^{h}iæ̃^{31}	tiæ̃^{44}	t^{h}iæ̃^{213}	ȵiæ̃^{53}	ɕiæ̃^{213}	fæ̃^{213}
翼城隆化	tɕ^{h}iɛ̃i^{53}	tiɛ̃i^{44}	t^{h}iɛ̃i^{24}	ȵiɛ̃i^{53}	ɕiɛ̃i^{24}	fæ̃^{24}
安泽唐城	tɕ^{h}iɛ̃^{53}	tiɛ̃^{423}	t^{h}iɛ̃^{21}	ȵiɛ̃^{53}	ɕiɛ̃^{21}	fɛ̃^{21}
汾西城关	tɕ^{h}iɑŋ^{33}	tiɑŋ^{33}	t^{h}iɑŋ^{24}	ȵiɑŋ^{53}	ɕiɑŋ^{24}	fɑŋ^{24}
古县城关	tɕ^{h}ian^{24}	tian^{53}	t^{h}ian^{24}	ȵian^{53}	ɕian^{24}	fan^{24}
侯马城关	tɕ^{h}iɛ̃i^{53}	tiɛ̃i^{44}	t^{h}iɛ̃i^{24}	ȵiɛ̃i^{53}	ɕiɛ̃i^{24}	fæ̃^{24}
蒲县城关	tɕ^{h}iɑn^{55}	tiɑn^{21}	t^{h}iɑn^{24}	ȵiɑn^{55}	ɕiɑn^{24}	fɑn^{24}
隰县黄土	tɕ^{h}iɛ̃^{55}	tiã^{21}	t^{h}iã^{24}	ȵiɛ̃^{55}	ɕiã^{24}	xuã^{24}

例字 / 中古音 / 方言点	品	赁	林	心	寻	参
	深开三上侵滂	去侵泥	平侵来	平侵心	平侵邪	平侵生
永和阁底	p^{h}iŋ^{312}	liŋ^{53}	liŋ^{24}	ɕiŋ^{31}	ɕiŋ^{24}	səŋ^{31}
大宁徐家垛	p^{h}iɪ^{31}	liɪ^{55}	liɪ^{24}	ɕiɪ^{31}	ɕiɪ^{24}	səŋ^{31}
霍州城关	p^{h}iŋ^{31}	liŋ^{53}	liŋ^{35}	ɕiŋ^{213}	ɕiŋ^{35}	səŋ^{213}
浮山响水河	p^{h}iẽ^{33}	liẽ^{53}	liẽ^{13}	ɕiẽ^{42}	ɕiẽ^{13}	sẽ^{42}
洪洞左木	p^{h}iŋ^{42}	liŋ^{53}	liŋ^{24}	ɕiŋ^{21}	ɕiŋ^{24}	səŋ^{21}
临汾贺家庄	p^{h}iẽɪ^{42}	liẽɪ^{53}	liẽɪ^{24}	ɕiẽɪ^{21}	ɕiẽɪ^{24}	sẽɪ^{21}
吉县文城	p^{h}iei^{53}	liei^{31}	liei^{24}	sei^{21}	sei^{24}	sei^{21}
乡宁光华	p^{h}in^{44}	lin^{31}	lin^{213}	ɕin^{53}	ɕin^{213}	sən^{53}
襄汾邓庄	p^{h}iẽɪ^{31}	liẽɪ^{53}	liẽɪ^{24}	ɕiẽɪ^{21}	ɕiẽɪ^{24}	ʂẽɪ^{21}
曲沃里村	p^{h}iẽ^{44}	liẽ^{53}	liẽ^{213}	ɕiẽ^{213}	ɕiẽ^{213}	sẽ^{213}
翼城隆化	p^{h}iŋ^{44}	liŋ^{53}	liŋ^{24}	ɕiŋ^{31}	ɕiŋ^{24}	səŋ^{31}
安泽唐城	p^{h}iəŋ^{423}	liəŋ^{53}	liəŋ^{21}	ɕiəŋ^{213}	ɕyəŋ^{21}	ts^{h}ɛ̃^{213}
汾西城关	p^{h}iŋ^{33}	ȵiŋ^{53}	liŋ^{24}	ɕiŋ^{11}	ɕiŋ^{24}	
古县城关	p^{h}in^{53}	lin^{53}	lin^{24}	ɕin^{31}	ɕin^{24}	
侯马城关	p^{h}iẽ^{44}	liẽ^{53}	liẽ^{24}	ɕiẽ^{213}	ɕyẽ^{44}	ts^{h}æ̃^{24}
蒲县城关	p^{h}in^{21}	lin^{55}	lin^{24}	ɕin^{53}	ɕin^{24}	ts^{h}ən^{53}
隰县黄土	p^{h}iəŋ^{21}	liəŋ^{55}	liəŋ^{24}	ɕiəŋ^{41}	ɕiəŋ^{24}	

例字 / 中古音 / 方言点	枕名词	枕动词	深	任	今	妗
	深开三上侵章	去侵章	平侵书	去侵日	平侵见	去侵群
永和阁底	tʂəŋ^{312}	tʂəŋ^{53}	ʂəŋ^{31}	ʐəŋ^{53}	tsɿ^{31}	tɕʰiŋ^{53}
大宁徐家垛	tʂəŋ^{31}	tʂəŋ^{55}	ʂəŋ^{31}	ʐəŋ^{55}	tɕiɐ^{31}	tɕʰiɪ^{55}
霍州城关	tʂəŋ^{31}	tʂəŋ^{44}	ʂəŋ^{213}	ʐəŋ^{53}	tɕiŋ^{213}	tɕʰiŋ^{53}
浮山响水河	tsẽ^{33}	tsẽ^{44}	ʂẽ^{42}	ʐẽ^{53}	tɕi^{42}	tɕʰiẽ^{53}
洪洞左木	tʂəŋ^{42}	tʂəŋ^{53}	ʂəŋ^{21}	ʐəŋ^{53}	tɕi^{21}	tɕʰiŋ^{53}
临汾贺家庄	tʂẽɪ^{53}	tʂẽɪ^{53}	ʂẽɪ^{21}	ʐẽɪ^{53}	tɕi^{21}	tɕʰiẽɪ^{53}
吉县文城	tʂei^{31}	tʂei^{31}	ʂei^{21}	ʐei^{31}	tsɿ^{21}	tɕiei^{31}
乡宁光华	tʂən^{31}	tʂən^{31}	ʂən^{53}	ʐən^{31}	tɕi^{53}	tɕʰin^{31}
襄汾邓庄	tʂẽɪ^{31}	tʂẽɪ^{44}	ʂẽɪ^{21}	ʐẽɪ^{53}	tɕi^{21}	tɕʰiẽɪ^{53}
曲沃里村	tsẽ^{44}	tsẽ^{31}	sẽ^{213}	zẽ^{53}	tɕiɛ^{213}	tɕʰiẽ^{53}
翼城隆化	tsəŋ^{44}	tsəŋ^{53}	ʂəŋ^{31}	ʐəŋ^{53}	tɕi^{31}	tɕʰiŋ^{53}
安泽唐城	tʂəŋ^{423}	tʂəŋ^{53}	ʂəŋ^{213}	ʐəŋ^{21}	tɕiəŋ^{213}	tɕiəŋ^{53}
汾西城关	tsəŋ^{55}	tsəŋ^{55}	səŋ^{11}	zəŋ^{53}	tɕiʌ^{1}	tɕʰiŋ^{53}
古县城关	tʂən^{53}	tʂən^{24}	ʂən^{31}	ʐən^{24}	tsɿ^{31}	tɕʰin^{53}
侯马城关	tʂẽ^{53}	tʂẽ^{53}	ʂẽ^{24}	ʐẽ^{24}	tɕiẽ^{24}	tɕʰiẽ^{53}
蒲县城关	tʂən^{55}	tʂən^{55}	ʂən^{53}	ʐən^{24}	tɕi^{53}	tɕʰin^{55}
隰县黄土	tsəŋ^{55}	tsəŋ^{55}	səŋ^{41}	zəŋ^{24}	tɕiəŋ^{41}	tɕʰiəŋ^{55}

例字 中古音 方言点	饮	蛋	难	伞	看	岸
	深开三去侵影	山开一去寒定	平寒泥	上寒心	去寒溪	去寒疑
永和阁底	ȵiŋ^{53}	tʰɑŋ^{53}	nɑŋ^{24}	sɑŋ^{312}	kʰɛ̃ɪ^{53}	ŋɛ̃ɪ^{53}
大宁徐家垛	ȵiɪ^{55}	tʰæ̃^{55}	næ̃^{24}	sæ̃^{31}	kʰæ̃^{55}	ŋæ̃^{55}
霍州城关	ȵiŋ^{53}	tʰɑŋ^{53}	lɑŋ^{35}	sɑŋ^{31}	kʰɑŋ^{44}	ŋɑŋ^{53}
浮山响水河	ȵiẽ^{44}	tʰæ̃^{53}	næ̃^{13}	sæ̃^{33}	kʰæ̃^{44}	ŋæ̃^{53}
洪洞左木	ȵiŋ^{53}	tʰɑŋ^{53}	nɑŋ^{24}	sɑŋ^{42}	kʰɑŋ^{24}	ŋɑŋ^{53}
临汾贺家庄	ȵiẽɪ^{55}	tʰæ̃ɪ^{53}	næ̃ɪ^{24}	sæ̃ɪ^{42}	kʰæ̃ɪ^{55}	ŋæ̃ɪ^{53}
吉县文城	ȵiei^{31}	tʰæɛ^{31}	næɛ^{24}	sæɛ^{53}	kʰæɛ^{31}	ŋæɛ^{31}
乡宁光华	ȵin^{31}	tʰæɛ^{31}	næɛ^{213}	sæɛ^{44}	kʰæɛ^{31}	ŋæɛ^{31}
襄汾邓庄	ȵiẽɪ^{53}	tʰæ̃ɪ^{53}	næ̃ɪ^{24}	sæ̃ɪ^{31}	kʰæ̃ɪ^{44}	ŋæ̃ɪ^{53}
曲沃里村	ȵiẽ^{31}	tʰæ̃^{53}	læ̃^{213}	sæ̃^{44}	kʰæ̃^{31}	ŋæ̃^{53}
翼城隆化	ȵiŋ^{53}	tʰæ̃^{53}	næ̃^{24}	sæ̃^{44}	kʰæ̃^{53}	ŋæ̃^{53}
安泽唐城	iəŋ^{423}	tɛ̃^{53}	nɛ̃^{21}	sɛ̃^{423}	kʰɛ̃^{213}	ŋɛ̃^{53}
汾西城关	ȵiŋ^{33}	tʰɑŋ^{53}	nɑŋ^{24}	sɑŋ^{33}	kʰɑŋ^{11}	ŋɑŋ^{53}
古县城关	in^{53}	tʰan^{53}	nan^{24}	san^{53}	kʰan^{31}	ŋan^{53}
侯马城关	iẽ^{44}	tæ̃^{53}	næ̃^{24}	tsæ̃^{44}	kæ̃^{53}	ŋæ̃^{53}
蒲县城关	in^{21}	tʰɑn^{55}	nɑn^{24}	sɑn^{21}	kʰɑn^{53}	ŋɑn^{55}
隰县黄土	ȵiəŋ^{55}	tʰɛ̃^{55}	nã^{24}	sɛ̃^{55}	kʰɛ̃^{55}	ŋɛ̃^{55}

例字 / 中古音 / 方言点	汗	安	办	铲	产	间
	山开一去寒匣	平寒影	山开二去山並	上山初	上山生	平山见
永和阁底	xɛ̃ɪ^{53}	ŋɛ̃ɪ^{31}	pʰɑŋ^{53}	tsʰɑŋ^{312}	tsʰɑŋ^{312}	tɕiɑŋ^{31}
大宁徐家垛	xæ̃^{55}	ŋæ̃^{31}	pæ̃^{55}	tsʰa^{31}	tsʰæ̃^{31}	tɕiæ̃^{31}
霍州城关	xɑŋ^{53}	ŋɑŋ^{213}	pʰɑŋ^{53}	tsʰɑŋ^{31}	tsʰɑŋ^{31}	tɕiɑŋ^{213}
浮山响水河	xæ̃^{53}	ŋæ̃^{42}	pʰæ̃^{53}	tʂʰæ̃^{33}	tʂʰæ̃^{33}	tiɛ̃i^{42}
洪洞左木	xɑŋ^{53}	ŋɑŋ^{21}	pɑŋ^{53}	tsʰɛ^{42}	tsʰɑŋ^{42}	tiɑŋ^{21}
临汾贺家庄	xæ̃ɪ^{53}	ŋæ̃ɪ^{21}	pʰæ̃ɪ^{53}	tsʰæ̃ɪ^{42}	tsʰæ̃ɪ^{42}	tæ̃ɪ^{21}
吉县文城	xæɛ^{31}	ŋæɛ^{21}	pʰæɛ^{31}	tsʰa^{31}	tsʰæɛ^{31}	tɕiæɛ^{21}
乡宁光华	xæɛ^{31}	ŋæɛ^{53}	pʰæɛ^{31}	tsʰæɛ^{44}	tsʰæɛ^{44}	tɕiæɛ^{53}
襄汾邓庄	xæ̃ɪ^{53}	ŋæ̃ɪ^{21}	pʰæ̃ɪ^{53}	tʂʰæ̃ɪ^{31}	tʂʰæ̃ɪ^{31}	tiæ̃ɪ^{21}
曲沃里村	xæ̃^{53}	ŋæ̃^{213}	pæ̃^{53}	tsʰɛ^{44}	tsʰæ̃^{44}	tɕiæ̃^{213}
翼城隆化	xæ̃^{53}	ŋæ̃^{31}	pæ̃^{53}	tʂʰei^{44}	tʂʰæ̃^{44}	tɕiɛ̃i^{31}
安泽唐城	xɛ̃^{53}	ŋɛ̃^{213}	pɛ̃^{53}	tʂʰɛ̃^{423}	tsʰɛ̃^{423}	tɕiɛ̃^{213}
汾西城关	xɑŋ^{53}	ŋɑŋ^{11}	pʰɑŋ^{53}	tsʰɑŋ^{33}	tsʰɑŋ^{33}	tiɑŋ^{11}
古县城关	xan^{53}	ŋan^{31}	pʰan^{53}	tsʰan^{53}	tsʰan^{53}	tian^{31}
侯马城关	xæ̃^{53}	ŋæ̃^{213}	pʰæ̃^{53}	tsʰæ̃^{44}	tsʰæ̃^{44}	tɕiɛ̃i^{213}
蒲县城关	xɑn^{55}	ŋɑn^{53}	pʰɑn^{55}	tsʰə^{53}	tsʰɑn^{21}	tiɑn^{53}
隰县黄土	xɛ̃^{55}	ŋɛ̃^{41}	pɛ̃^{55}	tsʰã^{21}	tsʰɛ̃^{41}	tɕiɛ̃^{41}

例字 / 中古音 / 方言点	眼	闲	慢	鞭	剪	钱
	山开二上山疑	平山匣	去删明	山开三平仙帮	上仙精	平仙从
永和阁底	ȵiɑŋ^{312}	xɑŋ^{24}	mɑŋ^{53}	piɛ̃ɪ^{31}	tɕiɛ̃ɪ^{312}	tɕ^{h}iɛ̃ɪ^{24}
大宁徐家垛	ȵiæ̃^{31}	xæ̃^{24}	mæ̃^{55}	piæ̃^{31}	tɕiæ̃^{31}	tɕ^{h}iæ̃^{24}
霍州城关	ȵiɑu^{31}	xɑŋ^{35}	mɑŋ^{53}	piɑŋ^{213}	tɕiɑŋ^{31}	tɕ^{h}iɑŋ^{35}
浮山响水河	ȵiɛ̃i^{33}	xæ̃^{13}	mæ̃^{53}	piɛ̃i^{42}	tɕiɛ̃i^{33}	tɕ^{h}iɛ̃i^{13}
洪洞左木	ȵiɑu^{42}	ɕiɑŋ^{24}	mɑŋ^{53}	piɑŋ^{21}	tɕiɑŋ^{42}	tɕ^{h}iɑŋ^{24}
临汾贺家庄	ȵæ̃ɪ^{42}	xæ̃ɪ^{24}	mæ̃ɪ^{53}	piæ̃ɪ^{21}	tɕiæ̃ɪ^{42}	tɕ^{h}iæ̃ɪ^{24}
吉县文城	ȵiæɛ^{53}	xæɛ^{24}	mæɛ^{31}	piæɛ^{21}	tɕiæɛ^{53}	tɕ^{h}iæɛ^{24}
乡宁光华	ȵiæɛ^{44}	xæɛ^{213}	mæɛ^{31}	piæɛ^{53}	tɕiæɛ^{44}	tɕ^{h}iæɛ^{213}
襄汾邓庄	ȵiɑu^{31}	xæ̃ɪ^{24}	mæ̃ɪ^{53}	piæ̃ɪ^{21}	tɕiæ̃ɪ^{31}	tɕ^{h}iæ̃ɪ^{24}
曲沃里村	ȵiæ̃^{44}	ɕæ̃^{213}	mæ̃^{53}	piæ̃^{213}	tɕiæ̃^{44}	tɕ^{h}iæ̃^{213}
翼城隆化	ȵiɛ̃i^{44}	ɕiɛ̃i^{24}	mæ̃^{53}	piɛ̃i^{31}	tɕiɛ̃i^{44}	tɕ^{h}iɛ̃i^{24}
安泽唐城	ȵiɛ̃^{423}	xɛ̃^{21}	mɛ̃^{53}	piɛ̃^{213}	tɕiɛ̃^{423}	tɕ^{h}iɛ̃^{21}
汾西城关	ȵiɑŋ^{33}	xɑŋ^{24}	mɑŋ^{53}	piɑŋ^{11}	tɕiɑŋ^{33}	tɕ^{h}iɪ^{24}
古县城关	ȵian^{53}	ɕian^{24}	man^{53}	pian^{31}	tɕian^{53}	tɕ^{h}ian^{24}
侯马城关	ȵiɛ̃i^{44}	ɕiɛ̃i^{24}	mæ̃^{53}	piɛ̃i^{213}	tɕiɛ̃i^{44}	tɕ^{h}iɛ̃i^{24}
蒲县城关	ȵiɑn^{21}	xɑn^{24}	mɑn^{55}	piɑn^{53}	tɕiɑn^{21}	tɕ^{h}iɑn^{24}
隰县黄土	ȵiã^{21}	ɕiã^{24}	mɛ̃^{55}	piɛ̃^{41}	tɕiã^{21}	tɕ^{h}iã^{24}

例字 / 中古音 / 方言点	线	缠	扇	燃	件	辫
	山开三去仙心	平仙澄	去仙书	平仙日	上仙群	山开四上先並
永和阁底	ɕiɪ^{53}	ts^{h}ɛ̃ɪ^{24}	sɛ̃ɪ^{53}	ʐɛ̃ɪ^{24}	tɕ^{h}iɛ̃ɪ^{53}	p^{h}iɪ^{53}
大宁徐家垛	ɕiæ̃^{55}	tʂ^{h}æ̃^{24}	sæ̃^{55}	ʐæ̃^{24}	tɕ^{h}iæ̃^{55}	p^{h}iæ̃^{55}
霍州城关	ɕiɑŋ^{44}	tʂ^{h}ə^{35}	ʂɑŋ^{44}	ʐɑŋ^{35}	tɕ^{h}iɑŋ^{53}	p^{h}iɑŋ^{44}
浮山响水河	ɕiɛ̃i^{44}	tʂ^{h}æ̃^{13}	ʂæ̃^{44}	ʐæ̃^{13}	tɕ^{h}iɛ̃i^{53}	p^{h}iɛ̃i^{53}
洪洞左木	ɕiɑŋ^{24}	tʂ^{h}ɑŋ^{24}	ʂɑŋ^{53}	ʐɑŋ^{24}	tɕ^{h}iɑŋ^{53}	p^{h}iɑŋ^{53}
临汾贺家庄	ɕiæ̃ɪ^{55}	tʂ^{h}æ̃ɪ^{24}	ʂæ̃ɪ^{55}	ʐæ̃ɪ^{24}	tɕ^{h}iæ̃ɪ^{53}	p^{h}iæ̃ɪ^{55}
吉县文城	ɕiæɛ^{31}	tʂ^{h}æɛ^{24}	ʂæɛ^{31}	ʐæɛ^{24}	tɕ^{h}iæɛ^{31}	p^{h}iæɛ^{53}
乡宁光华	ɕiæɛ^{31}	ts^{h}æɛ^{213}	sæɛ^{31}	ʐæɛ^{213}	tɕ^{h}iæɛ^{31}	p^{h}iæɛ^{31}
襄汾邓庄	ɕiæ̃ɪ^{44}	tʂ^{h}æ̃ɪ^{24}	ʂæ̃ɪ^{44}	ʐæ̃ɪ^{24}	tɕ^{h}iæ̃ɪ^{53}	p^{h}iæ̃ɪ^{44}
曲沃里村	ɕiæ̃^{31}	ts^{h}æ̃^{213}	sæ̃^{31}	zæ̃^{213}	tɕ^{h}iæ̃^{53}	p^{h}iæ̃^{53}
翼城隆化	ɕiɛ̃i^{53}	tʂ^{h}æ̃^{24}	ʂæ̃^{53}	ʐæ̃^{24}	tɕ^{h}iɛ̃i^{53}	p^{h}iɛ̃i^{53}
安泽唐城	ɕiɛ̃^{53}	tʂ^{h}ɛ̃^{21}	ʂɛ̃^{53}	ʐɛ̃^{21}	tɕ^{h}iɛ̃^{53}	piɛ̃^{53}
汾西城关	ɕiɑŋ^{55}	ts^{h}ɑŋ^{24}	sɑŋ^{55}	zɑŋ^{24}	tɕ^{h}iɑŋ^{53}	p^{h}iɑŋ^{53}
古县城关	ɕian^{24}	tʂ^{h}an^{24}	ʂan^{24}	ʐan^{24}	tɕ^{h}ian^{53}	p^{h}ian^{53}
侯马城关	ɕiɛ̃i^{53}	tʂ^{h}æ̃^{24}	ʂæ̃^{53}	ʐæ̃^{44}	tɕ^{h}iɛ̃i^{53}	p^{h}iɛ̃i^{53}
蒲县城关	ɕiɑn^{55}	tʂ^{h}ɑn^{24}	ʂɑn^{55}	ʐɑn^{24}	tɕ^{h}iɑn^{55}	p^{h}iɑn^{55}
隰县黄土	ɕiɛ̃^{55}	ts^{h}ã^{24}	sɛ̃^{55}	zã^{24}	tɕ^{h}iɛ̃^{55}	p^{h}iɛ̃^{55}

例字 / 中古音 / 方言点	面	电	年	千	短	团
	山开四去先明	去先定	平先泥	平先清	山合一上桓端	平桓定
永和阁底	miẽɪ^{53}	tiẽɪ^{53}	ȵiɪ^{24}	tɕʰiɪ^{31}	tuẽɪ^{312}	tʰuẽɪ^{24}
大宁徐家垛	miæ̃^{55}	tiæ̃^{55}	ȵiæ̃^{24}	tɕʰiæ̃^{31}	tuæ̃^{31}	tʰuæ̃^{24}
霍州城关	miɑŋ^{53}	tɕiɑŋ^{53}	ȵiɑŋ^{35}	tɕʰiɑŋ^{213}	tuɑŋ^{31}	tʰuɑŋ^{35}
浮山响水河	miẽi^{53}	tiẽi^{33}	ȵiẽi^{13}	tɕʰiẽi^{42}	tuæ̃^{33}	tʰuæ̃^{13}
洪洞左木	miɑŋ^{53}	tiɑŋ^{42}	ȵiɑŋ^{24}	tɕʰiɑŋ^{21}	tuɑŋ^{42}	tʰuɑŋ^{24}
临汾贺家庄	miæ̃ɪ^{53}	tiæ̃ɪ^{42}	ȵiæ̃ɪ^{24}	tɕʰiæ̃ɪ^{21}	tuæ̃ɪ^{42}	tʰuæ̃ɪ^{24}
吉县文城	miæɛ^{53}	tiæɛ^{53}	ȵiæɛ^{24}	tɕʰiæɛ^{21}	tuæɛ^{53}	tʰuæɛ^{24}
乡宁光华	miæɛ^{31}	tiæɛ^{31}	ȵiæɛ^{213}	tɕʰiæɛ^{53}	tuæɛ^{44}	tʰuæɛ^{213}
襄汾邓庄	miæ̃ɪ^{53}	tiæ̃ɪ^{53}	ȵiæ̃ɪ^{24}	tɕʰiæ̃ɪ^{21}	tuæ̃ɪ^{31}	tʰuæ̃ɪ^{24}
曲沃里村	miæ̃^{53}	tiæ̃^{44}	ȵiæ̃^{213}	tɕʰiæ̃^{213}	tuæ̃^{44}	tʰuæ̃^{213}
翼城隆化	miẽi^{53}	tiẽi^{44}	ȵiẽi^{24}	tɕʰiẽi^{31}	tuæ̃^{44}	tʰuæ̃^{24}
安泽唐城	miɛ̃^{53}	tiɛ̃^{53}	ȵiɛ̃^{21}	tɕʰiɛ̃^{213}	tuɛ̃^{423}	tʰuɛ̃^{21}
汾西城关	miɑŋ^{53}	tiɑŋ^{53}	ȵiɑŋ^{24}	tɕʰiɑŋ^{11}	tuɑŋ^{33}	tʰuɑŋ^{24}
古县城关	mian^{53}	tian^{53}	ȵian^{24}	tɕʰian^{31}	tuan^{53}	tʰuan^{24}
侯马城关	miẽi^{53}	tiẽi^{53}	ȵiẽi^{24}	tɕʰiẽi^{213}	tuæ̃^{44}	tʰuæ̃^{24}
蒲县城关	miɑn^{55}	tiɑn^{55}	ȵiɑn^{24}	tɕʰiɑn^{53}	tuɑn^{21}	tʰuɑn^{24}
隰县黄土	miɛ̃^{55}	tiɛ̃^{55}	ȵiã^{24}	tɕʰiɛ̃^{41}	tuã^{21}	tʰuã^{24}

例字 / 中古音 / 方言点	钻	蒜	宽	换	碗	惯
	山合一平桓精	去桓心	平桓溪	去桓匣	上桓影	山合二去删见
永和阁底	tsuẽɪ^{31}	suẽɪ^{53}	k^{h}uẽɪ^{31}	xuẽɪ^{53}	uẽɪ^{312}	kuɑŋ^{53}
大宁徐家垛	tsuæ̃^{31}	suæ̃^{55}	k^{h}uæ̃^{31}	xuæ̃^{55}	uæ̃^{31}	kuæ̃^{55}
霍州城关	tsuɑŋ^{213}	suɑŋ^{44}	k^{h}uɑŋ^{213}	xuɑŋ^{53}	uɑŋ^{31}	kuɑŋ^{44}
浮山响水河	tsuæ̃^{42}	suæ̃^{44}	k^{h}uæ̃^{42}	xuæ̃^{53}	uæ̃^{33}	kuæ̃^{44}
洪洞左木	tsuɑŋ^{21}	suɑŋ^{24}	k^{h}uɑŋ^{21}	xuɑŋ^{53}	uɑŋ^{42}	kuɑŋ^{24}
临汾贺家庄	tsuæ̃ɪ^{21}	suæ̃ɪ^{55}	k^{h}uæ̃ɪ^{21}	xuæ̃ɪ^{53}	uæ̃ɪ^{42}	kuæ̃ɪ^{55}
吉县文城	tsuæɛ^{21}	suæɛ^{31}	k^{h}uæɛ^{21}	xuæɛ^{31}	uæɛ^{31}	kuæɛ^{31}
乡宁光华	tsuæɛ^{53}	suæɛ^{31}	k^{h}uæɛ^{53}	xuæɛ^{31}	væɛ^{44}	kuæɛ^{31}
襄汾邓庄	tsuæ̃ɪ^{21}	suæ̃ɪ^{44}	k^{h}uæ̃ɪ^{21}	xuæ̃ɪ^{53}	uæ̃ɪ^{31}	kuæ̃ɪ^{44}
曲沃里村	tsuæ̃^{213}	suæ̃^{31}	k^{h}uæ̃^{213}	xuæ̃^{53}	uæ̃^{44}	kuæ̃^{31}
翼城隆化	tsuæ̃^{31}	suæ̃^{53}	k^{h}uæ̃^{31}	xuæ̃^{53}	uæ̃^{44}	kuæ̃^{24}
安泽唐城	tsuɛ̃^{213}	suɛ̃^{53}	k^{h}uɛ̃^{213}	xuɛ̃^{53}	vɛ̃^{423}	kuɛ̃^{53}
汾西城关	tsuɑŋ^{11}	suɑŋ^{55}	k^{h}uɑŋ^{11}	xuɑŋ^{53}	uɑŋ^{33}	kuɑŋ^{55}
古县城关	tsuan^{31}	suan^{24}	k^{h}uan^{31}	xuan^{53}	uan^{53}	kuan^{24}
侯马城关	tsuæ̃^{213}	tsuæ̃^{53}	k^{h}uæ̃^{213}	xuæ̃^{53}	uæ̃^{44}	kuæ̃^{53}
蒲县城关	tsuɑn^{53}	suɑn^{55}	k^{h}uɑn^{53}	xuɑn^{55}	uɑn^{21}	kuɑn^{55}
隰县黄土	tsuɛ̃^{41}	suɛ̃^{55}	k^{h}uɛ̃^{41}	xuɛ̃^{55}	uã^{21}	kuɛ̃^{55}

例字 / 中古音 / 方言点	全	选	转~送	转~圈	船	软
	山合三平仙从	上仙心	上仙知	去仙知	平仙船	上仙日
永和阁底	tɕ^{h}yɪ^{24}	ɕyɪ^{312}	tʂuẽɪ^{312}	tʂuẽɪ^{53}	tʂ^{h}uẽɪ^{24}	ʐuẽɪ^{312}
大宁徐家垛	tɕ^{h}yæ̃^{24}	ɕyæ̃^{31}	tʂuæ̃^{31}	tʂuæ̃^{55}	tʂ^{h}uæ̃^{24}	ʐuæ̃^{31}
霍州城关	tɕ^{h}yɑŋ^{35}	ɕyɑŋ^{31}	tʂuɑŋ^{31}	tʂuɑŋ^{44}	ʂuɑŋ^{35}	ʐuɑŋ^{31}
浮山响水河	tɕ^{h}yẽi^{13}	ɕyẽi^{33}	pfæ̃^{33}	pfæ̃^{44}	pf^{h}æ̃^{13}	væ̃^{33}
洪洞左木	tɕ^{h}yɑŋ^{24}	ɕyɑŋ^{42}	tʂuɑŋ^{42}	tʂuɑŋ^{53}	tʂ^{h}uɑŋ^{24}	vɑŋ^{42}
临汾贺家庄	tɕ^{h}yæ̃ɪ^{24}	ɕyæ̃ɪ^{42}	tʂuæ̃ɪ^{42}	tʂuæ̃ɪ^{55}	tʂ^{h}uæ̃ɪ^{24}	væ̃ɪ^{42}
吉县文城	tɕ^{h}yæɛ^{24}	ɕyæɛ^{53}	tʂuæɛ^{53}	tʂuæɛ^{53}	tʂ^{h}uæɛ^{24}	ʐuæɛ^{53}
乡宁光华	tɕ^{h}yæɛ^{213}	ɕyæɛ^{44}	tʂuæɛ^{44}	tʂuæɛ^{31}	tʂ^{h}uæɛ^{213}	væɛ^{44}
襄汾邓庄	tɕ^{h}yæ̃ɪ^{24}	ɕyæ̃ɪ^{31}	pfæ̃ɪ^{31}	pfæ̃ɪ^{44}	pf^{h}æ̃ɪ^{24}	væ̃ɪ^{31}
曲沃里村	tɕ^{h}yæ̃^{213}	ɕyæ̃^{44}	pfæ̃^{44}	pfæ̃^{31}	pf^{h}æ̃^{213}	væ̃^{44}
翼城隆化	tɕ^{h}yẽi^{24}	ɕyẽi^{44}	tʂuæ̃^{44}	tʂuæ̃^{53}	tʂ^{h}uæ̃^{24}	væ̃^{44}
安泽唐城	tɕ^{h}yɛ̃^{21}	ɕyɛ̃^{423}	tʂuɛ̃^{423}	tʂuɛ̃^{53}	tʂ^{h}uɛ̃^{21}	ʐuɛ̃^{423}
汾西城关	tɕ^{h}yɑŋ^{24}	ɕyɑŋ^{33}	tsuɑŋ^{33}	tsuɑŋ^{55}	ts^{h}uɑŋ^{24}	vəŋ^{33}
古县城关	tɕ^{h}yan^{24}	ɕyan^{53}	tʂuan^{53}	tʂuan^{24}	tʂ^{h}uan^{24}	uan^{53}
侯马城关	tɕ^{h}yẽi^{24}	ɕyẽi^{44}	tʂ^{h}uæ̃^{44}	tʂuæ̃^{53}	tʂ^{h}uæ̃^{24}	ʐuæ̃^{44}
蒲县城关	tɕ^{h}yɑn^{24}	ɕyɑn^{21}	tʂuɑn^{21}	tʂuɑn^{55}	tʂ^{h}uɑn^{24}	ʐuɑn^{21}
隰县黄土	tɕ^{h}yã^{24}	ɕyã^{21}	tsuã^{21}	tsuɛ̃^{55}	ts^{h}uã^{24}	zuã^{21}

例字 / 中古音 / 方言点	圈圆~	圈猪~	圆	反	饭	万
	山合三平仙溪	上仙群	平仙云	上元非	去元奉	去元微
永和阁底	tɕʰyɛ̃ɪ^{31}	tɕʰyɛ̃ɪ^{53}	yɛ̃ɪ^{24}	xuɑŋ^{312}	xuɑŋ^{53}	uɑŋ^{53}
大宁徐家垛	tɕʰyæ̃^{31}	tɕʰyæ̃^{55}	yæ̃^{24}	fæ̃^{31}	fæ̃^{55}	uæ̃^{55}
霍州城关	tɕʰyɑŋ^{213}	tɕʰyɑŋ^{53}	yɑŋ^{35}	fɑŋ^{31}	fɑŋ^{53}	uɑŋ^{44}
浮山响水河	tɕʰyẽi^{42}	tɕʰyẽi^{53}	yẽi^{13}	fæ̃^{33}	fæ̃^{53}	væ̃^{53}
洪洞左木	tɕʰyɑŋ^{21}	tɕʰyɑŋ^{53}	yɑŋ^{24}	fɑŋ^{42}	fɑŋ^{53}	vɑŋ^{53}
临汾贺家庄	tɕʰyæ̃ɪ^{21}	tɕʰyæ̃ɪ^{53}	yæ̃ɪ^{24}	fæ̃ɪ^{42}	fæ̃ɪ^{53}	væ̃ɪ^{53}
吉县文城	tɕʰyæɛ^{21}	tɕʰyæɛ^{31}	yæɛ^{24}	fæɛ^{53}	fæɛ^{31}	væɛ^{31}
乡宁光华	tɕʰyæɛ^{53}	tɕʰyæɛ^{31}	yæɛ^{213}	fæɛ^{44}	fæɛ^{31}	væɛ^{31}
襄汾邓庄	tɕʰyæ̃ɪ^{21}	tɕʰyæ̃ɪ^{53}	yæ̃ɪ^{24}	fæ̃ɪ^{31}	fæ̃ɪ^{53}	væ̃ɪ^{44}
曲沃里村	tɕʰyæ̃^{213}	tɕʰyæ̃^{53}	yæ̃^{213}	fæ̃^{44}	fæ̃^{53}	uæ̃^{53}
翼城隆化	tɕʰyẽi^{31}	tɕʰyẽi^{53}	yẽi^{24}	fæ̃^{44}	fæ̃^{53}	væ̃^{53}
安泽唐城	tɕʰyɛ̃^{213}	tɕyɛ̃^{53}	yɛ̃^{21}	fɛ̃^{423}	fɛ̃^{53}	vɛ̃^{53}
汾西城关	tɕʰyɑŋ^{11}	tɕʰyɪ^{1}	yɑŋ^{24}	fɑŋ^{33}	fɑŋ^{53}	vɑŋ^{53}
古县城关	tɕʰyan^{31}	tɕʰyan^{53}	yan^{24}	fan^{53}	fan^{53}	uan^{53}
侯马城关	tɕʰyẽi^{213}	tɕʰyẽi^{53}	yẽi^{24}	fæ̃^{44}	fæ̃^{53}	uæ̃^{53}
蒲县城关	tɕʰyɑn^{53}	tɕʰyɑn^{55}	yɑn^{24}	fɑn^{21}	fɑn^{55}	uɑn^{55}
隰县黄土	tɕʰyɛ̃^{41}	tɕʰyɛ̃^{55}	yã^{24}	xuã^{21}	xuɛ̃^{55}	uɛ̃^{55}

例字 中古音 方言点	县	吞	根	恩	贫	进
	山合四去先匣	臻开一平痕透	平痕见	平痕影	臻开三平真並	去真精
永和阁底	$ɕiẽɪ^{53}$	$t^{h}əŋ^{31}$	$kəŋ^{31}$	$ŋəŋ^{31}$	$p^{h}iŋ^{24}$	$tɕiŋ^{53}$
大宁徐家垛	$ɕiæ̃^{55}$	$t^{h}əŋ^{31}$	$kəŋ^{31}$	$ŋəŋ^{31}$	$p^{h}iɪ^{24}$	$tɕiɪ^{55}$
霍州城关	$ɕiɑŋ^{53}$	$t^{h}əŋ^{213}$	$kəŋ^{213}$	$ŋəŋ^{213}$	$p^{h}iŋ^{35}$	$tɕiŋ^{44}$
浮响水河	$ɕiẽi^{53}$	$t^{h}uẽ^{42}$	$kẽ^{42}$	$ŋẽ^{42}$	$p^{h}iẽ^{13}$	$tɕiẽ^{44}$
洪洞左木	$ɕiɑŋ^{53}$	$t^{h}əŋ^{21}$	$kəŋ^{21}$	$ŋəŋ^{21}$	$p^{h}iŋ^{24}$	$tɕiŋ^{24}$
临汾贺家庄	$ɕiæ̃ɪ^{53}$	$t^{h}əŋ^{21}$	$kẽɪ^{21}$	$ŋẽɪ^{21}$	$p^{h}iẽɪ^{24}$	$tɕiẽɪ^{55}$
吉县文城	$ɕiæɛ^{31}$	$t^{h}ei^{21}$	kei^{21}	$ŋei^{21}$	$p^{h}iei^{24}$	$tsei^{53}$
乡宁光华	$ɕiæɛ^{31}$	$t^{h}uən^{53}$	$kən^{53}$	$ŋən^{53}$	$p^{h}in^{213}$	$tɕin^{31}$
襄汾邓庄	$ɕiæ̃ɪ^{53}$	$t^{h}uẽɪ^{21}$	$kẽɪ^{21}$	$ŋẽɪ^{21}$	$p^{h}iẽɪ^{24}$	$tɕiẽɪ^{44}$
曲沃里村	$ɕiæ̃^{53}$	$t^{h}uẽ^{213}$	$kẽ^{213}$	$ŋẽ^{213}$	$p^{h}iẽ^{213}$	$tɕiẽ^{31}$
翼城隆化	$ɕiẽi^{53}$	$t^{h}əŋ^{31}$	$kəŋ^{31}$	$ŋəŋ^{31}$	$p^{h}iŋ^{24}$	$tɕiŋ^{53}$
安泽唐城	$ɕiɛ̃^{53}$	$t^{h}əŋ^{213}$	$kəŋ^{213}$	$ŋəŋ^{213}$	$p^{h}iəŋ^{21}$	$tɕiəŋ^{53}$
汾西城关	$ɕiɑŋ^{53}$	$t^{h}əŋ^{11}$	$kəŋ^{11}$	$ŋəŋ^{11}$	$p^{h}iŋ^{24}$	$tɕiŋ^{55}$
古县城关	$ɕian^{53}$	$t^{h}əŋ^{31}$	$kən^{31}$	$ŋən^{31}$	$p^{h}in^{24}$	$tɕin^{24}$
侯马城关	$ɕiẽi^{53}$	$t^{h}ẽ^{213}$	$kẽ^{213}$	$ŋẽ^{213}$	$p^{h}iẽ^{24}$	$tɕiẽ^{53}$
蒲县城关	$ɕiɑn^{55}$	$t^{h}əŋ^{53}$	$kən^{53}$	$ŋən^{53}$	$p^{h}in^{24}$	$tɕin^{55}$
隰县黄土	$ɕiɛ̃^{55}$	$t^{h}əŋ^{41}$	$kəŋ^{41}$	$ŋəŋ^{41}$	$p^{h}iəŋ^{24}$	$tɕiəŋ^{55}$

例字 / 中古音 / 方言点	亲~人	亲~家	尽	信	阵	神
	臻开三平真清	去真清	上真从	去真心	去真澄	平真船
永和阁底	$tɕ^{h}iŋ^{31}$	$tɕ^{h}iŋ^{53}$	$tɕ^{h}iŋ^{53}$	$ɕiŋ^{53}$	$tʂ^{h}əŋ^{53}$	$ʂəŋ^{24}$
大宁徐家垛	$tɕ^{h}iɪ^{31}$	$tɕ^{h}iɪ^{55}$	$tɕ^{h}iɪ^{55}$	$ɕiɪ^{55}$	$tʂ^{h}əŋ^{55}$	$ʂəŋ^{24}$
霍州城关	$tɕ^{h}iŋ^{213}$	$tɕ^{h}iŋ^{44}$	$tɕ^{h}iŋ^{53}$	$ɕiŋ^{44}$	$tʂ^{h}əŋ^{53}$	$ʂəŋ^{35}$
浮山响水河	$tɕ^{h}iẽ^{42}$	$tɕ^{h}iẽ^{44}$	$tɕ^{h}iẽ^{53}$	$ɕiẽ^{44}$	$tʂ^{h}ẽ^{53}$	$ʂẽ^{13}$
洪洞左木	$tɕ^{h}iŋ^{21}$	$tɕ^{h}iŋ^{53}$	$tɕ^{h}iŋ^{53}$	$ɕiŋ^{24}$	$tʂ^{h}əŋ^{53}$	$ʂəŋ^{24}$
临汾贺家庄	$tɕ^{h}iẽɪ^{21}$	$tɕ^{h}iẽɪ^{55}$	$tɕ^{h}iẽɪ^{53}$	$ɕiẽɪ^{55}$	$tʂ^{h}ẽɪ^{53}$	$ʂẽɪ^{24}$
吉县文城	$tɕ^{h}iei^{21}$	$tɕ^{h}iei^{31}$	$tɕ^{h}iei^{31}$	sei^{31}	$tʂ^{h}ei^{31}$	$ʂei^{24}$
乡宁光华	$tɕ^{h}in^{53}$	$tɕ^{h}in^{53}$	$tɕ^{h}in^{31}$	$ɕin^{31}$	$tʂ^{h}ən^{31}$	$ʂən^{213}$
襄汾邓庄	$tɕ^{h}iẽɪ^{21}$	$tɕ^{h}iẽɪ^{44}$	$tɕ^{h}iẽɪ^{53}$	$ɕiẽɪ^{44}$	$tʂ^{h}ẽɪ^{53}$	$ʂẽɪ^{24}$
曲沃里村	$tɕ^{h}iẽ^{213}$	$tɕ^{h}iẽ^{31}$	$tɕ^{h}iẽ^{53}$	$ɕiẽ^{31}$	$tsẽ^{53}$	$sẽ^{213}$
翼城隆化	$tɕ^{h}iŋ^{31}$	$tɕ^{h}iŋ^{53}$	$tɕiŋ^{53}$	$ɕiŋ^{53}$	$tʂəŋ^{53}$	$ʂəŋ^{24}$
安泽唐城	$tɕ^{h}iəŋ^{213}$	$tɕ^{h}iəŋ^{53}$	$tɕiəŋ^{53}$	$ɕiəŋ^{53}$	$tʂəŋ^{53}$	$ʂəŋ^{21}$
汾西城关	$tɕ^{h}iŋ^{11}$	$tɕ^{h}iŋ^{55}$	$tɕi^{33}$	$ɕiŋ^{55}$	$ts^{h}əŋ^{53}$	$səŋ^{24}$
古县城关	$tɕ^{h}in^{31}$	$tɕ^{h}in^{24}$		$ɕin^{24}$	$tʂ^{h}ən^{53}$	$ʂən^{24}$
侯马城关	$tɕ^{h}iẽ^{213}$	$tɕ^{h}iẽ^{53}$	$tɕiẽ^{53}$	$ɕiẽ^{53}$	$tʂẽ^{53}$	$ʂẽ^{24}$
蒲县城关	$tɕ^{h}in^{53}$	$tɕ^{h}in^{53}$	$tɕin^{21}$	$ɕin^{55}$	$tʂ^{h}ən^{55}$	$ʂən^{24}$
隰县黄土	$tɕ^{h}iəŋ^{41}$	$tɕ^{h}iəŋ^{55}$	$tɕ^{h}iəŋ^{55}$	$ɕiəŋ^{55}$	$ts^{h}əŋ^{55}$	$səŋ^{24}$

例字 / 中古音 / 方言点	晨	人	忍	认	银	印
	臻开三平真禅	平真日	上真日	去真日	平真疑	去真影
永和阁底	tʂʰəŋ^{24}	ʐəŋ^{24}	ʐəŋ^{312}	ʐəŋ^{53}	ȵiŋ^{24}	iŋ^{53}
大宁徐家垛	tʂʰəŋ^{24}	ʐəŋ^{24}	ʐəŋ^{31}	ʐəŋ^{55}	ȵiɪ^{24}	iɪ^{55}
霍州城关	tʂʰəŋ^{35}	ʐəŋ^{35}	ʐəŋ^{31}	ʐəŋ^{53}	ȵiŋ^{35}	iŋ^{44}
浮山响水河	tʂʰẽ^{13}	ʐẽ^{13}	ʐẽ^{33}	ʐẽ^{53}	ȵiẽ^{13}	iẽ^{44}
洪洞左木	tʂʰəŋ^{24}	ʐəŋ^{24}	ʐəŋ^{42}	ʐəŋ^{24}	ȵiŋ^{24}	iŋ^{24}
临汾贺家庄	tʂʰẽɪ^{24}	ʐẽɪ^{24}	ʐẽɪ^{42}	ʐẽɪ^{53}	ȵiẽɪ^{24}	iẽɪ^{55}
吉县文城	tʂʰei^{24}	ʐei^{24}	ʐei^{53}	ʐei^{53}	ȵiei^{24}	iei^{31}
乡宁光华	tʂʰən^{213}	ʐən^{213}	ʐən^{44}	ʐən^{31}	ȵin^{213}	in^{31}
襄汾邓庄	tʂʰẽɪ^{24}	ʐẽɪ^{24}	ʐẽɪ^{31}	ʐẽɪ^{53}	ȵiẽɪ^{24}	iẽɪ^{44}
曲沃里村	tsʰẽ^{213}	zẽ^{213}	zẽ^{44}	zẽ^{53}	ȵiẽ^{213}	iẽ^{31}
翼城隆化	tʂʰəŋ^{24}	ʐəŋ^{24}	ʐəŋ^{44}	ʐəŋ^{53}	ȵiŋ^{24}	iŋ^{24}
安泽唐城	tʂʰəŋ^{21}	ʐəŋ^{21}	ʐəŋ^{423}	ʐəŋ^{53}	ȵiəŋ^{21}	iəŋ^{53}
汾西城关	tsʰəŋ^{24}	zəŋ^{24}	zəŋ^{33}	zəŋ^{53}	ȵiŋ^{24}	iŋ^{55}
古县城关	tʂʰən^{24}	ʐən^{24}	ʐən^{53}	ʐən^{53}	ȵin^{24}	in^{24}
侯马城关	tʂʰẽ^{24}	ʐẽ^{24}	ʐẽ^{44}	ʐẽ^{53}	ȵiẽ^{24}	iẽ^{53}
蒲县城关	tʂʰən^{24}	ʐən^{24}	ʐən^{21}	ʐən^{55}	ȵin^{24}	in^{55}
隰县黄土	tsʰəŋ^{24}	zəŋ^{24}	zəŋ^{21}	zəŋ^{55}	ȵiəŋ^{24}	iəŋ^{55}

例字 中古音 方言点	斤	劲	近	本	笨	褪
	臻开三平殷见	去殷见	上殷群	臻合一上魂帮	上魂並	去魂透
永和阁底	tɕiŋ^{31}	tɕiŋ^{53}	tɕʰiŋ^{53}	pəŋ^{312}	pʰəŋ^{53}	tʰuei^{53}
大宁徐家垛	tɕiɪ^{31}	tɕiɪ^{55}	tɕʰiɪ^{55}	pəŋ^{31}	pʰəŋ^{55}	tʰuei^{55}
霍州城关	tɕiŋ^{213}	tɕiŋ^{44}	tɕʰiŋ^{53}	pəŋ^{31}	pʰəŋ^{53}	tʰuŋ^{44}
浮山响水河	tɕiẽ^{42}	tiẽ^{44}	tɕʰiẽ^{53}	pẽ^{33}	pʰẽ^{53}	tʰuei^{44}
洪洞左木	tɕiŋ^{21}	tiŋ^{53}	tɕʰiŋ^{53}	pəŋ^{42}	pʰəŋ^{53}	tʰuei^{53}
临汾贺家庄	tɕiẽɪ^{21}	tiẽɪ^{55}	tɕʰiẽɪ^{53}	pẽɪ^{42}	pʰẽɪ^{53}	tʰuei^{55}
吉县文城	tɕiei^{21}	tɕiei^{53}	tɕʰiei^{53}	pei^{53}	pʰei^{53}	tʰuei^{31}
乡宁光华	tɕin^{53}	tɕin^{31}	tɕʰin^{31}	pən^{44}	pʰən^{31}	tʰuei^{31}
襄汾邓庄	tɕiẽɪ^{21}	tiẽɪ^{44}	tɕʰiẽɪ^{53}	pẽɪ^{31}	pʰẽɪ^{53}	tʰuẽɪ^{44}
曲沃里村	tɕiẽ^{213}	tɕiẽ^{31}	tɕʰiẽ^{53}	pẽ^{44}	pẽ^{53}	tʰuẽ^{31}
翼城隆化	tɕiŋ^{31}	tɕiŋ^{53}	tɕiŋ^{53}	pəŋ^{44}	pʰəŋ^{53}	tʰuei^{53}
安泽唐城	tɕiəŋ^{213}	tɕiəŋ^{53}	tɕiəŋ^{53}	pəŋ^{423}	pəŋ^{53}	tʰui^{53}
汾西城关	tɕiŋ^{11}	tiŋ^{55}	tɕʰiŋ^{53}	pəŋ^{33}	pʰəŋ^{53}	tʰɑŋ^{53}
古县城关	tɕin^{31}	tin^{24}	tɕʰin^{53}	pən^{53}	pʰən^{53}	tʰuən^{24}
侯马城关	tɕiẽ^{213}	tɕiẽ^{53}	tɕʰiẽ^{53}	pẽ^{44}	pẽ^{53}	tʰuei^{53}
蒲县城关	tɕin^{53}	tin^{55}	tɕʰin^{55}	pən^{21}	pʰən^{55}	tʰuei^{55}
隰县黄土	tɕiəŋ^{41}	tɕiəŋ^{55}	tɕʰiəŋ^{55}	pəŋ^{21}	pʰəŋ^{55}	tʰuei^{55}

例字 中古音 方言点	寸	存	损	滚	困	温
	臻合一去魂清	平魂从	上魂心	上魂见	去魂溪	平魂影
永和阁底	$ts^{h}uŋ^{53}$	$ts^{h}uŋ^{24}$	$çyŋ^{312}$	$kuŋ^{312}$	$k^{h}uŋ^{53}$	$uŋ^{31}$
大宁徐家垛	$ts^{h}uŋ^{55}$	$ts^{h}uŋ^{24}$	$çyɪ^{31}$	$kuŋ^{31}$	$k^{h}uŋ^{55}$	$uŋ^{31}$
霍州城关	$ts^{h}uŋ^{44}$	$ts^{h}uŋ^{35}$	$çyŋ^{31}$	$kuŋ^{31}$	$k^{h}uŋ^{44}$	$uŋ^{213}$
浮山响水河	$ts^{h}uẽ^{44}$	$ts^{h}uẽ^{13}$	$çyẽ^{33}$	$kuẽ^{33}$	$k^{h}uẽ^{44}$	$uẽ^{42}$
洪洞左木	$ts^{h}uŋ^{24}$	$ts^{h}uŋ^{24}$	$çyŋ^{24}$	$kuŋ^{42}$	$k^{h}uŋ^{24}$	$uŋ^{21}$
临汾贺家庄	$ts^{h}uẽɪ^{55}$	$ts^{h}uẽɪ^{24}$	$çyẽɪ^{42}$	$kuẽɪ^{42}$	$k^{h}uẽɪ^{55}$	$uẽɪ^{21}$
吉县文城	$ts^{h}uei^{31}$	$ts^{h}uei^{24}$	$çyei^{53}$	$kuei^{53}$	$k^{h}uei^{53}$	uei^{21}
乡宁光华	$ts^{h}uən^{31}$	$ts^{h}uən^{213}$	$çyn^{44}$	$kuən^{44}$	$k^{h}uən^{31}$	$vən^{53}$
襄汾邓庄	$ts^{h}uẽɪ^{44}$	$ts^{h}uẽɪ^{24}$	$çyẽɪ^{31}$	$kuẽɪ^{31}$	$k^{h}uẽɪ^{44}$	$vẽɪ^{21}$
曲沃里村	$ts^{h}uẽ^{31}$	$ts^{h}uẽ^{213}$	$çyẽ^{44}$	$kuẽ^{44}$	$k^{h}uẽ^{31}$	$uẽ^{213}$
翼城隆化	$ts^{h}uŋ^{53}$	$ts^{h}uŋ^{24}$	$çyŋ^{44}$	$kuŋ^{44}$	$k^{h}uŋ^{53}$	$vəŋ^{31}$
安泽唐城	$ts^{h}uəŋ^{53}$	$ts^{h}uəŋ^{21}$	$çyəŋ^{423}$	$kuəŋ^{423}$	$k^{h}uəŋ^{53}$	$vəŋ^{213}$
汾西城关	$ts^{h}oŋ^{55}$	$ts^{h}oŋ^{24}$	$çyoŋ^{33}$	$koŋ^{33}$	$k^{h}oŋ^{55}$	$oŋ^{11}$
古县城关	$ts^{h}uən^{24}$	$ts^{h}uən^{24}$	$çyn^{53}$	$kuən^{53}$	$k^{h}uən^{24}$	$uən^{31}$
侯马城关	$ts^{h}uẽ^{53}$	$ts^{h}uẽ^{24}$	$çyẽ^{44}$	$kuẽ^{44}$	$k^{h}uẽ^{53}$	$uẽ^{24}$
蒲县城关	$ts^{h}uən^{55}$	$ts^{h}uən^{24}$	$çyn^{21}$	$kuən^{21}$	$k^{h}uən^{55}$	$uən^{53}$
隰县黄土	$ts^{h}uoŋ^{55}$	$ts^{h}uoŋ^{24}$	$çyoŋ^{21}$	$kuoŋ^{21}$	$k^{h}uoŋ^{55}$	$uoŋ^{41}$

例字 / 中古音 / 方言点	轮	准	顺	纯	闰	允
	臻合三平谆来	上谆章	去谆船	平谆禅	去谆日	上谆以
永和阁底	lyŋ^{24}	tʂuŋ^{312}	ʂuŋ^{53}	tʂ^{h}uŋ^{24}	ʐuŋ^{53}	yŋ^{312}
大宁徐家垛	lyɪ^{24}	tʂuŋ^{31}	ʂuŋ^{55}	tʂ^{h}uŋ^{24}	ʐuŋ^{55}	yɪ^{31}
霍州城关	lyŋ^{35}	tʂuŋ^{31}	ʂuŋ^{53}	tʂ^{h}uŋ^{35}	ʐuŋ^{53}	yŋ^{31}
浮山响水河	lyẽ^{13}	pfẽ^{33}	fẽ^{53}	pf^{h}ẽ^{13}	uẽ^{53}	yẽ^{33}
洪洞左木	lyŋ^{24}	tʂuŋ^{42}	ʂuŋ^{53}	tʂ^{h}uŋ^{24}	ʐuŋ^{53}	yŋ^{42}
临汾贺家庄	luẽɪ^{24}	pfuẽɪ^{42}	fẽɪ^{53}	pf^{h}ẽɪ^{24}	vẽɪ^{53}	yẽɪ^{42}
吉县文城	luei^{24}	tʂuei^{53}	ʂuei^{53}	tʂ^{h}uei^{24}	ʐuei^{31}	yei^{53}
乡宁光华	lyn^{213}	pfən^{44}	fən^{31}	pf^{h}ən^{213}	vən^{31}	yn^{44}
襄汾邓庄	lyẽɪ^{24}	pfẽɪ^{31}	fẽɪ^{53}	pf^{h}ẽɪ^{24}	vẽɪ^{53}	yẽɪ^{31}
曲沃里村	lyẽ^{213}	pfẽ^{44}	fẽ^{53}	pf^{h}ẽ^{213}	vẽ^{53}	yẽ^{44}
翼城隆化	lyŋ^{24}	tʂuŋ^{44}	fəŋ^{53}	tʂ^{h}əŋ^{24}	vəŋ^{53}	yŋ^{44}
安泽唐城	luəŋ^{21}	tsuəŋ^{423}	ʂuəŋ^{53}	tʂ^{h}uəŋ^{21}	ʐuəŋ^{53}	yəŋ^{423}
汾西城关	lyoŋ^{24}	tsoŋ^{11}	fəŋ^{53}	ts^{h}oŋ^{24}	vəŋ^{53}	yoŋ^{33}
古县城关	lyn^{24}	tʂuən^{53}	fən^{53}	tʂ^{h}uən^{24}	uən^{53}	in^{53}
侯马城关	lyẽ^{24}	tʂuẽ^{44}	ʂuẽ^{53}	tʂ^{h}uẽ^{24}	vẽ^{53}	yẽ^{44}
蒲县城关	lyn^{24}	tʂuən^{21}	ʂuən^{55}	ts^{h}uən^{24}	ʐuən^{55}	yn^{21}
隰县黄土	luoŋ^{24}	tsuoŋ^{21}	suoŋ^{55}	ts^{h}uoŋ^{24}	zuoŋ^{55}	yoŋ^{21}

例字 中古音 方言点	粉	闻	军	群	云	运
	臻合三上文非	平文微	平文见	平文群	平文云	去文云
永和阁底	$xuŋ^{312}$	$uŋ^{24}$	$tɕyŋ^{31}$	$tɕ^hyŋ^{24}$	$yŋ^{24}$	$yŋ^{53}$
大宁徐家垛	$xuŋ^{31}$	$uŋ^{24}$	$tɕyɪ^{31}$	$tɕ^hyɪ^{24}$	$yɪ^{24}$	$yɪ^{55}$
霍州城关	$fəŋ^{31}$	$vəŋ^{35}$	$tɕyŋ^{213}$	$tɕ^hyŋ^{35}$	$yŋ^{35}$	$yŋ^{53}$
浮山响水河	$fẽ^{33}$	$vẽ^{13}$	$tɕyẽ^{42}$	$tɕ^hyẽ^{13}$	$yẽ^{13}$	$yẽ^{53}$
洪洞左木	$fəŋ^{42}$	$vəŋ^{24}$	$tɕyŋ^{21}$	$tɕ^hyŋ^{24}$	$yŋ^{24}$	$yŋ^{53}$
临汾贺家庄	$fẽɪ^{42}$	$vẽɪ^{24}$	$tɕyẽɪ^{21}$	$tɕ^hyẽɪ^{24}$	$yẽɪ^{24}$	$yẽɪ^{53}$
吉县文城	fei^{53}	vei^{24}	$tɕ^hyei^{21}$	$tɕ^hyei^{24}$	yei^{24}	yei^{31}
乡宁光华	$fən^{44}$	$vən^{213}$	$tɕ^hyn^{53}$	$tɕ^hyn^{213}$	yn^{213}	yn^{31}
襄汾邓庄	$fẽɪ^{31}$	$vẽɪ^{24}$	$tɕyẽɪ^{21}$	$tɕ^hyẽɪ^{24}$	$yẽɪ^{24}$	$yẽɪ^{53}$
曲沃里村	$fẽ^{44}$	$ẽ^{213}$	$tɕyẽ^{213}$	$tɕ^hyẽ^{213}$	$yẽ^{213}$	$yẽ^{53}$
翼城隆化	$fəŋ^{44}$	$vəŋ^{24}$	$tɕyŋ^{31}$	$tɕ^hyŋ^{24}$	$yŋ^{24}$	$yŋ^{53}$
安泽唐城	$fəŋ^{423}$	$vəŋ^{21}$	$tɕyəŋ^{213}$	$tɕ^hyəŋ^{21}$	$yəŋ^{21}$	$yəŋ^{53}$
汾西城关	$fəŋ^{33}$	$vəŋ^{24}$	$tɕyoŋ^{11}$	$tɕ^hyoŋ^{24}$	$yoŋ^{24}$	$yoŋ^{53}$
古县城关	$fən^{53}$	$uən^{24}$	$tɕyn^{31}$	$tɕ^hyn^{24}$	yn^{24}	yn^{53}
侯马城关	$fẽ^{44}$	$vẽ^{24}$	$tɕyẽ^{213}$	$tɕ^hyẽ^{24}$	$yẽ^{24}$	$yẽ^{53}$
蒲县城关	$fən^{21}$	$uən^{24}$	$tɕyn^{53}$	$tɕ^hyn^{24}$	yn^{24}	yn^{55}
隰县黄土	$xuoŋ^{21}$	$uoŋ^{24}$	$tɕyoŋ^{41}$	$tɕ^hyoŋ^{24}$	$yoŋ^{24}$	$yoŋ^{55}$

中古音/例字/方言点	帮	忙	糖	浪	仓	脏
	宕开一平唐帮	平唐明	平唐定	去唐来	平唐清	去唐从
永和阁底	paŋ^{31}	maŋ^{24}	t^{h}aŋ^{24}	laŋ^{53}	ts^{h}aŋ^{31}	tsaŋ^{53}
大宁徐家垛	puo^{31}	mæ̃^{24}	t^{h}æ̃^{24}	læ̃^{55}	ts^{h}æ̃^{31}	tsæ̃^{55}
霍州城关	pɔ^{213}	mɔ^{35}	t^{h}aŋ^{35}	laŋ^{53}	ts^{h}aŋ^{213}	tsaŋ^{44}
浮山响水河	puo^{42}	maŋ^{13}	t^{h}aŋ^{13}	laŋ^{53}	ts^{h}aŋ^{42}	tsaŋ^{53}
洪洞左木	puo^{21}	maŋ^{24}	t^{h}aŋ^{24}	laŋ^{53}	ts^{h}aŋ^{21}	tsaŋ^{53}
临汾贺家庄	puo^{21}	maŋ^{24}	t^{h}aŋ^{24}	laŋ^{53}	ts^{h}aŋ^{21}	tsaŋ^{53}
吉县文城	pə^{21}	mʌŋ^{24}	t^{h}ʌŋ^{24}	lʌŋ^{31}	ts^{h}ʌŋ^{21}	tsʌŋ^{31}
乡宁光华	puo^{53}	mʌŋ^{213}	t^{h}ʌŋ^{213}	lʌŋ^{31}	ts^{h}ʌŋ^{53}	tsʌŋ^{31}
襄汾邓庄	puo^{21}	maŋ^{24}	t^{h}aŋ^{24}	laŋ^{53}	ts^{h}aŋ^{21}	tsaŋ^{44}
曲沃里村	puo^{213}	maŋ^{213}	t^{h}aŋ^{213}	laŋ^{53}	ts^{h}aŋ^{213}	tsaŋ^{53}
翼城隆化	paŋ^{31}	maŋ^{24}	t^{h}aŋ^{24}	laŋ^{53}	ts^{h}aŋ^{31}	tsaŋ^{53}
安泽唐城	pə^{213}	mã^{21}	t^{h}ã^{21}	lã^{53}	ts^{h}ã^{213}	tsã^{213}
汾西城关	pəɯ^{11}	məɯ^{24}	t^{h}aŋ^{24}	laŋ^{53}	ts^{h}aŋ^{11}	
古县城关	pə^{31}	maŋ^{24}	t^{h}aŋ^{24}	laŋ^{53}	ts^{h}aŋ^{31}	tsuə^{31}
侯马城关	pẽŋ^{213}	mẽŋ^{24}	t^{h}ẽŋ^{24}	lẽŋ^{53}	ts^{h}ẽŋ^{213}	tsẽŋ^{213}
蒲县城关	puo^{53}	maŋ^{24}	t^{h}aŋ^{24}	laŋ^{55}	ts^{h}aŋ^{53}	tsaŋ^{53}
隰县黄土	pɛ̃^{41}	mã^{24}	t^{h}ã^{24}	lɛ̃^{55}	tsɛ̃^{41}	tsɛ̃^{41}

例字 / 中古音 / 方言点	嗓	刚	昂	行银~	肮	娘
	宕开一上唐心	平唐见	平唐疑	平唐匣	平唐影	宕开三平阳泥
永和阁底	suo^{312}	tɕiaŋ^{31}	ŋaŋ^{24}	xaŋ^{24}	ŋaŋ^{31}	iaŋ^{24}
大宁徐家垛	suo^{31}	tɕiæ̃^{31}	ŋæ̃^{24}	xæ̃^{24}	ŋæ̃^{31}	ȵie^{24}
霍州城关	sɔ^{31}	kɔ^{213}	ŋaŋ^{35}	xɔ^{35}	ŋaŋ^{213}	ȵiɛ^{35}
浮山响水河	saŋ^{33}	tɕiaŋ^{42}	ŋaŋ^{13}	xaŋ^{13}	ŋaŋ^{42}	ȵyə^{13}
洪洞左木	saŋ^{42}	tɕiaŋ^{21}	ŋaŋ^{24}	xaŋ^{24}	ŋaŋ^{21}	ȵio^{24}
临汾贺家庄	saŋ^{42}	tɕiaŋ^{21}	ŋaŋ^{24}	xaŋ^{24}		ȵiaŋ^{24}
吉县文城	sʌŋ^{53}	tɕiʌŋ^{21}	ŋʌŋ^{24}	xʌŋ^{24}	ŋʌŋ^{21}	ȵiə^{24}
乡宁光华	sʌŋ^{44}	tɕiʌŋ^{53}	ŋʌŋ^{44}	xʌŋ^{213}	ŋʌŋ^{53}	ȵyə^{213}
襄汾邓庄	suo^{31}	tɕiaŋ^{21}	ŋaŋ^{24}	xaŋ^{24}	ŋaŋ^{21}	ȵyə^{24}
曲沃里村	saŋ^{44}	tɕiaŋ^{213}	ŋaŋ^{213}	xaŋ^{213}	ŋaŋ^{213}	ȵyə^{213}
翼城隆化	saŋ^{44}	tɕiaŋ^{31}	ŋaŋ^{24}	xaŋ^{24}	ŋaŋ^{31}	ȵiaŋ^{24}
安泽唐城	sã^{423}	tɕiã^{213}	ŋã^{53}	xã^{21}	ŋã^{213}	ȵiã^{21}
汾西城关	saŋ^{33}	tɕiaŋ^{11}	ŋaŋ^{24}	xəɯ^{24}		ȵi^{24}
古县城关	saŋ^{53}	tɕiaŋ^{31}	ŋaŋ^{24}	xaŋ^{24}	ŋaŋ^{31}	ȵyə^{24}
侯马城关	tsẽŋ^{44}	kẽŋ^{44}	iɤ^{24}	xẽŋ^{24}		ȵiɤ^{24}
蒲县城关	saŋ^{21}	tɕiaŋ^{53}	ŋaŋ^{24}	xaŋ^{24}		ȵiɛ^{24}
隰县黄土	sã^{21}	tɕiɛ̃^{41}	ŋɛ̃^{55}	xã^{24}	ŋã^{21}	ȵiɛ̃^{24}

例字 中古音 方言点	两~个	两儿~	亮	酱	抢	墙
	宕开三上阳来	上阳来	去阳来	去阳精	上阳清	平阳从
永和阁底	$liɛ^{312}$	$liɛ^{312}$	$liaŋ^{53}$	$tɕiɛ^{53}$	$tɕ^{h}iɛ^{312}$	$tɕ^{h}iɛ^{24}$
大宁徐家垛	lie^{31}	lie^{31}	$liæ̃^{55}$	$tɕie^{55}$	$tɕ^{h}iæ̃^{31}$	$tɕ^{h}ie^{24}$
霍州城关	$liɛ^{31}$	$liɛ^{31}$	$liaŋ^{53}$	$tɕiɛ^{44}$	$tɕ^{h}iɛ^{31}$	$tɕ^{h}iɛ^{35}$
浮山响水河	lia^{33}	$lyə^{33}$	$liaŋ^{53}$	$tɕyə^{44}$	$tɕ^{h}yə^{33}$	$tɕ^{h}yə^{13}$
洪洞左木	lio^{42}	lio^{42}	$liaŋ^{53}$	$tɕiaŋ^{24}$	$tɕ^{h}io^{42}$	$tɕ^{h}io^{24}$
临汾贺家庄	$liᴀ^{42}$	$liaŋ^{42}$	$liaŋ^{53}$	$tɕiaŋ^{55}$	$tɕ^{h}iaŋ^{42}$	$tɕ^{h}yə^{24}$
吉县文城	$liə^{31}$	$liʌŋ^{53}$	$liʌŋ^{31}$	$tɕiʌŋ^{31}$	$tɕ^{h}iʌŋ^{53}$	$tɕ^{h}iə^{24}$
乡宁光华	$lyə^{44}$	$lyə^{44}$	$liʌŋ^{31}$	$tɕiʌŋ^{31}$	$tɕ^{h}iʌŋ^{44}$	$tɕ^{h}yə^{213}$
襄汾邓庄	$lyə^{31}$	$lyə^{31}$	$liaŋ^{53}$	$tɕiaŋ^{44}$	$tɕ^{h}iaŋ^{31}$	$tɕ^{h}io^{24}$
曲沃里村	$liaŋ^{44}$	$liaŋ^{44}$	$liaŋ^{53}$	$tɕyə^{31}$	$tɕ^{h}iaŋ^{44}$	$tɕ^{h}yə^{213}$
翼城隆化	$liaŋ^{44}$	$liaŋ^{44}$	$liaŋ^{53}$	$tɕiaŋ^{53}$	$tɕ^{h}iaŋ^{44}$	$tɕ^{h}iaŋ^{24}$
安泽唐城	$liɑ̃^{423}$	$liɑ̃^{423}$	$liɑ̃^{53}$	$tɕiɑ̃^{53}$	$tɕ^{h}iɑ̃^{423}$	$tɕ^{h}iɑ̃^{21}$
汾西城关	li^{33}	li^{33}	$liaŋ^{53}$	$tɕi^{55}$	$tɕ^{h}i^{33}$	$tɕ^{h}i^{24}$
古县城关	$lyə^{53}$	$lyə^{53}$	$liaŋ^{53}$	$tɕyə^{24}$	$tɕ^{h}iaŋ^{53}$	$tɕ^{h}yə^{24}$
侯马城关	$liɤ̃ŋ^{44}$	$liɤ̃ŋ^{44}$	$liɤ̃ŋ^{53}$	$tɕiɤ̃ŋ^{53}$	$tɕ^{h}iɤ̃ŋ^{44}$	$tɕ^{h}iɤ^{24}$
蒲县城关	$liɛ^{21}$	$liɛ^{21}$	$liɛ^{55}$	$tɕiɛ^{55}$	$tɕ^{h}iaŋ^{21}$	$tɕ^{h}iɛ^{24}$
隰县黄土	$liᴇ^{21}$	$liᴇ^{21}$	$liɛ̃^{55}$	$tɕiɛ̃^{55}$	$tɕ^{h}iɑ̃^{21}$	$tɕ^{h}iɛ^{24}$

例字 中古音 方言点	想	详	长生~	长~短	装	状
	宕开三上阳心	平阳邪	上阳知	平阳澄	平阳庄	去阳崇
永和阁底	ɕiɛ³¹²	ɕiɑŋ²⁴	tʂə³¹²	tʂʰə²⁴	tʂuo³¹	tʂuɑŋ⁵³
大宁徐家垛	ɕie³¹	ɕiæ̃²⁴	tʂə³¹	tʂʰə²⁴	tʂuo³¹	tʂuæ̃⁵⁵
霍州城关	ɕiɛ³¹	ɕiɑŋ³⁵	tʂɔ³¹	tʂʰɔ³⁵	tsɔ²¹³	tʂʰɑŋ⁵³
浮山响水河	ɕyə³³	ɕiɑŋ¹³	tʂuo³³	tʂʰuo¹³	pfə⁴²	pfʰɑŋ⁵³
洪洞左木	ɕio⁴²	ɕiɑŋ²⁴	tʂo⁴²	tʂʰo²⁴	tʂuo²¹	tʂʰɑŋ⁵³
临汾贺家庄	ɕiɑŋ⁴²	ɕiɑŋ²⁴	tʂuo⁴²	tʂʰuo²⁴	tʂɑŋ²¹	tʂuɑŋ⁵³
吉县文城	ɕiə⁵³	ɕiʌŋ²⁴	tʂə⁵³	tʂʰə²⁴	tʂuo²¹	tʂuʌŋ³¹
乡宁光华	ɕyə⁴⁴	ɕiʌŋ²¹³	tʂo⁴⁴	tʂʰo²¹³	pfə⁵³	tʂuʌŋ³¹
襄汾邓庄	ɕiɑŋ³¹	ɕiɑŋ²⁴	tʂo³¹	tʂʰo²⁴	pfə²¹	pfʰɑŋ⁵³
曲沃里村	ɕyə⁴⁴	ɕiɑŋ²¹³	tsuo⁴⁴	tsʰuo²¹³	pfɑŋ²¹³	pfɑŋ⁵³
翼城隆化	ɕiɑŋ⁴⁴	ɕiɑŋ²⁴	tʂɑŋ⁴⁴	tʂʰɑŋ²⁴	tʂuɑŋ³¹	tʂuɑŋ⁵³
安泽唐城	ɕiɑ̃⁴²³	ɕiɑ̃²¹³	tʂɑ̃⁴²³	tʂʰɑ̃²¹	tʂuo²¹³	tʂuo⁵³
汾西城关	ɕi³³	ɕiɑŋ²⁴	tsəɯ³³	tsʰəɯ²⁴	tsu¹¹	tsuɑŋ⁵³
古县城关	ɕiɑŋ⁵³	ɕiɑŋ²⁴	tʂuə⁵³	tʂʰuə²⁴	tʂuə³¹	tʂʰuɑŋ⁵³
侯马城关	ɕiɤ̃ŋ⁴⁴	ɕiɤ̃ŋ²⁴	tʂẽŋ⁴⁴	tʂʰẽŋ²⁴	tsuõŋ²¹³	tsuõŋ⁵³
蒲县城关	ɕiɛ²¹	ɕiɑŋ²⁴	tʂə²¹	tʂʰə²⁴	tsuo⁵³	tsʰuo⁵⁵
隰县黄土	ɕiɑ̃²¹	ɕiɑ̃²⁴	tsɑ̃²¹	tsʰɑ̃²⁴	tsuo⁴¹	tsuɛ̃⁵⁵

例字 / 中古音 / 方言点	霜	唱	晌	尝	瓤	让
	宕开三平阳生	去阳昌	上阳书	平阳禅	平阳日	去阳日
永和阁底	ʂuo^{31}	tʂ^{h}ɑŋ^{53}	ʂɑŋ^{312}	ʂə^{24}	ʐə^{24}	ʐɑŋ^{53}
大宁徐家垛	ʂuo^{31}	tʂ^{h}æ̃^{55}	ʂæ̃^{31}	ʂə^{24}	ʐə^{24}	ʐæ̃^{55}
霍州城关	sɔ^{213}	tʂ^{h}ɔ^{53}	ʂɔ^{31}	ʂɔ^{35}	ʐɔ^{35}	ʐɔ^{53}
浮山响水河	fə^{42}	tʂ^{h}ɑŋ^{44}	ʂuo^{33}	ʂuo^{13}	ʐuo^{13}	ʐɑŋ^{53}
洪洞左木	ʂuo^{21}	tʂ^{h}ɑŋ^{53}	ʂɑu^{42}	ʂuo^{24}	ʐo^{24}	ʐɑŋ^{53}
临汾贺家庄	fə^{21}	tʂ^{h}ɑŋ^{55}	ʂɑŋ^{42}	ʂuo^{24}	ʐuo^{24}	ʐɑŋ^{53}
吉县文城	ʂuo^{21}	tʂ^{h}ʌŋ^{31}	ʂɑu^{53}	ʂə^{24}	ʐə^{24}	ʐʌŋ^{31}
乡宁光华	fə^{53}	tʂ^{h}ʌŋ^{31}	ʂɑu^{44}	ʂuo^{213}	ʐo^{213}	ʐʌŋ^{31}
襄汾邓庄	fə^{21}	tʂ^{h}ɑŋ^{53}	ʂɑu^{31}	ʂuo^{24}	ʐuo^{24}	ʐɑŋ^{53}
曲沃里村	fə^{213}	ts^{h}ɑŋ^{31}	suo^{44}	suo^{213}	zə^{213}	zɑŋ^{53}
翼城隆化	fɑŋ^{31}	tʂ^{h}ɑŋ^{53}	ʂɑŋ^{44}	ʂɑŋ^{24}	ʐɑŋ^{24}	ʐɑŋ^{53}
安泽唐城	ʂuo^{213}	tʂ^{h}ɑ̃^{53}	ʂɑu^{423}	ʂɑ̃^{21}	ʐɑ̃^{21}	ʐɑ̃^{53}
汾西城关	su^{11}	ts^{h}əɯ^{55}	səɯ^{33}	səɯ^{24}	zəɯ^{24}	zɑŋ^{53}
古县城关	fə^{31}	tʂ^{h}ɑŋ^{24}	ʂuə^{53}	ʂuə^{24}	ʐuə^{24}	ʐɑŋ^{53}
侯马城关	fɤ^{213}	tʂ^{h}ẽŋ^{53}	ʂẽŋ^{44}	tʂ^{h}ẽŋ^{24}	ʐẽŋ^{24}	ʐẽŋ^{53}
蒲县城关	suo^{53}	tʂ^{h}ɑŋ^{55}	ʂə^{21}	ʂə^{24}	ʐə^{24}	ʐɑŋ^{55}
隰县黄土	suo^{41}	ts^{h}ɛ̃^{55}	sɔ^{21}	sə^{24}	zə^{24}	zɛ̃^{55}

例字 中古音 方言点	姜	强	香	响	秧	样
	宕开三平阳见	上阳群	平阳晓	上阳晓	平阳影	去阳以
永和阁底	tɕiɑŋ³¹	tɕʰiɛ³¹²	ɕiɛ³¹	ɕiɛ³¹²	iɑŋ³¹	iɛ⁵³
大宁徐家垛	tɕiæ̃³¹	tɕʰie³¹	ɕie³¹	ɕie³¹	iæ̃³¹	ie⁵⁵
霍州城关	tɕiɑŋ²¹³	tɕʰiɛ³¹	ɕiɛ²¹³	ɕiɛ³¹	iɛ²¹³	iɛ⁵³
浮山响水河	tɕiɑŋ⁴²	tɕʰiɑŋ³³	ɕyə⁴²	ɕyə³³	iɑŋ⁴²	yə⁵³
洪洞左木	tɕiɑŋ²¹	tɕʰiɑŋ⁴²	ɕiɑŋ²¹	ɕiɑŋ⁴²	iɑŋ²¹	io⁵³
临汾贺家庄	tɕiɑŋ²¹	tɕʰiɑŋ⁴²	ɕiɑŋ²¹	ɕiɑŋ⁴²	iɑŋ²¹	iɑŋ⁵³
吉县文城	tɕiʌŋ²¹	tɕʰiʌŋ⁵³	ɕiʌŋ²¹	ɕiə⁵³	iə²¹	iə³¹
乡宁光华	tɕiʌŋ⁵³	tɕʰiʌŋ⁴⁴	ɕiʌŋ⁵³	ɕio⁴⁴	io⁵³	io³¹
襄汾邓庄	tɕiɑŋ²¹	tɕʰiɑŋ³¹	ɕiɑŋ²¹	ɕiɑŋ³¹	iɑŋ²¹	iɑŋ⁵³
曲沃里村	tɕiɑŋ²¹³	tɕʰiɑŋ⁴⁴	ɕiɑŋ²¹³	ɕyə⁴⁴	iɑŋ²¹³	iɑŋ⁵³
翼城隆化	tɕiɑŋ³¹	tɕʰiɑŋ⁴⁴	ɕiɑŋ³¹	ɕiɑŋ⁴⁴	iɑŋ³¹	iɑŋ⁵³
安泽唐城	tɕiɑ̃²¹³	tɕʰiɑ̃²¹	ɕiɑ̃²¹³	ɕiɑ̃⁴²³	iɑ̃²¹³	iɑ̃⁵³
汾西城关	tɕiɑŋ¹¹	tɕʰi²⁴	ɕi¹¹	ɕi³³	iɑŋ¹¹	i⁵³
古县城关	tɕiɑŋ³¹	tɕʰyə²⁴	ɕyə³¹	ɕyə⁵³	ȵyə³¹	yə⁵³
侯马城关	tɕiɤ̃ŋ²¹³	tɕʰiɤ̃ŋ²⁴	ɕiɤ̃ŋ²¹³	ɕiɤ̃ŋ⁴⁴	iɤ̃ŋ²¹³	iɤ̃ŋ⁵³
蒲县城关	tɕiɑŋ⁵³	tɕʰiɛ²⁴	ɕiɑŋ⁵³	ɕiɑŋ²¹	iɑŋ⁵³	iɛ⁵⁵
隰县黄土	tɕiɛ̃⁴¹	tɕʰiɑ̃²⁴	ɕiɛ̃⁴¹	ɕiɑ̃²¹	iɛ̃⁴¹	iɛ̃⁵⁵

例字 中古音 方言点	光 宕合一平唐见	广 上唐见	黄 平唐匣	方 宕合三平阳非	防 平阳奉	忘 去阳微
永和阁底	kuo^{31}	$kuaŋ^{312}$	xuo^{24}	xuo^{31}	$xuaŋ^{24}$	uo^{53}
大宁徐家垛	kuo^{31}	$ku\tilde{æ}^{31}$	xuo^{24}	$fə^{31}$	$f\tilde{æ}^{24}$	uo^{55}
霍州城关	$kɔ^{213}$	$kuaŋ^{31}$	$xɔ^{35}$	$fɔ^{213}$	$fɔ^{35}$	$vɔ^{44}$
浮山响水河	kuo^{42}	$kuaŋ^{33}$	xuo^{13}	$fə^{42}$	$fə^{13}$	$və^{53}$
洪洞左木	kuo^{21}	$kuaŋ^{42}$	xuo^{24}	$fə^{21}$	$faŋ^{24}$	$və^{53}$
临汾贺家庄	$kuaŋ^{21}$	$kuaŋ^{42}$	$xuaŋ^{24}$	$faŋ^{21}$	$faŋ^{24}$	$və^{55}$
吉县文城	kuo^{21}	$kuʌŋ^{53}$	xuo^{24}	$fʌŋ^{21}$	$fʌŋ^{24}$	$və^{53}$
乡宁光华	kuo^{53}	$kuʌŋ^{53}$	xuo^{213}	$fʌŋ^{53}$	$fʌŋ^{213}$	$və^{31}$
襄汾邓庄	kuo^{21}	$kuaŋ^{31}$	xuo^{24}	$faŋ^{21}$	$faŋ^{24}$	$və^{44}$
曲沃里村	kuo^{213}	$kuaŋ^{44}$	$xuaŋ^{213}$	$faŋ^{213}$	$faŋ^{213}$	$və^{53}$
翼城隆化	$kuaŋ^{31}$	$kuaŋ^{44}$	$xuaŋ^{24}$	$faŋ^{31}$	$faŋ^{24}$	$vaŋ^{53}$
安泽唐城	kuo^{213}	kuo^{423}	xuo^{21}	fuo^{213}	fuo^{21}	uo^{53}
汾西城关	ku^{11}	$kuaŋ^{33}$	xu^{24}	$fəɯ^{11}$	$faŋ^{24}$	$vəɯ^{53}$
古县城关	$kuə^{31}$	$kuaŋ^{53}$	$xuə^{24}$	$faŋ^{31}$	$faŋ^{24}$	$uə^{53}$
侯马城关	$ku\tilde{o}ŋ^{213}$	$ku\tilde{o}ŋ^{44}$	$xu\tilde{o}ŋ^{24}$	$f\tilde{ɐ}ŋ^{213}$	$f\tilde{ɐ}ŋ^{24}$	$v\tilde{ɐ}ŋ^{53}$
蒲县城关	kuo^{53}	$kuaŋ^{21}$	xuo^{24}	fuo^{53}	fuo^{24}	uo^{55}
隰县黄土	$ku\tilde{ɛ}^{41}$	$ku\tilde{a}^{21}$	xuo^{24}	xuo^{41}	xuo^{24}	uo^{55}

例字 / 中古音 / 方言点	狂	往	旺	绑	棒	撞
	宕合三平阳群	上阳云	去阳云	江开二上江帮	上江並	去江澄
永和阁底	$k^{h}uaŋ^{24}$	uo^{312}	$uaŋ^{53}$	puo^{312}	puo^{53}	$tʂ^{h}aŋ^{53}$
大宁徐家垛	$k^{h}uæ̃^{24}$	uo^{31}	$uæ̃^{55}$	$pæ̃^{31}$	$pæ̃^{55}$	$tʂ^{h}uo^{55}$
霍州城关	$k^{h}uaŋ^{35}$	$uaŋ^{31}$	$uaŋ^{53}$	$pɔ^{31}$	$pɔ^{53}$	$ts^{h}ɔ^{53}$
浮山响水河	$k^{h}uaŋ^{13}$	$uaŋ^{33}$	$uaŋ^{53}$	$paŋ^{33}$	$paŋ^{53}$	$pf^{h}ə^{53}$
洪洞左木	$k^{h}uaŋ^{24}$	uo^{42}	$uaŋ^{53}$	$paŋ^{42}$	$paŋ^{53}$	$tʂ^{h}uaŋ^{53}$
临汾贺家庄	$k^{h}uaŋ^{24}$	$uaŋ^{42}$	$uaŋ^{53}$	$paŋ^{42}$	$paŋ^{53}$	$tʂ^{h}uaŋ^{53}$
吉县文城	$k^{h}uʌŋ^{24}$	$uʌŋ^{53}$	$uʌŋ^{53}$	$pʌŋ^{53}$	$p^{h}ʌŋ^{31}$	$tʂ^{h}uʌŋ^{31}$
乡宁光华	$k^{h}uʌŋ^{213}$	$uʌŋ^{44}$	$uʌŋ^{31}$	$pʌŋ^{44}$	$p^{h}ʌŋ^{31}$	$tʂ^{h}ʌŋ^{31}$
襄汾邓庄	$k^{h}uaŋ^{24}$	$uaŋ^{31}$	$uaŋ^{53}$	$paŋ^{31}$	$paŋ^{53}$	$pf^{h}aŋ^{53}$
曲沃里村	$k^{h}uaŋ^{213}$	$uaŋ^{44}$	$uaŋ^{53}$	$paŋ^{44}$	$paŋ^{53}$	$pf^{h}aŋ^{53}$
翼城隆化	$k^{h}uaŋ^{24}$	$uaŋ^{44}$	$uaŋ^{53}$	$paŋ^{44}$	$paŋ^{53}$	$tʂ^{h}uaŋ^{53}$
安泽唐城	$k^{h}uo^{21}$	uo^{423}	uo^{53}	puo^{423}	puo^{53}	$tʂ^{h}uã^{53}$
汾西城关	$k^{h}uaŋ^{24}$	$uaŋ^{33}$	$uaŋ^{53}$	$paŋ^{33}$	$paŋ^{53}$	$ts^{h}uaŋ^{53}$
古县城关	$k^{h}uaŋ^{24}$	$uaŋ^{53}$	$uə^{53}$	$paŋ^{53}$	$paŋ^{53}$	$tʂ^{h}uaŋ^{53}$
侯马城关	$k^{h}uõŋ^{24}$	$uõŋ^{44}$	$uõŋ^{53}$	$pẽŋ^{44}$	$pẽŋ^{53}$	$ts^{h}uõŋ^{53}$
蒲县城关	$k^{h}uaŋ^{24}$	uo^{24}	$uaŋ^{55}$	puo^{21}	puo^{55}	$ts^{h}uaŋ^{21}$
隰县黄土	$k^{h}uã^{24}$	uo^{24}	$uɛ̃^{55}$	$pã^{21}$	$pɛ̃^{55}$	$ts^{h}uã^{21}$

例字 / 中古音 / 方言点	窗	双一~	双~生	江	讲	虹
	江开二平江初	平江生	去江生	平江见	上江见	去江见
永和阁底	tʂ^{h}uo^{31}	ʂuo^{31}	ʂuo^{31}	tɕiaŋ^{31}	tɕiaŋ^{312}	tɕiaŋ^{53}
大宁徐家垛	tʂ^{h}uo^{31}	ʂuo^{31}	ʂuo^{31}	tɕiæ̃^{31}	tɕiæ̃^{31}	tɕiæ̃^{55}
霍州城关	ts^{h}ɔ^{213}	sɔ^{213}	sɔ^{213}	tɕiaŋ^{213}	tɕiaŋ^{31}	tɕiɛ^{44}
浮山响水河	pf^{h}ə^{42}	fə^{42}	fə^{42}	tɕiaŋ^{42}	tɕiaŋ^{33}	tɕyə^{53}
洪洞左木	tʂ^{h}uo^{21}	ʂuo^{21}	ʂuo^{21}	tɕiaŋ^{21}	tɕiaŋ^{42}	tɕio^{24}
临汾贺家庄	pf^{h}ə^{21}	fə^{21}	fə^{21}	tɕiaŋ^{21}	tɕiaŋ^{42}	tyə^{55}
吉县文城	tʂ^{h}uo^{21}	ʂuo^{21}	ʂuo^{21}	tɕiʌŋ^{21}	tɕiʌŋ^{53}	tɕiʌŋ^{53}
乡宁光华	tʂ^{h}o^{53}	fə^{53}	fə^{53}	tɕiʌŋ^{53}	tɕiʌŋ^{44}	tɕiʌŋ^{31}
襄汾邓庄	pf^{h}ə^{21}	fə^{21}	fə^{21}	tɕiaŋ^{21}	tɕiaŋ^{31}	tɕiaŋ^{44}
曲沃里村	pf^{h}ə^{213}	fə^{213}	fə^{213}	tɕiaŋ^{213}	tɕiaŋ^{44}	tɕyə^{31}
翼城隆化	tʂ^{h}uaŋ^{31}	faŋ^{31}	faŋ^{31}	tɕiaŋ^{31}	tɕiaŋ^{44}	tɕiaŋ^{53}
安泽唐城	tʂ^{h}uo^{213}	ʂuo^{213}	ts^{h}uo^{53}	tɕiã^{213}	tɕiã^{423}	tɕiã^{53}
汾西城关	ts^{h}u^{11}	su^{11}	suaŋ^{11}	tɕiaŋ^{11}	tɕiaŋ^{33}	tɕi^{55}
古县城关	tʂ^{h}uə^{31}	fə^{31}		tɕiaŋ^{31}	tɕiaŋ^{53}	tɕyə^{24}
侯马城关	ts^{h}uo^{213}	suõŋ^{53}	suõŋ^{213}	tɕiɤ̃ŋ^{44}	tɕiɤ̃ŋ^{44}	tɕiɤ̃ŋ^{53}
蒲县城关	ts^{h}uo^{53}	suo^{53}	suo^{53}	tɕiaŋ^{53}	tɕiaŋ^{21}	tɕiaŋ^{55}
隰县黄土	ts^{h}uo^{41}	suo^{41}	suo^{41}	tɕiɛ̃^{41}	tɕiã^{21}	tɕiᴇ^{55}

例字 中古音 方言点	降投~	项	巷	灯	等	凳
	江开二平江匣	上江匣	去江匣	曾开一平登端	上登端	去登端
永和阁底	$tɕ^{h}iaŋ^{24}$	$ɕiaŋ^{53}$	xuo^{53}	$təŋ^{31}$	$təŋ^{312}$	$təŋ^{53}$
大宁徐家垛	$tɕ^{h}iæ̃^{24}$	$ɕiæ̃^{55}$	$xæ̃^{55}$	$təŋ^{31}$	$təŋ^{31}$	$təŋ^{55}$
霍州城关	$ɕiaŋ^{35}$	$ɕiaŋ^{53}$	$xɔ^{53}$	$təŋ^{213}$	$təŋ^{31}$	$təŋ^{44}$
浮山响水河	$ɕiaŋ^{13}$	$xə^{53}$	$xə^{53}$	$tẽ^{42}$	$tẽ^{33}$	$tẽ^{44}$
洪洞左木	$ɕiaŋ^{24}$	$xaŋ^{53}$	xuo^{53}	$təŋ^{21}$	$təŋ^{42}$	$təŋ^{53}$
临汾贺家庄	$ɕiaŋ^{24}$	$xə^{53}$	$xə^{53}$	$teɪ^{21}$	$teɪ^{42}$	$teɪ^{55}$
吉县文城	$ɕiʌŋ^{24}$	$ɕiʌŋ^{31}$	$xʌŋ^{31}$	tei^{21}	tei^{53}	$tʌŋ^{31}$
乡宁光华	$ɕiʌŋ^{213}$	$xʌŋ^{31}$	$xə^{31}$	$tən^{53}$	$tən^{44}$	$tən^{31}$
襄汾邓庄	$ɕiaŋ^{24}$	$ɕiaŋ^{53}$	$ɕiaŋ^{53}$	$tẽɪ^{21}$	$tẽɪ^{31}$	$tẽɪ^{44}$
曲沃里村	$ɕiaŋ^{213}$	$ɕiaŋ^{53}$	$xə^{53}$	$tẽ^{213}$	$tẽ^{44}$	$tẽ^{31}$
翼城隆化	$ɕiaŋ^{24}$	$ɕiaŋ^{53}$	$ɕiaŋ^{53}$	$təŋ^{31}$	$təŋ^{44}$	$təŋ^{53}$
安泽唐城	$tɕiɑ̃^{53}$	$xɑ̃^{53}$	$xɑ̃^{53}$	$təŋ^{213}$	$təŋ^{423}$	$təŋ^{53}$
汾西城关	$tɕiaŋ^{55}$	$xaŋ^{53}$	$xəɯ^{53}$	$təŋ^{11}$	$təŋ^{33}$	$təŋ^{53}$
古县城关	$tɕiaŋ^{24}$	$xuə^{0}$	$xuə^{53}$	$tən^{31}$	$tən^{53}$	$tən^{24}$
侯马城关	$tɕiɣ̃ŋ^{53}$	$ɕiɣ̃ŋ^{53}$	$ɕiɣ̃ŋ^{53}$	$tẽŋ^{213}$	$tẽŋ^{44}$	$tẽŋ^{53}$
蒲县城关	$tɕiaŋ^{55}$	$xaŋ^{55}$	xuo^{55}	$tən^{53}$	$tən^{21}$	$təŋ^{55}$
隰县黄土	$tɕiɛ̃^{55}$	$ɕiɛ̃^{55}$	$xɛ̃^{55}$	$təŋ^{41}$	$təŋ^{21}$	$təŋ^{55}$

例字 / 中古音 / 方言点	疼	邓	层	僧	肯	冰
	曾开一平登定	去登定	平登从	平登心	上登溪	曾开三平蒸帮
永和阁底	t^{h}əŋ^{24}	təŋ^{53}	ts^{h}əŋ^{24}	səŋ^{31}	k^{h}əŋ^{312}	piɛ^{31}
大宁徐家垛	t^{h}əŋ^{24}	təŋ^{55}	ts^{h}əŋ^{24}	səŋ^{31}	k^{h}əŋ^{31}	pie^{31}
霍州城关	t^{h}əŋ^{35}	təŋ^{53}	ts^{h}əŋ^{35}	səŋ^{213}	k^{h}əŋ^{31}	piŋ^{213}
浮山响水河	t^{h}ẽ^{13}	təŋ^{53}	ts^{h}ẽ^{13}	səŋ^{42}	k^{h}ẽ^{33}	piɛ^{42}
洪洞左木	t^{h}əŋ^{24}	təŋ^{53}	ts^{h}əŋ^{24}	tsəŋ^{21}	k^{h}əŋ^{42}	piɛ^{21}
临汾贺家庄	t^{h}eɪ^{24}	təŋ^{53}	ts^{h}eɪ^{24}	səŋ^{21}	k^{h}ei^{42}	pie^{21}
吉县文城	t^{h}ei^{24}	tʌŋ^{31}	ts^{h}ei^{24}	sʌŋ^{21}	k^{h}ei^{53}	piᴇ^{21}
乡宁光华	t^{h}ən^{213}	tʌŋ^{31}	ts^{h}ən^{213}	tsʌŋ^{53}	k^{h}ən^{53}	piɛ^{53}
襄汾邓庄	t^{h}ẽɪ^{24}	təŋ^{53}	ts^{h}ẽɪ^{24}	səŋ^{21}	k^{h}ẽɪ^{31}	piŋ^{21}
曲沃里村	t^{h}ẽ^{213}	təŋ^{53}	ts^{h}ẽ^{213}	səŋ^{213}	k^{h}ẽ^{44}	piᴀ^{213}
翼城隆化	t^{h}əŋ^{24}	təŋ^{53}	ts^{h}əŋ^{24}	səŋ^{31}	k^{h}əŋ^{44}	piɛ^{31}
安泽唐城	t^{h}əŋ^{21}	təŋ^{53}	ts^{h}əŋ^{21}	səŋ^{213}	k^{h}əŋ^{423}	piəŋ^{213}
汾西城关	t^{h}əŋ^{24}	təŋ^{53}	ts^{h}əŋ^{24}	səŋ^{11}	k^{h}əŋ^{33}	pi^{11}
古县城关	t^{h}ən^{24}	t^{h}əŋ^{53}	ts^{h}ən^{24}	səŋ^{31}	k^{h}ən^{53}	piɛ^{31}
侯马城关	t^{h}ə̃ŋ^{24}	tə̃ŋ^{53}	ts^{h}ə̃ŋ^{24}	tsə̃ŋ^{213}	k^{h}ə̃ŋ^{44}	piɤ̃ŋ^{213}
蒲县城关	t^{h}ən^{24}	təŋ^{55}	ts^{h}əŋ^{24}	səŋ^{53}	k^{h}ən^{21}	piɛ^{53}
隰县黄土	t^{h}əŋ^{24}	təŋ^{55}	ts^{h}əŋ^{24}	səŋ^{41}	k^{h}əŋ^{21}	piəŋ^{41}

例字 / 中古音 / 方言点	凭	证	称~呼	秤	绳	剩
	曾开三平蒸並	去蒸章	平蒸昌	去蒸昌	平蒸船	去蒸船
永和阁底	pʰiŋ²⁴	tʂəŋ⁵³	tʂʰə³¹	tʂʰə⁵³	ʂəŋ²⁴	ʂə⁵³
大宁徐家垛	pʰiɪ²⁴	tʂəŋ⁵⁵	tʂʰə³¹	tʂʰə⁵⁵	ʂəŋ²⁴	ʂə⁵⁵
霍州城关	pʰiŋ³⁵	tʂəŋ⁴⁴	tʂʰʅ²¹³	tʂʰʅ⁴⁴	ʂʅ³⁵	ʂʅ⁵³
浮山响水河	pʰiŋ¹³	tʂəŋ⁵³	tʂʰə⁴²	tʂʰə⁴⁴	ʂəŋ¹³	ʂə⁵³
洪洞左木	pʰiŋ²⁴	tʂəŋ⁵³	tʂʰə²¹	tʂʰə²⁴	ʂəŋ²⁴	ʂə⁵³
临汾贺家庄	pʰiŋ²⁴	tʂəŋ⁵³	tʂʰə²¹	tʂʰə⁵⁵	ʂəŋ²⁴	ʂə⁵³
吉县文城	pʰiei²⁴	tʂʌŋ³¹	tʂʰʅᴇ²¹	tʂʰʅᴇ³¹	ʂʌŋ²⁴	ʂʅᴇ³¹
乡宁光华	pʰiʌŋ²¹³	tʂʌŋ³¹	tʂʰə⁵³	tʂʰə³¹	ʂʌŋ²¹³	ʂə³¹
襄汾邓庄	pʰiŋ²⁴	tʂəŋ⁴⁴	tʂʰə²¹	tʂʰə⁴⁴	ʂəŋ²⁴	ʂə⁵³
曲沃里村	pʰiẽ²¹³	tsəŋ³¹	tsʰə²¹³	tsʰə³¹	səŋ²¹³	sə⁵³
翼城隆化	pʰiŋ²⁴	tʂəŋ⁵³	tʂʰə³¹	tʂʰə⁵³	ʂəŋ²⁴	ʂə⁵³
安泽唐城	pʰiəŋ²¹	tʂəŋ⁵³	tʂʰəŋ²¹³	tʂʰʅ⁵³	ʂəŋ²¹	ʂʅ⁵³
汾西城关	pʰiŋ²⁴	tsəŋ⁵⁵	tsʰei¹¹	tsʰei⁵⁵	səŋ²⁴	sei⁵³
古县城关	pʰiəŋ²⁴	tʂəŋ²⁴	tʂʰɛ³¹	tʂʰɛ²⁴	ʂəŋ²⁴	ʂɛ⁵³
侯马城关	pʰiɤ̃ŋ²⁴	tʂẽŋ⁵³	tʂʰẽ²¹³	tʂʰẽŋ⁵³	ʂẽŋ²⁴	ʂẽŋ⁵³
蒲县城关	pʰiŋ²⁴	tʂəŋ⁵⁵	tʂʰə⁵³	tʂʰə⁵⁵	ʂəŋ²⁴	ʂə⁵⁵
隰县黄土	pʰiəŋ²⁴	tsəŋ⁵⁵	tsʰəŋ⁴¹	tsʰə⁵⁵	səŋ²⁴	sə⁵⁵

例字 中古音 方言点	升	胜	承	扔	凝	兴
	曾开三平蒸书	去蒸书	平蒸禅	平蒸日	平蒸疑	平蒸晓
永和阁底	ʂə^{31}	ʂəŋ^{53}	tsʰəŋ^{24}	ʐəŋ^{31}	ȵi^{24}	ɕiŋ^{31}
大宁徐家垛	ʂə^{31}	ʂəŋ^{55}	tsʰəŋ^{24}	ʐəŋ^{31}	ȵi^{24}	ɕiɪ^{31}
霍州城关	ʂʅ^{213}	ʂəŋ^{44}	tʂʰəŋ^{35}	zɿ^{213}	ȵiŋ^{35}	ɕiŋ^{213}
浮山响水河	ʂə^{42}	ʂəŋ^{44}	tʂʰəŋ^{13}	ʐʅ^{13}	ȵi^{13}	ɕiŋ^{42}
洪洞左木	ʂə^{21}	ʂəŋ^{53}	tʂʰəŋ^{24}	ʐəŋ^{21}	ȵi^{24}	ɕiŋ^{53}
临汾贺家庄	ʂə^{21}	ʂəŋ^{55}	tʂʰəŋ^{24}	ʐəŋ^{55}	ȵi^{24}	ɕiŋ^{21}
吉县文城	ʂʌŋ^{21}	ʂʌŋ^{31}	tʂʰʌŋ^{24}	ʐʅ^{21}	ȵiʌŋ^{24}	ɕiʌŋ^{31}
乡宁光华	ʂə^{53}	ʂʌŋ^{31}	tʂʰʌŋ^{213}	ʐʌŋ^{53}	ȵiʌŋ^{213}	ɕiʌŋ^{31}
襄汾邓庄	ʂə^{21}	ʂəŋ^{44}	tʂʰəŋ^{24}	ʐəŋ^{21}	ȵi^{24}	ɕiŋ^{21}
曲沃里村	sə^{213}	səŋ^{31}	tsʰəŋ^{213}	zẽ^{53}	ȵi^{213}	ɕiŋ^{213}
翼城隆化	ʂə^{31}	ʂəŋ^{53}	tʂʰəŋ^{24}	ʐəŋ^{53}	ȵi^{24}	ɕiŋ^{31}
安泽唐城	ʂʅ^{213}	ʂəŋ^{53}	tʂʰəŋ^{21}	ʐəŋ^{53}	ȵi^{21}	ɕiəŋ^{213}
汾西城关	sei^{11}	səŋ^{55}	tsʰəŋ^{24}	zəŋ^{33}	tʰi^{53}	ɕiŋ^{11}
古县城关	ʂɛ^{31}	ʂəŋ^{31}	tʂʰəŋ^{24}	ʐʅ^{31}	ȵiəŋ^{24}	ɕiəŋ^{31}
侯马城关	ʂẽŋ^{53}	ʂẽŋ^{53}	tʂʰẽŋ^{24}	ʐẽŋ^{213}	ȵi^{24}	ɕiɣ̃ŋ^{53}
蒲县城关	ʂə^{53}	ʂəŋ^{55}	tʂʰəŋ^{24}	zɿ^{53}	ȵiŋ^{24}	ɕiŋ^{53}
隰县黄土	səŋ^{41}	səŋ^{55}	tsʰəŋ^{24}	zəŋ^{41}	ȵiəŋ^{24}	ɕiəŋ^{41}

例字 中古音 方言点	应	蝇	孕	打	冷	生
	曾开三去蒸影	平蒸以	去蒸以	梗开二上庚端	上庚来	平庚生
永和阁底	ȵiɛ^{53}	iɛ^{24}	iŋ^{53}	ta^{312}	ləŋ^{312}	sə^{31}
大宁徐家垛	ȵie^{55}	ie^{24}	iɪ^{55}	ta^{31}	ləŋ^{31}	səŋ^{31}
霍州城关	ȵi^{44}	i^{35}	iŋ^{53}	ta^{31}	lɔ^{31}	sɔ^{213}
浮山响水河	ȵiɛ^{44}	iɛ^{13}	yẽ^{53}	ta^{33}	lyə^{33}	çia^{42}
洪洞左木	iɛ^{21}	iɛ^{24}	yŋ^{53}	tᴀ^{42}	lɛ^{42}	sɛ^{21}
临汾贺家庄	ie^{21}	ie^{24}	yɪ^{53}	tᴀ^{42}	lie^{42}	sə^{21}
吉县文城	ȵiᴇ^{21}	iᴇ^{24}	yei^{31}	ta^{31}	lia^{53}	ʂa^{21}
乡宁光华	ȵiɛ^{53}	iɛ^{213}	yn^{31}	ta^{44}	lʌŋ^{44}	sa^{53}
襄汾邓庄	ȵiə^{44}	iə^{24}	yẽɪ^{53}	tɑ^{31}	liə^{31}	ʂə^{21}
曲沃里村	ȵiɛ^{213}	iɛ^{213}	yẽ^{53}	tᴀ^{44}	lᴀ^{44}	sᴀ^{213}
翼城隆化	ȵiɛ^{31}	iɛ^{24}	yŋ^{53}	ta^{44}	la^{44}	sa^{31}
安泽唐城	iəŋ^{53}	i^{21}	iəŋ^{53}	tᴀ^{423}	ləŋ^{423}	səŋ^{213}
汾西城关	iŋ^{55}	i^{24}	yoŋ^{53}	ta^{33}	lei^{33}	sei^{11}
古县城关	iɛ^{31}	iɛ^{24}	in^{53}	ta^{53}	lɛ^{53}	sɛ^{31}
侯马城关	iɤ̃ŋ^{213}	iɤ̃ŋ^{24}	yẽ^{53}	ta^{44}	liɛ^{44}	sẽŋ^{213}
蒲县城关	iŋ^{55}	iɛ^{24}	in^{55}	ta^{21}	liɛ^{21}	sə^{53}
隰县黄土	iəŋ^{55}	iᴇ^{24}	yoŋ^{55}	ta^{21}	ləŋ^{21}	sə^{41}

例字 / 中古音 / 方言点	省	更五~	更~加	坑	硬	行
	梗开二上庚生	平庚见	去庚见	平庚溪	去庚疑	平庚匣
永和阁底	sə^{312}	kəŋ^{31}	kəŋ^{53}	k^{h}əŋ^{31}	ȵiɛ^{53}	çiŋ^{24}
大宁徐家垛	səŋ^{31}	kəŋ^{31}	kəŋ^{55}	k^{h}əŋ^{31}	ȵie^{55}	çiɪ^{24}
霍州城关	sɔ^{31}	kəŋ^{213}	kəŋ^{44}	k^{h}əŋ^{213}	ȵiŋ^{53}	çiŋ^{35}
浮山响水河	ʂəŋ^{33}	kəŋ^{42}	kəŋ^{44}	k^{h}əŋ^{42}	ȵie^{53}	çiŋ^{13}
洪洞左木	sɛ^{42}	kəŋ^{21}	kəŋ^{53}	k^{h}əŋ^{21}	ȵiɛ^{53}	çiŋ^{24}
临汾贺家庄	sə^{42}	kəŋ^{21}	kəŋ^{55}	k^{h}əŋ^{21}	ȵiŋ^{53}	çiŋ^{24}
吉县文城	ʂa^{53}	tçiʌŋ^{21}	kʌŋ^{31}	k^{h}ə^{21}	iᴇ^{31}	çiʌŋ^{24}
乡宁光华	sa^{44}	tçʌŋ^{53}	kʌŋ^{31}	k^{h}ʌŋ^{53}	iɛ^{31}	çiʌŋ^{213}
襄汾邓庄	ʂə^{31}	kəŋ^{21}	kəŋ^{44}	k^{h}əŋ^{21}	ȵiə^{53}	çiŋ^{24}
曲沃里村	sᴀ^{44}	kəŋ^{213}	kəŋ^{31}	k^{h}əŋ^{213}	ȵiɛ^{53}	çiŋ^{213}
翼城隆化	sa^{44}	kəŋ^{31}	kəŋ^{53}	k^{h}əŋ^{31}	ȵiɛ^{53}	çiŋ^{24}
安泽唐城	səŋ^{423}	kəŋ^{213}	kəŋ^{53}	k^{h}əŋ^{213}	ȵiəŋ^{53}	çiəŋ^{21}
汾西城关	səŋ^{33}	kəŋ^{55}	kəŋ^{55}	k^{h}əŋ^{11}	ȵiŋ^{53}	çiŋ^{24}
古县城关	səŋ^{53}	kəŋ^{31}	kəŋ^{24}	k^{h}əŋ^{31}	ȵie^{53}	çiəŋ^{24}
侯马城关	sə̃ŋ^{44}	kə̃ŋ^{213}	kə̃ŋ^{53}	k^{h}ə̃ŋ^{213}	ȵiɤ̃ŋ^{53}	çiɤ̃ŋ^{24}
蒲县城关	səŋ^{21}	kəŋ^{53}	kəŋ^{55}	k^{h}əŋ^{53}	ȵie^{55}	çiŋ^{24}
隰县黄土	səŋ^{21}	kəŋ^{41}	kəŋ^{55}	k^{h}əŋ^{41}	ȵiəŋ^{55}	çiəŋ^{24}

例字 中古音 方言点	杏	棚	争	兵	命	镜
	梗开二上庚匣	平耕並	平耕庄	梗开三平庚帮	去庚明	去庚见
永和阁底	xə^{53}	p^{h}iɛ^{24}	tsə^{31}	piŋ^{31}	miɛ^{53}	tɕiɛ^{53}
大宁徐家垛	ɕiɪ^{55}	p^{h}ie^{24}	tsəŋ^{31}	piɪ^{31}	mie^{55}	tɕie^{55}
霍州城关	xɔ^{53}	p^{h}ɔ^{35}	tsɔ^{213}	piŋ^{213}	mi^{53}	tɕi^{44}
浮山响水河	xə^{53}	p^{h}ia^{13}	tɕia^{42}	piŋ^{42}	miɛ^{53}	tɕiɛ^{44}
洪洞左木	xɛ^{53}	p^{h}ɛ^{24}	tsɛ^{21}	piŋ^{21}	miɛ^{53}	tɕiɛ^{53}
临汾贺家庄	xeɪ^{53}	p^{h}əŋ^{24}	tsə^{21}	piŋ^{21}	mie^{53}	tɕie^{55}
吉县文城	xə^{53}	p^{h}ia^{24}	tʂa^{21}	piʌŋ^{21}	miᴇ^{31}	tɕiᴇ^{31}
乡宁光华	xʌŋ^{53}	p^{h}ia^{213}	tsʌŋ^{53}	piʌŋ^{53}	miɛ^{31}	tɕiɛ^{31}
襄汾邓庄	xə^{53}	p^{h}əŋ^{24}	tʂə^{21}	piŋ^{21}	miə^{53}	tɕiə^{44}
曲沃里村	xᴀ^{53}	p^{h}əŋ^{213}	tsᴀ^{213}	piŋ^{213}	miɛ^{53}	tɕiɛ^{31}
翼城隆化	xɑŋ^{53}	p^{h}əŋ^{24}	tsa^{31}	piŋ^{31}	miɛ^{53}	tɕiɛ^{53}
安泽唐城	ɕiəŋ^{53}	p^{h}ie^{21}	tsəŋ^{213}	piəŋ^{213}	mi^{53}	tɕi^{53}
汾西城关	xei^{53}	p^{h}ei^{24}	tsei^{11}	piŋ^{11}	mi^{53}	tɕi^{55}
古县城关	xɚ^{53}	p^{h}ɛ^{24}	tsɛ^{31}	piəŋ^{31}	miɛ^{53}	tɕiɛ^{24}
侯马城关	ɕiɤ̃ŋ^{53}	p^{h}ẽŋ^{24}	tsẽŋ^{213}	piɤ̃ŋ^{213}	miɤ̃ŋ^{53}	tɕiɤ̃ŋ^{53}
蒲县城关	xə^{55}	p^{h}əŋ^{24}	tsə^{53}	piŋ^{53}	miɛ^{55}	tɕiɛ^{55}
隰县黄土	ɕiᴇ^{55}	p^{h}əŋ^{24}	tsə^{41}	piəŋ^{41}	miᴇ^{55}	tɕiᴇ^{55}

例字 / 中古音 / 方言点	迎	影	映	并	领	精
	梗开三平庚疑	上庚影	去庚影	去清帮	上清来	平清精
永和阁底	iɛ²⁴	ȵiɛ³¹²	iɛ⁵³	piŋ⁵³	liɛ³¹²	tɕiɛ³¹
大宁徐家垛	ie²⁴	ȵie³¹	ie⁵⁵	piɪ⁵⁵	lie³¹	tɕie³¹
霍州城关	iŋ³⁵	i³¹	iŋ⁴⁴	piŋ⁴⁴	li³¹	tɕi²¹³
浮山响水河	iŋ¹³	ȵiɛ³³	iŋ⁴⁴	piŋ⁴⁴	liɛ³³	tɕiɛ⁴²
洪洞左木	iŋ²⁴	ȵiɛ⁴²	iɑŋ⁵³	piŋ⁵³	liɛ⁴²	tɕiɛ²¹
临汾贺家庄	iŋ²⁴	ȵie⁴²	iŋ⁵³	piŋ⁵³	lie⁴²	tɕie²¹
吉县文城	iʌŋ²⁴	ȵiᴇ⁵³	iʌŋ³¹	piʌŋ³¹	liᴇ⁵³	tɕiᴇ²¹
乡宁光华	iʌŋ²¹³	ȵiɛ⁴⁴	iʌŋ³¹	piʌŋ³¹	liɛ⁴⁴	tɕiɛ⁵³
襄汾邓庄	iŋ²⁴	ȵiə³¹	iŋ⁴⁴	piŋ⁴⁴	liə³¹	tɕiə²¹
曲沃里村	iŋ²¹³	ȵiɛ⁴⁴	iɑŋ⁵³	piŋ³¹	liɛ⁴⁴	tɕiɛ²¹³
翼城隆化	iŋ²⁴	ȵiɛ⁴⁴	iŋ⁵³	piŋ⁵³	liɛ⁴⁴	tɕiɛ³¹
安泽唐城	iəŋ²¹	ȵiəŋ⁴²³	iəŋ⁵³	piəŋ⁵³	li⁴²³	tɕi²¹³
汾西城关	iŋ²⁴	ȵi³³	iŋ⁵⁵	piŋ⁵⁵	li³³	tɕi¹¹
古县城关	iəŋ²⁴	ȵiɛ⁵³	iəŋ²⁴	piəŋ²⁴	liɛ⁵³	tɕiɛ³¹
侯马城关	iɤ̃ŋ²⁴	iɤ̃ŋ⁴⁴	iɤ̃ŋ⁵³	piɤ̃ŋ⁵³	liɤ̃ŋ⁴⁴	tɕiɤ̃ŋ²¹³
蒲县城关	ȵiɛ²⁴	ȵiɛ²¹	iŋ⁵⁵	piŋ⁵⁵	liɛ²¹	tɕiɛ⁵³
隰县黄土	iəŋ²⁴	ȵiᴇ²¹	iã²¹	piəŋ⁵⁵	liᴇ²¹	tɕiəŋ⁴¹

例字 / 中古音 / 方言点	请	净	性	郑	正	整
	梗开三上清清	去清从	去清心	去清澄	平清章	上清章
永和阁底	tɕ^{h}iŋ^{312}	tɕ^{h}iɛ^{53}	ɕiɛ^{53}	tʂəŋ^{53}	tʂə^{31}	tʂəŋ^{312}
大宁徐家垛	tɕ^{h}iɪ^{31}	tɕ^{h}ie^{55}	ɕie^{55}	tʂəŋ^{55}	tʂə^{31}	tʂəŋ^{31}
霍州城关	tɕ^{h}iŋ^{31}	tɕ^{h}i^{53}	ɕi^{44}	tʂəŋ^{53}	tʂʅ^{213}	tʂʅ^{31}
浮山响水河	tɕ^{h}iŋ^{33}	tɕ^{h}iɛ^{53}	ɕiŋ^{44}	tʂəŋ^{53}	tʂə^{42}	tʂə^{33}
洪洞左木	tɕ^{h}iŋ^{42}	tɕ^{h}iɛ^{53}	ɕiŋ^{24}	tʂəŋ^{53}	tʂə^{21}	tʂəŋ^{42}
临汾贺家庄	tɕ^{h}iŋ^{42}	tɕ^{h}ie^{53}	ɕiŋ^{55}	tʂəŋ^{53}	tʂə^{21}	tʂə^{42}
吉县文城	tɕ^{h}iʌŋ^{53}	tɕ^{h}iᴇ^{31}	ɕiᴇ^{31}	tʂʌŋ^{31}	tʂʌŋ^{21}	tʂʌŋ^{53}
乡宁光华	tɕ^{h}iʌŋ^{44}	tɕ^{h}iɛ^{31}	ɕiɛ^{31}	tʂʌŋ^{31}	tʂə^{53}	tʂʌŋ^{44}
襄汾邓庄	tɕ^{h}iŋ^{31}	tɕ^{h}iə^{53}	ɕiŋ^{44}	tʂəŋ^{53}	tʂə^{21}	tʂəŋ^{31}
曲沃里村	tɕ^{h}iŋ^{44}	tɕ^{h}iɛ^{53}	ɕiŋ^{31}	tsəŋ^{53}	tsə^{213}	tsə^{44}
翼城隆化	tɕ^{h}iŋ^{44}	tɕ^{h}iɛ^{53}	ɕiŋ^{24}	tʂəŋ^{53}	tʂə^{31}	tʂə^{44}
安泽唐城	tɕ^{h}iəŋ^{423}	tɕi^{53}	ɕiəŋ^{53}	tʂ^{h}əŋ^{53}	tʂʅ^{213}	tʂʅ^{423}
汾西城关	tɕ^{h}iŋ^{33}	tɕ^{h}i^{53}	ɕi^{55}	tsəŋ^{53}	tsei^{11}	tsei^{33}
古县城关	tɕ^{h}iəŋ^{53}	tɕ^{h}iɛ^{53}	ɕiəŋ^{24}	tʂ^{h}əŋ^{53}	tʂɛ^{31}	tʂɛ^{53}
侯马城关	tɕ^{h}iɤ̃ŋ^{44}	tɕ^{h}iɛ^{53}	ɕiɤ̃ŋ^{53}	tʂə̃ŋ^{53}	tʂə̃ŋ^{213}	tʂə̃ŋ^{44}
蒲县城关	tɕ^{h}iŋ^{21}	tɕ^{h}iɛ^{55}	ɕiɛ^{55}	tʂ^{h}ə^{55}	tʂə^{53}	tʂə^{21}
隰县黄土	tɕ^{h}iəŋ^{21}	tɕ^{h}iᴇ^{55}	ɕiəŋ^{55}	ts^{h}əŋ^{55}	tsə^{41}	tsəŋ^{21}

例字 中古音 方言点	声	盛	颈	轻	赢	钉
	梗开三平清书	去清禅	上清见	平清溪	平清以	梗开四平青端
永和阁底	ʂə^{31}	ʂəŋ^{53}	tɕiŋ^{312}	tɕ^{h}iɛ^{31}	iɛ^{24}	tiɛ^{31}
大宁徐家垛	ʂə^{31}	ʂəŋ^{55}	tɕiɪ^{31}	tɕ^{h}ie^{31}	ie^{24}	tie^{31}
霍州城关	ʂʅ^{213}	ʂəŋ^{53}	tɕiŋ^{31}	tɕ^{h}i^{213}	ȵi^{35}	tɕi^{213}
浮山响水河	ʂə^{42}	ʂəŋ^{53}	tɕiŋ^{33}	t^{h}iɛ^{42}	iɛ^{13}	tiɛ^{42}
洪洞左木	ʂə^{21}	ʂəŋ^{53}	tɕiŋ^{42}	t^{h}iɛ^{21}	iɛ^{24}	tiɛ^{21}
临汾贺家庄	ʂə^{21}	ʂəŋ^{55}	tɕiŋ^{42}	tɕ^{h}ie^{21}	ie^{24}	tie^{21}
吉县文城	ʂʅᴇ^{21}	ʂʌŋ^{31}	tɕiʌŋ^{31}	tɕ^{h}iᴇ^{21}	iᴇ^{24}	tiᴇ^{21}
乡宁光华	ʂə^{53}	ʂʌŋ^{31}	tɕiʌŋ^{31}	tɕ^{h}iɛ^{53}	iɛ^{213}	tiɛ^{53}
襄汾邓庄	ʂə^{21}	ʂəŋ^{53}	tɕiŋ^{31}	t^{h}iə^{21}	iə^{24}	tiə^{21}
曲沃里村	sə^{213}	səŋ^{53}	tɕiŋ^{44}	tɕ^{h}iɛ^{213}	iɛ^{213}	tiɛ^{213}
翼城隆化	ʂə^{31}	ʂəŋ^{53}	tɕiŋ^{44}	tɕ^{h}iŋ^{31}	iɛ^{24}	tiɛ^{31}
安泽唐城	ʂʅ^{213}	tʂ^{h}əŋ^{21}	tɕiəŋ^{213}	tɕ^{h}iəŋ^{213}	i^{21}	ti^{213}
汾西城关	sei^{11}	sei^{24}	tɕiŋ^{33}	tɕ^{h}i^{11}	i^{24}	ti^{11}
古县城关	ʂɛ^{31}	tʂ^{h}əŋ^{24}	tɕiəŋ^{53}	tɕ^{h}iɛ^{31}	iɛ^{24}	tiɛ^{31}
侯马城关	ʂẽŋ^{213}	tʂ^{h}ẽŋ^{24}	tɕiɤ̃ŋ^{53}	tɕ^{h}iɤ̃ŋ^{213}	iɤ̃ŋ^{24}	tiɤ̃ŋ^{53}
蒲县城关	ʂə^{53}	tʂ^{h}əŋ^{24}	tɕiŋ^{21}	tɕ^{h}iɛ^{53}	iɛ^{24}	tiɛ^{53}
隰县黄土	sə^{41}	sə^{24}	tɕiəŋ^{41}	tɕ^{h}iᴇ^{41}	iᴇ^{24}	tiᴇ^{41}

例字 / 中古音 / 方言点	顶	听~见	听~任	定	宁	零
	梗开四上青端	平青透	去青透	去青定	去青泥	平青来
永和阎底	tiŋ^{312}	t^{h}iɛ^{31}	t^{h}iɛ^{31}	tiŋ^{53}	ȵiŋ^{24}	liɛ^{24}
大宁徐家垛	tiɪ^{31}	t^{h}ie^{31}	t^{h}ie^{31}	tiɪ^{55}	ȵiɪ^{24}	lie^{24}
霍州城关	tɕiŋ^{31}	tɕ^{h}i^{213}	tɕ^{h}i^{213}	tɕiŋ^{53}	ȵiŋ^{35}	li^{35}
浮山响水河	tiŋ^{33}	t^{h}iɛ^{42}	t^{h}iɛ^{42}	tiŋ^{53}	ȵiŋ^{13}	liɛ^{13}
洪洞左木	tiŋ^{42}	t^{h}iɛ^{21}	t^{h}iɛ^{21}	tiŋ^{53}	ȵiŋ^{24}	liɛ^{24}
临汾贺家庄	tiŋ^{42}	t^{h}ie^{21}		tiŋ^{53}	ȵiŋ^{24}	lie^{24}
吉县文城	tiʌŋ^{53}	t^{h}iᴇ^{21}	t^{h}iʌŋ^{21}	tiʌŋ^{53}	ȵiʌŋ^{24}	liᴇ^{24}
乡宁光华	tiʌŋ^{44}	t^{h}iɛ^{53}	t^{h}iʌŋ^{53}	tiʌŋ^{31}	ȵiʌŋ^{213}	liɛ^{213}
襄汾邓庄	tiŋ^{31}	t^{h}iə^{21}	t^{h}iə^{21}	tiŋ^{53}	ȵiŋ^{24}	liə^{24}
曲沃里村	tiŋ^{44}	t^{h}iɛ^{213}	t^{h}iɛ^{213}	t^{h}iɛ^{53}	ȵiŋ^{53}	liɛ^{213}
翼城隆化	tiŋ^{44}	t^{h}iɛ^{31}	t^{h}iɛ^{31}	tiŋ^{53}	ȵiŋ^{24}	liɛ^{24}
安泽唐城	tiəŋ^{53}	t^{h}i^{213}	t^{h}iəŋ^{213}	tiəŋ^{53}	ȵiəŋ^{21}	li^{21}
汾西城关	tiŋ^{33}	t^{h}i^{11}		t^{h}i^{53}	ȵiŋ^{24}	liŋ^{24}
古县城关	tiəŋ^{53}	t^{h}iɛ^{31}		tiəŋ^{53}	ȵiəŋ^{24}	liɛ^{24}
侯马城关	tiɤ̃ŋ^{44}	t^{h}iɛ^{213}	t^{h}iɤ̃ŋ^{53}	tiɤ̃ŋ^{53}	ȵiɤ̃ŋ^{24}	liɤ̃ŋ^{24}
蒲县城关	tiŋ^{21}	t^{h}iɛ^{53}	t^{h}iŋ^{53}	tiɛ^{55}	ȵiŋ^{24}	liɛ^{24}
隰县黄土	tiəŋ^{21}	t^{h}iᴇ^{41}	t^{h}iəŋ^{41}	tiəŋ^{55}	ȵiəŋ^{24}	liᴇ^{24}

例字 / 中古音 / 方言点	星	醒	形	矿	横~竖	横蛮~
	梗开四平青心	上青心	平青匣	梗合二上庚见	平庚匣	去庚匣
永和阁底	ɕiɛ^{31}	ɕiɛ^{312}	ɕiŋ^{24}	kʰuɑŋ^{53}	xəŋ^{24}	xəŋ^{53}
大宁徐家垛	ɕie^{31}	ɕie^{31}	ɕiɪ^{24}	kʰuæ̃^{55}	xuŋ^{24}	xuŋ^{55}
霍州城关	ɕi^{213}	ɕi^{31}	ɕiŋ^{35}	kʰuɑŋ^{53}	xɔ^{35}	xuŋ^{53}
浮山响水河	ɕiɛ^{42}	ɕiɛ^{33}	ɕiŋ^{13}	kʰuɑŋ^{33}	xua^{13}	xua^{53}
洪洞左木	ɕyɛ^{21}	ɕiɛ^{42}	ɕiŋ^{24}	kʰuɑŋ^{53}	xuŋ^{53}	xuŋ^{53}
临汾贺家庄	ɕie^{21}	ɕie^{42}	ɕiŋ^{24}	kʰuɑŋ^{55}	xəŋ^{24}	xəŋ^{53}
吉县文城	ɕiᴇ^{21}	ɕyᴇ^{53}	ɕiʌŋ^{24}	kʰuʌŋ^{31}	xuo^{53}	xʌŋ^{53}
乡宁光华	ɕie^{53}	ɕie^{44}	ɕiʌŋ^{213}	kʰʌŋ^{31}	ɕya^{213}	xʌŋ^{53}
襄汾邓庄	ɕiə^{21}	ɕiə^{31}	ɕiŋ^{24}	kʰuɑŋ^{53}	xəŋ^{24}	xəŋ^{53}
曲沃里村	ɕiɛ^{213}	ɕie^{44}	ɕiŋ^{213}	kʰuɑŋ^{31}	xəŋ^{213}	xəŋ^{53}
翼城隆化	ɕie^{31}	ɕie^{44}	ɕiŋ^{24}	kʰuɑŋ^{53}	xuŋ^{53}	xəŋ^{53}
安泽唐城	ɕi^{213}	tɕʰi^{423}	ɕiəŋ^{21}	kʰuɑ̃^{53}	xuəŋ^{53}	xuəŋ^{53}
汾西城关	ɕi^{11}	ɕi^{33}	ɕiŋ^{24}	kʰuɑŋ^{55}	xuei^{24}	xəŋ^{53}
古县城关	ɕie^{31}	ɕie^{53}	ɕiəŋ^{24}	kʰuɑŋ^{53}	xuə^{24}	xəŋ^{53}
侯马城关	ɕiɣ̃ŋ^{213}	ɕiɣ̃ŋ^{44}	ɕiɣ̃ŋ^{24}	kʰuõŋ^{53}	xuõŋ^{24}	xɐ̃ŋ^{53}
蒲县城关	ɕie^{53}	ɕie^{55}	ɕiŋ^{24}	kʰuɑŋ^{55}	xuɛ^{24}	xuɛ^{24}
隰县黄土	ɕiᴇ^{41}	ɕiəŋ^{21}	ɕiəŋ^{24}	kʰuẽ^{55}	xəŋ^{24}	xəŋ^{24}

例字 / 中古音 / 方言点	兄	荣	永	营	蒙	东
	梗合三平庚晓	平庚云	上庚云	平清以	通合一平东明	平东端
永和阁底	ɕyɛ³¹	yŋ²⁴	yŋ⁵³	iɛ²⁴	məŋ²⁴	tuŋ³¹
大宁徐家垛	ɕye³¹	yɪ²⁴	yɪ⁵⁵	ie²⁴	məŋ²⁴	tuŋ³¹
霍州城关	ɕyŋ²¹³	yŋ³⁵	yŋ⁵³	iŋ³⁵	məŋ³⁵	tuŋ²¹³
浮山响水河	ɕiɛ⁴²	ʐyŋ¹³	yŋ³³	iɛ¹³	məŋ¹³	tuẽ⁴²
洪洞左木	ɕyɛ²¹	ʐyŋ²⁴	yŋ⁴²	iɛ²⁴	məŋ²⁴	tuŋ²¹
临汾贺家庄	ɕye²¹	yŋ²⁴	yŋ⁴²	iŋ²⁴	məŋ²⁴	tuẽɪ²¹
吉县文城	ɕyᴇ²¹	yʌŋ²⁴	yʌŋ⁵³	iᴇ²⁴	mʌŋ²⁴	tuei²¹
乡宁光华	ɕyʌŋ⁵³	yʌŋ²¹³	yʌŋ⁴⁴	iɛ²¹³	mʌŋ²¹³	tuən⁵³
襄汾邓庄	ɕyə²¹	yŋ²⁴	yŋ⁵³	iŋ²⁴	məŋ²⁴	tuẽɪ²¹
曲沃里村	ɕyŋ²¹³	zuŋ²¹³	yŋ⁴⁴	iɛ²¹³	məŋ²¹³	tuŋ²¹³
翼城隆化	ɕyŋ³¹	yŋ²⁴	yŋ⁴⁴	iɛ²⁴	məŋ²⁴	tuŋ³¹
安泽唐城	ɕy²¹³	yəŋ²¹	yəŋ⁴²³	iəŋ²¹	məŋ²¹³	tuəŋ²¹³
汾西城关	ɕyoŋ¹¹	yoŋ²⁴	yoŋ³³	i²⁴	məŋ²⁴	toŋ¹¹
古县城关	ɕiɛ³¹	yəŋ²⁴	yəŋ⁵³	iəŋ²⁴	məŋ²⁴	tuən³¹
侯马城关	ɕyõŋ²¹³	yõŋ²⁴	yõŋ⁴⁴	iɤ̃ŋ²⁴	mẽŋ²⁴	tuõŋ²¹³
蒲县城关	ɕyɛ⁵³	yŋ²⁴	yŋ²¹	iɛ²⁴	məŋ²⁴	tuən⁵³
隰县黄土	ɕyɛ⁴¹	yoŋ²⁴	yoŋ²¹	iᴇ²⁴	məŋ²⁴	tuoŋ⁴¹

例字 / 中古音 / 方言点	桶	洞	弄	总	葱	从
	通合一上东透	去东定	去东来	上东精	平东清	平东从
永和阁底	$t^{h}uŋ^{312}$	$t^{h}uŋ^{53}$	$luŋ^{53}$	$tsuŋ^{312}$	$ts^{h}uŋ^{31}$	$ts^{h}uŋ^{24}$
大宁徐家垛	$t^{h}uŋ^{31}$	$t^{h}uŋ^{55}$	$nuŋ^{55}$	$tsuŋ^{31}$	$ts^{h}uŋ^{31}$	$ts^{h}uŋ^{24}$
霍州城关	$t^{h}uŋ^{31}$	$t^{h}u^{53}$	$ləŋ^{53}$	$tsuŋ^{31}$	$ts^{h}u^{213}$	$ts^{h}uŋ^{35}$
浮山响水河	$t^{h}uẽ^{33}$	$tuẽ^{53}$	$luŋ^{53}$	$tsuẽ^{33}$	$ts^{h}uẽ^{42}$	$ts^{h}uŋ^{13}$
洪洞左木	$t^{h}uŋ^{42}$	$t^{h}uŋ^{53}$	$ləŋ^{53}$	$tsuŋ^{42}$	$ts^{h}uŋ^{21}$	$ts^{h}uŋ^{24}$
临汾贺家庄	$t^{h}uẽɪ^{42}$	$tuẽɪ^{53}$	$ləŋ^{53}$	$tsuŋ^{42}$	$ts^{h}uẽɪ^{21}$	$ts^{h}uŋ^{24}$
吉县文城	$t^{h}uei^{53}$	$tuei^{31}$	$luʌŋ^{31}$	$tsuʌŋ^{53}$	$ts^{h}uei^{21}$	$ts^{h}uʌŋ^{24}$
乡宁光华	$t^{h}uən^{44}$	$tuən^{31}$	$nuʌŋ^{31}$	$tsuʌŋ^{44}$	$ts^{h}uən^{53}$	$ts^{h}uʌŋ^{213}$
襄汾邓庄	$t^{h}uẽɪ^{31}$	$t^{h}uẽɪ^{53}$	$ləŋ^{53}$	$tsuẽɪ^{31}$	$ts^{h}uẽɪ^{21}$	$ts^{h}uŋ^{24}$
曲沃里村	$t^{h}uŋ^{44}$	$t^{h}uŋ^{53}$	$luŋ^{53}$	$tsuŋ^{44}$	$ts^{h}uŋ^{213}$	$ts^{h}uŋ^{213}$
翼城隆化	$t^{h}uŋ^{44}$	$tuŋ^{53}$	$nuŋ^{53}$	$tsuŋ^{44}$	$ts^{h}uŋ^{31}$	$ts^{h}uŋ^{24}$
安泽唐城	$t^{h}uəŋ^{423}$	$tuəŋ^{53}$	$nuəŋ^{53}$	$tsuəŋ^{53}$	$ts^{h}uəŋ^{213}$	$ts^{h}əŋ^{21}$
汾西城关	$t^{h}oŋ^{33}$	$toŋ^{53}$	$nəŋ^{53}$	$tsoŋ^{33}$	$ts^{h}oŋ^{11}$	$ts^{h}oŋ^{24}$
古县城关	$t^{h}uən^{53}$	$t^{h}uən^{53}$	$ləŋ^{53}$	$tsuŋ^{53}$	$ts^{h}uən^{31}$	$ts^{h}uŋ^{31}$
侯马城关	$t^{h}uõŋ^{44}$	$t^{h}uõŋ^{53}$	$nuõŋ^{53}$	$tsuõŋ^{44}$	$ts^{h}uõŋ^{213}$	$ts^{h}uõŋ^{24}$
蒲县城关	$t^{h}uən^{21}$	$t^{h}uən^{55}$	$lən^{55}$	$tsuŋ^{21}$	$ts^{h}uən^{53}$	$ts^{h}uŋ^{24}$
隰县黄土	$t^{h}uoŋ^{21}$	$t^{h}uoŋ^{55}$	$ləŋ^{55}$	$tsuoŋ^{21}$	$ts^{h}uoŋ^{41}$	$ts^{h}uoŋ^{24}$

例字 / 中古音 / 方言点	送	公	孔	哄	红	瓮
	通合一去东心	平东见	上东溪	上东晓	平东匣	去东影
永和阁底	suŋ53	kuŋ31	kʰuŋ312	xuŋ312	xuŋ24	uŋ53
大宁徐家垛	suŋ55	kuŋ31	kʰuŋ31	xuŋ31	xuŋ24	uŋ55
霍州城关	suŋ44	kuŋ213	kʰuŋ31	xuŋ31	xuŋ35	uŋ44
浮山响水河	suẽ44	kuẽ42	kʰuẽ33	xuẽ33	xuẽ13	uẽ44
洪洞左木	suŋ24	kuŋ21	kʰuŋ42	xuŋ42	xuŋ24	uŋ53
临汾贺家庄	suẽɪ55	kuŋ21	kʰuŋ42	xuẽɪ42	xuẽɪ24	uŋ53
吉县文城	suei31	kuʌŋ21	kʰuʌŋ53	xuei53	xuei24	uei31
乡宁光华	suən31	kuʌŋ53	kʰuʌŋ44	xuən44	xuən213	uən31
襄汾邓庄	suẽɪ44	kuẽɪ21	kʰuŋ31	xuẽɪ31	xuẽɪ24	uẽɪ53
曲沃里村	suŋ31	kuŋ213	kʰuŋ44	xuŋ44	xuŋ213	uŋ31
翼城隆化	suŋ53	kuŋ31	kʰuŋ44	xuŋ44	xuŋ24	uŋ53
安泽唐城	suəŋ53	kuəŋ213	kʰuəŋ423	xuəŋ423	xuəŋ21	vəŋ53
汾西城关	soŋ55	koŋ11	kʰoŋ33	xoŋ33	xoŋ24	oŋ55
古县城关	suən24	kuən31	kʰuŋ53	xuən31	xuən24	uən24
侯马城关	tsuõŋ53	kuõŋ213	kʰuõŋ44	xuõŋ44	xuõŋ24	uõŋ53
蒲县城关	suən55	kuən53	kʰuŋ21	xuən21	xuən24	uən55
隰县黄土	suoŋ55	kuoŋ41	kʰuoŋ41	xuoŋ21	xuoŋ24	uoŋ55

例字 / 中古音 / 方言点	脓	松	风	梦	中	虫
	通合一平冬泥	平冬心	通合三平东非	去东明	平东知	平东澄
永和阁底	nuŋ^{24}	suŋ^{31}	xuŋ^{31}	məŋ^{53}	tʂuŋ^{31}	tʂ^{h}uŋ^{24}
大宁徐家垛	nuŋ^{24}	suŋ^{31}	fəŋ^{31}	məŋ^{55}	tʂuŋ^{31}	tʂ^{h}uŋ^{24}
霍州城关	ləŋ^{35}	suŋ^{213}	fəŋ^{213}	məŋ^{53}	tʂuŋ^{213}	tʂ^{h}u^{35}
浮山响水河	nẽ^{13}	suẽ^{42}	fẽ^{42}	mẽ^{53}	pfẽ^{42}	pf^{h}ẽ^{13}
洪洞左木	nəŋ^{24}	suŋ^{21}	fəŋ^{21}	muo^{53}	tʂuŋ^{21}	tʂ^{h}uŋ^{24}
临汾贺家庄	nuŋ^{24}	suẽɪ^{21}	fẽɪ^{21}	muo^{53}	pfẽɪ^{21}	pf^{h}ẽɪ^{24}
吉县文城	nuei^{24}	suei^{21}	fei^{21}	mei^{31}	tʂuʌŋ^{21}	tʂ^{h}uei^{24}
乡宁光华	nən^{213}	suən^{53}	fən^{53}	mən^{31}	tʂuʌŋ^{53}	tʂ^{h}uʌŋ^{213}
襄汾邓庄	nẽɪ^{24}	suẽɪ^{21}	fẽɪ^{21}	muo^{53}	pfẽɪ^{21}	pf^{h}ẽɪ^{24}
曲沃里村	ləŋ^{213}	suŋ^{213}	fəŋ^{213}	məŋ^{53}	pfəŋ^{213}	pf^{h}əŋ^{213}
翼城隆化	nuŋ^{24}	suŋ^{31}	fəŋ^{31}	məŋ^{53}	tʂuŋ^{31}	tʂ^{h}uŋ^{24}
安泽唐城	nuəŋ^{21}	suəŋ^{213}	fəŋ^{213}	məŋ^{53}	tʂuəŋ^{213}	tʂ^{h}uəŋ^{21}
汾西城关	noŋ^{24}	soŋ^{11}	fəŋ^{11}	məŋ^{53}	tsoŋ^{11}	ts^{h}oŋ^{24}
古县城关	nən^{24}	suŋ^{31}	fən^{31}	mən^{53}	tʂ^{h}uən^{31}	tʂ^{h}uən^{24}
侯马城关	nuõŋ^{24}	tsuõŋ^{213}	fẽ^{213}	mẽŋ^{53}	tʂuõŋ^{213}	tʂ^{h}uẽ^{24}
蒲县城关	nuə^{24}	suən^{53}	fən^{53}	mən^{55}	tʂən^{53}	tʂ^{h}uən^{24}
隰县黄土	nuoŋ^{24}	suoŋ^{41}	xuoŋ^{41}	məŋ^{55}	tsuoŋ^{41}	ts^{h}uoŋ^{24}

例字 中古音 方言点	绒	雄	捧	缝一条~	种~类	种~树
	通合三平东日	平东云	上钟敷	去钟奉	上钟章	去钟章
永和阁底	ʐuŋ²⁴	ɕyŋ²⁴	pʰəŋ³¹²	xuŋ⁵³	tʂuŋ³¹²	tʂuŋ⁵³
大宁徐家垛	ʐuŋ²⁴	ɕyɪ²⁴	pʰəŋ³¹	fəŋ⁵⁵	tʂuŋ³¹	tʂuŋ⁵⁵
霍州城关	vəŋ³⁵	ɕyŋ³⁵	pʰəŋ³¹	fu⁵³	tʂuŋ⁴⁴	tʂuŋ⁴⁴
浮山响水河	ʐuŋ¹³	ɕyŋ¹³	pʰẽ³³	fẽ⁵³	pfẽ³³	pfẽ⁴⁴
洪洞左木	ʐuŋ²⁴	ɕyŋ²⁴	pʰəŋ⁴²	fəŋ⁵³	tʂuŋ⁴²	tʂuŋ⁵³
临汾贺家庄	vəŋ²⁴	ɕyŋ²⁴	pʰẽɪ⁴²	fẽɪ⁵³	pfẽɪ⁴²	pfẽɪ⁵³
吉县文城	ʐuʌŋ²⁴	ɕyʌŋ²⁴	pʰʌŋ⁵³	fei³¹	tʂuʌŋ⁵³	tʂuei³¹
乡宁光华	vʌŋ²¹³	ɕyʌŋ²¹³	pʰʌŋ⁴⁴	fən³¹	tʂuʌŋ⁴⁴	tʂuən³¹
襄汾邓庄	vəŋ²⁴	ɕyŋ²⁴	pʰẽɪ³¹	fẽɪ⁵³	pfẽɪ³¹	pfẽɪ⁴⁴
曲沃里村	vəŋ²¹³	ɕyŋ²¹³	pʰəŋ⁴⁴	fəŋ⁵³	pfəŋ⁴⁴	pfəŋ⁵³
翼城隆化	ʐuŋ²⁴	ɕyŋ²⁴	pʰəŋ⁴⁴	fəŋ⁵³	tʂuŋ⁴⁴	tʂuŋ⁵³
安泽唐城	ʐuəŋ²¹	ɕyəŋ²¹	pʰəŋ⁴²³	fəŋ²¹	tʂuəŋ⁴²³	tʂuəŋ⁵³
汾西城关	vəŋ²⁴	ɕyoŋ²⁴	pʰəŋ²⁴	fəŋ²⁴	tsoŋ³³	tsoŋ⁵⁵
古县城关	ʐuŋ²⁴	ɕyəŋ²⁴	pʰəŋ⁵³	fəŋ²⁴	tʂuən⁵³	tʂuən⁵³
侯马城关	ʐuõŋ²⁴	ɕyõŋ²⁴	pʰə̃ŋ⁴⁴	fə̃ŋ²⁴	tʂuõŋ⁴⁴	tʂuõŋ⁵³
蒲县城关	zuŋ²⁴	ɕyŋ²⁴	pʰəŋ²¹	fəŋ²⁴	tsuŋ²¹	tʂuən⁵⁵
隰县黄土	zuoŋ²⁴	ɕyoŋ²⁴	pʰəŋ²⁴	xuoŋ²⁴	tsuoŋ²¹	tsuoŋ⁵⁵

中古音 例字 / 方言点	共	勇	用	杂	喝	盒
	去钟群	上钟以	去钟以	咸开一入合从	入合晓	入合匣
永和阁底	kuŋ^{53}	yŋ^{312}	yŋ^{53}	ts^{h}ɐʔ$^{\underline{21}}$	xɐʔ^{3}	xɐʔ$^{\underline{21}}$
大宁徐家垛	kuŋ^{55}	yɪ^{31}	yɪ^{55}	ts^{h}ɐʔ$^{\underline{31}}$	xɐʔ$^{\underline{31}}$	xɐʔ$^{\underline{31}}$
霍州城关	kuŋ^{53}	yŋ^{31}	yŋ^{53}	ts^{h}a^{35}	xə^{213}	xə^{35}
浮山响水河	kuŋ^{53}	yŋ^{33}	yŋ^{53}	ts^{h}a^{13}	xə^{42}	xə^{13}
洪洞左木	kuŋ^{53}	yŋ^{42}	yŋ^{53}	ts^{h}ᴀ^{24}	xə^{21}	xə^{24}
临汾贺家庄	kuŋ^{53}	yŋ^{42}	yŋ^{53}	ts^{h}ᴀ^{24}	xuo^{21}	xuo^{24}
吉县文城	kuʌŋ^{31}	yʌŋ^{31}	yʌŋ^{31}	ts^{h}a^{24}	xə^{21}	xə^{24}
乡宁光华	kuʌŋ^{31}	yʌŋ^{44}	yʌŋ^{31}	ts^{h}a^{213}	xə^{53}	xə^{213}
襄汾邓庄	kuŋ^{53}	yŋ^{31}	yŋ^{53}	ts^{h}ɑ^{24}	xo^{21}	xo^{24}
曲沃里村	kuŋ^{53}	yŋ^{44}	yŋ^{53}	ts^{h}ᴀ^{213}	xə^{213}	xə^{213}
翼城隆化	kuŋ^{53}	yŋ^{44}	yŋ^{53}	tsa^{24}	xə^{31}	xə^{24}
安泽唐城	kuəŋ^{53}	yəŋ^{423}	yəŋ^{53}	tsɐʔ$^{\underline{32}}$	xɐʔ$^{\underline{32}}$	xɐʔ$^{\underline{32}}$
汾西城关	koŋ^{55}	yoŋ^{33}	yoŋ^{53}	ts^{h}ʌ^{3}	xɷu^{11}	xʌ^{3}
古县城关	kuŋ^{53}	yəŋ^{53}	yəŋ^{53}	ts^{h}a^{24}	xə^{31}	xə^{24}
侯马城关	kuõŋ^{53}	yõŋ^{44}	yõŋ^{53}	ts^{h}a^{24}	xɤ^{53}	xɤ^{24}
蒲县城关	kuŋ^{55}	yŋ^{21}	yŋ^{55}	ts^{h}a^{5}	xə$^{\underline{53}}$	xa^{5}
隰县黄土	kuoŋ^{55}	yoŋ^{21}	yoŋ^{55}	ts^{h}a^{55}	xʌ$^{\underline{41}}$	xʌ^{3}

例字 / 中古音 / 方言点	塔	腊	插	夹	掐	甲
	咸开一入盍透	入盍来	咸开二入洽初	入洽见	入洽溪	入狎见
永和阁底	tʰɐʔ^{3}	la^{21}	tsʰɐʔ^{3}	tɕiɐʔ^{3}	tɕʰiɐʔ^{3}	tɕiɐʔ^{3}
大宁徐家垛	tʰɐʔ$^{\underline{31}}$	lɐʔ$^{\underline{31}}$	tsʰɐʔ$^{\underline{31}}$	tɕʰiɐʔ$^{\underline{31}}$	tɕʰiɐʔ$^{\underline{31}}$	tɕiɐʔ$^{\underline{31}}$
霍州城关	tʰa^{213}	la^{213}	tsʰa^{213}	tɕia^{213}	tɕʰia^{213}	tɕiɛ^{213}
浮山响水河	tʰa^{42}	la^{42}	tʂʰa^{42}	tʰia^{42}	tʰia^{42}	tia^{42}
洪洞左木	tʰᴀ^{21}	lᴀ^{21}	tʂʰᴀ^{21}	tiᴀ^{21}	tɕʰiᴀ^{21}	tɕiᴀ^{21}
临汾贺家庄	tʰᴀ^{21}	lᴀ^{21}	tsʰᴀ^{21}	tiᴀ^{21}	tɕʰiᴀ^{21}	tɕiᴀ^{21}
吉县文城	tʰa^{21}	la^{21}	tsʰa^{21}	tɕia^{21}	tɕʰia^{21}	tɕia^{21}
乡宁光华	tʰa^{53}	la^{53}	tsʰa^{53}	tia^{53}	tɕʰia^{53}	tɕia^{53}
襄汾邓庄	tʰɑ^{21}	lɑ^{21}	tʂʰɑ^{21}	tiɑ^{21}	tʰiɑ^{21}	tɕiɑ^{21}
曲沃里村	tʰᴀ^{213}	lᴀ^{213}	tsʰᴀ^{213}	tiᴀ^{213}	tɕʰiᴀ^{213}	tɕiᴀ^{213}
翼城隆化	tʰa^{31}	la^{31}	tʂʰa^{31}	tɕia^{31}	tɕʰia^{31}	tɕia^{31}
安泽唐城	tʰɐʔ$^{\underline{32}}$	lɐʔ$^{\underline{32}}$	tsʰɐʔ$^{\underline{32}}$	tɕiəʔ$^{\underline{32}}$	tɕʰiəʔ$^{\underline{32}}$	tɕiəʔ$^{\underline{32}}$
汾西城关	tʰa^{53}	la^{11}	tsʰa^{11}	tia^{11}	tʰia^{11}	tɕia^{11}
古县城关	tʰa^{31}	la^{31}	tsʰa^{31}	tʰia^{31}	tʰia^{31}	tia^{31}
侯马城关	tʰa^{213}	la^{53}	tsʰa^{213}	tɕia^{53}	tʂʰa^{53}	tɕia^{53}
蒲县城关	tʰa^{53}	la^{53}	tsʰa^{53}	tia$^{\underline{53}}$	tʰia$^{\underline{53}}$	tiɛ^{55}
隰县黄土	tʰa^{41}	la^{41}	tsʰa^{41}	tɕiʌ$^{\underline{41}}$	tɕʰia^{41}	tɕia^{41}

例字 / 中古音 / 方言点	匣	鸭	接	折	叶	业
	咸开二入狎匣	入狎影	咸开三入葉精	入叶章	入叶以	入业疑
永和阁底	xɐʔ$^{\underline{21}}$	ȵiɐʔ^{3}	tɕiɐʔ^{3}	tsɐʔ^{3}	iɐʔ$^{\underline{21}}$	ȵiɐʔ$^{\underline{21}}$
大宁徐家垛	xɐʔ^{4}	ȵiɐʔ$^{\underline{31}}$	tɕiɐʔ$^{\underline{31}}$	tʂɐʔ$^{\underline{31}}$	iɐʔ$^{\underline{31}}$	ȵiɐʔ$^{\underline{31}}$
霍州城关	xa^{213}	ȵia^{213}	tɕiɛ^{213}	tʂə^{213}	iɛ^{213}	ȵiɛ^{213}
浮山响水河	xa^{13}	ȵia^{42}	tɕiɛ^{42}	tʂə^{13}	iɛ^{53}	ȵiɛ^{42}
洪洞左木	xᴀ^{24}	ȵiᴀ^{42}	tɕiɛ^{21}	tʂə^{24}	iɛ^{53}	ȵiɛ^{21}
临汾贺家庄	xᴀ^{24}	ȵiᴀ^{21}	tɕie^{21}	tʂə^{24}	ie^{53}	ȵie^{21}
吉县文城	xa^{24}	ȵia^{21}	tɕiᴇ^{21}	tʂʅᴇ^{24}	iᴇ^{21}	iᴇ^{21}
乡宁光华	xa^{213}	ȵia^{53}	tɕiɛ^{53}	tʂə^{53}	iɛ^{53}	ȵiɛ^{53}
襄汾邓庄	xɑ^{21}	ȵiɑ^{21}	tɕiə^{21}	tʂə^{21}	iə^{21}	ȵiə^{21}
曲沃里村	xᴀ^{213}	ȵiᴀ^{213}	tɕiɛ^{213}	tsə^{213}	iɛ^{213}	ȵiɛ^{213}
翼城隆化	xa^{24}	ȵia^{31}	tɕiɛ^{31}	tʂə^{24}	iɛ^{31}	ȵiɛ^{31}
安泽唐城	ɕiᴀ^{21}	ȵiəʔ$^{\underline{32}}$	tɕiəʔ$^{\underline{32}}$	tʂəʔ$^{\underline{32}}$	iəʔ$^{\underline{32}}$	ȵiəʔ$^{\underline{32}}$
汾西城关	xa^{24}	ȵia^{11}	tɕiɪ^{1}	tsɪ^{11}	iɪ^{1}	ȵiɷu^{1}
古县城关	xa^{24}	ȵia^{31}	tɕiɛ^{31}	tʂə^{31}	iɛ^{53}	ȵiɛ^{31}
侯马城关	ɕia^{24}	ȵia^{213}	tɕiɛ^{53}	tʂɤɛ^{213}	iɛ^{213}	ȵiɛ^{53}
蒲县城关	xa^{5}	ȵia^{53}	tɕiɛ$^{\underline{53}}$	tʂə$^{\underline{53}}$	iɛ$^{\underline{53}}$	ȵiɛ$^{\underline{53}}$
隰县黄土	xʌ^{3}	ȵia^{41}	tɕiʌ$^{\underline{41}}$	tsʌ$^{\underline{41}}$	iʌ$^{\underline{41}}$	ȵiʌ$^{\underline{41}}$

例字 中古音 方言点	贴	夹	法	乏	立	缉
	咸开四入帖透	入帖见	咸合三入乏非	入乏奉	深开三入缉来	入缉清
永和阁底	tʰiɐʔ^{3}	tɕiɐʔ^{3}	xuɐʔ^{3}	xuɐʔ$^{\underline{21}}$	liəʔ$^{\underline{21}}$	tɕʰiəʔ^{3}
大宁徐家垛	tʰiɐʔ$^{\underline{31}}$	tɕʰiɐʔ$^{\underline{31}}$	fɐʔ$^{\underline{31}}$	fɐʔ^{4}	liəʔ$^{\underline{31}}$	tɕʰiəʔ$^{\underline{31}}$
霍州城关	tɕʰiɛ^{213}	tɕia^{213}	fa^{213}	fa^{35}	li^{213}	tɕi^{213}
浮山响水河	tʰiɛ^{42}	tia^{42}	fa^{42}	fa^{13}	li^{42}	tɕi^{42}
洪洞左木	tʰiɛ^{21}	tiᴀ^{21}	fᴀ^{21}	fᴀ^{24}	li^{21}	tɕi^{21}
临汾贺家庄	tʰie^{21}	tiᴀ^{21}	fᴀ^{21}	fᴀ^{24}	li^{21}	tɕi^{21}
吉县文城	tʰiᴇ^{21}	tɕia^{21}	fa^{21}	fa^{24}	li^{21}	tɕi^{21}
乡宁光华	tʰiɛ^{53}	tia^{53}	fa^{53}	fa^{213}	li^{53}	tɕi^{213}
襄汾邓庄	tʰiə^{21}	tiɑ^{21}	fɑ^{21}	fɑ^{24}	li^{21}	tɕi^{21}
曲沃里村	tʰiɛ^{213}	tiᴀ^{213}	fᴀ^{213}	fᴀ^{213}	li^{213}	tɕi^{213}
翼城隆化	tʰiɛ^{31}	tɕia^{31}	fa^{31}	fa^{24}	liɛ^{31}	tɕi^{31}
安泽唐城	tʰiəʔ$^{\underline{32}}$	tɕiəʔ$^{\underline{32}}$	fɐʔ$^{\underline{32}}$	fɐʔ$^{\underline{32}}$	liəʔ$^{\underline{32}}$	tɕiəʔ$^{\underline{32}}$
汾西城关	tʰiɷu^{1}	tia^{11}	fa^{11}	fa^{24}	liʌ^{1}	tɕiʌ^{1}
古县城关	tʰiɛ^{31}	tia^{31}	fa^{31}	fa^{24}	li^{31}	tɕi^{31}
侯马城关	tʰiɛ^{213}	tɕia^{53}	fa^{213}	fa^{24}	li^{53}	tɕʰi^{53}
蒲县城关	tʰiɛ$^{\underline{53}}$	tia$^{\underline{53}}$	fa^{53}	fa^{5}	li$^{\underline{53}}$	tɕʰi$^{\underline{53}}$
隰县黄土	tʰiʌ$^{\underline{41}}$	tɕia^{41}	xua^{41}	xuʌ^{3}	liʌ$^{\underline{41}}$	tɕiʌ^{3}

例字 / 中古音 / 方言点	集	习	蛰	湿	十	入
	深开三入缉从	入缉邪	入缉澄	入缉书	入缉禅	入缉日
永和阁底	tɕʰiəʔ$^{\underline{21}}$	ɕiəʔ$^{\underline{21}}$	tʂəʔ$^{\underline{21}}$	ʂəʔ^{3}	ʂəʔ$^{\underline{21}}$	ʐuəʔ$^{\underline{21}}$
大宁徐家垛	tɕiəʔ^{4}	ɕiəʔ^{4}	tʂəʔ^{4}	ʂəʔ$^{\underline{31}}$	ʂəʔ^{4}	ʐuəʔ$^{\underline{31}}$
霍州城关	tɕʰi^{35}	ɕi^{35}	tʂʅ^{35}	ʂʅ^{213}	ʂʅ^{35}	ʐu^{213}
浮山响水河	tɕʰi^{13}	ɕi^{33}	tʂʅ^{13}	ʂʅ^{42}	ʂʅ^{13}	ʐu^{42}
洪洞左木	tɕʰi^{24}	ɕi^{24}	tʂʅ^{21}	ʂʅ^{21}	ʂʅ^{24}	ʐu^{21}
临汾贺家庄	tɕʰi^{24}	ɕi^{42}	tʂʅ^{24}	ʂʅ^{21}	ʂʅ^{24}	vu^{21}
吉县文城	tɕʰi^{24}	ɕi^{24}	tʂʅ^{24}	ʂʅ^{21}	ʂʅ^{24}	ʐu^{21}
乡宁光华	tɕʰi^{213}	ɕi^{213}	tʂʅ^{213}	ʂʅ^{53}	ʂʅ^{213}	ʐu^{53}
襄汾邓庄	tɕʰi^{24}	ɕi^{24}	tʂʅ^{24}	ʂʅ^{21}	ʂə^{24}	vu^{21}
曲沃里村	tɕʰi^{213}	ɕi^{213}	tsə^{213}	sɿ^{213}	sɿ^{213}	və^{213}
翼城隆化	tɕiɛ^{24}	ɕi^{24}	tʂə^{24}	ʂə^{31}	ʂʅ^{24}	ʐuo^{31}
安泽唐城	tɕiəʔ$^{\underline{32}}$	ɕiəʔ$^{\underline{32}}$	tʂəʔ$^{\underline{32}}$	ʂəʔ$^{\underline{32}}$	ʂəʔ$^{\underline{32}}$	ʐuəʔ$^{\underline{32}}$
汾西城关	tɕʰiʌ^{3}	ɕiʌ^{3}	tsʌ^{1}	sʌ^{1}	sʌ^{3}	vʌ^{1}
古县城关	tɕi^{31}	ɕi^{24}	tʂə^{31}	ʂʅ^{31}	ʂʅ^{24}	u^{31}
侯马城关	tɕi^{24}	ɕi^{24}	tʂʅ^{24}	ʂɤɛ^{213}	ʂɤɛ^{24}	ʐu^{53}
蒲县城关	tɕʰi^{5}	ɕi^{5}	tʂə$^{\underline{53}}$	ʂʅ^{53}	ʂʅ^{5}	ʐu$^{\underline{53}}$
隰县黄土	tɕʰiʌ^{3}	ɕiʌ$^{\underline{41}}$	tsʌ$^{\underline{41}}$	sʌ$^{\underline{41}}$	sʌ^{3}	zuʌ$^{\underline{41}}$

例字 中古音 方言点	急	及	吸	揖	达	捺
	深开三入缉见	入缉群	入缉晓	深开三入缉影	山开一入曷定	入曷泥
永和阁底	tɕiəʔ^{3}	tɕiəʔ$^{\underline{21}}$	ɕiəʔ^{3}	ȵiəʔ^{3}	tɐʔ$^{\underline{21}}$	nɐʔ$^{\underline{21}}$
大宁徐家垛	tɕiəʔ^{4}	tɕiəʔ^{4}	ɕiəʔ$^{\underline{31}}$	iəʔ$^{\underline{31}}$	tɐʔ^{4}	na^{31}
霍州城关	tɕʰi^{35}	tɕi^{35}	ɕi^{213}	iɛ^{213}	ta^{35}	la^{213}
浮山响水河	tɕi^{13}	tɕi^{13}	ɕi^{42}	i^{42}	ta^{13}	na^{42}
洪洞左木	tɕi^{24}	tɕi^{24}	ɕi^{21}	i^{21}	tᴀ^{24}	nᴀ^{53}
临汾贺家庄	tɕi^{24}	tɕi^{24}	ɕi^{21}	i^{21}	tᴀ^{24}	nᴀ^{53}
吉县文城	tɕi^{24}	tɕi^{24}	ɕi^{21}	i^{21}	ta^{24}	na^{21}
乡宁光华	tɕi^{213}	tɕi^{53}	ɕi^{53}	i^{53}	ta^{213}	na^{53}
襄汾邓庄	tɕʰi^{24}	tɕi^{24}	ɕi^{21}	i^{21}	tɑ^{24}	nɑ^{21}
曲沃里村	tɕi^{213}	tɕi^{213}	ɕi^{213}	i^{213}	tᴀ^{213}	lᴀ^{53}
翼城隆化	tɕiɛ^{24}	tɕiɛ^{24}	ɕi^{31}	i^{31}	ta^{24}	na^{31}
安泽唐城	tɕiəʔ$^{\underline{32}}$	tɕiəʔ$^{\underline{32}}$	ɕiəʔ$^{\underline{32}}$	ie^{21}	tɐʔ$^{\underline{32}}$	nɐʔ$^{\underline{32}}$
汾西城关	tɕiʌ^{3}	tɕʰiʌ^{3}	ɕiʌ^{1}	iɪ^{1}	ta^{24}	na^{11}
古县城关	tɕi^{24}	tɕi^{24}	ɕi^{31}	i^{31}	ta^{24}	na^{31}
侯马城关	tɕi^{24}	tɕi^{24}	ɕi^{53}	i^{53}	ta^{24}	na^{53}
蒲县城关	tɕi^{5}	tɕi^{5}	ɕi$^{\underline{53}}$	i^{53}	ta^{24}	na^{53}
隰县黄土	tɕiʌ^{3}	tɕiʌ^{3}	ɕiʌ$^{\underline{41}}$	iʌ$^{\underline{41}}$	ta^{41}	na^{41}

例字 中古音 方言点	辣	擦	撒	割	八	拔
	山开一入曷来	入曷清	入曷心	入曷见	山开二入黠帮	入黠並
永和阁底	la^{31}	tsʰɐʔ^{3}	sɐʔ^{3}	kɐʔ^{3}	pɐʔ^{3}	pʰɐʔ$^{\underline{21}}$
大宁徐家垛	la^{31}	tsʰɐʔ$^{\underline{31}}$	sa^{31}	kɐʔ$^{\underline{31}}$	pɐʔ$^{\underline{31}}$	pʰɐʔ^{4}
霍州城关	la^{213}	tsʰa^{213}	sa^{213}	kə^{213}	pa^{213}	pʰa^{35}
浮山响水河	la^{42}	tsʰa^{42}	sa^{42}	kə^{42}	pa^{42}	pʰa^{13}
洪洞左木	lᴀ^{21}	tsʰᴀ^{21}	sᴀ^{21}	kə^{21}	pᴀ^{21}	pʰᴀ^{24}
临汾贺家庄	lᴀ^{21}	tsʰᴀ^{21}	sᴀ^{21}	kə^{21}	pᴀ^{21}	pʰᴀ^{24}
吉县文城	la^{21}	tsʰa^{21}	sa^{21}	kə^{21}	pa^{21}	pʰa^{24}
乡宁光华	la^{53}	tsʰa^{53}	sa^{53}	kə^{53}	pa^{53}	pʰa^{213}
襄汾邓庄	lɑ^{21}	tsʰɑ^{21}	sɑ^{21}	kɑ^{21}	pɑ^{21}	pʰɑ^{24}
曲沃里村	lᴀ^{53}	tsʰᴀ^{213}	sᴀ^{213}	kə^{213}	pᴀ^{213}	pᴀ^{213}
翼城隆化	la^{31}	tsʰa^{31}	sa^{31}	kə^{31}	pa^{31}	pa^{24}
安泽唐城	lɐʔ$^{\underline{32}}$	tsʰɐʔ$^{\underline{32}}$	sᴀ^{423}	kɐʔ$^{\underline{32}}$	pɐʔ$^{\underline{32}}$	pɐʔ$^{\underline{32}}$
汾西城关	la^{11}	tsʰa^{11}	sa^{33}	kɷu^{1}	pa^{11}	pʰʌ^{3}
古县城关	la^{31}	tsʰa^{31}	sa^{53}	kə^{31}	pa^{31}	pʰa^{24}
侯马城关	la^{213}	tsʰa^{53}	tsa^{213}	kɤ^{213}	pa^{213}	pʰa^{24}
蒲县城关	la^{53}	tsʰa^{53}	sa^{21}	kə$^{\underline{53}}$	pa$^{\underline{53}}$	pʰa^{5}
隰县黄土	la^{41}	tsʰa^{41}	sa^{21}	kʌ$^{\underline{41}}$	pa^{41}	pʰa^{55}

例字 中古音 方言点	察	瞎	别	灭	裂	折
	山开二入黠初	入辖晓	山开三入薛並	入薛明	入薛来	入薛章
永和阁底	tsʰɐʔ^{3}	xɐʔ^{3}	piɐʔ$^{\underline{21}}$	miɐʔ$^{\underline{21}}$	liɐʔ$^{\underline{21}}$	tʂɐʔ^{3}
大宁徐家垛	tsʰɐʔ$^{\underline{31}}$	xɐʔ$^{\underline{31}}$	pʰiɐʔ^{4}	miɐʔ$^{\underline{31}}$	liɐʔ$^{\underline{31}}$	tʂɐʔ$^{\underline{31}}$
霍州城关	tsʰa^{213}	xa^{213}	piɛ^{35}	miɛ^{213}	liɛ^{213}	tʂə^{213}
浮山响水河	tsʰa^{13}	xa^{42}	piɛ^{13}	miɛ^{42}	liɛ^{42}	tʂə^{42}
洪洞左木	tsʰᴀ^{24}	xᴀ^{21}	piɛ^{24}	miɛ^{21}	liɛ^{21}	tʂə^{24}
临汾贺家庄	tsʰᴀ^{24}	xᴀ^{21}	pie^{24}	mie^{21}	lie^{21}	tʂə^{21}
吉县文城	tsʰa^{24}	xa^{21}	piᴇ^{24}	miᴇ^{21}	liᴇ^{21}	tʂʅᴇ^{21}
乡宁光华	tʂʰa^{213}	xa^{53}	piɛ^{213}	miɛ^{53}	liɛ^{53}	tʂə^{53}
襄汾邓庄	tsʰɑ^{21}	xɑ^{21}	piə^{24}	miə^{21}	liə^{21}	tʂə^{21}
曲沃里村	tsʰᴀ^{213}	xᴀ^{213}	piɛ^{213}	miɛ^{213}	liɛ^{213}	tsə^{213}
翼城隆化	tsʰa^{24}	xa^{31}	piɛ^{24}	miɛ^{31}	liɛ^{31}	tʂə^{31}
安泽唐城	tsʰɐʔ$^{\underline{32}}$	xɐʔ$^{\underline{32}}$	piəʔ$^{\underline{32}}$	miəʔ$^{\underline{32}}$	liəʔ$^{\underline{32}}$	tʂəʔ$^{\underline{32}}$
汾西城关	tsʰa^{11}	xa^{11}	piʌ^{3}	miʌ^{1}	lɪ^{1}	tsɪ^{11}
古县城关	tʂʰa^{24}	xa^{31}	pʰiɛ^{24}	miɛ^{31}	liɛ^{31}	ʂə^{31}
侯马城关	tsʰa^{213}	xa^{53}	piɛ^{213}	miɛ^{213}	liɛ^{53}	tʂɤɛ^{213}
蒲县城关	tsʰa^{24}	xa$^{\underline{53}}$	pʰiɛ^{5}	miɛ$^{\underline{53}}$	liɛ^{53}	tʂə$^{\underline{53}}$
隰县黄土	tsʰa^{24}	xʌ$^{\underline{41}}$	pʰiʌ^{3}	miʌ$^{\underline{41}}$	liʌ$^{\underline{41}}$	tsʌ$^{\underline{41}}$

例字 中古音 方言点	舌	热	铁	节	切	脱
	山开三入薛船	入薛日	山开四入屑透	入屑精	入屑清	山合一入末透
永和阁底	ʂɐʔ$^{\underline{21}}$	ʐɐʔ$^{\underline{21}}$	t^{h}iɐʔ^{3}	tɕiɐʔ^{3}	tɕ^{h}iɐʔ^{3}	t^{h}uɐʔ^{3}
大宁徐家垛	ʂɐʔ$^{\underline{31}}$	ʐɐʔ$^{\underline{31}}$	t^{h}iɐʔ$^{\underline{31}}$	tɕiɐʔ$^{\underline{31}}$	tɕ^{h}iɐʔ$^{\underline{31}}$	t^{h}uɐʔ$^{\underline{31}}$
霍州城关	ʂə^{213}	ʐə^{213}	tɕ^{h}iɛ^{213}	tɕiɛ^{213}	tɕ^{h}iɛ^{213}	t^{h}uo^{213}
浮山响水河	ʂə^{13}	ʐə^{42}	t^{h}iɛ^{42}	tɕiɛ^{42}	tɕ^{h}iɛ^{42}	t^{h}uo^{42}
洪洞左木	ʂə^{24}	ʐə^{21}	t^{h}iɛ^{21}	tɕiɛ^{21}	tɕ^{h}iɛ^{21}	t^{h}uo^{21}
临汾贺家庄	ʂə^{24}	ʐə^{21}	t^{h}ie^{21}	tɕie^{21}	tɕ^{h}ie^{21}	t^{h}uo^{21}
吉县文城	ʂʅᴇ^{24}	ʐʅᴇ^{21}	t^{h}iᴇ^{21}	tɕiᴇ^{21}	tɕ^{h}iᴇ^{21}	t^{h}uo^{21}
乡宁光华	ʂə^{213}	ʐə^{53}	t^{h}iɛ^{53}	tɕiɛ^{53}	tɕ^{h}iɛ^{53}	t^{h}uo^{53}
襄汾邓庄	ʂə^{21}	ʐə^{21}	t^{h}iə^{21}	tɕiə^{21}	tɕ^{h}iə^{21}	t^{h}uo^{21}
曲沃里村	sə^{213}	zə^{213}	t^{h}iɛ^{213}	tɕiɛ^{213}	tɕ^{h}iɛ^{213}	t^{h}uo^{213}
翼城隆化	ʂə^{24}	ʐə^{31}	t^{h}iɛ^{31}	tɕiɛ^{31}	tɕ^{h}iɛ^{31}	t^{h}uo^{31}
安泽唐城	ʂəʔ$^{\underline{32}}$	ʐəʔ$^{\underline{32}}$	t^{h}iəʔ$^{\underline{32}}$	tɕiəʔ$^{\underline{32}}$	tɕ^{h}iəʔ$^{\underline{32}}$	t^{h}uɐʔ$^{\underline{32}}$
汾西城关	sʌ^{3}	zɪ^{1}	t^{h}ɪ^{11}	tɕiʌ^{1}	tɕ^{h}iʌ^{1}	t^{h}ɷu^{11}
古县城关	ʂə^{24}	ʐə^{31}	t^{h}iɛ^{31}	tɕiɛ^{31}	tɕ^{h}iɛ^{31}	t^{h}uə^{31}
侯马城关	ʂa^{24}	ʐɤɛ^{53}	t^{h}iɛ^{213}	tɕiɛ^{213}	tɕ^{h}iɛ^{53}	t^{h}uo^{213}
蒲县城关	ʂə^{5}	ʐə$^{\underline{53}}$	t^{h}iɛ$^{\underline{53}}$	tɕiɛ^{53}	tɕ^{h}iɛ$^{\underline{53}}$	t^{h}uo^{53}
隰县黄土	sʌ^{3}	zʌ$^{\underline{41}}$	t^{h}iʌ$^{\underline{41}}$	tɕiʌ^{3}	tɕ^{h}iʌ$^{\underline{41}}$	t^{h}uʌ$^{\underline{41}}$

例字 / 中古音 / 方言点	夺	撮	阔	活	刷	绝
	山合一入末定	入末清	入末溪	入末匣	山合二入辖生	山合三入薛从
永和阁底	t^{h}uɐʔ$^{\underline{21}}$	tsuei^{31}	k^{h}uɐʔ^{3}	xuɐʔ$^{\underline{21}}$	ʂuɐʔ^{3}	tɕyɐʔ$^{\underline{21}}$
大宁徐家垛	t^{h}uɐʔ^{4}	tsuɐʔ$^{\underline{31}}$	k^{h}uɐʔ$^{\underline{31}}$	xuɐʔ^{4}	ʂuɐʔ$^{\underline{31}}$	tɕ^{h}yɐʔ^{4}
霍州城关	tuo^{35}	tsou^{213}	k^{h}uo^{213}	xuo^{35}	sua^{213}	tɕya^{35}
浮山响水河	t^{h}uo^{13}	tsou^{42}	k^{h}uo^{42}	xuo^{13}	fa^{42}	tɕ^{h}yɛ^{13}
洪洞左木	t^{h}uo^{24}	tsəu^{21}	k^{h}uo^{21}	xuo^{24}	ʂuᴀ^{21}	tɕ^{h}yᴀ^{24}
临汾贺家庄	t^{h}uo^{24}	tsuo^{21}	k^{h}uo^{21}	xuo^{24}	fᴀ^{21}	tɕ^{h}ye^{24}
吉县文城	t^{h}uo^{24}	ts^{h}uo^{21}	k^{h}uo^{21}	xuo^{24}	ʂua^{21}	tɕ^{h}yᴇ^{24}
乡宁光华	t^{h}uo^{213}	ts^{h}uo^{31}	k^{h}uo^{53}	xuo^{213}	fa^{53}	tɕ^{h}ya^{213}
襄汾邓庄	t^{h}uo^{24}	tsou^{21}	k^{h}uo^{21}	xuo^{24}	ʂuɑ^{21}	tɕyə^{24}
曲沃里村	tuo^{213}	tsəu^{213}	k^{h}uo^{213}	xuo^{213}	fᴀ^{213}	tɕ^{h}yᴀ^{213}
翼城隆化	tuo^{24}	ts^{h}uo^{31}	k^{h}uo^{31}	xuo^{24}	fa^{31}	tɕ^{h}yə^{24}
安泽唐城	t^{h}uɐʔ$^{\underline{32}}$	tsuəʔ$^{\underline{32}}$	k^{h}uɐʔ$^{\underline{32}}$	xuɐʔ$^{\underline{32}}$	ʂuɐʔ$^{\underline{32}}$	tɕyəʔ$^{\underline{32}}$
汾西城关	t^{h}uʌ^{3}	tsuʌ^{1}	k^{h}uʌ^{1}	xuʌ^{33}	sua^{11}	tɕ^{h}yʌ^{3}
古县城关	t^{h}uə^{24}	tsuə^{31}	k^{h}uə^{31}	xuə^{24}	fa^{31}	tɕyɛ^{24}
侯马城关	t^{h}uo^{24}	tsuo^{213}	k^{h}uo^{213}	xuo^{24}	fa^{213}	tɕ^{h}yɛ^{24}
蒲县城关	t^{h}uo^{5}	ts^{h}uo^{53}	k^{h}uo^{53}	xuo^{5}	sua^{53}	tɕyɛ^{5}
隰县黄土	t^{h}uʌ^{3}	tsuei^{41}	k^{h}uʌ$^{\underline{41}}$	xuʌ^{3}	sua^{41}	tɕyʌ$^{\underline{41}}$

例字 / 中古音 / 方言点	雪	说	发	罚	袜	月
	山合三入薛心	入薛书	入月非	入月奉	入月微	入月疑
永和阁底	ɕyɐʔ^{3}	ʂuɐʔ^{3}	xuɐʔ^{3}	xuɐʔ$^{\underline{21}}$	uɐʔ^{3}	yɐʔ$^{\underline{21}}$
大宁徐家垛	ɕyɐʔ$^{\underline{31}}$	ʂuɐʔ$^{\underline{31}}$	fɐʔ^{4}	fɐʔ^{4}	uɐʔ$^{\underline{31}}$	yɐʔ$^{\underline{31}}$
霍州城关	ɕyɛ^{213}	ʂuo^{213}	fa^{213}	fa^{35}	va^{213}	yɛ^{213}
浮山响水河	ɕyɛ^{42}	fiɛ^{42}	fa^{42}	fa^{13}	va^{42}	yɛ^{42}
洪洞左木	ɕyɛ^{21}	ʂuo^{21}	fᴀ^{21}	fᴀ^{24}	vᴀ^{21}	yɛ^{21}
临汾贺家庄	ɕye^{21}	fə^{21}	fᴀ^{21}	fᴀ^{24}	vᴀ^{21}	ye^{21}
吉县文城	ɕyᴇ^{21}	ʂuᴇ^{21}	fa^{21}	fa^{24}	va^{21}	yᴇ^{21}
乡宁光华	ɕyɛ^{53}	fə^{53}	fa^{53}	fa^{213}	va^{53}	yɛ^{53}
襄汾邓庄	ɕyə^{21}	fiə^{21}	fɑ^{21}	fɑ^{24}	vɑ^{21}	yə^{21}
曲沃里村	ɕyə^{213}	fə^{213}	fᴀ^{213}	fᴀ^{213}	vᴀ^{213}	yə^{213}
翼城隆化	ɕyə^{31}	fə^{31}	fa^{31}	fa^{24}	va^{31}	yə^{31}
安泽唐城	ɕyəʔ$^{\underline{32}}$	ʂuɐʔ$^{\underline{32}}$	fɐʔ$^{\underline{32}}$	fɐʔ$^{\underline{32}}$	uɐʔ$^{\underline{32}}$	yəʔ$^{\underline{32}}$
汾西城关	ɕyɪ^{1}	fɪ^{1}	fɑŋ^{53}	fa^{24}	va^{11}	yɪ^{1}
古县城关	ɕyɛ^{31}	fɛ^{31}	fa^{31}	fa^{24}	ua^{31}	yɛ^{31}
侯马城关	ɕyɛ^{213}	ɕyɛ^{53}	fa^{53}	fa^{24}	va^{53}	yɛ^{53}
蒲县城关	ɕyɛ$^{\underline{53}}$	ʂuo^{53}	fa$^{\underline{53}}$	fa^{5}	ua^{53}	yɛ$^{\underline{53}}$
隰县黄土	ɕyʌ$^{\underline{41}}$	suʌ$^{\underline{41}}$	xua^{41}	xuʌ^{3}	ua^{41}	yʌ$^{\underline{41}}$

例字 中古音 方言点	决 山合四入屑见	血 入屑晓	穴 入屑匣	笔 臻开三入质帮	密 入质明	七 入质清
永和阁底	tɕyɐʔ^{3}	ɕiɐʔ^{3}	ɕyɐʔ$^{\underline{21}}$	piəʔ^{3}	miəʔ$^{\underline{21}}$	tɕʰiəʔ^{3}
大宁徐家垛	tɕyɐʔ^{4}	ɕyɐʔ$^{\underline{31}}$	ɕyɐʔ^{4}	piəʔ$^{\underline{31}}$	miəʔ$^{\underline{31}}$	tɕʰiəʔ$^{\underline{31}}$
霍州城关	tɕyɛ^{213}	ɕyɛ^{213}	ɕyɛ^{35}	pi^{213}	mi^{213}	tɕʰi^{213}
浮山响水河	tɕyɛ^{13}	ɕiɛ^{42}	ɕyɛ^{13}	pi^{42}	mi^{42}	tɕʰi^{42}
洪洞左木	tɕyɛ^{24}	ɕyɛ^{21}	ɕyɛ^{24}	pi^{21}	mi^{21}	tɕʰi^{21}
临汾贺家庄	tɕye^{24}	ɕye^{21}	ɕye^{24}	pi^{21}	mi^{21}	tɕʰi^{21}
吉县文城	tɕyᴇ^{24}	ɕiᴇ^{21}	ɕyᴇ^{24}	pi^{21}	mi^{21}	tɕʰi^{21}
乡宁光华	tɕyɛ^{213}	ɕyɛ^{53}	ɕyɛ^{213}	pi^{53}	mi^{53}	tɕʰi^{53}
襄汾邓庄	tɕyə^{21}	ɕiə^{21}	ɕyə^{24}	pi^{21}	mi^{21}	tɕʰi^{21}
曲沃里村	tɕyɛ^{213}	ɕiɛ^{213}	ɕyɛ^{213}	pi^{44}	mi^{53}	tɕʰiɛ^{213}
翼城隆化	tɕyə^{24}	ɕiɛ^{31}	ɕyə^{24}	piɛ^{31}	mi^{31}	tɕʰiɛ^{31}
安泽唐城	tɕyəʔ$^{\underline{32}}$	ɕyəʔ$^{\underline{32}}$	ɕyəʔ$^{\underline{32}}$	pei^{213}	miəʔ$^{\underline{32}}$	tɕʰiəʔ$^{\underline{32}}$
汾西城关	tɕyɪ^{1}	ɕyɪ^{1}	ɕyʌ^{3}	piʌ^{1}	miʌ^{1}	tɕʰiʌ^{1}
古县城关	tɕyɛ^{24}	ɕiɛ^{31}	ɕyɛ^{31}	pi^{31}	mi^{31}	tɕʰi^{31}
侯马城关	tɕyɛ^{24}	ɕiɛ^{53}	ɕyɛ^{24}	pi^{53}	mi^{53}	tɕʰiɛ^{53}
蒲县城关	tɕyɛ^{5}	ɕiɛ$^{\underline{53}}$	ɕyɛ$^{\underline{53}}$	pi^{53}	mi^{53}	tɕʰi$^{\underline{53}}$
隰县黄土	tɕyʌ$^{\underline{41}}$	ɕiʌ$^{\underline{41}}$	ɕyʌ^{3}	piʌ$^{\underline{41}}$	miʌ$^{\underline{41}}$	tɕʰiʌ$^{\underline{41}}$

例字 中古音 方言点	侄	失	日	一	不	突
	臻开三入质澄	入质书	入质日	入质影	臻合一入没帮	入没定
永和阁底	tʂʰəʔ$^{\underline{21}}$	ʂəʔ^{3}	ʐəʔ$^{\underline{21}}$	i^{24}	pəʔ^{3}	tʰuəʔ$^{\underline{21}}$
大宁徐家垛	tʂʰəʔ^{4}	ʂəʔ$^{\underline{31}}$	ʐəʔ$^{\underline{31}}$	iəʔ$^{\underline{31}}$	pəʔ^{4}	tuəʔ^{4}
霍州城关	tʂʰʅ^{35}	ʂʅ^{213}	ʐʅ^{213}	i^{213}	pu^{213}	tʰu^{213}
浮山响水河	tʂʰʅ^{13}	ʂʅ^{42}	ʐʅ^{42}	i^{13}	pu^{13}	tʰu^{42}
洪洞左木	tʂʰʅ^{24}	ʂʅ^{21}	ʐʅ^{21}	i^{24}	pu^{24}	tʰu^{21}
临汾贺家庄	tʂʰʅ^{24}	ʂʅ^{21}	ʐʅ^{21}	i^{21}	pu^{24}	tʰu^{21}
吉县文城	tʂʰʅ^{24}	ʂʅ^{21}	ʐʅᴇ^{21}	i^{24}	pu^{24}	tʰu^{21}
乡宁光华	tʂʰʅ^{213}	ʂʅ^{53}	ʐʅ^{53}	i^{213}	pu^{213}	tʰu^{53}
襄汾邓庄	tʂʰʅ^{24}	ʂʅ^{21}	ʐʅ^{21}	iɑ^{21}	pu^{21}	tʰu^{21}
曲沃里村	tsɿ^{213}	sɿ^{213}	zɿ^{53}	i^{213}	pu^{213}	tʰu^{213}
翼城隆化	tʂə^{24}	ʂə^{31}	ʐə^{31}	i^{24}	pu^{24}	tʰəu^{31}
安泽唐城	tʂəʔ$^{\underline{32}}$	ʂəʔ$^{\underline{32}}$	ʐəʔ$^{\underline{32}}$	iəʔ$^{\underline{32}}$	pəʔ$^{\underline{32}}$	tʰuəʔ$^{\underline{32}}$
汾西城关	tsʰʌ^{3}	sʌ^{1}	zʌ^{1}	iʌ^{3}	pʌ^{3}	tʰuʌ^{1}
古县城关	tʂʰʅ^{24}	ʂʅ^{31}	ʐʅ^{31}	i^{24}	pu^{24}	tʰu^{24}
侯马城关	tʂʰʅ^{24}	ʂɤɛ^{53}	ʐʅ^{53}	i^{213}	pu^{213}	tʰu^{53}
蒲县城关	tʂʰʅ$^{\underline{53}}$	ʂʅ$^{\underline{53}}$	ʐʅ$^{\underline{53}}$	i^{5}	pu^{5}	tʰu$^{\underline{53}}$
隰县黄土	tsʰʌ$^{\underline{41}}$	sʌ^{3}	zʌ$^{\underline{41}}$	iʌ^{3}	pʌ^{3}	tʰuʌ$^{\underline{41}}$

中古音 / 例字 / 方言点	骨	窟	核	出	薄	托
	臻合一入没见	入没溪	入没匣	臻合三入术昌	宕开一入铎並	入铎透
永和阁底	kəʔ^{3}	kuəʔ^{3}	xuəʔ$^{\underline{21}}$	tʂ^{h}uəʔ^{3}	p^{h}əʔ$^{\underline{21}}$	t^{h}ɐʔ^{3}
大宁徐家垛	kəʔ$^{\underline{31}}$	kuəʔ$^{\underline{31}}$	xu^{24}	tʂ^{h}uəʔ$^{\underline{31}}$	p^{h}əʔ^{4}	t^{h}əʔ$^{\underline{31}}$
霍州城关	ku^{213}	ku^{213}	xu^{35}	tʂ^{h}u^{213}	puo^{35}	t^{h}uo^{213}
浮山响水河	ku^{42}	ku^{42}	xu^{13}	pf^{h}u^{42}	p^{h}uo^{13}	t^{h}uo^{42}
洪洞左木	ku^{21}	ku^{21}	xu^{24}	tʂ^{h}u^{21}	p^{h}uo^{24}	t^{h}ə^{21}
临汾贺家庄	kə^{21}	ku^{21}	xu^{24}	tʂ^{h}u^{21}	p^{h}uo^{24}	t^{h}uo^{21}
吉县文城	ku^{21}	ku^{21}	xuo^{24}	tʂ^{h}u^{21}	pə^{24}	t^{h}ə^{21}
乡宁光华	ku^{53}	ku^{53}	xu^{213}	tʂ^{h}u^{53}	p^{h}uo^{213}	t^{h}uo^{53}
襄汾邓庄	ku^{21}	ku^{21}	xu^{24}	tʂ^{h}u^{21}	p^{h}uo^{24}	t^{h}uo^{21}
曲沃里村	kuo^{44}	ku^{213}	xu^{213}	pf^{h}ə^{213}	p^{h}uo^{213}	t^{h}uo^{213}
翼城隆化	kuo^{31}	ku^{31}	xuo^{24}	tʂ^{h}uo^{31}	puo^{24}	t^{h}uo^{31}
安泽唐城	kuəʔ$^{\underline{32}}$	k^{h}uəʔ$^{\underline{32}}$	xuəʔ$^{\underline{32}}$	tʂ^{h}uəʔ$^{\underline{32}}$	puo^{53}	t^{h}uɐʔ$^{\underline{32}}$
汾西城关	kuʌ^{1}	kuʌ^{3}	xɷu^{53}	ts^{h}uʌ^{1}	p^{h}ʌ^{3}	t^{h}əɯ^{1}
古县城关	ku^{31}	ku^{31}	ki^{24}	tʂ^{h}u^{31}	p^{h}ə^{53}	t^{h}uə^{31}
侯马城关	kuo^{213}	ku^{213}	kɯ^{53}	tɕ^{h}yɛ^{213}	pɤ^{53}	t^{h}uo^{44}
蒲县城关	ku$^{\underline{53}}$	ku^{5}	xu^{5}	tʂ^{h}u$^{\underline{53}}$	pɛ$^{\underline{53}}$	t^{h}ə$^{\underline{53}}$
隰县黄土	kʌ$^{\underline{41}}$	k^{h}uʌ^{3}	xuʌ^{3}	ts^{h}uʌ$^{\underline{41}}$	p^{h}ʌ^{3}	t^{h}a^{41}

例字 中古音 方言点	落	作	昨	搁	恶	雀
	宕开一入铎来	入铎精	入铎从	宕开一入铎见	入铎影	宕开三入药精
永和阁底	lɐʔ$^{\underline{21}}$	tsuɐʔ^{3}	tsuɐʔ$^{\underline{21}}$	kɐʔ^{3}	ŋɐʔ^{3}	tɕʰiəʔ^{3}
大宁徐家垛	lɐʔ$^{\underline{31}}$	tsɐʔ$^{\underline{31}}$	tsuɐʔ^{4}	kɐʔ$^{\underline{31}}$	ŋəʔ$^{\underline{31}}$	ɕyəʔ$^{\underline{31}}$
霍州城关	luo^{213}	tsuo^{213}	tsuo^{35}	kə^{213}	ŋə^{213}	ɕiɷu^{213}
浮山响水河	luo^{42}	tsuo^{42}	tsuo^{13}	kə^{42}	ŋə^{53}	ɕiou^{53}
洪洞左木	lɛ^{21}	tsuo^{21}	tsuo^{24}	kə^{21}	ŋə^{53}	ɕy^{53}
临汾贺家庄	luo^{21}	tsuo^{21}	tsuo^{24}	kə^{21}	ŋə^{53}	ɕy^{55}
吉县文城	luo^{21}	tsuo^{21}	tsuo^{24}	kə^{21}	ŋə^{21}	tɕʰiɑu^{53}
乡宁光华	luo^{53}	tsuo^{53}	tsuo^{213}	kə^{53}	ŋə^{53}	ɕy^{53}
襄汾邓庄	luo^{21}	tsuo^{21}	tsuo^{24}	ko^{21}	ŋo^{21}	tɕʰyə^{21}
曲沃里村	luo^{213}	tsuo^{213}	tsuo^{213}	kə^{213}	ŋə^{213}	tɕyɛ^{213}
翼城隆化	luo^{31}	tsuo^{31}	tsuo^{24}	kə^{31}	ŋə^{31}	tɕʰyə^{31}
安泽唐城	luɐʔ$^{\underline{32}}$	tsuɐʔ$^{\underline{32}}$	tsuɐʔ$^{\underline{32}}$	kɐʔ$^{\underline{32}}$	u^{53}	tɕʰyəʔ$^{\underline{32}}$
汾西城关	lɷu^{11}	tsɷu^{11}		kɷu^{1}	ŋɷu^{11}	tɕʰyɷu^{1}
古县城关	luə^{31}	tsʰuə^{31}	tsuə^{53}	kə^{31}	u^{24}	tɕʰyɛ^{31}
侯马城关	luo^{53}	tsuo^{53}	tsuo^{53}	kɤ^{53}	ŋɤ^{53}	tɕʰyɛ^{213}
蒲县城关	lə^{53}	tsə$^{\underline{53}}$	tsuo^{55}	kə$^{\underline{53}}$	u^{55}	tɕʰiɑu^{53}
隰县黄土	lʌ$^{\underline{41}}$	tsuʌ^{3}	tsuo^{55}	kʌ$^{\underline{41}}$	u^{55}	tɕʰiɔ^{41}

例字 / 中古音 / 方言点	鹊	削	着~衣	着睡~	勺	弱
	宕开三入药清	入药心	入药知	入药澄	入药禅	入药日
永和阁底	tɕʰiɔu^{31}	ɕyəʔ^{3}	tʂəʔ^{3}	tʂʰəʔ^{3}	ʂəʔ$^{\underline{21}}$	ʐəʔ$^{\underline{21}}$
大宁徐家垛	tʰiɔu^{31}	ɕyɐʔ$^{\underline{31}}$	tʂəʔ$^{\underline{31}}$	tʂʰəʔ^{4}	ʂəʔ^{4}	ʐə^{24}
霍州城关	tɕʰiɑu^{213}	ɕyɛ^{213}	tʂə^{213}	tʂʰuo^{213}	ʂuo^{35}	ʐuo^{213}
浮山响水河	tɕʰiɑu^{42}	ɕiɑu^{42}	tʂuo^{13}	tʂə^{13}	ʂuo^{13}	ʐuo^{42}
洪洞左木	tʰiɑu^{21}	ɕiɑu^{21}	tʂə^{21}	tʂʰə^{21}	ʂə^{24}	ʐo^{21}
临汾贺家庄	tɕʰie^{53}	ɕye^{21}	tʂuo^{21}	tʂuo^{24}	ʂɑu^{24}	ʐuo^{21}
吉县文城	tɕʰiɑu^{21}	ɕiə^{21}	tʂə^{24}	tʂʰə^{24}	ʂə^{24}	ʐə^{21}
乡宁光华	tɕʰiɑu^{53}	ɕyə^{53}	tʂuo^{213}	tʂʰuo^{213}	ʂuo^{213}	ʐuo^{213}
襄汾邓庄	tɕʰiɑu^{21}	ɕyə^{21}	tʂuo^{21}	tʂʰuo^{21}	ʂuo^{24}	ʐuo^{21}
曲沃里村	tɕʰiɔu^{213}	ɕiɔu^{213}	tsə^{213}	tsʰuo^{213}	suo^{213}	zuo^{53}
翼城隆化	tɕʰiɔu^{31}	ɕyə^{31}	tʂə^{24}	tʂʰə^{24}	ʂə^{24}	ʐə^{31}
安泽唐城	tɕʰyəʔ$^{\underline{32}}$	ɕyəʔ$^{\underline{32}}$	tʂəʔ$^{\underline{32}}$	tʂəʔ$^{\underline{32}}$	ʂɐʔ$^{\underline{32}}$	ʐuəʔ$^{\underline{32}}$
汾西城关	tʰiɷu^{1}	ɕyɪ^{1}	tsʌ^{1}	tsʌ^{3}	sʌ^{3}	zuʌ^{1}
古县城关	tɕʰyɛ^{31}	ɕyɛ^{31}		tʂʰuə^{24}	ʂuə^{24}	ʐuə^{31}
侯马城关	tɕʰyɛ^{213}	ɕyɛ^{53}	tʂɤ^{24}	tʂɔu^{24}	ʂɤ^{24}	ʐuo^{44}
蒲县城关	tʰiɑu^{21}	ɕyɛ^{53}	tʂə^{5}	tʂʰə^{5}	ʂə^{5}	ʐə$^{\underline{53}}$
隰县黄土	tɕʰiɔ^{41}	ɕyʌ$^{\underline{41}}$	tsʌ$^{\underline{41}}$	tsʰʌ$^{\underline{41}}$	sʌ^{3}	zʌ$^{\underline{41}}$

例字 / 中古音 / 方言点	脚	约	药	霍	桌	戳
	宕开三入药见	入药影	入药以	宕合一入铎晓	江开二入觉知	入觉彻
永和阁底	tɕiɐʔ^{3}	iəʔ^{3}	iəʔ$^{\underline{21}}$	xuɐʔ^{3}	tʂuɐʔ^{3}	tʂ^{h}uɐʔ^{3}
大宁徐家垛	tɕiɐʔ$^{\underline{31}}$	iɐʔ$^{\underline{31}}$	iɐʔ$^{\underline{31}}$	xuɐʔ$^{\underline{31}}$	tʂuɐʔ$^{\underline{31}}$	tʂ^{h}uɐʔ$^{\underline{31}}$
霍州城关	tɕyɛ^{213}	ȵyɛ^{213}	yɛ^{213}	xuo^{213}	tsuo^{213}	ts^{h}uo^{213}
浮山响水河	tɕyə^{42}	yə^{42}	yə^{42}	xuo^{53}	pfə^{42}	pf^{h}ə^{42}
洪洞左木	tɕyo^{21}	ȵiɛ^{21}	iɛ^{21}	xuo^{53}	tʂuo^{21}	tʂ^{h}uo^{21}
临汾贺家庄	tɕyə^{21}	yə^{21}	yə^{21}	xuo^{53}	pfə^{21}	pf^{h}ə^{21}
吉县文城	tɕiə^{21}	ȵiə^{21}	iə^{21}	xuo^{21}	tʂua^{21}	tʂ^{h}uo^{21}
乡宁光华	tɕyə^{53}	yə^{53}	yə^{53}	xuo^{53}	tʂuo^{53}	tʂ^{h}uo^{53}
襄汾邓庄	tɕyə^{21}	ȵyə^{21}	yə^{21}	xuo^{21}	pfə^{21}	pf^{h}ə^{21}
曲沃里村	tɕyə^{213}	ȵyə^{213}	yə^{213}	xuo^{53}	pfə^{213}	pf^{h}ə^{213}
翼城隆化	tɕiɛ^{31}	ȵyə^{31}	yə^{31}	xuo^{31}	tʂua^{31}	tʂ^{h}uo^{31}
安泽唐城	tɕyəʔ$^{\underline{32}}$	yəʔ$^{\underline{32}}$	yəʔ$^{\underline{32}}$	xuɐʔ$^{\underline{32}}$	tʂuɐʔ$^{\underline{32}}$	ts^{h}uɐʔ$^{\underline{32}}$
汾西城关	tɕyɷu^{1}	yɷu^{1}	yɷu^{1}	xuʌ^{1}	tsɷu^{1}	ts^{h}ɷu^{11}
古县城关	tɕyə^{31}	yə^{31}	yə^{31}	xuə^{31}	tʂuə^{31}	tʂ^{h}uə^{31}
侯马城关	tɕiɤ^{53}	yɤ^{53}	iɤ^{53}	xuo^{53}	tsuo^{53}	ts^{h}uo^{213}
蒲县城关	tɕiɛ$^{\underline{53}}$	iɛ$^{\underline{53}}$	iɛ$^{\underline{53}}$	xuo^{53}	tsuo^{53}	ts^{h}uo^{5}
隰县黄土	tɕiʌ$^{\underline{41}}$	iʌ$^{\underline{41}}$	iʌ$^{\underline{41}}$	xuʌ$^{\underline{41}}$	tsuʌ$^{\underline{41}}$	ts^{h}uʌ^{3}

例字 / 中古音 / 方言点	捉	镯	角	壳	学	北
	江开二入觉庄	入觉崇	入觉见	入觉溪	入觉匣	曾开一入德帮
永和阁底	tʂuɐʔ^{3}	tʂʰuɐʔ$^{\underline{21}}$	tɕiɐʔ^{3}	kʰɐʔ^{3}	ɕyɛ^{24}	piəʔ^{3}
大宁徐家垛	tʂuɐʔ$^{\underline{31}}$	tʂʰuɐʔ^{4}	tɕiɐʔ$^{\underline{31}}$	kʰɐʔ$^{\underline{31}}$	ɕiəʔ^{4}	pəʔ$^{\underline{31}}$
霍州城关	tsuo^{213}	tsuo^{213}	tɕyɛ^{213}	kʰə^{213}	ɕyɛ^{35}	pu^{213}
浮山响水河	pfʰa^{42}	tʂuo^{13}	tia^{42}	kʰə^{42}	ɕyə^{13}	pei^{33}
洪洞左木	tʂʰuo^{21}	tʂuo^{24}	tyo^{21}	kʰə^{21}	ɕyo^{24}	pu^{42}
临汾贺家庄	pfʰʌ^{21}	tʂuo^{24}	tyə^{21}	kʰə^{21}	ɕye^{24}	pei^{42}
吉县文城	tʂuo^{21}	tʂuo^{24}	tɕia^{21}	kʰə^{21}	ɕiə^{24}	pei^{53}
乡宁光华	tʂuo^{53}	tʂuo^{213}	tyə^{53}	kʰə^{53}	ɕyə^{213}	pei^{53}
襄汾邓庄	pfə^{21}	pfə^{21}	tyə^{21}	kʰə^{21}	ɕyə^{24}	pu^{21}
曲沃里村	tsuo^{213}	pfə^{213}	tɕyə^{213}	kʰə^{213}	ɕyə^{213}	pei^{44}
翼城隆化	tʂuo^{31}	tʂua^{24}	tɕyə^{31}	kʰə^{31}	ɕyə^{24}	piə^{44}
安泽唐城	tʂuɐʔ$^{\underline{32}}$	tʂuɐʔ$^{\underline{32}}$	tɕiəʔ$^{\underline{32}}$	kʰɐʔ$^{\underline{32}}$	ɕiəʔ$^{\underline{32}}$	pɐʔ$^{\underline{32}}$
汾西城关	tsɷu^{1}	tsʰuɑŋ^{33}	tiɷu^{1}	kʰɷu^{11}	ɕiʌ^{3}	pʌ^{1}
古县城关	tʂuə^{31}	tʂuə^{31}	tia^{31}	kʰə^{53}	ɕyə^{24}	pu^{31}
侯马城关	tsuo^{213}	tsuo^{53}	tɕyɤ^{53}	kʰɤ^{213}	ɕyɤ^{24}	pei^{53}
蒲县城关	tsuo^{53}	tsuo^{5}	tiɛ$^{\underline{53}}$	kʰə$^{\underline{53}}$	ɕiɛ^{5}	pu$^{\underline{53}}$
隰县黄土	tsuʌ$^{\underline{41}}$	tsʰuʌ^{3}	tɕia^{41}	kʰʌ$^{\underline{41}}$	ɕiʌ$^{\underline{41}}$	piʌ$^{\underline{41}}$

例字 / 中古音 / 方言点	墨	特	肋	则	贼	塞
	曾开一入德明	入德定	入德来	入德精	入德从	入德心
永和阁底	miəʔ$^{\underline{21}}$	tʰɐʔ$^{\underline{21}}$	lei^{31}	tsɐʔ^{3}	tsei^{24}	sɐʔ^{3}
大宁徐家垛	mei^{24}	tʰɐʔ$^{\underline{31}}$	lɐʔ$^{\underline{31}}$	tsɐʔ$^{\underline{31}}$	tsei^{24}	sɿ^{31}
霍州城关	miɛ^{213}	tʰiɛ^{35}	lɔ^{213}	tsə^{213}	tsei^{35}	sə^{213}
浮山响水河	mei^{42}	tʰei^{13}	lei^{42}	tsei^{13}	tsei^{13}	sei^{42}
洪洞左木	mɛ^{21}	tʰɛ^{24}	lɛ^{21}	tsə^{24}	tsei^{24}	sɛ^{21}
临汾贺家庄	muo^{21}	tʰə^{53}	lə^{21}	tsə^{24}	tsei^{24}	sə^{21}
吉县文城	mei^{21}	tʰə^{24}	lei^{21}	tsə^{24}	tsʰei^{24}	sɿ^{21}
乡宁光华	mei^{53}	tʰə^{213}	lei^{53}	tsə^{53}	tsei^{213}	sei^{53}
襄汾邓庄	mei^{21}	tʰə^{24}	lei^{21}	tsʰə^{21}	tsei^{24}	suei^{21}
曲沃里村	mei^{213}	tʰə^{213}	lei^{53}	tsə^{213}	tsei^{213}	sei^{213}
翼城隆化	mei^{31}	tʰə^{24}	lei^{31}	tsei^{24}	tsei^{24}	sei^{31}
安泽唐城	miəʔ$^{\underline{32}}$	tʰɐʔ$^{\underline{32}}$	lɐʔ$^{\underline{32}}$	tsɐʔ$^{\underline{32}}$	tsei^{213}	sɐʔ$^{\underline{32}}$
汾西城关	mʌ^{1}	tʰʌ^{3}	lɷu^{53}	tsʌ^{1}	tsei^{24}	sɷu^{1}
古县城关	mei^{31}	tʰɛ^{24}	lei^{31}	tsei^{31}	tsei^{24}	sei^{53}
侯马城关	mɤ^{53}	tɤ^{24}	lei^{53}	tsɤ^{213}	tsei^{24}	tsei^{53}
蒲县城关	mei^{53}	tʰə$^{\underline{53}}$	lə$^{\underline{53}}$	tsə$^{\underline{53}}$	tsei^{24}	sə$^{\underline{53}}$
隰县黄土	miʌ$^{\underline{41}}$	tʰa^{55}	lʌ$^{\underline{41}}$	tsʌ$^{\underline{41}}$	tsei^{24}	sʌ$^{\underline{41}}$

中古音 例字 方言点	刻时~	刻~字	黑	力	即	息
	曾开一入德溪	入德溪	入德晓	曾开三入职来	入职精	入职心
永和阁底	kʰɐʔ^{3}	kʰɐʔ^{3}	xəʔ^{3}	liəʔ$^{\underline{21}}$	tɕiəʔ^{3}	ɕiəʔ^{3}
大宁徐家垛	kʰɐʔ$^{\underline{31}}$	kʰɐʔ$^{\underline{31}}$	xəʔ$^{\underline{31}}$	liəʔ$^{\underline{31}}$	tɕiəʔ$^{\underline{31}}$	ɕiəʔ^{4}
霍州城关	kʰə^{213}	kʰə^{213}	xəɛ^{213}	li^{213}	tɕi^{213}	ɕi^{213}
浮山响水河	kʰə^{42}	kʰə^{42}	xei^{42}	li^{42}	tɕi^{13}	ɕi^{42}
洪洞左木	kʰə^{21}	kʰə^{21}	xə^{21}	li^{21}	tɕi^{21}	ɕi^{21}
临汾贺家庄	kʰə^{21}	kʰə^{21}	xei^{21}	li^{21}	tɕi^{21}	ɕi^{21}
吉县文城	kʰə^{21}	kʰə^{21}	xə^{21}	li^{21}	tɕi^{21}	ɕi^{21}
乡宁光华	kʰei^{53}	kʰə^{53}	xei^{53}	li^{53}	tɕi^{53}	ɕi^{53}
襄汾邓庄	kʰə^{21}	kʰə^{21}	xei^{21}	li^{21}	tɕi^{21}	ɕi^{21}
曲沃里村	kʰə^{213}	kʰə^{213}	xɛ^{213}	li^{53}	tɕi^{213}	ɕi^{213}
翼城隆化	kʰei^{31}	kʰə^{31}	xei^{31}	li^{31}	tɕi^{31}	ɕi^{31}
安泽唐城	kʰɐʔ$^{\underline{32}}$	kʰɐʔ$^{\underline{32}}$	xɐʔ$^{\underline{32}}$	liəʔ$^{\underline{32}}$	tɕiəʔ$^{\underline{32}}$	ɕiəʔ$^{\underline{32}}$
汾西城关	kʰʌ^{1}	kʰou^{11}	xʌ^{1}	liʌ^{1}	tɕiʌ^{1}	ɕiʌ^{1}
古县城关	kʰə^{31}	kʰə^{31}	xei^{31}	li^{31}	tɕi^{31}	ɕi^{31}
侯马城关	kʰɤ^{53}	kʰɤ^{53}	xei^{53}	li^{53}	tɕi^{53}	ɕi^{53}
蒲县城关	kʰə$^{\underline{53}}$	kʰə$^{\underline{53}}$	xə$^{\underline{53}}$	li^{53}	tɕi^{53}	ɕi^{53}
隰县黄土	kʰʌ$^{\underline{41}}$	kʰʌ$^{\underline{41}}$	xʌ$^{\underline{41}}$	liʌ$^{\underline{41}}$	tɕiʌ^{3}	ɕiʌ$^{\underline{41}}$

例字 中古音 方言点	直	侧	色	食	极	亿
	曾开三入职澄	入职庄	入职生	入职船	入职群	入职影
永和阁底	tʂʰəʔ$^{\underline{21}}$	tʂʰəʔ^{3}	ʂəʔ^{3}	ʂəʔ$^{\underline{21}}$	tɕʰiəʔ$^{\underline{21}}$	i^{53}
大宁徐家垛	tʂʰəʔ^{4}	tsɐʔ^{4}	sɐʔ$^{\underline{31}}$	ʂəʔ^{4}	tɕʰiəʔ^{4}	i^{55}
霍州城关	tʂʰʅ^{35}	tsə^{213}	sə^{213}	ʂʅ^{35}	tɕi^{35}	i^{44}
浮山响水河	tʂʰʅ^{13}	tɕʰia^{42}	ɕia^{42}	ʂʅ^{13}	tɕi^{13}	i^{42}
洪洞左木	tʂʅ^{24}	tsʰɛ^{21}	sɛ^{53}	ʂʅ^{24}	tɕi^{24}	i^{53}
临汾贺家庄	tʂʰʅ^{24}	tsʰə^{21}	sə^{21}	ʂʅ^{24}	tɕi^{24}	i^{53}
吉县文城	tʂʰʅ^{24}	tʂa^{21}	ʂa^{21}	ʂə^{24}	tɕi^{24}	i^{53}
乡宁光华	tʂʰʅ^{213}	tsʰə^{53}	ʂei^{53}	ʂʅ^{213}	tɕi^{213}	i^{53}
襄汾邓庄	tʂʰʅ^{24}	tsʰə^{21}	sə^{21}	ʂʅ^{24}	tɕi^{24}	i^{21}
曲沃里村	tsɿ^{213}	tsʰə^{53}	sɛ^{213}	sɿ^{213}	tɕi^{213}	i^{31}
翼城隆化	tʂʅ^{24}	tsʰei^{31}	sei^{31}	ʂʅ^{24}	tɕiɛ^{24}	i^{31}
安泽唐城	tʂəʔ$^{\underline{32}}$	tsʰɐʔ$^{\underline{32}}$	sɐʔ$^{\underline{32}}$	ʂəʔ$^{\underline{32}}$	tɕiəʔ$^{\underline{32}}$	i^{53}
汾西城关	tsʰʌ^{3}	tsɪ^{53}	sɪ^{1}	sʌ^{3}	tɕʰiʌ^{3}	i^{55}
古县城关	tʂʰʅ^{24}	tsɛ^{31}	sɛ^{31}	ʂʅ^{24}	tɕi^{24}	i^{31}
侯马城关	tʂʅ^{24}	tsʰɤɛ^{53}	sai^{53}	ʂʅ^{24}	tɕi^{24}	i^{53}
蒲县城关	tʂʰʅ^{5}	tsə$^{\underline{53}}$	sə$^{\underline{53}}$	ʂʅ^{5}	tɕi^{5}	i^{55}
隰县黄土	tsʰʌ^{3}	tsʰa^{41}	sʌ$^{\underline{41}}$	sʌ^{3}	tɕiʌ^{3}	i^{55}

例字 中古音 方言点	翼	国	百	拍	白	择
	曾开三入职以	曾合一入德见	梗开二入陌帮	入陌滂	入陌並	入陌澄
永和阁底	i^{53}	kuɐʔ^{3}	piɐʔ^{3}	p^{h}iɐʔ^{3}	p^{h}iɐʔ$^{\underline{21}}$	tsɐʔ$^{\underline{21}}$
大宁徐家垛	i^{55}	kuɐʔ$^{\underline{31}}$	piɐʔ$^{\underline{31}}$	p^{h}iɐʔ$^{\underline{31}}$	p^{h}iɐʔ^{4}	ts^{h}ɐʔ^{4}
霍州城关	i^{53}	kuo^{213}	piɛ^{213}	p^{h}iɛ^{213}	p^{h}iɛ^{35}	ts^{h}ə^{35}
浮山响水河	i^{42}	kuo^{42}	pia^{42}	p^{h}ia^{42}	p^{h}ia^{13}	tɕ^{h}ia^{42}
洪洞左木	i^{53}	kuɛ^{21}	pɛ^{21}	p^{h}ɛ^{21}	p^{h}ɛ^{24}	ts^{h}ɛ^{24}
临汾贺家庄	i^{53}	kuo^{21}	pie^{21}	p^{h}ie^{21}	p^{h}ie^{24}	ts^{h}ə^{24}
吉县文城	i^{53}	kuei^{21}	pia^{21}	p^{h}ia^{21}	pia^{24}	tsə^{24}
乡宁光华	i^{53}	kuo^{53}	pei^{53}	p^{h}ia^{53}	p^{h}ei^{213}	ts^{h}ei^{213}
襄汾邓庄	i^{21}	kuo^{21}	piə^{21}	p^{h}iə^{21}	p^{h}iə^{24}	tsə^{24}
曲沃里村	i^{53}	kuo^{213}	pɛ^{213}	p^{h}ɛ^{213}	p^{h}ɛ^{213}	tsɛ^{213}
翼城隆化	i^{31}	kuo^{31}	pei^{31}	p^{h}ei^{31}	pei^{24}	tsei^{24}
安泽唐城	i^{53}	kuɐʔ$^{\underline{32}}$	piəʔ$^{\underline{32}}$	p^{h}iəʔ$^{\underline{32}}$	piəʔ$^{\underline{32}}$	tsɐʔ$^{\underline{32}}$
汾西城关	i^{53}	kuʌ^{1}	pɪ^{1}	p^{h}ɪ^{1}	p^{h}ʌ^{3}	ts^{h}ʌ^{3}
古县城关	i^{24}	kuai^{31}	pɛ^{31}	p^{h}ɛ^{31}	p^{h}ɛ^{24}	ts^{h}ɛ^{24}
侯马城关	i^{53}	kuo^{53}	pei^{53}	p^{h}ei^{53}	pai^{24}	ts^{h}ai^{24}
蒲县城关	i^{55}	kuɛ^{53}	pɛ$^{\underline{53}}$	p^{h}ɛ$^{\underline{53}}$	p^{h}ɛ^{5}	ts^{h}ə^{5}
隰县黄土	i^{55}	kuʌ$^{\underline{41}}$	piʌ$^{\underline{41}}$	p^{h}iʌ$^{\underline{41}}$	p^{h}iʌ^{3}	ts^{h}a^{55}

例字 / 中古音 / 方言点	窄	客	额	吓	麦	隔
	梗开二入陌庄	入陌溪	入陌疑	入陌晓	入麦明	入麦见
永和阁底	tsɐʔ^{3}	kʰɐʔ^{3}	ŋɐʔ$^{\underline{21}}$	xa^{53}	miəʔ$^{\underline{21}}$	kɐʔ$^{\underline{21}}$
大宁徐家垛	tsɐʔ$^{\underline{31}}$	kʰɐʔ$^{\underline{31}}$	ŋɐʔ$^{\underline{31}}$	xɐʔ^{4}	miɐʔ$^{\underline{31}}$	kɐʔ$^{\underline{31}}$
霍州城关	tsə^{31}	kʰəɛ^{213}	ŋə^{213}	xa^{213}	miɛ^{213}	kə^{213}
浮山响水河	tɕia^{13}	kʰə^{42}	ȵiɛ^{42}	xa^{42}	mia^{42}	ka^{42}
洪洞左木	tsɛ^{21}	kʰə^{21}	ȵiɛ^{53}	xᴀ^{53}	mɛ^{21}	kɛ^{21}
临汾贺家庄	tsᴀ^{24}	kʰə^{53}	ȵie^{53}	xᴀ^{55}	mie^{21}	kə^{21}
吉县文城	tʂa^{21}	tɕʰiᴇ^{21}	ȵiᴇ^{21}	xa^{53}	mia^{21}	kə^{21}
乡宁光华	tsei^{53}	kʰə^{53}	ȵiɛ^{53}	xa^{53}	mei^{53}	kə^{213}
襄汾邓庄	tʂə^{31}	kʰə^{21}	ȵiə^{21}	xɑ^{21}	miə^{21}	kə^{21}
曲沃里村	tsɛ^{213}	kʰə^{213}	ȵiɛ^{213}	xᴀ^{213}	mɛ^{213}	kə^{213}
翼城隆化	tsei^{31}	kʰə^{31}	ȵiɛ^{31}	xa^{31}	mei^{31}	kei^{31}
安泽唐城	tsɐʔ$^{\underline{32}}$	kʰɐʔ$^{\underline{32}}$	ŋɐʔ$^{\underline{32}}$	xᴀ^{53}	miəʔ$^{\underline{32}}$	tɕiəʔ$^{\underline{32}}$
汾西城关	tsɪ^{1}	kʰɪ^{1}	ŋɪ^{1}	xa^{55}	mɪ^{1}	kɪ^{1}
古县城关	tsɛ^{31}	kʰə^{31}	ŋə^{31}	xa^{24}	mɛ^{31}	kɛ^{31}
侯马城关	tsei^{53}	kʰɤ^{53}	ŋɤ^{24}	xa^{53}	mei^{53}	kɤ^{53}
蒲县城关	tsə$^{\underline{53}}$	kʰə$^{\underline{53}}$	ŋə$^{\underline{53}}$	xa^{55}	mɛ$^{\underline{53}}$	tiɛ$^{\underline{53}}$
隰县黄土	tsʌ$^{\underline{41}}$	kʰʌ$^{\underline{41}}$	ŋʌ$^{\underline{41}}$	xa^{55}	miʌ$^{\underline{41}}$	kʌ$^{\underline{41}}$

例字 / 中古音 / 方言点	核果~	席	只	尺	射	石
	梗开二入麦匣	梗开三入昔邪	入昔章	入昔昌	入昔船	入昔禅
永和阁底	xɐʔ$^{\underline{21}}$	ɕiɐʔ$^{\underline{21}}$	tʂɐʔ$^{\underline{21}}$	tʂʰɐʔ$^{\underline{21}}$	ʂɐʔ$^{\underline{21}}$	ʂɐʔ$^{\underline{21}}$
大宁徐家垛	xɐʔ^{4}	ɕiəʔ^{4}	tʂəʔ$^{\underline{31}}$	tʂʰəʔ$^{\underline{31}}$	ʂəʔ^{4}	ʂəʔ^{4}
霍州城关	xə^{213}	ɕi^{35}	tʂʅ^{213}	tʂʰʅ^{213}	ʂə^{213}	ʂʅ^{35}
浮山响水河	xə^{13}	ɕi^{13}	tʂʅ^{42}	tʂʰʅ^{42}	ʂə^{13}	ʂʅ^{13}
洪洞左木	xɛ^{24}	ɕi^{24}	tsɿ^{21}	tʂʰʅ^{21}	ʂɛ^{53}	ʂʅ^{24}
临汾贺家庄	xə^{24}	ɕi^{24}	tʂʅ^{21}	tʂʰʅ^{21}	ʂə^{53}	ʂʅ^{24}
吉县文城	xu^{24}	ɕi^{21}	tʂʅ^{21}	tʂʰʅ^{21}	ʂʅᴇ^{21}	ʂʅ^{24}
乡宁光华	xu^{213}	ɕi^{213}	tʂʅ^{53}	tʂʰʅ^{53}	ʂə^{53}	ʂʅ^{213}
襄汾邓庄	xə^{21}	ɕi^{24}	tʂʅ^{21}	tʂʰʅ^{21}	ʂə^{21}	ʂʅ^{24}
曲沃里村	xu^{213}	ɕi^{213}	tsɿ^{213}	tsʰɿ^{213}	sə^{53}	sɿ^{213}
翼城隆化	xu^{24}	ɕi^{31}	tsɿ^{31}	tʂʰʅ^{31}	ʂə^{31}	ʂʅ^{24}
安泽唐城	xɐʔ$^{\underline{32}}$	ɕiəʔ$^{\underline{32}}$	tʂʅ^{213}	tʂʰəʔ$^{\underline{32}}$	ʂə^{53}	ʂəʔ$^{\underline{32}}$
汾西城关	xai^{24}	ɕiʌ^{3}	tsʌ^{1}	tsʰʌ^{1}	sʌ^{3}	sʌ^{3}
古县城关	xai^{24}	ɕi^{24}	tʂʅ^{53}	tʂʰʅ^{31}	ʂʅɛ^{53}	ʂʅ^{24}
侯马城关	xai^{53}	ɕi^{213}	tsɿ^{44}	tʂʰʅ^{213}	ʂɤɛ^{53}	ʂʅ^{24}
蒲县城关	xə^{24}	ɕi^{5}	tsɿ^{53}	tʂʰʅ^{53}	ʂə^{55}	ʂʅ^{5}
隰县黄土	xɛe^{55}	ɕiʌ$^{\underline{41}}$	tsʌ$^{\underline{41}}$	tsʰʌ$^{\underline{41}}$	sə^{55}	sʌ^{3}

例字	劈	滴	笛	历	吃	划
中古音	梗开四入锡滂	入锡端	入锡定	入锡来	入锡溪	梗合二入麦匣
方言点						
永和阁底	pʰiɐʔ$^{\underline{21}}$	tiɐʔ$^{\underline{21}}$	tʰiɐʔ$^{\underline{21}}$	liɐʔ$^{\underline{21}}$	tʂʰʅ^{31}	xua^{31}
大宁徐家垛	pʰiəʔ$^{\underline{31}}$	tiəʔ$^{\underline{31}}$	tʰi^{24}	liəʔ$^{\underline{31}}$	tʂʰəʔ$^{\underline{31}}$	xua^{55}
霍州城关	pʰi^{213}	ti^{213}	tʰi^{35}	li^{213}	tʂʰʅ^{213}	xua^{35}
浮山响水河	pʰi^{42}	ti^{42}	tʰi^{13}	li^{13}	tʂʰʅ^{42}	xua^{13}
洪洞左木	pʰi^{21}	ti^{21}	tʰi^{24}	li^{21}	tʂʰʅ^{21}	xuᴀ^{53}
临汾贺家庄	pʰi^{21}	ti^{21}	tʰi^{24}	li^{21}	tʂʰʅ^{21}	xuᴀ^{24}
吉县文城	pʰi^{21}	tiᴇ^{21}	tiᴇ^{24}	li^{21}	tʂʰʅ^{21}	xua^{21}
乡宁光华	pʰi^{53}	ti^{53}	ti^{213}	li^{53}	tʂʰʅ^{53}	xua^{213}
襄汾邓庄	pʰi^{21}	ti^{21}	tʰi^{24}	li^{21}	tʂʰʅ^{21}	xuɑ^{24}
曲沃里村	pʰi^{213}	ti^{213}	tʰi^{213}	li^{213}	tsʰɿ^{213}	xuᴀ^{213}
翼城隆化	pʰi^{31}	ti^{31}	ti^{24}	li^{31}	tʂʰʅ^{31}	xua^{31}
安泽唐城	pʰiəʔ$^{\underline{32}}$	tiəʔ$^{\underline{32}}$	tiəʔ$^{\underline{32}}$	liəʔ$^{\underline{32}}$	tʂʰəʔ$^{\underline{32}}$	xuᴀ^{21}
汾西城关	pʰiʌ^{1}	tiʌ^{1}	tʰɪ^{53}	liʌ^{1}	tsʰʌ^{1}	xua^{24}
古县城关	pʰi^{31}	ti^{31}	tʰi^{24}	li^{31}	tʂʰʅ^{31}	xua^{24}
侯马城关	pʰi^{53}	tiɛ^{213}	tʰi^{24}	li^{53}	tʂʰʅ^{213}	xua^{24}
蒲县城关	pʰi^{53}	tiɛ$^{\underline{53}}$	tʰi^{24}	li^{55}	tʂʰʅ^{53}	xua^{55}
隰县黄土	pʰi^{21}	tiʌ$^{\underline{41}}$	tʰiʌ^{3}	liʌ$^{\underline{41}}$	tsʰʌ$^{\underline{41}}$	xua^{24}

例字 / 中古音 / 方言点	木	秃	族	谷	哭	斛
	通合一入屋明	入屋透	入屋从	入屋见	入屋溪	入屋匣
永和阁底	mɐʔ$^{\underline{21}}$	t^{h}uɐʔ$^{\underline{21}}$	ts^{h}uɐʔ$^{\underline{21}}$	kuɐʔ$^{\underline{21}}$	k^{h}uɐʔ$^{\underline{21}}$	xuɐʔ$^{\underline{21}}$
大宁徐家垛	məʔ$^{\underline{31}}$	t^{h}uəʔ$^{\underline{31}}$	ts^{h}uəʔ^{4}	kuəʔ$^{\underline{31}}$	k^{h}uəʔ$^{\underline{31}}$	xuəʔ^{4}
霍州城关	mu^{213}	t^{h}u^{213}	tsuo^{35}	ku^{213}	k^{h}u^{213}	xu^{213}
浮山响水河	mu^{42}	t^{h}u^{42}	ts^{h}ou^{13}	ku^{42}	k^{h}u^{42}	xu^{42}
洪洞左木	mu^{21}	t^{h}u^{21}	tsuo^{24}	ku^{21}	k^{h}u^{21}	xuo^{53}
临汾贺家庄	mu^{53}	t^{h}u^{21}	tsəu^{24}	ku^{21}	k^{h}u^{21}	xu^{53}
吉县文城	mu^{21}	t^{h}u^{21}	ts^{h}ou^{24}	ku^{21}	k^{h}u^{21}	xu^{24}
乡宁光华	mu^{53}	t^{h}u^{53}	ts^{h}ou^{213}	ku^{53}	k^{h}u^{53}	xu^{213}
襄汾邓庄	mu^{21}	t^{h}u^{21}	tsou^{24}	ku^{21}	k^{h}u^{21}	xu^{21}
曲沃里村	mu^{213}	t^{h}əu^{213}	tsəu^{213}	ku^{213}	k^{h}u^{213}	xu^{53}
翼城隆化	mu^{31}	t^{h}əu^{31}	tsəu^{31}	ku^{31}	k^{h}u^{31}	xu^{24}
安泽唐城	məʔ$^{\underline{32}}$	t^{h}uəʔ$^{\underline{32}}$	ts^{h}ou^{21}	kuəʔ$^{\underline{32}}$	k^{h}uəʔ$^{\underline{32}}$	
汾西城关	mʌ^{1}	t^{h}uʌ^{1}	ts^{h}uʌ^{3}	kuʌ^{1}		xu^{53}
古县城关	mu^{31}	t^{h}u^{31}	ts^{h}ou^{24}	ku^{31}	k^{h}u^{31}	
侯马城关	mu^{213}	t^{h}u^{53}	tsəu^{24}	ku^{213}	k^{h}u^{213}	
蒲县城关	mu$^{\underline{53}}$	t^{h}u$^{\underline{53}}$	ts^{h}uo^{5}	ku$^{\underline{53}}$	k^{h}u$^{\underline{53}}$	xu^{24}
隰县黄土	muʌ$^{\underline{41}}$	t^{h}uʌ$^{\underline{41}}$	ts^{h}uʌ^{3}	kuʌ$^{\underline{41}}$	k^{h}uʌ$^{\underline{41}}$	xu^{55}

例字 / 中古音 / 方言点	毒	福	服	目	六	竹
	通合一入沃定	通合三入屋非	入屋奉	入屋明	入屋来	入屋知
永和阁底	tʰuɐʔ$^{\underline{21}}$	xuɐʔ$^{\underline{21}}$	xuɐʔ$^{\underline{21}}$	mɐʔ$^{\underline{21}}$	liou^{53}	tsuɐʔ$^{\underline{21}}$
大宁徐家垛	tʰuəʔ^{4}	fəʔ$^{\underline{31}}$	fəʔ^{4}	məʔ$^{\underline{31}}$	liəu^{55}	tʂuəʔ$^{\underline{31}}$
霍州城关	tʰu^{35}	fu^{213}	fu^{35}	mu^{213}	liɷu^{213}	tʂu^{213}
浮山响水河	tʰu^{13}	fu^{42}	fu^{13}	mu^{42}	liou^{42}	tʂou^{42}
洪洞左木	tʰu^{24}	fu^{21}	fu^{24}	mu^{21}	ly^{21}	tʂu^{21}
临汾贺家庄	tʰu^{24}	fu^{21}	fu^{24}	mu^{21}	liəu^{21}	tʂu^{21}
吉县文城	tʰu^{24}	fu^{21}	fu^{24}	mu^{21}	liou^{21}	tsou^{21}
乡宁光华	tʰu^{213}	fu^{213}	fu^{213}	mu^{53}	liou^{53}	tsou^{53}
襄汾邓庄	tʰu^{24}	fu^{21}	fu^{24}	mu^{21}	liou^{21}	pfu^{21}
曲沃里村	tu^{213}	fu^{213}	fu^{213}	mu^{53}	liəu^{213}	tsu^{213}
翼城隆化	təu^{24}	fu^{31}	fu^{31}	mu^{31}	liəu^{31}	tʂəu^{31}
安泽唐城	tʰuəʔ$^{\underline{32}}$	fəʔ$^{\underline{32}}$	fəʔ$^{\underline{32}}$	məʔ$^{\underline{32}}$	liou^{53}	tʂuəʔ$^{\underline{32}}$
汾西城关	tʰuʌ^{3}	fʌ^{1}	fʌ^{3}	mʌ^{1}	lyʌ^{1}	tsuʌ^{1}
古县城关	tʰu^{24}	fu^{31}	fu^{24}	mu^{31}	ly^{31}	tʂou^{31}
侯马城关	tʰu^{24}	fu^{213}	fu^{24}	mu^{213}	liəu^{53}	tʂəu^{53}
蒲县城关	tʰu^{5}	fu$^{\underline{53}}$	fu^{5}	muo^{53}	ly$^{\underline{53}}$	tʂu^{53}
隰县黄土	tʰuʌ^{3}	xuʌ$^{\underline{41}}$	xuʌ^{3}	muʌ$^{\underline{41}}$	liou^{55}	tsuʌ$^{\underline{41}}$

例字 中古音 方言点	畜~牧	轴	缩	粥	肉	绿
	通合三入屋彻	入屋澄	入屋生	入屋章	入屋日	入烛来
永和阁底	ɕyɐʔ$^{\underline{21}}$	tsou^{24}	suɐʔ$^{\underline{21}}$	tsou^{31}	ʐou^{53}	lyɐʔ$^{\underline{21}}$
大宁徐家垛	ɕyəʔ$^{\underline{31}}$	tʂʰəu^{24}	suəʔ$^{\underline{31}}$	tʂuəʔ$^{\underline{31}}$	ʐəu^{55}	lyəʔ$^{\underline{31}}$
霍州城关	tʂʰu^{53}	tʂʰu^{35}	suo^{213}	tʂou^{213}	ʐu^{213}	ly^{213}
浮山响水河	pfʰu^{42}	tʂʰou^{13}	suo^{42}	tʂou^{42}	ʐou^{42}	liou^{42}
洪洞左木	tʂʰu^{53}	tʂəu^{24}	suo^{21}	tʂəu^{21}	ʐu^{21}	ly^{21}
临汾贺家庄	tʂʰu^{21}	tʂʰəu^{24}	suo^{21}	tʂəu^{21}	vu^{21}	ly^{21}
吉县文城	tʂʰu^{21}	tʂʰou^{24}	suo^{21}	tʂou^{21}	ʐou^{53}	ly^{21}
乡宁光华	tʂʰu^{53}	tʂʰou^{213}	suo^{53}	tʂou^{53}	vu^{53}	ly^{53}
襄汾邓庄	pfu^{53}	tʂou^{24}	suo^{21}	tʂou^{21}	vu^{21}	ly^{21}
曲沃里村	tsʰu^{53}	tsəu^{213}	suo^{213}	tsəu^{213}	zəu^{213}	liəu^{213}
翼城隆化	tʂʰu^{31}	tʂəu^{24}	suo^{31}	tʂəu^{31}	ʐəu^{31}	liəu^{31}
安泽唐城	tʂʰuəʔ$^{\underline{32}}$	tʂʰuəʔ$^{\underline{32}}$	ʂuəʔ$^{\underline{32}}$	tʂuəʔ$^{\underline{32}}$	ʐou^{53}	lyəʔ$^{\underline{32}}$
汾西城关	tsʰuʌ^{1}	tsʰou^{24}	tsʰuʌ^{1}	tsuʌ^{1}	vʌ^{1}	lyʌ^{1}
古县城关	tʂʰu^{31}	tʂʰu^{24}	fə^{31}	tʂou^{31}	vu^{31}	liou^{31}
侯马城关	tʂʰəu^{213}	tʂʰəu^{24}	suo^{213}	tʂəu^{24}	ʐəu^{53}	luei^{53}
蒲县城关	tʂʰu^{53}	tʂʰu^{24}	suo^{53}	tʂu^{53}	ʐu^{53}	ly^{53}
隰县黄土	tsʰuʌ$^{\underline{41}}$	tsʰou^{24}	suʌ$^{\underline{41}}$	tsuʌ$^{\underline{41}}$	zou^{55}	lyʌ$^{\underline{41}}$

例字 / 中古音 / 方言点	足	俗	触	局
	通合三入烛精	入烛邪	入烛昌	入烛群
永和阁底	tɕyɐʔ$^{\underline{21}}$	ɕyɐʔ$^{\underline{21}}$	ts^{h}uɐʔ$^{\underline{21}}$	tɕyɐʔ$^{\underline{21}}$
大宁徐家垛	tɕyəʔ$^{\underline{31}}$	ɕyəʔ$^{\underline{31}}$	tʂuəʔ$^{\underline{31}}$	tɕyəʔ^{4}
霍州城关	tɕy^{213}	ɕy^{213}	tʂu^{213}	tɕy^{35}
浮山响水河	tsu^{42}	ɕy^{42}	tʂ^{h}u^{42}	tɕy^{13}
洪洞左木	tɕy^{21}	ɕy^{21}	tʂ^{h}u^{53}	tɕy^{24}
临汾贺家庄	tɕy^{21}	ɕy^{21}	tʂu^{53}	tɕy^{24}
吉县文城	tɕy^{21}	ɕy^{21}	tsou^{21}	tɕ^{h}y^{24}
乡宁光华	tɕy^{53}	ɕy^{53}	tʂ^{h}u^{53}	tɕy^{213}
襄汾邓庄	tɕy^{21}	ɕy^{21}	tʂou^{21}	tɕy^{24}
曲沃里村	tɕy^{213}	ɕy^{213}	ts^{h}u^{213}	tɕy^{213}
翼城隆化	tɕy^{31}	ɕy^{24}	tʂəu^{31}	tɕy^{24}
安泽唐城	tɕyəʔ$^{\underline{32}}$	ɕyəʔ$^{\underline{32}}$	tʂuəʔ$^{\underline{32}}$	tɕyəʔ$^{\underline{32}}$
汾西城关	tɕyʌ^{1}	ɕyʌ^{3}	tsuʌ^{3}	tɕ^{h}yʌ^{3}
古县城关	tɕy^{31}	ɕy^{31}	tʂu^{31}	tɕy^{24}
侯马城关	tsəu^{213}	ɕy^{213}	tʂəu^{213}	tɕ^{h}y^{24}
蒲县城关	tɕy$^{\underline{53}}$	ɕy$^{\underline{53}}$	tʂu$^{\underline{53}}$	tɕ^{h}y^{24}
隰县黄土	tɕyʌ$^{\underline{41}}$	ɕyʌ^{3}	tsuʌ$^{\underline{41}}$	tɕyʌ^{3}

附录 C

临汾方言十七个重点点常用词对照表

1. 本表共收录十七个重点点的四十个常用词的读音。这十七个方言点是：永和阁底、大宁徐家垛、霍州城关、浮山响水河、洪洞左木、临汾贺家庄、吉县文城、乡宁光华、襄汾邓庄、曲沃里村、翼城隆化、安泽唐城、汾西城关、古县城关、侯马城关、蒲县城关、隰县黄土。材料均为笔者调查所得。

2. 常用词按照“3.1.4　常用词的地理分布及分析”顺序排列。

3. 每个词均标注方言的声母、韵母、调类，调值请参看表 B.1《临汾方言十七个重点点调类调值表》。某方言某字下为空格者，或为方言中不用此字，或为读音没有调查清楚。

表 C.1　临汾方言十七个重点点常用词对照表

例词 / 方言点	冰雹	什么时候	玉米
永和阁底	冷雨疙瘩 liɛ$^{312-24}$y^{312}kɐʔ^{21}ta^{0}	甚时候 ʂəŋ^{53}ʂʅ^{24}xou$^{53-0}$	玉稻粟 y^{53}tʰɔu^{53}ʂu$^{312-31}$
大宁徐家垛	冷雨 lie^{31}y$^{31-0}$	甚会儿 ʂəŋ^{55}xuɐr^{55}	玉稻粟 y^{55}tʰɔu^{55}ʂu^{31}
霍州城关	冷子 lɔ^{31}tsʅ$^{31-0}$	几早 tɕi^{213}tsɑu^{44}	稻粟 tʰɑu^{53}ʂu^{31}
浮山响水河	冷疙瘩 lia^{33}kə^{42}ta^{0}	多会儿 tuo^{42}xuɐr^{53}	稻粟 tɑu^{53}fu^{33}
洪洞左木	冷子 lɛ^{42}tsʅ^{0}	多会儿 tuo^{21}xuɐr^{53}	稻粟 tɑu^{53}ʂu$^{42-21}$
临汾贺家庄	冷子 lie^{42}tsʅ^{0}	多会儿 tuo^{21}xuɐr^{53}	棒子 pɑŋ^{55}tsʅ^{0}
吉县文城	冷雨 lia^{53}y$^{53-0}$	几大 tɕi^{53}ta$^{31-21}$	玉稻粟 y^{31}tʰɑu^{31}ʂu$^{31-21}$
乡宁光华	冷子 lia^{44}tsʅ^{0}	啥时候 ʂa$^{213-21}$ʂʅ$^{213-21}$xou$^{31-0}$	稻粟 tʰɑu^{31}fu^{31}
襄汾邓庄	冷子 liə^{31}tsʅ^{0}	啥时候 ʂa^{24}ʂʅ^{24}xou^{53}	棒子 pɑŋ^{53}tsʅ^{0}
曲沃里村	冷子疙瘩 lᴀ^{33}tsʅ^{0}kə$^{213-21}$tᴀ^{0}	啥时候 sᴀ$^{213-21}$sʅ$^{213-21}$xəu^{53}	棒子 pɑŋ^{53}tə^{0}
翼城隆化	冷子疙瘩 la^{44}kə^{31}ta^{0}	啥时候 ʂa^{24}ʂʅ^{24}xou^{53}	玉米 y^{53}mei$^{24-21}$
安泽唐城	冷蛋子 ləŋ$^{423-42}$tɛ̃^{53}tsʅ^{0}	甚会儿 ʂəŋ^{53}xuɐr^{53}	玉稻粟 y^{53}tʰɑu^{53}ʂu$^{53-0}$
汾西城关	冷子 lei^{33}tsʌ^{0}	甚会儿 səŋ^{53}xuɐr^{53}	稻粟 tʰɑu^{53}su$^{55-0}$
古县城关	冷蛋子 lɛ^{53}tan^{53}tsʅ^{0}	多会儿 tuə^{31}xuɐr^{53}	棒子 pɑŋ^{53}tsʅ^{0}
侯马城关	冷子 liɛ^{44}tsʅ^{0}	多会儿 tuo$^{213-21}$xuɐr^{53}	棒子 pẽŋ^{53}tsʅ^{0}
蒲县城关	冷子 liɛ^{21}tsʅ^{0}	甚会儿 ʂən^{55}xuɐr^{55}	稻粟 tʰɑu^{55}su$^{55-0}$
隰县黄土	冷雨 liᴇ^{21}y$^{21-0}$	甚时候 səŋ^{55}sʅ^{24}xou$^{55-0}$	玉稻粟 y^{55}tʰɔ^{55}su$^{55-0}$

例词 方言点	高粱	土豆	向日葵
永和阁底	稻粟 t^{h}ɔu^{53}ʂu$^{312-31}$	山蔓菁 ʂɛɪ^{31}mɛ̃ɪ^{53}tɕiŋ$^{31-0}$	葵花 k^{h}uei^{24}xua$^{31-0}$
大宁徐家垛	稻粟 t^{h}ɔu^{55}ʂu^{31}	山蔓菁 ʂæ̃^{31}mæ̃^{55}tɕiæ̃$^{31-0}$	照阳红 tʂɔu^{55}iæ̃^{24}xuŋ^{24}
霍州城关	红稻粟 xuŋ^{35}t^{h}ɑu^{53}ʂu^{31}	山蔓菁 ʂæ̃$^{213-21}$mɑŋ^{53}tɕi$^{213-0}$	照日红 tʂɑu^{44}ʐʅ^{53}xuŋ^{35}
浮山响水河	□稻粟 sai^{53}t^{h}ɑu^{53}fu^{33}	山□蛋子 ʂæ̃^{42}mu^{0}t^{h}æ̃^{44}tsɿ^{0}	葵花 k^{h}uei^{13}xua$^{42-0}$
洪洞左木	红稻粟 xuŋ^{24}t^{h}ɑu^{53}ʂu$^{42-21}$	山药蛋 ʂɑŋ^{21}iɑu^{53}tɑŋ^{53}	葵花 k^{h}uei^{24}xuᴀ$^{21-0}$
临汾贺家庄	红稻粟 xuei^{24}t^{h}ɑu^{53}su$^{42-21}$	山药蛋 ʂɑŋ^{21}iɑu^{53}tɑŋ^{53}	葵花 k^{h}uei^{24}xuᴀ$^{21-0}$
吉县文城	高粱 kɑu^{21}liʌŋ$^{24-0}$	洋芋 iʌŋ^{24}y^{31}	太阳花 t^{h}ai^{31}iʌŋ^{24}xua^{21}
乡宁光华	高粱 kɑu^{53}liʌŋ$^{213-0}$	山药 ʂæɛ^{53}iɑu^{31}	葵花 k^{h}uei$^{213-21}$xua$^{53-0}$
襄汾邓庄	稻粟 t^{h}ɑu^{53}fu^{53}	山药蛋 ʂæ̃ɪ^{21}iə^{21}tæ̃ɪ^{53}	满树莲 mæ̃ɪ^{31}tʂ^{h}u^{53}liæ̃ɪ^{24}
曲沃里村	稻粟 t^{h}ɔu^{53}su$^{44-0}$	山药蛋 sæ̃$^{213-21}$iɔu^{213-} tæ̃^{53}	葵花 k^{h}uei$^{213-21}$xuᴀ$^{213-0}$
翼城隆化	稻粟 t^{h}ɔu^{53}fu$^{53-0}$	山药蛋 ʂæ̃^{31}yə^{31}tæ̃^{53}	葵花 k^{h}uei^{24}xua^{31}
安泽唐城	红稻粟 xuəŋ^{21}t^{h}ɑu^{53}su$^{53-0}$tə^{213}	蔓菁 mɛ̃^{53}tɕiəŋ$^{213-0}$	葵花 k^{h}ui^{21}xuᴀ$^{213-0}$
汾西城关	红稻粟 xoŋ^{24}t^{h}ɑu^{53}su$^{55-0}$	山蔓菁 sɑŋ^{11}mɑŋ^{53}tɕiŋ$^{11-0}$	葵花 k^{h}uei^{24}xua$^{11-0}$
古县城关	红稻粟 xuŋ^{24}t^{h}ɑu^{53}su$^{53-0}$	山蔓菁 san^{31}man^{53}tɕiəŋ$^{31-0}$	葵花 k^{h}uei^{24}xua$^{31-0}$
侯马城关	稻粟 t^{h}ɔu^{53}su$^{53-0}$	山药蛋 ʂæ̃^{213}iɤ$^{213-21}$tæ̃^{53}	日照脸 ʐʅ^{53}tʂɔu^{53}liẽi^{44}
蒲县城关	红稻粟 xuŋ^{24}t^{h}ɑu^{55}su$^{55-0}$	山蔓菁 ʂɑn^{53}man^{55}tɕiŋ$^{353-0}$	葵花 k^{h}uei^{24}xua$^{53-0}$
隰县黄土	稻粟 t^{h}ɔ^{55}su$^{55-0}$	山蔓菁 sã^{41}mã^{55}tɕiəŋ$^{41-0}$	葵花 k^{h}uei^{24}xua$^{41-0}$

例词 方言点	公猪种猪	母猪种母猪、生小猪的母猪	麻雀
永和阁底	羯猪子 tɕiɛ^{24}tʂu^{31}tsəʔ^{0}	老婆猪 lɔu$^{312-31}$pʰuo^{24}tʂu^{31}	雀儿 tɕʰiɔur^{53}
大宁徐家垛	羯猪子 tɕiɛ^{24}tʂu^{31}tsəʔ^{0}	老婆猪 lɔu^{31}pʰuo^{24}tʂu^{31}	飞子 ɕy^{31}tsəʔ^{0}
霍州城关	羯猪子 tɕiɛ^{35}tʂu$^{213-21}$tsɿ^{0}	母猪 mu^{31}tʂu^{213}	飞娃 ɕiou^{213}ua^{35}
浮山响水河	狼猪 lɑŋ^{13}pfu$^{42-21}$	卧猪 uo^{53}pfu$^{42-21}$	飞娃子 xiou^{13}ua^{53}tsɿ^{0}
洪洞左木	公猪 kuŋ^{21}tʂu^{21}	母猪 mu$^{42-21}$tʂu$^{21-33}$	飞娃儿 ɕy$^{21-53}$uᴀr$^{24-0}$
临汾贺家庄	公猪 kuŋ^{21}pfu^{21}	母猪 mu^{42}pfu^{21}	飞娃儿 ɕy$^{21-55}$uᴀr$^{24-0}$
吉县文城	羯猪子 tɕiᴇ^{24}tʂu^{21}tsɿ^{0}	老母猪 lɑu^{53}mu$^{53-21}$tʂu^{21}	雀 tɕʰiɑu^{31}
乡宁光华	羯猪子 tɕyə$^{213-21}$tʂu^{53}tsɿ^{0}	猪母子 tʂu^{53}mu^{44}tsɿ^{0}	飞虫 ɕi^{31}tʂʰuʌŋ^{213}
襄汾邓庄	公猪 kuŋ^{21}pfu^{21}	母猪 mu^{31}pfu^{21}	小飞 ɕiɑu^{31}ɕy^{21}
曲沃里村	公猪 kuŋ$^{213-21}$pfu^{213}	母猪 mu^{44}pfu^{213}	飞虫 ɕi$^{213-21}$pfʰəŋ^{213}
翼城隆化	狼猪 lɑŋ^{24}tʂu^{31}	卧猪 uo^{53}tʂu^{31}	飞虫蚂 ɕi^{31}tʂʰuŋ^{24}ma$^{44-21}$
安泽唐城	羯猪子 tɕie^{21}tʂu^{213}tsɿ^{0}	母猪 mu$^{423-42}$tʂu^{213}	飞娃 ɕy$^{213-21}$uᴀ^{21}
汾西城关	牙猪 ia^{24}tsu^{11}	母猪 mu^{33}tsu^{11}	飞娃 ɕyɷ^{11}ua^{24}
古县城关	羯猪子 tɕiɛ^{24}tʂu^{31}tsɿ^{0}	母猪 mu^{53}tʂu^{31}	飞娃 ɕy^{31}ua^{24}
侯马城关	公猪 kuõŋ$^{213-21}$tʂu^{213}	母猪 mu^{33}tʂu^{213}	飞虫 ɕi$^{213-21}$tʂʰuõŋ^{24}
蒲县城关	公猪 kuŋ^{53}tʂu^{53}	母猪 mu^{21}tʂu^{53}	飞娃 ɕy$^{\underline{53}}$ua^{24}
隰县黄土	公猪 kuoŋ^{41}tsu^{41}	母猪 mu^{21}tsu^{41}	飞子 ɕyʌ$^{\underline{41}}$tsʌ^{0}

例词 方言点	啄木鸟	蚂蚁	男孩
永和阁底	鵮树巴儿 tɕʰiɑŋ^{31} ʂu^{53} par^{21}	蚂蝙蝠 ma$^{312-31}$ biẽɪ^{31} fu^{0}	小子 ɕiɔu$^{312-31}$ tsəʔ^{0}
大宁徐家垛	鵮树木儿 tɕʰiæ̃^{31} ʂu^{55} mər^{31}	蚍蜉儿蚂 pʰie^{24} fur$^{24-31}$ ma^{31}	小儿 ɕiɔr^{31}
霍州城关	扎木谷 tsa$^{213-21}$ mu^{53} ku^{31}	虫虫蚂 tʂʰu^{35} tʂʰu^{0} ma^{31}	厮介 sou$^{213-35}$ tɕiɛ^{0}
浮山响水河	鵮巴巴 tʰiẽi^{42} pa$^{42-21}$ pa^{0}	蚂蚂虫 ma^{33} ma^{33} pʰẽ$^{13-33}$	小子 ɕiɑu^{33} tsɿ^{0}
洪洞左木	鵮巴巴 tʰiɑŋ^{21} puo^{21} puo^{0}	蚍虫蚂蚂 pʰi^{24} tʂʰu^{24} mᴀ^{42} mᴀ$^{42-21}$	厮儿 sɿr^{21}/ 小子 ɕiɑu^{21} tsɿ^{0}
临汾贺家庄	鵮巴巴 tʰiæ̃ɪ^{21} pɑu^{21} pɑu^{0}	蚂蚂虫 mᴀ^{42} mᴀ^{42} pfei^{24}	小娃娃 ɕiɑu^{31} uᴀ$^{24-21}$ uᴀ^{0}
吉县文城	鵮巴□ tɕʰiᴇ^{21} pə^{0} tʂʰuei^{24}	蚍蜉玛玛 pʰi^{24} fei^{0} ma^{53} ma^{0}	小子娃 ɕiɑu^{53} tsɿ^{0} ua^{24}
乡宁光华	鵮巴巴 tʰiæɛ^{53} po$^{53-21}$ po^{0}	蚍虫蚂蚂 pʰi^{213} tʂʰuʌŋ$^{213-21}$ ma^{44} ma$^{44-0}$	娃 ua^{213}
襄汾邓庄	鵮巴巴 tʰiæ̃ɪ^{21} puo^{21} puo^{0}	蚂蚂虫 mɑ^{31} mɑ^{31} pfẽi^{24}	娃 uɑ^{213}
曲沃里村	鵮巴巴 tʰiæ̃^{21} pᴀ$^{213-21}$ pᴀ^{0}	蚂蚁 mᴀ^{44} i^{0}	小子 ɕiɔu^{44} tə^{0}
翼城隆化	鵮巴巴 tɕʰiẽi^{31} pa^{31} pa^{0}	蚂蚁 ma^{44} i^{0}	小子 ɕiɔu^{44} nəŋ^{0}
安泽唐城	鵮树布谷子 tɕʰiẽ$^{213-21}$ ʂu^{53} pu^{53} ku$^{423-42}$ tsɿ^{0}	蚂蚁 mᴀ$^{423-42}$ i^{0}	小子 ɕiɑu$^{423-42}$ tsɿ^{0}
汾西城关	打布虫 ta^{33} pɷu^{53} tsʰoŋ^{24}	蚍蜉儿蚂 pʰi^{24} fur^{24} ma^{33}	厮儿 sər^{11}
古县城关	鵮巴谷 tɕʰian^{31} pa^{31} ku^{53}	蚍蜉儿蚂 pʰi^{24} fur^{24} ma^{53}	厮儿 sər^{31}
侯马城关	鵮巴巴 tɕʰiẽi^{213} pa$^{213-21}$ pa^{0}	蚂蚁 ma^{44} i^{0}	小娃 ɕiɔu^{44} ua^{24}
蒲县城关	鵮巴巴 tʰian^{53} pa$^{53-21}$ pa^{0}	蚍蜉蚂儿 pʰi^{24} fu^{24} mar^{21}	厮儿 sər^{53}
隰县黄土	鵮树□tɕʰiã^{41} su^{55} pɐr^{41}	蚍蜉蚂儿 pʰi^{24} fu^{24} mar^{21}	小子 ɕiɔ^{21} tsɿ^{0}

例词 方言点	女孩	父亲	母亲
永和阁底	女子 ȵy$^{312-31}$tsəʔ^{0}	爸爸 pa^{53}pa^{0}	妈妈 mɑŋ^{31}mɑŋ^{31}
大宁徐家垛	汝子 ʐəu^{31}tsəʔ^{0}	爸爸 pa^{55}	妈 ma^{31}
霍州城关	汝介 ʐu^{31}tɕiɛ^{0}	爸 pa^{53}	妈 miɛ^{213}
浮山响水河	女子 ȵy^{33}tsɿ^{0}	爸爸 pa^{53}pa^{0}	妈 na^{33}/奶奶 nai^{33}nai^{0}
洪洞左木	女子 ȵy^{42}tsɿ^{0}	爹爹 tiɛ^{21}tiɛ^{0}	姐 tɕiᴀ^{42}
临汾贺家庄	女儿 ȵyər^{42}	爸 pᴀ^{53}	妈 mᴀ^{21}
吉县文城	女子 ȵy^{53}tsɿ^{0}ua^{24}	爹 tia^{21}	妈 ma^{21}
乡宁光华	女子 ȵy^{44}tsɿ^{0}	爹 tia^{53}	姐 tɕia^{44}
襄汾邓庄	女儿 ȵyər^{31}	爸 pɑ^{53}	妈 mɑ^{21}
曲沃里村	女子 ȵy$^{44-21}$tə^{0}	□tᴀ^{53}	娘 ȵiɑŋ^{213}
翼城隆化	妮子 ȵi^{31}nəŋ^{0}	爹 tiɛ^{31}	姐 tɕia^{44}
安泽唐城	女子 ȵy$^{423-42}$tsɿ^{0}	□tᴀ^{53}	娘 ȵiɑ̃^{21}
汾西城关	女子 vu^{33}tsʌ^{0}	爸 pa^{53}	姐 tɕia^{33}
古县城关	女儿 ȵyər^{53}	爹 tiɛ^{31}	娘 ȵyə^{24}
侯马城关	妮儿 ȵir^{213}	□ta^{53}	妈 ma^{213}
蒲县城关	女子 ȵy^{21}tsɿ^{0}	爸 pɑ^{55}	妈 ma^{53}
隰县黄土	女子 zu^{21}tsʌ^{0}	爸 pa^{55}	□ia^{41}

方言点 \ 例词	祖母	外祖父	外祖母
永和阁底	婆婆 $puo^{24}puo^{0}$	外爷 $uai^{53}ia^{24-0}$	外婆 $uai^{53}p^{h}uo^{24}$
大宁徐家垛	娘娘 $ȵie^{24}ȵie^{0}$	外爷 $uɛe^{55}ia^{24-0}$	婆婆 $p^{h}uo^{24}p^{h}uo^{0}$
霍州城关	娘娘 $ȵi^{35}ȵi^{0}$	姥介爷 $lɑu^{31}tɕiɛ^{0}ia^{35}$	姥介娘 $lɑu^{31}tɕiɛ^{0}ȵi^{35}$
浮山响水河	娘 $ȵyə^{13}$	姥爷 $lɑu^{33}ia^{13-0}$	姥娘 $lɑu^{33}ȵyə^{13}$
洪洞左木	娘娘 $ȵyo^{24-21}ȵyo^{0}$	姥爷 $lɑu^{42}iᴀ^{24-0}$	姥娘 $lɑu^{42}ȵyo^{24}$
临汾贺家庄	娘 $ȵyə^{24}$	姥爷 $lɑu^{42}iᴀ^{24-0}$	姥娘 $lɑu^{42}ȵyə^{24}$
吉县文城	婆婆 $p^{h}uo^{24}p^{h}uo^{0}$	外爷 $uei^{31}ia^{24-0}$	婆婆 $p^{h}uo^{24}p^{h}uo^{0}$
乡宁光华	娘 $ȵyə^{213}$	姥爷 $lɑu^{44}ia^{213-0}$	姥娘 $lɑu^{44}ȵyə^{213}$
襄汾邓庄	娘 $ȵyə^{24}$	姥爷 $lɑu^{31}ia^{24-0}$	姥娘 $lɑu^{31}ȵyə^{24}$
曲沃里村	娘 $ȵyə^{213}$	姥爷 $lɔu^{44}iᴀ^{213-0}$	姥娘 $lɔu^{44}ȵyə^{213}$
翼城隆化	娘 $ȵyə^{24}$	姥爷 $lɔu^{44}ia^{31-0}$	姥娘 $lɔu^{44}ȵyə^{24}$
安泽唐城	奶奶 $nai^{423-42}nai^{423-0}$	姥爷 $lɑu^{423-42}iᴀ^{21-0}$	姥姥 $lɑu^{423-42}lɑu^{423-0}$
汾西城关	娘娘 $ȵi^{24}ȵi^{0}$	姥爷 $lɑu^{33}ia^{24-0}$	姥姥 $lɑu^{33}lɑu^{33-0}$
古县城关	娘娘 $ȵia^{24}ȵia^{0}$/ 奶奶 $nai^{53}nai^{53-0}$	姥爷 $lɑu^{53}ia^{24-0}$	姥姥 $lɑu^{53}lɑu^{53-0}$
侯马城关	娘 $ȵiɤ^{24}$	姥爷 $lɔu^{44}ia^{24-0}$	姥娘 $lɔu^{44}ȵiɤ^{24}$
蒲县城关	娘 $ȵiɛ^{24}$	姥爷 $lɑu^{21}ia^{24-0}$	姥姥 $lɑu^{21}lɑu^{21-0}$
隰县黄土	娘娘 $ȵiᴇ^{24}ȵiᴇ^{24-0}$	外爷 $uai^{55}ia^{24-0}$	婆婆 $p^{h}uo^{24}p^{h}uo^{0}$

例词 方言点	儿媳妇	娶~媳妇	头
永和阁底	儿媳妇 ɚ^{24}ɕi^{24}fu^{0}	娶 tɕʰy^{312}	脑 nɔu^{312}
大宁徐家垛	儿媳妇子 ɚ^{24}ɕiou^{24}tsəʔ^{0}	吃 tsʰɿ^{31}	的脑 tɐʔ^{4}nɔu^{31}
霍州城关	媳妇 ɕi^{35}fu^{0}	换 xuɑŋ^{53}	的脑 tə^{44}nɑu^{31}
浮山响水河	儿媳妇 ɚ^{13}ɕi^{13}fu^{0}	娶 tɕʰy^{33}	的脑 tei^{53}nɑu^{33}
洪洞左木	儿媳妇 ɚ^{24}ɕi^{24}fu^{0}	换 xuɑŋ^{53}	的脑 tə^{21}nɑu^{42}
临汾贺家庄	儿媳妇 ɚ^{24}ɕi^{24}fu^{0}	搬 pæɪ^{21}	的脑 tə^{24}nɑu$^{42-33}$
吉县文城	媳妇子 ɕi^{24}fu^{0}tsɿ^{0}	吃 tsʰɿ^{21}	的脑 tei^{24}nɑu^{53}
乡宁光华	儿媳妇 ɚ$^{213-21}$ɕi$^{213-21}$fu^{0}	过事 kuo^{31}ʂʅ^{31}	的脑 ti^{31}nɑu^{44}
襄汾邓庄	儿媳妇 ɚ^{24}ɕi^{24}fu^{0}	搬 pæɪ^{21}	的脑 təŋ^{24}nɑu^{31}
曲沃里村	儿媳妇 ɚ$^{213-21}$ɕiɛ$^{213-21}$fu^{0}	娶 tɕʰy^{44}	的脑 tɛ^{31}nɔu^{44}
翼城隆化	儿媳妇 ɚ^{24}ɕi^{24}fu^{0}	娶 tɕʰi^{44}	□□təŋ^{53}təŋ^{0}
安泽唐城	媳妇子 ɕi^{21}fu^{53}tsɿ^{0}	吃 tsʰɿ^{213}	的脑 tə^{53}nɑu^{423}
汾西城关	儿媳妇 ɚ^{24}ɕi^{24}fu^{0}	换 xuɑŋ^{53}	的脑 tʌ^{53}nɑu^{33}
古县城关	儿媳妇 ɚ^{24}ɕi^{24}fu^{0}	换 xuan^{53}	的脑 ta^{53}nɑu^{53}
侯马城关	媳妇子 ɕi^{24}fu^{53}tə^{0}	娶 tɕʰy^{44}	的脑 tei^{53}nɔu^{44}
蒲县城关	儿媳妇 ɚ^{24}ɕi^{24}fu^{0}	换 xuan^{55}	的脑 tʌ^{5}nɑu^{21}
隰县黄土	媳妇子 ɕiou^{24}tsɿ^{0}	吃 tsʰʌ^{3}	脑 nɔ^{21}

例词 方言点	乳房	左撇子	早饭
永和阁底	奶奶 nai^{312}nai$^{312-0}$	左不料 tsuo$^{312-31}$pɐʔ^{0}liɔu^{53}	早起饭 tsɔu$^{312-31}$tɕʰi^{312}fɛ̃ɪ^{53}
大宁徐家垛	奶奶 nɛe^{31}nɛe$^{312-0}$	左票子 tsuo^{31}piɑu^{55}tsəʔ^{0}	早起饭 tsɔu^{31}tɕʰi^{31}fæ̃^{55}
霍州城关	妈妈 miɛ$^{213-53}$miɛ$^{213-0}$	左刮子 tsuo^{31}kua$^{213-21}$tsɿ^{0}	早介饭 tsɑu^{31}tɕʰiɛ^{0}fɑŋ^{53}
浮山响水河	妈妈 mia^{42}mia$^{42-0}$	左撇子 tsuo^{33}pʰiɛ^{33}tsɿ^{0}	早□饭 tsɑu^{33}ɕi^{33}fæ̃^{44}
洪洞左木	妈妈 mɛ^{21}mɛ^{0}	左撇子 tsuo^{42}piᴀ^{42}tsɿ^{0}	早起饭 tsɑu^{42}tɕʰi^{42}fɑŋ^{53}
临汾贺家庄	妈妈 mᴀ^{21}mᴀ^{0}	左撇子 tsuo^{42}piᴀ^{42}tsɿ^{0}	早起饭 tsɑu^{42}tɕʰi^{42}fæ̃ɪ^{53}
吉县文城	奶奶 nai^{53}nai$^{53-0}$	左票子 tsuo^{53}pʰiɑu^{31}tsɿ^{0}	早介饭 tsɑu^{53}tɕiɛ^{0}fæɛ^{31}
乡宁光华	妈妈 ma^{53}ma^{0}	左刮子 tsuo^{44}kua^{53}tsɿ^{0}	早□饭 tsɑu^{44}kʰi^{44}fæɛ^{31}
襄汾邓庄	妈妈 ma^{21}ma^{0}	左八子 tsuo^{31}pɑ^{21}tsɿ^{0}	早起饭 tsɑu^{31}tɕʰi^{31}fæ̃ɪ^{53}
曲沃里村	奶头 næ̃$^{44-21}$tʰəu$^{213-0}$	左撇子 tsuo^{44}piᴀ^{44}tə^{0}	早起饭 tsɔu^{44}tɕʰi^{44}fæ̃^{53}
翼城隆化	奶头 næ̃$^{44-21}$tʰəu$^{24-0}$	左撇子 tsuo^{44}piɛ^{44}nəŋ^{0}	清早饭 tɕʰiɛ^{31}tsɔu^{44}fæ̃^{53}
安泽唐城	奶奶 nai^{423}nai$^{423-0}$	左撇子 tsuo$^{423-42}$pie^{423}tsɿ^{0}	早起饭 tsɑu$^{423-42}$tɕʰi$^{423-42}$fɛ̃^{53}
汾西城关	妈妈 mei^{11}mei$^{11-0}$	左刮子 tsəɯ^{33}kua^{11}tsʌ^{0}	早清饭 tsɑu^{33}ɕiŋ^{33}fɑŋ^{53}
古县城关	妈妈 mɛ^{31}mɛ$^{31-0}$	左刮子 tsuə^{53}kua^{31}tsɿ^{0}	早起饭 tsɑu^{53}tɕʰi^{53}fan^{53}
侯马城关	奶头 nai^{44}tʰəu$^{24-0}$	左撇子 tsuo^{44}piɛ^{44}tə^{0}	早起饭 tsɔu^{44}tɕʰi^{44}fæ̃^{53}
蒲县城关	奶奶 nai^{21}nai$^{21-0}$	左刮子 tsuo^{21}kua^{53}tsʌ^{0}	早□饭 tsɑu^{21}ɕin^{21}fan^{55}
隰县黄土	奶奶 nɛe^{21}nɛe$^{21-0}$	左刮子 tsuo^{21}kua^{41}tsʌ^{0}	早起饭 tsɔ^{21}tɕʰi^{21}fã^{55}

例词 / 方言点	面酵子	饿	玩儿
永和阁底	起头 tɕ^{h}i$^{312-31}$t^{h}ou$^{24-0}$	饿 ŋə^{53}	耍 ʂua^{312}
大宁徐家垛	起头 tɕ^{h}i^{31}t^{h}ou$^{24-0}$	饿 ŋuo^{55}	耍 ʂua^{31}
霍州城关	喜窝 ɕi^{31}uo^{213}	饥 tɕi^{213}	耍 ʂua^{31}
浮山响水河	酵起子 tiɑu^{53}tɕ^{h}i^{33}tsɿ^{0}	饥 tɕi^{42}	耍 ʂua^{33}
洪洞左木	喜面 ɕi$^{42-21}$miɑŋ^{53}	饥 tɕi^{21}	耍 ʂuA^{42}
临汾贺家庄	喜面 tɕ^{h}i$^{42-21}$miæɪ^{53}	饥 tɕi^{21}	□□tsɿ^{55}tsɿr^{21}
吉县文城	杂面 tsa^{24}miæɛ^{31}	饿 ŋə^{31}	翻 fæɛ^{21}
乡宁光华	酵子 tiɑu^{31}tsɿ^{0}	饿 ŋə^{31}	翻 fæɛ^{53}
襄汾邓庄	臭起子 tʂ^{h}ou^{53}tɕ^{h}i$^{31-24}$tsɿ^{0}	饿 ŋə^{53}	□□tsɿ^{53}tsɿr^{21}
曲沃里村	起面 tɕ^{h}i$^{44-21}$miæ̃^{53}	饿 ŋə^{53}	逛 kuɑŋ^{31}
翼城隆化	起面 tɕ^{h}i^{44}miæ̃^{53}	饥 tɕi^{31}	□□tsɿ^{44}tɕi^{0}
安泽唐城	酵子 tɕiɑu^{53}tsɿ^{0}	饥 tɕi^{213}	耍 ʂuA^{423}
汾西城关	起面 tɕ^{h}i^{33}miɑŋ^{53}	饥 tɕi^{11}	耍 sua^{33}
古县城关	起子 tɕ^{h}i^{53}tsɿ^{0}/酵子 tɕiɑu^{53}tsɿ^{0}	饥 tɕi^{31}	耍 fa^{53}
侯马城关	起面 tɕ^{h}i^{44}miẽi^{53}	饿 ŋɤ^{53}	□□tɕi^{53}tɕ^{h}i^{0}
蒲县城关	起面 tɕ^{h}i^{21}miɑn^{55}	饥 tɕi^{53}	耍 ʂua^{21}
隰县黄土	起面 tɕ^{h}i^{21}miã^{55}	饿 ŋə^{55}	耍 sua^{21}

例词 / 方言点	丢	不懂	拿动词
永和阁底	没 mei²⁴/□ia³¹²	解不下 xai⁵³ pɐʔ⁰ xa⁵³	荷 xuo⁵³
大宁徐家垛	没 mei²⁴/□ia³¹	解不下 xai⁵⁵ pɐʔ⁰ xa⁵⁵	荷 xuo⁵⁵
霍州城关	□ia⁴⁴	解不下 xai⁵³ pu⁰ xa⁵³	荷 xɔ⁵³
浮山响水河	没 mu¹³/□ia⁴⁴	不知道 pu⁴⁴ tʂʅ⁴² tɑu⁵³⁻⁰	荷 xuo⁵³
洪洞左木	没 mu²¹/□iᴀ⁵³	解不下 xai⁵³ pu⁰ xᴀ⁵³	荷 xuo⁵³
临汾贺家庄	□iᴀ⁵³	解不下 xai⁵³ pu⁰ xa⁵³	荷 xuo⁵³
吉县文城	没 mu²¹/□iᴀ³¹	解不下 xai³¹ pu⁰ xa³¹	荷 xuo³¹
乡宁光华	没 mu²¹³/□ia³¹	不知道 pu³¹ tʂʅ⁵³ tɑu³¹⁻⁰	荷 xuo³¹
襄汾邓庄	没 muo²⁴/□ia⁴⁴	不知道 pu²¹ tʂʅ²¹ tɑu⁵³⁻⁰	荷 xo²⁴
曲沃里村	没 muo²¹³/□iᴀ³¹	不知道 pu²¹³⁻²¹ tsʅ²¹³ tɔu⁵³⁻⁰	拿 nᴀ²¹³
翼城隆化	跌 tiɛ⁴⁴	懂不下 tuŋ⁴⁴ pu⁵³ xa⁰	拿 na²⁴
安泽唐城	撂 liɑu⁵³	解不下 xai⁵³ pu⁰ xᴀ⁵³	荷 xə²¹
汾西城关	没 mʌ³/□ia⁵³	解不下 xai⁵³ pu⁰ xa⁵³	荷 xəɯ²⁴
古县城关	□ia⁵³	解不下 xai⁵³ pu⁰ xa⁵³	荷 xə²⁴
侯马城关	没 muo²⁴	不知道 pu⁵³ tʂʅ²¹³⁻²¹ tɔu⁵³⁻⁰	拿 na²⁴
蒲县城关	没 mʌ³/□ia⁵⁵	解不下 xai⁵⁵ pu⁰ xa⁵⁵	荷 xuo⁵⁵
隰县黄土	没 mʌ³	解不下 xɛe⁵⁵ pu⁰ xa⁵⁵	荷 xə⁵⁵

例词 方言点	抱~小孩	下~蛋	大便动词
永和阁底	挈 tɕʰia⁵³	下 xa⁵³	屉 pa³¹²
大宁徐家垛	挈 tɕʰia⁵⁵	下 xa⁵⁵	屙 ŋuo³¹
霍州城关	携 ɕiɛ³⁵	下 xa⁵³	屙 ŋə²¹³
浮山响水河	挈 tʰia⁵³	嬎 fæ̃⁴⁴	屙 ŋə⁴²
洪洞左木	挈 tiᴀ⁵³	下 xᴀ⁵³	屙 ŋo²¹
临汾贺家庄	挈 tiᴀ⁵³	嬎 fæ̃ɪ⁵³	屙 ŋə²¹
吉县文城	挈 tɕʰia³¹	下 xa³¹	把 pa⁵³
乡宁光华	携 ɕiɛ²¹³	下 xa³¹	屙 ŋə⁵³
襄汾邓庄	挈 ʈiɑ⁴⁴	嬎 fæ̃ɪ⁴⁴	屙 ŋo²¹
曲沃里村	挈 tɕʰiᴀ⁵³	嬎 fæ̃³¹	屙 ŋə²¹³
翼城隆化	挈 tɕʰia⁵³	嬎 fæ̃⁵³	屙 ŋə³¹
安泽唐城	挈 tɕʰiᴀ⁵³	下 xᴀ⁵³	屙 ŋə²¹³
汾西城关	挈 tɕʰia⁵⁵	下 xa⁵³	屙 ŋəɯ¹¹
古县城关	挈 tɕʰia⁵³	嬎 fan⁵³	屙 ŋə³¹
侯马城关	挈 tɕʰia⁵³	嬎 fæ̃⁵³	屙 ŋɤ²¹³
蒲县城关	挈 tɕʰia⁵⁵	下 xa⁵⁵	屙 ŋuo⁵³
隰县黄土	挈 tɕʰia⁵⁵	下 xa⁵⁵	屙 ŋə⁴¹

例词 / 方言点	系~鞋带	脏地上~	淡味道~
永和阁底	绑 paŋ^{312}	赖 lai^{53}	甜 t^{h}iɛ̃ɪ^{24}
大宁徐家垛	紟 tɕiɪ^{31}	糙 ts^{h}ɔu^{31}	盐甜 iæ̃^{24}t^{h}iæ̃^{24}
霍州城关	紟 tɕiŋ^{213}	懊糟 ŋɑu$^{44-21}$tsɑu$^{213-0}$	淡 tɑŋ^{53}
浮山响水河	紟 tɕiẽ^{42}	懊糟 ŋɑu$^{44-21}$tsɑu$^{42-0}$	淡 tæ̃^{53}
洪洞左木	紟 tɕiŋ^{21}	懊糟 ŋɑu^{53}tsɑu$^{21-0}$	淡 tɑŋ^{53}
临汾贺家庄	紟 tɕiẽɪ^{21}	懊糟 ŋɑu^{53}tsɑu$^{21-0}$	淡 tæ̃ɪ^{53}
吉县文城	挽 væɛ^{53}	糙 ts^{h}ɑu^{21}	盐甜 iæɛ^{24}t^{h}iæɛ^{24}
乡宁光华	绑 pʌŋ^{44}	懊糟 ŋɑu^{53}tsɑu$^{53-0}$	淡 tæɛ^{31}
襄汾邓庄	紟 tɕiẽɪ^{21}	懊糟 ŋɑu$^{44-21}$tsɑu$^{21-0}$	淡 tæ̃ɪ^{53}
曲沃里村	紟 tɕiẽ^{213}	懊糟 ŋɔu^{31}tsɔu$^{213-0}$	甜 t^{h}iæ̃^{213}
翼城隆化	绑 pɑŋ^{44}	懊糟 ŋɔu$^{53-24}$tsɔu$^{31-0}$	甜 t^{h}iæ̃^{24}
安泽唐城	系 tɕi^{53}	日脏 ʐʅ^{53}zɑ̃^{213}	淡 tɛ̃^{53}
汾西城关	紟 tɕiŋ^{11}	肮脏 ŋɑŋ^{11}zɑŋ^{11}	淡 tɑŋ^{53}/kua^{33}
古县城关	挽 van^{53}	懊糟 ŋɑu$^{53-21}$tsɑu$^{31-0}$	淡 tan^{53}
侯马城关	系 tɕi^{53}	懊糟 ŋɔu^{53}tsɔu$^{31-0}$	淡 tæ̃^{53}
蒲县城关	紟 tɕin^{53}	懊糟 ŋɑu^{55}tsɑu$^{53-0}$/日脏 ʐʅ^{55}zɑŋ^{53}	甜 t^{h}iɑn^{24}
隰县黄土	挽 uan^{21}	懊糟 ŋɔ^{55}tsɔ$^{41-0}$/糙 ts^{h}ɔ^{41}	甜 t^{h}iɑ̃^{24}

例词 方言点	漂亮	把~门关上	被~雨淋了
永和阁底	俊 tɕyŋ^{53}	把 pɐʔ^{21}	被 p^{h}i^{53}/叫 tɕiɔu^{53}
大宁徐家垛	圊 tɕ^{h}iɪ^{31}	把 pa^{31}	被 p^{h}i^{55}
霍州城关	好看 xɑu^{31}k^{h}ɑŋ^{44}	把 pei^{31}	□tɑu^{44}
浮山响水河	好看 xɑu^{33}k^{h}æ̃^{44}	把 pa^{33}	□tɑu^{33}
洪洞左木	撕扯 sɿ^{21}tʂ^{h}ə^{42}	把 pᴀ^{42}	得 tɛ^{42}
临汾贺家庄	好看 xɑu^{42}k^{h}æ̃ɪ^{55}	把 pᴀ^{42}	得 tei^{42}
吉县文城	圊 tɕ^{h}iei^{312}	把 pa^{53}	叫 tɕiɑu^{31}
乡宁光华	俊 tɕyn^{31}	把 pa^{44}	让 ʐʌŋ^{31}
襄汾邓庄	好看 xɑu^{31}k^{h}æ̃ɪ^{44}	把 pɑ^{31}	□tɑu^{21}
曲沃里村	好看 xɔu^{44}k^{h}æ̃^{31}	把 pᴀ^{44}	让 zɑŋ^{31}
翼城隆化	好看 xɔu^{44}k^{h}æ̃^{53}	把 pa^{44}	□na^{44}
安泽唐城	排场 p^{h}ai^{21}tʂ^{h}ɑ̃^{423}	把 pᴀ^{423}	叫 tɕiɑu^{53}
汾西城关	圊 tɕ^{h}iŋ^{11}	把 pʌ^{1}	□tɑu^{53}
古县城关	俊 tɕyn^{53}	把 pa^{53}	得 tɛ^{53}
侯马城关	好看 xɔu^{44}k^{h}æ̃^{53}	把 pa^{44}	让 ʐə̃ŋ^{53}
蒲县城关	圊 tɕ^{h}iŋ^{53}	把 pa^{53}	叫 tɕiɑu^{55}
隰县黄土	俊 tɕyẽɪ^{55}	把 pʌ^{1}	叫 tɕiɔ^{55}

后　　记

这本书是在我博士学位论文的基础上加工而成的。付梓之前，我有许多话要说。

感谢赵老师。我生性愚钝，有幸拜师于门下。读博四年，导师对我的指导与关心让我终生难忘。本书从论题的形成、提纲的拟定、资料的收集、实地的调查到论文的写作、修改及定稿，从文章的整体结构到细微的标点符号，赵老师都悉心指导、耐心解疑，文中无不倾注着赵老师的心血和智慧。赵老师严谨的治学精神，宽容、平易近人的品格是我博士生涯中得到的最珍贵的财富。赵老师为人为学的大家风范将是我今后一生道路的楷模！

感谢提供指导和帮助的教授们。沈明教授、谢留文教授、刘祥柏教授、高晓虹教授、张世方教授、张美兰教授、江铭虎教授、戴红亮教授在我论文开题、中期考核和预答辩环节中都提出了很多宝贵意见，让我在以后的论文写作中目标变得更加明确，思路变得更加清晰。曹志耘教授、陈保亚教授、李蓝教授、邢向东教授、乔全生教授五位评审专家也给书稿提出了宝贵的修改意见，我已遵照其意见修改。能得到先生们的指点，为我一生之幸。

感谢可爱的同窗好友、同门兄妹——徐丽丽、李姣雷、徐建、张威娜、陈贵秀、朱玉柱、孙宇玮、曹金梅、王晶晶……，你们给了我太多的温暖和支持。

感谢淳朴、善良的发音人提供的宝贵资料。

感谢硕导——岳立静教授。于我而言，岳老师是恩师，是朋友，亦是母亲。10 年前岳老师带我踏入方言学这片沃土，让我领略了奇妙的方言世界。10 年来，岳老师一直关心我的学业、工作和生活，开导我、鼓励我、帮助我。

感谢另一个温馨的大家庭——教育部语言文字应用研究所。自入职以来，王敏副所长等领导们的谆谆教诲，何老师、靖文老师等同事们的热情帮助和支持让我倍感温暖，使我能够在人生之路上阔步前行。

感谢最亲爱的家人，谢谢你们对我的宽容、理解与支持。你们是我最坚韧的后盾，是我永远的港湾！

正如曾国藩所言："当我幸运之时，常觉天过厚于我。"一直以来，我是如此的幸运与幸福，得到了太多人的关心和帮助。我将怀着一颗感恩的心继续奋力前行！

2020 年 8 月 1 日于北京

专家评审意见(一)

中原官话汾河片是晋语与官话方言的过渡地带。一方面保留了许多早期的方言特征,有丰富的文白异读,不同于其他的官话方言;另一方面在入声韵和入声调的演变等方面与中原官话特别是关中片较为一致。对于汾河片方言的归属问题,学界也存在分歧。因此对汾河片的方言进行深入细致的研究有助于理清晋语和官话方言之间的关系,梳理北方地区方言的演变过程。临汾地区十七县市的方言中,部分属晋语,部分属中原官话汾河片,为晋语到中原官话汾河片的过渡地带,对这一地区方言进行深入研究对于理清区域方言史有重要意义。

《山西临汾十七县市方言研究》选取临汾方言为切入点,在对临汾下辖的十七个县市的方言从语音、词汇和语法三个角度进行了分析,并在方言共时比较的基础上给出了方言中重要语言特征的地理分布。论文选取了临汾地区的66个方言点进行调查研究,对其中58个方言点亲自进行调查。所选方言分布均匀,选取科学,调查工作量大,材料详实。方言比较部分对语音、词汇和语法的基本特征都有涉猎,特别是语音部分,对所选方言进行了深入细致的讨论,展示了临汾地区方言的基本面貌。论文在方言比较的基础上,考察了所选特征的地理分布,绘制了同言线图。通过同言线考察晋语与中原官话的关系,角度新颖。指出了除入声调外入声韵的有无、宕江摄白读以及一些词汇的分布都可以为区别晋语和中原官话汾河片提供参考。

论文的不足之处在于,对词汇和语法部分的考察还较为粗略,不够系统。在对语言特征的地理分布进行考察时,与临汾地区的地形地貌结合不够紧密。对中原官话汾河片与关中片之间的关系只进行了粗略的讨论。就汾河片方言是与关中片关系密切还是与晋语关系密切的问题也没能进行深入的论述。对临汾方言是类型学的概念还是发生学的概念,没有充分论证,建议补充。另外,前人研究成果,如李蓝所说,有些没有提到,也需要补充。

建议论文对以下内容进行修改:

1. 论文详细讨论了微母字的今读类型,建议将影母合口呼也纳入讨论,考察方言中二者的合流情况。

2. 大部分临汾方言知庄章组的演变属昌徐型,知二庄与知三章分立,知二庄进一步与精组洪音合流。论文将这种归入精知庄章合一型。事实上知庄章并未与精组合流,表述欠妥,建议修改。

3. 第114页文字表述中提到[a]组入声韵的来源之一是曾开一见系组,但未在表2-50给出相应例字,建议补充。

4. "3.2.3　语法特征分布及分析"只涉及"什么"一项,建议调整到前文对疑问代词进行讨论的部分。

5. 同言线地图中不同的同言线以颜色作区分,建议修改为以实线、虚线等作区分。

陈保亚

专家评审意见(二)

《山西临汾十七县市方言研究》(以下简称《十七县市方言》)在田野调查的基础上,结合相关研究成果,运用比较法、地理语言学等方法,全面描写、分析了临汾市十七县市方言的语音、词汇、语法系统,并对其中一些重要的语音现象进行了专题讨论。《十七县市方言》的创新点主要表现在以下两方面:

1. 选题的创新:从已发表的关于临汾方言的研究成果看,这些成果多数只关注单点方言研究,缺乏综合的比较研究,且研究成果不均衡。该文选取临汾辖区内十七县市的66个方言点进行调查研究,并对重点调查点的语音、词汇、语法进行全面调查,这种对某一行政辖区内方言穷尽式的研究,不仅丰富了该辖区方言研究材料,也有利于从整体上把握该辖区方言的语音特点,形成该文的突出特色。

2. 方法的创新:该文在比较法的基础上,运用地理语言学的方法,绘制出将近50幅方言地图,直观地展示了临汾方言语音、词汇、语法方面重要语言特征的地理分布,并通过重要语言特征的同言线,探讨临汾方言的分布规律、形成原因及演变机制。这种研究方法突破了以往学者多数采用传统语音学方法对该辖区方言进行研究的限制,这是本研究的又一创新点,也是其主要建树。

《十七县市方言》的学术价值还在于:

1. 该文在现有成果的基础上,补充了成果相对匮乏的安泽、隰

县、侯马、乡宁等方言材料,为研究临汾方言及山西方言提供了丰富翔实的材料;

2. 该文提出中原官话汾河片与晋语的划分标准除了入声韵和入声调之外,还可运用补充标准,即从精组与知庄章组的读音、日母字读音、宕江摄白读音及“闪电、石头、不知道”等部分词的分布等方面进行划分,这对进一步研究临汾方言及中原官话汾河片的归属问题应有裨益。

该文还有一些问题有待作者进一步改进和思考:如对该辖区方言语法的研究还不够深入,部分本字尚待考证,个别词条内部分类标准不一致,从整体上对平川无入声,山区有入声的县区方言如何归类,如何看待,没有提出自己的看法。

总体来说,该文语料丰富、记音准确、结构完整、论证严密、观点可信,基本符合评选要求,可参加评选,建议考虑资助。

乔全生

《清华语言学博士丛书》章程

（一）《清华语言学博士丛书》是清华大学语言研究中心主持编辑的一套丛书，选择海峡两岸暨香港、澳门地区及国外语言学博士高质量的学术著作，经同行专家匿名评审和编委会审定后，由上海中西书局出版。每年出版1至5种。

（二）《清华语言学博士丛书》旨在使优秀的语言学博士的著作得以较快出版，并在学界传播，扩大影响。一方面帮助语言学领域的优秀青年学者迅速成长，另一方面也为语言学的发展注入新的活力。

（三）《清华语言学博士丛书》坚持学术的高标准。其学术定位是：

1. 以扎实的语言材料为基础，有较深入的分析和理论思考；
2. 具有学术前沿性和创新性；
3. 符合学术规范。

（四）《清华语言学博士丛书》编委会由海峡两岸暨香港、澳门地区的学者组成，名单如下：

主编：蒋绍愚（清华大学）；

副主编：张美兰（清华大学）。

编委：蔡维天（新竹清华大学），曹志耘（北京语言大学），陈保亚（北京大学），方一新（浙江大学），冯胜利（香港中文大学），何大安（台湾"中研院"），邢向东（陕西师范大学），张伯江（中国社科院语言所），张赪（清华大学），张敏（香港科技大学）。

《清华语言学博士丛书》编委会聘请丁邦新先生和陆俭明先生为顾问。

《清华语言学博士丛书》编委会负责邀请同行专家进行匿名评审，并召开编委会审阅和评定入选《清华语言学博士丛书》的著作。

（五）申报《清华语言学博士丛书》的著作必须具备如下条件：

1. 作者为海峡两岸暨香港、澳门地区已获得语言学博士学位的青年学者（年龄在45周岁以下），国外同等条件的青年学者撰写的中国语言学的著作亦可申报。

2. 著作可以在博士论文或博士后出站报告的基础上修改而成，已获得语言学博士学位的青年学者的其他著作也可以申报。著作用中、英文撰写均可。

3. 著作内容符合本章程第（三）条所规定的学术定位。

4. 作者从取得博士学位的次年起即可申报，申报者需填写《申报表》，并有两位专家（不包括《丛书》编委和顾问）推荐。

（六）申报时间为每年4月1日至5月31日。6至8月份由同行专家匿名评审。9、10月份编委会开会评定，10月31日前公布评定结果。申报和评审的具体办法另定。

（七）申报著作通过评定后，作者应根据编委会的意见进行修改，并在两年内将定稿送交上海中西书局，逾期视同放弃出版。

《清华语言学博士丛书申报表》可登录网站下载，网址：http://www.tsinghua.edu.cn/publish/cll/index.html

地　址：清华大学人文学院新斋332

联系人：赵晓英　电话：010—62773018

电子信箱：zwlxs@tsinghua.edu.cn

（2011年11月10日《丛书》第一次编委会讨论通过

2015年11月第五次编委会讨论修改

2017年11月第七次编委会讨论修改）